三线企业史丛书

中国三线建设研究会　主编

1968—2018

浦沅魂

——纪念浦沅建厂50周年征文选集

纪念浦沅建厂50周年活动筹备委员会　编

当代中国出版社
Contemporary China Publishing House
2018年·北京

图书在版编目（CIP）数据

浦沅魂：纪念浦沅建厂50周年征文选集 / 纪念浦沅建厂50周年活动筹备委员会编. -- 北京：当代中国出版社, 2018.3
（三线企业史丛书）
ISBN 978-7-5154-0849-1

Ⅰ. ①浦… Ⅱ. ①纪… Ⅲ. ①机械工业—工业企业—经济史—长沙—文集 Ⅳ. ①F426.4-53

中国版本图书馆CIP数据核字(2018)第036514号

出 版 人　曹宏举
责任编辑　柯琳芳
出版发行　当代中国出版社
地　　址　北京市地安门西大街旌勇里 8 号
网　　址　http://www.ddzg.net　邮箱：ddzgcbs@sina.com
邮政编码　100009
编 辑 部　(010) 66572264　66572154　66572132　66572180
市 场 部　(010) 66572281　66572161　66572157　83221785
印　　刷　湖南立信彩印有限公司
开　　本　298.5 毫米×296.3 毫米　1/12
印　　张　27.5 印张　450 千字　插图 995 幅
版　　次　2018 年 3 月第 1 版
印　　次　2018 年 3 月第 1 次印刷
定　　价　298.00元

《三线企业史》丛书编委会

《浦沅魂》编辑委员会

总 序

中国三线建设研究会

三线建设，是1964年党中央针对当时严峻的国际环境作出的以战备为中心的重大经济建设决策。其横跨三个五年计划，涵盖11个省、直辖市和自治区（四川、贵州、云南、重庆、陕西、甘肃、宁夏、青海、湖北、湖南、河南），总投资2052亿元，建成了1945个企业事业单位（1984年普查数字）。其后，又经过1983年到2006年中央决定对三线企业实施调整改造决策的阶段，三线建设的历史前后长达42年，是中华人民共和国经济建设史上规模空前、持续最长的经济建设战略活动。

三线建设是必要的。近些年来美国和中国公布的解密档案，证实美国在1964年确实制定了对中国核基地进行打击的计划，并考虑实施。中央对此作出了抓紧建设战略后方对策。因此三线建设是保障国家安全的重大战略决策。

三线建设的成绩也是主要的。首先，在中西部地区建成了大批国防科技工业基地，如贵州和陕西航空、航天工业基地，重庆常规兵器工业基地，四川电子、船舶工业基地，青海、甘肃和四川、陕西核工业基地等，形成了保障国家安全的可靠战备后方。

其次，在中西部经济落后地区建成了攀枝花钢铁基地、六盘水煤炭基地、石嘴山煤炭基地、第二汽车制造厂、成昆铁路、青藏铁路（西格段）、刘家峡水电站、葛洲坝水电站等大批现代化工厂、铁路、矿山、水电站等基础设施及科研机构，形成了59个新建、扩建的新兴工业城市，初步缩小了中国自近代以来东西部经济布局不平衡的状况，促进了中西部地区的社会进步。

再次，三线建设中涌现出了“艰苦奋斗，无私奉献，团结协作，勇于创新”的三线精神和“献了青春献终身，献了终身献子孙”的爱国主义情操，培养了一大批优秀知识分子和管理干部。三线建设是当代爱国主义教育的思想宝库。

由于“文化大革命”极左思潮的干扰，三线建设中也存在选址过分强调“靠山、分散、进洞”的战备需要，上马过快过大，忽视经济建设规律等弊病，造成了一些浪费损失。尽管如此，根据1984年普查，三线企业中成功和比较成功的占92%，成绩是主要的。

在改革开放时期的三线企业调整改造中，由于改善生产、生活条件和适应市场经济的需要，一部分三线企业从深山僻野搬迁到中小城市附近；一部分企业因为军转民与其他企业合并；还有一部分因其他原因撤销了建制。三线企业，许多已经不再是建设之初的面貌，有些已经成为遗址，颇有“人面不知何处去，桃花依旧笑春风”之感。因此，三线企业也是新中国建设史上变迁最大的企业群，留下了离我们最近、最具念想的工业遗产。

当年，响应中央和毛主席“好人好马上三线，备战备荒为人民”号召，几百万工人、干部、知识分子、解放军官兵和民工，从祖国的四面八方，来到三线工地，风餐露宿、艰苦奋战，奉献了自己的青春。他们被称为“三线人”。在调整改造过程中，一部分三线人离开了三线企业，更多的三线人辗转奋战到其他地方。但是，他们没有忘记自己的第二故乡——三线企业。人民也没有忘记他们。

三线建设遗产是中国共产党领导下进行经济和国防建设，取得“两弹一星”、核潜艇、航空航天等国防尖端技术重要突破的见证，是当代人艰苦奋斗的精神见证。但是，由于三线建设当时的备战保密要求，又是在“文化大革命”特殊历史环境下，对三线建设留下的可歌可泣精神遗产和建立起西部工业脊梁的丰硕物质遗产，现在还很少有专门的丛书进行历史记录。为此，中国三线建设研究会决定组织编撰一套《三线企业史》丛书，由当代中国出版社出版，为三线企业和职工编写企业史服务。

中国古代即有纪、志、表、传四大支柱的修史框架。纪，后来发展为通史；志，即是专题史；表，包括大事记和图表；传，即是人物传记。由于三线企业包括工业、交通、矿山、水电等众多门类，还有许多科研、教育、服务等事业单位，难以统一体例。三线人自己写自己的历史，各自需要和条件也不同。因此，本丛书对体例不作硬性规定，可以采取上述四种中适合自己的方式，也可以采取职工写回忆录的方式。只要达到政治立场正确、资料可靠、史实准确、文字通顺的出版要求，即可收入本丛书。

习近平同志指出，历史是最好的教科书，中国革命历史是最好的营养剂。多重温这些伟大历史，心中就会增加很多正能量。我们希望这套丛书，能够起到为社会和后人传承三线建设的爱国主义精神；为广大三线建设者树碑立传，缅怀历史，不忘乡愁；为专业工作者研究历史、发展西部经济提供参考素材的三个作用。这是一件非常有意义的事。

序

刘赞平

浦沅工程机械厂（以下简称“浦沅厂”）迎来了建厂50周年的纪念日，她由一个只能生产小型工程机械的大三线厂，发展成为我国工程机械行业中举足轻重的骨干企业，为国家经济建设和国防建设作出了巨大贡献，值得热烈祝贺。

在纪念浦沅建厂50周年之际，我们要铭记浦沅厂以赵加胜同志为首的领导班子全体成员和以后继任的负责人带领全厂广大职工作出的贡献。特别是赵加胜同志，倾其大半生精力，以全心全意、艰苦奋斗、勤俭创业的革命精神，创建了浦沅厂，并逐步将其发展为跨省跨地区的浦沅工程机械总厂（下设上海分厂、长沙起重机分厂）。浦沅厂于1995年发展为浦沅工程机械集团有限公司。浦沅厂在三线建设中坚持不吃“基建饭”，边基建、边生产的事迹成为机械工业三线建设的一面红旗，并逐步发展壮大成为工程机械行业的大庆式企业；在中国机械工业500强中位列第142位；是中国工程机械50强之一；是全国汽车起重机行业“四大家族”中的龙头企业。我们以十分崇敬的心情对过早辞世的赵加胜同志致以深切的怀念和崇高的敬意，对历届领导班子成员和全体职工致以亲切的问候和诚挚的谢意！

浦沅厂的建设与发展是极不平凡的，是在极端艰苦困难的条件下一步一步走过来的。

20世纪60年代，中苏关系交恶，苏联在我国边境陈兵百万，妄图对我国发动战争。党中央面对险恶国际形势，适时作出加强三线建设的战略部署，第一机械工业部根据中央的决策，经与上海市、湖南省有关部门协商，决定由上海工程机械厂在湖南常德包建浦沅工程机械厂。根据三线建设“靠山、分散、进洞”的选址原则，厂址选定在常德市西北郊区13公里的灌溪乡村的丘陵地带，这里生活环境极差，更谈不上工业生产的基本条件。在厂党委领导和厂长赵加胜同志带动下，上海工程机械厂的职工们以高昂的爱国主义热情，纷纷报名参加三线建设，到最艰苦的地方去，到祖国最需要的地方去。他们放弃了当时全国最大城市的优越工作环境和优裕方便的城市生活条件，告别家乡，告别亲友，义无反顾地踏上了三线建设的征途。

在山沟里，平地起家建设工厂，实在太难了。但他们不等不靠，自己动手，艰苦奋斗，自力更生，奋发图强，先生产、后生活，从生产车间建起，很快具备了制造工程机械的生产能力，并生产出了优质的产品，成为机械工业三线建设企业的一面旗帜，受到第一机械工业部和湖南省政府的表彰。

浦沅厂领导具有远见卓识，工厂建起来之后发现原来规划经过常德的铁路改线了，工厂的生产材料进厂和产品外运，仅依靠沅江水运存在许多困难。为了工厂的发展，必须另寻出路，经厂领导班子研究拟将部分生产车间迁到长沙去。决定容易，具体操作起来需要第一机械工业部、湖南省、长沙市、常德市等各方面都同意才行，特别是征用土地、向长沙市迁入人员，难度都很大。赵加胜同志和有关同志不辞辛劳，多次往返于北京、长沙之间请示、报告、协调，最后终于实现预想，为浦沅厂后来的大发展创造了条件。加胜厂长功不可没。

浦沅厂的广大职工，舍掉自己的个人利益，为国家三线建设无私的奉献精神，高尚的爱国精神，忘我的艰苦奋斗创业精神和不朽的丰功伟绩，共和国不会忘记，人民不会忘记，历史不会忘记。浦沅厂的建设历程将在中国工程机械行业发展史上写下浓重的一笔，浦沅厂的厂史更应该记下这些创业者的英名和他们创造的辉煌业绩。

我作为浦沅厂建设的具体组织者和浦沅厂建设与发展的见证人，对《浦沅魂》一书作为中国三线建设研究会主编的《三线企业史》丛书的第一本，感到十分欣慰。这本书内容丰富，题材广泛，文字生动，翔实地记录了建厂以来所经历的峥嵘岁月，给后人留下了一笔宝贵的精神财富和一部气势恢宏的史诗。《浦沅魂》一书就像一座高大的丰碑，永远激励后世。

总之，浦沅厂初创时期的自力更生、自己动手的勤俭创业的革命精神，建设时期重视“三基工作”、注重工艺管理、提高产品质量的求实精神，在改革开放时期不断进行技术改造、大力发展新品种、大胆解放思想、不断求新的勇于攀登高峰的进取精神，应继续发扬光大，值得工程机械行业企业互相学习、互相借鉴。

是为序。

（作者刘赞平，1920年5月生。系原中国第一机械工业部工程机械局局长，曾任一机部党组成员兼机关党委书记。）

彪炳千秋

前 言

纪念浦沅建厂50周年活动筹备委员会

三线建设是20世纪60年代我们党和国家的一个重大战略调整，党中央和毛主席在1964年夏作出了“注重国际形势的发展，准备打仗，在长远规划中首先要搞好战略布局，加强三线地区建设”的决策。

于是建设大三线就成了一代人“献了青春献终身，献了终身献子孙”的历史使命。在长达十几年的三线建设中建成了近2000个大中型骨干企业，其中就有一个叫“浦沅”。

2015年10月13日，上海、长沙、常德的22名浦沅人相聚上海青浦，组建了浦沅人“纪念浦沅建厂50周年活动筹备委员会”，就开展浦沅建厂50周年活动达成6项决议。编辑出版《浦沅魂》一书，便是其重头戏。

浦沅是什么？我们一次又一次地问自己。

其实，浦沅是一个地图上找不到的地标，但灌溪的老百姓却用几十年来“厂乡联营，共同发展”的喜悦，以“中国吊车第一镇”的名义，把它精确地标注在湖南省常德市的版图上；后来的浦沅人用当年“湖南省工业学大庆，机械行业赶浦沅”的骄傲，把它熔铸在了长沙115路公交线路的站牌里。

浦沅是什么？我们一次又一次地将思想的触角伸向历史的深处。

其实，浦沅应是当年的创业者们从上海来到湖南后所钟情的一块热土，是一代又一代三线建设者实现梦想、挥洒青春的舞台，是一辈又一辈浦沅人创造奇迹、走向精彩的大本营。一代一代的浦沅人用对党和国家无限的忠诚，担起了三线建设的大任，“浦沅”是他们镌刻在祖国大地上一份历史答卷的金色“抬头”。

浦沅是什么？我们一次又一次地寻求着最佳的答案。

其实，浦沅应当是一个充满温馨的家园。

这里有年年赛春联的红火喜庆、“学雷锋为您服务一条街”的热闹温馨，这里有渐河龙舟赛的力争上游、冬季拔河场上的气势如虹，这里有毛主席寿面虔诚的丰盛，更有令人难忘的舌尖上的“浦沅味”……

浦沅人用“春舞龙灯夏戏水，秋赛三球冬练腿”、“美术摄影练书法，划船钓鱼赛春联”这样如诗的话语描绘着自己的业余生活，字里行间闪烁着“全国模范职工之家”的魅力与光彩。

毫无疑问，“浦沅”是一个精神的家园，是用献身拼搏精神为动力的浦沅人的共同追求。尽管这种追求风起云涌、起伏跌宕甚至遭遇困扰，但我们却喜欢它壮阔的气势、无悔的奋争和溶化在血液中的荣誉感、归属感。

时光荏苒，青春老去。一段时间，乾坤沉默，浦沅不再。

历史对于旁观者来说，只不过是一段往事。而浦沅的历史对于我们却是一种刻骨铭心的记忆和一种血肉般的亲情。

今天我们自筹开展浦沅建厂50周年的活动，它彰显的价值就在于一代又一代浦沅人用半个世纪的心血淬炼而成的浦沅魂！

“浦沅魂”是什么？

“浦沅魂”是“忠于祖国、艰苦创业”的自强精神。

在上个世纪六七十年代，荒芜的樟树湾因浦沅而每天都在改变着模样，到处充满了生机和活力。浦沅人以智慧和汗水创造出一个全新的三线企业：“东风三号”专用设备为国分忧，2.5吨打桩机援越抗美，8吨“武陵吊”自主制造……

浦沅人在建厂过程中铸就了闪烁着时代光芒的“浦沅老五种精神”：这里有“退休工人重返前线”的担当和“芦席棚里闹革命”的坚毅，这里有“蚂蚁啃骨头”和“两吨半精神”的顽强，更有“百宝箱精神”的光大与传承。

“浦沅魂”是“严格管理、自我完善”的自律精神。

企业管理是艺术，扎实的基础和质量管理，是浦沅规范有序发展的双翼。大胆推行各种形式的扩大自主权的改革与试点，建立健全《企业管理标准》，实行质量分等计酬，推行“精细工程”，实施“模糊考核”，独创“命名班组”激励形式等等。企业不断改善生产组织形式，突破生产瓶颈，激活生产力；注重开拓人的精神潜能，满足员工多层次发展需要，注重培养集体主义精神，让管理服务于企业发展主题。

由此而衍生的“只争朝夕发展新品种”“一心创优质产品”“顽强学习新事物”“全心全意为用户服务”和“跋山涉水开拓市场”的“浦沅新五种精神”，助推了企业的迅猛发展，让工厂“大庆式企业”的荣誉更加光彩夺目。

“浦沅魂”是“创新发展、勇争第一”的自我创新精神。

广纳博取，兼收并蓄。浦沅形成了独特的科技开发能力。从桩工机械到轮式汽车起重机的漂亮转型，从汽车吊系列产品再到“全路面”的完美升级，铸就了当年中国工程机械汽车起重机四大生产基地之一的地位，清晰地标示着浦沅“高点引进，高点起飞”创新的轨迹。

创新发展，永不满足。浦沅用“以一流的产品开拓市场，以一流的服务赢得用户，以一流的管理发展浦沅，以一流的作风建设队伍”发展方针的高瞻远瞩，用“服从、守职、创造”和“宁可少造，决不滥造，宁可返工，决不冒充”的精细严谨，用“高于国内同类产品一个档次”的胆略气魄，卧薪尝胆、用心砥砺，创造了“连中三元，唯我浦沅”的神话；以发展祖国的工程机械为使命，用“湖南工程机械基地”的金字招牌为中国制造在世界的崛起奉献了自己的力量。

站在新世纪的大门前，浦沅更是以冲破封闭，向中心城市转移的大无畏勇气与壮士断腕的气概，大刀阔斧地进行了改革……

回首往事，我们愈发感到老一辈浦沅人创业之艰辛困苦；细细品味，愈发感到浦沅作为三线企业在共和国时空的经纬中沉淀出的历史价值。在过去，三线企业为祖国的繁荣强大、和平崛起作出了不可磨灭的贡献。浦沅为祖国的工程机械行业建设所作出的贡献，必将载入共和国的历史而永存。

这些年来，一些三线企业陆续改制或资产重组，这是社会发展的历史必然。“事非经过不知难”，在这个历史的进程中，老一辈浦沅人付出了巨大的牺牲，为改革的顺利推进作出了重大贡献。

茫茫世事，辈辈人生，能在同一片时空下相遇，已是一份情缘。我们浦沅人在大三线的建设中相遇相知，志趣相投，肝胆相照，那就更是人生的幸事了。

时过境迁，物是人非。对于许许多多浦沅人来说，顽强的拼搏，也许换来的是并不完美的结局；疲乏的生活，或已成为慢慢淡去的记忆。“浦沅”渐渐成为一些人心底里一张不愿再曝光的底片。

在今天，我们编辑这本《浦沅魂》就像是把浦沅的往事切开来，一段一段地品尝，那注入心底的一定不是苦涩的浊泪，而是沁人心脾的春风和满满的正能量。这就是我们组织这次建厂50周年纪念活动的初衷。

50年过去，一个早已改制的企业，一群改制后散居全国各地的离退休人员甚至是早已调离这个企业的人员，为什么还能执著而热情地自筹资金，来组织自己工厂50周年的庆典活动？这就是浦沅的魅力，这就是浦沅在我们心中的分量和地位。

我们编辑这本《浦沅魂》就是要给我们的子孙后代留下一页页可圈可点的历史，一篇篇可吟可诵的时代赞歌，一章章战天斗地的精彩，一笔笔可歌可泣的精神财富。我们要以自己独特的方式，用对祖国对企业的一腔痴情来追述历史，畅叙友情，激励人生。

浦沅人见证了三线建设的历史，浦沅的精神陪伴我们三线人成长；我们怀念浦沅精神来纪念岁月的流逝，我们要让浦沅精神永存心间！

浦沅厂、浦沅人的历史功绩永存！浦沅精神、浦沅魂永世长存！

我们总想在前言里把我们对浦沅的情感尽情挥洒，但此刻觉得语言是那么的苍白，好在本书中一篇篇浦沅的历史，是那么的有分量、那么的感天动地。

（执笔：熊株陵）

浦 沅 魂

三线精神

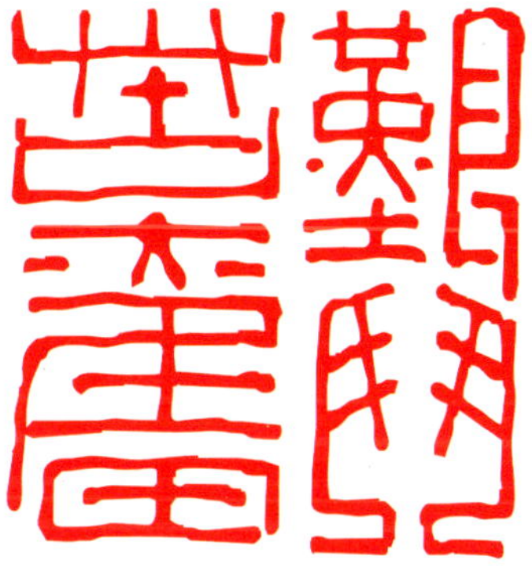

艰 苦 奋 斗

无 私 奉 献

团 结 协 作

勇 于 创 新

浦 沅 精 神

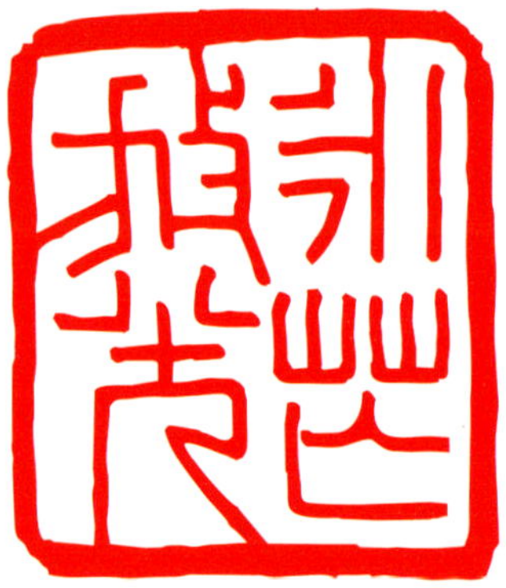

永 放 光 芒

目录

第一章 红旗漫卷樟树湾

第二章 敢教武陵谱新篇

第三章 为有牺牲多壮志

第四章 遍地英雄下夕烟

与日同辉

第一章

红旗漫卷樟树湾

樟树湾是幸运的，
它见证了浦沅人创业建厂的艰苦卓绝。
樟树湾是难忘的，
它承载了一代一代浦沅人永恒的记忆。

三线三献

献青春

献终生

献子孙

共和国的脊梁

赵菊芳

第一个10年，他肩负起党的嘱托，为工程机械烙上了“中国制造”；

第二个10年，他带领员工在同行角逐中，为“连中三元”打下扎实的基础；

第三个10年，他强化干群营销理念，在市场竞争的浪潮里“稳操胜券”。

这30年，他殚精竭虑，让工程机械之桩工压实机械起步于上海，让汽车起重机崛起在湖南。他励精图治，倾心打造浦沅工程机械总厂，实行沅江、湘江和黄浦江“三江两地”优势整合，以镒称铢，业绩非凡：

——主导产品武陵牌汽车起重机成为全国“四大家族”中的“新贵”；

——企业具备了年产中、大吨位汽车起重机2000台的能力；

——工厂国有资产积累达12亿元；

——“浦沅”从一个普通的大三线厂跻身于中国机械工业500强第142位。

他让湖南将“浦沅”引以为荣，他让世人对“浦沅人”刮目相看！

他就是我国工程机械先驱、原上海工程机械厂厂长、原湖南省浦沅工程机械总厂党委书记、厂长赵加胜。

1926年，赵加胜在江苏泗洪出生，16岁参加革命，17岁加入中国共产党，尔后随部队出征淮北、转战齐鲁、逐鹿中原、挺进豫苏皖。1949年4月23日，他随三野强渡长江，占领南京总统府。战役中他身负重伤，伤愈后留在新生的南京市人民政府任秘书科长。

1954年他北上任“一汽”财务科长。次年，他南下上海，接管由晚清爱国实业家张謇创办的新通贸易公司。

从此，他以“抚平战争创伤，看护红色政权”为己任，在共和国的经济建设，特别是工程机械开拓、三线企业创建中披肝沥胆、鞠躬尽瘁。

一、勇者的担当

赵加胜接手的新通贸易公司只是张謇麾下的一个分支。除贸易这一块外，仅有一个作业面积263平方米、装有11台金加工设备的简易工厂。

赵加胜觉得这不像他理想中的工厂。于是，他利用无数个夜晚，了解近代工业史，探讨张謇创业的轨迹。他敬仰张謇的“实业救国，敢为人先”，钦佩张謇的“勇于开拓，不畏艰难”。他觉得，新生的共和国正需要这种精神和勇敢。在这百废待兴的重要时刻，他立志学习张謇，挺身奋起，大胆创新，实业兴国。

从1955年接手新通至1960年，赵加胜五年迈出五大步。这五大步，体现了他的胆略，饱含着他的用心；这五大步，每步都超前，步步在实干。

他面向社会，广纳人才，择优聘用高级技术工人，将“能工巧匠”揽于旗下；

他积极促成小工场、小作坊和小公司的资产重组、公私合营，将原来的简易工场变革成隶属于国家一机部的制造业实体——上海新通机器厂；

他依靠骨干，先后在江浦路、兴隆街征地6378平方米，为企业发展拓宽场地；

他知人善用，把“能工巧匠”安排在车间主任、技术员、工段长和班组长的岗位，发挥其专业带头作用，打造一支过硬的职工队伍。

接地气的对话，
心与心的交流。
赵加胜和工人们在一起。

一身正气两袖风，
敢下苦海缚苍龙；
沥血呕心三线业，
铭刻浦沅人心中。

1926年10月15日，赵加胜出生于江苏泗洪县太平镇一户农民家庭，少年时代他勤奋好学、求知若渴，从小立下报国之志。

1937年抗日战争爆发，泗洪县是新四军敌后根据地，赵加胜积极投身抗日救国学生运动，16岁参加革命，17岁入党后被输送到刘少奇、陈毅、彭雪枫在淮北苏皖边区创办的抗日军政学校学习。

后来赵加胜被派遣到淮北抗日根据地新四军后勤部当秘书，随后北上在鲁南、鲁中和山东渤海区三分区委支前、打游击。

他给技术部门下了硬指标：三年之内开发出适合新通生产特点，且国家最需要的产品。

赵加胜要独树一帜，立志于“中国制造”，他不想长期做“配套”。

其实，新通的配套在上海还是做得风生水起的。仅为上海汽轮机厂配套的主导产品冷凝器一项，1958年产值就完成1350万元，是1957年的3 .5倍。当年还提前14天完成12项跃进指标，成为上海机电一局的一面旗帜。

但1960年，风云突变，赵加胜担心的事发生了。由于主机厂减产，新通的问题成堆：大量产品积压、资金周转停滞，工资发不出，任务滑坡，人心浮动……恰在此时，汽轮机厂自身难保，强行将冷凝器收回自制。新通雪上加霜，不得不“熄火停炊”。面对灭顶般的困境，上海机电局只得令新通调头，生产冲压设备、液压动力头和液压件，转为其他主机厂配套，工厂更名为上海电工机械厂。

这次突变，赵加胜备尝痛苦与艰辛。他对妻子说：“工人拿不到工资，比挖我的心还难受！”他暗自发誓：不能让悲剧重演！他一边按上级的决定进行生产部署；一边加快节奏，与技术人员研究适合工厂稳定发展的产品。

经过几轮会商，他们基本锁定了压路机和打桩机。当厂务会集体表决同意后，赵加胜底气十足地向与会人员亮出了自己的思想：“现在，我们只能生产这两种产品。今后，条件有了，还要生产其他的工程机械产品。一辈子把工程机械做好，也是值得的！”

他决心去一趟北京。行前，他向生产计划科唐宝麟科长交代：“老产品不能脱手，新产品要尽快上马。我去部里请缨，全力争取这两个产品，为厂里谋一条好出路。”

他毫不犹豫地登上了北上列车，直奔一机部工程机械局。在那个年代，很少见外地基层干部越级到北京汇报工作，更少见有人毛遂自荐、请缨领命的。局长刘赞平欣赏这位厂长的勇气和魄力。听完汇报，他请赵加胜发动职工做一个全面的可行性分析，交一份总体方案。

“门没关，就有希望！”赵加胜一阵暗喜，便马不停蹄地赶到大连和洛阳两家工厂，拿回了由苏联提供的导杆式打桩机和三轮压路机全套图纸。

很快，两个产品的专题研讨会召开。会上，赵加胜与技术科长金玉崑、车间主任郑岳昌、工程师代表于国忠等，就上桩工压实机械的可行性及所有技术准备方案进行了反复的论证和商定。20天后，一份有理有据的《可行性分析报告》出炉。

赵加胜将去北京请缨的情况向上海机电一局、重机公司作了详细的汇报。然后，二上北京报批。

时隔数日，他三上北京打探究竟，未果。此时，上海却传来消息，说他摊上大事：原来，机电一局认为上海电工机械厂不具备越级申报资格，给了赵加胜通报批评处分。赵加胜一丝苦笑。他没气馁，也不计较。他心里只认定一点：企业兴旺，便是王道！

虽然《报告》未批，但从赵加胜第一次见刘局长后，上海电工机械厂就在一机部挂了号。也巧，此时洛阳建筑机械厂试生产的三轮压路机出了问题，被部里严令停产整顿。机会来了，一机部立马选定徐州工程机械厂、福建三明重型机器厂和候补的上海电工机械厂同时试制这款压路机。

赵加胜深知机会难得，便亲自组织督战。金玉崑、郑岳昌、曹荣根、钱嘉明等业内精英踊跃参与，各自在其专业上领衔。针对洛阳建机的质量问题，他们对油泵重新选型，将压轮轮辐由铸件改为钢板压型、焊接等。天道酬勤，上海电工机械厂率先试制成功，且通过一机部工程机械局鉴定。7个月后再下一城，导杆式打桩机也试制成功。

赵加胜五上北京传来喜讯：一机部正式批准桩工压实机械定点上海电工机械厂制造！全厂上下，雀跃欢腾！职工群众奔走相告："我们终于有了吃饭的产品！"

1962年7月上海电工机械厂寿终正寝，上海工程机械厂隆重诞生！1965年2台铸有"中国上海制造"的三轮压路机第一次离开国土，驶入巴基斯坦；1968年，一台打桩机离岸上海港，闯进欧洲市场。

勇者担当，厂兴业旺。

二、智者的决断

1965年，国际形势波云诡谲，暗潮汹涌。面对战争威胁，毛主席、党中央果断启动战备机制，部署了史无前例的国防三线建设。

上海工程机械厂被列为搬迁三线的单位之一。从1964年10月的小规模迁移开始，至1973年新建三线企业浦沅工程机械厂验收投产，再到1984年"浦沅"完全融入市场。这20年的三线建设中，赵加胜的几次重大决断，浦沅人心悦诚服，交口称赞。

1964年10月，一机部指令上海工程机械厂将其液压件车间并入四川泸州通用机器厂，组建长江液压件厂，赵加胜毫不含糊，坚决支持。他积极组织，拟方案、抓落实。整个车间连书记、主任在内62人，21台设备，24天赶到四川，扎根泸州。1966年底，一机部又指令上海工程机械厂整体迁往泸州。这次，赵加胜犹豫了。他觉得部里这样决策欠妥：上海交通发达，制造成本低，效率高，信息灵，把得天独厚的优势甩掉，可惜。万一不打仗，国家损失会更大。他赶到北京要见部领导。他大胆谏言："工厂'一锅端''连根拔'不是上策。我觉得'四六开'比较好，40%留上海，60%迁三线。这样，三五年后我们可以同时交给国家两个发展中的工厂。"部领导仔细研究赵加胜提出的方案，认为他的提议更切合实际。于是，批准上海工程机械厂人员与资产的60%迁往三线。后来的事实证明：赵加胜的决断英明，20世纪70年代，两个厂分别被上海市和国家评为"大庆式企业"。

按照一机部的统一部署，上海工程机械厂要迁往泸州茜草坝。茜草坝临长江，傍大山，在这块22万平方米的土地上，分别由上海工程机械厂包建长江建筑机械厂，"北起"包建"长起"，"抚顺挖机"包建"长江挖机"，三厂并立，一字排开。赵加胜在建了一个车间后便叫停了工程。他说："新厂开建要考虑发展，一个厂平均只有7万平方米，今后向哪里发展？"他去找部里，要求"拔点"。

1967年5月16日，在一机部召开的专题会上，与会者同意：上海工程机械厂拔点，另择新址。

新址选在哪里好呢？根据"靠山、分散、隐蔽"的三线建设方针，一机部各处室有不同的意见：有的主张去西南，那里三线纵深；有的认为湘西门户常德是个好地方；还有个湘籍老干部，更主张去湘西雪峰山，他说："那里才是真正的大三线。"

赵加胜回驻地后一查：西南不妥，离上海太远；常德鱼米之乡虽好，但不确定属三线；雪峰山的水含放射性物质，交通不便，一年吃八个月杂粮，还要防麻风病传染。赵加胜看到这里自言自语："这怎么行？！"当晚，他茶饭不思，夜不能寐。子夜，他干脆坐在了靠椅上。随行的孔祥森说："怎么办？厂长。"赵加胜斩钉截铁："不行！明天一定要说服他们，西南、雪峰山都不宜！"

次日清晨，约谈时间未到，他们便来到部里。心神不宁的赵加胜在走廊里走过来，踱过去。这时，他突然看见了国家政策研究所墙上那幅巨型地图。他灵机一动，示意小孔赶快进去。他俩在地图上找到了常德。常德就标在二线和三线之间，那也可以算三线！接着，他拉着小孔求见国家建委主任，在一机部与建委的沟通协商下，部里终于批准同意将厂址选在了常德。后来到了常德，赵加胜才知道，沅江南属二线，沅江北属三线。浦沅工程机械厂就选在江北的灌溪公社樟树湾。

浦沅筹建的前三年，赵加胜一刻也没停止过对主

1949年4月23日，赵加胜随中国人民解放军第三野战军强渡长江。

赵加胜在排山倒海的"百万雄师过大江"战役中身负重伤，伤愈后在新生的南京市人民政府担任秘书处科长。

1954年，赵加胜二次奉命北上，担任长春市第一汽车制造厂财务科长。1955年，他再次南下，成立上海新通机器厂，后改名上海电工机械厂、上海工程机械厂，他一直担任厂长。

上世纪60年代初，毛主席、党中央果断启动了大三线建设的战备机制。1968年，41岁的赵加胜再次告别妻子和亲人，从繁华大上海走向湖南，开始了新的艰苦创业之旅。此为赵加胜和夫人李慧英合影。

导产品的选择和决断。常德至长沙没有铁路，物流以公路为主。200公里的单程，汽车过三条江、摆四次渡。晴天需六小时，雨天八小时，运输成本很高、工作效率极低。如按工厂设计纲领继续生产桩工压实机械，企业必亏无疑。赵加胜想到这里，当机立断：早准备，快转产！

不久，转产的产品确定了！1972年初，技术科长郑岳昌、副科长陈励青在进行考察后，正式向厂部提出开发试制液压汽车起重机。这是当时国家建设的稀缺设备，它具有自身驱动灵活等特点，极具发展潜力。赵加胜等领导成员与两位科长一拍即合，达成共识。

赵加胜立即赶赴北京向一机部提出转产。他还利用参加全国计划会议之机，争取国家经济计划委员会同意，把浦沅列入8 吨吊计划生产单位，获得了按“北起”图纸，用黄河底盘先期试制5台8吨吊的机会。

试制过程中，工程技术人员经过分析得出结论：黄河底盘重心偏高，承重强度不够，质量难控制。他们决定：这5台产品，上车在“北起”图纸上改进，底盘自己试制。赵加胜批准了他们的决定。很快，5台产品顺利试制成功。第二年，又成功试制了2台CD150专用底盘。

这批产品的诞生，标志着浦沅已成为国内同行业厂家既能生产底盘又能制造上车的唯一厂家。1973年，一机部正式批准浦沅工程机械厂成为汽车起重机定点生产厂。

后来有人说：“没有这次果断的转产，浦沅走不了那么远；如果不生产汽车吊，很难有浦沅日后的荣耀。”此话有理。

赵加胜作为智者，不仅体现在经营管理上的善断，在其他方面也照样讲原则，行事果断。1978年，“一批两打”运动在浦沅掀起波澜，刚调来的Y副书记负责领导和指挥这场运动：他主持召开了全厂“揭批”大会，隔离了个别中层干部。一时间，大字报、大标语满天飞，斗争矛头直指厂级领导！这时，帮派体系、地方主义、派性斗争开始抬头，人与人之间的关系日趋紧张，即将出现的混乱、分裂局面严重地威胁着浦沅这个年轻大三线企业的生命！赵加胜敏锐地察觉到局势的凶险，坚决果断地采取措施，扭转运动方向：他恳请上级领导调离Y副书记；停止了各种形式的揭批会；平息了群众斗群众的风波；稳定了职工队伍的情绪；维护了团结奋斗、抓革命、促生产的和谐局面。

十一届三中全会后，企业开始由计划经济向市场经济过渡，产品不再由国家统购统销，而是靠自己去市场上搞推销、找份额。在很多人还没有意识到形势的严重性时，赵加胜超前决断：他把沈奎元、吴蔚若、邬彩青、赵南山等人从供应科等车间、部门抽调出来，组建销售科，任命营销经验丰富的沈奎元为科长；他在1980年底浦沅首次面对产品销售困难时审时度势，组织六路人马，分别由厂级领导、中层干部带队，奔赴全国各地，寻找市场。这种前瞻性的行为当时在同行业乃至全国实属罕见，这种强化市场理念的决断，为后来的市场竞争打下了基础，开了个好头。

1980年底的市场“低谷”，给浦沅来了个措手不及。在面临从计划经济向市场经济转型挑战的关键时期，赵加胜的工作越来越忙，压力越来越大，身体健康问题也随之日益严重：过敏性鼻炎的加重，造成夜晚呼吸不畅，睡眠质量差；粥样动脉血管硬化、血脂高，造成大脑供血不足，从而出现大脑缺氧、易瞌睡的症状加重。为使赵加胜能以更好的身体状况迎接新的挑战，赵加胜的爱人李慧英不顾家庭经济上的重大损失，毅然提前三年退休，从上海来到浦沅照顾丈夫的生活。可赵加胜顾不了那么多，面对残酷的市场竞争，为了浦沅厂及浦沅职工的长远利益，他不得不考虑如何提高浦沅产品竞争力的问题。他想向长沙靠拢，那里是省会城市，能接触到科技前沿，且交通发达、信息快捷，可以弥补三线企业的先天不足。有可能的话，他还想把浦沅的触角伸进上海。那里是国际大都市，更前沿、更发达。他要让湖南和上海联手，共同把产品做精，把浦沅做强做大。他的想法得到了党委一班人的赞同和拥护，大家把他的想法冠以一个时髦的名字，叫“战略转移”。他当即指示办公室向省长写信，请求省里同意并支持。后来，他还把酝酿成熟的战略转移方案向中国机械工业部重型矿山总局作了详尽的汇报。

机械工业部矿山总局于1983年3月致函湖南省机械局：“为进一步发挥浦沅优势，有利于与国外厂商合作，把汽车吊质量、品种、数量搞上去，建议在长沙市选点建立浦沅工程机械总厂。”

湖南省机械工业厅接到部里来函，随即由厅长黄卯生向省政府主管领导汇报，并物色长沙市冶金局下属单位长沙新中机械厂作为联合企业。湖南省副省长俞海潮于1983年9月14日专程到常德与地区有关领导商量协调浦沅在长沙设立总厂有关事宜。

1983年12月19日，浦沅与长沙新中机械厂实行跨地市联合，浦沅工程机械总厂成立。

常德浦沅划属为总厂常德底盘分厂，长沙新中机械厂经技改后划属为生产上车部件的起重机分厂。汽车吊底盘在常德完工后，按技术规范跑车磨合200公里，在长沙安装上车，经油漆调试后入库。这种布局减少了路途的重复运输，较大幅度地降低了成本，增强了产品的竞争力。

1983年底，浦沅又与上海市松江县洽谈合资兴办浦沅上海分厂，并达成协议。1988年4月20日，浦沅工程机械总厂上海分厂建成投产。

至此，赵加胜谋划的用沅江、湘江、黄浦江作纽带，以常德为生产基地、长沙为研发中心、上海为经营窗口的“三江两地”生产经营格局胜利完成，它为后来的“高点引进、高点起飞”，为浦沅日后的发展壮大奠定了坚实的基础。

智者决断，云开路宽。

三、德者的践行

从抗日战争、解放战争走过来的赵加胜认定一条：老百姓是天！他始终坚持爱百姓、靠百姓，为老百姓办实事。

筹建头几年，工地事务多，有些人春节需留在工地值班。刚离开上海到三线过第一个春节，赵加胜担心他们不习惯，便主动留了下来。他说他喜欢与他们打成一片。大年初一，留在工地上的人员林春根、沈奎元、葛昌宝、郑岳昌、钱阿大、倪俊、张水鸿、吕和生、沈功卿、安占儒、薛悦兴、应理国、董静芬，加上浦沅第一批支内青工团队（职工子女）葛仲义、郑益民、王金兰等，相邀去赵加胜的临时工棚，给厂长拜年。赵加胜特高兴，拿出花生招待大家。27人挤坐一起，笑声不断。这时，林春根即兴当起主持人，提议来点节目表演。大学生安占儒自告奋勇，首先唱了一首诙谐好听的东北民歌《过大年》，引发一阵阵掌声；上海知青方建平唱了一支刚从老乡那里学来的湖南民歌《浏阳河》；张选忠拉起二胡独奏曲《草原上的红卫兵见到毛主席》；参与锻工工艺设计的薛悦兴，用他那带有磁性的男中音唱起自编歌曲：到湖南去，到常德去，到祖国最需要的地方去……

如今健在的浦沅元老，还有“浦二代”们回忆起近50年前与赵厂长欢度春节的这段往事，心里仍感亲切温馨。

赵加胜关心职工疾苦如三月春雨，润物无声。车间电焊工小杨，女儿患先天性软腭裂，饮食困难，说话漏风。夫妻俩愁肠百结，压力山大。一次午休时，小杨在《人民日报》上看到一篇报道：上海第九人民医院一位姓赵的主治医师，在美国成功地为病儿治好了软腭裂。从中他了解到孩子5岁是最佳治疗时机。当时国内仅有3家医院能做此手术，但治愈率超过80%的只有上海九院。孩子快5岁的时候，小杨去上海出差，

赵加胜带领筹建人员准备在这块荒芜的土地上演绎一场三线建设的“人民战争”。

1969年3月，常德县组织起浩荡的农民大军奔赴樟树湾开始“三通一平”。

赵加胜和筹建组人员合影。

赵加胜回忆起当年的情景曾不无感慨地说：常德县的农民兄弟真是令人感动，参加浦沅的“三通一平”他们没有提出任何困难和额外要求！

智者决断，云开路宽。

1968年3月，筹建组在常德落路口、石板滩、德山、桃源、灌溪等47处踏勘，选择浦沅建厂地址。

他到九院一打听，手术已预约到5年之后。小杨急了，赶忙托人想办法。然而，九院管理特严，小杨只得失望而归。

一次偶然的机会，万般无奈的小杨鼓足勇气向厂长赵加胜倾诉了这一不幸。赵加胜听后沉思良久，说：“孩子眼看要上学了，成年后还要恋爱、结婚、生子。这个病不治好，今后日子怎么过？”赵加胜虽无把握，但他还是爽快地答应了小杨。他不忍心看到自己的职工被逼得走投无路！

小杨走后，赵加胜拨通了妻子的电话，他妻子在上海从医，他希望她能找到办法；之后他又与北京、南京、上海的老战友通了电话，他请他们寻找能向上海第九人民医院求助的线索。终于有一天，他找到当年在南京住院时认识的一位医生，在他的帮助下，从上海华侨医院争取到一个手术预留指标。小杨带着女儿很快住进了华侨医院。第二天，经过两个多小时手术后，小女孩被推出了手术室。当嘴边还冒着血泡泡的女儿见到小杨时，破天荒清晰地叫了一声“爸爸”，欣喜若狂的小杨霎时脑门发热，血压升高……殊不知，这一声“爸爸”，小杨苦等苦盼了五年啊！

小女儿，挺争气，拼音发音特标准，小学一期语文期末考试拿满分！喜悦与感激无法用语言表达，小杨跑到女儿教室外连翻了几个“倒跟斗”。

每次谈起老厂长对自己绝渡逢舟的关爱之恩，小杨双眼总盈满感激的泪。

1976年9月23日晚，一场支援唐山抗震救灾，抢战40台8吨汽车吊的“战役”正如火如荼地进行。突然，结构车间告急：一起重大工伤事故导致两名职工被浓硫酸严重灼伤，生命垂危！赵加胜闻讯后急令职工医院不惜一切代价，迅速组织生死营救。医院紧急招来两辆救护车将伤者王永友、郭德秋急送常德地区医院抢救。由于浓硫酸渗透太快，造成伤者皮肤灼伤部位细胞顷刻坏死，尽管全力抢救，二人伤势仍然严重，医院开出了病危通知单。

赵加胜心急如焚。他立即与潘学志、庄春根、汪正东等厂领导紧急商定：全力以赴，以最快的速度送伤者去上海救治。很快，常德、长沙和上海全面紧急启动，联系医院、床位，机票、护送和接机等一道道难题迎刃而解，一件件事情落实到位。10月5日下午2时，长沙大托铺机场直飞上海的专机被拆去机舱舱门和舱内两排座椅，担架顺利登机。下午5时，当专机在上海虹桥机场徐徐降落时，由上海工程机械厂组织的两辆救护车迅速靠近舷梯，两位伤者被分送至瑞金医院和中山医院。经过两个多月的对症治疗和精心护理，两人伤情逐渐稳定。

为了让病人能在上海定期复诊，赵加胜与上海老厂领导协商腾出两间临时房让病人和家属暂住，并委托原支内办主任孔祥森等定期走访、了解病人情况，及时帮助他们解决生活用水、电风扇和窗式空调等养伤必备品。赵加胜对妻子说：“这次工伤事故，我有不可推卸的责任。我们要尽最大的力量尽可能多地去关心照顾他们。”

赵加胜一言九鼎，他这样说了，也这样做了。

时光荏苒，光阴似箭。1997年11月，在离休13年之后，赵加胜应浦沅总厂领导王贵仲之邀，重新踏上了让他魂牵梦萦的樟树湾。当时办公室早已在常德宏达宾馆为赵加胜定了一间客房，计划每天接送。然而，当司机要送他去宾馆时，却遭到他的再三婉拒。王贵仲一再劝他：厂招待所太简陋，又临街，白天晚上汽车的噪音很大，很难休息好。他却坚持说：住自己厂招待所进出方便，减少麻烦你们。王贵仲后来在他的《德者永存》一文中这样写道：“他舍弃自己的舒适，身体还不好，却要减少对别人的麻烦！如此执意，完全把自己定位于普通退休职工，而非浦沅功臣。”

旧地重游，赵加胜感慨万千。这里的一草一木，无不凝聚着他的思念。他深深眷恋着这块土地。他走遍了当年的冷加工区、热加工区、制氧站、变电站、小工厂、生活区。那两天，天气寒冷，时有小雨，却挡不住他的脚步。他每到一处，不断驻足、不停交谈，需陪同者不断提醒他往前走。他怀念昔日共同工作生活的老职工，他很想知道现在的他们过得怎样？神情里，话语中含着满满的牵挂与关心……

在离开常德前的那天晚上，赵加胜很慎重地向王贵仲提出了一个建议，他说：“我仔细看了一下生活区通走廊的房子，在每栋的北面，每户增加一个辅房，用作卫生间和厨房，把职工每天倒马桶的麻烦解决掉。现在工厂困难，两方面抬：个人出一半，工厂负责一半。”此刻，他心里牵挂的还是老百姓。

德者践行，温暖民心。

从樟树湾回来的第二年即1998年10月26日，这位为共和国经济建设呕心沥血的新四军老干部赵加胜同志因脑溢血溘然长逝，享年72岁。

人们以各种方式来追思这位令人敬仰的好书记、好厂长：有的称其为“民族实业家”；有的说他是“三线建设之先驱”；还有的称他为“耀眼的企业明星”等等。

还是鲁迅先生说得好：“中国自古以来，就有埋头苦干的人，就有拼命硬干的人……他们是中国的脊梁。”

鲁迅说的中国之脊梁，就包括了赵加胜！

丰　碑

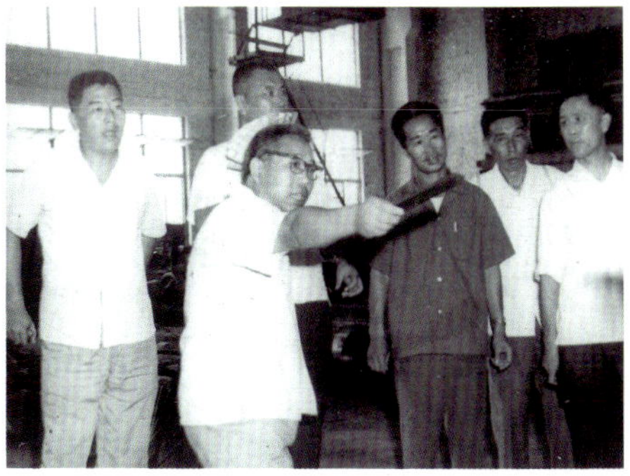

这是浦沅人都熟悉的车间场景。它彰显的是领导干部求真务实的作风与精神。

这是一张浦沅人都熟悉的经典照片。它定格的是浦沅的创业者们为国分忧、艰苦奋斗的风采。

美化环境，扎根三线。

紫气正东来

徐庆华

无限风光在险峰。

“要让大家团结一心，视厂如家。”

说说三线的苦与乐。

1970年，刚过不惑之年的汪正东翻开了他人生新的一页。有着二十多年党龄、从华东解放战场一路走来的上海工程机械厂干部汪正东受命赶赴湖南常德，参与一家三线企业的建设。于是他振奋精神，拍打掉“文革”散落在身上的尘埃，清洗了莫须有的浊泥污渍，义无反顾地举家奔赴千里之外的新战场。他以自己的勤劳智慧和对党对人民的忠诚，在祖国三线建设史上留下了光辉而浓重的一笔。

一

绝大多数被批准光荣支内的员工及家属们根本不知道地处常德的这个浦沅厂何许模样。不久，首批支内职工奔赴那里，许多青年工人满怀憧憬，结伴而行，开开心心坐火车到了长沙。感觉不错，“与上海相差不大嘛！”第二天清晨，他们搭上厂里的敞篷卡车，沿长常公路西进，跨湘江渡口，渡益阳资江，近十个小时后终于风尘仆仆、蓬头垢面地到了常德。大家一瞧，常德还算得上是个小城市。甫一心定，不料又被告知，还得出常德西北沿常澧公路走13公里。正疑惑间，卡车“吱”的一声，在一个叫灌溪公社樟树湾的地方停了下来。大家四面环顾，心凉了一大截。除了孤零零的临时木扎牌坊和四栋单身宿舍外，几乎全是杂乱的工棚和一片荒芜的红土坡。夕阳残照，大家沮丧极了，一个年轻的女工当场哭起来了。大家在心里问自己：难道我们要在这里干一辈子吗？“是啊，这是我们必须认真解答的问题。”这个沉甸甸的问号在汪正东的心头已经无数次涌现。

他是浦沅筹建领导小组副组长，后来成立党组织，他任厂党委副书记，分管组织人事、思想宣传、党务群团等。从踏上这个岗位开始，他就面对如何稳定员工思想情绪、带好这支几千人队伍的问题。他感到肩上担子重似千斤。

当年，浦沅的建厂方针是“边基建、边搬迁、边生产”，恰恰没有提员工生活安排和文化建设。但是，汪正东心里比谁都清楚，要想稳定支内职工、留住当地员工，除了积极创造生产、生活的条件外，更重要的是注重企业文化建设，增强凝聚力，让大家团结一心，视厂如家。于是，在汪正东的组织和策划下，年复一年，一项项企业文化建设项目随着生产建设的发展相继开展起来了——

浦沅有线广播欢快地响起来了；

露天电影放映场终于搬进了影剧院；

员工和家属有了漂亮的职工俱乐部；

足球场、篮球场成了大家的好去处；

浦沅文学艺术界联合会挂牌活动了；

散发着油墨香的《浦沅报》创刊号出版了；

浦沅有线电视台连接了家家户户；

浦沅职工思想政治工作研究会发布论文成果了……

汪正东虽外貌普通，但谈吐接物，颇有儒雅书卷之气；虽学历不高，然睿智机敏，多才多艺。他充分发挥自己的特长，运用寓教于乐的方式，让厂工会、党委宣传部积极配合全厂中心工作，开展层出不穷的职工文化活动，让大家如沐春风，乐此不疲：每年春联比赛、舞龙表演、浦沅年度“十件大事”评比、元宵灯会、猜灯谜、球类竞技、划龙舟、歌咏大会、中秋赏月晚会、迎春团拜等等。汪正东每次都身先士卒，亲自安排、积极参加。他带头写诗词、作春联、搞篆刻、赏书法，与大家一起研究《浦沅报》版面设计、电视节目编排。

每次组织活动，或担任评委，或作现场指导。他常常笑眯着眼，对大家说，人是要有一点精神的，企业更要有自己的文化建设。我们这么个大厂，有这么多员工，特别有许许多多支内职工群众，离开大上海，来到内地，要稳定和谐，不容易呀。我们要创造良好氛围，使人有“家”的感觉。大家认可了自己的生活环境和生活方式，就会安定团结、齐心努力。

春风化雨，润物无声。传承几代人的浦沅精神正是从那时在人们心中慢慢培育、牢牢扎根的。

二

汪正东是一名党员干部，又是一位诗人。他写诗常常是工作的别样思考，是生活的艺术感悟，是心灵的情感聚焦，是学习的轨迹刻划。日积月累，到他离休之时，作品竟能汇集线装成册，题名《汪正东诗词》，一律宋体亲笔誊写，竟像铅印似的。

1990年暮春，一位老者迈着矫健的步伐，由儿女陪伴着，踏上黄山小径。游了阔别故土的眷恋，家乡翻天覆地的巨变，让他情不自禁地铺笺挥笔，填词寄怀。这是汪正东在离休之前的故乡行。他兴趣盎然，一路上写了许多诗词。其中一首《浣溪沙·忆战友》写道：

仰忆“芙蓉”洒血痕，纸思“辅坦”卧忠魂。
当年战友几人存？
示女须知山蕨贵，问儿不解臭干珍。
人间品味在精神。

此处的“芙蓉”“辅坦”是指当年的战场。汪正东离家投身革命逾四十三年，故地重游，情意切切。当目睹家乡巨变，他竟“万千感慨抚霜须”（汪正东《故乡行》诗句）。他访问了当年阵亡战友的家人，心中怀念着革命前辈不畏牺牲的战斗精神。他深知，正是先辈们的奋斗才有了今天的新中国，但是为何现在有人不理解当年革命的艰苦历程，不珍惜来之不易的大好形势？汪正东借景抒情、以物喻理，饶有兴趣地重提“山蕨”“臭干”等被新潮人物不齿的普通百姓食物，郑重地提出“人间品味在精神”。他认为要重塑社会主义价值观，不应当虚无主义抛弃一切，要继续保持艰苦朴素、努力奋斗的优良传统。这就是汪正东，一个革命老干部在社会大变革时期对革命传统的新理解和再思考。

辛未中秋（1991年）之夜，汪正东有心赏景，却无缘见月。只见天空阴霾，重云密匝，不由触动心绪。他联想到苏联、东欧剧变与我国改革开放的艰难前途，浮想联翩，夜不能寐，思绪所至，提笔写就了《水调歌头·辛未中秋重云遮月有感》：

佳节问明月，何事不开颜。莫非他域光景，勾忆旧人间。工望宵空画镜，农望长天画饼，财主看银元。奴眼九州月，不及美欧圆。

探南湖，追延水，照新天。春晴秋雾，多少圆缺伴悲欢。金饼香甜易腐，桂酒香浓易醉，防病雪霜前。既抗西风烈，尤重北风寒。

这首《水调歌头》在浦沅报上发表后，引起了许多员工群众的兴趣和关注。浦沅报社为此还专门配发了专栏文章《明月总会照环宇》予以解读。为配合形势教育活动，厂党委宣传部还组织了一次国际形势讲座，介绍有关苏联、东欧剧变易帜情况及其背后深刻的政治原因，让更多的人去了解、关心形势，明确方向，坚持我们改革开放的大方向始终不变。这就是汪正东，一位长期受党教育和培养的基层领导干部的忧患意识，一名老共产党员永远与党和人民同心同德的政治情怀。

三

随着生产的发展，浦沅的建设初具规模，日臻完善，这个大中型的工程机械企业巍然矗立在湘西北的常德市郊。工厂越来越大了，汪正东手中的权力也越来越大。然而，汪正东却越加谨慎。他在家中时常告诫孩子：爸爸手中的这一点点权力，是公家的，绝对不可用

春风化雨，润物无声。

别样思考，诗人情怀，扎根三线写人生。

人间品味在精神。

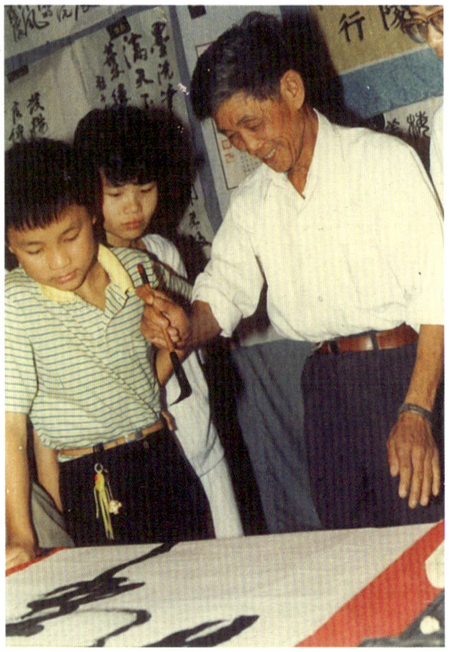

挥毫落笔如云烟。

困难户里送温暖。

集思广益，别开生面。

来谋私，你们要格外明白。一天，女儿汪一经随口对他说：老爸，科室支部的小聂是澧县人，他的爱人是当地一小学的老师。孩子小，夫妇分居两地太辛苦了。他要我跟你说说，想把他爱人调进浦沅子弟学校来。汪正东听后，想了想说：浦沅子弟学校正需要增添师资力量。这样吧，你要他写个请调申请，如实介绍一下他爱人的工作情况，供我们研究。

不久，小聂的爱人果然顺利地调入浦沅，还当上了子弟学校小学部一个班的班主任。小聂找到一经，连连道谢，表示要上门谢礼。一经连忙摆手说，不可不可，我老爸早就在家给我们立过规矩，禁止我们收礼。若要送礼，一律不办，办好的也要退回去。小聂自言自语说，现在托人办事都兴送礼，哪有送了礼反而不办的！一经说，我老爸跟我说起过，你爱人在原学校还是个教师骨干，浦沅的发展需要她，所以就这么快地把她调进来了。

一经曾说起过她父亲的清廉，说老爸特别谨慎小心。本来像他这样手中有点权的人，头脑活络一点，早就发了。但他一板一眼，不越雷池一步，恪守清贫，不以为苦，反以为荣。

改革开放后，国家经济体制由计划经济向社会主义市场经济转型。浦沅厂顺势而为，主动组织销售力量四处出击开拓市场。1981年7月全厂六路人马跋山涉水，宣传产品，联络用户。汪正东带领一路人马前往西南云、贵、川推销汽车吊。出发时他们带上一些洽谈业务、招待客户的公家香烟。汪正东的烟瘾很大，出门时间一长，自备的“私家”香烟就告罄。但汪正东宁可一路买各地杂牌香烟，从不打这批公家香烟的主意。两个月后，全队完成推销任务返厂时，汪正东特地关照同去的干部，将剩余的14条业务香烟上交给销售处。

1995年，他在体检时发现有疑似病灶，领导十分重视，派人送他到长沙湘雅医院做进一步检查。他到达医院一打听，离休干部贵宾病房一天要几十元，就坚决不同意。其实所谓的贵宾房只是单人间标房而已。但汪正东说，我只要四人一间的就可以了，一天只要8元，能为厂里节约一点是一点。厂里只得请医院一名副院长来做工作，汪正东才勉强住进贵宾房，三天后他坚持出院了。第二年，他罹患恶疾，一病不起，住进医院。在病中，他给孩子交代身后事说，丧事一定要简办，不要麻烦别人，不要增加厂里开支！他关照孩子们，在他死后不得以任何名义向厂里额外要一分钱……

一滴水照见阳光，一件事显现品行。讲到这些事例，有人感动地说，人说好干部一身正气，两袖清风，汪正东别说两袖，连两“裤腿”也是清风呀。

四

汪正东作为一名基层领导干部，长期从事组织、人事工作，十分重视人才。浦沅有位青年干部，有干劲、有思想、也有些才气。由于在“文革”初期不谙事理，非议时政，写了一些不合时宜的牢骚文章。组织上将他内定为不可重用的对象，不发展入党、不提拔职级。直到“文革”结束，在全国平反和清理档案工作中，厂组织部门才给他当面销毁了那些不该进档案的材料，并正式向他表达了歉意。在汪正东的过问和关心下，这个干部进步很大，入了党，还提拔为中层干部。有人表示这样的干部思想复杂，没有与党同心同德，不应提拔重用云云。汪正东力排众议说，“文革”搞乱了人们的思想和正常的政治生活，在那样的政治环境下他能表达自己的意见，这很不容易，说明他有一定的觉悟，这样的同志应当大胆使用。后来这个干部在工作中确实也发挥了很好的作用。

汪正东的理念是：浦沅要发展，人才是基础，教育要跟上。凝聚人才，必须狠抓教育。所以，浦沅厂的教育培训一直是他工作重心之一。浦沅的教育从无到有，从小到大，渐渐做大做强起来。浦沅职工子弟学校、浦沅技工学校、湖南电视大学浦沅分校、湖南省机械工业职工大学浦沅分校等，在全省工矿企业教育系统都颇有名气。十多年内，这些学校一茬茬的毕业生崭露头角。有些高中毕业考进了湖南甚至北京、上海的名牌大学。许多技校生成了生产岗位的好手。一批电大、工大毕业生走上了浦沅的技术岗位，为产品的开拓升级发挥了骨干作用。为了浦沅的教育系统，汪正东煞费苦心，动足了脑筋。其间，汪正东“三请”管谟贤，求“贤”若渴的故事颇为感人。

管谟贤是华东师大中文系1968年毕业生。1970年分配到浦沅，一直在车间劳动锻炼。这位来自孔夫子家乡的文科高材生既有浓厚才气，又有山东汉子的耿直。当年初建子弟学校，汪正东亲自约见管谟贤，请他出来担纲。管一口拒绝，说，我这个知识分子臭老九还没有改造好呐，可别误人子弟！管谟贤硬是不肯。汪一时火起，当着众人面批评说，党在困难时候要你多做些工作，你不干，这就是知识分子的臭毛病，要好好改造。管不示弱，脱口说，我们一起去改造，看谁先草鸡！汪气得一拍桌子，拂袖而去。当天中午管谟贤想想自己确实不妥，下午便主动找到汪正东诚恳道歉。汪正东也坦陈自己不冷静，说话太重，不注意方式。于是双方握手言和。但管谟贤还是只同意上讲台教书，坚决不挑头。事后汪正东笑着说，动员知识分子一起干事得慢慢来，帮他们解决实际困难，让他们把心里怨气去掉。这可谓一请。“文革”尚未结束，毛泽东又发起“评法批儒”运动，说古论今，引经据典，大家云里雾里。厂里宣传科准备给干部讲课，还要翻译宣讲柳宗元的《封建论》，却无此专门人才。汪正东掐指头又想到了管谟贤，于是亲自到学校与管谟贤协调，终于商定把他“半借调”到宣传科（既要在学校上课，又兼顾宣传科工作）。这算是二请。粉碎“四人帮”后，一切走上正轨。工厂发展更快了，子弟学校也越办越大，需要有更懂行的人来当校长。汪正东又到学校找管谟贤，压担子，请他当校长。管谟贤仍不同意，想调走。但汪正东还是一脸正色地说，只要你在浦沅工作一天，你的担子还是要压的！我给你配一个好助手吧。后来，在管校长的领导下，浦沅学校的教学搞得风生水起，有声有色，名闻遐迩，年年被评为浦沅厂和常德市教育系统的先进单位。此后几十年了，管谟贤撰文写回忆录，仍深情地称汪正东是他难以忘怀的浦沅老领导之一。

五

夕阳西照，晚风拂面，汪正东一身湘西风情的老农打扮，蓑笠皂衣，鱼篓钓竿，优哉游哉回到厂生活区。有人打趣地问他：老渔翁，钓到多少鱼呀？他哈哈大笑：离休后我真的成了洞庭钓翁啦。我来日无多，从不计较啊。1997年汪正东不幸病逝，走完了他的人生道路。当年他离开家乡加入皖南游击队时才17岁，20岁正式参加了人民解放军。1957年他从青岛海军某部转业到上海工程机械厂工作。1970年他受命奔赴湖南三线建设的新战场。27年后，他溘然离世。根据汪老的遗愿和家人的意见，他的骨灰一部分撒在浦沅——他所钟情而为之奋斗的土地上，剩余部分由女儿汪一经安排，与他的元配夫人一起安葬在安徽黄山家乡，魂归故里。2004年，汪一经又不辞辛劳，将双亲灵柩迁至上海永福园。“我定居在上海，怎会将双亲留在安徽呢？上海是他们的第二故乡呀。”汪一经说。其拳拳之心，溢于言表。

汪老逝世的消息很快传开，也传到了上海，这个二十多年前他亲自带队出发建设浦沅的地方。相识相知的人们都为之感到震惊和难过。噩耗传到了曾是汪正东的老部下那里。他难过之余，便翻出当年调离浦沅时汪正东亲笔书写的临别赠诗《五律》：

沅水向东流，送君正火榴。
来时行虎路，归日舞龙头。
曲折身心健，艰辛笔墨道。
申江天地阔，此去志将酬。

这首诗，他不知读了多少遍。现在诗尚在，人已

浦沅人自己设计建造的小花园：小径通幽，假山玲珑，花廊回环，围墙透迤……具狮子林的风骨，有退思园的风韵。汪正东将其命名“晚晴园”并题字。

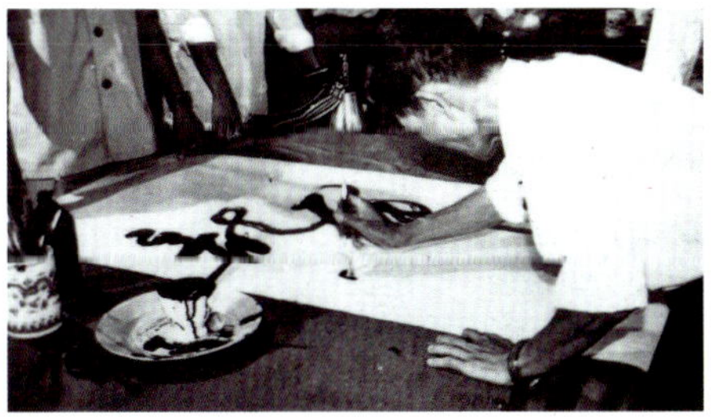

笔走龙蛇惊风雨，白纸黑字写人生。

欢庆六一儿童节，雏凤清于老凤声。

“五十”画·说

王家齐

这里是常德灌溪公社樟树湾。1968年8月，由赵加胜率领的9人筹建小组就驻扎在这里。

支内职工响应党的号召，离开大上海，在这里创建三线企业，让党中央和毛主席放心。

这个企业叫浦沅。浦江、沅江，两江合流，两地携手，象征着沪湘人民情谊长长久久。

走，阴阳相隔，天各一方。如今抚诗思人，不觉悲从中来。联想到汪老的音容笑貌，汪老的生平业绩，汪老的高风亮节，他情不自禁地提笔写就悼词，并轻轻诵读起来：

汪老正东　吾师吾长
建设三线　携家别乡
浦江滚滚　沅水泱泱
鞠躬尽瘁　勤勉榜样
一身正气　风高节亮
卅载奉献　众人敬仰
魂归故里　功留三湘
日月有情　思念无疆
……
呜呼哀哉　伏惟尚飨

读着读着，他的泪水不觉流了出来。

服 从

守 职

创 造

浦沅工作作风　　汪正东刻

浦沅史话

熊株陵

一、搞好三线大建设　车轮滚滚赴常德

浦沅弹指五十年，三江创业史无前。
英雄业绩说不尽，浦沅史话道甘甜。

话说1968年8月22日，虽说立秋已过，但天气依然十分燥热。在上海开往长沙的火车上，一位胖胖的中年人神情凝重，他似乎一直在思考着什么。他就是上海工程机械厂厂长赵加胜同志，此行，他带领一个九人小组，要到湖南一个叫常德市的地方筹建一个新的工厂……

老赵的思绪回到了1968年3 月下旬第一次到常德的情景。他们从长沙驱车五六个小时，到了一个叫德山的地界，据说这里已属常德管辖。根据老赵的想法，他很想把厂子安在这儿，因为这里工厂较多，又临近常长公路。但当时的广州军区划定沅江为大三线的界线，厂址必须过沅江。汽车在沅江边等待过渡时，老赵望着滔滔沅水，他深知一江之隔，将给工厂的建设带来多少困难!

汽车过沅江，穿过常德市简陋的街道，出西北是一马平川的良田，往前走了十来公里，地势陡然升高了几米，老赵他们开始兴奋起来，因为他们知道，只有进入丘陵才有选址的可能。

几经勘察、论证，上海工程厂考察选点小组，将新厂地址选在一个叫樟树湾的地方。回到上海，经过紧张的动员与筹备，老赵便带领先遣小组风尘仆仆地开赴湖南，翻开了浦沅筹建史的第一页。

一声汽笛，将老赵从沉思中唤醒……火车穿过江西到达湖南境内，望着湖南的山山水水，想到此行是来落实毛主席关于“三线建设要抓紧”的伟大号召，亲手建设毛主席的家乡，老赵不觉心头一热……

这正是：三线建设新天地，风尘滚滚豪情激。

二、停车坐爱樟树湾　沪湘联谊育“浦沅”

备战备荒为人民，三线建设献红心。

洞庭沃土育明珠，樟树湾里升新星。

老一辈村民说，当年的樟树湾内，樟树郁郁葱葱，遮天蔽日。1958年大炼钢铁的炉火吞噬了葱绿的樟树，留下了满目苍凉。

当年，老赵他们的选点小组弃车从步，登上这缓缓的山坡时，只见一条人工河将山坡劈开，公路与河之间仅500来米。有人说，这儿地域太狭窄，似乎没有伸展拳脚的地方。但老赵在河边用脚步丈量了一番，目测了河对岸地势的概貌，一个大胆的方案在他头脑里闪现：这条人工河虽然分割了连片的丘陵，但也是一道天然屏障。假如将生产区和宿舍区以河为界分开，岂不是为管理创造了便利条件？况且，这河也是一道现成的“避震沟”，可以把将来锻压加工的冲击力对金加工的影响大大减小啊……

老赵把自己的想法和盘托出，大家顺着这条思路议论开了，越议论思路越清晰，越议论情绪越亢奋……老赵最后说了句心里话：我的意思还是别往前走了，越走离城市越远了，将来会有许多麻烦事。

正在兴奋之际，有人说，我们给未来的工厂起个名吧，这是一个新话题。当时正值“文革”时期，社会上命名流行“红卫”“红兵”“卫红”什么的，大伙一致认为这些名字都太俗，我们一定要取一个叫得响，新颖别致的厂名。

不知是澌河的水给了大家灵感，还是为毛主席“三线建设要抓紧”的号召所激励。赵加胜说：“重庆有个上海支内厂叫浦陵，即从黄浦江迁到嘉陵江，我们从黄浦江迁到沅江，就叫浦沅，怎么样？”

于是，一个响亮的厂名“浦沅”诞生了。

1968年7月24日，国家第一机械部正式下发军密字第865号文，批准筹建浦沅工程机械厂。（常德浦沅的电报挂号7240也是为了纪念这个特殊的日子。）随后考察小组又对常德地区交通运输、能源、基建施工力量等情况进行了详尽考察。

1968年10月18日至21日，在当时常德最大的酒店——常德大饭店，召开了由国家一机部主持召开的浦沅工程机械厂总图布置审查会议。

1968年11月9日一机部以（68）1305号文批复了浦沅建厂的设计方案。

这正是：樟树湾幸遇知己，浦江沅江结连理。

三、“三通一平”大会战　“两桥一塔”攻难关

机声轰鸣惊兔獾，人声鼎沸大会战。

喜看红旗翻卷处，千年荒丘平展展。

1969年3月18日，春寒料峭，沉寂多年的樟树湾突然热闹起来，2300多名民工和施工人员在常德县的统一组织指挥下，开进浦沅工地，打响了“三通一平”大会战。

为加快施工进度，生活区土地平整由民工进行，生产区土方由湖南省机械化施工站承担。

顿时，澌河两岸，红旗招展，机声隆隆，人来车往，一派生机勃勃的景象。

由于浦沅跨河而建，解决桥的问题便首当其冲。设计中的桥梁保证了人车分流：人行桥为单拱，载重四吨，是职工上下班通道；公路桥为三拱实腹式。两桥分别于1971年2月和1970年4月竣工。从此，两桥飞架为单调平缓的澌河增添了一抹亮色。

为保证工厂电力供应，1970年7月德山至浦沅的110千伏供电线路开始施工。在最紧张的施工时刻，工地上所有的浦沅职工不分职务、不分老少，每天出动几百人拉电线，仅用三个月便完成了26公里供电线路的施工安装。

1971年，30多米高的150立方米水塔建成，成为一个引人注目的浦沅标志。管道班的几名青工在技术人员

为了让毛主席睡好觉，浦沅人苦心孤诣，制定了“边基建、边搬迁、边生产”的建厂方针。

上海工程机械厂积极支持三线建设。他们把最优秀的领导、骨干和技术工人派往浦沅。

推土机的轰鸣打破了樟树湾的宁静。浦沅人从此走上了艰苦创业的拓荒之路。

工地上随处可见的是这种简易工棚。浦沅人上班、吃饭、洗漱、睡觉都在工棚里进行。

这是1969年11月的工地：4栋单身宿舍即将封顶；老5栋家属宿舍过了“正负零”。

这是正在修建的人行桥。渐河两边是占地近103.2万平方米的生活区和生产区。

的带领下，发扬“小老虎”精神，独自完成了水塔管道的安装任务，为此《湖南日报》当时曾发表过专题报道。

通了电，浦沅工地便充满了活力；通了水，浦沅工地则充满了生气。路平了，桥通了，人们便看到了浦沅建设的实实在在的功绩。

公路桥的东侧一带，现在的子弟校范围内，当时成了浦沅的中心。虽然仅有的建筑是搭建的油毡棚，但让人感觉充满了生机，看到了希望。

在这里，地地道道的上海话、宁波话和常德话一起交融，暂时的语言障碍阻挡不了人们交流的渴望。浦沅工人和当地农民靠手势、靠热情在沟通、在交流，“上海普通话”“常德上海话”在这里流行，呈现出一种独特的风情。

这正是：吴侬软语灌溪腔，兴建浦沅喜相逢。

四、“重返” 五老显神威 浦沅吊装立丰碑

前线呼唤号令急，老当益壮不伏枥。

逞技显能渐河畔，重返前线丰碑立。

话说浦沅工地“三通一平”后，基建工程进展神速。本应由湖南省机械化施工站承担的厂房吊装任务因故被拖延下来。老厂长赵加胜心急如火，万般无奈，他想到了上海工程机械厂。

老厂长赶回上海，恭恭敬敬请来五位退休的起重工。这五位老工人看起来其貌不扬，但个个身怀绝技。浦沅的历史应当记住他们的名字：吕和生、周火松、史如才、吴连生、周龙生。

五位老人当时年纪最大的65岁，最小的也年过花甲，但他们仍和起重班的同志们一道，生龙活虎地战斗在工地上。

当年，他们住在简陋的工棚里，每天五点多钟便起床，做着各种各样的准备工作。当时没有电瓶车，他们的运输工具就是一辆板车，每天上班都要枕木、撬棍、钢绳、麻索等拖上满满一板车，天天如此，一干就是五年。

最难忘的是吊装结构车间的那些日日夜夜……

起重班使用的吊车是一台经改装的自行式履带吊，由于自重大，当时又恰逢连天阴雨，工地上泥土松软，为保证履带吊在作业中不陷进泥土里，需要在履带吊下垫上枕木，每前进一点，便要把后面的枕木从泥土中抠出来，搬到前面去垫好……

有人计算过，一个班下来，起重班的同志不分老少，每天扛的枕木达4吨之重。起重工史全法同志一提起这段经历，都不禁感慨万分！

就是凭着这一股精神，这一股拼劲，一万平方米的结构车间盖好了，机修车间吊装好了，总装车间吊上去了，在浦沅的土地上，到处洒下了他们的热汗，到处耸立着他们无私奉献的丰碑。

重返前线的老工人完成的不仅仅是厂房的吊装任务，他们也言传身教，培育了浦沅的一代新工人。当时起重班的许多青工都认为干起重工没技术、没出息，说什么“只要离开起重班，养猪也愿干”“改学车钳刨，三年工资都不要”，是老工人顽强拼搏的无私奉献的精神教育、激励了这一班年轻人，他们终于安下心来，并且练就了一身过硬的本领。机修车间起重班成为浦沅工地上一支响当当的红旗班组。建设好一个浦沅厂，培育了一代浦沅人。

这正是：老当益壮上阵来，建功立业育英才。

五、芦席棚内故事多 三线高唱“三边歌”

芦席盖顶无四壁，蚊叮虫咬草没膝。

红心化作冲天焰，捷报频频群情激。

1970年2月，浦沅工地上开来了第一支上海兵团——第一批支内职工24人安营扎寨渐河边。

那时候，浦沅基建靠国家投资，但当时的浦沅人总觉得吃国家的“基建饭”心里不是滋味，总想尽早为国

出力，于是，响亮地提出了“边基建、边搬迁、边生产”的“三边”建厂方针。

第一批支内职工来到浦沅一不问住，二不问吃，首先问的是我们的车间在哪儿?

等大家到工地一看，哪里有什么车间，摆在他们面前的是一个破旧的汽车库。芦席盖顶的房子四面空空，场地上堆满了废弃物资，杂草丛生，一片荒凉景象。

一位当年曾在芦席棚内创过业的老工人回忆起这段往事，不无感慨地说，当时条件确实很差，设备不齐，资金不足，生活设施也没跟上，真是蓝纸上写蓝字——难上加难!

但大家没有气馁，齐心协力，清理干净满地的破铜烂铁，搭起芦席棚，安装好熔化炉，他们用信心，用心血点燃了三线建设的第一炉炉火……

1970年4月11日，生产出了浦沅第一炉铜铝铸件；4月28日，浦沅第一炉铁水映红了简陋的芦席棚，也映红了浦沅第一代创业者兴奋的脸庞。大家用当时最流行也是最诚挚的语言表达内心的感受，他们说，我们是“脚踩泥巴路，胸怀三十亿，奋战在三线，心向毛主席。”

1970年，浦沅在十分简陋的条件下，一共生产出ZHT—120夯土机456台，升降车6台。共完成产品产量114吨，完成工业产值144 万元，上交利润12.8万元，做到了基建第二年便不吃“基建饭”。

芦席棚内熔化的不只是铁水，熔炼的是一种精神、一股志气，这种精神伴随着一代又一代浦沅人行进在艰苦创业的大路上，它就是“芦席棚里闹革命”的精神。

这正是：芦席棚内故事多，三线高唱“三边歌”。

六、土法上马“两千五” 志壮如山气如虎

越南炮火震破天，桩锤援越急令传。

呕心沥血“两千五”，创业精神耀浦沅。

凡是浦沅人都知道“老五种精神”中有一种叫“两吨半精神”。这两吨半精神说的就是1971年浦沅人在五个月内赶制四台2500公斤打桩机的事。

1971年，越南战场炮火连天，那时中国人把“抗美援越”当成自己神圣的义务。1971年7月，一机部给浦沅下达了生产四台紧急援越的2.5吨打桩机的任务。要完成这个任务，在当时的条件下几乎是不可能的。

就说这打桩机吧，本身就是一个庞然大物，它高24米，近4米见方的底盘，20多米长的钢管挺杆，自重达38吨。上海工程机械厂曾花了16个月才试制了一台。浦沅当时处于基建阶段，要搞这么大的产品，确实感到压力很大。但当时浦沅又流行这样一句话：“困难九十九，难不倒浦沅人一双手。不怕困难大，就怕思想差；不怕任务重，就怕思想松”。大家都晓得，上级把这么重要的任务交给我们，这是对浦沅人的极大信任。

于是，一场会战“两千五”的战斗打响了!

困难一个接 个袭来，缺少设备、缺少技术力量。但浦沅人不畏难不怕苦，大搞技术革新，土法上马，攻克了六十多道难关，向着成功的顶峰攀登。

就拿球头丝杆的加工来说吧，那简直是一场叫人称绝的战斗。每台打桩机需要两根3.4米长，直径120毫米的球头丝杆，丝杆一端的头部要镦粗到150毫米，这需要 1200吨水压机来锻造，但当时没有这些设备。

怎么办? 大家一商议，决定土法上马。这个办法现在看起来确实“土”。工人们在自制的300吨水压机旁临时搭起炉子，把丝杆头部烧红后，悬挂在行车钩上，三十多人像农村里榨油一样，把烧红的丝杆头部往绑在水压机立柱上的方钢上撞……

车间里鼓风机轰鸣，号子声阵阵，一声声撞击，在车间内引起阵阵回响……

就这样，浦沅人用意志和力量，用智慧和心血，撞出了八根球头丝杆。

1970年4月，运输货物的载重桥竣工验收。

第一股清亮的地下水也欢快地涌出了井口。

金工、装配车间的地下基础此时全部完工，结构车间的“牛腿”矗立云天。

在抓基建的同时，浦沅人还在芦席棚里抓紧生产夯土机。

就是在这个简陋不堪的芦席棚里，浦沅人炼出了浦沅的第一炉铁水。

破土动工的第二年，浦沅人全年完成基建投资447.66 万元；完成总产值 117.72 万元。

浦沅人学大庆，自力更生，创造条件上产品，土法上马“两吨五”。

像这样的事例还很多，在2米长的活塞杆加工中，工装不够，车床精度差，工人设法用千分表分段进刀，保证了加工质量。

四台2.5吨打桩机如期报交，但“两吨半精神”却作为一种传家宝，永远地载入浦沅的史册。

这正是：土法上马“二千五”，志壮如山气如虎。

七、学得蚂蚁韧劲在　千难万险脚下踩

创业艰难百战多，浦沅响彻志气歌。

“矛盾”“实践”两宏论，着意为桥爬高坡。

白手起家三线创业的浦沅完成基建任务已非易事，但浦沅提出“三边”方针，不吃“基建饭”则更是自我加压，自找苦吃。

当时正值全国工业学大庆时期，大庆人那种“有条件要上，没有条件创造条件也要上”的精神，成为浦沅人创业的动力源泉。

为了解决实践中遇到的种种困难和矛盾，人们从毛主席的《矛盾论》和《实践论》中寻找解决问题的思想方法，掌握战天斗地的理论武器。

在加工2.5吨打桩机的直径为2.2米的大法兰盘时，没有5米立车和8米龙刨，在“大”“小”之间的矛盾可以转化的思想指导下，老师傅胡滨提出了一个大胆的方案：化“大”为“小”，把工件用两根工字钢固定在厂房的水泥柱上，在一部落地车床的花盘上装上车刀，小小的车刀在偌大的法兰盘上一口一口地“啃”，终于完成了加工任务。这绝妙的加工方案，后来演绎成了老五种精神的“蚂蚁啃骨头”精神。

又如，浦沅人在制造安装1200吨水压机的实践中，用“积木式”的土铣床攻下了1200吨水压机庞大零部件的加工，其精妙绝伦的加工工艺令人叹服，其百折不挠的拼搏精神更是为后人啧啧称道。

其实，在浦沅的创业史中，类似的小故事俯拾皆是。例如铸锻分厂的3吨蒸汽锤是有心的浦沅人在上钢五厂的废铁堆前发现后，经改造而成，比购买新设备节约了8万元。

又比如能加工十米深孔的26米深孔机床，就是利用两台C630车床对接起来改造而成的，它自投产后，很长一段时间内一直担任各种油缸的加工任务。

在浦沅建厂过程中，自己制造大小专用设备131项，不但为边基建、边搬迁、边生产创造了条件，还为国家节省投资167万元。

这正是：学得“蚂蚁”韧劲在，千难万险脚下踩。

八、建厂育人“百宝箱”　藏龙卧虎“老浦沅”

聚沙成塔身体行，勤俭节约金子心。

藏龙卧虎星灿烂，遍地英雄浦沅情。

“百宝箱”的主人是吴士根。吴士根何许人也？乃是当时赫赫有名的八级电工师傅，浦沅电工的“祖师爷”。浦沅现在的电工只能算他的徒子徒孙了。说起“百宝箱”的来历，也有一段耐人寻味的故事。

浦沅基建进入高潮时期，省安装公司的进度适应不了浦沅的发展，当时的机修车间主动请缨，揽下了工厂机电设备的安装任务。吴士根、黄锦福等一批老电工带领一群年轻的大学生和青工忙开了。他们架外线、装设备没日没夜地奋战在工地。电工班在吴士根等的带领下，创下了最快用三天时间安装一部行车，一年安装80台行车的纪录。任务紧了，年轻人难免大手大脚、毛手毛脚起来。吴士根除了严格要求管理之外，每次收工之后，他总是在工地上默默拾起遗留的螺丝、垫片、电线头什么的，放进自己的工具柜里，一有空就把它分类摆放到班组的料架上……青工们慢慢发现，有时仓库领不到的材料，在吴师傅的箱子里说不定能找到，于是，吴师傅有个“百宝箱”的事传开了。

吴士根仅仅是作为“百宝箱精神”的代表名留史册。在浦沅的创业史上，有许多像吴士根一样的老师傅，他们把热汗和心血洒在樟树湾这片土地上，他们用

智慧和才华哺育了浦沅精神。正好比：能工巧匠如星光灿烂，藏龙卧虎常意气飞扬。

人们不会忘记，八级钳工沈金根来厂指导八米龙刨安装，因心脏病突发倒在了岗位上；

人们不会忘记，八级钳工葛昌宝的弯管绝技，"300吨""600吨"水压机都是他的杰作；还有黄祉加、顾根奎安装的第一台拉缸机；还有车工、钳工双八级钱金伯，还有冷作神锤曹荣根以及电焊高手刘才金、朱根林……

作为浦沅的第一代创业者，他们卧薪尝胆，栉风沐雨，不仅建起了一座现代化的工厂，更留下了足以令子孙后代们自豪的创业精神！

这正是：艰辛创业史无前，遍地英雄"老浦沅"。

九、百年树人传帮带　千余青工顶岗快

千余知青进厂来，煤井矿山育人才。

三年技艺虽不精，爱岗敬业铭心怀。

工地基建面貌日新月异，工厂领导思考的另一个问题是如何进一步加快技术人才的培养，承担起现代化企业大生产的重担。

浦沅厂的领导意识到：人才的培养固然需要掌握生产技术，更重要的是要培养青工的好思想好作风。于是，厂领导有意识地将从附近各县市招来的新工人送到条件十分艰苦的湘西金矿、羊耳山煤矿等单位去培训。把从上海随父母支内来的职工子女送到农村去锻炼。事实证明，这是一条培养青工的成功之路。

艰苦的环境磨练了这批新工人的意志，一批青工中的佼佼者脱颖而出。

1969年12月，湘西金矿仓库失火，正在这里培训的浦沅数十名青工跑步从几里外赶到火场，青工张陵江在救火中奋不顾身，脸部被烧伤，矿党委曾发布嘉奖令。

新招工进厂的70名青工在羊耳山煤矿培训，他们在煤矿三年的培训中吃大苦耐大劳，成为煤矿里一支惹人注目的生力军，获得煤矿上下一致好评。

在外培训的青工陆续回厂后，厂里又抓紧了对他们的技术培养，各车间根据不同工种开办专业讲座。青年工人在简陋的工棚里认真听课，如饥似渴地学习专业知识。机修车间开办的电工培训课，从一般的电工原理一直讲到半导体、可控硅应用，由浅入深，理论联系实际，收到了很好的效果。为了提高青工的文化水平，厂里为四百多名只有高小和初中文化的工人开办了八个文化班补习文化课。

由于青工委托培训单位的设备条件都比较差，导致青工们技能比较差。在当时的金工车间就曾出现废品500多件的事故。厂里组织老师傅开展技术辅导，采取一师带多徒的办法，想方设法提高青工的操作技能。技术能手涂南娥等就是在这个时期培养出来的技术尖子。

这批1969年进厂的青工后来大多成了企业骨干，他们独特的人生体验成为他们为浦沅创业而献身的精神动力。

这正是：百年树人传帮带，千余青工顶岗快。

十、经验交流花正红　验收投产喜气浓

创业胆气比天高，迎难而进不屈挠；

验收投产庆功日，喜泪横流真英豪。

20世纪70年代初的中国还笼罩在"文革"的阴影之中，"抓革命，促生产"的口号虽然喊得震天响，但国民经济却已处于崩溃的边缘。而此刻的浦沅却是一片热火朝天的景象。浦沅人在创业中所表现出来的精神气概和一套独特的管理经验，成为机械部以及省市领导瞩目的焦点。

1972年5月，湖南省机械局在常德召开基本建设经验交流会，浦沅作为交流会现场，33个单位的代表前来参观。赵加胜同志在会上作了《学大庆，自力更生，艰苦奋斗，尽快建成新浦沅》的发言。同年7月

厂房吊桩、设备安装任务繁重。重返前线的退休起重师傅边工作边带徒，加快培养青年工人。

从吊8米横梁到吊18米屋架，从吊1吨柴油机到吊16吨机床，浦沅人讲究工效，稳中求进。

这是浦沅人自制的吊大瓦工装，原来一次吊一块，用上它，一次吊6块，工效提高5倍。

基建期内，浦沅人自己动手安装大小设备1458台；累计铺设上下水管道2万多米。

退休职工超常的发挥，鼓舞着干部职工。大家甩开膀子铆足劲，心齐气顺往前奔。

110千伏高压电从德山出线，沿途经3条河流、26公里乡村田垄，架设工作量巨大。

份，一机部又在浦沅召开基本建设现场会。陕西、四川、湖北等地43个单位代表到会。与会代表对浦沅厂基建的第二年就开始年年出产品，年年向国家上交利润的做法和取得的成绩给予很高评价。

1973年，浦沅基建被列为验收投产项目。从1968年以来的五年时间里，浦沅人白手起家，在一片荒芜的土地上，建起了一座初具雏形的现代化工厂。这几年共完成基建投资2790多万元，完成厂房建筑面积10万多平方米，安装各类生产设备511台，并具备一定的生产能力。

1973年12月27日，是浦沅历史上一个值得永远纪念的日子，浦沅基建验收投产大会在这一天隆重举行。验收投产大会没有豪华的会场，会议在仅盖了一个屋顶的机修车间内举行。一机部、省工交办、省机械局等25家单位代表参加了浦沅基建验收投产会议。

晚上，在生产区食堂大厅内举行了文艺会演，全厂员工都沉浸在一片喜悦之中。

从此，在中国的大地上，一个叫浦沅工程机械厂的新型企业诞生了。在昔日的鱼米之乡，如今已有了重型机械的生产，人们把浦沅喻为“山沟里飞出的金凤凰”。

这正是：验收投产豪情在，凤凰展翅向未来。

十一、吊车急驰唐山地　桩机高耸“纪念堂”

地不经意千厦摧，天悯巨星九州悲。
吊车抗震负重命，桩机铸碑身巍巍。

1976年7月28日3时42分53.8秒，中国唐山一阵颤抖，一场巨大的灾难降临中国大地…… 8月10日，湖南省机械厅转来一机部的一封紧急电报摆在了浦沅厂革委会主任潘学志的桌上：要求浦沅厂在国家下达年计划外追加40台8吨武陵吊车支援唐山抗震救灾。厂党委召开紧急会议，一致认为支援唐山人民是浦沅人义不容辞的责任，一定要以最快的速度、最好的质量完成这一艰巨任务。

8月13日晚，厂部召开支援唐山抗震救灾誓师大会。

完成40台8吨吊车，实际时间只有40天，任务艰苦的程度是空前的。任务下达后，整个浦沅厂紧急动员起来。齿液车间当时的任务是“三箱一缸一阀”，他们重点突破油缸，狠抓成龙配套；结构车间承担着车架、吊臂、转台、驾驶室、操纵室五大部套的生产，他们在一个星期就完成了40个车架和160个固定支腿的任务；在最紧张的关头，厂部曾组织三批两百多人到生产一线支援生产；在最紧张的时候，常德地、市、县组织了28家单位62名技术工人直接到浦沅参战。

9月7日，湖南省机械局党委给浦沅发来慰问电，向夜以继日团结战斗的浦沅职工致以亲切问候。

9月26日，浦沅的8吨汽车吊满载着浦沅职工以及湖南人民的深情厚意，准时发往唐山，有力地支持了唐山的抗震救灾工作。

正当浦沅职工为地震灾区赶制汽车吊之时，一个巨大的悲哀袭来：1976年9月9日，伟大领袖毛泽东同志逝世。

噩耗传来，山河呜咽，举国悲哀。9月11日上午，浦沅的职工、家属和子弟学校师生两千多人怀着极其沉痛的心情举行吊唁活动，怀念伟大的毛泽东主席。

当时的电视机还属稀罕之物，厂部在公共场所安放了电视机，供全厂职工家属收看追悼会吊唁活动。

党中央决定在天安门广场修建毛主席纪念堂。浦沅厂奉命赶制3台2.5吨打桩机参加毛主席纪念堂的建设。浦沅人怀着极崇高的责任感与使命感投入了这项工程，以最好的质量最快的速度把打桩机送到了天安门广场……

毛主席纪念堂的工地是封闭着的，但浦沅的打桩机却高高耸立着，那是浦沅人的骄傲……

这正是：桩机高耸纪念堂，浦沅工人情意长。

十二、卧薪尝胆经磨砺　“新五”精神创奇迹

经济调整一盘棋，四面出击寻新机，

莫道运外机缘浅，柳暗花明人称奇。

1980年，国民经济实行调整，机械工业也面临着严重的困难。1981年，国家决定经济上实行进一步调整，这一年国家没有给浦沅下达生产任务，这一切对于浦沅是极大的考验。

在国民经济实行调整期间，浦沅采取一系列措施，同面临的各种困难作斗争。一是狠抓产品质量，争取高信誉；二是狠抓销售，开拓新市场；三是加强售后服务，赢得用户心。

在提高产品质量方面，厂部对汽车吊进行了一次重大技术改进，组织有关人员到六省、九市二十五个单位进行调查，以日本“加藤”的8吨吊车为赶超目标，对照五个方面存在的差距进行改进，大大提高了汽车吊工作性能。

为了扩大市场，从1980年9月13日起，以党委副书记魏元诚为首的质量用户访问团兵分六路，对13个省市210家用户进行了历时20天的访问。

1981年7月19日，以厂长黄卯生、党委副书记汪正东、副厂长冯俊云、史道贯为首，再次兵分六路赴全国推销产品。销售人员制定了五条纪律：

1. 说话和气、文明礼貌，不卑躬屈膝；
2. 珍惜时间，积极工作，不游山玩水；
3. 宣传用户，实事求是，不信口开河；
4. 服从领导，听从指挥，不随意行动；
5. 思想领先，注意节约，不搞邪门歪道。

这次大型推销活动遍及27个省市的1400多个单位，行程74000多公里。这种大型的推销与用户访问活动，收集了大量的技术、销售情报，开辟了林业、油田、国家重点工程等新市场。

1980年浦沅首次召开全国订货会，1981年浦沅与柳工联合召开产品展销会。

为方便用户购买配件，搞好售后服务，从1981年3月起，零配件销售归属销售科管理，实行“一条龙”服务。由于目标明确，措施得力，在厂部“以产品求发展，以质量求生存，以节约降成本，以服务争用户”的方针指导下，我们利用本厂自制底盘的优势，稳定主导产品8吨吊，开发生产旁系产品680底盘，681、682大客车，承接零星产品像打孔机、切纸机、气动助力器等的生产。1981年的生产，一季度比一季度主动，销售情况一月比一月好，很快越过低谷，走上了经济回升的轨道。

后来党委把这个时期浦沅职工表现出来的精神归纳为“新五种精神”。即：1. 只争朝夕发展新品种的精神；2. 一心创优质产品的精神；3. 顽强学习新事物的精神；4. 全心全意为用户服务的精神；5. 跋山涉水开拓市场的精神。

这正是：卧薪尝胆经磨砺，“新五”精神创奇迹。

十三、千锤百炼造“武陵”　意气风发市场行

市场竞争费运筹，代代产品展新图。

他山取得攻玉石，部优省优自风流。

产品是企业对社会的一种奉献，也是企业自立于社会的基础。

浦沅自建厂以来，一直十分重视产品的开发、改进。浦沅厂建厂初期的设计纲领是生产压实、桩工机械。由于地理位置的原因，考虑到产品运输的困难，浦沅厂开始寻找开发一种移动迅速、运输方便的产品。

1972年，浦沅根据北京起重机器厂8吨汽车吊的图纸，利用改装后的泰安底盘，采用黄河牌卡车驾驶室，生产了第一代汽车吊——“黄河吊”。但“黄河吊”整机重心高，行驶稳定性差，自重达15.6吨。

1973年，浦沅试制了两台CD150专用底盘。把驾驶室改为左侧半置室。改型后的汽车吊整车重心降低，外形美观了，浦沅人取常德古称“武陵”为吊车命名。

1976年，武陵吊再次经过较大改进。第三代改型

浦沅人不怕苦、霸得蛮，手拉肩扛，只用了短短3个月，就完成了110千伏高压线的架设。

浦沅人在实践中总结的“芦席棚里闹革命”“退休工人重返前线”“蚂蚁啃骨头”“两吨半”和“百宝箱”等老五种精神，成了后来浦沅企业文化的源头。

1969年浦沅招收的青工被送到艰苦的矿山、县镇小厂和基建工地锻炼。

1970 年2月，浦沅人陆续从常德渡口，迎来了3批上海支内青工和带家眷的干部、职工。

1973 年 12 月 27 日，浦沅人在新厂房里，举行了浦沅工程机械厂验收投产大会。

这是建好的浦沅工程机械厂，浦沅人在这里放飞着自己的希望与梦想。

的武陵吊，整车自重降到13.4吨，行驶速度达到71公里每小时。到1979年，8吨武陵吊的底盘完全实行自制化。

为充分发挥自制CD150型专用底盘的潜在能力，从1978年下半年起，工厂开始着手12吨汽车吊的试制。12吨汽车吊的设计指导思想是“好用、好修、好造、好看”，尽量选用标准零部件和国内技术成熟的部套和零件，零件的通用化、标准化程度较高。整车制造尽量采用新材料、新技术。如对于车架和吊臂结构，技术人员用有限元法运用电子计算机进行了计算，从而掌握了各点的应力变形情况。又比如12吨汽车吊还增加了高度限位装置、有一定安全储备的倾翻警报器、幅度起重指示等一系列安全装置。

12吨汽车吊在1980年制出两台样机，经过中间试验、型式试验、工业性试验和修改后，于1981年进行了10台小批量试制。

1982年5月20日至23日，省机械局受机械部重型矿山机械总局的委托，在浦沅召开了QY12型汽车起重机的样机鉴定会，26个单位的48位代表对样机进行了鉴定，认为12吨汽车吊主要性能指标先进，总体布置合理，工作安全可靠，维修方便，技术文件完整，“三化”程度高……在国内具有先进水平。

8吨汽车吊改型和12吨汽车吊的试制，为浦沅发展汽车吊生产打下了坚实的技术基础，也为工厂培养了一大批技术人才，在此基础上发展起来的汽车吊系列产品成为浦沅称雄国内市场的“拳头”。

这正是：千锤百炼造“武陵”，意气风发市场行。

十四、浦沅新中大联合 “凤凰”省城把户落

市场机运求不来，“凤凰”自叹路徘徊。
跨山越水搞联合，雨花亭里梧桐栽。

浦沅的崛起是浦沅人的骄傲，一时间浦沅人自诩为“山沟里的金凤凰”。

随着市场的拓展和对外交往的增多，“凤凰”发现不利的地理位置严重地阻隔了与外部世界的交往。在当时生产汽车起重机的四大家中，就数浦沅交通最不便利。工厂距省城铁路有200公里之遥。在当时的生产规模下，工厂生产的原材料、配套及产品运出吞吐量一年达5万吨之多，加上中间环节多，给企业的生产经营带来不少困难。

出路只有走出去，接近外面的世界。

为帮助浦沅发展壮大，使武陵吊成为湖南省的拳头产品，机械部矿山局1983年3月致函湖南省机械局，建议在长沙选点建立浦沅总厂，以利于发挥浦沅的优势，有利于与国外先进厂商合作。

在省机械厅与长沙市的具体策划下，1983年9 月14日，副省长佘海潮专程来常德与地区有关领导商讨浦沅在长沙建总厂事宜，并明确浦沅与长沙新中机械厂联合，成立浦沅工程机械总厂，同意浦沅在长沙设立技术开发、经营服务中心。

联合后的新中机械厂更名为浦沅长沙起重机分厂。规划中的总厂格局是：在常德底盘分厂完成下车生产，跑车至长沙，在长沙装配好起重机分厂生产的上车部分，然后成为商品。

起重机分厂的技术改造从1984年11月份全面铺开。起重机分厂的技改投资总额为783万元，1986 年2月竣工交付使用。这个项目被评为湖南省一九八六年度技术改造优秀项目，它具有投入少、产出多、周期短、效果好几大特点。

浦沅、新中的联合，首开省内跨地市联合之先河，也为濒临倒闭的新中机械厂注入了新的活力。《湖南日报》曾以《金色的连环》为题报道了浦沅在改革发展中迈出的这一步。

1983年，浦沅再次迈出大胆一步，开始筹建上海分厂，在华东地区打开了一扇窗口。从此，浦沅总厂朝着以常德为生产基地、长沙为技术中心、上海为经营窗口的格局发展。在中国的大地上，浦沅形成鼎足之势，站稳了脚跟。

这正是：浦沅新中大联合，“凤凰”省城把户落。

十五、实行厂长负责制　精简机构新组阁

施政演说展韬略，答辩投票胜券握。

走马上任陈励青，大刀阔斧搞开拓。

1984年10月26日，湖南省机械厅党组派员来厂宣布：陈励青同志任浦沅工程机械总厂厂长兼党委书记，庄春根、冯俊云为副厂长，唐荣祥任总工程师，张少征任总会计师，赵加胜同志任总厂顾问。

从此，浦沅的历史又展开了新的一页。浦沅作为全省工矿企业改革单位之一，9月份召开了职工代表大会。陈励青同志在会上发表了他的治厂施政演说。

陈励青同志说，我们面临着全面开展经济体制改革的大好形势。我厂以中南地区为依托，着眼全国，主导产品声传四海、名噪八方，可谓得天独厚。尤其是1983年，我们和新中机械厂实现了大联合，经过一年苦干，长沙起重机分厂迅速转产，扭亏为盈，同时也扭转了我们地理上的劣势。

陈励青同志强调指出，要加强竞争力，我们必须是“强者”。从战略上讲，我们厂必须先富起来，职工必须先富起来，这叫做“不富就不强”。要保持“强”的优势，就必须要有实力。没有实力，优势也长不了，这又叫“不实就不长”。陈励青同志反复说明，浦沅要振兴，就必须开拓不止。浦沅兴旺的秘诀是探索、是创新、是走科学的新路。

经过职代会的答辩咨询，职工代表一致投了陈励青同志的信任票。陈励青成为实行厂长负责制后的第一任厂长。陈厂长宣布了总厂新机构的设置和中层干部名单，并宣布，以后的中层干部一律实行聘任制，不称职者可随时撤换。

1984年11月16日，总厂第一次党代会选举产生了新的党委会和纪律检查委员会。

新一届党委由陈励青、汪正东、冯俊云、杨合林、史宏杰、史道贵、李青林七位同志组成。

总厂第二届党委第一次全体会议通过了关于加强党委领导班子建设的决议。这个决议包括六个方面的内容：

一、坚持十一届三中全会以来党的路线、方针、政策，坚持四项基本原则。

二、加强思想政治工作。

三、严格执行民主集中制。

四、深入实际，调查研究，提高工作效率。

五、按《准则》办事，以身作则，不谋私利。

六、认真履行《党章》规定的党员义务。

浦沅新的一代领导集体充满信心地率领三千多名浦沅职工，阔步迈向未来。

这正是：实行厂长负责制，开拓创新赋新诗。

十六、厂乡联营求发展　结构一厂新投产

大潮催生厂乡花，技术设备落农家。

浦沅灌溪齐携手，共同发展效益佳。

1984年初，在浦沅对面灌溪的土地上，耸立起一排厂房水泥立柱，这就是正在兴建的武陵结构厂厂房。

随着浦沅生产规模的一步步扩大，汽车吊“两室”生产场地日见狭小，很不适应现有生产规模的要求。于是，浦沅厂的领导们便开始把目光移向灌溪乡这块与浦沅有着千丝万缕联系的土地。十多年来，厂乡人民建立了深厚的友谊：工厂发展不忘乡里支持，乡村富裕感谢工厂援助。而且早在20世纪70年代初期，浦沅从支持乡办企业出发，向灌溪的乡办企业扩散产品，支援设备，不断扩大加强相互间业务往来。到1984年止，已扩散产品零件15种，产值达50多万元。

进入20世纪80年代，神州大地上乡镇企业异军

生活区像配套齐全的社会大院，有商店、银行、邮局、学校、医院、食堂、车站。

在那激情燃烧的岁月，大家在这里学习畅想，在这里追求开拓，在这里拼搏欢笑……

三线企业的先天不足，催促着浦沅人果断转产。这是试制的第一台8吨黄河汽车吊。

浦沅人以惊人的速度完成了整车自制，武陵牌8吨汽车吊横空出世，闪亮登场。

在全国行业质量评比中，浦沅8吨、12吨和16吨汽车吊先后获得国家银质奖。

1980年，市场跌入低谷。浦沅人面对冲击，砥砺前行，努力开发市场急需的产品苦度难关。

突起，成为国民经济中一支重要的生力军。为充分发挥厂乡优势，经协商，厂乡决定共同投资350万元，联合经营常德武陵结构厂，使之成为我厂薄板结构件专业定点厂。

4000多平方米的车间建成后，我厂安装大中型专用设备30台，进行了产品试制；并先后免费培训技术工人一百多名；还派出管理骨干拟订了内部劳动分配、财务结算等多项管理制度……使建成后的武陵结构厂一跃成为常德地区最大的乡镇企业之一。

常德武陵结构厂是厂乡共同投资的国集股权式联合企业，实行独立核算，自负盈亏。双方各派四人组成的董事会，对联营厂的人事安排、生产计划、经营方向等重大事宜行使决策权。武陵结构厂董事会第一次会议任命罗忠为厂长、尹云华为副厂长。

这正是：厂乡联营求发展，结构一厂新投产。

十七、工种比武出“大王” 行业评比中“三元”

群英荟萃较技艺，能手云集见高低。

立足岗位练本领，生产工人可及第。

为促进生产工人努力钻研技术，提高职工队伍整体素质，1985年9月18日，浦沅总厂首届十大工种技术比武活动同时在五个车间举行。

总厂十分重视这次技术比武活动，组成了专门的领导小组，从试题制定、场地材料准备、现场比武以及成绩评比都严格把关。有271名技术工人参加了这次规模盛大的比武。比武场上，有夫妻齐上阵，也有师徒共竞技；比武场上，锤声铿锵，焊花四射，车头飞转，蔚为壮观。

经评定，十大工种各自产生自己工种的冠军。根据本人平时工作表现和技术水平，厂部授予陈天佑同志为1985年度电焊大王，熊国喜同志为1985年度车工大王，并隆重召开表彰大会予以奖励。

1985年10月，电焊大王陈天佑被保送到清华大学焊接进修班学习一年。技术比武作为一种催化剂，它焕发了全厂工人学技术争上游的热情，特别是通过技术比武与工种大王的评选，许多工人感到在生产一线也大有奔头，提高了他们学技术学本领的积极性。

在以后多次技术比武中，生产工人涌现出了不少的技术尖子，成为各自岗位的中坚力量。生产工人技术水平普遍提高，成为企业技术进步的一股巨大推动力，它有力地推动了企业产品质量的提高。

北京比武唱大戏，同场较量见高低。

浦沅男儿精神抖，连中三元无人及。

为推动行业技术质量进步，行业评比成为20世纪80年代国内同行业竞争的一种形式。评比中，各厂家将抽检封存的吊车统一送到北京试验场进行面对面的考核试验，再通过解体分析试验，最后评定优劣。

1984年和1989年，武陵QY8型汽车起重机在行业评比中两次折桂，获国家银质奖。

1990年，武陵牌QY12型汽车起重机在国内同行业评比中再次夺魁，获国家银质奖章。

1991年，武陵牌QY16型汽车起重机在国内同行业评比中第三次夺魁，获国家银质奖章。

经过全体浦沅人顽强的拼搏和不断进取，浦沅人完成了“连中三元、唯我浦沅”的辉煌乐章，永远载入了浦沅的史册。

这正是：工种比武出“大王”，行业评比中“三元”。

十八、厂长捧得“五一”章 企业高悬“六好”匾

锐意改革为人先，企业兴旺群情欢。

升级创优奔“六好”，浦沅声誉冠潇湘。

1986年，陈励青厂长把创建“六好企业”作为工厂奋斗目标，全年工作以产品升级创优为中心，打基础、抓作风、讲信誉、增效益。陈厂长将1986年的工 作概括为“企业变型”四个字，具体讲有九个方面的内容：

一、抓好基础管理，体现自我管理能力；

二、健全质量保证体系，提高产品质量；

三、树立战略观点，加速新产品试制；

四、抓紧技术改造，保证起重机分厂尽快形成生产能力；

五、认真组织好全年生产，切实搞好安全；

六、鼓励全厂职工当家理财，降低消耗，增加销售；

七、加强职工在职教育，提高职工素质；

八、加强思想工作，推动精神文明建设；

九、改善职工福利，切实办好实事。

创建“六好企业”活动促进了我厂的各项管理工作，在这之前的1985年5月，我厂的计量工作经常德计量处验收合格，申报国家二级计量合格证书，获得了创“六好企业”的资格。

在1986年元月召开的中央经济工作会议上，我厂被命名为“全国企业整顿先进单位”，全国同时被命名的仅有230家企业。随后，在湖南省经济工作会议上，我厂被命名为 “六好企业”，湖南全省获“六好企业”荣誉的共15家。

1986年“五一”前夕，陈励青同志被全国总工会授予“五一劳动奖章”“全国立志改革者”荣誉称号。“五一劳动奖章”是全国总工会为表彰全国各条战线上的先进模范人物，从1985年开始设立的一种荣誉称号。1985年，全国有100名工人获得此项荣誉；1986年，全国也只有1017人获得光荣的“五一劳动奖章”。

湖南省的授奖仪式在长沙市隆重举行，全厂职工家属收听收看了表彰大会的实况，无不感到欢欣鼓舞。大家表示，这不仅是陈厂长个人的荣誉，也是浦沅职工的集体荣誉。同时，陈励青同志当年还获得湖南省特等功荣立者称号。

这正是：奖章匾牌荣誉高，乘风破浪舞春潮。

十九、浦沅返沪创新业　雄关漫道真如铁

浦沅儿女创新业，游子归乡情更切。

励精图治求发展，三大产品成系列。

1983年，浦沅人再次重拳出击，闯荡上海滩。老厂长赵加胜亲自带人到上海选择建厂地址，接着又马不停蹄地赶回常德落实有关资金和筹建人员。1988年4月20日，浦沅上海分厂建成投产。

上海历来是商家争夺的要地，浦沅为了在东方明珠的上海争得一席之地，打开一扇面向华东、面向世界的经营窗口，在上海松江县与当地政府合资兴建了浦沅上海分厂，组建了一家国集联营企业。

经过顽强拼搏与苦心经营，上海分厂开发生产了三大系列共九种产品：包括QT8B 汽车起重机，QYS1.5— 8吨随车起重机和GK14高空作业车等市场需求的产品。上海分厂还与日本“多田野”“加藤”等合作生产组装了25 —120吨各类汽车起重机，同时还承担了各类国产及进口汽车起重机的修理业务。

上海分厂在风雨中不断地发展壮大自己。多年来，上海分厂不断拓展对外业务，先后与日本、泰国、巴基斯坦、韩国、美国、德国等客商建立了友好合作关系。

浦沅上海分厂终于在上海站稳了脚跟。

1997年初，上海分厂就被上海市政府、协作办等联合授予“国内协作‘双百’优秀企业”光荣称号，成为众多外地在沪企业中的强者。

回首多年创业之路，上海分厂的同志们感慨万千。想当年，和浦沅一道挺进松江创业的许多厂家早已打道回府，而浦沅上海分厂却顽强地生存下来，并日趋壮大。人们相信，浦沅联合舰队中的 “上海号战舰”一定能乘风破浪，驶向光明的未来。

这正是：浦沅返沪创新业，雄关漫道真如铁。

二十、长沙修建办公楼　经营重心渐分流

企业竞争求发展，扬长趋利要避短，

省城觅得黄金地，新风路上高楼崭。

向中心城市靠拢，抢占市场制高点。1984年浦沅与长沙新中机械厂实行跨地区联合。

紧接着，在长沙成立了湖南省浦沅工程机械总厂。

1988年浦沅工程机械总厂上海分厂在上海松江验收投产。

1991年，以常德为生产基地、上海为经营窗口、长沙为研发结算中心的格局已然形成。

1996年，浦沅人紧跟改革步伐，成立了浦沅工程机械集团。

原总厂下属车间全部改制为各专业厂。

凤凰涅槃。浦沅实现了高点引进，高点起飞的重生。大吨位汽车起重机傲然挺立！

1984年3月，一块简陋的“浦沅总厂筹建处”的牌子挂在了长沙起重机分厂内，全体工作人员只有八人。这八个人从此开始踏上漫漫的筹建之路，经过15个月的艰苦工作，盖上了三十几个“红巴巴”，代步工具车的计程器上已显出一万公里的数字……1985年11月，终于拿到湖南省人民政府关于浦沅总厂征地报告的批复。

随后，筹建处的同志们又连续作战几个月，一鼓作气于1986年12月26日全部完成了征用长沙雨花亭乡的103亩土地的工作。

征地完成后，1987年元月开始“三通一平”，同时开工的还有329米长的挡土墙工程，这标志着浦沅总厂综合科研楼的土建也正式开始了。总厂综合大楼建在一个山坡上，为确保工程质量，筹建处邀请省机械设计院、长沙铁道学院土木工程勘察设计所、省建六公司等单位进行现场钻探、勘察和静载试验，并请湖南大学土木系教授到现场对取得的数据进行复审。1988年5月9日，各方专家在充分讨论后，决定采用“南北分区二阶梯式基础”，较好地解决了高层建筑的沉降倾斜和地基滑坡等问题。技术上科学缜密的论证，为总厂科研综合楼的百年大计奠定了牢固的基础。

从此，浦沅总厂的工地上热闹起来了。被浦沅称为“万里长城”的三百多米长的挡土墙修起来了，挡土墙工程浩大，气势不凡，显示了浦沅总厂决心在激烈的市场竞争中争得一席之地的雄心壮志。

13层的科研综合楼工地脚手架林立，它吸引过往行人不时注目观望，它仿佛是浦沅向世界树起的一块广告牌，自豪地向世界宣布：投身到市场竞争，我浦沅来了！

家属宿舍一幢幢地立起来了，看到它浦沅人心中都涌动起一股欣喜之情！

1992年，浦沅总厂科研综合楼正式启用。综合大楼内有先进的计算机系统，可以完成整个汽车起重机的开发与设计。整个综合大楼庄重气派，典雅舒展，它成为浦沅在长沙的一个窗口，一面旗帜。

从此，浦沅的经营中心开始逐渐向长沙转移，浦沅的名声在长沙渐渐响起来……

这正是：长沙新建办公楼，经营中心渐分流。

二十一、浦沅跻身“成就展”“阿拉”幸会总书记

国庆四十办展览，浦沅独家去参展。

乡音一声唤主席，历史定格镁光闪。

1989年9月，全面展示在国民经济中占主导地位的大型企业整体形象的盛会——中国工业四十年大型企业成就展览在北京举行。

参加这次展览的都是我国工业企业的骨干，是各个行业的排头兵，诸如闻名遐迩的大庆、上海石化、一汽、二汽、一拖等230多家企业。浦沅是国内汽车起重机乃至工程机械行业中唯一参加的单位，在所有参展单位中，的确只能算是一个“小阿弟”。但厂部高度重视这项活动，副厂长高桐亲自带队前往北京参加展览。所有参展的单位和工作人员都希望中央领导同志能来参观这个展览。

1989年9月21日，这个激动人心的日子终于来了。所有工作人员被通知提早吃晚饭，为中央首长举办专场展览。经大伙一致强烈要求，有关方面允许每一家企业用一台照相机拍照，但不许录像，不许请首长题词。负责拍照的倪春林开始紧张地忙碌起来，他仔细检查好相机，换上新电池和新胶卷，并在那狭窄的展览摊位前选好了几个拍摄角度……

7点整，江泽民总书记准时来到展览厅。我厂的展位前不远是一汽的展区，江泽民在一汽的红旗轿车前停了一段时间后，快步越过几个展览摊位，向浦沅厂展位走来。高副厂长急中生智，一个快步走上前握住江总书记的手，用上海话说道：“江总书记，阿拉是

上海内迁的三线厂。”一句乡音延缓了江总书记的脚步，他停下来用上海话问“生产什么产品？”“生产汽车吊。”“好，好！”江总书记一面听高桐副厂长的简短介绍，一面观看展位门楣上刻写的“浦沅工程机械总厂”厂名。

随后，李鹏总理也来到我厂展位前，他兴致勃勃地握着高桐副厂长的手让记者拍照。李鹏总理还翻阅了王家齐同志递上去的产品样本，问产品有些什么品种，问底盘是哪儿产的。当高桐副厂长向李鹏总理汇报说，我们生产的汽车吊有50吨、45吨、30吨、25吨……有一部分底盘是我们自己制造的专用底盘。李鹏总理满意地点点头。在这天晚上，前来参观的中央首长还有宋平、余秋里、钱伟长以及机电部的有关领导。

喜讯飞快传回浦沅厂，大家都共同分享着这令人难忘的喜悦与幸福。

这正是：浦沅跻身“成就展”，“阿拉”幸会总书记。

二十二、五一奖状迎回厂　三喜临门人心畅

北京城里传佳音，连报三喜暖人心。

改革年月和风畅，昂首阔步朝前进。

目前，中国的国有企业所能获得的最高荣誉恐怕就是“五一劳动奖状”了，1993年5月，浦沅的四千多名职工便分享了这份荣誉的甘甜。

这一年的庆“五一”大会开得极其隆重热烈，两条巨幅标语极好地烘托了这种气氛：

“分享荣誉，珍惜荣誉，保持荣誉，发展荣誉”；“热爱浦沅，关心浦沅，献身浦沅，振兴浦沅”。

整个俱乐部大厅洋溢着热烈喜庆的气氛。陈厂长高举“五一劳动奖状”，刘广生副厂长手捧“全国质量效益型先进企业”奖牌，在子弟学校号鼓队的护卫下，神采奕奕地走进会场，全场起立，报以热烈的掌声。这一项荣誉来之不易，理当庆贺与祝福。据悉，当年全国仅68家企业获得“质量效益型先进企业”这一殊荣。

陈厂长在热烈的掌声中致答辞，他说，这次我受全厂职工的委托进京参加全国五一劳动奖状、五一劳动奖章颁奖大会，受到党和国家领导人的接见，我厂能获得这项荣誉是全厂四千职工共同努力的结果。

刘广生副厂长在会上介绍了在北京参加“全国质量效益型先进企业表彰会”的盛况。

高桐副厂长在会上宣读了国务院经贸办、国务院企业管理指导委员会《关于表彰“全国现场管理先进企业”的通知》，浦沅作为179家“全国现场管理先进企业”之一受到表彰。

这次庆“五一”表彰大会成为浦沅建厂25年以来最隆重最热烈的一次大会，它鼓舞了士气，振奋了人心。它将作为鼓干劲、争一流的大会，作为发扬浦沅光荣传统、进行再次创业的动员大会而载入浦沅的历史。

陈厂长在这次大会上发表了他著名的“联合舰队”讲话。他说，我们的企业在改革中要变成“联合舰队”，而不是搞成长拖挂式的“重载列车”。要让各种“舰艇”都能主动出击，独立作战，企业经营要变成多种经营的方式。职工队伍也要变，要把我们的职工变成高档次、高责任心的人，要消除拜金主义、享乐主义的消极影响，要舍得吃苦，让“加强责任心，浦沅无不胜”成为全厂职工的共识。管理上不能样样都用金钱激励，也要强调精神的东西。

陈厂长的这次讲话，在职工中产生了深远的影响。

这正是：“五一”奖状迎回厂，三喜临门人心畅。

二十三、基地奠基铸伟业　中心转移绘宏图

振兴湖南巧运筹，工程机械是拳头。

今日铸得千秋业，明日腾飞领潮流。

1995年2月13日，是浦沅发展历史上一个里程碑式的日子：湖南工程机械基地（浦沅长沙东厂）奠基仪式正式举行。

副省长周伯华、省机械厅、省经委、长沙市政府及

浦沅从当年的普通三线企业跻身于中国机械500强第142位，拥有总资产近12亿元。

浦沅具备年产2000台汽车起重机的生产能力。

浦沅是湖南省十大标志性工程企业。

浦沅先后获得“全国五一劳动奖状”“国家一级计量单位”“国家二级企业”等荣誉称号。

浦沅还获得“全国现场管理先进单位”“全国质量效益型先进企业”等荣誉称号。

问渠哪得清如许？为有源头活水来！丰富的企业文化生活，陶冶了浦沅人的高尚情操。

有关部门领导出席典礼。周伯华副省长欣然题词：“深化改革，振兴发展”。

湖南省工程机械基地预期投资5亿元人民币，第一期工程投资1.2亿元，建筑面积为3.7万平方米。一期工程投产后，可增加工程机械生产能力735台，增加销售收入五个亿。正如陈厂长所说的，该基地要发展成为全国屈指可数的工程机械生产基地。周伯华副省长在讲话中殷殷勉励全体浦沅人：一定要珍惜当前这种来之不易的大好形势，一定要珍惜金融界对工厂的支持。要永不满足，深化改革，振兴发展，要让浦沅的水平成为世界工程机械的一流水平，成为跨省跨国的大型工程机械经营公司。

对于湖南省工程机械基地，省委省政府寄予厚望，并给予了大力支持和帮助。围绕浦沅总厂2000年技改工程，省、市政府及有关部门都给予高度重视，并多次进行现场办公，现场解决问题。

周伯华副省长曾明确指示，要求各级政府、各部门统一认识，积极支持浦沅工程机械总厂抓住机遇，加快发展，成为湖南省经济发展的拳头！

周伯华副省长在1994年3月10日的现场办公会上，对加快浦沅总厂技术改造提出五点意见：

一、由省经委等部门牵头，帮助工厂做好2000年发展规划，改造方案可分“八五”“九五”两期进行。

二、浦沅作为省市现代化企业制度改革试点单位，首先进行公司化改造，继而进行股份制改造。

三、从政策上给浦沅2000年技改方案以扶植和支持。

四、多渠道筹措技术资金。

五、浦沅要进一步解放思想，真正使企业的管理再上一个新台阶。

湖南省工程机械基地的建筑施工经公开竞争、招标，由湖南省建筑五公司承担。

浦沅长沙东厂的建设，在浦沅历史上翻开了崭新的一页。

这正是：基地奠基铸伟业，中心转移绘宏图。

二十四、授牌授权新起点　改革改制好机遇

集团公司喜成立，破旧立新好机制。

百舸争流谋发展，联合舰队谁能敌。

湖南浦沅工程机械集团公司（后更名为湖南浦沅集团有限公司）授牌及国有资产经营授权大会1995年12月19日在浦沅总厂（长沙）举行。

省长助理张明泰、省经贸委主任陈德铨及省机械厅、长沙市委、市政府有关领导出席会议。

陈德铨同志宣读了省经贸委、长沙市政府《关于同意浦沅工程机械集团公司建立现代企业制度试点实施方案的批复》，长沙市国资局局长宣读了《国有资产经营授权通知》。

董事长陈励青在讲话中表示：转机建制，授权经营，这是浦沅发展史上新的里程碑，是浦沅前进道路上新的起点。

工厂为集团公司正式运作在1995年就作了大量准备工作，先后成立了桩机厂、砼机厂、能源公司、精密器件公司、电子安全信息系统公司等。

1996年是“九五”计划的第一年，党中央提出了经济工作要实行两个根本性的转变，集团公司把适应市场经济作为各项工作的出发点。

1996年2月2日，集团公司在常德举行了隆重的挂牌仪式，随后给六个由车间改制为生产厂的单位授牌，标志着集团公司正式开始运行。

为规范集团公司的运行，公司颁布了《集团公司运行及管理规则》。

1996年工厂改为公司制的另一个大动作是将工厂办社会的各个单位集中起来成立了公用事业部。集团公司希望公用事业部能通过二三年甚至更短的时间，得到更快的进步与发展，争取达到自我收支平衡和略有积累发展的目的。

企业的改制运行，取得了较为理想的效果。

集团公司生产组织方式实行根本性变革，从9月1日起实行订单生产。

结构厂在转机建制的新形势下，解放思想，打破常规，在极短的时间内完成新产品道路清障车的设计、研制、安装、调试、鉴定，最终投放市场，并极有希望成为公司新的经济增长点。

为了有效合理地使用资金，集团公司内部银行9月2日正式独立运行。

……

1996年是集团公司全方位改革与探索的一年，它使全体员工对市场经济有了更加切身的体会和清楚的认识，更加增强了全体员工改革必胜的信心。

这正是：改革改制好机遇，发展壮大正其时。

二十五、浦沅频迎嘉宾至　击风搏浪添斗志

浦沅门庭生紫霞，嘉宾如云扶“双加”。

行船借得顺时风，闯出国境向天涯。

浦沅生产经营中心转移长沙，这一重大战略部署立即引起各级领导重视，他们以政治家的敏锐与热情，热心关注着浦沅的成长与发展。

1994年10月19日，原机械部副部长包叙定考察浦沅长沙总厂、研究所的CAD工作站和起重机分厂。包副部长说，这次我到了长沙几个单位，还是浦沅的管理好一些。

1996年9月25日，省长杨正午在省市领导陪同下，兴致勃勃地视察了浦沅，观看了道路清障车、自行式液压升降机的操作演示。他说，我第一次到浦沅，留下了良好的印象。浦沅的管理起点较高，水平很好，具有现代化企业管理的模式。

1996年12月4日，中国人民银行行长戴相龙来公司视察，并与浦沅、长沙卷烟厂等五家企业领导举行座谈。

1997年3月14日，省委书记王茂林在长沙市委书记秦光荣等陪同下，第一次视察浦沅东厂，王茂林希望浦沅不仅要发展国内市场，而且要把目光瞄准国际市场，争取在不太长的时间内成为一个国际性的企业。在这之前，王茂林同志曾于1996年11月8日视察过浦沅液压机械厂。

1997年3月18日，多次来过浦沅的周伯华副省长率参加省政府优化资本结构试点城市协调会的各级领导再次来到长沙东厂。曾参加过基地奠基的周副省长来到建成的基地综合车间，显得格外高兴。他说，浦沅工程机械基地在国内是高起点、上规模、上水平的。这也是机械振兴的重点工程。

1997年7月24日，浦沅迎来了国务院副总理吴邦国同志，吴副总理对集团公司领导给予高度评价，说浦沅从董事长到总经理，事业心都很强。希望浦沅在企业结构（改革）方面走在机械部各企业前面，在市场机制方面创造点经验，浦沅完全可能成为国内国际一流的企业。

1998年6月1日，副省长周时昌来到长沙考察，在参观了长沙东厂的各种先进设备后称赞道，浦沅在机械行业是当之无愧的排头兵。

国家、省、市各级领导的关怀与鞭策，成为浦沅改革发展的强大动力，浦沅集团公司决心鼓足干劲，振奋精神，让公司像正在提速的列车，拉响汽笛，满怀信心地奔向21世纪。

这正是：浦沅频迎嘉宾至，击风搏浪添斗志。

后话：重温往日历史，回味昔日辉煌，应是举办浦沅50周年庆典活动的初衷。我对当年编发的《浦沅史话》稍作了些修改，希望和大家一起共缅那段光辉岁月。这并非官方文献，仅为坊间的一种编年体式的“备忘录”。由于资料的限制和时间的流逝，着墨难免有失“精准”之处，请大家斧正。

只争朝夕发展新品种的精神；一心创优质产品的精神；顽强学习新事物的精神；全心全意为用户服务的精神；跋山涉水开拓市场的精神。这新时期的“新五种精神”，成为浦沅人永立市场潮头的法宝。

新、老五种精神创造的浦沅企业文化，铸就了浦沅的辉煌，铸就了“浦沅魂”。

在浦沅50华诞之际，我们梦里重逢。在中国工程机械队伍的前列，浦沅昂首挺立、神采飞扬。

（《“五十”画·说》完）

手捧蓝图披荆斩棘描绘武陵春色
胸怀世界奋发图强锤炼浦沅精神

——浦沅历年原创春联选（1）

举红旗壮志凌云参加三线建设
擎雄文战歌动地支援世界人民

——浦沅历年原创春联选（2）

学习愚公，移山填坑。

筹建浦沅第一仗

何楚雄

浦沅筹建起步于“文革”武斗时期。当时，广东、长沙街头枪声不断，赵加胜同志和筹建人员是冒着生命危险四处奔波的。

上海工程机械厂筹建的长建厂从四川泸州拔点，要经过昆明大军区同意，选点湖南要经过广州大军区批准。当时，上海工程机械厂的孔祥森和一机部重矿局规划处的孟兆金先去昆明，又赴广州。

他俩在广州遇到困难，请赵加胜到广州来定夺。晚间，广州太阳升旅馆门前枪声不断，他俩趴在窗口焦急地等着老赵的到来。晚上10点多钟，赵加胜坐了一辆三轮车匆匆赶来，到了门口还响了两枪。老赵携带的雨伞被枪弹打穿一个洞，沉着机警的老赵走进旅馆后只轻描淡写地说了一句：好险啊！差点被子弹打着……

1968年，一机部正式下文，上海工程机械厂一分为二，包建搬迁到常德的新厂，厂址选定樟树湾，取名浦沅工程机械厂。稍事准备，以老厂长赵加胜为首的九人筹建小组赴湘筹建。

我们到达长沙后，住在火车站对面的湖南旅社。当时，长沙一次规模较大的真枪实弹的两派武斗刚结束，市面上冷冷清清，商店关门，行人稀少！马路两旁因武斗而建的围墙上还留下许多弹孔。据说某天有一市民去菜场买菜时被冷枪打中，死在马路上。因此，那几天长沙市民都待在家里不敢出门。

而我们九人筹建小组必须马上开展工作，要去省委、省政府汇报选点和筹建事宜，同时还要去各有关局联系工作，以求得支持。可是，当时的当权派都靠边站了，机关内无人接待，省委大院里冷冷清清。碰到一位好心人对我们说：“长沙正在武斗，很乱，很不安全，你们还来联系什么工作，赶快回去吧。”

当晚，赵加胜召集九人开会：怎么办？是走，还是留？讨论到最后，由老赵拍板：不回上海，去常德看看当地情况再定。

到常德后，我们首先去地委汇报，争取他们的支持。没想到地委里面只看到几个带枪、挂手榴弹的造反派走来走去，没看到办公人员，我们只好失望地出来。在地委大门口外马路边看到一个老干部模样的人在扫马路。经打听，他就是原常德地委书记——张文光，原来老干部都靠边了！

后来我们又去常德市委、市政府，情况也一样，看来都没戏唱了！

最后，我们到常德县，还算好，县政府还有个别部门有一两个人在。我们在他们的帮助下找到了原常德县副县长雷恭政。我们将建设浦沅一事告诉他，并宣传建设三线的重大意义，恳望得到他们的大力支持。这位副县长答应了。后来，我们在常德县征地、拆迁（包括迁坟）、组织民工进场搞“三通一平”，都是在他们的支持下顺利地开展起来的。

后来有一个机会，我们见到了常德地区掌权的造反派头头“一把手”。当时，他腰上左右各别了一把手枪，威风凛凛。我们将建设浦沅的事向他作了说明，并讲了毛主席要求加快三线建设，三线一天没建好，老人家一天睡不好觉；三线建好了，没有火车，他骑着毛驴也要去看看……终于得到他的理解、同情和支持。后来，他还来现场看过，表示一定支持我们建厂。我们当时这样四处奔走呼号，都是为以后顺利开展基建创造有利条件，减少不必要的麻烦。

初到常德，人地生疏。当年，常德还是一个小型城市，从东门到西门的大街上，只看见一辆老旧公共汽车慢吞吞地开着，车里也只有三五乘客。大街上有的是手推的板车，几头黑毛猪四处觅食，一句话，常德人自得逍遥，其生活的节奏如老牛拉车。

可是，我们不能这样慢吞吞的，我们要迅速开展浦沅厂的筹建工作，任务非常繁重而艰巨。好在当时常德地区的政治形势比长沙要好一些，相对稳定一些，也为我们的筹建工作提供了非常有利的条件。

因为我们都是从工厂出来的，没有搞过基本建设，面临的困难很多，但我们迎难而上，边学边干，摸着石头过河。赵加胜同志多次召开会议，研究基建的起步工作，认定当务之急就是要迅速展开“三通一平”（通路、通电、通水、平整土地）。

我们作了明确分工：赵加胜带领沈奎元、张关明等去常德县政府商谈组织民工进场搞平整土地事宜；其他同志分别去地区供电局和自来水公司等单位，何楚雄去地区机械局等单位联系挂钩，争取他们的支持。

在常德市经过几天的努力，绝大多数事项都已落实好，唯有自来水公司一口回绝我们提出的供水要求。理由：一是他们生产的自来水总量，只能满足市民的生活用水，无法为浦沅厂提供大量的工业用水。二是没有能力铺设从市区到厂里的水管。在这种情况下，我们只能到外面另请专业钻井队来厂钻井抽取地下水。在常德县各级领导的支持下，很快成立了由副县长雷恭政率领的工作组进驻浦沅，紧接着2300多名民工分多路，浩浩荡荡地举着红旗和毛主席像开进工地。

当时，我们厂区范围内都是丘陵，有几座小山头，落差有20多米，低处有小河浜要填土，需要挖山填土，工程土方量非常大。还有更难的是厂区内有几家农户要搬迁，要谈判搬迁费用；农民种的田地、农家的祖坟搬迁要赔偿费用，困难一个接一个地出现。如果单靠我们直面谈判、去做工作是非常困难的。于是，我们就紧紧依靠常德县各级领导，共同来做好这项难度很高的工作。最终在常德县的大力支持下，顺利地解决了农民搬迁、田地等赔偿问题，为开展“三通一平”打下了基础。

我们第一次来到浦沅工地时，头顶青天，脚踏草地，在一处高地上排成一字横队，面对东方，人人高举《毛主席语录》，高呼口号，表达了我们要建好浦沅的决心！

我们每天从常德市高山街那栋租住的小楼到工地，有的骑着租来的旧自行车，在粗糙而又高低不平的砂石路面上，骑车13公里，天天汗流浃背；不会骑车的就走到西门搭乘由常德到澧县的长途车，车到工地附近便招呼司机下车，回常德市时再去公路边耐心等待过路车返回常德市，交通十分不便，也影响工作。

后来，我们请民工在工地上搭建简易工棚，筹建人员就搬进工棚住宿和现场办公。

当时条件极差，吃的是渐河水，洗的是渐水澡。没有食堂，自己动手做最简单的饭菜，晚上睡在地上用稻草铺就的床铺上看星星。当时有个别同志实在想不通、受不了，赵加胜同志就去做工作，他说：“我们这么做是为了就近方便工作，提高工作效率。目前暂时吃点苦，以后会随着建设速度的加快逐步改善的。”大家看到年长的老领导为党的事业甘愿吃苦受累也就想通了，跟着慢慢适应了。

记得有一天夜里，正当大家熟睡时，突然听到有人大声疾呼：“有大蛇，大家快起来呀！”我们都被叫醒，起身一看，果真有一条2米长的大蛇正爬在简易工棚的横梁上，这下可把我们吓得不轻！我们望而生畏，又不敢惊扰它……过了很久，蛇见到灯光才慢慢地爬走了！此时此刻，大家已毫无睡意，真怕蛇什么时候再爬进来。

不忘初心

赵加胜联络“工农情”。

工艺布局，群策群力。

开拓拼搏四字激励浦沅儿女
太行王屋二山造就愚公精神

——浦沅历年原创春联选（3）

胸怀朝阳创奇迹
脚踏实地干革命

——浦沅历年原创春联选（4）

广开言路。

通力合作。

“浦沅厂”的前世今生

许文龙

申请立项

1966年夏天，国家计委批准建设一机部泸州茜草坝的三爿厂中最后一家长江建筑机械厂。由上海工程机械厂副厂长汪子清带队，沈奎元、蒋复珍、浦毅中、吴蔚若、张关明、韦明玉、张祖范、赵东等去筹建长建厂。

当时，茜草坝地形复杂、高低落差大，长建厂夹在地势较低的两厂中间，无法伸展。由于四川武斗厉害，筹建人员两次返回上海。厂革委听了汇报后觉得当时筹建的长建厂仅有一个金加工和装配车间，已试制成功的打桩机，将是其主要产品之一，在那里无法生产。经厂革委常委几次讨论后决定，请求撤迁长建厂拔点重建，向周总理、国家计委、一机部和上海市革委报告，要求选择能满足产品生产需求的地址重新建厂。

一机部也想建一个工程机械的新基地，积极给国家计委有关部门做工作。据悉，为撤迁长建重新选点，一机部重矿局规划处（一处）的孟兆金向部里联系、汇报，仅长途电话费就累计花去6500元。

工厂选址

1968年2月，按一机部通知，国家计委和一机部同意上海工程机械厂方面的意见，要求派人去北京商谈。

上海工程机械厂由老厂长赵加胜率领龚龙福（当时代表机电一局重机公司革委会）、张关明、孔祥森4人赴京。3月初，双方已确定新厂的生产大纲，在一机部重矿局孟兆金积极主张下去湖南常德。当时在北京的赵加胜等4人直接去长沙，并电告上海工程机械厂派革委会成员也去长沙。经厂革委常委讨论决定，由许文龙会同陈励青、周贵生去长沙会合。

经努力工作，湖南省计委同意在常德选址。这时，上海的3人也到了。于是向省计委租借了一辆罗马吉普车，一行8人去了常德。历时14天，前往落路口、石板滩、桃源、灌溪和蔡家岗等5个区域，47处地方踏勘和筛选，最后确定了灌溪的铁山脚下的荒坡为主厂区，渐河对岸为生活区。由于热加工要承担5个内迁厂的毛坯件，单独在北面设置。

工艺设计

国家确定了浦沅厂的生产大纲。但当时全国三线建设项目多、工艺设计单位少，浦沅厂的工艺设计单位经一机部和上海市以及工厂多方努力，均无结果。经当时的上海工程机械厂革委会讨论，征求干部、工人座谈意见决定，工艺设计由工厂自己搞。组织干部、技术人员、老工人“三结合”班子进行工艺设计。因为他们熟悉工艺和生产流程，选用设备准确。

于是，全厂上下经过热烈讨论，几上几下讨论审定，拿出了方案，形成了《工艺设计大纲》，确定了全厂的布局及生产车间的面积和生产设备的种类、数量。

1968年初夏，由国家正式在上海工程机械厂召开了工艺审定会，7月24日国家正式下达批文，设立浦沅工程机械厂项目。

厂革委会扩大会立即讨论落实项目的大干快上，紧接着成立了筹建处，由赵加胜带领精兵强将赶赴湖南，在省和地区注册立项，寻找土建设计单位、土建施工单位，征地并按国家和省里的规定给农户赔偿，展开“三通一平”。当时，许文龙在上海负责组织进行结构、铸铁、锻压车间的专用机床设计、制造的准备工作。

命名浦沅

在厂址确定后，大家才有时间想到要给工厂取个名。当时，老厂长赵加胜说："重庆有个上海支内厂叫浦陵，即从黄浦江迁到嘉陵江。我们从黄浦江边迁到沅江，就叫浦沅，怎么样？"在场的八个人反复念着："浦沅""浦沅"，感到响亮、顺口、有意义！就这样，一致同意厂名取为"浦沅"。

当年，我们一行到常德时，常德武斗刚刚结束，地区第一招待所还没有开始接待。经过我们协商、宣传毛主席关于三线建设的重要性，结果在第一招待所池塘南岸的木板房中整理了两个房间，供我们连司机共9人住下。晚上，大家听到老厂长赵加胜那边传过来有节奏的呼噜声……大家知道老厂长一直以来绷紧的神经，终于可以松弛一下了。

厂房设计遇阻

老厂长赵加胜一面精心组织"三通一平"的施工，一面四处邀请设计单位。当时，浦沅公路桥已由省交通设计院很快完成设计，马上投入施工。1969年3月，当上海按原计划要求湖南省设计院到上海洽谈工艺设计任务时，湖南方面传来消息说：湖南省设计院正在突击韶山的重点项目，没有人员派出！怎么办？

这时，机会又一次降临！

当时的《工人日报》《解放日报》整版报道了上海工程机械厂参与上层建筑走上工艺设计舞台的报道。这篇报道引来了有关方面到厂学习的高潮，为此厂里还专门指定谢其规负责接待。

同济大学的陈敢峰带领师生来厂学习参观，并指名要许文龙介绍。许文龙脑子一动，想到了浦沅的厂房工艺设计正愁没有单位接手，于是他说："要我介绍可以，但有个条件——请给我们介绍一个工业厂房工艺设计的单位。"陈敢锋介绍说，华东设计院是专门搞城市设计的，现在城市设计项目不多，比较空闲。

获得这个信息的第二天，许文龙带了参与设计的郑岳昌、奚跃庭、薛悦兴、桑成滨、应理国、顾乃昌、孙正富、王天福去华东设计院找到了革委会主任，对方说："我们是城市建筑专业设计单位，没有做过工厂设计。而且要由上级单位下达任务，我们才能接受设计和财务预算。"对方还说："单位之间是不能委托和接受设计任务的。"经过反复协商说服，再加上上海工程机械厂是当时响当当的市级先进单位，他们最后表态，如果由上级下达任务他们就接受。

第三天一早，许文龙就去市革委工交办直接找工交办主任王涛同志。王主任了解情况后马上在报告上签字、盖章。就这样，我们9人再次去了华东设计院。院主任一看批复，大吃一惊："这么快的速度，第一次碰到。"他接着说："你们不愧是市里的先进单位！"

我们详细向对方介绍了常德厂房现场设计要"快、准、好"的重要性后，经协商双方达成协议，两天后就派各项目组组长共8人到上海工程机械厂报到。项目组了解工艺要求、进行同类工厂参观、去常德现场考察，再去湘潭、株洲参观工厂，最后陪同他们去韶山参观毛主席故居后才返回上海。

完成厂房设计

华东设计院的工程技术人员到达浦沅工地，受到浦沅领导、技术人员和工人师傅的热情接待。一开始在常德市高山街租借一套小楼暂住。后来，工地上积极抓紧时间搭建好了临时工棚，1969年5月初，许文龙带领这一批30多人住进简陋的芦席棚。

他们从繁华的城市来到空无一房的浦沅工地，忍受了阴雨天湿热难熬和蚊蝇骚扰，克服了食宿、如厕等生活上的种种困难，华东建筑设计院的工程师们不计报酬、不讲条件，每天赶工十几个小时，一个月时间就拿出了结构车间、油漆车间10000多平方米和9000多平

浦沅基建工地急需的压路机到岸瞬间。

分组讨论工艺设计方案。

工人参加"三结合"设计小组。

工人参加未来新厂房设计蓝图的审查。

浦沅工程机械厂工艺设计审查会一瞥。

“浦沅号”铁驳船开通了黄浦江——沅江的新航线。

方米露天跨、钢材库数千张图纸。

当我们回忆建厂50年历史的时候，一定不要忘记他们，一定要记住他们曾经为三线建设的无私奉献。

水塔定位成功

1970年5月底的一天，省计委、建委、机械局和常德地区相关人员来厂检查工程进度，传达上级对三线建设的要求。此时，赵加胜正在上海，工地上就只有许文龙、汪正东、庄春根在场。许文龙和林春根、沈奎元、张关明等中层干部会同常德工程公司、华东设计院有关人员在单身宿舍西二室参加会议。

地委有关领导看了总图发现浦沅要建一座30米高的水塔，他说：“备战期间，建这么高的水塔不合要求，不能建！”许文龙在会上据理力争：“浦沅建成后一是生产需要，二是6500名职工加家属上万人用水怎么办？而且深井已在公路边打好。”有关领导提出，可在700多米远的铁山上造个隐秘水塔将水输过去再引下来。

双方对峙，无法统一。

此时，许文龙宣布休会，大家轻松一下。10多分钟后会议继续。大家坐定后，许文龙左手在桌面的报纸上一拂而过，笑着问大家：“你们进门有没有看到报纸上放了什么？”与会者都说：“没看见。”老许张开左手，亮出一支8厘米长的烟嘴，说：“这张报纸厚1毫米不到，立着一支8厘米烟嘴，而大家进门只见报纸不见烟嘴。浦沅厂有11万平方米厂房、6万多平方米住房，战时敌机怎么会不见建筑而只见一座水塔呢？”会场里一时沉默，最后，终于一致同意水塔按设计方案建在原处。

（整理：赵菊芳）

渐河抢险

许文龙

1969年5月中旬，沅江的汛期即将到来。为确保常德城区安全，地区防汛指挥部决定打开地处河洑的水闸，先排空渐河和上游太平水库的蓄水。

奔涌的上游蓄水翻滚着波浪向下游汹涌而去，渐河中为建人行桥搭起的脚手架一下被冲垮了，绑扎在一起的脚手架在波浪中起伏，飞速冲出公路桥，向下游冲去。工地上的浦沅人心急如焚！万一冲坏渐河下游的河洑水闸，其后果不堪设想。

说时迟、那时快，只见岸边的刘贵清、许文龙、郝文海、薛悦兴、孙正富、韦明玉和省建二处的三位职工一个个几乎同时跳入渐河，想用大绳拴住木架。但大水流速太快，没有成功。

不会游泳的浦沅人和二处职工近10人在大堤上跟着在波浪中起伏的脚手架一路奔跑；同时马上组织了几辆卡车载人直奔河洑，想法截住水流中失控的脚手架。

人们跟踪水中的脚手架一直来到水流相对平缓的红光光电仪器厂附近。两岸以及水中的浦沅人才趁势冒雨把被冲散的脚手架，一根一根地收集起来。经过两个多小时的不懈努力，终于把近30立方的木料抢救回来。当木材全部装上卡车时，公路上水深已过半米。这时，不知谁惊叫：公路积水中竟有不少鱼在游呢！

张熙华、郝文海两位师傅开车将木材运回工地后，大家总算松了口气。此时此刻，浑身湿漉漉的20多人在冷风冷雨中冻得直打哆嗦。这时候，二处食堂的师傅已煮好红糖姜茶，一碗碗传递到浦沅工地与洪水搏斗的勇士们手中。

渐河炸堤之忧

许文龙

狂风暴雨不停，从岗市到市区去的公路上内积水已1米深，渐河也已被沅江水倒灌满了。

此刻，常德地区防汛指挥部作出了紧急决策：如果洪水继续猛涨，将首先在浦沅（后建豆腐房处）通往热区去的大堤上炸开缺口，将大水引向老渐河，直排柳叶湖。

常德军分区指战员已火速赶运来炸药，待命破堤；闻讯赶来的数百名农民扛起锄头农具也涌向大堤，他们异口同声“不许炸堤！”并将防汛指挥部成员和部队指战员团团围住，气氛十分紧张。

此刻，防汛指挥部的成员来到浦沅工地打市区直线电话，工地上的浦沅人听到消息后也围拢来听候消息。常德市防汛指挥部的态度十分明确：如洪峰不退就炸，听候通知！如果炸坝，常德县大片土地将遭殃，农民的生命财产将蒙受不堪设想的损失；如果炸坝，对刚刚起步筹建的浦沅同样带来严重威胁，工地上的浦沅人密切注视着瞬息万变的形势。雨还在下，水还在涨。数百名农民兄弟与防汛指挥部人员、部队指战员不吃不喝，在狂风暴雨中对峙了整整20个小时。

突然，从常德地区防汛指挥部传来好消息：沅江上游雨势渐收，险情基本排除！一场炸堤的虚惊总算过去，浦沅工地也恢复了平静。

海纳百川

记住这一天

曾繁威

1969年9月23日，正准备下田劳动的我们几个知青，接到通知，今天必须赶到汉寿县城报到，说是被招工进浦沅厂了。进工厂，当工人，这是那个时代知识青年都梦寐以求的事。呆了几秒钟——因为事前毫不知情，我们不啻彩票中奖一样，兴奋得不知所措。

在县城我们见到了生平第一位敬畏的大人物赵德江师傅。因为我们的去留大权都掌握在他的手中：一旦查出哪个方面不合格，立即遣返回乡。我们从汉寿各乡招来的知识青年约有二三百人，临时安顿在县一中的教室里住下。

半个月后，第一批百十来个同伴去往湘西钨矿培训，剩下的我们就暂时转到汉寿毓德铺乡劳动、学习。在毓德铺吃了十几天红薯饭后——那时我们没有健康意识，根本不了解红薯饭多么养生，山中空气多么清新，只是每天老盼着快进厂学技术。

终于好消息来了，通知我们第二批49人直接到常德灌溪浦沅厂劳动培训。那天天气很好，吃过早饭，我们49个同伴，迅速整理好行李，肩挑手提一个多小时到达了县城。略事休息，然后各找门路赶往常德。

从汉寿县西竺山出城，直奔第一站新兴嘴。走在乡间土路上，秋高气爽，空气中充满了成熟的稻谷香味，连小鸟叫声也觉得特别悦耳。不知不觉走完二十几里路抵达新兴嘴。草草吃过午饭，过河到社木铺，这已是常德市地域。走芦山公社，过新米桥，大概午后两点多，从东门进了常德市。虽然我们家都在市里，但决定一律不回家，只去找了一辆板车放行李，轮流拖着，继续向浦沅进发。下午三四点钟，我们终于到达向往已久的浦沅厂。这一天是1969年11月13日。

1971年2月，浦沅人行桥竣工。

忆往昔革命先烈奠定宏伟大业
看今朝红色后代建设锦绣神州
——浦沅历年原创春联选（5）

公路上汽车如梭，渐河里木船逐波，都为尽快建好浦沅而奋战。

昔日樟树湾路斜草长坡陡
今朝浦沅厂楼高花繁人欢

——浦沅历年原创春联选（6）

正在建设中的厂房。

打井队为浦沅送来了地下清泉。

初到樟树湾

王志远

上海工程机械厂公布第2批支内人员名单，我榜上有名。想当年保家卫国横枪跃马奔赴前线杀敌，看今朝建设后方义无反顾举家三线创业。

我被定员在新厂供销部门搞机电配套件工作，明确要我先暂时留上海，以便和有关供货厂商联系。当我从贵阳将一批急需的4135柴油机催货回厂后，接到通知要我尽快去常德报到。

由于工地无住房，我全家四口不能一起去，我只能只身一人先到湖南。当时上海还没有直达长沙的火车，要到株洲再转车。到长沙后，我被安排住在湖南旅社，厂里在这里包了一些房间专供往来人员住宿。

从长沙到常德有200多公里路程，途中要过湘江、资江、沅江。三江都没有桥，过江全靠渡轮摆渡。小小渡轮每次只可载5到6辆汽车。码头上排满待渡的车队。优先上渡轮的有：军用车、救护车、消防车、邮电车、客车，最后才是运输卡车。每过一道江，等候1到2小时算是快的。我坐的是运输卡车，车到樟树湾时已是傍晚。在夜色中我注意观察起这个我将要生活工作的地方，这时还能看清工地上红旗招展，还能听到劳动号子此起彼伏，让人觉得激动，这也是阿拉上海人从未见过的一道风景线。坐了一整天的车，到工地上也无饭可吃，也不知该到哪里休息。好在先来的同事，要我和他们挤一挤，饿着肚子度过了到樟树湾的第一晚。

工地上大家都忙着各自手中的工作，第二天也无人来安排我的任务和住处。我决定到工地上走走，看看新厂有多大。我顺着有围墙的地方走，尚未砌墙的地方，就沿界标线走，好家伙！走了一个多小时还未走完厂界标的地段。听说光是金工和结构两个车间，就2万多平方米，要比上海老厂面积大20倍！

几天后，我和叶瑞康、林才荣、裴如山、姚国良等几位同事才被安排在一间农民废弃多年的破草房住下来，经过整修加固后的茅草房便成了我们的窝。好在大家都是单身，行李不多。我们七个人住的这间茅草房，尽管阴暗无窗，潮湿拥挤，但它能遮风挡雨，比第一批来的同志住油毛毡盖的“滚地龙”强多啦！由于未开工生产，我一时没有任务，领导要我先到后勤组干起来。组里大多数同事我都认识，只有李红玉和陈小玲是刚到的新兵。

上班后我接到的第一个任务就是解决晚上住宿处的照明问题，而且还真的很急！我和两位同事到各个商店去看看，想买一些油灯和蜡烛作临时照明用。没想到跑了好几家商店都碰了钉子，原来油灯蜡烛这些老式照明用具早已无人问津，在商店里绝迹了。后来有人告诉我们，那些偏僻乡间的小卖铺或许还有库存余货。我们便翻山越岭，在乡村小店寻找我们急用的“古董”。功夫不负有心人，我们把几家小店的存货尽数收来，让急需的地方先亮起来。

第二天我吸取教训，换上一双胶鞋，继续在农村冷僻的角落里觅“宝”。几天下来，我们买了各式各样的灯，有方形的、圆形的；有台灯、壁灯，但还不够用。有一天，我在一个小集镇的一家小店发现有白蜡烛，那是给镇上临时停电时准备的。当店家知道我们是上海支内来常德建厂后，愿意支援卖50包蜡烛给我们。我千谢万谢后，背着蜡烛，手拎油灯，一路小跑赶回厂。我要争取在天黑之前把油灯和蜡烛发到各个宿舍。事后，同事们感谢我给他们送来了光明，笑称我是“光明天使”。

打井成功

俞明国

“通水”，是“三通一平”的重要组成部分。当时，筹建组去常德市自来水厂申请给水。回答是：他们没有资金投入，而且要我们自己承担铺设11公里水管。看来“此路不通”！

于是，我们去先于我们建厂的红光厂咨询。他们说：由常德供水的方案不是上策。因为一旦通水，沿线的单位都会接管取水，导致你的供水无法得到保证。

后来，我们决定去石门请403钻井队打井，寻找地下水源。钻井队负责人告诉说：“我们在那块地方勘探过几次，那里无水可取”。

在我们再三坚持下，403钻井队应邀而来。首先选中通往热区的大档开始钻探，谁知打到100多米深时，钻头突然掉下去了，原来下面是溶洞！

重新选点继续钻井，钻井队用600毫米锥型钻钻到150米深处时，出水了。我们马上取样送市自来水厂防疫站化验，结果水质不符合要求。

紧接着，钻井队又在相隔200米处打第二口井，喷水后，将水样送去再作检验，检验结论还是某些元素超标。

老厂长赵加胜和钻井队经过商量，决定继续抽水并加大抽水量，希望经过一段时间的抽排水后，水质能朝好的方向转变。果然，天遂人意，最后送检的水样终于达标。

浦沅厂第一口达标水井终于打成了！

在场的钻井队和浦沅筹建组成员顿时欢呼雀跃，赵加胜厂长欣喜若狂，一转身，三步并做两步奔向水井旁，双手捧起一掬清水含在嘴里，深情地注视着从井里冒出的白花花的水柱……

筹建组的吴蔚若举起相机拍下这一精彩瞬间！

雪夜抢运履带吊

刘贵清

1969年上半年，浦沅建厂进入高潮期，工地上人山人海。常德县委托物资局局长王熙率领两千多民工打着“建设三线”的红旗，日以继夜地工作，吃、住都在工地上。他们提出：抓晴天，抢雨天，麻风细雨当好天，争分抢秒建浦沅。省建委专门新组建的建委二处的建筑工人分期分批到达现场。

浦沅厂一天一个样。大结构车间的梁柱预制件已成型，厂房吊装却缺少大型的吊装设备。这时，在四川出差的吴蔚若师傅发现有个单位闲置了一台20吨履带吊。经部领导同意、主管部门批准，这台履带吊被调拨给了我们浦沅厂。再加上铁路运输的一路绿灯，没有几天履带吊就到达了长沙火车北站。

有了好的设备，大家自然高兴，但要把20吨重的大吊车运回常德，谈何容易！履带吊超重，没有大型平板车运输是不行的。那时长沙还没有专业运输公司。赵加胜厂长为此十分着急。他在长沙四处打听平板运输车。后来听说长沙有一支工程兵部队，估计有这种特种车。于是赵厂长就带着我和黄二棠连夜到处找，最后打听到部队在伍家岭附近。具体地点不清楚，部队电话又是保密的，无法电话联系，只好徒步去找。那天我们从下午6点，一直找到半夜11点多钟，才找到部队所在地。

一位值班的首长接待了我们。赵厂长迫不及待地说明了来意。首长很抱歉地告诉我们，部队只有一辆15吨平板车，而且从来没去过常德，并明确回答无能为力。希望一下成了泡影。工地又急需吊装，怎么办？赵厂长决定自力更生、土法上马来解决问题。履带吊整车运输不可能，我们就学习蚂蚁啃骨头的方法，将吊车拆卸后，化整为零来运输！

第一口达标井终于打成，心花和水花同样怒放。

一掬清水甜在心，滋润代代浦沅人。

吃水不忘挖井人。

黄河牌卡车抢运履带吊组件。

履带吊不负众望。

起吊屋架。

方案一确定，赵厂长马上组织成立了由修理班的潘明师傅、起重班的吕和生师傅，还有他们各带的两名青工，再加上我和吴振东两位司机组成的临时运输小组。我们开了一辆8吨黄河车和一台10轮卡车“大门厅”，赶到长沙火车北站，开始了对履带吊的拆卸。两天后拆卸、装车工作就绪，准备启程将履带吊运往常德浦沅工地。

当时正值冬季，天气十分寒冷。由于湘江河西渡口是一座临时浮桥，只允许5吨以下车辆通行。我们的车辆超载太多，只能绕道湘潭韶山到宁乡。出发当天北风呼啸，到宁乡时天又下起鹅毛大雪，给我们的行车带来极大的不利。这时，天也黑了下来。由于宁乡的公路铁桥改造，在原桥处建了一座临时便桥。为了不影响其他车辆通行，工程建设单位只允许我们晚上通行。

天越来越黑，雪越下越大。驾驶“大门厅”的潘明是位胆大心细，具有高超驾驶技能的师傅，全车最重的单件由他主运。等我们驶入便桥时，路面松软，不仅车轮打滑，车身摇晃，方向盘也不听使唤，每前行一步都很困难。加上我们又是超重车，情形十分危险，弄不好就会车翻人伤。我们一行想尽各种办法，克服重重困难，边走、边拖、边垫、边挖、边填。短短20多米的便桥，我们从下午6点一直忙到晚上10点，才胜利走出便桥。所有参与者都感到筋疲力尽，当晚也只好夜宿宁乡。

第二天清早起来，银装素裹，昨夜一夜大雪，气温降到零下，地面积雪有一尺多深。我们都是柴油车，没想到柴油结冰。没有油，车无法启动。这时我们只好采取烤油箱的办法升温。油箱醒了冻，电瓶又没有电。我们只得使用土办法用汽油车牵引启动。当时汽油车只有解放牌，它的吨位小，根本拉不动，一拉就熄火。一台不行，我们就用两台。我们用了整整4个小时，终于将车启动了。

上天不负有心人，当天下午天气转晴，我们一路奔驰，安全顺利地把大吊车运到了工地。后来仅用了几天时间，就完成履带吊的组装，投入到了厂房的吊装。大家都说，这台履带吊在建设浦沅厂时立下了汗马功劳！

“三李”怀念赵厂长

李镇贵 李显荣 李代璠

我们“三李”十分怀念敬爱的老厂长赵加胜同志，他可亲，可爱，可敬。赵厂长光辉的一生永远是后人学习的楷模。这里说一件关于赵厂长关爱工程技术人员的小事。

1965 年9 月初的一天，我们七位大学生刚刚走出校门，来到大上海进了上海工程机械厂。陌生的环境，加上到处听到的都是听不懂的“阿拉”上海话，很不自在。

开始，我们被安排在陈家头厂单身宿舍住，傍晚时分，有客人来看望我们。让人真没想到，我们来的第一天，赵厂长下班没有回家，没有吃饭，就看我们来了，我们好开心啊！他没说一句上海话，我们全听得懂，好温馨啊！一下子拉近了我们之间的距离，感到十分亲切，让我们有回到了家的感觉……

在他的关心培养下，我们这些小技术员，一个个都受到工厂的大胆重用，成长很快，不久承担了新压路机的设计；8 吨液压起重机的试制和10 吨汽车起重机的设计。

从那一天起我们就爱上了这位老厂长。尽管这件事已过去50 多年，但我们一直铭记在心。

苦干实干巧干 突击厂房吊装

许文龙

按常规，浦沅11万平米厂房吊装应由专业的建筑公司机械化施工队承建的。可是省机械化施工公司力不从心，接下任务后又退了回来。这下问题来了。结构车间立柱基础已浇制好，立柱已大部分预制浇好，筹建组全体人员都急坏了！怎么办？只能是没有条件创造条件也得上！吴蔚若直奔北京，千方百计通过一机部从下马厂调拨来一台履带吊；赵加胜赶赴上海老厂协商调派吕和生、史全法两位经验丰富的起重师傅，召集1968年招工进厂的杨炳忠、汪红旗等十多人组成了起重班。

1970年早春二月，阴雨绵绵。作业开始，重达千斤的立柱慢慢被吊起。十多人拉着浪风绳在泥泞中控制着起吊中的立柱的平稳。立柱绝不能发生碰撞。一旦撞击，重浇一根立柱就要耽误工期1个多月。

立柱放入桩基坑，五建的师傅找准方位，塞入铁塞块，进行校正。然后由年轻的起重工爬上十几米高去脱卸吊钩，松开钢丝绳，才算完成一根立柱的吊装。就这样，从开始一天吊一两根到一天完成10根。立柱就位、水泥浇灌好后，由五处工人加紧墙体的砌建和圈梁搭模板、浇水泥。与此同时，屋架制作也紧锣密鼓跟上来。我们厂房屋架的设计是采用轻型中空预应力工艺。郑岳昌、曹荣根外出学习后，自行设计、制作了屋架的工装夹具——预应力涨拉机。所谓预应力涨拉机就是用十多根四五毫米粗钢筋预拉受力再灌水泥，待养护期满后再拆除拉具。这一先进工艺五处技术人员和工人从未见识过，也从未做过。

全厂同心 吊装厂房

1970年初夏，上级领导要求浦沅在9月底完成结构车间屋架和屋面吊装。否则，省里将向上级报告，浦沅工程停建。我们提出申诉：我们只有一台吊机，省机械化施工公司又不派施工队来。省里能提供帮助吗？回答说：没有。只有期限要求，没有商量余地！

6月份，屋架水泥构件养护期已到。怎么办？曹荣根、孙正富以最快速度去三线厂最多的四川等地取经。曹荣根一回厂就拿出草图，6天时间制作好屋面吊装专用工具。神奇的专用吊具一抓就是六块大瓦，一次就能完成一间屋面大瓦的吊装，真是太好啦！

此时，赵加胜又从上海请来周火松、史如才、吴连生3位已经退休的起重师傅；孙正富组成了由胡同华、李根兴和青工杨礼基、徐培林、张新华等参战的电焊组；五处也派来2名技术员负责测量屋架垂直、平行精度。当时正值破“四旧”，没有烧香、放鞭炮，浦沅人面对的只有时间紧任务重的压力！刚开始一间屋面的吊装花了5天，第二间屋面总结经验后缩短工期只用了不到3天。

这段时间，厂筹建领导小组只有许文龙、汪正东、赵德江在工地。省里又一次重申：9月底必须完工！70天时间除去大风大雨天，要完成145间屋面吊装，许文龙急得寝食不安。

我们决定紧急动员，许文龙、林春根、张关明、曹荣根、何楚雄和全体电焊、起重、木工及五处现场负责人在结构北一跨召开决战动员大会。会议作出决定：次日起，吕和生、史全法兵分两路，各带一组起重工，以天亮为准开两班作业，各干7个小时；起重组拉浪风绳抽调非生产人员和车间暂时可调人员各加5人；食堂上午10时供起重工吃饭，中午在食堂舞台铺上草席、开着风扇让他们午后有2小时休息；办公室抽调董璇、

热火朝天的吊装场面。

老一辈的起重精英。

胆大心细的起重工人。

土工装带来了高效率。

土法上马，工匠精神。

起重班日出而作，轮班作业。

赵菊芳除了干本职工作，每天上午9点和下午4点为起重班送点心、绿豆汤或绿豆粥，她俩同时将起重班预订的菜单反馈到食堂。现场领导并不知晓这两位女同志都是怀孕之身，但她俩被前方火热战斗所感动，与常人一样，坚持每天两次抬着近30斤重的饭点送到工地。

安全护航 苦干实干

建筑行业的任务由机械工人顶岗，这是浦沅人一大创举，但安全的压力可想而知。为保证安全，林春根挺身而出，负责现场安全督导。起重组兵分两路开两班；电焊组组长孙正富表态，他和胡同华、李根兴3人带领青工顶两班；常建五处木工师傅表示他们虽只两人也顶两班。

其实，在烈日炎炎的高温下连续作业也的确是一种充满安全风险的决定。一开始，退休重返前线的周火松师傅坚决反对，汪正东同志也不同意。怎么办？省里下了死命令：不能按期完成则向上级报告，浦沅停建！当周老师傅得知上级已下达硬指标，没商量余地，浦沅一旦停建，工地上1500多名职工、家属怎么办？

“为了大局，我们必须作出牺牲”。周火松简短的表态鼓舞了大家。于是，大家一致表示：抢时间、抓进度，既要有革命加拼命的精神，更要十二万分注意安全。此时，许文龙向老书记作了汇报并立下军令状：只许成功，不许失败！

工地上，吕和生、史全法和履带吊司机周龙发每天早早到岗，检查吊具、钢丝绳和车况；许文龙自己则大清早就在还立在地面的水泥大梁上练习行走，为登高做准备；每天的班前会必讲安全，每天要督促大家午休两小时。

屋架呈“八”字形，在上面行走，脚下打滑，很不安全。许文龙准备为每人发双高帮电工胶鞋。结果，主管劳保用品的张光勋说领导不批。无奈之下，许文龙和王德海跑到灌溪街买来30多双草鞋。

现场的工人大惑不解，许文龙说：“我请大家穿草鞋。我知道你们没穿过，我这个农民的儿子教你们穿。”他把草鞋放在水桶里一泡，再用木棒锤打一遍。他说：“这样处理后草鞋才会跟脚。我穿了在屋架上走给你们看。”几个好奇的青工穿了来回走，果然一点不打滑，而且赤脚穿草鞋很凉快，又安全。许文龙还再三叮嘱：上屋架前一定要保证脚下不带泥。

为了保证安全，加快吊装进度，一开始，老师傅们建议在行车梁上方拉安全网，后又提出在屋架外侧装好扶手吊上去，经试验加扶手拆装也麻烦。后来把“老法师”曹荣根请来了。曹师傅见多识广，他提出设计制作一副“柔性扶手”，即在屋架一侧用6根60毫米粗、1米长的钢管顶部焊接一个铁环、底部安装“n”形“哈夫”卡在屋架上用螺钉固定，然后把粗麻绳从6个铁环里穿过去，两端拉紧固定。这样，“八”字形屋架一侧就架起了高一米的“柔性扶手”，起重工、电焊工上上下下有“扶手”，身体不易失去平衡，安全系数大大加强。一间屋面吊好，拆下向前移装。这个主意太棒了！于是曹荣根很快画出草图，刘岳林当夜组织人力突击制作，第二天一早，这套“高空柔性扶手”就投入使用，吊装速度大大加快。

原先屋架吊装一天完成2至3间，后来一天可吊十几间。这样一来，常德落路口水泥预制件的大瓦供不应求了。预制场崔经理说：“原先产品多得无处堆放，现在增加4条生产线还要日夜加班做。”

到9月26日，结构车间还剩3间半没有大瓦了，崔经理在向上级的报告中坦陈：是我们大瓦跟不上，拖了浦沅后腿。省、地主管部门领导连连夸赞浦沅：没有困难能压倒你们，你们确实在厂房吊装上创造了奇迹。

（整理：赵菊芳）

三线岁月

功勋班组——起重班

向少勇

浦沅建厂初期的艰苦创业精神，在当年的机修车间起重班，得到了最集中的体现。

记得 1988 年 12 月的一天，我专门采访过起重班这个光荣的班组。班长史全法、副班长熊理祥及汪红旗向我讲述了当年的情景。那时，真是白手起家，班里连一辆电瓶车都没有，找根绳子都困难。但同志们说：一颗红心两只手，自力更生样样有。

不久，厂里从外面调来一台履带吊，起重班便干起了从未干过的厂房吊装。大伙在干中学，学中干。吊装从低到高、从小到大、从轻到重、从简到繁。速度也从慢到快，逐渐掌握了规律，掌控了吊装主动权。

吊装近10000平方米的结构车间，正遇到雨天。施工现场泥巴很深，吊车进不去，他们就采用枕木垫。吊一架屋梁要搬 40 多根枕木，枕木被压进深泥中后，挪动起来很是费劲，费劲也得搬！一天干下来，从小青年到老工人，人均光枕木就要搬两卡车，个个累得像泥猴。

“那时，你们有加班费和奖金吗？”

“哪兴这一套啊！不过，这人也怪，没有这一套，倒还偏偏光想着施工建设，只想快点把工厂建好。”史全法答道。

“吊装这活，吃苦是一回事，关键是要担风险哩！”接着，史师傅给我讲了一个龙饱卸船装车的故事。

那是一个寒冷的冬天，刺骨北风呼呼直叫。大型龙饱经沅水船运到了常德市青年路渡口。为了不影响白天繁忙的汽车轮渡，卸船装车只能在晚上进行。没有大吨位吊车，面对这总重量85 吨，最重单件21 吨的庞然大物，大家都感到棘手。老班长吕和生说：“要啃这一块骨头，我们得向蚂蚁学习！”他和史全法找到大伙一道如此这般地计议了一番，然后便分头作了充分准备。榔头、铁桩、钢丝绳、铁管、木头、千斤顶，在手电筒的照耀下，“叮咚哐当”在渡口响成一片，人喊马嘶整整一通宵。天亮前，火车皮般大小的十多件大木箱竟神奇地移到了岸上。当主件——10 多米长、21 吨重的工作台被移上汽车后，由于车身不够长，悬空的另一头，只好搁置在“炮拖”上。一切就绪后，汽车正要开动，因为渡口坡度大，突然，汽车连同机器往下滑！两三米外就是滚滚沅江，问题严重极了！在这千钧一发之际，老工人周火松奋不顾身操起一块百十斤的大枕木，一下子塞住了车轮！一起即将发生的大事故被避免了。最后大家又只好设法用卷扬机帮助汽车牵引，总算上了坡。完成任务后，大家累得连话都说不出来了……

那天，史全法正说着，外面又有人来请起重班去吊设备。我的采访被迫终止。我目送着这几条金刚般的汉子远去。厂区鳞次栉比的厂房在我眼里，一下子好似都变成了一座座丰碑。啊，浦沅这历史的丰碑上，应当铭刻他们的功绩！

当年起重班的小伙子们。

功勋卓越起重班。

起重班在实践中，逐渐掌控了吊装主动权。

铁臂凌霄傲红日
长足驻地笑青山

——浦沅历年原创春联选（7）

黄锦福同志的故事

曾经建

黄锦福同志1969年8月22日随9人小组进场筹建浦沅厂。

我记得在1973年春天的一个晚上突然狂风暴雨，电闪雷鸣，不一会儿全厂停电。黄锦福同志顶风冒雨打着手电筒查看情况，发现是输电线路被风刮断，晚上已无法组织抢修。为了第二天早上职工能吃上早餐，他连忙组织人员冒雨将一台75千瓦移动电源车，靠人力拖到水泵房，启动发电机给深井泵送电抽水，并给食堂、生活区送电，发电设备运行正常后他才离开。这时黄锦福师傅浑身上下都被淋湿了。

镀铬设备上用的正反大电流开关，是成套设备中的关键设备。在20世纪70年代初采购不到这种设备。黄锦福师傅在四川出差时得知一个工厂有这种开关。他找到那家单位打听，对方说他们也是自己做的，也没有技术图纸。于是黄锦福师傅便与他们联系好，利用晚上下班休息的时间，完成了这种开关的测绘。回厂后他整理绘制了加工蓝图，最后完成了这种开关设备的自制，解决了生产的急需。

实干家黄锦福。

榜样的力量无穷大。

当年电工班的老师傅。

芦席棚里浇铸忙。

芦席棚之歌

向少勇

当年，在厂大门前的宣传橱窗内，有一帧建厂初期芦席棚铸造车间的珍贵照片……

简陋的芦席棚火烤烟熏，
顶棚的烟囱正冒着粉尘；
“铸造车间”四个大字是那样的醒目，
三根木头架起了“车间”大门。
荆棘杂草环绕在工棚四周，
工人们推着沙石车来回飞奔；
整个画面
—— 一个极普通的镜头，
我却凝视着这帧照片久久出神。
遐想中我细细地追寻，
追寻那几十年前的艰苦历程。
终于，在那坎坷的砂石路面上，
我发现了一串串步履艰难的脚印……
于是，这照片愈加成了我心中的珍品，
因为它真实地记录了创业的艰辛；
在这芦席棚里翻砂铸就的，
分明就是那光辉永恒的浦沅之魂！

架设110千伏高压线

王志远

当年第一批筹建人员进驻现场，遇到的第一个难题就是必须解决工地的供电问题。按照设计，电力线路应由常德市德山变电所解决。但是，要架从德山到浦沅的这条110千伏高压输电线路，须横跨沅江、三过渐河，全长23公里。所需用的电杆、电线、金具、瓷瓶等各种物资达1200多吨。当地电力单位一无技术力量，二是当地也无法供应这些物资。为了抢时间，尽快给工地供电，浦沅厂筹建领导小组决定自己承担架线任务，所有在现场的支内人员上下动员齐参战。

当年电工组只有几位同志，他们在老组长吴士根和黄锦福同志的带领下，全力以赴为架线做准备，整理各种用具和材料、给电杆定位、立电杆……每天都在线路工地上吃饭，由于天凉了，往往送到工地的饭菜都是冷的。有人心痛地对吴师傅讲："你已经是62岁的老人了，应回到工地去吃点热饭热菜。"吴师傅说："我们是来搞三线建设的，三线建设就是要争分夺秒，回去吃饭误时误工，不能回去。"运输组的同志驾着汽车行驶在从未走过汽车的便道上，克服重重困难将架线需用的物资安全及时地分送到各个电杆位处。立好电杆后到了向电杆上架线时，电工组几位同志人手就更不够用了，工地现场经常组织出动三四百人去突击拉线。

最难忘记的是有一天，电线已架到离工地只有二里多路的地方，线路最后一次横跨老渐河。目测此处河宽大约有60米左右，因枯水季节，有水的河面约20米宽，河床两边各有20米左右的淤泥，电线如何跨过河边的这片淤泥，成为摆在人们面前的一道难题。淤泥很松软，人第一步走上去，脚就陷进一尺多深，再跨第二步鞋子就被拔掉了。为了拉线大家只好赤脚下到冰冷刺骨的淤泥中去，咬紧牙关向前移动，每向前一步都很艰难。20米宽的水面，最深处在1.5米以上，想蹚水过去是不可能的了。领导出面去当地老乡那儿借来一条打鱼用的小船。这小船如同一只大木桶，只能上去两个人。

借来了小船后，大家重新下到满是淤泥的河床上，七手八脚地把电线送到船上，船上的同志接到电线后就用力地拉。由于拉的方法不对，船一直离不开河岸。有两位心急的同志就下水帮助推船，结果脚一滑，人掉入水中，把小船也弄翻了。岸上的人七手八脚地用电线等用具把他们拉上来了，落水人和救助人身上的衣服全湿透了，秋风吹来个个都冷得打战。和我同住一个工棚的俞本山同志因受凉后，几天都不能出工。

船翻之后，同志们都七嘴八舌出谋献策。还是电工大组长吴士根师傅有经验，他指挥小船上只用两个人，叫他们拉住线头，岸上所有人都用力拉线向船上人手中推送，船上人当"中转站"顺势把电线向对岸推送。当船上人把电线向对岸推送约有4—5米时，电线就卷缩到河中间推不动了。这时吴师傅指挥船上的人顺着电线把小船向对岸移动，在移动小船时，这边的同志拉着电线用力向船的方向推送，船上的人一人拉着电线一人用竹竿撑船，艰难地向对岸移动。

当把电线艰难地拉过河时，已到中午11点多钟了，同志们洗尽泥泞换好衣服后，觉得午饭吃得特别香，许多人忘了早饭还没吃呢。

1970年10月底，完成了110千伏线路的架设，为浦沅早日投产打下了坚实的基础。通电后，我利用晚间休息时写了一首顺口溜：明知三线多艰难，同心协力建浦沅。萧瑟秋风忙架线，越是艰难越向前。

献身四化青春红似火
刻苦攻关干劲大如天

——浦沅历年原创春联选（8）

1970年10月底，自行承担的110千伏线路架设任务胜利完成。

举红旗自力更生批判崇洋思想
迈大步奋发图强发扬铁人精神

——浦沅历年原创春联选（9）

爱春光惜春光挽住春光织锦绣
赞年华咏年华趁着年华写诗章

——浦沅历年原创春联选（10）

高高的浦沅水塔喜迎翻山越岭而来的银线。

浦沅变电站终于建起来了。

当年的管道班

王振华

打开尘封的记忆，我们在浦沅管道班度过的那些难忘岁月，又一幕幕地浮现在眼前，虽然已过去几十年了，但它仍是我们挥之不去的美好回忆。

我们管道班共八人，都是1969年招工进厂的，当时都是十八九岁的年纪。其中史宏杰、周常华、聂其国、李永成四人在湘西钨矿培训；范首影、丁新群、王振华、张远志四人在羊耳山煤矿培训。

因建厂的需要，我们八人于1970年6月就被抽调回厂，参加浦沅厂基建中的管道安装工作。

来到浦沅厂，我们第一眼看到的，除了4栋单身宿舍和两座横跨渐河的石桥外，没有一座像样的车间，整个厂区就是一个尘土飞扬、热火朝天的大工地。

为了落实工厂提出的“边基建，边搬迁，边生产”的方针，工人师傅们因地制宜，建起了一个个简陋的车间。在人行桥的西北角（后中型会议室处）建起了临时的金工车间，在人行桥的南边搭起了工棚，那就是结构车间，在现在子弟学校东面紧靠207国道旁，竖起了一座冲天炉，那就是铸铁车间。

我们八人被分配到了基建组，基建组就坐落在现招待所后面的工棚内。基建组由林春根、张关明负责。由于供水系统是工厂的血脉，我们浦沅管道班就在基建组的工棚内率先正式成立了。我们的直接领导是湖大土木系给排水专业毕业的高材生殷金虎，由他组织领导管道班的一切工作。同时我们通过民主选举，选出了管道班的第一任班长李永成同志。

我们接到的第一个生产任务，就是配合湘安公司铺设一条直径200毫米由人行桥至厂区的主供水管道。当时正值炎热的夏天，我们要将长约4到5米，重约200多公斤重的铸铁管，一根根抬到管沟边，记得抬管起肩时两腿直发抖，豆大的汗珠从额头上滚落下来。一天下来肩膀磨得又红又肿，回到宿舍人就瘫倒在床上。

更难的还是敲打管道的铅接口，管道放入管沟后，两边只有拳头宽的间距，我们趴在滚烫的管道上，埋头用榔头不停地敲打錾子，将青铅挤入管接口中。那时榔头打不准，稍不留神，榔头砸在手指上鲜血直流钻心地痛。常言道吃亏是福，正是有了这样的磨炼，在后来的工作中，我们遇到再大的困难都能挺过来。

随着一座座车间的竣工，管道安装任务越来越多，由于各种原因湘安公司撤走了，这就意味着我们管道班将承担全厂上下供水管道及各种工业管道的安装任务，这对我们是极大的挑战。

困难面前勇者上，我们管道班的全体青工，在领导的支持和各车间师傅的大力配合下，团结一致，齐心协力，发扬敢打硬仗的精神，先后完成了全厂主供水管道的安装任务；完成了3台深井水泵及水塔的安装任务；完成了5台蒸汽锅炉的安装；完成了制氧站、乙炔站、发电站、空压站的管道安装任务；完成了十几个车间的各种管道安装和生活区宿舍的上下水管安装等。可以这样形象地比喻：如果浦沅厂是一个人的身体，那我们安装的各种管道就像人体中的血管，遍布全身。

在这众多的施工实例中，让我记忆最深的要数由丁新群、史宏杰承担的水塔管道安装工程。

水塔高约30多米，水塔内空仅4到5平方米，水塔内壁仅有一个供一人上下、盘旋而上的钢扶梯。有恐高症的人还真不敢上去。施工要求将每根4到5米，重约200多公斤重的铸铁管，垂直安装到塔顶。这是一项又苦又累又危险的任务。没有施工作业面，他们就自己搭设脚手架；没有起重设备，他们就用神仙葫芦拉，硬是将一根根铸铁管安装到位。安装过程中，他们动脑筋想办法，成功解决了管道的伸缩问题，解决了管道与蓄水池底部连接处的渗漏问题。高耸的水塔，就像一座丰碑，至今还屹立在常德浦沅的大地上。

我们管道班的成长和进步，离不开许多人的教育和帮助。

我们不能忘记的首先是尊敬的老领导王厚文师傅，他是机修车间的首任主任。老主任经常亲临现场对我们进行指导和帮助，他是浦沅的功臣也是我们永远怀念的人。

我们还特别敬重整天和我们一起摸爬滚打，带领我们入门的殷金虎同志，他将自己所学的专业知识，一点一滴地传授给我们，他教我们学习管道识图，学习管道安装的基本知识、管道施工的技术规范及标准……在他的耐心教育下，我们的业务理论知识逐步丰富起来。

还有一位就是德高望重的八级钳工葛昌宝师傅，他将自己几十年积累起来的管道安装实践经验，毫无保留地传授给我们，他教我们如何在施工现场按图测绘安装管道，教我们如何放样制作各种角度的弯管，教我们如何在地炉煨制管道弯头……这些都是书本上学不到的宝贵经验。他还亲自带领管道班青工，圆满完成了制氧站150立方米制氧机管道和大锻工三吨蒸汽锤管道的安装任务。这两项工程是全厂工艺最复杂、技术要求最高、压力等级最高的工业管道。

葛昌宝师傅让我们目睹了一代工匠的风范，让我们学到了这位大国工匠对技术精益求精，对工作高度负责的优良品质，这些也是我们受益终身的精神财富。

随着浦沅不断发展，管道班也增加了新员工。我们先后参加了长沙起重机分厂、长沙东厂生产基地以及上海松江分厂的技改工程。所到之处我们都流下了辛勤的汗水，在浦沅辉煌的历史画卷中，我们管道工留下了光辉的一页，为此我们感到无比的骄傲和自豪。

当年管道班的青年工人动脑筋、想办法，攻克难关。

“大王师傅”黄道义

汪美英

“大王师傅”在浦沅厂鼎鼎有名，其实他的真名叫黄道义。至于大王师傅名称的来历，黄道义是这样说的：我一进上海工程机械厂就做车工，当时是计件制。为了制作精品，我就反复研究实践，进行各种工装、刀具的小改小革，并做了很多车夹具，这样每次都能够多快好省地完成生产任务。厂里的职工都跷起大拇指称赞：“好，你就是大王了！”这样大黄师傅的名字就变成了大王师傅，“黄”“王”两个字，上海话是音同义不同啊！后来，大王师傅到金工车间车工组和“三八”组进行技术指导工作，培养出了一大批技术能手，在技能比武中都能名列前茅，获得好成绩。大王师傅共带徒弟十几个，在他的指导下，徒弟们不但学到了技能，还学会了很多做人的道理。他们中的大部分人成为了技术能手及车间的骨干。

车工能手黄道义。

黄师傅带出来的徒弟个个都是棒棒的。

行车轨道安装突击队

付叙松

牛去韧劲在
虎到雄风生
——浦沅历年原创春联选（11）

行车安装土洋结合，办法总比困难多。

新安装的行车吊重若轻，气势如虹。

1972年，浦沅的建设进入了一个关键的时刻。冷区、热区两大工区的生产厂房基本建成，厂房建成了，要进行生产，首先得安装机械加工设备和调进各种原辅材料。但是空空的厂房里，没有任何起重设备，轻则几百斤，重则数十吨的机械设备怎么才能在车间里落脚安身呢？在新厂房里安装好起重行车成为当时最急需解决的问题。

要安装行车必须先铺设钢轨，全厂生产车间十几个，需安装的行车近百台，要铺设的行车轨道总长近十公里。这是一个相当艰巨的任务！一是时间紧迫，二是工作量大，三是施工危险性大。为了尽快完成这一任务，机修车间领导组织成立了“行车（轨道）安装突击队”。突击队集中了车间钳工中素质较好的30多名刚进厂的员工，其中有童自华、赵峰、董翠萍、周爱英、郭爱君等几位女青工。由德高望重的葛昌宝师傅负总责，徐海宝、罗岳祥两位青年师傅负责组织具体施工。

在全厂职工大会上我代表突击队向厂领导和全厂职工宣誓：坚决发扬不怕苦不怕死的精神，力争又快又好地完成行车轨道铺设任务！安装工作开始了，当我们战战兢兢爬上那悬在近十米高空的狭窄的行车梁时，许多人都因恐高不敢立马站起来，很长时间后才定下神来。好不容易伸直了腰，两条腿却在瑟瑟发抖，不敢迈步。在不到500毫米宽的梁面上，还摆放有钢轨、垫板及预埋的紧固螺栓，可供我们立足的地方很小。在上面行走，时刻都得异常小心，不然被竖立的螺杆绊到鞋带或裤管，就有可能失衡坠落地面，造成严重的伤亡事故！

所有的困难都没有难倒我们这些人，大家心中只有一个念头，就是要尽快地完成钢轨的铺设任务，为吊装行车做好准备。要把上千条钢轨和数十吨的钢质垫板及紧固螺栓吊到行车梁上去。如果徒手搬运，这种低效率的工作方式将耗费我们大量的人力和时间，也势必拉长整个铺轨周期。

聪明的青工张陵江自己动手在一块一平方米左右的钢板上安上了电动机、减速机和卷扬筒，制成了一台土卷扬机，别看这台设备不起眼，它在生产中可是大显了身手。笨重的钢轨很快就能提升到高高的行车梁上去，起吊那些垫板、螺栓那更是小菜一碟。真是人强不如行头强！这一小小的革新，让施工进度成倍地加快。

我们每天无数次往行车梁上爬上爬下来回运送物资，在行车梁上移动钢轨时“一二三，一二三”的劳动号子响彻空旷的车间。大家都忙着吊运、摆放钢轨，测校轨距，塞放垫板、压板，紧固螺栓，把辛劳和危险置之度外，每当下班时我们都是一身汗水，一身灰锈。但看到那逐渐增长的轨道时，我们心里有的是满满的欢喜。

轨道安装最苦最难的还是装配、结构、铸铁、铸钢等几个车间的露天行车轨道。那横架在高空的行车梁犹如一条平衡木，两边没有任何遮挡物，人站在上面似有眩晕之感，非常危险。为了加快进度，我们甚至都不愿耗费有限的人力，去架设那些很费事的安全装置，只是相互提醒着要注意安全。

由于施工周期跨越了春夏秋冬，夏天露天施工时骄阳晒烤，冬天作业时雨雪湿身，但我们照样爬上那高高的行车梁。大家心里想的就是快铺轨，多铺轨，铺好轨。

经过安装突击队队员们几百个日夜的努力工作，我们终于在预定的时间里完成了行车轨道的铺设任务，随后一台台行车安装进了各个车间，设备吊运到位，各种物资也摆放就绪，生产所需的诸多条件逐渐具备，为浦沅的早日建成和验收投产创造了有利的条件。

第一回“闯进”厂长家

应时强

30多年前，我刚调入供应科接替邱复珍工作，当时年龄在27岁左右，看到供应辅料仓库工作量不大，所以萌生了去供应科跑采购的想法。但进厂时间不长，人头不熟，我就想自己去“闯”一下赵厂长的家。

记得是1981的冬天，赵厂长住在招待所后面。那天中午我估计赵厂长要回家吃中饭，便贸然去打扰了他。我作了自我介绍后，他马上叫夫人拿个凳子给我坐。因这凳子上刚放过洗脸盆，还有水珠。赵厂长就叫他夫人李医生拿块抹布来擦干，李医生就随手拿来桌上的一块抹布擦了一下。结果赵厂长就批评了，你怎么用湿的抹布擦呢？我赶紧说，我是工作衣没关系。

我把自己的想法讲了出来，说我年纪还轻，想给自己压点担子……赵厂长朝我看了一下，就说了一句，我会和钱阿大说的。因赵厂长还未吃饭，我就告辞了，这也是我第一次和赵加胜接触。大约过了一星期，供应科科长钱阿大叫我去办公室，将我分配在周荣生的配套组，我如愿以偿地干上了采购工作。我虽在浦沅工作没几年，但赵厂长给我的印象很深，他平易近人，对于一个普通工人的事，他都会挂在心上。他是浦沅的建厂元老，但他不搞特殊化，出差也住中转站。我们有时在中转站见面，他还会问这问那，像一位和蔼可亲的老大哥。

恩师钱金伯

曾经建

钱金伯是赵加胜老厂长从上海组织来常德支内的精英之一，他能设计制图又能动手加工，在金加工方面具有十分丰富的经验。浦沅许多大型关键非标设备的制造，他起到了关键性的作用，为浦沅建设作出很大贡献。后来被任命为专用机床车间副主任分管技术工作。

钱师傅和蔼可亲，工作严谨，传授技术毫不保留。他交代的任务在你完成后，如果他感到满意，他就会笑眯眯看着你；如果没有达到他的要求，他会耐心地给你指出改进的方法。

记得我从湘西钨矿培训回厂分配到机修车间，在转正定级应会考试中，主考官是钱师傅，他发给每个考生一段$\Phi 38\times 27$的圆钢，按图要求用手工进行锯锉加工。检验评分完成后，他给我一个满分，排名第一。从此，钱师傅对我有了一个好的印象。

为了保证基建进度，抓基建的张关明科长要求专机车间尽快按他提供的图纸制造一台盘钢筋调直机。图纸上箱体是铸铁件，为了加快制造进度，钱师傅要求将箱体铸铁件改成焊接件。由于专机车间所有技术人员手上的项目都很忙，钱师傅就把这项任务交给我。当时我从“七·二一”工大毕业刚一年，我对钱师傅说：“焊接件我没有设计过。”他鼓励我说：“设计中搞不清楚的地方来问我好了。”钱师傅的一句话给了我勇气，箱体设计完后我将图纸交给钱师傅审核后，完成了此任务。

三线人

我深深地感受到，在钱师傅身边工作的几年，让我受益终身。

大国工匠：车工、钳工“双八级”钱金伯师傅。

为缓解浦沅工地运输压力，常德县人民政府补充木船增援水路运输。

工地上所需的红砖、砂砾大部分是这些小木船运进来的。

张张蓝图绘浦沅人志气
颗颗红心铸武陵吊雄姿

——浦沅历年原创春联选（12）

1972年7月，一机部基本建设现场会在浦沅召开。

湖南省机械系统基建经验交流会于1972年5月在浦沅举行。

优秀的工人干部王厚文

曾经建

王厚文同志是从工人中选拔出来的干部，曾任浦沅党委委员，机修车间党支部书记，实践经验十分丰富。

他主要负责机床、动力设备的安装工作：工厂的给水主管道、排水主管分管、污水管、雨水管、锅炉蒸汽管、氧气管、乙炔管、压缩空气等管网的安装；行车设备、水泵房设备、大型机加工设备、锻压设备、铸造设备、空压机设备、发电设备和生活设施等安装。在施工安装过程中他都要亲自到现场，协调解决安装中遇到的问题，保证了建厂初期各项设备的顺利安装。

因电力不足严重影响了工厂的生产，根据当时常德“三电办”的要求，厂矿企业应设有自己的发电站，于是浦沅开始组建发电站。

1972年10月从外地培训回厂的青年员工中，机修车间挑选了曾经建、吴修贵、张银生、刘正德、阳桂生、向远文等六位钳工补充到发电站。当时，我们对分到发电组感到不高兴，认为自己是钳工，不懂柴油机发电，怕干不好这项工作。王厚文亲自给我们做思想工作，他说，发电站是动能的心脏，你们都是经过挑选出来的，不懂可以组织你们培训学习，这项工作非常重要，是关系到工厂能否正常生产生活的大事。

当我们到岗的第二天，王厚文就安排张占义工程师给我们讲内燃机原理、系统组成及维修的课程等。然后，在印楚祥、金凯等师傅指导下，我们几个学会了6160型、6135型柴油机的修理、柴油机运行观察、判断故障、排除故障、发电并网等技能。

王厚文同志十分关心职工的生活，当时机动车间的职工住在单身职工宿舍三栋。常德夏天很热，20世纪70年代初期宿舍里也没有电风扇，晚上睡觉热醒来凉席上就是人的汗影。住在四楼的年轻职工实在难以入睡，就将铺板撤下来，一头搭在窗台上，另一头搭在走廊的栏杆上，点上一根蚊香睡觉；有的就趴在走廊栏杆上纳凉。身为党支部书记的他把这件事在党委会上汇报后，没过多久每个宿舍就装了一台吊扇。

厂里要办一个验收投产展览，当年我被借出办展览。在全厂模型制作中，我向他汇报需要环氧树脂、铜皮、工具、量具及模具加工等具体问题时，他毫不犹豫，全力支持。他说你填好领料单去仓库领用，石棉瓦、预应力瓦模具加工等，就由你设计好在车间开工票加工，你找谁加工都可以。在我记忆中这两套模具还是在黄燕飞的牛头刨床上加工的。

建厂初期，为了完成厂房吊装，在任务十分艰巨的情况下，机修车间领导精心组织，按进度计算各种吊装件的时间节点，制定施工安全保障措施，终于按时保质完成了任务，不仅为国家节省了大量投资，同时，也为基建赢得了时间，培养和造就了一批起重工人才。

王厚文（左一）参加工地“坐”谈会。

浦沅急国家所急

许文龙

在验收投产前，浦沅厂虽还不具备完全的生产能力，但浦沅急国家所急，完成和试制了多种国家急需产品。1972年尼克松访华时，专机上需专用食品运输车，1971年下半年工厂接受任务后，马上投入研制。在尼克松访华前，顺利交付上海和杭州机场使用。

1971年初，许文龙、徐懋华在北京友谊宾馆接受任务，试制剪式工程升降车。许文龙、郑岳昌、潘水根等人多次与空军有关单位人员讨论，反复进行改进，最后达到空军方面的要求。

浦沅厂承担EZ1123避雷车和高空工作台的制作，许文龙和孟霞龙、沈金根、陈励青等人分别参加了会议，我们厂都是在第一时间段完成任务。

我们厂生产的自动夯土机，原来每次用手拍打点火，一天下来，手拍得红肿，连筷子也拿不住，许文龙等组织潘水根、翁雅杰、吴明治学习与采用新技术压电元件，经多次试验成功，实现自动点火。

为了支援青藏铁路建设，我们派出了温从友、王华东等多名工人，深入青海昆仑山进行打桩实验，为冻土层钻孔做试验。但冻土层打桩不行，国家提出要用液压钻孔设备。浦沅厂又投入大量人力和物力进行试制，并通过了验收。后因青藏铁路项目被暂停，我们这一产品也被搁置。

在那几年，还有许多项目和任务即使有天大的困难，浦沅人也能想方设法完成。浦沅厂一直被部里认为是个能打硬仗能啃骨头能创奇迹的工厂。

在许多项目的实施中，浦沅厂也创造了许多新工艺新技术。

食品升降车的卷闸门，以郑岳昌为主组织多方试制，同桑成滨师傅一起，对铝合金在热处理上取得成功。这是国内第一次使用铝卷闸门，当时铝卷闸门的技术领先全国。

我们厂的高空工作台第一次在公众场合使用，是在天安门重大集会上，新闻单位用来作拍摄的升降设备。高空工作台以后被电力、市政部门用来换路灯，机场用来清扫飞机身上的冰雪等。

我国在20世纪70年代后期出现的钻孔机，它的原理和我厂研制的冻土钻孔机一样，以后在全国高铁、大桥、高速公路建设上被广泛采用。

（整理：王慧琴）

难忘那年过南昌

胡精钢

1976年1月，由姜锦标师傅带队率12 、13号汽车前往上海拖法国梧桐树苗。12 号车由姜锦标、熊长康驾驶，王家齐和我开13号车。1月9 日清晨7点，我们从长沙出发，晚上7点进入南昌市八一大道，看到南昌人人穿着素装，戴着小白花，我们心中一惊：一定出大事了！车行到八一广场，看到主席台上不是挂着毛主席的彩色画像，而是挂着周总理巨幅黑白像，我们明白发生什么事了。我们两台车在主席台前停下，向周总理敬注目礼许久许久，齐声鸣笛通过八一广场。晚上8点车行到南昌市外的一个小旅馆住下，心情久久不能平静，大家祝愿我们的好总理一路走好。

升起来，八面威风。

降下去，低调含蓄。

测试中，经受考验。

我的两次支内

桑成滨

好枪好马支援浦沅厂。桑成滨师傅（右三）和工人兄弟在一起。

1953年4月，桑成滨师傅（站立者左四）第一次支内，车间全体工会委员为他们送行。

先期到达的浦沅人，满腔热情地帮助新来的支内战友安新家。

我的第一次支内是1953年，那是支援国家重点建设。我是作为上海技术骨干，被派到洛阳去工作的。由于我是从上海支内到内地的，又有技术，当时在当地年轻人中算是高工资了。每月65元工资，寄给上海家中60元，赡养父母，哺育子女，还要资助外甥读书。仅存的5元钱，除了吃饭（有时就用白开水泡饭吃），还要用省下的钱去买书，读工人夜校充电。我的努力得到了领导的认可，被派到哈尔滨刃具厂深造，跟苏联专家学习，业务水平和技术能力突飞猛进。

后来（1963年），为了照顾父母、妻儿，我从洛阳调到杭州，又从杭州调到了上海工程机械厂。

1970年春节刚过几天，上海工程机械厂的支内工作就紧锣密鼓地开展起来，我们这些一心想叫毛主席老人家能安心睡好觉的“支内人”，怀着坚定的信念，走进了派出所，短短的几分钟，就办好了户口迁出上海的手续。我们家还将住了30多年的一套老房子，上交给房管所，不留后路地离开了上海。我们工人阶级最听党的话，服从国家战备形势的需要，积极到祖国内地去参加三线建设。我们要去的工厂建在湖南省常德市。

我们一家老小三代六口，编组为厂里的第一批内迁人员。母亲中风瘫痪在床多年，不能行动，有幸厂里照顾，备了一副担架，派了热心同事负责，解决了我个人的困难。记得那天出发时，火车北站站台上红旗飘飘，锣鼓喧天，人多得不亚于红卫兵大串联的景象，其中有含泪送行的，也有笑着看热闹的。每个人都怀着不一样的心情。我们当时的那种行为与思想，到了几十年后的今天，讲给〇〇后的年轻人听，他们是不能理解的。而我们这些老弱的退休工人，对往年的行为是有荣誉感的，虽说没有作出惊天动地的事迹来，但总算也是为国家建设，贡献了青春与毕生的精力，不愧为“三线人”的光荣称号。在火车上经过了20多小时的行程，傍晚到达了株洲。我们一路人困马乏，只是想快些休息，等厂里派车将我们拖到常德去。

次日厂里开来了几辆黄河牌大货车，因我家有病人与老人，所以安排在驾驶室里，其他人只能与行李挤在后面车厢里了。一路上车子颠簸得很厉害，母亲病情加重，没办法只能强忍着，老父亲也呕吐了一阵。我看到车后的人满身灰沙，此刻心想“为革命”就应该这样不怕苦吧！

午后，终于顺利地到达了新厂的工地上，母亲已有些麻木一点也不能动了，记得是由大学生技术员付德永背上楼的。因房源紧张，我家分配了二间小套，女儿睡在厨房里，儿子只能住单身宿舍去了。想到这些，与我们在上海居住的条件比，也只能用“革命化”来要求自己了。

工厂刚建好一个大结构车间，空空荡荡孤零零地坐落在工地上，还没有完工。在生活上就更没建成必需的配套设施了，因为“先生产、后生活”是当时厂领导提出的一条建厂方针。

当时生活的确非常艰苦，很多必要的生活设施不配套，但我们有思想准备，“既来之，则安之”，一定要做好名副其实的“三线人”。我们相信在党的领导下，祖国会越来越好，“面包会有的……一切都会有的”。事实也证明了浦沅厂以后的辉煌，这是全体浦沅人的骄傲。这一段令人难忘的建厂史，还是值得我们这代浦沅人回忆的！

做煤球机的故事

桑成滨

1970年，我们离开了上海，支内来到常德浦沅。当时生活区的必需设施尚未配套，给职工们带来诸多不便。举个简单的事情说一下吧，那个时候家家做饭炒菜，都是用的煤球炉。由于居住环境的限制，绝对不可能采用烧柴的大灶，因此煤球成了每天的消耗品。

工厂因远离市区，建厂运输任务又非常繁忙，偶尔拉一次煤球回来，往往供不应求。另外，煤球易碎，每家都累积了不少煤粉，所以一到星期天，家里的男人们都有个任务，至少要花半天时间，去铁山工地上挖些黄泥土，拿来与碎煤混合后，双手搓成球形，摆放在地上晒干。远远望去，倒是一道风景线，有人开玩笑说，我们会做“黑沙汤圆”了（上海是没有这个机会的）。

我出差到常德粮食机械厂时，偶然看到一台报废的煤球机架，只是少了一些传动零件，于是我想如果能修好它，就可减少同志们的劳累。经与该厂有关部门协商后，无偿拉回了厂里，怎么修？我是搞热处理的，机械方面不行，于是想起了技术员孟霞龙同志，他答应绘制图纸，但有了图纸谁来做呢？又想到车、钳、刨、铣都精通的“老法师”顾根奎师傅了。于是，我们三人自发组成“煤球机”制作小组，我负责协调工作，差工具我去常德纺织机械厂借，因我与该厂有业务关系，所以借东西较为方便。

我们三人各尽所能，当时条件虽然很差，工具、材料都不全，毕竟技术过硬，大约经过一个多月后，“煤球机”制造出来了，做出了煤球，让浦沅的男人们免除了做“黑汤圆”的苦差事。

在此顺便说一个小插曲：张关明师傅为提高煤炉的热效率，也动起了脑筋。他改进了炉胆的形状，炉口缩小到比煤球稍大一些，因为火力集中，大大提高了热效率，但容易烧坏锅底，故没能推广。

时代在不断前进，人们的生活用品也在不断地变化，很快“藕煤”替代了煤球。又过了不久，全厂都用上了液化气，“煤球”与“藕煤”也渐渐被人抛弃。但那个时代的艰苦奋斗精神，是值得我们永远自豪的。

热处理大师桑成滨

王慧琴

桑成滨师傅钟爱自己的事业——热处理。进厂后，他上夜校提高文化程度，钻研技术，经常拉着苏联专家请教。桑师傅亲自精心设计了浦沅的热处理车间，对浦沅有着深厚的感情。他下定决心率领全家老少三代来到浦沅参加三线建设。他将住房交公，户口迁出，不留后路地离开上海。他觉得热处理是个技术活，光有理论知识是不行的，有些活要反复试验才能把握好火候、时间。桑老对这方面要求很高，往往为了一个产品会花很多时间做试验。在浦沅厂他是业务高手，在常德地区他是受人尊敬的大师。他和其他几个大型厂矿企业的专业人员成立了热处理协会，为了提高常德地区热处理的水平，为了给各企业培养更多热处理技术尖子，他东奔西走上课示范，得到了业界的尊重，使常德地区热处理技术水平上了一个台阶。桑老身上具有老一代工人阶级的许多优秀品质，他是三线工人的典型代表。

想当年风华正茂，桑成滨师傅（后右二）也是球场上的一名闯将。

支内到湖南，桑成滨师傅（左二）和工友们在橘子洲头留影。

桑成滨师傅（后排左二）和青年工人在一起。

"五·七"农场留下
我们的记忆

一垅蔬菜一份情。

收获的喜悦。

猪肥鱼跃，桔红人笑。

当年的浦沅蔬菜基地

王志远

解决吃菜难的问题，离不开蔬菜供应。建厂初期我们浦沅曾投资办了一个蔬菜基地，只是许多浦沅人早已淡忘了。

上个世纪70年代，许多物资都是计划供给，蔬菜也是限量供应的。浦沅地处远郊，加之是新建单位，供应渠道尚未完全建立，吃菜难就可想而知了。

有人支招：在附近找一个生产队，专产蔬菜供应浦沅。这个点子虽好，但要好梦成真就不是那么容易了。说来也巧，没过几天，厂长赵加胜就带了一位说是懂农业的同志，老赵要行政科派两名管生活的同志和他一起去县政府，请求县里安排一个生产队专给浦沅生产蔬菜。

在县里，老赵开门见山，向县领导详细汇报了1000多名职工家属吃菜难的问题，并希望县里能帮助解决。县委领导研究同意了浦沅的请求，决定把灌溪公社株木大队第七生产队拨给浦沅专种蔬菜。

这个生产队在岗市北过渐河桥左转约300米处，丘陵地带，稻田少、旱地多，适合种植蔬菜，全队人数也不多。经过协商，厂乡签订了合同。我们达成以下几点：一、社员管理，技术指导、生产规划均由厂方负责，公社、大队不过问。社员性质不变，应上缴任务不减，厂方保证社员收入略有提高。二、挖沟开渠，安装喷水管道，配备运输工具，添制蔬菜生产工具，由浦沅负责，确保生产正常进行。三、协议期限签订十年，十年之后根据情况再作商定。

我们测算了一下，修水渠，可以人工开挖。安装喷水管道1000米，购置抽水机和一台水泵、一台手扶拖拉机，再加上菜农小工具的添置以及聘请技术人员的费用，算下来真不小。

但如果确实能解决职工吃菜难和部分职工夫妻分居问题的话，又能给常德县委解决帮困扶贫，投资也值！为此，赵加胜厂长准备把工厂中的厂长基金全投进去"搏"一下。他说："如果双方互利双赢能实现的话，所花的钱就值！"

在商谈协议时，浦沅同时也提出厂方的条件：一、蔬菜队技术、管理人员由厂方委派并安排部分职工家属（种菜专业户）到蔬菜队插队，请县委解决他们落户问题。二、生产计划，蔬菜产、供、销由浦沅安排，保证社员按规定向公社上交应交纳的任务外，工分收入比原先略有提高。公社、大队不参与蔬菜队事务。三、蔬菜队菜农使用的小农具，只做一次投资，损耗后，由社员各自添加，厂方不再负责；大件固定资产如：拖拉机、水泵、抽水机、喷水管道、运输拖斗、板车，蔬菜队只有使用、维护保养、保管权，产权归厂方。

事不宜迟，双方均安排有关人员立即行动。生产队社员动手挖沟开渠、播种、育苗，浦沅安排安装水管，购买农机具 并给生产队架设了动力照明线路。

三个月后初见成效。基本缓解了浦沅职工家属吃菜难的问题；社员的工分值也增加了一倍；部分外地的农村家属户，愿意迁来定居的，也都迁到蔬菜队落户。还有位职工不光把自己的父母、兄弟迁来，他的妹夫一大家子也都迁到蔬菜队落户了。后来，随着国家户口政策的变化，落户在蔬菜队的人员，其户口都改为城镇居民户了！他们的子女也都被招工进企业了！

长寿面背后的故事

王志远

今日栽下幼苗一千树
来日摘得硕果百万斤

——浦沅历年原创春联选（13）

浦沅的美食，许多老浦沅人都如数家珍，什么糖醋小排、红烧大排、长寿面、中秋月饼……这些美食背后原料来源和加工过程中的故事，知道的人不多了。

我们仅以一碗长寿面来讲，面粉凭粮票购买，自己加工成面条的不用说了，那面上的熏鱼、酱蛋、大排（红烧肉）原料的采购就非常困难。

我们只说说买蛋吧，开始工地上吃饭人数少一点，吃一餐面约2000碗。以每碗一个蛋，实需2000个蛋，加上损耗实购要2000多个。

当时一次想采购2000多只蛋谈何容易。到公社食品收购站买蛋，首先要带上洞庭牌香烟作为“介绍信”，进门先给站里每人递上“介绍信”，再说一些恭敬好听的话。遇上他们高兴时就会卖一点给我们，但远远达不到我们需要的量。

我们只好走街串村去向农民购买，开始由于我们不了解民情，白天村里人基本都出工下地干活了，大多数人家都是铁将军把门。家中有人也都是老人带孩子、看家护院，他（她）不当家，有鸡蛋也不能卖给我们。我们跑了许多村庄也只买到100多个蛋，路走了不少，人也很疲倦，完不成买蛋任务无法交差，心中都很着急。

正在极度失望之时，我们来到一个叫白鹤山的小山村。村头一家老夫妇俩开的一个代购（销）点，他们存有一些鸡蛋，因为没有便车给他们送到食品收购站，库存的蛋把他们的流动资金全积压了。为了盘活资金，他们同意把蛋按收购价转让一部分给我们。经过商量他们同意转让给我们100斤鸡蛋，直到这时我们心里才如释重负。

以后再吃长寿面时，因职工数量猛增到3000多人，加上来厂联系业务、参观学习、检查工作的，尽管这些人是临时住一二天，但遇到吃长寿面时，他们的人头数字也要加进去，所以要准备4000个蛋。

以前购买2000个蛋都很难，如今再加倍，那更是难上加难。灌溪乡食品收购站自己鸡蛋的收购任务也很难完成，更不会有多余的卖给我们。

我们又跑到更远的蔡家岗食品收购站，他们那里收蛋任务也很难完成。尽管他们库存有一些蛋，但因为要完成任务也不能把蛋转卖给我们。但他们很同情我们急需用蛋的心情，给我们出了个主意，让我们在他们食品站附近设摊收购鸡蛋，他们眼开眼闭，让来食品站交蛋的人把蛋卖给我们，并提醒我们要给农民一点优惠，以补偿他们少交鸡蛋任务的工分损失，否则，农民不会卖给我们。

自制豆腐，鲜美可口。

得到蔡家岗食品收购站的默许，我们了解到当时农村火柴、火石奇缺，我们回来自费买了许多火柴（火柴限量供应的，又是请几位老友代购）并向同事借他们刚从上海带来的火石，写好“市场价收购鸡蛋，无偿奉送火柴或火石”的广告牌子。

正式去收购鸡蛋的这一天，我们开着小三卡，带好秤、箩筐、火柴、火石……早早地把摊子摆在食品站前的路口，把“优惠购蛋”的牌子挂在车厢板上。开始来卖蛋的人不敢卖给我们，后来听人说卖给我们的蛋是官价，给补工分钱，还奉送火柴或火石，许多人都愿意把蛋卖给我们喽！

第一天我们收购了2000多个，第二天四里八乡的乡亲都知道了，来卖蛋的人都是奔着火柴和火石来的。这样我们顺利地完成购蛋任务，尽管每天早早地站在阴

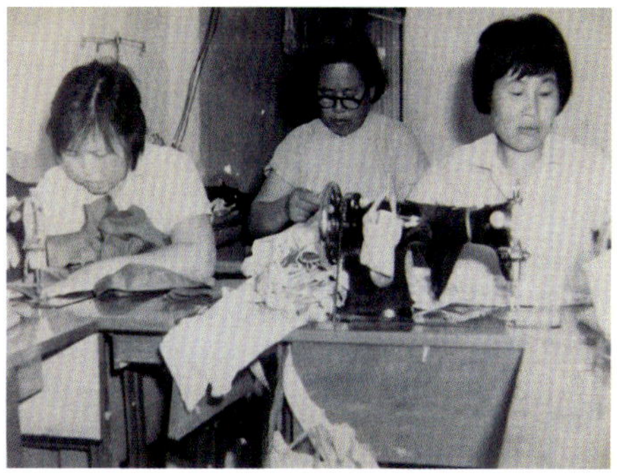

早期工地缝纫组。

新开的浦沅商店，方便了职工与村民。

学海求索顶风扬帆贵在坚韧
书山探寻披荆斩棘勇于攀登

——浦沅历年原创春联选（14）

三十个窗口齐开赛过饭馆兴旺
两千名职工同赞何须报刊表扬

——浦沅历年原创春联选（15）

冷露天的路口，站在车旁真是越站越冷。后来卖蛋人多了，我们一忙也就不觉得冷了、累了！

鱼、肉、蛋陆续购进之后，食堂的炊事人员就忙啦，肉要剁成大排或切成肉块，鱼洗净切块，蛋煮熟去壳……几千个蛋要赶在头一天完成剥壳，也是一件难事。食堂里抽不出人手来剥蛋壳，只好动员行政、后勤人员全体出动剥蛋壳。煮熟的鸡蛋盛满七、八茶桶，放在食堂中间走廊一字摆开，剥蛋壳的人围坐四周，认真细心地去壳。行政科的几十个人几乎一天都没休息过，急要用的蛋决不能等到明天再干，于是晚上大家挑灯夜战。

天亮前完成任务后同志们都觉得心情轻松，双手麻木酸痛也感觉不到啦。这时红案组长张根宝同志走过来向大家表示感谢："谢谢大家鼎力支持，最后一锅酱蛋下锅了，不会耽误午餐的长寿面了。"

花生被没收了

胡精钢

1976年1 月8 日，我们车队接到去上海拖树苗的任务，并要求赶在春节前运回树苗，时间限定一个星期内来回，并不准带私人物品。我和王家齐一整天都在检查保养车辆，下午4 点钟我去医院开了点感冒药。回到车库，两台车已装了一些公家的货，其他的都是职工们带到上海去的花生、年货什么的，堆得满满的。调度看着堆得高高的两车货，摇了摇头，下令车厢盖油布。

1月10日，记得车行到江西与浙江交界处的一个检查站，要检查两台车上的货，我们称是军工产品，坚决不让查。要知道，那时农副产品没有通行证是不能运输的啊！他们只好把姜师傅放在驾驶室的20斤花生收缴了。

浦沅食堂众生相

王志远

1972年3月20日下午，赵加胜召开后勤工作大会，主题是：必须关心群众生活。赵厂长说，要解决大干快上的问题，必须先解决好群众的生活问题。当前厂里生活条件还很差，但大多数职工和家属都毫无怨言。我们作为领导应该主动地关心他们，后勤部门要积极主动地做好经过努力可以做到的事情。今天，浦沅食堂工作人员当年辛勤忙碌的身影，又浮现在我的眼前。

"活菩萨"

倪俊，人称"活菩萨"，他人缘好，见到谁都是笑眯眯的，从未见他发过火。他一年365天，天天起早摸黑。他身兼三职：开车当司机，四处买菜当采购员，卸货还当搬运工。他的爱徒翟振金，人称"小菩萨"，继承了师傅的优良品质，一样的敬业，一样的乐于助人。翟振金开的"小四轮"不管在哪里，遇到厂里的同事常常招手即停；遇到天下雨放露天电影，他的"小四轮"便成了临时放映机房。

大厨与点心师

劳模杨阿忠是食堂大厨，是老赵磨破嘴皮才把他从上海油墨厂"挖"过来的，他精湛的厨艺让浦沅人有了口福。杨阿忠师傅在浦沅的菜谱中既保留了湖南人爱吃的辣味，又有沪浙菜系的甜味。食堂的菜谱日日不同，天天翻新，价廉而物美，深受大家欢迎。有不少职工干脆全家三顿奔食堂。浦沅食堂的点心师傅吕秋云，是上海百年名店杏花楼技校毕业的高材生，嫁给陆成新后就成了浦沅人。中秋节大家吃的浦沅月饼系出名门"上海杏花楼"，这要归功于吕秋云的一双巧手。

广播站里的年轻人

林世明 付叙松

1971年初，浦沅的建设已初见成效，冷、热两生产区的大部分车间也有了些模样，支内职工、部分在外培训的青工陆续到厂，人员加起来已近两千来人，工厂的宣教工作也就提上了议事日程。

厂部决定成立浦沅厂广播站。经过考核选拔，聘用了尹枝武、吴明治、付叙松、陈丽红、林世明五位同志担任广播员。

广播站的成立会议在当时的单身宿舍二栋二楼西边第二间宿舍召开（这里就是广播站的第一个站址）。会议由宣传干事赵菊芳主持，宣传科长邓茂龄宣布浦沅厂广播站成立，聘请我们五人为广播站的业余广播员，党委副书记汪正东最后勉励大家要为浦沅厂的宣传努力工作，做好党委的喉舌。五位业余播音员也先后发言，表示一定为厂里的广播事业尽心竭力。

赵菊芳是我们的直接领导，她负责广播站的全面管理和广播稿件的采编、审改工作。她那时还不满三十岁，年轻漂亮端庄大气，和蔼可亲充满活力。在她的带领下，广播站的工作有条不紊地开展起来了。

早上6点，随着东方红乐曲的响起，第一次播音开始。主要转播中央人民广播电台的新闻和报纸摘要节目。中午12点第二次播音主要播报各单位部门送来的广播稿件。下班后的第三次播音主要是播送文艺节目。

我们广播员两人一组，男女搭配，每组一周要值班两到三天，就是说晚上要有一人睡在广播室。值班期间负责当天的播音。那时候条件很艰苦，完全义务，尽管没有一分钱的报酬，但大家还是非常认真地对待这一工作。值班的播音员每天早早就要起床预热扩音设备，因为根据设备使用要求，要视气温的差异，使用设备前都要对设备预热二三十分钟 。当班的播音员也还要在本职岗位上正常上班，只是提前一点时间下班去吃饭以便播音。我们常常是嘴巴里一边嚼着饭菜，眼睛却一边瞄着刚拿到手里的稿件，尽快地熟悉稿件的内容；有时候手里还翻着字典，寻找和标注着某些生僻字的读音，认真做好播音前的准备。

为了保证广播的正常播出，那时候我们都没有手表，遇到要外出办事，又怕耽误了播音时间，只好手里捧着广播站的那个小闹钟。

有一次，小付和胡桂桃师傅在水塔顶上检修高音喇叭，那时候没有对讲机和手机，没有办法相互联系，到了预先约定的试机时间，在机房的值班员就打开扩音设备试机了。哪知道我们此时检修并未完成仍在包扎着电线，强大的电流打得小付和胡师傅直颤抖，要不是水塔顶上避雷用的钢筋挡住我俩，真有可能就从上面滚落下来，想起来都让人后怕。

还有值得一说的就是播音的质量，我们三个年轻的播音员都是南方人，也没受过什么专业的培训，发音总有些不准，前鼻音和后鼻音老是弄错。林世明对爆破音的发音控制不好，一个“浦”字出口，把话筒都震动；陈丽红呢，老是把“厂”字读成“产”字。搭帮北方出身的尹枝武和吴明治两位大哥他们普通话比较标准，时常给我们纠错指导，让我们的播音水平日渐提高。

随着工厂的快速发展，对宣教工作的要求也越来越高，播音的设备也随之更新，广播站由狭小的单身宿舍搬到了商店大楼上，后来又定位在了宽敞明亮的办公大楼里。

广播站的那些事儿虽然已过去几十年了，但它留

浦沅厂第一代广播人。

浦沅职工业余毛泽东思想文艺宣传队。

春风秋雨伴革命战士度火红岁月
夜星朝阳看英雄民兵练顽强作风

——浦沅历年原创春联选（16）

1972 年12 月26 日，浦沅第一届党委会成立。

浦沅俱乐部，职工政治、文化体育活动的中心。

各车间、部门用胜利的喜报向党代会献礼。

给我们的美好回忆却深藏在我们心里。您可要知道70年代的宣传工作可是属于上层建筑领域哦。有一段时间电话总机房和广播站门口还有民兵警卫站岗呢！可见此事之重要，我们为自己能参与到其中而感到十分的欣慰。

因陋就简快上热处理

桑成滨

1970 年初，当时装配夯土机的场地，就设在渐河边上的平房里，钳工师傅有潘水根、翁雅杰、王华东等人。因夯土机上有些零件要求“发黑”（热处理），于是我就将热处理小组设在他们的隔壁，这样方便工作。热处理需要加热炉，我们就用半截油桶做成一个煤炉凑合；所需燃料就到铸铁炉旁收集小块焦炭；热处理需要大量的水，没有水源我们就到房后的渐河里去提，河堤又高又陡，打一桶水上来，晃洒成了半桶，自己也弄得泥水满身；我们又去灌溪买来四只粪桶，充当冷却用桶；一只玻璃温度计也是临时从灌溪买来的；化工材料则由厂里从长沙采购……

在如此简陋的情况下，我们开工了，而且大家干劲十足。因为这是来到常德后我们的第一次任务，没有条件，我们创造条件也要上！

在热处理过程中，因无通风装置，所以工作时产生的气体、尘埃，弥漫在整个低矮的房间里。不仅是气味难闻，这些尘埃落在人的脖子上，其痒难忍，一下子把隔壁的钳工师傅们都薰了出来。只有我们热处理的几个人，不但不能跑而且要坚守岗位。我们在脖子上围条毛巾遮挡灰尘，气味实在受不了了，就跑到外面换换气……

最后，当我们看到零件表面呈现出漂亮的黑色时，大家的脸上都露出了笑容。

三线情缘

王家齐

与三线结缘

1969年9月23日，是我终生难忘的日子！这一天，我们汉寿县被招工到浦沅厂的300多名知青，在县委招待所报到集中。

“从今天开始，你们就是浦沅的青工了！”招工的赵德江师傅在会上说。他说得很随意，我听得很认真，把这句话当定心丸吃了，心里蛮高兴。因为这是“官方”表态，不是儿戏！它代表我真的离开了农村，进了城。那年代，进城不易，有份工作更不易，何况我们进的是上海来的大厂，是凤毛麟角的中央企业。

心踏实了，接下来就很想知道浦沅的情况。浦沅是干什么的？老赵在会上没说。大家想问，一看他的脸阴云密布，刚被招起来的我们，不敢。

那些天县城里特热闹，像过年似的。招工的单位多，招起来的知青更多。一般大的年纪，一样的经历，知青遇知青，互相交流、打听，总有这样那样的新闻和故事。

那天打篮球，我终于了解到一点关于浦沅的消息。

一位戴眼镜的知青边投篮边问我：“你是浦沅的吧？”“嗯。”我小心应道。“你怎么知道的？”我好奇，问他。

“来这玩球的就两拨人，浦沅和矿通！”

“哦！”“眼镜”真精！我投了个篮，反问：“你呢？”

他笑笑，没回答，却说：“你知道吗？浦沅是三线厂。”

“三线？！什么是三线？”我第一次听说，不懂，便迫不及待地追问。

“一线是前方，打仗的；二线是幕后，指挥的；三线是后方，造兵器的。”“眼镜”真行，说话像背书，又快又利落。我自愧不如。

见我有些窘迫，“眼镜”有点得意：“你猜，浦沅是搞什么兵器的？”那我哪知道！“机枪？大炮？导弹？”我一顿乱猜。

“不对，不对！”他连忙摆手，“听说，和平时期，造推土机；仗打响了，造坦克！”

我瞠目结舌：“不、不可能吧？”心想：他哪里知道这么多。

“真的”，不容我多想，“眼镜”斩钉截铁，“不会错，县知青办主任告诉我的！”一听是知青办的，而且是一把手，谁还敢不信.？那阵子，掌管我们生杀大权的就是知青办，招工的也要让他三分。

“不过……”“眼镜”欲言又止。

“不过？”我警觉地竖起耳朵，莫非还有浦沅的不利消息？

“浦沅好是好，但现在还是一片黄土，条件差，要造出坦克来，还不晓得猴年马月？”他把球甩给我，也甩下这句话，向我笑了笑，走了。

我拿着球，望着他的背影，怔了好久。

后来，我还是在那个球场打听到了“眼镜”的一点消息：他是长沙知青，高66届，比我大两岁。原本他是被招进浦沅的，就因为“浦沅还是一片黄土”，便通过知青办转招到长沙一家企业去了。

我和“眼镜”不一样。听说浦沅是军工企业，我特高兴。那时候，社会对军队的信任与尊重不亚于战争期间。什么事物，只要带了个“军”字的，就吃香！你看：军官，有人追；军装，人人爱；军属，有照顾；军车，有优先。所以，在军工企业做事，都觉得有一种神秘感，会被人羡慕、被人尊重。再说我家穷，兄弟姐妹多，没有资格挑三拣四，只想早点参加工作，减轻家庭负担。何况，当时的境况特别紧张：一会儿传来消息，某某某谈恋爱被退回农村去了；又隔一阵子有人说某某某因为“文革”中“打砸抢”被遣送回生产队了……因此，我根本不在乎眼前的“一片黄土”！而真正在乎的是能早点到浦沅，别夜长梦多。

后来我到了浦沅，一看，工地确实是一大片丘陵、黄土，浦沅也是生产过避雷车等军工产品的企业，但就是没见造推土机，更没见造坦克！可我当时不知道怎么就那么信“眼镜”的话，那么在乎这个刚刚才起步的三线企业。也许，这就是缘分吧！我想。

夜长梦多

过完国庆节没多久，大约有三分之一的人被安排到湘西钨矿培训去了。大家用羡慕的目光送走他们后，又垂头丧气地回到了原来的生活轨迹上：整队、唱歌、吃饭、学习、睡觉，周而复始。

整天无所事事，日子一长，急了。有人憋不住，跑去问老赵：到底什么时候去浦沅？老赵不置可否。

大家想工作心切，于是四处打听。没想到打探来的消息更急人：有说浦沅招工指标作废了，被招的知青会退回；有说浦沅招工人数超标了，多招的知青回原生产队；还有的说要对知青重新政审，“文革”搞了“打砸抢”的，坚决退回……好不容易“爬上岸”，谁不怕自己被退回？怕什么，就来什么。一天，我接到了杨托人带来的纸条，他说有急事，要见我。我请了假，急忙去他那儿。杨是我学长，比我高一届。“文革”期间，观点一致，较熟。节前我见过他，他被招进了株洲车辆厂。

等我赶到杨的驻地，发现他捆好了行李。我走上前握住他的手，他的手冰凉。我指着行李单刀直入：“去哪？”他说：“回生产队。”“为什么？”他回答：“有人举报，说我打老师。”“你打了？”“没有。”“那怎么?……”

他语塞了好久，递给我一张叠好的纸。

这是知青办给护城公社的函。杨告诉我，学校进

可敬的奠基者，卓越的浦沅人。

浦沅文化的开拓者。

采群言集思广益励精图治
纳良谋见微知著改革腾飞

——浦沅历年原创春联选（17）

神圣的一票。

选票承载着信任。

选票寄托着厚望。

驻了工作组，清理“文革”的“打砸抢”问题。杨否认自己打过老师，只承认路过校门口时观看过。工作组认为杨不老实，就通过县知青办先将杨退回原生产队，配合学校调查。

我不平，说了些工作组与县知青办“不顾知青前途，草率行事”之类的话。杨立即把我拉到一边，要我说话谨慎点，别被人抓了“辫子”。他说他就是不注意，被班上的同学诬告了。

最后他送我到门外时提醒我的一件事，让我出了一身冷汗。他说工作组的人问他知不知道比他低一届的“王胖儿”在哪里。说有人举报王组织同学在学校鱼塘用电打过鱼，还带着同学从天花板下到图书馆偷过书。杨说他知道“王胖儿”就是我在一中的诨名，回答工作组时，他一口咬定不认识我。

我不清楚那天我是怎样回到自己的寝室，一路上惊魂未定。我为杨的遭遇而不平，为他对我的仗义而感激，更为工作组试图将我“复课闹革命”时的行为定性成“打砸抢”而愤恨！心想，今天是杨被退回，也许明天就会轮到我。那时候工作组神通广大，查找人的效率是出了名的！

从那以后，我不再去县城里逛街，也不去球场打球。我穿着一件打了补丁的蓝色粗布衣，时时刻刻斜戴着一顶从乡下带回的圆斗笠，把脸半掩着：我不能让同学认出我。

大约又过了一个星期，老赵通知全体知青带好行李集合。有人说是开拔去浦沅，我心里暗自高兴。我在想，如果到了浦沅，工作组再找到我，我就是以一名工人的身份配合工作组调查，就不存在退回农村一说了。

正当我想入非非的时候，有人发现队伍是朝常德市相反的方向行进的。唉，老赵把我们带到了汉寿毓德铺公社。这是当年学习毛主席著作最红火的地方。我们在那里边学习边参加劳动，去浦沅的事已变得无影无踪。这样一来，大家的心冷了，也没心思去猜测老赵这葫芦里究竟卖的是什么药了！

我们这批知青中，当年80%的人年龄都在20岁以下。“文革”时期，他们还小，所以没有参加轰轰烈烈的“文革”运动。我们这些读了高中、又参加了“文革”的人，都超过了20岁。我们十分羡慕这些小弟弟小妹妹的无忧无虑。有时候看着他们单纯的样子，听着他们那嘻嘻哈哈、打打闹闹时发出的疯一般的笑声，再想想自己还时刻担心着工作组的追查和盘问，失落与伤感油然而生。

晚上，我接到了通知：明天9点，队屋前坪集合，老赵有事。谁知道明天又会发生什么事呢？

队屋前坪很大，我们席地而坐。老赵还是穿着他那身洗得发了白的旧军服，斜挎着布军包，手上拿着本子和笔，表情严肃，面露杀气，俨然像个办专案的。他一个名字一个名字地念着，并不要求对方回答，也不说明是干什么，弄得我们紧张兮兮。大家只听，不敢出声，屋场上死一样寂静。我心里早已打起鼓来，心想，今天只怕凶多吉少。突然，老赵的嗓门提高了八度：

“谁是王家齐！”

我一怔：工作组果然兵贵神速！看来祸是躲不过了。我豁出去了：“我就是！”

回答完毕，我迅速地站起，把腰挺直。我不能在众目睽睽之下丢了自尊。

“谁叫林军！”

老赵的声音还是那样的高。林比我高两届，二中的。我惊愕：莫非他也……

“我就是林军。”

林比我还要“大义凛然”，一脸的不屑。

“你们两人？”老赵望了望我俩，停顿了一下，说，“明天拿着我的信，带领刚才念过名字的青工，去常德市高山街浦沅筹建处报到！”

“呵！呵！”被点了名的青工这时高兴地喊了起来！我的妈呀！盼星星盼月亮，大家终于盼到了去浦沅的这一天。我比他们还要激动，顺手将斗笠往空中一甩，斗笠在空中划了一道弧，不偏不倚地被桑树枝挂住了。

林军毕竟比我长两岁，沉得住气，等场上稍显安静后问：“赵师傅，我们怎么去呢？”

老赵干脆，一挥手：“拉练去！”

那时候正是部队时兴野营拉练的时候，军人出身的老赵信奉这一套。再说了，别说拉练，你就说爬去浦沅，也不会有人反对。大家想去浦沅想了近40天了啊！

第二天，我们一行49人早7点就启程往县城赶。一路上大家自由成行，有说有笑、又蹦又跳，像一群飞出竹笼的小鸟，贪婪地享受大自然的亲吻与拥抱。我和林军一前一后，忠诚地履行着老赵赋予的职责，看护好这帮浦沅的兄弟姐妹。

真是“春风得意马蹄疾”，9点左右我们到达汉寿县城；11点多，过了汉寿与常德接壤的新兴嘴；下午1点半，再下一城，大家登上了德山开往下南门的轮船；下午2点半，我们的队伍集中在常德市高山街口。我与林军约好：他护队，我联系。

第一次见到浦沅筹建处的招牌，高兴又亲切。在安占儒师傅的指引下，我把信送给了姚呈之师傅。姚看完信高兴地问我：“都来了吗？”“来了。”

“人呢？”“在街口。”

“你们怎么来的？”“拉练来的。”

“这样吧？！”姚思考了一下，手一挥，“你们继续拉练到浦沅厂！”

当我们一伙人走到岗市时，已是下午5点钟。有人眼尖，叫道：“那是浦沅的车！”话音未落，一辆载有机床的黄河牌大货车在我们队伍的旁边停了下来，和蔼可亲的郝文海师傅探出头来，给了我们一张笑脸。一群年龄稍小的男青工迅速地爬上了车。我们则保持着自由松散的队形一直“拉练”着走进了还没有厂大门、却有着成片成片丘陵黄土的浦沅工地……

到达浦沅厂后的第一个周末，我在常德市新华书店门口遇到当年教我们数学的李爱华老师。他听说我被招工到浦沅后高兴地连声说：“招起来了就好！招起来了就好！如果再晚一点就只怕难了啊！”

杨回生产队后，工作组落实下来：杨没有“打砸抢”问题。第二年秋季杨在生产队应征入伍，后复员进了棉纺厂，再后来被调市经委，历任科长、处长至退休。

许多年后，我问老赵：为何当年不让我们早去浦沅？老赵答道：“工地上接纳不下；培训的单位好联系但住宿解决不了；住在县城费用高，后只能再去毓德铺公社缓冲一下。”看来，老赵他们筹建处为招工也费神费力不少，我们错怪了他们。

渡口迎新

1970年的春节刚过去不久，浦沅工地上就议论开了：上海又将有一部分支内职工会来樟树湾！这次来的人中除了单身职工外，还有举家搬迁的。为了让这些初来乍到的职工不感到冷清，浦沅筹建领导小组决定组织队伍去常德市青年渡口迎接。

工地上的年轻人自然成了欢迎队伍的主力。指令下达后，我们闻风而动，大家拿上早两天做好的横幅和彩旗，又在附近农村借了一副锣鼓家什，坐上解放牌，敲着常德本土的鼓点就出发了！

下午3点，我们站在常德青年渡口的高坡上遥望沅江南岸，那是客车从长沙到常德市的必经之地。按照当时国家对战备时期的地理划分，沅江以南为二线，以北是三线。我们就站在这三线的边缘，迎接从一线上海来的工友。

那时候，交通不发达，长沙至常德180公里需6个小时以上，汽车途经三条江四个渡口。公路的等级也很低，一色的砂卵路，车过之处，尘沙滚滚。

这时，南岸还不见客车的踪影，带队的领导有点急了，用手指扳算着时间，嘴里叨唠着。我们这些青工早已停下了手中的锣鼓，跟在上海师傅们的身边，一边等一边好奇地听他们谈论着支援三线的趣闻。这其中有

整党党风正企业兴旺发达
治厂厂貌新浦沅改革腾飞
——浦沅历年原创春联选（18）

宣布选举结果。

浦沅厂第三次党代会全体党代表合影。

破旧规立新章加强企业管理
学路线明方向抓紧工厂建设

——浦沅历年原创春联选（19）

抬头看路，埋头拉车。

汽锤欢跳锻工间内春意闹
车头飞旋三八女工斗志昂

——浦沅历年原创春联选（20）

的情况与我们当年上山下乡特别相似，比如：有的职工不给家里打招呼，自己就悄悄地把名报了，把户口转了；有的人不顾家里父母的强烈反对，坚持加入“好枪好马”行列，就为建好三线，让毛主席他老人家睡个好觉；还有的职工家庭出身不太好，发誓要趁机“跳”出上海，改换环境，想在三线闯出一番天地，有所作为。

正当我们听得津津有味的时候，突然有人喊了一声：“快看呐，他们来了！”大家往南岸望去，两台客车正准备上渡船。还没等船到江心，我们就忍不住把锣鼓先敲了起来。不一会儿，在飘扬的彩旗下，在喧闹的锣鼓声中，客车缓缓地驶上了江岸。这时，有人迫不及待地从客车窗里伸出手来了，激动地与岸上的我们打着招呼，大家赶忙挥手回应，鼓掌欢迎，生怕冷落了这些奔赴三线的兄弟姐妹。事后想起，此景虽短，却也感人：才与故土分，他乡遇故人；同为三线来，无声胜有声！

下午5点，我们的解放牌把两台客车带至厂商店门前停了下来。工地上的浦沅人早已候在那里了。可是，当车门打开后，始料不及的是，没有一个人下来。一时间人们都懵了！这时，车上渐渐地有了女人的抽泣声和小孩的哭声。围观的人群里也有了议论：“也是啊，这小山沟哪比得了热闹的大上海呢？”少顷，车上的男人们起身了！他们耸了耸肩上的行李，踏着坚定的脚步带头走下了客车。此时，锣鼓又敲了起来！车上的女人与孩子也渐渐地站起身来。之前安排好的“一对一”接待人员迅速地迎了上去……

那一年间，像这样的“渡口迎新”，我连续参加过两次，至今我的脑海里还储存着近50年前的一个挥之不去的画面：暮色苍茫中，挺拔的他，背着行囊、一手提布箱，一手搀扶着忧心忡忡的老者，踏着一路的泥泞与坎坷；在他的身后，愁眉不言的她，左手拎着红白相间的网兜，右手牵着害怕走烂泥路而哭的孩子。这一家子正慢慢向刚竣工的红砖毛坯房走去。

这就是我们浦沅人！当年响应党和毛主席号召，从繁华的大上海一头钻进这穷山沟，献了青春献终身，献了终身献儿孙的三线建设者！

半个世纪的光阴如白驹过隙。如今，随着改革的深入，我们亲手建成且曾经辉煌过的浦沅虽然早已被政府安排重组并购了，但昔日光荣的浦沅人创造的那段可歌可泣的三线建设历史将永载史册、彪炳千秋！这批三线人理应得到社会和人们的敬重！他们为祖国国防建设作出的巨大牺牲和贡献，历史不会忘记！祖国和人民更不会忘记！

军品试验

1970年冬，一天，师傅派我给“东风3号”底盘进行“体检”。他又说，车正常，与他去庐山。

我心悦，遂将前桥支起，沿传动、转向，直查到制动。其间，装配组曾先后派人询问车况。交流中，去庐山之事，我略知一二。

“东风3号”乃避雷车，军用品。当年首批“东3任务”6台，经工人、技术员半年之奋斗，已胜利下线。按军品规范，若将“大风试验”做好，此任务便圆满完成。

试验要求风达8级。周边何处有？有人荐庐山。称：此地千米之上山峰多，且北依长江，东临鄱阳，风路开阔，风力超强。

年关将至，事不宜迟。试验小组决定：司机与修理工将“东风3号”开抵庐山；装配人员、技术员携带仪器乘火车经九江上庐山。两路人马，汇合于山顶旅馆。

师傅性急，清晨于长沙出发，500多公里砂卵路，9小时拿下。下午3点，我们上山，24公里山道，坡陡路窄，崎岖蜿蜒，恰似毛主席诗句：跃上葱茏四百旋。山里气候瞬息多变，山下阳光明媚，山中阴雨蒙蒙，山顶飞雪烂漫。

次日，两路人马集结，组长王天福带队察看场地。庐山名气虽大，但彼时仍为公社。社里对军品试验鼎力支持，派员作选点向导。我们勘察5大风口，均因支腿难于伸展无功而返。最后公社只好将试验地定在直升飞机场，这让我们好生感动一番。

傍晚，师傅将“东风3号”开进机场。机场就在庐山会议旧址对面。说是机场，其实是山顶排球场般大的草坪，既无设施，也无人员。

装配工人与工程技术人员动作熟练，一刻多钟便将“东风3号”升高就位。当支腿立稳，液压传动将一节套一节的锥形塔杆迅速送往空中，17余米高的避雷针直插云天，那情形、那姿态，甚为壮观！

我与师傅不参与试验，组长则安排我俩立在对角线两端警戒。他叮嘱：各管两面，绷紧阶级斗争的弦！漆黑夜，凛冽风，我辈哼歌、跺脚、驱寒、壮胆。阶级敌人，怎敢来犯？

晚9点，风呼啸而来。技术员报告：风6级。大家仰望避雷针，仪器显示：摆差正负1米。隔一刻，看风力，指针不见前移；再隔一刻，又看，依然还是6级！人人心比风急：8级风，在哪里？

这时，山下传来消息：凌晨过后有大雪！闻知令人发怔：若冰冻，试验搁浅；若封山，人车被困。想到此，大家求风若渴，心急如焚！

晚10点，风大了！有人报：好消息，风力6.5级。针摆正负1.2米。离目标越来越近，我们长了精神。黑夜里，一群浦沅人自觉站在一起！此刻，人无杂念，特亢奋，唯一念头：8级风，快降临，考验我浦沅军用品！

晚10点3刻，“精诚所至，金石为开。”久盼大风呼啦啦来，似发威、像撒野，要多猛烈有多猛烈！技术员大声报，激动的声音在打战：风6.9、7.0、7.1；针摆1.3、1.31、1.32。“东风3号”不屈不挠，迎风挺立！晚11点，雨夹雪，8级风，无踪影。组长果断宣布：避免大雪封山，试验暂停！

我们这伙翻砂班兄弟

倪春林

我们这伙翻砂班兄弟(共计22人)，是1969年9月23日一道从汉寿农村知青中招工进浦沅厂，被负责招工的赵德江师傅，照着名单、对着表，安排为铸工的。开始大多数人都不知道铸工是干什么的，以为是锯工，专门锯木头的。后来到汉寿县机械厂翻砂车间去看了，才知道铸工就是“翻挑挑的”(因小时候，我家附近就有一个小五金厂，一些老师傅用砂子做成模子，专门铸造一些小孩吃饭用的铝或铜的小勺子即小挑挑等小五金件)。后来，又被赵德江师傅用钢笔那么一打“√”（钩），就被安排到了湘西钨矿机修厂去培训(因当时浦沅厂刚破土动工，连工棚都没地方住。厂领导果断决定，将青工送往常德地区的十几家工厂培训，待厂房一建成，这些青工就可回厂派上用场)。

从此，这伙兄弟摸爬滚打几十年，铸就了自己的“造型工”人生。

干翻砂是一个力气活，我们是清一色的男子汉，单纯、勇敢。刚到湘西钨矿，就发生了矿本部仓库大火灾。我们一听到广播，就跑步奔赴火场，英勇救灾。火扑灭后，人人浑身湿透，寒风阵阵吹来，个个直哆嗦，大家还有说有笑，一路歌声，就像从战场凯旋一般。三名救灾受伤的浦沅青工(张陵江、刘明成、韩常德)中，就有一位是我们翻砂班兄弟。第二天，他们三位和浦沅青工集体都受到了钨矿党委的通报表彰。

那时处于“文革”期间，各项管理工作几乎没有。冬天矿里经常发生山火，只要广播里一播出哪里发生山火，我们这伙年轻人就奔向火场，脱下衣服扑火，有的就在地上打滚，以求压灭火苗，有的兄弟把头发、眉毛

好兄弟，善合计。

我拿青春赌明天。

同心同德，志存高远。

湘西钨矿何师傅（前右二）和他的浦沅徒弟们。

当年的湘西钨矿机修厂篮球队。

“我们是工农子弟兵……”

都烧了。这样的灭火经过多次后，我们发现机修厂的老师傅和矿里的人怎么没什么人来救。原来他们早已习以为常，师傅们后来对我们说，草值几个钱，烧坏了身体，不仅影响工作，还要经受痛苦，划不来的。他们说钨矿的山火成不了气候，因为大部分山只有一点草皮，没有什么大树。草慢慢烧完，火也就自然熄灭了。大家这才恍然大悟。

我们到钨矿时，正值全国、全省都在轰轰烈烈地开展工业学大庆。矿里当时有几辆苏制汽车的汽缸体都发生了故障，严重地影响了运输生产。由于中苏关系早已破裂，苏式汽车配件根本无处采购。机修厂铸造连的师傅们就响亮地提出“没有条件，创造条件也要上”，我们自己来制造。

要制造汽缸体，技术上的难度是非常大的，无疑是对师傅们的最大考验，也给我们提供了绝好的学习机会。

老师傅们(包括六级、七级的老师傅)日夜加班在车间，经常召开“诸葛亮会”。我们刚去虽然不懂，但不放过任何一次学习机会。师傅们日夜干，我们也跟着连轴转，还把师傅们分析的问题仔细记录下来，便于今后慢慢消化。师傅们的一举一动、一招一式，我们都看在眼里、记在心头。

师傅们对我们要求也特别严格，不仅技术上手把手地教我们，还把工人阶级吃苦耐劳、任劳任怨的好作风传授给了我们。记得每天班前会，老师傅都会认真总结前一天的工作，好的表扬，差的批评，有时真的还蛮“刺刀见红”的。工作时干累了，有时想坐在工具箱上“舒服一下”，师傅就会从后面把你的工具箱踢走，严厉地说“翻砂的，你不练好腿劲，还干得好什么事！”一到开炉浇铸件，基本上是兄弟们抬钢包浇铁水，经常铁水飞溅，窜到脖子里、腰带间、鞋子中是常有的事，那就是衣服冒烟、皮肤烧焦，几乎我们每位兄弟都有过这受伤的经历，但大家都挺过来了。在老工人优良传统的熏陶下，迅速地成长为技术娴熟、思想过硬的好青年。

当时，不仅物资贫乏，吃不饱、吃不好饭，而且精神生活也特别单调，但我们这伙翻砂班兄弟特别能吃苦，也能从苦中找乐(当时就说是具有革命的乐观主义精神)。在其他人眼里，这些伙计都是“拼命三郎”。你看他们刚刚开炉、抬铁水浇铸，累得黑汗水流，一下班，还“抢”球场，不管是打“半场”，还是“全场”，仍然是生龙活虎，不打到天黑不收工。星期天，三五成群相邀去爬山，回来竟挖得一书包的野百合，找师傅讨得票，去称上二两肉，也能炒上一大碗，大家一起来打牙祭……那个时候，还时兴去“五七农场”劳动，像大寨人那样，在山坡上修梯田。大家你追我赶、摩拳擦掌同样干得欢。劳动休息时，在山顶上，俯瞰大好河山，披着人家脱下的棉大衣，竟有人唱起了京戏：朔风吹，林涛吼……

林彪事件后的第二年春节搞“战备”，不准请假回家。我们这伙兄弟竟然在宿舍里，搞起了“春晚”。不用说，“朔风吹……”是传统节目；有人把中山装的风扣那么一紧，就来上一段“我们是工农子弟兵……”；滕胖子的板胡、揭式功夫拳、阿喀隆即兴表演的小品……引得大家哄堂大笑。对面宿舍的女生都在纳闷：他们在干啥？虽然兄弟们工种不好，但也有兄长凭着他们的才干、个人魅力，从男女搭配的“好工种”中“抢”来了嫂子，兄弟们都引以为豪了好一阵子。

那时不管是在哪里、无论谁，只要是一发现蛇，就会大喊：揭巴、揭巴，这里有条蛇，好大一条蛇！话音刚落，只见揭巴如风而至，摆出“杀猪”的架势，捡一根树枝在蛇前不停地晃动，以分散蛇的注意力，然后以迅雷不及掩耳之势，一只手拎起蛇尾使劲抖动，另一只手钳制了蛇的“七寸”之处，蛇就被他乖乖降伏。这时，他身上如有刀，就用刀；如无刀，就用一块磁瓦片或铁皮，在蛇的肚皮上那么一划，蛇胆就被他顺手掏了出来，乘势往嘴前一送，瞬间就吞到了肚子里。据他说，吃了蛇胆明目的。印象中，他吃了不少蛇胆，也不知他的双眼明亮了许多没有？

以上说到的滕胖、阿喀隆、揭巴，都是我们兄弟的外号。那时我们二十几个兄弟几乎每人都有外号，没有的，马上起，且迅速流传开来，造成“既成事实”。有的是根据外表，鼻子像外国人的，如“巴尼亚”；有的是走路一摇一摆的，如“老姚(摇)”；有的是根据体形的，光“胖子”就有好几个，为了区别，就在前面加上姓氏，如“代胖子”“陈胖子”……还有“麻子”“老七”(就因为“眼红”七级老师傅的工资而得名)、“肯婆娘”“吴家佬儿”“老刁”“小常宝”……还有像“面积”“老妈子”“马脑壳”，这些都可能是在学校或乡下就有了的。大家在一起，互相取乐，苦中找乐，其乐融融。有了争吵，也能相互做自我批评，通过沟通很快就消除了矛盾，马上又成为了好兄弟。

……

浦沅厂铸钢车间、铸铁车间即将完工前，我们这伙翻砂班的兄弟分批陆续回到了厂里。随着车间的竣工投产，兄弟们迅速地成为了车间生产的主要力量。

以后，经过不断的磨炼，勇于吃苦、敢于担当的精神使许多兄弟都成为了浦沅厂生产、管理部门的骨干，很多人逐步地走上了领导岗位。

时隔四十余年，我从心底还一直深深地想着、念着、爱着我们这伙翻砂班的兄弟！

傲苍穹。

铸铁“想大局”突击队

邹克阳

退休已多年，朋友聊天，经常会谈论起工友胡夏秋。一想起胡夏秋，铸铁车间“想大局义务劳动突击队”的事迹，就会立即浮现在眼前。

那是1975年，浦沅厂“武陵吊”开始投入批量生产。战役的第一场硬仗从铸铁车间打响。厂党委和厂部要求铸铁车间在两个月的时间内，完成首批铸铁件近百吨。这对刚刚建成、投产的铸铁车间来说，困难是很大的。

为了确保生产任务的完成，铸铁车间决定开炉周期由原来的4至6天，缩短为2天。突出的矛盾是浇注人员短缺，如果抽调造型工去浇注，又要影响造型生产任务的完成。怎么办？这时，铸铁车间的广大共青团员、青年纷纷向车间党支部请战，他们愿意白天正常上班，完成造型生产任务；晚上休息时间来参加义务劳动，把开炉浇注的任务承担下来！

在车间党支部的大力支持下，以造型二组团小组为主的团员青年，在胡夏秋班长的带动下，成立了一个“想大局义务劳动突击队”，轮流顶班开炉、浇注。

突击队的活动得到了大家的支持，突击队的成员也由团员逐步扩大到有青工参加的10多人。他们中有董庆云、李春华、田建生、王忠红等。在不到两个月的时间里，共参加义务劳动达700多小时，涌现出了许许多多的感人事迹。突击队队长胡夏秋同志，在生产任务最紧张时，肾结石病复发，一阵阵的剧痛，让他住进了厂医院。在病床上，他还念念不忘突击队的活动，照常安排突击队的工作。

在那60个艰苦奋战的日日夜夜里，突击队没有一个人叫苦叫累，没有一个人半途而废，也没有人多拿一

浦沅第一炉钢水正在熔炼中。

炉火熊熊溶消千里积雪
豪情滚滚激荡万仞群山

——浦沅历年原创春联选（21）

望炉膛烈火如观五洲风雨
听马达轰鸣似闻四海涛声

——浦沅历年原创春联选（22）

钢水浇铸浦沅魂。

分钱的报酬。“想大局义务劳动突击队”当年谱写了一曲想大局、顾大局、为大局的凯歌，为浦沅的发展作出了重要贡献。

40多年过去了，当年“想大局”突击队的团员、青年都已退休，正安享着晚年的快乐生活。

我们在羊耳山上

段大明

铸铁车间引进了新设备。

青春的旋律。

一、招工感怀

1969年11月28日，我们一群刚刚从澧县农村各公社招工到浦沅工程机械厂的69名青年工人——从16岁到23岁不等，被分配到澧县羊耳山煤矿培训。

从澧县县城出发，我们在招工负责人张光勋的带领下，分乘三辆敞篷“解放牌”大卡车（其中一辆装行李），规规矩矩、秩序井然地爬上卡车。当然，卡车上是没有座位的，大家有的就地坐下，以便对付百里山路，有的靠着车帮，准备欣赏沿途风景。

从农村招工出来，跳出“农门”，这群年轻人都有一种脱胎换骨的兴奋和喜悦。别说安排我们去煤矿培训，就是安排我们天天去大街上做清洁工，清扫垃圾，清洗厕所，我们都不会有半点怨言。毕竟，农村太苦了，吃不饱，农活累，男劳力每天十工分，女知青只有七八工分。即使每天十工分，价值也不过两毛钱，仅仅能够买一包“德山牌”的低档香烟，根本无法养活自己。而当上工人，即使是学徒，每月也有十八九元，熬到三年学徒满师，就是三十多元。在工厂干一天，相当于在农村干一个星期，更何况在工厂，是城市户口，吃“国家粮”，虽然收入不高，但绝对不会挨饿受冻。如

煤矿来了这群年轻的浦沅人。

果再熬上几年，攒上几百元钱，买上“三大件”——自行车、手表、缝纫机，就可以成家立业，一辈子都满足了。别说是去羊耳山(煤矿)，就是让我们去喜马拉雅山，我们也会喜笑颜开，“打起背包就出发”。

二、羊耳山煤矿

羊耳山地处湘鄂交界处，翻过十里山路就是湖北松滋县。羊耳山煤矿规模不大，一千多职工——而且大部分是农民“季节工”，吃“国家粮”的正式职工只占三分之一。全矿分四个工区，各个工区相隔二三十里路不等。煤矿每年产煤20多万吨，机械化程度不高，只有简单的矿车绞车和排水设备。矿车靠人推，煤炭靠镐头铁锹刨，因为矿本部有一个“机修车间”，二十来个技术工人，所以把我们这几十个“未来的”浦沅工人，安排到这里学技术。几十个少男少女一下子涌到羊耳山，整个煤矿都沸腾了。

矿本部连矿工、管理人员，大约有近四百人，因为行业的原因，这里基本上是“男性世界”。我们这群浦沅青工中，有16个女孩，都只不过17岁到20岁，在我们同一批招工的男青工眼里，她们是青春靓丽。而在那些深山矿洞里长年难看到女性的矿工眼里，她们简直就是仙女下凡。

就凭矿山一下子多了十几只“金凤凰”，到矿山不久，羊耳山煤矿组织了建矿以来第一支文艺队伍——“羊耳山煤矿毛泽东思想宣传队”。

三、矿山第一课

我们进矿山的第一课就是下矿井参观，下井之前，带班的老师傅告诉我们，要少穿衣服，特别不要穿浅色的衣服。当时已是深秋，不少人已经穿上了毛线衣，外面罩着刚刚发下的工作服。带班师傅看着我们，无可奈何地直摇头，只有少数人听了师傅的话，穿了一件空心工作服。我们在配电室每人领了一顶带有矿灯的工作帽，在腰间系上皮带，挂上小电瓶，显得那样精神抖擞，英姿飒爽。大家你看看我，我看看你，嘻嘻哈哈，打打闹闹，都盼着早一点去井口，希望早点下到井底，参观那神秘的地下世界。带班师傅又一次交代安全注意事项，还特别交代要跟上队伍，因为井下巷道纵横交错，总长度有几十公里。万一掉了队，一个人、特别是第一次下井的新工人，根本找不到回来的路。结果只有一个——活活饿死、困死在地下几百米深处，笑容顿时凝固在大家脸上。

带班师傅又讲了发生在矿山的一些伤亡事故，他说煤矿井下每年都要工伤死亡几个矿工。如果哪一年没有伤亡，矿山一定会召开庆祝大会。可惜迄今为止，羊耳山还从来没有开过这样的庆祝会，我们听得毛骨悚然。几分钟前，大家还在叽叽喳喳，师傅的一席话让大家变得鸦雀无声。我们这才知道，煤矿工人就是“四面石头夹着的一块肉”，每天跟死神打交道。我们也才知道，我们烧的每一块煤炭，都是矿工辛辛苦苦用生命和汗水换来的。

大家打开矿灯，鱼贯进入井口，向下望去，漆黑一团，深不见底。我们紧紧抓住右手边简陋的“扶手”——一根十几毫米的钢筋，战战兢兢地往地下数百米深处走去。此时此刻，这根钢筋就是我们生命的连线，万一失手，那就只能够在地下几百米深处收殓那残缺不全的尸体了。还没有下到井底，大家已是腰酸腿疼、大汗淋漓，到了井底，我们才舒了一口气。

到了主巷道，路好走多了。主巷道虽然有三米宽一人多高，但中间铺着铁轨，一米多宽，是走矿车的，两边的“人行道”部分，也就只剩下几十公分。当远处隆隆的矿车声音传来，前面就传来“靠边、靠边”的呼喊声，大家赶紧靠边停下，避让矿车。不知道走了多久，也不知走了多远。我们想象中的绚丽斑斓的“地宫”早已远去，只剩下了对“地府”的恐惧。没有嬉笑声，只有“哎呀”“哎呀”的惊叫声和女青工摔倒时的尖叫声。走过幽深、阴森的长长的主巷道，引路的师傅把我们带进支巷道。比起支巷道来，主巷道简直就是大马路，支巷道大都又低又矮又狭窄，我们只能够弯着腰缓缓前行。再往前走，只能够跪着行走，在最矮的地方，我们只能够手脚并用，像动物一样四肢爬行。至于身上的脏乱，至于衣服的磨损，大家早已顾不得了。

我们来到了一个工作面——矿工采煤的地方，我是走在比较靠前的，借着微弱的灯光，看到工作面七八个矿工在挖煤。再仔细一看，他们除了头上一盏矿灯，大都只穿着一条短裤，有人甚至连短裤都没有穿，精赤条条、一丝不挂。矿井之下，百分之百、绝对清一

那时我们正年轻。

意气风发。

以浦沅青工为主体的机修代表队，在1971年国庆节湘西钨矿业余文艺会演中获“优秀单位”称号。

风华正茂。

煤矿培训第一课。

焊花飞舞，挥洒青春。

培训归来，独当一面。

色的男性世界，根本不必担心“走光”。领队让女生靠后，对工作面喊道：“穿上衣服，今天有女同志来参观”！霎时间工作面的矿工一阵忙乱，那几个精赤条条、只戴矿工帽的采煤工人赶紧穿上短裤。几个胆子大的男生进工作面看了一下，而女生，我印象中好像没有一个人进工作面。我看到，工作面的工人，个个大汗淋漓。除了牙齿和眼珠（眼白）还是白的，从上到下就是一团黑色的“活肉”。

煤矿工人真苦！这是永远定格在我脑海中的印象，一直到几十年后的今天。磕磕绊绊，懵懵懂懂，弓腰缓行，四肢爬行……我们在井下转悠了大约两个小时，领队师傅这才带我们升井。

长长的主巷道，陡峭的升井坡道，我们手抓扶栏钢筋，艰难地攀爬。一步一喘，一步一蹬，终于爬出了矿井，每个人都长长地舒了一口气。地面上，阳光灿烂，金风送爽。有生以来，我们第一次感觉到：地面真好！阳光真好！环顾周围，大家你看我我看你，哈哈大笑！个个都像是京剧舞台上的包公。包黑子还只是黑脸，我们是从头黑到脚，没有一块干净地方。那几个穿浅色衣服的，根本看不出衣服原来的颜色。这还只是下井参观，走马观花，应该是最轻松的“一日游”就已经把我们累得够呛。

从第二周起，下井挖煤就成了我们的“必修课”。矿山劳动力本来就短缺，挖煤只要劳力，又不需要什么技术，所以我们就成了煤矿“天上掉下”的一批“生力军”。那时候矿上要完成生产任务，每月月末要来一次大会战，有时周末还有小会战。我们到羊耳山的时候已接近年底，正逢一个接一个的大小会战，下井挖煤便成了我们的家常便饭。整整两个月的时间，我们的鼻孔都是黑的——因为每次下井之后都没法洗干净。至于那些双眼皮的女生，根本不用化妆，双眼皮的夹缝永远保持着一丝浅浅的黑线。这些老天爷的“天然化妆”，给刚从农村出来的靓丽少女，平添了一份动人的妩媚。

最苦的是管道班的四名青工——范首影、王振华、丁新群、张远志，他们刚刚学会换水管、龙头，就被当成了正式劳动力。我们其他工种的学徒，最多因为会战每周下一次矿井。而他们几个人，几乎每天都要下井，有时甚至一天下井两次。当然，下一次矿井，有一份“丰厚”的井下津贴——两角钱，可以买一份只见香干不见肉的“肉炒香干”。比起天天下井的管道班兄弟，我们其他工种的学徒真的不配叫苦！

四、喧腾的矿山

我们的到来，给沉闷的矿山带来一股生气。在我们来羊耳山之前，煤矿的清晨、黄昏和夜晚，都是冷冷清清的。白天，上白班的矿工下了井，上夜班的矿工在酣睡，地面上只有几个管理人员和十多个机修车间的工人。夜晚，没有广播，更没有电视和音响。每到晚上8点钟，除了绞车顶上孤独昏暗的灯光，整座煤矿似乎都已安睡。

现在不同了，而且是大不相同。

已经长满野草的篮球场现在人声鼎沸，敖宗义、熊株陵、史秋生、熊英男、刘仕炎、周尚云、崔金华等篮球骁将，经常驰骋在球场上。围观者如云，啦啦队也在一旁呐喊助威。因为篮球场北面是一个陡坡，篮球一旦打出北边，要花五六分钟才能够捡回来，所以我们修改了世界篮球规则：谁将球打下北坡，直接罚下场，下山去捡球。乒乓球桌的腿，经过日晒雨淋，早已经变成朽木，几个木匠稍稍动手便将其修好，段大明、胡定孝、石瑞礼、何逢辉、范国辉、吴开平等便成了“桌上常客”。虽然大家从来没有经过正式训练，可球桌上抽、拉、扣、杀，一招一式也还有板有眼，常常引来观众一阵阵喝彩。

沉闷的羊耳山，有了青年男女的歌声欢笑声。当然，歌声中没有爱情感情，那时候连《九九艳阳天》都被列入“禁唱歌曲”名单，因为里面那句“十八岁的哥哥坐在河边”会令人想入非非。至于《莫斯科郊外的夜晚》《喀秋莎》之类的“又黄”“又修”的歌曲，更是只能想而哼都不敢哼。一顶“政治帽子”戴上来，轻则批判斗争，重则开除出厂，送回原籍。我们从农村出来，原籍就是我们原来下放的地方，而当时我们最害怕的就是这一招。所以，我们只能够大唱特唱当时允许唱的“八个样板戏”“歌颂毛主席”以及那些“反帝反苏联修正主义”的革命歌曲。虽然这些歌曲没有太高的艺术价值和真实情感，但至少可以让人吼一嗓子。

因为浦沅培训青工的活跃，羊耳山煤矿工会决定组织一个文艺宣传队——毛泽东思想文艺宣传队。队长由浦沅青工负责人史秋生担任，20多个队员，除了两个是羊耳山煤矿本矿职工（一个是广播员，一个是矿医务室护士），其余全部是浦沅青工。这一来，羊耳山煤矿就热闹了。晚上，宣传队在矿工会议厅排练节目，台上是队员们吹拉弹唱，台下是看排练的矿工及其家属，常常是济济一堂。虽然队员只有极少数人有文艺才能，大多数只能够跑龙套，但此时赶鸭子上架，人人只得抖擞精神、勉为其难。还好，有几个人还有点特长，上得台面。邓元浩的笛子不错，一曲《骏马飞驰保边疆》吹得声震云天。熊株陵的二胡也不错，一曲《江河水》，拉的令人荡气回肠。史秋生的京胡高亢激越，“八个样板戏”的主要曲调，他拉起来根本不用看曲谱。女高音赵峰是最受欢迎的“矿山歌唱家”，字正腔圆，珠圆玉润，可以一直从“北京的金山上”唱到西藏的“雅鲁藏布江”，再唱到内蒙古的“大草原”，然后又到云南去和“阿瓦人民唱新歌”。教舞蹈的好像是杨立荣、赵道珍，指导我们自编话剧《矿山血泪》的排演认真负责、一丝不苟……我自己平时倒是喜欢哼哼唱唱，但是上不了台面，基本上属于“上台既不要人的钱、但也不至于要人的命”的水平。好在文笔尚可，便被领导安排做“编剧”，写那种老套的、阶级斗争式的剧本《矿山血泪》。在安排演“样板戏”（折子戏）时，让我来扮演其中的正面角色。

就在我们排练完毕、准备去各个工区和附近农村演出的头一天，羊耳山煤矿金山工区发生了重大事故，六个矿工因为巷道塌方而被困井下，生死不明。这一事故惊动了常德地区和湖南省冶金煤炭局，全矿都对被困矿工展开生命大营救。所有事情都为大营救让路，我们的“巡回演出”就此停下。此时正是春节前夕，六个矿工最后终于获救。再后来，羊耳山煤矿毛泽东思想文艺宣传队便无疾而终。但我们一如既往，歌声，笑声，戏耍打闹伴随着我们年轻的时光。直到今大，我们仍然不知忧愁，没心没肺地活着。

五、工友情，手足情

比起其他地方培训的浦沅青工，我们羊耳山煤矿的生活条件，可能是最艰苦的，但我们在那里艰苦奋斗了整整三年。煤矿周围是荒瘠的群山，不适合种蔬菜，也不适合养殖，矿区的蔬菜要到百里开外的澧县县城去采购。所以，我们的食堂有三年不变的“老三样”——海带，南瓜，豆腐渣。也不是食堂没有肉和豆腐，但供应量很少，大部分送往井下一线矿工。地面上所剩无几，只有排队靠前的一二十个人可以买得到。我们浦沅青工特别遵守工作纪律，不到正点不离开岗位。等我们来到卖菜窗口，就只剩下了“老三样”。“老三样”吃的我伤了心，直到今天我都不吃这“老三样”。住的还可以，至少我们每人有一张属于自己的小床。不过由于矿山房子不多，我们住得很拥挤——一间20多平方米的房间，至少要住十个人。集体宿舍，臭虫特别多，床板上，接缝处，到处都是它们的藏身之所。我们想尽办法，搞来“六六粉”，调成糊糊状，堵塞住那些接缝空隙，又在床板上均匀地洒上“六六粉”粉末，还在棉被里撒上一些，这样才彻底消灭了这些害人虫。但对于老鼠，我们想尽了办法都不能奏效，我们的集体宿舍没有天花板，只铺着单薄的芦席。一到晚上，芦席上的老鼠

“百宝箱精神”代代传

当年，年逾花甲的吴士根是个节俭的人。他每天收工时，不管吹风下雨，总要在工地上转转，把掉在地上的螺钉、螺母、垫片等小零件拾起放进工具箱里。他说：别轻看了这些小玩意，一旦有需要就可派上大用场。果不其然，后来工地上经常出现一时急需却又找不到这种小零件的情况。每到此时，大家都会想到吴师傅的工具箱。而每次这工具箱都满足了大家的需要。时间一长，人们就把吴师傅的工具箱称为“百宝箱”，把吴师傅的这种想法做法称为“百宝箱精神”！

吴师傅退休时将“百宝箱”又传承给了年轻人。

夺银牌武陵雄姿顶天立地
创先进浦沅健儿继往开来

——浦沅历年原创春联选（23）

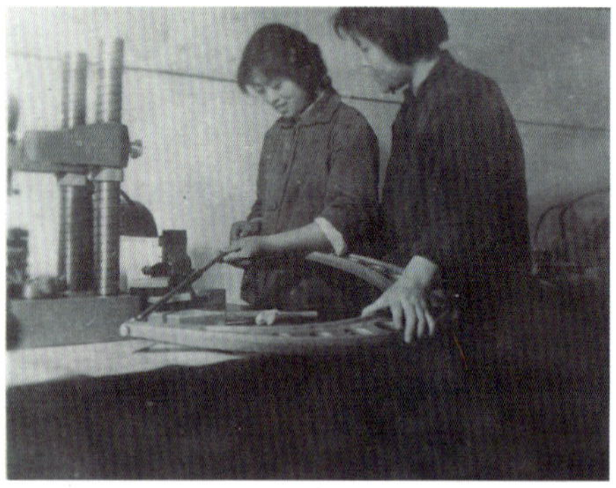

爱琢磨，勤动手。

跟着师傅练技术。

就开起了“田径运动会”，在芦席上面狂奔或者打架。夜深人静时，它们甚至猖狂地跑到我们的被子上甚至枕头边。对于这些小动物，你除了佩服它们顽强的生命力，还得想办法躲开。我们无一例外都挂起了蚊帐，老鼠再厉害，还不至于咬破蚊帐来伤人吧。每天，都是老鼠的打闹声伴我们进入梦乡。

煤矿离县城太远，去一次县城至少要花两天时间，我们每周只有一天休息，只能去附近的小镇玩一玩。所以一到星期天，我们很多青工就往最近的闸口镇去逛街。闸口镇很小，只有一条街，从街头到街尾只有120米左右。走得快，五分钟。慢慢逛，只有一家供销社，一家饮食店，一家农资店，一家理发店，几家缝纫店。即使每家你都进去逛一圈，也用不了半个小时，业余生活贫乏到了极点。记得有一次放电影——最新拍摄的“样板戏”《智取威虎山》，安排到我们矿本部时间是凌晨两点。因为“文化大革命”，我们有许多年没有看过一次电影了，为了看这样一场电影，我们竟然熬了一个通宵。

唯一值得怀念的是我们在羊耳山上，在艰难困苦的三年学徒生涯中，建立起来的犹如手足般的工友情。在我们浦沅青工中，年龄最大的几位“老三届”高中生，20岁出头，年龄最小的只有16岁。生活中，学习中，大家都互相扶持，互相帮助，如同兄弟姐妹一般。女青工最为困难的是提水，特别是冬天。女青工集体宿舍在山坡上，离锅炉房的公用热水龙头有好几百米。她们身单力薄，提一桶热水非常吃力，若下雨路滑，弄不好还会跌跤。这一幕往往被有心人看到，因此往往在她们提水吃力时，就会有男青工伸出援助之手。

男青工最头疼的是洗被子，在煤矿烟尘漫天的环境里，被子十天半月就成了灰色。特别是脖子处，非常明显的一圈黑色。我们往往这头变黑了，将被子掉一个头，让原来在脚部的那头换回颈部。然而最麻烦的还不是洗被子，而是洗过以后无法再次钉好还原。我们的床铺都只有一米宽，而被子却有1.5米宽，包的被单有二米宽。面对被子比床铺宽的情况，男青工往往束手无策。有的干脆几个月不洗，有的洗了不钉，让包被与棉被处于“分离状态”——然而过不了几天，它们往往“完全分离”。看到这种情况，女青工也往往会伸出援手——不仅仅是帮助钉被子，甚至还帮助洗被子。我记得，女青工中李祖英、邢丽湘、余桃珍、胡代玉、赵峰、赵道珍、邹建平、黄希玉……都帮助过我们男青工。几十年过去了，羊耳山那几块宽大的水泥洗衣板，一直都还留在我的脑海中。

在羊耳山的头一年，我们木工班的9位师兄师弟也为大家忙过一阵子。因为皮箱要好几十元钱一个，买不起，很多人上山时连箱子都没有一口。正好，煤矿废旧品仓库有废旧包装箱（装过炸药的），一元钱一个，三个废旧炸药箱可以改做成一个大“脚箱”（即大木箱）。我们木匠手艺虽然刚刚入门，但做一个木箱的技术还是绰绰有余的。接连好几个星期天，我们几乎没有休息，就是为大家做脚箱。当然，“雇主”们也没有闲着，或者为我们端饭倒水，或者为我们洗衣洗被。没过一年，很多青工都用上了我们“青年鲁班”制作的“羊耳山牌”脚箱。

一晃，近半个世纪过去了，我们也在渐渐老去。人，说也奇怪，回忆起几十年前苦涩的往事，不仅不觉得苦，竟然还有一丝丝甘甜的味道。

支农路上（霍日炽刻）

我们在浦沅成长

倪春林

学办展览

浦沅厂“三边”建设的成绩，引起了省机械厅的重视。1973年5月下旬，省机械厅决定7月中旬在我厂召开工业学大庆现场会。厂党委非常重视，决定以图片展览的形式，筹办一个展览，以形象地反映我厂的“三边”建设，由何楚雄、杨万柱、赵菊芳具体负责。

当时，杨万柱找到我，叫我立即组织人马。因为在湘西钨矿培训时，我们就形成了一套较好的办大批判专栏的班子，于是我就提供了名单，小杨(不仅当时，就是后来他当了领导后，我们也一直称呼杨万柱为“小杨”)就向车间借人。易志、曾经建马上就来报到了，可是胡德森，铸铁车间不放人。因为我也是铸铁的，本来就借了一个，车间以生产忙为由拒绝了。后来，我们反复说明胡德森参与此项工作的重要性，小杨再反映到厂部，由厂部出面，才把胡德森借了出来。

大家都是一伙20来岁的青工，没办过展览，怎么办？我建议赶紧出外学习，先取得一些感性知识。于是我们一伙在小杨的带领下，马不停蹄地去长沙参观了省展览馆和韶山毛主席陈列馆。回厂后，马上就开始了工作。

(本人日记记载)：1973年6月3日—6日，这一晌都是进行展览馆的筹备工作，非常紧张，每天都要搞到晚上10点多钟，一回屋就倒在床上睡了……

由于没经验，很多事情都可能要走弯路，真是不会搞的，不知要吃好多瞎亏，但是也不要紧，慢慢摸索，吃一堑长一智，“实践出真知”嘛！

办展览，首先要有文案，如同拍电影要先有剧本一样。小杨、赵菊芳师傅、胡德森一商量，决定就按“三边”方针的思路走，分三部分：边基建、边搬迁、边生产。方案一定，胡德森就去写“剧本”，我们就按这三部分去分类准备照片。办图片展览当然就要以照片为主，在此之前，由吴蔚若师傅、小杨等拍过一些照片，但是缺口很大。于是，我和易志、曾经建就协助小杨去打灯光，补拍了一些照片。当时，为了反映主题，打光、摆拍的一些照片，现在看来都是很幼稚的。

照片拍好后，我心中有了数，就开始设计、排版了。有了设计图，易志就根据胡德森提供的文字，开始用仿宋体书写标语、标题字，写完后，有的还要用五合板照样子锯出来，刮灰、打磨、油漆。曾经建就根据要求，设计制作一些图案等。大家根据分工，各自有条不紊地抓紧工作着。

照片工作是大头，小杨、吴师傅要根据设计图上的要求，大小不同地扩放每一张照片，进度是很慢的。吴师傅有自己的工作，只能抽空来帮忙，小杨本身工作也忙，图片工作的进度跟不上拍(因为那时我还在车间，没接触照相机，对这项工作还不熟悉)。

厂领导赵加胜、汪正东等也十分关心，经常来办展览的地方看看、问问。老汪见我们工作进程较慢，担心不能及时完成，还建议再调两个人来帮助(其实“慢”是慢在图片，当时会放照片的也就只那么两个，再来多的人，不会干，也没用)。省机械厅还从矿通厂抽调一位师傅来帮助我们。当时，正值要写照片文字说明，厂里先是借来Z师傅写，领导不满意；正好矿通的师傅来了，请他写，领导还是不满意。最后还是请来厂里的T师傅写，才算通过。矿通的师傅见我们各有各的工作，他又插不上手，就到处转。我灵机一动，在展览馆内的一个门上另加了一块展板，发挥他的特长，给我们画了一幅抓紧建厂的宣传画。为了赶进度，我们几乎天天加班加点，很晚才能回宿舍休息。我和胡德森住在热区，有时懒得走，就干脆两条长工作凳一并

当年我们办展览。

外出取经，学办展览。

当年办展览的团队。

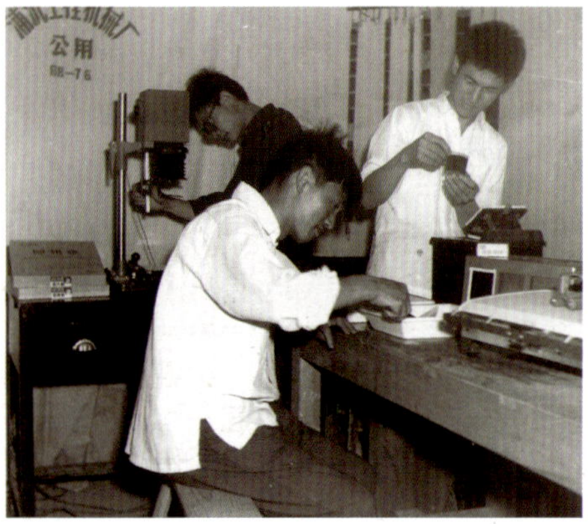

一丝不苟，精益求精。

青春年少，渴望成长。

展出方案，各抒己见。

拢，就当床睡了。后来小杨借来两张床，我和胡德森搭起了临时铺，天天工作、休息在展览馆了。

胡德森将讲解词写好，经领导审阅批准后，赵师傅又从车间、部门借调来林世明、彭秀、裴荣、张薇、张昆美五位讲解员。她们天天就在展览馆熟悉版面、背起讲解词来，有时还帮我们干一些力所能及的事情。

等小杨照片一放完，我们就日以继夜地完成了照片装裱工作，展览馆也看出了头绪。

(本人日记记载)：1973 年 7 月 2 日—6 日，由于省机械厅和厂党委常委审查了展览大样，没提多大意见，现在正进入紧张的扫尾阶段，每天都忙得不可开交，早晨 7 点—晚上 12 点，很少休息。

1973 年 7 月 8 日—13 日，为了迎接现场会的召开，经过这段时间的日夜苦战，终于胜利地完成了任务，只等明天代表们的到来了。今天，我们欢迎代表的宣传画刚挂出不久，可是天不作美，一阵大雨把它淋得一塌糊涂。

1973 年 7 月 14 日，今天厂里像过节一样，欢迎着 500 多名代表们的到来。代表们认真地检查了我们厂的工作和参观展览馆，是给我们极大的鞭策和鼓舞。展览馆的工作还比较顺利，电气也没出毛病，还是比较成功的。只是她们讲解员太辛苦了，喉咙都讲哑了……

现场会结束后，展览馆对全厂职工开放。各车间、部门分期分批参观。有的职工还提出了一些很好的意见与建议。

参加现场会的代表一回去汇报，各兄弟单位又派来一批又一批人员来厂参观指导。

(本人日记记载)：1973 年 8 月 5 日—7 日，这几天陆陆续续地接待了外单位好几百代表。每天中午都很忙，帮助炊事人员供应代表们吃午饭。

这样的现象，一直持续了很长一段时间。

学做模型

1973 年8 月中旬，厂党委又给我们下达了新的任务，为了迎接年底的验收投产会，更直观地反映浦沅建厂成效，要赶制出全厂的立体模型，要求在10 月上旬做出个初样来，以便于有时间修改与调整。厂部还抽调来电工胡明星和木工芮师傅以加强力量。

做工厂立体模型，对我们来说，又是一件破天荒的事情。这将又是一场硬仗。

我们一行六人(这次小杨工作忙未同行)再赴长沙，专门去学做模型。当时，我厂的王美华借调到省展览馆工作。我们通过王美华的帮助，仔仔细细地参观了馆内各类立体模型。王美华还请来当时负责馆内模型的电工黄师傅。他非常热心，给我们详细地介绍了展览馆里一些模型中电路方面的长处和不足，又带我们参观了一些做得比较好的模型，使大家受益匪浅。

我们还找黄二棠打了个证明，想去长沙有机玻璃制件厂学习有机玻璃的加工制作方法。谁知吃了闭门羹，他们以一些莫名其妙的理由拒绝了(可能是从商业机密方面考虑)。回厂向何师傅和小杨汇报后，我们就立即开始了制作模型的筹办工作。

(本人日记记载)：1973 年8 月25 日—28 日，这晌进行做模型的准备，要借的东西(注:制作工具、基建图纸等)都基本上陆续地借来了，于是大家都进入了紧张的工作之中。为了摸索经验，我们先做生活区一些不太重要的建筑物模型，然后再做厂房，这样就可以一步一步地总结、提高，把工作做得更好!

1973 年9 月2 日—7 日，经过这晌的日夜奋战，把生活区这边的房子模型基本上做出来了，但是没顶。看上去还可以，一排排的房子“矗立”在那儿，“威武”极了。我们的“基建”速度太快了!

1973 年9 月17 日—28 日，大家一起动手，车间模型的下料任务多而难，经过这些天的共同努力，基本上都已下好了，而且粘好了许多车间，如生活区一样，仍旧没有顶。

1973 年10 月(注:由于原材料采购拖了后腿，耽误了许多时间)，模型还在继续做。

由于没经验，很多原来想不到的困难出现了，只有一个个地想办法解决。好在我们几个均来自不同的工种，还能发挥各自的特长，克服了道道难关。

举例为证：

一、模型底盘制作

因为我厂厂区大，制作的模型也较大(约长6米，宽3米)，如果用石膏做底盘，重而且容易开裂。我们决定抛弃原始作法，另想办法用环氧树脂加木屑粉混合后做底盘，这样就只是一层壳，减轻了许多重量。要这样做，首先要用黄泥巴做　个假模。为了使假模有充分干燥时间，我们赶在国庆节前，用黄土和稀后，按工厂地形的高、低做好了假模(便于假模在国庆假期干燥成型)。因为我和胡德森是学翻砂的，这项工作就以我俩为主完成了。

二、电线杆制作

那时做模型，不像现在要什么都买得到。没有买的，就只有自己做。电线杆只有二三个毫米粗，要把白色有机玻璃下成条条，再上车床。裴荣从计量室借来了微型精密车床，易志是车工，一根根的电线杆就由他车出来了。

三、水泥瓦的制作

当时厂里建筑车间是盖的大水泥瓦，宿舍除了水泥瓦外，还有的是较小的平板瓦。开始想采购理想的材料，又不成。好在曾经建是钳工，制作了大、小水泥瓦和平板瓦的二三套模具。把水烧开后，将下好料的薄有机玻璃材料，放在铝盆里煮，待有机玻璃煮软后，立即用夹子捞出来，夹在模具里，用螺丝拧紧，待冷却后，再取出来，一块块逼真的瓦片就这样制作出来了。

四、电路制作

电工的工作量很大。因为厂区内有一条渐河，南方潮湿，不能在模型中注入真水，否则就会增加展览馆内的湿度，引起版面照片发霉和脱落。因此，只能用薄透明有机玻璃喷上一层淡淡的蓝色油漆(因为当时买不到薄蓝色有机玻璃)，然后在有机玻璃下，安上一排排的小灯泡，一排排地滚动发亮，形象地反映渐河水从上至下地流动。还要求在模型中的一条主干道上，汽车吊能够跑动。要完成这两项工作，电工胡明星动了不少脑筋，曾经建也帮助完成了机械与传动方面的工作，终于使渐河水“流”起来，“两股道上跑的车”（设计了汽车吊、汽车跑动的来回路，因此主干道上开了两条槽）动了起来。

五、底座制作

整个模型要有很大一个底座来承载。木工芮师傅是木模工，平时只做些小的工件，做这么大的“家伙”的确费了不少的神。

底座完工后，又请来当时厂里最好的油漆师傅刘书亭油漆加工，把工件做得十分完美。

在制作模型的扫尾阶段，厂部又根据当时“阶级斗争形势的需要”，要求我们再增办一个路线教育展览。

一场“战斗”接着一场“战斗”，大家都是拼命工作着。

(本人日记记载)：1973年12月20日—25日，这几天忙完了宣教科赵(菊芳)师傅要办的一些事情(刻印《浦沅工人诗编》第10、11期封面等)之后，马上又投入了展览会的工作。这几天简直没睡什么觉，为了印封面，我和龚(雪辉)整整一晚没睡。后来办展览又是三天二晚没睡觉。大家都能急党委之所急，“革命”加“拼命”，终于在26日之前胜利地完成了任务。

验收投产大会如期举行。代表们由厂党委常委们陪同，参观了图片展览和路线教育展览。领导们都感到非常满意，我们也一块石头落地，心情舒畅了。

说到这里，还有一件事特别值得回忆：在参观完展览后，赵厂长十分满意，他也可能是见到了我们这一阶段工作的辛苦，就叫我们几个人和讲解员们会议期间与代表们一同进餐。会议期间都是由杨阿忠师傅亲自掌

展览成功，喜上眉梢。

只争朝夕，不误展期。

人尽其才，兼做接待。

认真办黑板报。

整装待发。

浓妆漆裹。

勺，让我们确实体验到了杨师傅精湛的厨艺和上海菜可口的味道。这也算是厂领导对我们的最好嘉奖吧。

我们在办展览馆的整个过程中，深深地被老一辈浦沅人艰苦创业的优秀事迹所感染、所鼓舞！在浦沅老工人无私奉献精神的哺育下，我们年轻的浦沅人也逐步成长、成熟起来。

学会摄影

按好友杨礼基戏谑的话，我就是浦沅厂一个“画伢伢”的。(“画伢伢”：常德土话，即画画的)。我画画、写字，只是从小的爱好，读中学时参加过一中美术组，后经“文革”办“大字报专栏”的锻炼，稍有长进，比起常人，算是一门“特长”。论起功夫，也只属涂鸦之类、雕虫小技而已。

我学会摄影，纯属是工作需要，可以说是一种必然。我从钨矿培训回厂没几天，就被赵菊芳师傅借调到厂宣教科，帮助办黑板报。当时，在邮局西头，仅有两块黑板，刊名为《浦沅工人》(四个字还是从赵加胜厂长题词《浦沅工人诗编》中转接而来)。后来，随着形势的发展，宣传阵地扩大了，搬到商店对面的马路边，十二块竖立的黑板报(每块黑板报由一整张五合板做成)直溜溜地排成一行，很是壮观。黑板报内容丰富、排版新颖、插图精美、色彩鲜艳。每期一出版，围观工友无数，成了当时浦沅厂的一道风景线。尤其是外来同志到浦沅一进厂，就会被这道风景线吸引和震撼。

再后来，浦沅厂建设一步步走向规范。原来办黑板报的地方，建起了“读报栏”。宣传阵地换成了食堂、单身宿舍、职工医院前的玻璃橱窗。我使用的宣传工具再也不是粉笔，而是画笔了。为了使橱窗办得更生动、更吸引人，厂部领导决定把照相机调拨给宣传部门，以及时采访厂里的重大新闻及车间的新人新事。橱窗的责任部门后在工会和宣传部门中几次更换，我也随着橱窗，一下调到工会，一下又调到宣传部。因此，照相机就由我来使用和保管了，也开始了我的摄影生涯。

照相机在那个年代是个“奢侈品”。从小我就十分羡慕挎照相机的人，学会摄影只是心中的梦想。现在有了照相机，那就要赶快掌握摄影技术啊。于是，到处找学习资料。那个年代这些技术书籍是没有的。找老师傅借以前出版的摄影资料，主要也从当时出版的《中国摄影》《摄影月刊》等刊物来学习。当时这些刊物虽然都很“左”，但也偶然会登载一些技术性的文章，从图书馆借来阅读后，对一些重要的资料，就手抄下来。加之以前办工业学大庆展览时，跟着吴蔚若师傅、杨万柱师傅摄影时当过下手，帮着打过灯光、搬过道具，多少有一些感性认识。再加上自己有那么点美术基础，因此，对摄影上手也比较快。没过几天，我们（当时丁仕柏也调了过来，一道从事橱窗宣传工作）照的相片，就登上了橱窗。工友们围着橱窗，里三层外三层的，他们看着照片中的自己，脸上挂满笑容。记得当月我们的新闻摄影作品《整装待发》，就登上了《湖南日报》头版。这些，都更加激励我钻研摄影技术的工作热情。

那个时候，我和丁仕柏一有空就往车间里跑，捕捉到了许多难以忘怀的精彩镜头。尤其是厂里举办劳动竞赛活动，我们专门开辟了三四个橱窗，创办了《劳动竞赛快讯》，一天一换，及时地报道各车间劳动竞赛中涌现出的新气象。我们主动增加工作压力的目的，也就是多多锻炼自己，以尽快地、更熟练地掌握好摄影技术。每天上午一上班，就去车间，由车间书记带着我们采访，一般在上午11点左右回办公室，立即冲洗底片、晾干，下午三四点钟就可扩放照片了。晚上，就编辑橱窗内容，一办好，就连夜挂了出来。第二天一早，职工们就看到了最新消息。当时有领导表扬我们比中央电视台的新闻播出还要快。全厂上下都对我们的工作赞不绝口，说我们报道及时，鼓舞斗志。尤其工会主席史宏杰和负责劳动竞赛的领导更是给予了我们充分肯定和大力支持。我们还积极、主动地配合工会的各项活动，如年底给劳模、先进人物拍照，以往都是拍大头照，我们建议改拍现场工作照，这样就使照片生动了许多。还利用业余时间，挨家挨户给“五好家庭”摄影……经过反复多次的磨炼，我们的摄影技术日臻成熟起来。

这时，我们也慢慢开始讲究起摄影技巧和构图来。为了拍出新角度，趁着年轻，登高、风险都无所畏惧。记得在拍摄电视台装天线时，我们在下面拍不到技术人员装配时的情景。我就提出由吊车把我吊上去拍。安全科邱国富同志还专门从仓库借来“保险带”，亲自给我穿上，这儿扯扯，那里拉拉，认为无隐患了，再指挥吊车把我吊上去，拍摄到了理想的角度，顺利地完成了采访任务。

随着社会的发展、物质文明的丰富，原来的奢侈品也进入了寻常百姓家，厂里玩照相机的工友们越来越多。我们顺势成立了浦沅工人摄影协会，还请省摄影家协会主席唐大柏老师、常德市文化馆摄影专干夏则文老师来厂讲课，带领大家一道去车间示范，对普及、提高大家的摄影技术起到很大作用。唐大柏主席对我们厂一个基层拥有这么多摄影爱好者感到欣慰，多次给予表扬。

在车间劳动竞赛的热浪中，在“为您服务一条街”的洪流里，到处都活跃着浦沅摄影协会会员忙碌抓拍的身影，他们为“两个文明”建设贡献了力量。我被大家推选为厂摄影协会主席，在组织、辅导大家学习摄影的同时，进一步地提高自己的摄影技能，摄影习作经常参加市、省、全国性的展览，有的还获了奖。我本人也于1987 年被吸收加入了中国摄影家协会湖南分会，1989 年入编《中国摄影家大辞典》。

当时，浦沅厂的管理的确是十分入微、严格。我们摄影用的胶卷，要开领料单去厂办领。厂办主任会不厌其烦地问：做什么用？回答：去车间采访。“一次不要领那么多，领一二个先用。”领导最后拍板，我们也只好照办，只不过是加大了领料的频率。最麻烦的是，你再次领胶卷时，要将上次冲洗后的胶卷带来给厂办主任审查，要求不能剪断，怕我们作假。有时发现一个镜头拍了几张，就会问：为什么拍了这么多，就只好用“有人动了、眨了眼了”等理由搪塞过去……这也迫使我们更好地掌握摄影技能，提高胶片的“合格率”。

至今，我的一点摄影技术还在发挥余热。每当浦沅人欢乐聚会时，我会捕捉他(她)们一张张灿烂的笑脸，继续让他(她)们留下永久的、幸福的回忆。

我们“浦二代”

庄兰兰

我们“浦二代”是一批特殊的人。我们的父辈为了三线建设，把我们从繁华的大都市带到了一个无学校、许多基本生活设施都没有的地方。父辈们都是企业的领导或骨干，他们的精力是建设好浦沅厂。

我们还是比较幸运的，因为我们下放劳动的农场是由厂里出资，并由组织部门派干部带领我们同生活同劳动，我们首批的带队干部是张顺英。我们这批十六七岁的姑娘小伙儿，自己盖房、开荒、喂猪，农忙时就到各自生产队插秧种田。记得我们从农场到常德三岔路口去拉粪，来去几十里，男女搭配拉着满满的一车粪，走到岗市那摇摇欲坠的木桥时，我们都是胆战心惊的。

我们记得男同胞们在下雨天到太阳山去拉煤，一路的泥泞，一身的汗水夹着雨水。有一年夏天，我们全体知青从岗市的河堤刚进入厂家属区时，倾盆大雨扑面而来，一个个淋成了落汤鸡……我们喝过浦江水，吃过沅江鱼，住过樟树湾的工棚；我们一起玩耍，一起读书，一起爬假山，一起摸鱼虾。这段充满着酸甜苦辣的生活，不仅令人难忘，更赋予了我们一生最宝贵的精神财富。

新来的技术员。

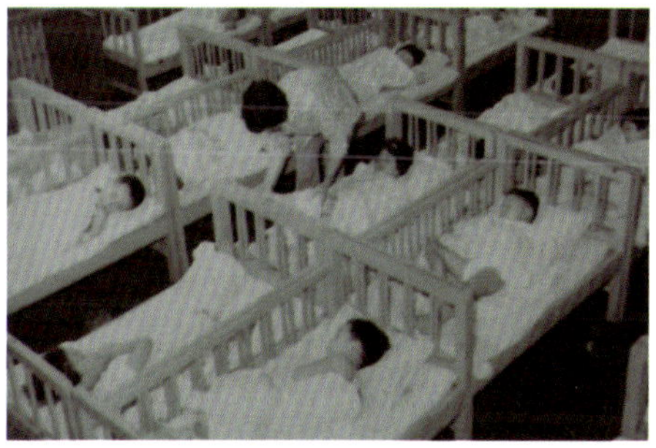
幼儿园阿姨像妈妈。

忙在夕阳下。

厂长巡查中，“咬”定质量不放松。

自制的浦沅客车，缓解职工乘车难。

“家委”主动担当，维持乘车秩序。

“数字化”的浦沅

熊株陵

2角6分的公交车票价

大家还记得当年厂里到常德的公交车票价是多少吗？对了，是2角6分。

当时国家定的公路客运票价是每公里2分钱，地处灌溪的浦沅离常德市有13公里，所以定了这个票价。

现在国家发展进步了，“来一场说走就走的旅行”成了人们的口头禅。但当年就是这现在看来区区13公里的距离，给浦沅职工的生活带来诸多的不便。

我们且不说建厂初期职工去城里办事，多是靠搭乘厂里的大货车或者在公路上拦顺风车，也不说连当年的办公室主任林春根到市里办事因天晚了也只好步行回厂，更别提支内职工回家探亲的痛苦的漫漫旅途。

一直到厂里开通了到市区的交通车，搭车难才稍有缓解。厂里是工作日每天上下午各有一班车开往常德市区，星期天则有多趟车往返。记得那个年代，厂里为应对生产任务不足的困境，还自行开发了客车产品。坐在自己厂制造的大客车上，每个员工都感觉蛮自豪的。

坐厂里的班车，许多人出于客气，常常会为同车的同事把票买了。大家都觉得那是一份人情，以后有机会了是一定要还掉这份“人情”的，虽然那时的车票只有现在看来微不足道的1角钱。

关于这13公里给我们带来的烦恼，我还有记忆深刻的几件事。

20世纪80年代的文凭热，引发了许多人利用业余时间去充电深造的热情。我和厂里许多人一样报考了当时的湖南师范大学的夜大学，是每周利用几个晚上下班后去市里听课。

开始我们是下班后争分夺秒地赶乘末班公交车，但那时的公交车根本就没有准点，尤其是我们搭乘的是末班车，就更没把握了。我记得在冬天的日子，天黑得早，我们几个夜大的同学伫立在寒风中，在越来越浓的夜幕中，眼巴巴地望着蔡家岗车来的方向。

一辆又一辆从远处驶来又呼啸而去的车辆，会让我们的心情沉重。但心存的希望总是大于一次又一次的失望，让我们在寒风中坚守。

闲得无事，我们便开始猜测远处来的车是客车还是货车，慢慢地我们找到了一些诀窍。货车的大灯稍低一些，公交车的大灯稍高一些。我们就以此标准来判断来的是不是公交车。记得许多时候，我们几个同学一直等到大家都确定没有车了，才失望地回去，因为晚上的课早已开始了。

后来，我们都改成了结伴骑自行车去市里上课。有时候半路上空荡荡的公交车从我们身后驶过，我们几个人只是相对苦笑一下，继续埋头蹬车。骑车虽然累一点，但自己有了主动权，可以保证去听课的时间了。

关于公交车还有一件令我难忘的事。

大概是1994年，我儿子在市里读高中，像其他的职工子弟一样，每到星期六他都会坐厂里的班车回厂。许多的家长都会在班车到来的那一刻去车站接孩子。记得有一次我去车站接孩子，等到车上的人都下来了，还没见到人，直到一辆一辆的班车都回来了，还是没见到孩子。问过从车上下来的同学，大家都说没有看见，我们开始着慌了。

于是开始用家里的座机往市里打电话，那时座机是唯一的通讯工具，我们给所有的亲戚都打了电话，均没有孩子的消息，孩子他妈都急得要发疯了。在极度的惶恐不安中度过了两个多小时，最后孩子满头大汗满身疲惫地回到了家，原来他没赶上班车。他说，眼睁睁地看着厂里的班车开走了。他只好摸黑步行回家，13公里整整走了两个多小时。

当时，我从心底里诅咒这“漫漫的13公里”！

1角5分：浦沅食堂的大排青菜

我怀念浦沅的食堂，怀念浦沅食堂里香喷喷的油炸糍饭糕、肥而不腻的走油肉、荤素搭配的大排青菜、小锅现烧的油渣豆腐汤……怀念浦沅食堂里那“妈妈一样的味道”。其实，我在浦沅食堂里还真正尝到过“妈妈的味道”。

我记得那时候食堂还在芦席棚里，我们还是二十几岁的小伙子。有一次，我们电工班的几个人由于是在外施工，错过了吃饭的时候。周围又没有什么地方可找到吃的，于是我们向食堂走去。

食堂里安安静静的，只是弥漫着的一种食堂里特有的气味，越发撩拨着我们的食欲。突然我们发现食堂里还有人，我们像找到救星似的跑进去。食堂里的这个人我们叫不出名字，只从讲话的口音里知道是位上海师傅。他听了我们的诉苦后说：我给你们下面吃吧。

说完他麻利地撬开已封住的炉火，在那口大大的锅里舀了些水。煤火燃起来了，水烧开了，升腾起雾蒙蒙的水汽。那位师傅在逐渐弥漫开来的水汽中忙碌着。一会儿面煮好了，他在每碗面里放了一块大排和一些青菜，收了我们1角5分钱的菜票。我们知道这是一份人排青菜的价格。

吃着这碗热气腾腾的大排面，我们心中涌动的是一种感激。这是只有儿女们回到家里，妈妈才会这样体贴耐心地付出。这是一碗让我记忆了几十年的“浦沅的大排面”。

后来，我才知道这位师傅就是杨阿忠师傅。

后来，也就是我们这代人才有幸经历了杨阿忠师傅主厨的浦沅食堂的辉煌。

曾经的浦沅食堂是块金字招牌，这是浦沅人的骄傲。如今，时光流逝，在我们以后几十年的经历中，还没有发现哪个企业能超越当年浦沅食堂，尤其是那份全心全意为职工的情和意。

在上个世纪的六七十年代，浦沅厂的领导为搞好职工生活真的是煞费苦心。许多工厂企业的食堂里红薯粉条和海带是当家菜，而浦沅食堂里饭菜的花色品种可以称得上是琳琅满目。我们在简陋的芦席棚食堂里，却享受着四季美食。

上海的大闸蟹，武汉的年糕，冰镇的生啤，周末的美食一条街等等，浦沅食堂的美味连绵不绝，很重要的一点是有一个绝好的当家人杨阿忠师傅。杨阿忠师傅自己的一身本事了得，更重要的是他把食堂管理得井井有条，他把全部的心血都花在了如何让职工吃饱吃好上。

有段时间双职工反映，中午休息时间太短，煮饭烧菜嫌时间不够。于是杨阿忠师傅便在食堂里增加了代为职工蒸饭的工作。在食堂边上因陋就简地修了个蒸饭的柜子，工厂还特地到铝锅生产厂家专门定制了“无把手”的提耳蒸饭锅，每个蒸锅挂上一个专门的牌号，以便区分。双职工上班前只要把米淘洗好，把蒸锅送到蒸饭间，下班时就能拿到热气腾腾的米饭了，极大地方便了职工的生活。蒸饭间飘散出来的浓浓的米饭香，让职工们感到了家的温馨。蒸饭柜解决了双职工的做饭难题，而杨阿忠师傅创造性推行的单身职工包餐制，则保证了单身职工吃饱吃好。

原来有些单身职工反映，往往当他们从车间赶到食堂吃饭时，发现许多好的菜都没了。为了解决这个问题，职工食堂主动给自己加压，把职工食堂实行“餐馆化管理”：就是将单身职工按8人一桌编排好，每餐有专人将饭菜预先摆放好，单身职工来后就可吃上美味的饭菜。这种做法虽然增加了食堂的工作量，但他们宁肯自己麻烦，也要保证职工吃好。

当年，我常常看到这样一幅画面：杨阿忠师傅在开饭时间经常在食堂里转悠，时不时地停下来和职工聊聊，话题自然是饭菜质量问题。在早晨杨阿忠师傅常常会出现在职工买早点的高峰时段，排队的人特别多时，他会跑到窗口里面，麻利地开始帮着卖早点。当买早点的人不多时，他会习惯性地背着双手，拿着一个塑料袋

别看食堂工棚破，飘出香味暖心窝。

这就是我们二三千人的食堂。一天深夜狂风大作，吹倒了墙，掀掉了屋顶。

食堂工作人员克服了重重困难，第二天清早还是照样供应了热饭、热菜。

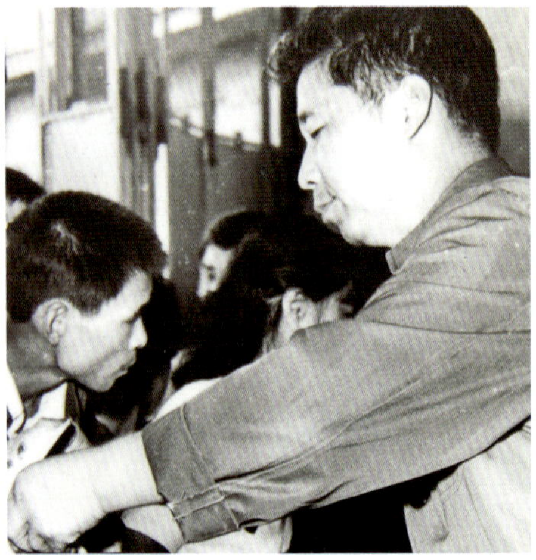

湖南省、浦沅厂劳动模范、“全心全意为人民服务的好炊事员”杨阿忠师傅。

春夏秋冬主食副食样样有
酸甜苦辣味美色美餐餐香

——浦沅历年原创春联选（24）

请君莫谓小伙夫
舍我谁称大师傅

——浦沅历年原创春联选（25）

排队到窗口买几个馒头，然后离去。

这样的场景我们经常看见，无论是他在窗口忙碌的麻利，还是他拿着塑料袋排队买馒头的淡定，总让我有一股敬重之情油然而生。

我怀念浦沅的食堂，我怀念浦沅食堂那种对职工的浓浓情意。

7240、234：浦沅的电讯密码

7240是当年浦沅的电报挂号。

现在的通讯是越来越发达和方便了，但我们忘不了当年打长途电话要到邮电局，紧急事情打电报的种种不便。

打电报是以字的多少收费的，一个字收费3分钱。普通老百姓打电报多是家里有事了，催促亲人回来等，而且仅以寥寥几字来表达。

邮电部门给企业单位的名称和地址则用四位数字来代替，我们浦沅的电报挂号7240是有来历的。

1968年7月24日一机部下达（68）一机军密五字第865号文件，文件称“将原拟建的长江建筑机械厂和滇北工程机械厂搬出四川和云南，改在湖南省常德地区新建，厂名定为‘浦沅工程机械厂’，由上海工程机械厂搬迁包建。”

浦沅人把国家正式批复建厂的日子定为建厂纪念日，电报挂号7240也和这有关。

关于“电报挂号”我记忆中有这样一件事。

20世纪80年代初，厂里修电影院时特地到上海定制了一批影院用的照明灯。到了提货的时刻，需要我们派车去上海自提。灯具的包装是在厂里预先做好了包装箱的散件（厂里还为这批包装箱的散件专门开出了“并非走私木材”的证明），然后到上海去组装再将灯具打包运回常德。在电影院的修建过程中，我们负责电影院电器线路的预埋工作，我自告奋勇地揽到了能去上海一趟的“美差”。

谁知到了上海才知道这不是什么“美差”，制作好的灯具堆放在一个大楼的地下室里，钉包装箱要我们自己动手。我一个人孤掌难鸣，便抓到“搭便车”同去上海的潘桐春和我一起，在那个大楼的地下室里钉了至少一个星期的包装箱。潘桐春也甘愿被我“差使”，因为他是靠了车队的关系，以我的“同行人”的名义才能坐上去上海的这种便车的。当然这是后话。

我们完成包装任务后，再联系等候在上海的大货车，好不容易才将这批灯具运回常德。回到厂里，当时的林春根主任见到我的第一句话就是：“你为什么不来个信啊，我们等得好着急的。”我当时心里有一句话没说出来，“打电话回来又是长途，要花好多钱啊。”再说，我们天天在那地下室里钉包装箱，对上海更是两眼一抹黑，根本不知道邮局在哪儿。

事后我仔细一想，又觉得林春根主任批评得对，是自己没有及时向厂里通报信息。我怎么就没想到发个电报呢？用上浦沅的电报挂号，几个字就能说明问题，其实是花不了多少钱的！

234和333是当年浦沅总机的号码。

总机室是当年浦沅与外界联系的中心枢纽，承担着工厂与外界联系的重任。

浦沅的电话号码按生产区（细分为冷区和热区）、生活区和办公室四大区域编排。办公楼和技术楼的电话以“2”字打头，冷区是“3”字开头的，“4”字开头的号码则是代表着热区，生活区号码则统一为“5”字头。

浦沅厂的总机室是按保密单位的要求进行管理的，由厂部办公室负责日常管理。我爱人从外地调进浦沅，准备分配到总机室上班。我们估计应到了该上班的日子，但还没接到通知。

有一天，我接到当时的办公室副主任何楚雄打来的电话。何主任当面向我了解了我爱人的有关情况，其实我在纳闷，这些材料在档案里应该都有的。后来我终于

明白了何主任的意思，他对我爱人档案中“政治面貌”一栏中“空白”心存疑问。何楚雄副主任说，总机室是厂里的保密单位，这个部门对人员的政治素质要求是很高的。直到我对何主任的这个疑问作出了合情合理的解释，才消除了他心头的疑虑。

办公室对总机室的管理严格精细，会对话务员的工作定期或随时进行考核，除了要求熟记全厂的电话号码外，还要求知道每部电话所在位置。这样可以让话务员对一时找不到人的电话进行快速准确的转接。办公室还要求话务员每月下到车间科室对电话机进行维护保养，面对面地征求用户对总机室工作的要求和建议。

办公室管理精细表现在方方面面，其中对总机室内的卫生检查可用“挑剔”二字来形容。办公室主任曾多次亲自参加检查，其检查的严格可称得上是“没有他检查不到的地方，只有你想象不到的角落”。我爱人从外厂调来浦沅，仅从办公室内务卫生检查一事，就领略到了浦沅企业管理的与众不同。她说没想到一个办公室主任还会亲自检查卫生，没想到一个企业会对卫生检查这么重视，令她大开眼界，对浦沅的企业管理刮目相看。现在想起来，浦沅的6S管理在那个时候早就开始了啊。

浦沅成长壮大腾飞的原因可以总结出许多条，但精细管理才是它的灵魂。

品种繁多，热情服务。

煤油灌顶

倪春林

一看这个题目，有人会说：只听说“醍醐灌顶”，哪有什么“煤油灌顶”？其实，这是发生在本人身上的故事，容我细细道来。

建厂初期，工人业余文化生活贫乏，一些文艺爱好青年自发地组织起来，将心中的情感抒发成了一行行优美的诗句，政宣组因势利导，《浦沅工人诗编》（以下简称《诗编》）应运而生。刊名还是赵加胜厂长亲笔题写。记得开始几期，均为人工抄写整齐后，到技术部门晒蓝图，再装成一本本的小册子，成本相当高，而且字体、形式均比较单一。我从钨矿培训回厂后，就开始将《诗编》改为用钢板刻蜡纸、油印，这样不但成本降低了许多，而且标题字体还可变换，还可刻插图(当时为此还专门买了一块美术钢板)，碰上喜庆事，还套上红色，这样一来，档次、质量都提高不少，工人诗友们特别高兴。

当时，赵菊芳师傅是《诗编》的总编辑。有一天，赵师傅说：这次收集到的稿件太多了，做一期太厚，干脆分两期同时出。我应道：好的！赵师傅还特意告诉我：过几天厂里就要开验收投产会了，我们这两期多印点，到时候，给参加会议的代表每人两本。并且反复叮嘱：一定要保证质量，争取在前几期的基础上，再提高一个档次。

赵师傅为了让我安心做好封面设计和插图工作，还特意从机修车间把龚雪辉借调了上来，专门从事诗集的文字刻写工作。当时，印刷条件十分有限，只有一台油印机、两块钢板、一筒蜡纸。要提高档次，就只有在封面上多套几个颜色。我把想法一说，赵师傅和雪辉拍手叫好。方案一定，就决定用红、黑、黄、蓝四个颜

辞旧不忘武陵拼搏史
迎新更敬浦沅创业人

——浦沅历年原创春联选（26）

当年工厂运动会。

跟着爷爷学舞剑。

妙联一副令人拍案叫绝
神思五分看谁丢笔称奇

——浦沅历年原创春联选（27）

革命文艺登舞台春雷滚滚
红色诗篇上文坛歌声朗朗

——浦沅历年原创春联选（28）

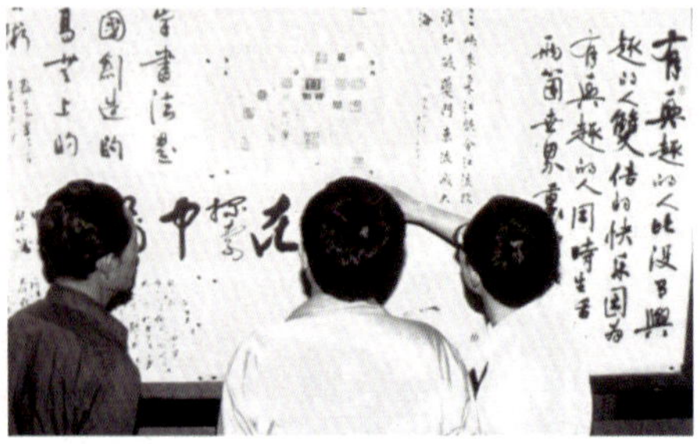

职工书法展览。

色，要刻四张蜡纸。一张蜡纸套一张蜡纸，只有做到不错位，才能保证色彩套的准。

仔仔细细地刻了二三天，终于把蜡纸刻好了，便开始油印。首先从浅色黄色开始，一共印了150份，(原来一般印100本左右)。黄色印完后，由于油印机只一台、一个纱框，要换印另一个颜色，就必须耐心地用废丝浸透煤油后，将油印机、纱框擦洗得干干净净，否则，就会串色，色彩就不纯了。

套了二种颜色，煤油就用完了。这次大家犯了“经验主义”的错误，赵师傅在给雪辉请假时，就让车间叫雪辉顺便带一桶煤油来。雪辉以为像往常一样只套两种色，就只带了一小桶煤油来。没想到这次要套四种颜色，煤油少了一半。这时已是晚上11点钟，封面又必须要今晚印完，方便第二天装订。好在雪辉是油库管理员，经请示赵师傅同意后，我们只好半夜去油库取。

一路上，雪辉哼歌唱调的。“一条大河波浪宽……”被他哼得有滋有味，尤其那句“姑娘好像花一样”特别有韵味，我取笑他。当时我们都处于青春期，都向往着找个如花一样的好姑娘，作为自己的终身伴侣。(哈哈，题外话，扯远了！)

进了油库，雪辉推了推煤油桶，说：糟糕，没什么煤油啦！他又转了转油桶，里面还有油“荡”得响，我说：还有点，还有点。于是，雪辉拿来抽油器，叫我站在另一个油桶上，把抽油器插到油桶里，叫我用劲抽，他端着小桶，准备接油。我抽了半天不出油。雪辉说：桶里油少了，我把桶斜起来，你再抽。他将油桶推斜了，靠在另两个油桶中间，叫我继续抽。我握着抽油器的把手，一下、两下、三下，怎么还不出来？我正纳闷着。第四下，我用力一抽，只见一股银白色的“油柱”乘势而上，冲过我的头顶，划了一道弧，煤油从我的头顶顺势灌下，淋湿了头发，又顺着脖子，浸透了内衣，顿时觉得浑身“拔凉拔凉”的。这时不是“落汤鸡”，而是“落油鸡”了，遇到火源，那准成“火鸡”了……煤油也溅得雪辉一身，他打着哈哈，直埋怨我：劲用大了，劲用大了。于是，只好劲用小点，煤油才像一股细细的“清泉”流淌出来，将小桶灌满。我拔出抽油器，从油桶上跳下来，脚底下还溅出了串串油珠子。

好在当时锅炉房有人值班，锅炉房内有一个小洗澡房。给师傅说明了情况，他直说：快去洗吧，一身的煤油味。当时我是单身一个，衣服不多，又是冬季，只好把所有的衣服都穿在身上：夏天的，穿里面；冬天的，再一件件裹在外边……好在那时年轻，还能抵挡一些严寒。

当时我暂住在粮店后面的家属宿舍里，到邻居师傅家借了一个大木盆，把所有的衣服泡进去，只见一片片的油花浮在水面，没办法只好用“长流水”冲着（当时宿舍未安水表，要是放在现在，水费和环保费都不知要收多少）。

经这一折腾，工作还得继续。我和雪辉揉揉眼，伸伸腰，继续油印。一直到东方发白，我们才完成了任务。

后来，《诗编》一发行，获得广泛好评。参加验收投产会议的代表，听说《诗编》是我们自己油印出来的，连连称赞：你们比印刷厂的套色技术还高明啊！其实，是过奖。套得不准、印坏了的，我们都基本上处理掉了，没有用。

运动会开幕式还真像那么回事。

工人美术小组那些事

倪春林

最近，我整理出了一些老照片，看着一个个熟悉的面孔，立即勾起了对过去岁月的回忆。这些照片均摄于20世纪70年代。为了让工人阶级占领文艺阵地，1975年10月常德地、市文化馆联合在浦沅厂举办工人业余美术学习班，选拔一批有一定基础的美术爱好者培训。各车间、部门党支部都十分支持，因为是为基层培养宣传骨干。爱好者们也踊跃报名，原定只收25名，最后达到30多人。在厂党委的关怀下，学习班顺利举办，学员们的学习热情空前高涨。通过地、市文化馆派来的美术老师毛国保、黄达等人讲课、静物写生（特意从热区铸铁车间借来的木模）、人物素描（学员们轮流做模特）等基础训练后，就学习创作。开始大家还有一定的畏难情绪，后来在老师的启发下，通过自己的岗位、本职工作去想点子、构草图，大家又互相出主意、提建议，大多数学员都拿出了自己的创作稿，经过三番五次的修改，最后竟然创作出30来幅木刻（剪纸）作品，得到了地、市文化部门领导的高度赞扬。称“这是常德地区解放以来美术战线上的一朵新花！”厂党委也给予了肯定。第二年有6幅作品还参加了湖南省美术展览。

在美术专干黄达老师（后排站立者）的指导下，美术班的学员们正在努力地认真创作工人版画。

《浦沅工运纪事》有记载：“1976年5月，浦沅工人画参加省美术展，展出倪春林、霍日炽、肖亮达、周川达、刘乐纯等创作的版画、剪纸作品6件，创造了一个工厂参加省展的最高纪录。”（最高纪录这点，至今笔者觉得还有待考证。）

（1975年10月24日阴）为了能让这次学习班的全体学员走出画室（我们所谓的“画室”就是一个还未拆除的工棚），到大庭广众之间去锻炼，结合教学，进行实践，我们初步设想将团委的专栏利用起来，画一幅大宣传画，造造“讲党性，批派性”、“工业学大庆”的声势，现在厂里这些也是重点！（摘自笔者当年日记）

美术班学员在办宣传专栏。

（1975年10月25日雨）画宣传画的事，说干就干。……我在黄老师的指导下，负责排版工作。晚上我、丁（仕柏）、二位老师、阳桂生、王克元、胡少柏、肖亮达、王艳芬、小霍（霍日炽）等都来了，突击这一工作。党委同意我们参观之事更加增添了我们的工作热情！（参观之事：即去长沙、株洲参观画展和现场取经）（摘自笔者当年日记）

1975年10月26日阴…… 今天厂里像过节一样，画画的周围挤满了人，去了一批又来一批，厂领导也来

忆往昔，书生意气，挥斥方遒。

学习班期间，在厂党委的大力支持下，全体学员还赴长沙省展览馆参观了《株洲工人美术展》，并且专门去株洲石棉水泥厂和田心机车车辆厂参观、学习了兄弟单位工人美术创作的先进经验。

美术班全体学员和地、市文化馆老师、株洲文化馆负责人在株洲公园门前合影。

精益求精搞创作。

了，给我们的工作以高度的评价，这是对我们的工作的极大鼓舞，我们一定要通过努力，把业余时间，让无产阶级思想统统去占领！（摘自笔者当年日记）

美术学习班学员中基本功最扎实的笔者认为是肖亮达和霍日炽两位同志。肖亮达同志是从铸铁车间抽调上来的，他创作的版画《还是当年那股劲》就是铸铁车间的工作情景，是30幅作品中的佼佼者。他不仅较早顺利完成创作任务，还帮助不少同志出点子，修草图，为学习班作出了很大的贡献。他利用自己的特长，经常和其他同志一道办橱窗、出专栏，加班加点，毫无怨言，还利用休息时间指导子弟学校的美术爱好者，为筹办成立浦沅厂工人美术小组积极出主意和发挥作用。后来肖亮达同志不幸早逝，也是浦沅厂美术队伍的巨大损失。至今笔者和他的好友还深深地怀念他。

照片中戴眼镜者为肖亮达同志，墙上挂着的大幅画就是肖亮达创作的版画《还是当年那股劲》。

工农一家亲（倪春林刻）

二月春早（剪纸）

三线建设要抓紧（霍日炽刻）

为把浦沅厂办成大庆式企业而奋斗（浦沅工人美术小组创作　肖亮达主创）

青春无悔

郑益民

1969年12月11日，上海第一批支内职工子女13人，从上海来到常德、汉寿两县毗邻的黄珠洲公社插队。

黄珠洲公社当时是常德县最穷的一个公社，当浦沅的一辆解放牌卡车把我们送到目的地，生产队里的男女老幼蜂拥而出，他们要看看从上海来的知识青年，对我们感到很新奇……

在大队干部的安排下，我们13名知青被分别指定居住在9户农民家中。我们下放到这里，按规定每人每月向房东交15元钱、38斤粮票，这对当地的农民来说，是一笔可观的收入。

我们在农村干的第一件农活就是上大堤挑土。我们知青上堤挑土不计工分，但分配的工作量和农民相等。为了避免来回奔波，我们白天挑土，晚上就睡在大堤上的两间新盖的茅草棚里。草棚只开了一个通风窗，没有玻璃也无塑料布遮挡。

寒冬腊月，湿湿的土地上铺上一层干草就算是床了。大家只好穿着毛衣毛裤，不脱袜子睡觉。盖着被子躺在草堆里久久无法入眠。6个男生在草堆上打打闹闹嘻嘻哈哈累了，也就睡了。7个姑娘却怎么也睡不着，也许是冷了，也许是饿了，也许是想家了，王金兰一阵伤心的哭声把大家原本的倦意全赶跑了……方建萍像大姐一样把大家紧紧搂在一起。

从未干过农活的我们半天下来肩膀就红了、肿了，有的甚至磨出了血泡……我们都咬紧牙关挺过来了。

在实践中我们和周围的农民渐渐打成一片。比如，下雨不出工，大家就帮农民切萝卜，做泡菜；做饭帮助农民看大灶，添柴火等。

有一天收工回来，倪伟荣、吴济华看到一条耕牛在空无一人的田埂上游荡。他们心想：冬天一般牛不出栏，是哪一家农户没有关好牛，让耕牛出来了，于是他们走了几里路，把耕牛送公社领导手中……

这支知青团队在农村的出色表现赢得农民称赞。这年年底，浦沅知青团队被评为先进集体，郑玄芬、葛秀英作为代表出席了县里的表彰大会。出席大会的葛秀英事后写信，向父亲报告学农的收获和表彰大会盛况，这封信后来被交到了老厂长赵加胜手中。

赵加胜厂长在工地干部大会上读了葛秀英的来信。他充分肯定了城市知青进厂前先下放农村锻炼的决策是正确的，并且把它作为厂规纳入劳资人事管理制度。此后，第二、第三批上海支内职工的知青子女都参加过学农活动。

当我们完成学农计划即将告别生产队的父老乡亲时，大家心中都依依不舍。黄珠洲公社专门召开了一个热热闹闹的欢送会，给我们每个人颁发奖状，赠送了一本盖着公章和党委书记签名的日记本。

告别了黄珠洲公社，我们浦沅支内职工子女知青全数开往常德市东门的“部粮机”，按浦沅厂分配的工种各就各位拜师学艺整整三年。在部粮机，我们个个虚心好学，勤奋向上，得到该厂领导和师傅们一致好评。

1970年我国成功发射了一颗人造卫星，全国上下欢欣鼓舞，部粮机为此召开一次庆祝会，厂里要求我们上海知青演一个上海方言的节目。我们创作了由郑玄芬作词、张选忠作曲的上海方言筷子舞《开心里格来》。舞蹈由方建萍当导演，吕红梅设计舞蹈动作，当这个“压台”的节目演出一结束，观众席中爆发出经久不息

奔赴三线建设的战场。

浦沅支内职工子弟下放农村劳动锻炼。

工厂派来的带队干部（后排左一）和我们亲如姐妹。

看来路艰难险阻尽在脚下
望前途光明灿烂照亮心田

——浦沅历年原创春联选（29）

的掌声，我们这个自编自演的节目受到部粮机以无锡籍为主体的广大职工好评。

后来国家恢复高考，当年高中毕业于上海大同中学的葛仲仪获得常德地区考生总分第一，被上海同济大学录取。党委副书记汪正东亲自登门报喜。方建萍被推荐赴长沙湖南中医药学院就读；张选忠考上了浦沅第一届职工大学。

在几十年后的今天回望这段历史，我们以自己的亲身经历告诉人们：我们的青春无悔！

农场的生活充满着酸甜苦辣。

自告奋勇上舞台

张慧云

初次到浦沅时，我和董静芬医生挤睡在工棚房。想不到在她的帮助下，我成了有史以来第一个代表浦沅人，登上了演出舞台。

那年的一天晚上，常德市一个中学生文艺小分队来浦沅工地慰问演出，我和董医生一起去看。演出过半了都是舞蹈，没有独唱。当时，我忍不住对董医生说：“他们没有独唱，我想上去独唱一首。”董医生说“好啊”。我说：“请你帮我和他们带队的说一下。”董医生就到台上找到了带队的，说明了我的意思。带队的同意了。

雪逐东风来日暖浦沅春意俏
冰消寒气过霞吟武陵景色明

——浦沅历年原创春联选（30）

一会儿报幕员出来报节目了：“下面请听女声独唱《最大的恩人毛主席》，由浦沅工程机械厂筹建处演出。”因舞台搭在野外，又是夏天，舞台上面吊灯周围都是飞蛾飞来飞去。我唱歌时，飞蛾差点飞到我的嘴里了。我唱完下台时，身上停满飞蛾，董医生赶紧帮我拍打飞蛾。这一幕到现在我还记忆犹新。

半夜驴叫

倪春林

1984 年盛夏，天气炎热得出奇，可浦沅厂还是轰轰烈烈地开展了劳动竞赛。科室工作人员除轮流下车间跟班劳动外，还积极想办法、全方位地为前方生产车间服务，解除工人们的后顾之忧。

一天，下班时，政治部主任周君明师傅宣布：今天晚上 8 点，部里的男同志除了回常德市的外，都要来厂大门口集合，执行任务……最后，还补充一句：先不要洗澡。搞得神秘兮兮的，大家一头雾水。我猜，无非就是去哪个车间突击劳动。

晚 8 时，部里的四个男子汉集中在一起，周君明、李新林、徐庆华加上我，清一色的高个子。这时，周师傅才说：最近，车间工人反映，晚上睡不好觉，劳动了一天，累得不行，刚躺到床上，外边的毛驴子一叫，就睡不着了。有的人半夜被毛驴子叫醒后，下半夜就基本上泡汤了……今天，我们的任务，就是清理家属宿舍周围的毛驴子。

那时，我们厂生活区还有些基建项目，一些拖砖的民工晚上就将毛驴子散放在生活区里，让驴子自由地到处吃草，半夜驴叫起来，一声比一声高，有时还相互呼应，此起彼伏，就像是排练大合唱，叫得人们那个烦躁啊，就没法提了。周师傅想到这个主意，的确是为工人们做了一件好事。

路上，我们有说有笑，都认为这个任务“捞松”(即“轻松”)的，四个男子汉还制伏不了一头毛驴子？

“大家注意了，”周师傅眼尖嘴快，“前面有目标了!”大家都自觉地弯下了腰，放轻了脚步，就像是要抓“特务”。大伙一拥而上，把毛驴子围在了中间。新林直喊：抓绳子、抓绳子……我想：是的啊，毛主席都说过，牵牛要牵牛绳子。因为绳子穿过了牛鼻子，抓住牛绳子，牛就容易制服多了……我冲上前，迅速地抓住了驴头上的绳子，正洋洋得意时，驴子仰天一声长啸，我只觉绳子在手中“嗖、嗖”地抽动，仿佛要将双手磨出血来。我仍然紧攥着绳子不放。这时驴头一摆，我一趔趄，新林赶快将我扶住，并同我一起抓住了绳子，这时驴子才老实了一点。我们才看到绳子不是从驴鼻子里穿过的，难怪它照样烈性。我们两人用力地拉着驴子，庆华不知从哪儿捡来一根树枝，抽打着驴的屁股，口中还念念有词：咦、咦、咦……驴子后腿一蹬，几乎踢到他的肚子上。周师傅双手用力地推着驴子向前行……就这样，四个男子汉生拉硬拽着驴，歪歪扭扭地向前行，不知留下了多少个“S”和反“S”的脚印。

我们问：拉到哪里去？周师傅不假思索地说：去“五七农场”！原来他早已筹划好了。等我们把驴子拉到目的地，将它拴在粗树上后，一看手表，用了20多分钟的时间。我们人人汗流浃背，口中冒烟。周师傅感慨地说：“没想到拉一头驴子这么费劲。我原想，一人拉一头，一下就可牵四头，清理工作很快就可完成的。现在看来，任务还是蛮艰巨的，辛苦大家了！”领导把话说到这个分儿上，我们三人异口同声：不辛苦、不辛苦。的确，比起工人们日夜奋战在第一线的辛苦来，真是相差得太远了。为工人们解除一点后顾之忧，是大家乐于干的事情。

记得那天一共拉了10多头驴去了农场。拉最后一头驴上山时，上中班的师傅都陆续走出了车间，见四个科室人员拽着一头驴，不知是咋回事，有反应快的，就说：干得好，今晚我们可以睡个安稳觉了！听到这些，虽然双手被绳子勒得火辣辣的、身上被蚊虫咬了几个“坨”，大家也都觉得今晚的付出是值得的。

第二天一早，周师傅就叫我写了两张“招领启事”：昨晚拾得十余头毛驴，请失驴者去“五七农场”认领。一张贴在厂门口，一张贴在邮局西面墙上。之后，周师傅就叫上我说：走，我们上山去！到了“五七农场”，有几个民工已在认领了，周师傅和颜悦色地与他们说了一番道理，并叫他们晚上把毛驴拴在这里，这里的草还丰盛些。说得几个民工直点头：要得、要得，听周主任的！

根据周师傅安排，第二天“捉驴行动”照常进行。大家吃了昨天没准备的亏，个个都手戴帆布手套，身穿长衣长裤，宁可忍受炎热，也不愿被蚊虫再叮咬了……

第二天散放的驴子就很少了，我们没干上一个小时，就完成了清理任务……到了第四个晚上，生活区就基本上见不到驴子的踪影了。

从此，就再也听不到“半夜驴叫”了，浦沅生活区的晚上变得静悄悄的。

我拜沈科长为师

吴蔚若

我厂建成投产后，就遇到国家经济体制转型。厂里原编制只设立供销科，为加强销售，设置了销售科。沈奎元同志是老厂的供销科长，他对销售有着相当丰富的经验。几年的建厂工作，他与一机部各部委打交道，关系也相当好。他记忆力特强，电话只要他拨过一两次就能记住。他的大脑如同电脑，大家都称他是“万科全书”。他出任销售科长是最合适的人选。他找到我做他的助手，我如同遇到了良师，良师愿收我为徒，这是我的造化。我也把他当作师傅看待。沈奎元同志要求我们要尊重客户，改变“朝南坐”的作风。他要求我们在接待客户时，不要让客人站着而我们坐着对话；客人踏进科室，要先敬一杯茶，请坐后，再开始对话等等。

半夜驴叫（漫画）（霍日炽）

守规矩文明生产安全要牢记
爱清洁环境优美健康强身体

——浦沅历年原创春联选（31）

绿化植树建设花园工厂
消除污染保护环境卫生

——浦沅历年原创春联选（32）

红色记忆

高林俊供稿

1973 年 12 月《湖南画报》第 4 期，以《团结战斗的堡垒》为题，专版报道了当年的结构车间党支部。如今看起来，还是如此亲切。（以下照片及说明是当年的记载。）

党支部成员认真学习党的十大文件，决心进一步加强党支部的思想建设和组织建设。

满怀深情忆“结构”

高林俊

“浦沅”即将迎来她50周年的生日，本人离开浦沅也快 30 年了，有些记忆已渐渐淡去，但当年大家共同为浦沅发展艰苦创业的情景，却始终挥之不去。

我们忘不了在这块热土上曾经的年年月月，忘不了曾并肩战斗的战友同事，更忘不了默默无闻为三线建设添砖加瓦、已经离开了我们的同事。每当想起这些，内心久久不能平静。也许，这就是我的浦沅情。

我1972年1月到浦沅，1975年5月上职工大学。其间，曾在结构一班从事放样、划线、下料，后任车间计划员、车间副主任，负责抓生产。我多次提笔想写，但想不出有什么惊天动地之事，更没有什么豪言壮语可言。庆祝浦沅建厂50周年重在参与，我就写写平凡人的平凡事吧，是他们一步一个脚印，用青春年华、汗水、智慧，造就了浦沅的辉煌。

忆“结构”，不能不说到它的几个特点：

一是职工人数全厂各车间中最多，当时有360多人。

二是班组多，我记得有 20 多个，光结构班就有8个，除一班专门负责放样下料、八班为基建配套生产预埋件、非标外，其余的结构班均为产品各司其职。电焊一组为下料气割配套，电焊二、三组为产品焊接。其他还有车工组、钳工组、油漆组等。

三是工种、大型设备多。有车、钳、刨、铣、钻、电焊等工种，还有 2.3 米立车、4 米龙刨 、300 吨和600 吨水压机、剪板机、校平机等。

四是车间场地大。大结构不计露天跨有五跨，小结构两跨，酸洗、油漆两跨，共计一万多平方米。建厂初期，金工、装配车间均同时在大结构过渡过。结构除了作为零部件的头道工序，车间当时还有为部队配套的加温机、炉的装配总成，以及为机修、非标、外协作等提供服务。

忆“结构”，不能不说上海工程机械厂和浦沅厂在组织结构件生产工艺流程方面的差异和转型的艰难。

对金工、装配、热加工，我不熟悉，没有发言权。

上海工程机械厂的结构件生产，最主要的特点是：工人从接受图纸开始，到构件完工报缴，几乎是承担了放样、下料，摆搭成形，校正的全过程。包括工装器具的考虑，班组之间的正常配合等，调度人员只需要对跨工种、车间进行安排。由于场地分散，大结构、锻工、 电焊组所在地离车间办公室和其余班组相隔至少 100 米。加上面积不大，零部件的周转几乎由工人自行掌握。在上海的三年里，记忆中见到调度员陈顺发的面屈指可数。你不去找他，他难得找你，说“天高皇帝远”，决不为过。

浦沅的结构件工艺流程，则是全新的模式，特点是：场地大、班组多、分工细，考虑大规模生产的高效率。但建厂初期，在产品未定型、批量未上去，品种多，人员新、工艺布局未配套的情况下，要完成转型是困难甚至是相当困难的。这不仅是因为结构件量大面广，更由于结构件不少是组件而不是零件。所谓组件，它不仅由诸多结构件，还可以有锻件、铸钢件，金加工件配套焊接而成，有的是送外车间加工后，再次返回结构摆搭、焊接、上底漆才算完成。周期长、周转多。在运输工具不足(当时还没有电瓶车)，起重工、辅助人员少的情况下，要完成生产调度这项工作，主要靠生产调度人员熟悉各零部件的流程，时刻在现场指挥流转。推平板车(结构最长的平板车轨道应该有 100 米吧，从第一跨横穿五六跨才能到油漆跨，有时需要多人才推得动)、当起重工、辅助工是日常的必修课。肩扛浓硫酸，有时也得上。像开行车这种违章事，很多。调度员都干过，本人也不例外。当你脑子里光想到进度，为争分夺秒，往往会一时冲动，然后是身不由己…… 难怪调度人员当时被人戏称为“毛驴子”。

尤其是面对多个产品同时上马，对每个零部件的工艺流程更要了如指掌，对各工种的特点最好都做到心中有数，对关键零部件要时刻盯住，有的进度不是按天，而是不分昼夜，必须按小时“斤斤计较”。

还有就是对人员性格脾气的熟悉也相当重要，磨嘴皮也是基本功，听发牢骚时千万要有耐心。满车间马不停蹄转悠倒也不算啥，碰到苦口婆心工作推不动、进度无法落实时，精神压力大。以至于出现了有些调度人员“摂纱帽”(不干了)想重回生产岗位的情况。

当然，随着生产、生活各方面的逐步完善，浦沅开始逐步进入到良性循环的轨道。多年后回想起来，艰难困苦磨练了人，为浦沅培育了各方面的人才，为企业的发展积蓄了后劲，对个人而言，是宝贵的人生经历和精神财富。

忆“结构”，不能不说说车间的能工巧匠们。

浦沅的产品，结构件不仅比重高，难度大，一些关键部件中几乎都可以见到它的踪影。由于结构件自重轻，强度好，上马快，无论产品还是非标，技术人员都乐于用它。

曹荣根，工人技师，是大家公认的结构方面的“老法师”。设计、工艺、产品、非标无一不能，后任结构车间技术副主任，综合性的技术难关找他吧。

已退休回老家的肖桂福，是划线、放样方面的高手，被厂里请来培养年轻一代。

谢阿林虽文化程度不高，但在校正方面独到一面，冷作校正是一门难以用理论来表述的技术，不仅需要极强的实践经验，更需稳、准……噢！不能用狠了，榔头敲过了头、氧气烘过了头，变形又走向了反面。

刘财金，特殊的切割件、焊接件少不了他。朱根林技术不用说，勤恳、埋头苦干历来有名，哪里有难题，叫上他准没错。

庄留金，点子多，做加温机、炉，在钳工师傅中，他是一把好手。蔡元璋，冷作高手，脾气有时大了点，但他答应了的工作进度，你是可以放心的。

梁学渊，起重组长，技术好，工作主动，任劳任怨，虽是配角，但红花离不开绿叶……

还有承上启下的一代，年轻的后起之秀，无法一一列举，是他们用辛勤的汗水和智慧，支撑了结构，影响了年轻的一代，创造了一个又一个的奇迹。

忆“结构”，不能不说说胡瑞祥。

胡瑞祥作为上海工程机械厂金结车间的老主任，个子不高，人瘦削，但两眼炯炯有神，永远是那么不知疲倦。在困难面前，他总是迎难而上，充满了活力。尤其是在盛福昌调任组织科长，周银梅未任书记前，他是支部书记兼车间主任，两副重担一肩挑。即使后来周银梅当书记，他为主任兼副书记后，由于客观上的原因，对那些从老厂过来的骨干，他对他们性格脾气更为了解，仍然是勇挑重担，日夜为稳定职工思想、调动全车间人员的积极性、确保厂部下达的各项任务完成而日夜操劳。

回想当时，虽大家都为让毛主席他老人家睡好觉，离开繁华的大上海来到樟树湾，但工作、生活等方面的巨大反差，似乎让很多人一下子难以适应。现实中的情况是不论是全家搬迁来的，还是分居、单身的，乃至当地进厂的，各有各的思想情况，家家有本难念的经。说到小事，诸如农忙季节职工买不到菜，都难说和生产进度没有关系。

工作难以推进的情况时有发生。加上“三边”建设初期，设备、人员配备还在逐步完善中，原材料缺口、电力不足，氧气断档（制氧站建成前，要到株洲去拉，结构又是耗氧大户）等，常带来不可预见的等工。而生产、基建进度不等人，车间领导、计调人员焦急万分。外部因素，非车间能解决。职工积极性的调动，光靠说教、唱高调是无法奏效的，靠批评也解决不了问题。

此时的胡瑞祥身先士卒，首先抓好车间班子，党员骨干的思想统一和表率作用，充分发挥支部的战斗堡

童工出身的党支部书记周银梅愤怒声讨林彪反党集团的反革命罪行。

党支部副书记、车间主任胡瑞祥（右三）下达生产任务时，先讲路线，依靠群众多快好省地发展生产。

干部坚持参加车间生产劳动，这是支部领导成员和工人一起搬运安装设备。

党支部委员老工人刘岳林（左）言传身带，满腔热情地帮助青年工人。

垒作用。他经常深入班组一线，以平易近人的姿态，和班组长、关键岗位的老师傅促膝谈心。浦沅的能工巧匠，大都各具个性，他们有牢骚、怨言不朝你发，又能找谁去发？积压在心里，能有积极性吗？虽然他们也明白，很多问题并非车间能帮助解决，但发泄出去了，心里就舒坦了。因此，经常关心、了解他们生活、生产中的困难和想法。以心换心，是充分调动他们的积极性必不可少的，有时需要反复多次，不到火候，感动不了“上帝”。凭着胡瑞祥的真诚、坚韧不拔的毅力和表率作用，硬是将三百多个职工凝聚起来，克服了一个又一个的困难，圆满地完成了厂部下达的各项任务。

我探亲回沪曾去过他家里，爱人身体不好，家里少了顶梁柱，困难自不言说，可他从不对人流露，默默地埋在心里。他几乎没有自己的业余生活，有时分不出上班还是下班，全身心地投入车间工作。1975 年我上职工大学，离开了车间，后得知他重病住院的消息，一次回沪曾去探望，当看到他憔悴而又充满乐观的脸，心中十分难过，他是多么希望早日重返工作岗位。然而，病魔却无情地夺走了他的生命。听到这个消息，令人非常悲痛。他太疲惫了，为三线、为结构，他呕心沥血，积劳成疾，英年早逝，浦沅人不会忘记他，愿他在天国好好安息！

忆“结构”，不能不说生产一线中所见到的厂里抓生产的主要领导潘学志，工人们都直呼他老潘。建厂初期抓生产之艰辛，只有亲身经历过才有深切的体会。仅举一例，记得当时车间的主要设备校平机坏了，16 毫米厚的压路机大、小轮辐等堆积起来，下道工序严重等工，而设备修复尚待时日，怎么办？我在厂部调度会汇报了这个情况，记得老潘当晚就亲自带了周荣福等一批科室干部，抡起了大锤，和工人一起，硬是一锤又一锤地校平了一块块的钢板，他们汗流浃背，分不出谁是领导，谁是工人。在场的工人无不为之感动，有这样的领导带领我们创业，还有什么困难不能克服！在以后几年中，浦沅的硬仗一个接一个，我们忘不了老潘在全厂动员会上经常说的一句话“背水一战”。是啊！已记不清浦沅经历了多少次“背水一战”，我们眼前浮现的只是领导和职工共同“一战”的景象。我们没有退路，浦沅要生存、发展，援外产品只能提前，不能滞后；军工产品是部队之急需；新产品试制关系到企业的发展前途；三线建设，哪能没有困难艰险。财务科长吴增厚在调度会上给人的印象是“报忧不报喜”，笑而不发，大家心中有数。他的发言让我们往往会感受到经济形势的严峻：“产品如不能按时出厂，出差到常德市的2毛6分的车票都报销不了……”

产品的质量和进度，对于一个工厂的生存、发展举足轻重。我们所见到的老潘，经常不是在办公室，而是在车间、班组，在关键机床旁边，他在和班组长、老师傅亲切交谈，他一诺千金，却又平易近人，大家把他当兄长。每当装配车间“打老虎”时，总能时常见到他的身影。后来，上级的一纸调令，他去了新的战斗岗位。从此，我们很难再碰到这位既令人敬畏，又使人感到十分可亲的老领导。若干年后，我工大毕业，先去了研究所电气组，终于如愿了自己所想往的电气技术工作，后来厂部又安排我去了厂计划部门。当时，省机械工业厅每季度都要召开计划安排和完成情况汇报的会议，基本上每次都是我去，有时也会要求厂领导同时到会。一次，会议期间偶然碰到老潘，得知他已从湖拖调到了省厅。更巧的是另一次，会议住宿我俩竟被安排在了同一间房。老领导虽离开浦沅多年，但心中依然想着浦沅，时刻关心着浦沅，对浦沅充满了眷恋。我们谈了很多，谈到动情处，他眼眶湿润……

我离开浦沅后，再次见到老潘是 20 多年后的 2009 年了，当满头银发的他出现在上海南京东路“好伦哥”自助餐厅、“新世界”餐厅时，大家惊喜之余争相合影，他还像当年在浦沅一样，与大家谈笑风生，大家仍称他老潘，数十年未见，彼此有说不完的话。曾经的浦沅人，无论你走多远，其“根”当属浦沅啊！

用命换来的10吨煤

王志远

浦沅生产走上正轨后，生活上的矛盾就凸显出来了。原先几个人的后勤组就需要加强力量了，厂部决定调集精兵强将，成立行政科，统管生活区的柴米油盐。

叶瑞康出任首任行政科长兼党支部书记，黄敬高、李振荣任副科长，我任党支部副书记。建厂初期，贯彻“先生产，后生活”的方针，大家都理解、支持，自觉克服了生活上的种种不便和困难，不埋怨、不叫苦。许多同志为此作出了贡献，有的差点牺牲了生命。

当时生活用煤很紧缺，要有关部门批条才有供应。好不容易拿到批条，但煤炭公司只是个空架子，没有现成的煤供给。要煤，有条件：无偿从矿区拖回100吨煤，拨10吨给厂里，费用两清。

厂里车少运输任务繁重，只能抽出简必球一部车来完成这项任务。简必球的车载重量只有4吨，也就是说每天来回二次，要十几天才能从矿山运回百吨煤。

有一天，老简开车到石门山区，坡陡路窄，为了让对方的车先过，他把车靠边停下来。谁知路边的路基松软，承受不了重车，造成车子侧滚下山沟。

我接到消息后立即赶到现场，天哪！车子几乎是垂直滚下去的，周围没有下去的路可走，我拉着绳索滑下去，足足有99.5米深！幸运的是，老简仍然在驾驶室内，等待救援。他的右耳被撕掉三分之二，血肉模糊。

煤呀煤，为了浦沅人的生活，我们的简必球师傅差点献出了自己的生命！

浦沅永生

回忆我的支内岁月

汪美英

1970年2月28日，我们一家六口前往湖南常德浦沅，三个孩子最大5岁，最小才7个月，同来的还有73岁的老母亲。

我原来的工作单位是上海金桥五金厂，按理是可以不支内的。原因是我母亲带着两个女儿在上海，我带着儿子在金桥，若爱人潘水根支内到湖南，一家人分居三地很不方便。那时我是原单位装配车间负责人，单位也不希望我走，甚至愿意接受老潘去我单位工作。

上海工程机械厂决定抽一批精兵强将支内，老潘的名字在第一批支内名单上。当时劳资科的施国民知道我们家的情况后，向川沙县有关部门反映情况，要求做好支内家属随迁工作。为了顾全大局，支援国家三线建设，刚过完年我们全家就出发了。

来到厂里，生产车间还没建好。为了做到“边基建、边搬迁、边生产”，我们五六个人在渐河边的简易大棚里上班。那时真是一无所有，我们因陋就简制作装配工作台、简易工装模具。不久由上海设计制造的夯土机终于在浦沅装配投产了。

为了适应生产发展的需要，老潘被分配去组建半成品库。那时人手少，他既要把各车间的半成品收上来，又要分发下去，成了真正的搬运工。后来他先后当了车间调度员、生产科调度员，负责成品出厂的协调工作。浦沅长沙起重机分厂成立后，他负责长沙与常德两地的生产配套进度的协调工作。

那时交通不便，每次去长沙，从涂家冲下车要走三站路。不论寒冬酷暑，老潘经常披星戴月往返两地。熟悉老潘的人都知道，老潘身上总带着个小酒瓶，寒冬腊月长途车里冷得发抖，他就喝上两口暖暖身。那时路

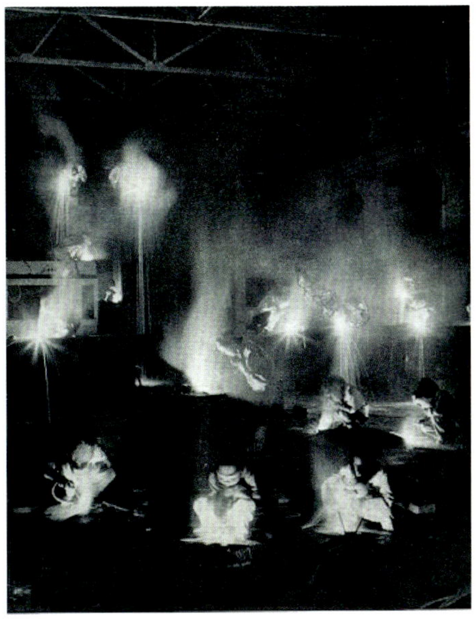

在十大精神鼓舞下，广大职工掀起了抓革命、促生产的新高潮。

（《红色记忆》完）

潘水根师傅（左一）向参观者介绍产品——夯土机。

有朋自远方来，不亦乐乎。赵加胜率领职工欢迎四方来客。

这是建厂初期的产品夯土机，解决了边角位置土质夯实的难题。

参加一机部基建现场会的46家单位代表参观压路机碾压演示。

上耽搁走个七八小时是家常便饭。就这样积劳成疾，从不生病请假的老潘患上了食道癌，1998年退休，1999年5月永远离开了我们。

我的母亲王阿义一直在浦沅帮我带孩子，1983年病故，享年84岁。

现在我已回到上海安度晚年，但我的两个至亲的魂灵却永远留在了浦沅那一片土地上。

走进财务科

王慧琴

赵加胜厂长很重视从工人中培养干部及管理人员，我就是受益者。他本身是搞财务出身的，随着工厂的发展，他深知财务工作的重要性，经过党委讨论决定，通过文化考核后从工人中抽调人员充实会计队伍。

1980年，我有幸和庄兰兰、沈音仪、邬善海、黄月元、胡锡娥六人到财务科上班。后财务科一分为二，成立经管处和财务处。我和沈音仪分在经管处，浦毅中任处长，我们跟着许近仁。主要工作是制订一系列吊车及其他产品的定额成本，工作量很大，也繁琐，每个零件要根据工艺分设备，根据材料分材质和毛重，根据工时分工种核算价格，全部手工操作，用算盘一个个算出来，再算零部件部套价格最后核出整台价格。我记得很清楚，第一本8吨汽车吊的定额成本，是我爱人陈明谦手刻蜡纸一张张刻出来的，然后再油印装订成册。1982年，机电工业部在上海机械专科学校办了一个会计干部培训班，厂里又给我们报了名，通过文化考试，我和庄兰兰到上海读了两年书，对我们以后的工作有很大帮助。沈音仪和邬善海考上电大，也读了几年书。赵加胜厂长离休后，每次从上海回湖南，都会来财会处看望我们，让我们备感温暖。

我本不在支内名单上……

邹彩琴

我于1958年进上海工程机械厂当学徒。1962年我怀了身孕，被精兵简政回了家。生了孩子后我只能进街道工厂上班。1970年下半年的一天，厂领导突然告知我不要上班了。我感到很奇怪，原来上海工程机械厂派人取走了我的档案。

虽然我早听说工程厂要支内，但没想到被精简回家的我，现在做得好好的却要我去湖南，我一百个不愿意。回家就和老公吵，哭天抹地地感到特别委屈。陶富炎说自己是党员要带头，父母亲也劝我不要一家人分居两地，孩子见不到爸，老公又没人照顾。那时大儿子刚上一年级，浦沅厂还没学校，只能留在上海。1970年10月我们带着五岁的小儿子告别了黄浦江。

由于没有直达长沙的车，我们在株洲转车。第一次离乡背井，在车站附近找了个面馆吃面。刚吃上一口，陶富炎就皱了下眉，但他一声不响地继续吃。这时儿子叫了起来，原来这面里像掺了沙子，磕牙。看着儿子满脸的不高兴，饿得只能喝汤，我的眼泪哗哗直流。坐了一天多的火车，来到这人生地不熟的地方，还让儿子跟着受罪……在株洲我们一呆就是一星期，由于浦沅厂宿舍尚未完工，我们在长沙又住了半个月，心里惦记着早日到浦沅的新家。

那一天终于来到了，经过五个多个小时的颠簸，汽车把我们拉到了杂草丛生的山坡上，唯有几幢楼房矗立着。我被这满目荒凉的景象惊呆了，抱着儿子久久不敢下车。我的眼泪止不住地流，我伤心、我怨恨，为什么要到这里来？为什么就不能晚点来？好不容易被先来的同事接到家，只见满墙的“泪珠”（宿舍刚修好，墙面还是湿漉漉的）在欢迎我们。同事们忙取来报纸把墙全部糊上，就这样我们开始了白手起家的新生活。

那时的柴米油盐都要到离厂13公里的常德市购买，唯一的交通工具就是搭卡车。很快我们都学会了在卡车上爬上爬下的本领。记得一次临近中午，儿子不慎摔断了胳膊，必须上常德医院治疗，但卡车都出车了，看着儿子疼得哇哇直哭，我也急得直掉眼泪。后来还是一位司机从外面返厂后顾不上休息才把我们送到了医院。医生给我孩子接了骨，叮嘱第二天再来拍片看看是不是接正。第二天一早我们赶到车库，所有车的驾驶室里均已安排了公出的职工。实在没办法我只好找领导哭诉。赵加胜厂长亲自出面才调剂出两个位子。等做完检查，回家又是个问题。我们在十字路口等了半天不见车子，只能背着孩子往回走。13公里路，起码得走两个半小时，后来半途碰到厂里的小车，先把孩儿捎上，我们俩走到岗市才搭车回家。

建厂初期，既没有小学也没有幼儿园，白天上班儿子只能自个玩，晚上我们加班，小孩就托别人带着先睡。为了满足越来越多的职工生活需要，厂里想了很多办法，开办了小学、幼儿园，引进了商店、邮局，请来了上海的理发师，开设了往返市区的交通班车，建造了俱乐部，同时还自己制作起了蜂窝煤……各种生活设施逐步完善配套。

来浦沅后，我在工棚里先做军品附件，后来我的肾脏发炎，就被调去从事后勤管理，发放工具、工装及劳保用品等工作直至退休。

退休后我只身一人回到上海，几十年的艰苦磨砺让我坚强，在浦沅的经历促进我成长。我很快地在商海中找到了自己的位置。最令我自豪的是我还为浦沅制造的汽车吊产品供应配件呢！

回首往事，苦中有甜。支内让我与浦沅结下了不解之缘，今后不论我在哪里，我的心始终和浦沅在一起！

（整理：沈春美）

难忘春节回家路

沈春美　王慧琴　辛林珍

沈春美 · 不堪回首回沪路

虽然回沪已有16载，但我很少坐火车了，因为那三十年数十次的往返，让我患上了火车恐惧症。车厢里那令人窒息的空气、无法立足难以行走的空间以及到家后还在不停晃动的感觉给我留下了难以磨灭的印象。

20世纪70年代初，上海到长沙没有直达火车，每次都要到株洲中转，并分别在长沙、益阳、常德摆渡过江，交通极不方便。记得第一次进浦沅我们坐的是加顶棚的黄河大卡车。车到益阳摆渡，我们都买了把高背的竹椅（这家当后来成了厂里看露天电影的标配）。

再出发时坐在我边上的朱爱君不见了，原来认识她的司机请她坐进了前一辆车的驾驶室。车行不久前面两辆车相撞，小朱的脚被撞断了……还未进厂就出车祸，让我们想起来都觉得后怕！

作为单身每年都有探亲假，回沪休假是令我们最兴奋的事。尤其是回沪过年，大家总是早早地购买了花生和鸡鸭鱼肉等农副产品。但那时由于天寒地冻路不好走，所以为了赶上长沙的火车我们往往通宵不眠，有时半夜12点或凌晨二三点发车。记得有一次是早上5点发车，坐在加了顶棚的卡车里，外面下大雪里面飘小雪，走走停停到长沙已是傍晚5点。那时既没有保暖杯也没有羽绒服，真是饥寒交迫啊！

每次到株洲转车，那高高的天桥对我们这些肩扛手提大包小包的女孩子来说真是一大考验。记得有一次一不留神一个行李袋从上面滚了下去，还好袋里塞满了东西，带的瓷器竟没有损坏。

最为难的是一个人回家，背着行李去办签证、排队候车，常常要几个小时，吃喝拉撒只能要别人帮忙看

车间接待人员在向一机部基建现场会的46家单位的代表们介绍生产情况。

厂长、主任与代表们愉快地交流。

初具规模的现代化车间让代表们兴致盎然。

工人师傅向代表们演示自制设备的操作方法。

尊重客观规律抛弃大话空话
搞好经济调整坚持巧干实干

——浦沅历年原创春联选（33）

芦席棚里出铁水，三线旗下奏凯歌。

行李，还好那时的社会治安好，人也淳朴。

1978年9月，我随同事一个人挺着大肚子回沪生产。那时买不起卧铺票，坐一天半的车脚都肿了。1979年春节刚过我和陈锦英各带一个刚满百天的孩子踏上了归途。大人小孩挤在一个座位上，吃喝拉撒睡28个小时，其情其景现在的人也许难以想象吧！

到了长沙孩子爸把我们接出了车站，送上厂车后他却要搭卡车回厂。没法我又抱着孩子坐了四个多小时的长途，到家已是凌晨了。

1989年9月初我收到了一份电报：父病危速归。看着这五个字我脑袋一片空白。父亲一向身体尚好，每天雷打不动四五点钟步行去人民公园打拳领操，怎么突然就病危了呢？

我简单收拾了行李搭便车去了长沙。上了火车满脑子都是父亲的影子，吃不下睡不着，真是心急如焚啊！到了上海我竟稀里糊涂搭错了公交车，辗转到家。妹妹拉我外出，告知父亲肝癌晚期，已吃不下东西，还要我镇定，瞒着父亲。我站在父亲的床头强颜欢笑说我是出差来沪，其实父亲又何尝不知我是来送他的呢！晚上躺在床上我的眼泪直流、耳朵嗡嗡作响无法休息。那情景至今想起都不免唏嘘……

王惠琴 · 酸甜苦辣说回家

我记忆中最厉害的一次是我一人带了七件行李，左右肩膀前后各二个挂件，左右手各拎一件，头颈上吊一件，就这样带七件行李回到上海。

我记忆中最倒霉的是那次凌晨二三点上车，大巴车上坐满了喜气洋洋回沪探亲人员，车开到益阳被堵住了。因为下雪结冰，前面的车不能发动，大家只能窝在车上，那时又没空调，这个冷呀无法形容，加上赶不上火车，原本挂满笑容的脸都像挂了霜似的蔫了。

我记忆中最辛苦的一次是和女儿俩回沪。没买到座位票，只能东站西立，很长时间才有人下车，女儿有座位了。我只能站，白天还可以，晚上瞌睡来了，只能铺张报纸蜷缩在地上，眯一下眼睛。虽然艰苦，但一听到列车广播火车马上要到上海站时，大家顿时兴奋起来了。 到现在都如此，我认为这位广播员的声音是这世界上最甜美的。

我记忆中最勇敢的一次是中途上厕所。因为车厢拥挤每次上厕所千辛万苦，更别说洗脸刷牙了。所以火车一停靠大站，利用有限的几分钟，大家争先恐后上厕所用点水。记得一次下车人太多，耽误了时间，等要上车挤不上了，只见前面小红旗在挥，人还在下面，急中生智从窗口爬进去，窗内有人拉，身子刚过半，火车缓缓启动，好惊险。如果上不了火车，那一大包年货就打水漂了，回去怎见父老乡亲。

我的记忆中最无奈的一次是带的鸡死了。 因为回一次上海不容易，但凡有好朋友回去总设法带些东西孝敬父母。有一次好朋友老婆托带一只活鸡，虽说纸箱有几个出气孔，无奈也不巧朋友托带的那只鸡到上海时死了，怎么办？我老公只能把自己带的送了过去，两个鸡重量有差异，回厂后解释不清反而有了误解。这真是吃力又不讨好 。

我记忆中最浪漫的一次是情侣双双回沪那次。摆在准女婿面前的难题是送什么礼物给未来丈母娘，年货已备，还想有个意外的惊喜。当时他自己动手做个床头柜，老虎脚，又是木工，又是油漆工，蛮漂亮的。可要带回上海不容易。长沙上车人多混过，上海出站可难了。男友穿了件老棉袄，纯民工打扮，看准机会，混出车站，肩扛床头柜，雄赳赳气昂昂送到丈母娘家。

我记忆中最有趣的一次是一个夏天回上海，带了许多青蛙，用编织袋装着，一到夜晚青蛙开始呱呱叫，我只能放在两节车厢中间，但还是吵了其他旅客。所幸那个时候人特别善良，列车员也只是笑笑说下不为例。我又带了许多黄鳝放在塑料桶里，夏天天热，只见一大桶的黄鳝都伸起头，齐刷刷的一片，看起来也蛮恐怖的。带的公鸡早上也喔喔地叫了起来，一只母鸡下了个蛋，也自豪地叫了起来，真像开起了音乐会。

这么些东西带回上海，全家总动员，杀鳝鱼的，杀田鸡的，杀鸡的，忙得不亦乐乎。街坊邻居都带羡慕的眼光看着我们。要知道在那个年代是什么都要票证和定量供应的，我们带回上海的农副产品，有些东西他们一年都难吃上一回。

现在回想起这些在湖南吃的食品，都是美味佳肴。2015年9月回常德和球友们相聚，再一次尝到钵钵香，总算饱了口福。如今交通发达了，我们可随时去湖南了。

辛林珍 · 第一次回家探亲

说起春运都有深刻记忆。我还记得第一次回沪探亲的狼狈相。那时，是我第一次远离父母那么久。回沪心情迫切，也不知春运路途的风险。想到要见久别的父母兄弟，我买了好多他们喜欢的东西，其中还带了两只活鸡。

当我一路颠簸、一路提心吊胆到达车站时，看到密密麻麻的人流顿时傻眼了。进站后只看到人们像潮水似地拥入车厢。狭小的车门挤不上，一些人翻窗挤进去，我用上九牛二虎之力总算挤进车门。

可惜车到株洲还得转车，这次就没那么幸运了。列车在站台停留时间短暂，男士们只要看见车窗开着，就把行李往里一扔，接着爬进车里。我们没那本事，只能眼睁睁地羡慕他们上了车。没等我们挤上去，车毫不留情地开走了。我们几个女同胞无可奈何被抛在了株洲。

我又急又怕在站台上哭了，和徐银凤在车站坐了一晚，等待下次列车。第二天总算挤上车，车厢内连厕所边都挤得水泄不通，我们像插蜡烛似地站到了上海。下车发现脚都有些浮肿。那个时候要问我最大愿望是什么？那就是常德到上海有直达火车。

因为三线

倪春林

一

因为三线，
我们相识。
从黄浦江到沅江，
我们开始走到一起。
芦席棚下闹革命，
“三边”建设创奇迹。
夯土机足迹遍四海，
打桩机锤声震万里，
压路机碾宽发展道，
汽车吊舒展凌云志。
忆往昔峥嵘岁月稠，
心潮澎湃热血激。

二

因为三线，
我们相知。
从老人、青年到小孩，
我们天天生活在一起。
“老五种精神”抚育我们成长，
“新五种精神”陪伴我们起飞。
赛春联场上妙趣多，
俱乐部舞台歌声脆，
赛龙舟时显风采，
游泳池里多搏击。
我们青春奋斗的光彩，
都一一铭记在心里。

丽日照武陵誉满神州千家争爱
春风到浦沅香飘天外百蝶飞来

——浦沅历年原创春联选（34）

代表们参观当时浦沅简陋的设计室。

古城武陵创名牌武陵名扬海外
新厂浦沅建殊荣浦沅耀我中华

——浦沅历年原创春联选（35）

代表们高度赞扬浦沅生产的打桩机。

代表们参观了每一间芦席棚，被浦沅人艰苦创业的精神深深感动。

渐水岸边凯歌似潮皆春色
铁山脚下红旗如画尽朝晖

——浦沅历年原创春联选（36）

三

因为三线，
我们相依。
从青年、中年到老年，
我们的心紧紧融合在一起。
不是亲人，胜似亲人，
半个世纪的岁月凝集着我们的情谊。
虽然不富有，但我们不遗憾，
一路走来很艰辛，但我们不后悔。
如今我们都老了，这算不了什么，
让我们唱起来、跳起来、欢乐起来，
用生命的辉煌互相来激励。
再过十年、二十年……
我们还相聚在一起。

师徒小酌乐悠悠

汪美英

薛盘金是我老伴潘水根的师傅。我和老潘结婚后，才知道了他师傅的一些事情。老潘曾说：工程厂每月底生产部门总是“打老虎”，要不分昼夜地加班加点才能完成任务。所以，老潘经常和他师傅几天不回家，吃睡在车间。那个年代没有取暖防寒设备，他师傅总是让他去打点酒喝两口来暖暖身。从那以后，徒弟在跟师傅学技术的同时，也学会了喝酒。上个世纪70年代初，师徒共赴常德支内，薛师傅带上儿女，我家是三代六口同行。在常德创业的年代，薛师傅是我们的长辈，他的儿女和我们这辈亲如兄妹。逢年过节，我们都会相邀相聚，喝上几杯。由于那时业余生活还不丰富，各种娱乐设施都没有，所以下班后的小聚则是浦沅人苦中求乐、调整生活的方式之一。

我心中的浦沅

赵旭辉

岁月如梭，离开曾经生活、学习过的地方——湖南常德浦沅，已近四十多年了。此时此刻，我的思绪穿过时光隧道，来到了我在浦沅的时光。

初到浦沅

1973年1月底，小学毕业放寒假，我随母亲前往湖南常德，探望正在那儿负责三线建厂工作的父亲赵加胜。春节前夕，乘坐从上海至广州的49次列车，在拥挤不堪的列车上忍受了一天一夜的行程，终于在次日清晨顺利抵达湖南株洲站。之前与父亲约好，他在长沙开完会，顺便接我们一同回常德浦沅。出站后，热情的邬彩青师傅开着北京吉普车先接我们到长沙，等父亲开完会下午3点以后出发返回浦沅。同车回浦沅的还有电话总机话务员孟玲玲。一路上坐在副驾驶座的父亲，不时地自己先点燃香烟，然后交邬师傅抽，以提精神，并叮嘱邬师傅夜间行车安全第一，无须赶路。

通往常德的公路地处丘陵地带，蜿蜒起伏较大，那时的公路很窄，宽约5米，许多路段因柏油路面变形而坑坑洼洼。记得夜间两车交会双方驾驶员在百米开外，就要礼貌交替关闭远光灯缓行。开始几次，我屏住呼吸，非常紧张地看着邬师傅驾车，尤其是同大卡车交会，车轮几乎压着公路边缘没有柏油路面的路埂上了，稍有不慎，车辆就有可能翻至路基下数米深的田里。看着邬师傅一次次熟练平稳地驾车通过，我紧绷的心渐渐地平缓了下来。终于，我们历经长沙湘江、益阳资江、常德沅江的三江四渡，于夜晚9点来到了地处大三线的湖南常德浦沅工程机械厂。邬师傅一路聚精会神近六小时的驾车，很是辛苦。我从心底里非常感谢他！

回忆是金

赵旭辉

我要留在浦沅

浦沅厂坐落在常德市西北13公里处，一条南北走向纵穿浦沅的渐河，将整个浦沅区域划分为西部生产区与东部生活区；分别布局在浦沅区域内北部和南部的东西走向大道，通过新建的两座渐河大桥环形贯通整个生产区与生活区。

那时浦沅厂在“边基建、边搬迁、边生产”建厂方针的指导下，坚持“先生产、后生活”，没有条件创造条件也要上，干部职工艰苦创业，正鼓足干劲、多快好省地建设一座现代化工厂。这年，我与母亲一起，在父亲身边度过了一个非常愉快的春节。父亲虽很忙碌，但精神振奋，显然对当时的建厂规模、速度很满意，加上我和母亲的到来，更是心情愉快，父亲的这一精神面貌也感染了我。春节期间，父亲与干部职工相互拜年，有时也带着我一起串门，大家互致问候，其乐融融。在这里，我感受到整个浦沅就像是一个大家庭，充满着温馨。

春节很快就在喜庆的氛围中度过了，离开父亲回上海的日期也越发临近，可不知为何，我想留在父亲身边、留在浦沅的愿望却越发强烈了。想到这段日子我所感受到父亲与干部职工自然、亲切的情感；感受到大家对我父亲信任、期待的目光；感受到大家对我和母亲远道而来的热情接待；感受到全厂干部职工艰苦创业的十足干劲和乐观精神。浦沅，就像一个朝气蓬勃的青年，充满活力，充满希望！

我要留下来！当我将这一想法告诉父母亲时，他们都很诧异，母亲坚决不同意我留下，说这儿的学习、生活条件还很艰苦，并且又要影响父亲的工作和生活。我说我不会给父亲添麻烦，一定在这儿好好读书，做好家务。在我的坚持下，父亲也支持我留下。他说：“职工子弟学校条件比较差，但教师队伍很专业。小辉正好小学毕业，可留下念初中，同时也该锻炼一下生活自理能力。”自此，我开始了在浦沅的学习与生活。

我在浦沅子弟学校

记得1973年2月开学，去学校上课的第一天，尽管我对学校条件较差有心理准备，但还是出乎我的意料之外。这是一所马路学校：沿生活区南部大道边的几间简易的旧砖瓦房的教室和马路对面同样旧房屋的一间小教室、一间教师办公室组成了一所浦沅职工子弟学校。上课时冷风不时从教室变形的窗框及墙砖的缝隙中钻进来。然而简陋的校舍条件丝毫不影响老师教学和学生学习的热情。师生们都非常珍惜浦沅厂在艰苦建设阶段，划出场地组建的这所由临时工棚改建的职工子弟学校。

在子弟学校读书时，班主任、语文老师管谟贤令我印象最深刻。他身材较高，四方脸，给人以自信、干练、大气的感觉。记得寒假后开学第一堂课，管老师向同学们简要自我介绍后说：“同学们现在已是中学生了。虽然目前校舍条件还很艰苦，但这不影响我作为教师的教课质量，大家务必要珍惜获得的学习机会，努力学习。”接着管老师宣布了课堂纪律，推荐了班干部。

管老师对课堂纪律要求很高，同学上课私下讲话、做小动作发出声响，他会停下来用严厉的目光盯着你，对于屡犯纪律的同学会不留情面地严厉批评。管老师还会常常与同学互动，调节课堂气氛：在分析课文时提出问题启发同学大胆发言；要求同学对学完的课文归纳中心思想，并鼓励大家各抒己见，然后管老师再加以分析总结，这对我们理解与写作能力的提高帮助很大。记得有一次，祝乃兰同学在课堂上念了课文的中心思想后，管老师高兴地说：“祝乃兰对课文中心思想的概括非常贴切，同学们做笔记可参考祝乃兰的。”同时，管老师也将自己对这篇课文中心思想的概括抄在了黑板上，供同学们对比。管老师在讲述新课文前，往往先讲解该篇课文的文体结构：是记叙文、论述文还是散文、杂文，以及它们的特点等。遇到典型的文章还介绍作者的生平、写作的时代背景，这使同学们通过学习，能更为透

父亲赵加胜和我。（摄于1995年10月）

母亲李慧英和我瞻仰韶山。（摄于1973年2月）

爸爸妈妈和我们，前排左起：妹妹、我、姐姐。（摄于1968年5月）

抱着姐姐的孩子，爸爸妈妈乐开了花，我也来凑兴。

我们那时就是在这么艰难的环境里认真学习的。

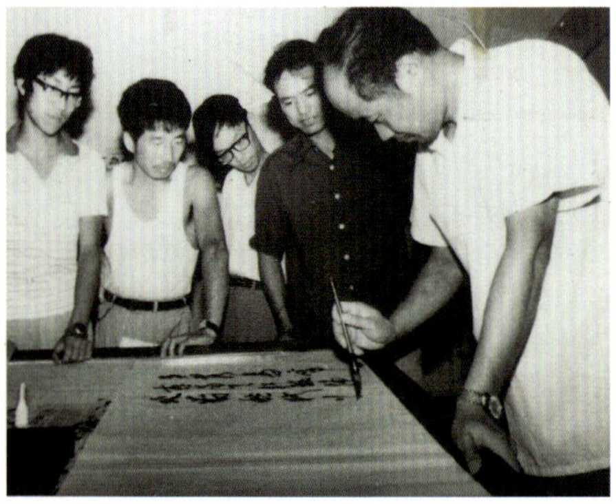

管老师经常辅导我们和工厂的叔叔们写毛笔字。

彻、全面地理解文章的内涵和作者的思想。管老师是一位驾驭课堂气氛自如，善于调动、引导学生学习积极性、学习兴趣的优秀教师。

在其他的课程方面，我同样非常幸运地遇上了许多好老师。他们教学同样兢兢业业，各具特色。

李老师教英语，一口标准的英式英语，对同学的英语发音、语音要求很严格，同学们朗读发音不对或语音不准，甚至朗读随意时，她会不厌其烦地领读直至满意。她说：“你们不要以为在内地学英语没有用，将来一定会有机会用到的。”的确，有了李老师用心为我们打基础，才使我们在今后的学习和工作中受益匪浅。

冯老师和成老师教我们数学。他们非常关心我的学习，当我退步时，他们及时提醒我对学习不要松懈，让我发挥好班干部的带头作用；每当我进步时又及时鼓励、表扬我，使我感受到特别的温暖！

总之，我在浦沅职工子弟学校近两年半的初中学习中，如同身处世外桃源，没有受到“文革”时期“读书无用论”思潮的任何影响，我有幸在长身体、长知识的关键年龄段，享受到了高质量的教育。语文管老师精辟生动的课文讲解，数学冯老师、成老师深入浅出的解题分析，英语李老师纯正的英语授课，化学王老师缜密清晰的原理解说，体育袁老师每天的晨跑带领，邵老师专业的体操动作示范及对我严格规范的足球守门员训练等，都使我在德、智、体方面打下了良好的基础，获得了全面均衡的发展！

在此，作为一名浦沅子校的学生，向给予我关怀、教育的老师们表示最诚挚的感谢！

我在浦沅成长

在浦沅学习生活的第一年，我同父亲、潘学志叔叔同住在底层的一套单元宿舍内，宿舍的外间是约12平方米的厨房兼餐厅，中间一间约18平方米是我同父亲住的卧室兼会客间，放有一张我和父亲睡的大床；潘叔叔住靠里面的小房间约12平方米，小房间设有后门直通室外。潘叔叔中等个子，身体健壮，不到40岁，看似威严却性格开朗直爽。浦沅建厂时期他是负责抓生产的厂级主要领导，工作要求严格，雷厉风行；生活也很有条理，讲究整洁。记得1973年的初夏，潘叔叔到北京出差。难得几天晴天，我将我和父亲的冬季衣服拿到后门外晾晒了两天，收回衣服时，我随意乱挂在小房间，占满了屋子的空间，挂了几天了也没想着去收拾、整理。潘叔叔出差回来后，他拉我到他房间，让我坐在他的对面，说道：“你觉得这几天房间有变化吗？”

“没有啊。”我一脸茫然。

他朝上指指：“衣服晾了几天了？”

我这才恍然大悟，很不好意思。潘叔叔语重心长地说道：“学会做家务是好事，但做事情一定要有条有理、要有始有终，这样才能把事情做好。要从小养成做事有条理的习惯，将来会给你的工作带来很大好处。”我若有所思地点点头。然后潘叔叔指点我整理、叠放好了衣物。

潘叔叔与我父亲是建设浦沅时期的亲密战友。虽然他们的生活习惯有所不同，但为了建设大三线的共同理想，为了能够有更多的时间探讨解决问题，他们选择住同一个宿舍。他们有时为共同找到了解决问题的方案而喜悦；有时为寻求、完善解决问题的方案而据理力争。潘叔叔与我们一起开伙，他时常提醒父亲饮食不要太随意，要注意身体健康。他说：“现在是建厂关键时期，你、我都要注意饮食，注意劳逸结合，千万不能倒下。”

浦沅厂和常德纺织机械厂是同一厂休日，潘叔叔要求在常纺机工作的我的哥哥赵亚超必须在每个厂休日回浦沅，他为大家烹饪，改善我们的伙食。表面上潘叔叔与我们同吃同住，实际上是他在督促我父亲，对自己的生活不要太随意。潘叔叔对我父亲的关爱，真是情如弟兄。

潘叔叔壮实的体魄来自于他曾是一级摔跤运动员。硬汉的外表隐藏着一颗温柔的内心。这年夏天的一个晚上，潘叔叔坐在藤椅上纳凉休息，我走进去和他聊天说：“你身体真结实啊！”

“是的，我还会武功呢。”看到我很惊讶，他又说：“我曾是专业摔跤运动员，得过市级比赛亚军，我弟弟得过冠军。其实摔跤也是一种武功，训练虽然很苦，但能培养人的勇敢和坚强。”他还教了我几个防身的招式，有一个招式，差点把我摔个四脚朝天。随后他兴奋地说：“我的一个六岁儿子身体也很壮实，很灵活，能在一根横杆上翻转自如，很调皮，像我……”当我等着他继续往下说时，突然发现潘叔叔眼含泪水，稍许停顿，他深沉而缓慢地说：“可惜他已不在了。”

“为什么？”我不解地问。

“就在六岁那年，这孩子过马路遭遇车祸，没能救活，我没管好他……”潘叔叔悲痛地说道。

我望着潘叔叔，心想：一个有着强硬外表的厂领导，在他带领干部职工奋发乐观地工作之时，却将他刻骨铭心的痛苦深深地埋藏在心底……这只有一个有理想、有抱负、有着一颗强大内心的人才能够做到！

确实，潘叔叔是个实干家，工作以身作则。有一天早晨六点钟，当我赶往学校准备晨跑时，猛见潘叔叔正领头驾驶着压路机从厂区方向开过来，我站在路边看着数十辆压路机从身旁经过。潘叔叔昨晚彻夜未回，父亲说他去车间加班去了……这时，潘叔叔率领着工人们对刚生产出的压路机进行跑车试验。望着他们渐渐远去的背影，我感慨万分：有这样的厂领导带领的职工，浦沅一定会强大！

转眼进入了1974年，年初“批林批孔”运动在浦沅掀起，一天下午我在浙河人行桥生活区的南墙上，忽然看到一张批我父亲的大标语，上面写着“赵加胜不要做批林批孔运动的‘小脚老太婆’”。我当时很紧张，以为父亲犯了错误，感到很没面子。熬到吃晚饭时，我担忧地问父亲：“贴你的这张标语是什么意思？厂里发生了什么？”父亲没有吭声，在我的一再追问下，父亲想了想说：“标语的意思是说在批林批孔运动中，我没能放开脚步搞运动。”

“那你为什么不放开呢？”我疑惑地问道。

父亲皱了皱眉头说：“你还小，许多事情你还不懂。”

“因为不懂，所以要问呀”，在我的再三纠缠下父亲欲言又止，显然想找合适的语句让我明白。他说：“抓革命，促生产的道理你懂吧，现在搞运动就好比抓革命，最终是为了促进生产，促进生产就要大家团结，有了安定的局面才能搞好生产，所以搞运动要围绕这个宗旨。”

“那他们不应该贴你标语啊？”我还是不理解。

“是有些同志用这种形式对我提意见吧。”父亲答道。

“肯定是当地人贴的。上海人跟着你一起支内，不会贴的。”我狭隘地说道。

“这和哪个地方人有什么关系！浦沅现在的发展成就离不开湖南职工和来自各地的职工的共同努力，不许你乱说乱猜啊！”过后父亲又不放心地告诫道：“刚才我们说的话不许到外面去瞎说，不要参与议论啊！”

父亲是一个非常讲原则的人，他从不会在家属面前讲厂里工作上的事情。父亲下班后或午休时段，常有干部职工来找父亲谈工作，有的是来寻求帮助解决困难的，有的甚至是来“告状”的，当然也常有许多是来串门聊天的，他总是热情接待。对于有事找父亲的，父亲会示意我离开。久而久之只要我看到有人找父亲，便会主动回避。父亲时常还会问我：“你听到什么了？不要到外面去讲啊！”

有一次我终于不耐烦地回答父亲：“我对你们大

潘学志叔叔作报告，还蛮有鼓动性的。

潘叔叔深入车间跟班劳动，抡起大锤来，干劲十足。

父亲积极参加民兵训练，还是当年那股劲。

父亲指着工棚告诉我，他以前就住在那里面。

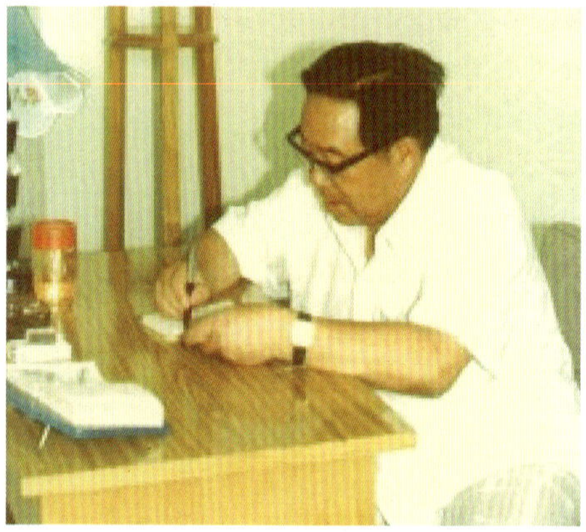

回到了家，父亲还要经常工作到深夜。

贾欣志院长是一位为大家治病热情、医术高超的好医生。

人的事情不感兴趣，即使听到什么了也不会对外讲，我留在你身边是不会给你添麻烦的。”从此，父亲再也没有问过我这样的问题。但这次的“标语”事件，也许是因为无法回避我所看到的，也许担心我背上无谓的思想包袱，也许是父亲认为也应该让我懂得一些道理，父亲不得不破例向我谈及他的看法。

“批林批孔”运动开展后不久，子弟学校也在寒假后传达了中共中央“五号”文件精神，要求对修正主义教育路线展开批判，向“黄帅同学学习”，狠批“师道尊严”。学校要求同学们向学校领导和老师提意见，以实际行动参与到运动中来。一天午饭时，父亲问我，学校是怎样落实中央“五号”文件精神的，我说正以大字报形式开展批判修正主义教育路线，向学校和老师的“师道尊严”提意见。可是在我班的教室墙上出现了一张指名道姓，贴班主任管谟贤老师的匿名大字报，说管老师“师道尊严”，批评同学态度“粗暴”，不留情面……

“管老师可是华东师大毕业的高材生啊，你们对他意见很大吗？”父亲问。

“不是，只是他对有的同学批评很直率，不太留情面，同学觉得很伤自尊心。但管老师也曾意味深长地对我们讲过他在读书的时候，生活和学习条件比现在要艰难得多，连肚子都吃不饱，常常到田里挖剩下的山芋充饥，更不要说学习条件了。他说：‘真不明白有的同学为何不珍惜现在的学习机会！’所以我作为班长，真不知该如何代表班级向管老师提意见，怎样做才是既投入了这场运动，又不伤害老师？”我带着求助的眼光向父亲问道。父亲没有立刻回答，沉思了片刻，启发我说：“教学就是老师教、学生学。你们学习知识，离不开老师的辛勤教育。在这场运动中师生应是同一战壕的战友，你应该以‘小字报’（写信）的方式，以相互交流思想、认识的方式，向老师提些合理的意见。”

我揣摩着父亲讲的话：“对啊，我们就应该是同一战壕的战友！那我就写‘小字报’给管老师提意见。”我豁然开朗，父亲也满意地笑了。

第二天（1974年3月7日）早晨上课前，我将“小字报”交给了管老师。出乎我的意料，管老师在全班念了这份“小字报”，表示非常赞同“师生应是同一战壕的战友”的观点和以这种方式向他提意见。他说这样更有利于师生共同搞好教学工作，有利于提高老师的教学积极性。同时，管老师也写了一张《我的公开表态》的大字报贴在了教室的外墙上，表示将以“有则改正，无则加勉”的态度来对待同学们提的意见。我十分欣赏管老师非常大气的举动，也很满意自己在这场运动中能和同学们一起处理好师生间的关系。

我很庆幸能够在浦沅有这些异乎寻常的经历。父亲、潘叔叔，还有学校老师让我在成长的道路上，学到了许多书本上学不到的东西。

难忘贾院长

那是在1975年3月，浦沅职工子弟学校足球队经常德地区选拔赛后，以浦沅子校为主与常德纺织机械厂职工子弟学校足球队联合组建常德地区少年足球队，将在1975年4月初代表常德地区参加湖南省少年足球选拔赛。3月份少年足球队在浦沅子校刚新建尚未正式使用的学校楼住校集训。由当时的浦沅厂司徒美奇主教练、邵胜后老师领队兼教练及常德纺织机械厂的林教练组成的教练班子负责我们集训期间的训练与起居生活，早晨与下午训练，上午学校上课。

在一次队内训练比赛中，我右手腕受伤，手腕感到痛且无力，当时我很紧张，瞒着教练组到职工医院找到外科的贾院长。他听说我训练手腕受伤，也很着急，为我仔细检查了手腕，认为筋络受伤，不会骨折。但我不想耽误训练，以免被退出球队，贾院长看着我焦急的神情，没有按常规简单地拒绝我的请求，为对我能否继续训练负责，贾院长约好常德地区医院第二天上午拍片检查，并亲自陪我去。经检查正如贾院长所说骨头没有大碍。贾院长很自信地说：我给你配些外用涂药，制定一套康复治疗方案，照着去做，治疗期间训练时一定戴好手腕护套，保护右手腕尽可能不用力少碰触，两天后再来复查。治疗后的第三天贾院长为我复查，并了解我的状况后说，已有很大好转。当我很焦虑地说手腕感觉无力，是否会有后遗症时，贾院长看着我担心的样子笑道：“不用担心，再过几天一定能恢复，你还年轻，这是你能恢复的最好资本。”经一周的治疗，我的手腕完全伤愈。我顺利完成球队集训任务，并作为球队主力守门员参加了1975年湖南省少年足球选拔赛。

贾院长就是这样，是一位为大家治病热情、周密，处处为病人着想，医德高尚、医术高超的好医生。不仅如此，在他的带领下，浦沅职工医院也成为当地有名的科类较全的综合型工厂医院。更可贵的是在医疗条件非常缺乏的当时，贾院长以外科专长建立起的外科手术室，为浦沅职工、当地农民提供了宝贵的医疗服务，极大地提高了当地的医疗水平。贾院长不仅是一位好医生，更是一位具有管理水平的好院长。

浦沅永存心中

很快在浦沅学习生活已近两年半了。1975年4月下旬，以浦沅子校为主和常纺机子校联合组成的足球队，代表常德地区去株洲参加了湖南少年足球选拔赛。

比赛结束后回到浦沅，我就收到母亲来信说：你的学籍是在上海第62中学，学校通知凡在外借读的学生必须在毕业前至少1年回原籍学校读书。那时上海中学的学制是4年制，没有初、高中之分。母亲信中说，你再不回来续学将被除名。我当时不想回去，就同父亲说：“你写信告诉母亲把我户口迁来，转学吧。”母亲收到父亲的信，坚决不同意，认为我的想法太幼稚，回信让我一定要回上海。僵持了几天后，父亲对我说：“你要留在浦沅，我同意；但妈妈的意见也有道理。你在浦沅这两年多，也得到了锻炼，有了长进，倒不妨先回上海读书试试，如果不适应，再想来这儿，我决不反对。”最终我答应母亲先回上海看看。

那年“五一”节后，我一直心情不畅，想到马上要离开浦沅了，离开一起学习生活的同学，离开一起训练比赛的校足球队队员，离开培育我的老师和长辈……真是依依不舍。在我临走前的一个厂休日，父亲突然对我说：“走，我领你到厂区转转。”我跟着父亲来到装配车间，只见地上整齐地排着球状的部件，父亲自豪地对我说，这是汽车吊底盘下的车轮差速器，目前同行业中只有我们能够整车制造汽车吊，我似懂非懂地点点头。我跟随父亲从金工、结构、齿液车间到制氧站、变电站一直跑到热区的铸铁、铸钢和锻压车间。在车间里，我看到了自制的600吨、1200吨水压机、3米立式镗缸机、26米深孔专用机床和大型锻压设备等。父亲带着我，一边走一边如数家珍地介绍着，表情言语间充满着自信与骄傲！

同样，我也再次看到了高矗的水塔、新建的职工医院、职工浴室、职工食堂、子弟学校、综合商店、幼儿园、邮电局、理发店、篮球场、足球场、在建的影剧院……父亲是想让我临走前，再看看浦沅，再感受一下浦沅干部职工艰苦创业所取得的辉煌成就！从1968年下半年到1975年上半年，在这短短不到7年的时间里，在这片荒土丘上建成了一座初具规模的现代化浦沅城，这就是一个奇迹！而这还远不是浦沅的鼎盛时期。

回顾自己在浦沅两年半的心路历程，不禁感慨万千！一个人从生活中获得的收益，才是人生中最为珍贵的无价财富！

1975年5月13日，一个难忘的日子。我带着对浦沅的无限眷恋，离开了浦沅。看着渐渐远去的浦沅新城，我在日记中写道：“……再见了，浦沅；再见了，我的学校、老师、同学和长辈。我敬仰您：浦沅，并致以崇高的敬礼！”

浦沅，这个崇高的名字，将永存于我的心中！

难舍难分的那份足球队伙伴的兄弟情。

幼儿园里传来了一阵阵欢笑声。

高高的水塔永远矗立在我心中。

（《回忆是金》完）

当年工厂内迁风雨沧桑开基业
今日产品外销海天烟霞展鸿图

——浦沅历年原创春联选（37）

我们曾在河堤上拉过电缆线。

沧海横流披荆斩棘方显英雄本色
高屋建瓴奋发图强全凭龙马精神

——浦沅历年原创春联选（38）

葛昌宝“相中”了我

曾繁威

我的学徒生活是从当建筑辅工开始的。由于生产车间没有建好，我们49个青工都安排到省建二处（负责建设我们厂的建筑公司）各个工位劳动。有的干泥工，有的干木工，当然都只能当帮手、打杂。我和另一位青工负责到处收集工地上散落的物品，如钢筋、铁马钉等。

一天，一位和蔼慈祥的老师傅到工地来找个青工当下手。他拿着一张图纸，问我能看懂么。好在我在学校学工时，在工厂干过几个月，简单的零件图看看没问题。于是，我就跟着他去干活了。三个月后，他就正式成了我的师傅：葛昌宝。

我们机修车间当时只有葛昌宝、王兆明师傅，青工廖新国、胡祥胜、喻炳炎等。最初的工作，主要是为水泥预制件制作预埋钢结构件，如车间立柱、预应力屋架、行车梁用的锚具、预埋钢板、预埋弯管等。我的第一项大工程是跟着师傅安装了一台半吨锅炉，解决了食堂、浴室蒸汽供给；紧接着在刚打好的两口地下水井旁，安装了临时水泵，不再抽取渐河水，解决了生产、生活用水。这里，我见到了师傅用土办法弯制大口径无缝钢管的绝技。这种方法经济、高效、实用。他手把手地教我们选砂（必须要黄砂）→炒砂→给钢管灌砂→敲实→ 现场根据钢管走向制作样板→钢管加温→尽快趁钢管发红时按样板弯钢管→未完全冷却前涂漆防锈。如此弯制的钢管弯形部分不起皱、不变扁，光滑漂亮，不管是焊接、安装，基本严丝合缝。在当时缺这少那的情况下（我们用的大号管钳和水管手工绞丝机都是去灌溪砖厂借的），这种方法非常管用。在后来安装300 吨水压机的时候，几十根大口径管子一次弯形成功。

随着安装工作加重，陆续从各培训厂抽调青工回厂，机修车间队伍日益壮大，成为一支技术全面，敢于攻坚克难，作风优良的战斗队伍，多次圆满完成厂部下达的急、难、险、重任务。到1972 年底，已经完成全厂几十座车间、仓库的房屋吊装、上千台设备的安装调试及几十公里的水、电、气管线安装工作。一座大型现代化工厂矗立在樟树湾昔日的荒山野岭之上。短短的二三年时间，浦沅厂秉承“边搬迁、边基建、边生产”的奋发图强精神，在上海老厂的大力支持下，迅速具备大规模生产的能力。在这些繁重的基本建设工作中，有很多是像我师傅一样的五十多岁的老同志，抛弃舒适安逸的生活，从繁华的大都市，千里迢迢来到这穷乡僻壤参加三线建设。他们像年轻人一样每天出大力、流大汗奋战在劳动一线，为了祖国的三线建设作出了卓越贡献！我们应永远记住这些先辈的名字：赵家胜、郑岳昌、葛昌宝、曹荣根、吴士根、黄锦福、王厚文、吕和生、周火松、周龙发、史全法、潘民、刘岳林、曹学参……

当我站在浦沅人行桥上，放眼四望，热区、冷区、“麻将村”、周家嘴……历历在目，“城郭依旧，物是人非”，唯有那布满沧桑、相依矗立的办公大楼和技术大楼，还在默默地守候着这片曾经的热土。

浦沅半百

第二章

敢教武陵谱新篇

武陵源是幸运的，
浦沅人用它命名了精心打造的汽车吊系列产品。
武陵源是永恒的，
它陪伴浦沅人璀璨了中国工程机械的一抹辉煌。

三 线 人 生

会战四台D2.5吨打桩机

许文龙

1972年4月底，一机部来电要求浦沅厂派人去北京，接受援外任务，潘学志带了蒋复珍到北京。5月初厂里就收到盖着国徽的红头文件，是外交部、一机部、外贸部等九部委联合发的文，要求浦沅厂生产四台D2.5吨打桩机支援越南抗美战争。

接到任务后大家觉得既光荣又激动，但倍感压力大。当时主管生产的潘学志在北京，赵厂长去了北京后又赶去上海解决配套问题，留在厂里主管生产的仅剩许文龙和十几个生产岗位上的中层干部。

D2.5吨打桩机在上海工程机械厂仅试制了一台，全部图纸和工艺以及原材料配套件等需整理汇总。主管技术人员的徐懋华也是刚从北京建机所调配过来，生产设备和配套都不齐全，图纸工艺也不齐全。千头万绪，怎么办?

汪正东、许文龙及时召开全厂大会，宣读了中央部委文件，同时将我们面临的问题也如实摆在大家面前，强调时间紧、任务重、困难多，要求大家群策群力全力以赴。

会后许文龙组织生产口上的全体中层干部开会，没有会场，大家蹲在路边的电线杆边上。由当时的技术科长郑岳昌介绍D2.5吨打桩机在上海工程机械厂的试制情况，以及试制中存在的十大问题：如上下滚道回转平台齿圈平面加工，两根丝杆球部的增粗制作，大型锻件的制作等等。针对提出的问题，会议逐一地将各项具体措施落实到人。

由郑岳昌科长总体负责技术问题以及技术资料的整理，要求徐懋华十天内整理出主要材料和主要配件的清单。因为当时厂里只准备了生产夯土机和压路机的材料，材料缺口很大。

郑岳昌和徐懋华还提出调进熟悉打桩机的技术人员，加大技术力量。所以后来参与试制的还有李显荣、孙惠江等人以及图纸管理员陆成新。

在打桩机生产过程中，郑岳昌和徐懋华等人是立下很大功劳的。徐懋华等人天天加班，十天内拿出各项清单和关键零部件的图纸，为专机和工装制作提供了技术保证。

在当时生产设备有限的情况下，专机制作就用了许多土办法和自制工装。由郑岳昌、曹荣根、林叔祥、钱金伯负责，还有许多技术人员、老师傅像毕开影等也参与其中。他们一起合作，拿方案、出图纸、搞制作、做试验，失败后再重来，再改进，反复进行，直至成功。

曹荣根、薛盘金等解决丝杆球头增粗和锻件的加工，钱阿大、沈奎元负责材料和配件的采购，并指定采购员刘庆松和韦明玉在省内就地采购有关材料。

朱逸勤协助许文龙对各项工作的落实，掌握工作进程，他们负责外协加工，对各种外协加工的可能性和可比性进行仔细核实，并适时成立了零部件外协加工组，当时由曹逸翔负责。

王厚文、成祖国、黄锦福等人负责专机和大型工装的制作。当时浦沅厂干部和工人都是连轴干，也不分工种，不计报酬。总之一句话，支援越南抗美战争，为国争光。

7月18日，赵加胜、潘学志从上海回来，决定20日召开全厂援外生产动员大会。吃过晚饭，全厂人员自带小竹椅去参加会议，台上坐了五位在厂的领导，几个月没见赵厂长和潘学志（他们在外奔波），工人们

打桩机直指蓝天。

质量上严格把关。

试验中精心校对。

“锤”响浦沅信誉
“吊”出产品银奖

——浦沅历年原创春联选（39）

厂长黄卯生（左二）和设计人员在一起研讨设计方案。

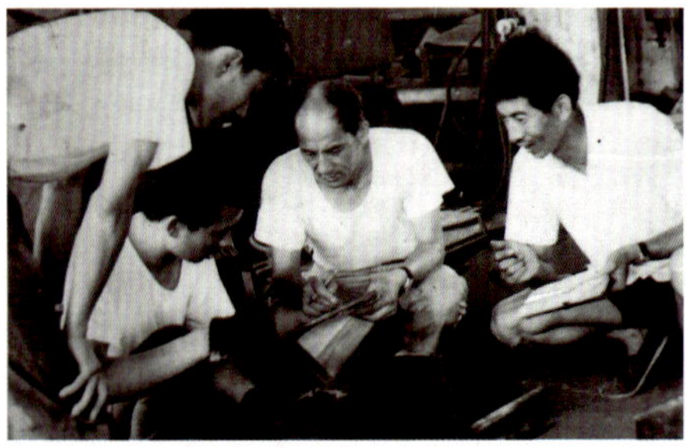

车间“三结合小组”在解决生产中遇到的困难。

也格外兴奋好奇。大会开始，潘学志用他那充满激情的讲话给全厂职工进行了动员，赵厂长又作了一番颇有深度的总结，全厂职工情绪高涨，斗志昂扬。

9月18日，试制D2.5吨打桩机开始总决战。全体有关人员，全力以赴，日夜倒班。潘学志日夜在工厂内转，用他洪亮的声音给大家打气，他拍着一线工人的肩膀说：工人兄弟们，顶住，不要泄气，用我们的实际行动支援抗美援越。

赵加胜、庄春根从外面出差回厂，回厂后直奔车间，查看进度，问候技术人员和工人师傅。在当时的厂级干部中，许文龙最年轻，精力旺盛，他一直在厂坐镇，现场解决问题。

在大家的共同努力下，试制生产的进程加快。四台援越打桩机从接受任务到交付使用，只用了5个月。浦沅厂打了一个漂亮的硬仗，从此浦沅厂的名声也传遍部里、省里。试制D2.5吨打桩机的事例被浦沅人总结成了浦沅的“老五种精神”中的一种：两吨半精神。

（整理：王慧琴）

桩机巍巍振国威。

初出茅庐担重任

许文龙

建厂初期生产条件非常差，但在浦沅人的努力下，短期内就生产出2.5吨打桩机。这在一机部尤其是三线厂中是创造了奇迹。良好的开局，为我们建厂、验收、投产等工作的顺利开展起到了至关重要的作用。

20世纪70年代初，国家处于计划经济时期，生产任务必须有计划才能有材料供应及配套，不许自找生产出路。浦沅当时仅夯土机、打桩机和压路机3个产品，且国家所需不多；生产的军工产品产量也有限，有的试生产后，就没了下文。厂里一直处于半饥半饱的生产状态。

技术科长郑岳昌和副科长陈励青对国内工程机械的行情调研后，发现原来解放牌的5吨机械起重机使用起来不方便，而液压起重机将成为今后发展的方向。于是他们建议厂里争取试生产。1972底，厂部正式向一机部申请生产。之后在全国计划会议上，赵加胜争取到经济计划委员会的同意，把浦沅列入了8吨汽车吊计划生产单位，试生产5台。

一、8吨液压汽车吊试生产

1. 8吨液压汽车吊列入国家试生产后，北起负责提供全套图纸，包括泵、缸、阀、滚道的提供；底盘用山东济南货车制造厂的8吨黄河底盘。浦沅主要制造结构件和少量小液压配件及金加工。

2. 黄河底盘来了后，由钳工二组王天福、陈福根、刘国雄等具体负责组织工人很快投入了总装，并进入了关键的调试阶段。调试阶段还算顺利，就是回转用的蜗轮蜗杆，操作稍不当心，整个上车就抖动厉害，有时空车也会抖，这个问题一直解决不了。当时刘国雄负责装配，他全身心的投入，对回转机构进行了无数次的拆、改、装，可收效不大。郑岳昌和有关技术人员总结试制的经验，大胆提出自己制造底盘的设想。大家认为：黄河底盘供应困难；改装吊车重心太高；后桥漏油严重，强度不够；油缸的生产技术与质量控制在其他单位手中，工作被动，不方便改进。所以，必须自己加工生产底盘。自制底盘改型后，可解决回转先天不足的缺陷。经厂部同意，决定由徐懋华负责总体，浦沅人在短时间内仅试生产5台，就解决了原来存在的不足。

3. 根据厂部决定，潘学志安排我（当时任车间主任）专门召开了自制底盘的专题会议。

会议明确变速箱体在济南厂的箱体基础上由铸铁车间从木模开始做些改进；后桥由陈励青、曹荣根负责；油缸加工先学习，后自制拉（推）缸机床；回转由徐懋华选择合适的机构。

4. 展开自制底盘的系列工作。郑岳昌、许文龙组织召开了油缸专题会，决定由何季患、奚耀庭二人负责此项工作。

A. 机床改装

由何季患、奚耀庭以及动力科、机修、试制组若干人去北起、长起学习。学习回来后，确定把630车床改制成多节，床身加长20多米。经技术科、动力科、机修、液压等几个部门半年多的协同作战，第一台拉缸机自制成功。拉缸头浮动刀具，滚压头，专用工装也在奚耀庭、郑岳昌等人的努力下充分应用到加工中，且切削、滚压一次完成，加工质量优于兄弟单位。

B. 整体后桥结构件

后桥减速器安装方案是薛文兴向陈励青提出的，即分块压型，结构组装焊接而成。当时陈励青看了草图后，咨询了曹荣根，曹工说：这个能做出来，可以试一试。陈励青经过计算，改进后正式开模具试压，加工焊接成功。

C. 齿轮箱体生产

齿轮箱体是我厂铸铁车间生产的，壁薄、件大，结构复杂，加工难度高、品质要求高。面对新要求、新起点，浦沅人从容淡定，大家齐心协力、一鼓作气，按时拿下了齿轮箱体的铸造、金加工及齿轮加工的任务。经过装配，我们的齿轮箱，后桥质量，每次在一机部质量检测中，总拿第一，得到行业里专家的首肯。

5. 解决回转抖动问题

回转机构用的是蜗轮蜗杆，它们之间是面接触，间隙大，受力不均，对油泵的受力时大时小，产生液压波的冲击，反过来造成恶性循环，抖动一次比一次大。徐懋华决定采用摆线针轮减速机。这一建议得到了技术科领导及参与上车设计的技术人员大力支持，厂部也通过了此方案。浦沅厂是全国第一个采用摆线针轮减速机的，它速比大，间隙小，对油泵的冲击也小。在以后的试制中，任意操作回转和快速反转都很好。几年后，在一机部考核中，180度吊重，起吊几千次回转，我们最平稳，无故障，一直领先兄弟单位。

6. 美观的外形

由于我们采用了专用底盘、半驾驶室，车架本身便下降了20 公分；将吊臂前置成行车状，又降低了30公分。重心降低了，行车安全性能就好，不像用黄河底盘时，车型像一匹瘦骆驼。改型后，产品的外形美观，形似骏马。经过浦沅人几年的精心设计、改进，武陵牌8吨吊，就只等着正式投产了。

二、支援唐山震后重建

1976 年7月28日，中国唐山发生了7.8 级大地震，一时唐山几乎夷为平地。

唐山大地震后，一机部来电要我厂派人去北京参加紧急会议。接到指令，厂部安排我去参会。我急忙去省里开证明，买机票。由于飞机晚点，航班取消，我改乘晚上火车。24 小时后到达北京。我立马向一机部矿山局的刘局长报到，并说明晚到一天的原因。

刘局长对我说：我们估计航班延误了。会议昨天

当年繁忙的露天装配流水线。

浦沅人经过几年的精心设计、改进，整车完全自制的武陵吊面世。

浦沅 12 吨汽车吊在行业抽检中，经受住了严峻的考验。

已开，但决议还没有下来。唐山地震后，救灾工作已进入清理废墟上的大件及重建日程，国家经计委紧急追加8吨汽车吊40台，你们浦沅等四家生产汽车起重机的厂家各增加10台，在9月30日前完成，你们看怎么样？

晚上10点，我将部里会议精神和任务向厂领导潘学志报告，潘副厂长说：厂党委刚讨论决定，只要唐山灾区需要，我们就全力以赴。再难，也不能让灾区人民难上加难。他们要什么，我们就给什么！只要部领导信得过我们浦沅，这40台吊车生产任务我们全要了。放下电话，回到会议室，我将厂党委的决定向局里作了汇报。刘局长听后频频点头，脸上露出了笑容。

厂里当时抢挑这副重担，是基于三方面考虑：一是解国家重建唐山之难；二是考验浦沅厂的生产能力；三是锻炼和造就一支敢打敢拼的职工队伍。

经过全厂职工的积极准备、精心安排、奋力拼搏，我们严格按计划实施，保质保量地将追加的40台8吨汽车吊全部交付给了唐山援建单位使用。当时唐山工地上起重作业的，大部分都是武陵牌吊车。放眼望去都是我们生产的吊车，那场面、那气势，真有点让人震撼！

（整理：潘红娟）

浦沅厂第一任技术科长郑岳昌。

傲然挺立，无坚不摧。

郑岳昌（左）和孟霞龙外出进行技术考察。

精神抖擞上唐山。

回忆父亲郑岳昌

郑益民

1979年我父亲郑岳昌因患癌症在上海去世，年仅55岁。党委副书记汪正东和陈励青特地从湖南赶到上海参加追悼会。汪正东在悼词中肯定了父亲为浦沅厂作出的贡献，称他的离去是浦沅厂的重大损失。

父亲离开我们已经近四十年了，今天，浦沅人聚会时，大家还会常常谈到他……

为浦沅争取特批钢

1972年浦沅厂接到上级紧急生产四台打桩机支援越南的任务，这对于还在筹建中的浦沅厂是一个严峻的考验。厂里提出了“不吃饭不睡觉，拼命拿下2.5”的战斗口号。刚刚从上海来的支内职工情绪高涨，都想在这场战役中好好表现，作出自己的贡献。

身为技术科长的父亲却感到任务艰巨，因为他深深知道工厂不仅没有生产条件，连生产所需的特种材料都没有。巧妇难为无米之炊啊！他忧心忡忡。

地区召开了由省领导参加的2.5吨打桩机生产协调会，许文龙汇报了我厂的准备工作及目前存在的困难。主持协调会的地区领导是军人出身，当场拍了桌子，大声说：“这是政治任务，是支援越南战场打仗用的，你们浦沅厂到底想干不想干？！”刷的一下，会场鸦雀无声，只见父亲慢慢戴上眼镜，说：“请问领导，常德地区有没有打桩机生产用的16Mn合金钢？”地区领导没有作声，“没有！”有人替领导回答了。于是他把目光又转向参加会议的省领导，请问湖南省有16Mn合金钢吗？省领导也没有回答；稍后省领导出去了（估计他打电话去了）。地区领导的脸稍微松弛些，会议的气氛有点缓和，这时省领导回到会场，作出了一个重要决定：“浦沅厂生产的2.5吨打桩机专用合金钢，由湖南省经委向上请示，打开国库，全力支持！”这一下父亲终于松了口气，高兴地对许文龙说：走！到部粮机吃饭去！我儿子女儿都在那里。这一餐饭菜是从食堂里买来的，当时条件也蛮差，他们虽然是站着吃的饭，却吃得很香，因为他们解决了“巧妇难为无米之炊”的困难。

自制立式镗缸机

浦沅厂大结构车间有台最高的设备——立式镗缸机。这台设备是国内唯一自己设计、自己制造的土设备。这台立式镗缸机通过丝杆差速器带动丝杆螺母上下走动，丝杆螺母上安装金属切削刀和滚压工具，一气呵成地完成缸筒毛坯镗孔、粗加工、精镗和最后滚压抛光总共四道工序。立式镗缸切削下来的铁屑会自由落下来，不会把缸套的表面拉伤，始终保持缸套的表面清洁，对产品质量起着决定性作用。父亲把立式镗缸机设计原理图制作完毕后，交给上海工程机械厂的于国忠工程师，由他完成全套机械制图，并在上海工程机械厂加工，最后安装在浦沅厂大结构车间。这台高大威武的设备解决了浦沅厂各种吨位打桩机的缸筒加工，为浦沅的生产立下了汗马功劳。

拨球头是他的绝活

一天，金工车间车工师傅潘玉龙正准备加工打桩机丝杆球头，父亲路过时，被潘师傅拦住了。他与父亲探讨起车削球头技术来。父亲介绍了积累多年的加工妙招，并且挽起袖子动手干了起来。他把带有圆头的车刀横向、径向地来回自如移动，眼睛紧盯着工件，只见刚才是毛坯的圆柱，渐渐成了毛坯圆球了。这时又见他拿支粉笔在毛坯上涂抹，出现了一个白色球头在车床运转。他拿起一只钢套在白色的球形上轻轻靠上去，顿时白色球体上出现了黑色线条，然后他再用车刀把黑色线条车掉，完了再用粉笔涂抹，球体又出现了黑色线条。这次线条比上次多了些，再用圆头车刀把线条轻轻车掉，这样反复了七八次，每次黑色线条不断增加。这时候球形的样子已经基本形成，他用粉笔再次涂上再次用钢套靠近，当出现了大面积的黑色线条时他不再用车刀，而用锉刀把黑面积部分锉掉，反复几次后，他改用砂纸，先用粗砂纸再用细砂纸。最后他把车头速度增速，再在已用过的旧砂纸加上一滴机油，轻轻地把这球头上捏住，不一会一个光亮的球头出现了。潘师傅拿起分厘卡测量，然后再调个方向，他从任何一个方向测量结果误差不到0.03毫米。哇！身边传来一阵阵称赞声。

原来，父亲在表演车削球头的消息不胫而走，车间许多师傅都纷纷离开岗位前来观看。当天有的师傅手中的活都不干了，大家都学着车起了球头。

陈厂长曾自豪地说过：在没有数控车床的年代里，用手工拨出圆球体，任何角度测量误差0.03毫米，这绝对是浦沅厂的一大绝活。

球墨铸铁活塞环荣获重大贡献奖

打桩机活塞环是嵌入活塞槽内的金属环，作用是保证活塞与气缸密封，支撑活塞，减少摩擦，减少漏气，提高热效率，起到刮油作用等，是打桩机中的一个重要部件。长期以来浦沅厂一直采用铜件加工成活塞环，铜件价格比较昂贵，耐磨可以，但是强度不够。如何既保证活塞环强度、弹性、硬度，又保证它的耐磨性、耐蚀性，选择合适材料是极其重要的。

此时采用球墨铸铁的想法已经在父亲脑中形成，因国外已经有使用球墨铸铁的先例了，我们为什么不能采用呢？这样既能满足材料要求，又能大大节约产品成本，何乐而不为呢？于是他开始收集资料，对有关生产单位进行考察，并与铸铁技术人员商量球墨铸铁的制作方法。活塞环头道环与二道环的表面处理是有不同要求的，他经常出入热处理车间讨论方案。活塞环每道加工工序都会出现他的身影。最后装配调试，他更是寸

支援三线前，在黄浦江畔留个影。

援越产品，如期报缴。

桩锤试验，声震河山。

设计人员徐懋华（右一）在现场了解情况。

弧光闪闪，一派繁荣的生产景象。

工人们把对产品精益求精的追求，上升到为国效力、为国争光的高度。

步不离，经过多少次试验摸索，终于获得了成功。

装配车间把球墨铸铁活塞装配后，经过连续的日夜试车，其耐磨性、强度、弹性和耐蚀性都经受住了考验。这样，球墨铸铁活塞环为打桩机产品的质量可靠性和安全性奠定了基础，大大减少了产品的加工成本。

1976年浦沅厂召开大会，球墨铸铁活塞环荣获“重大贡献奖”。同时父亲还获得现金奖励。这是浦沅厂首次颁发奖金，以资鼓励工程技术人员。

关键时刻舍小家

打桩机进入起架调试的某一天，父亲很晚才回家。看到父亲一脸的严肃，我们不知道发生了什么事。后来才知道桩机还没有升到90度就倒了。而在这时他又从口袋里掏出一封信放在桌子上。这是一封上海邻居写的信。啊！我妈出事了！上海的弟弟因学校组织到郊区学农去了，母亲独自一人在家打扫卫生。在清扫屋顶时，不慎从高处掉下来，趴在地上不能动弹，幸好声音惊到邻居，邻居大声呼喊，后来破窗而入，把躺在地上的母亲送到医院。医院诊断腿脚骨折，打上了石膏。现在家里只有母亲一个人，没有人照顾她的生活可怎么办啊？

父亲晚饭也没有吃，工程师徐懋华来了。徐懋华是当时设计桩机的技术员，他为了保证专机和工装多点制作时间，他和李显荣、孙惠江及图纸管理员陆成新等天天加班、加点，十天内拿出了关键零部件的图纸和清单。他是上门来承担桩机翻倒的责任的，态度十分诚恳。父亲顿了一下说：责任应该是我的！我会对这一事件负责的，要处罚也应该是处罚我！你要放下包袱，我们再好好考虑如何对桩座进行改进，防止今后再度发生事故。就这样他们俩在宿舍里讨论了很久。时间已经不早了，他让徐懋华早点回去休息。然而，徐懋华走后不久，父亲朝工厂方向望去，在通向厂区的人行桥上，他发现了一个熟悉的背影，这个人就是徐懋华，他没有回家！正向技术科办公室走去……这时候父亲眼睛湿润了，回到宿舍里，点了支烟，拿起已经看了好几遍的信。他不停地在房间里走来走去，然后一支又一支地抽烟，房间里烟雾缭绕。我明白父亲在犹豫，是向领导请假回上海照顾母亲呢，还是继续担任打桩机起架的现场总指挥？

这一夜父亲没有睡，他拿起笔写信给正在上海出差的陈励青和李代璠，让他们去与我弟弟学校联系，让我弟弟提前结束上海郊区学农，去照顾我妈妈。

不久，桩机高高耸立在结构车间的露天跨。

老厂长的特别奖

支援越南的四台打桩机终于完工了，四台桩机、桩座及重锤共需要八辆卡车才能运走。

当全厂职工看着这八辆卡车浩浩荡荡从厂区开出，都感到十分自豪。这时，父亲却在计算包装这两台桩机要用的枕木。原来枕木都是清一色80厘米见方的木材制作的，十几米长的桩机要多少立方米的木材啊！

从与华东设计院开始设计厂房就来到浦沅工地的父亲，看到樟树湾从过去的小山坡变成了现在盖起的一排排厂房，他又开始思索起新的问题，即在保证产品安全运输的过程中用啥材料代替木材呢？当他发现一些设备装箱枕木有的是水泥枕木时，不由自主地叫出来：“有了”！要把桩机桩架和桩座的装箱枕木改为水泥的想法让他激动不已。当时浦沅厂基本建设工作还远远没有结束，父亲把制作水泥枕木的想法与基建科科长张关明商量，得到了他的大力支持。他们将工地上的水泥模板改成需要的形状，浇水泥时放上一些钢筋增加强度，安装螺栓的地方事先做了预埋孔，水泥干透后，再涂上油漆，这样并不比木制的逊色。当父亲看到第二批出厂的打桩机缓缓开出厂，桩机、气缸、桩架及重锤装箱用的是钢筋水泥的枕木时，他的心情别提多舒畅了。

“好！太好了！”当消息传到老厂长赵加胜那

里，他连连称赞。老赵说：“我要奖励你们！我批35立方米的木材指标，奖励给你们技术科，让每个工程技术人员都有一个大橱柜和一个工具柜。”这好消息温暖了技术科工程技术人员的心，以后赵厂长还把厂里仅有的两台电视机中的一台奖给了技术科。

给压路机装上方向盘

李镇贵

我和李显荣、李代璠、张文玉、邓淑华、蔡常青、杨有志等七名大学生结伴，于1965年9月进入上海工程机械厂，我被安排在装配车间钳工二组实习。

当年，国内生产的压路机都不带方向盘，其转向动作是采用纯液压助力来实现。这种纯液压转向的缺点是笨重、不灵活。尤其是在液压系统出现故障时，用手的力量是无法驱动操纵的。

为了解决这一难题，技术科金科长把我调去，给我下达了压路机“液压机械联动式转向机构”的设计任务。说来也巧，我大学最后一年刚好选修了一门液压学，正好是针对液压系统出现故障时，可以通过机械式手动来实现转向操作这一难题的。

我首先出了工作原理图，接着出正式设计总图。在赵加胜厂长的重视、鼓励和支持下，厂里召开了该项设计的可行性分析审查会，很快评审获得通过。

此项设计后来被正式采用在1966年上海工程机械厂新设计的压路机上，制造后的样机试验一次成功，并在后来召开的行业产品鉴定会上，受到好评。这项设计成果填补了当年国内生产压路机不带方向盘的空白。它的最大优点是，当液压系统出现故障无法工作时，照样可以通过操作方向盘实现机械式灵活转向。

HQ150专用汽车吊为海军装备填补空白

陈炬

HQ150专用汽车起重机是海军舰艇部队一项重要辅助设备，用于海军舰艇部队吊装贵重仪器（如潜望镜）及装填导弹、鱼雷等。

1982年前，海军舰艇部队请了几个单位为其设计和制造专用起重机，由于部队提出的战术要求工况特殊、条件苛刻，因此这几个单位根据各自的生产条件进行了方案设计和计算，结果都无法达到这些要求，无法承担此起重机的试制。

1982年，一机部军工局、海军后勤运输部和浦沅工程机械厂签订了协议书，由我厂设计、试制这种汽车起重机。为此厂研究所成立了课题组，由陈炬担任课题组组长，担任总体设计。成员有张洪桂、张良栋等。1982年3月开始方案设计，厂领导陈励青亲自帮课题组进行计算，孟霞龙帮课题组在液压系统上出谋划策。

1982年6月完成技术设计，同年7月立即投产进行样机试制，11月完成两台样机的试制。其中一台样机由课题组主要成员在试验场进行了型式试验。另一台样机供部队进行工业性试验，张洪桂参加由北海舰队组织的试验，1台由陈炬、王忠浩、庄三荷、彭定森参加了由南海舰队组织的试验。两台样机还进行了可靠性试验、6级风作业稳定性模拟试验、零下30度低温作业试验等。

1983年4月完成了所有规定的试验，1983年6月在我厂召开了HQ150型海军舰艇部队专用汽车起重机鉴定会，顺利地通过了部级鉴定。

HQ150型汽车起重机为我国海军舰艇部队填补了专用汽车起重机的一项空白，产品性能满足了海军的战

海军吊的英姿。

1983年6月的海军吊鉴定会。

强我海疆，为海军建设贡献力量。

避雷针尖，刺破青天。

钢筋铁骨，令敌胆寒。

集中智慧，现场诊断。

术要求，该产品是海军舰艇部队专用的8吨汽车起重机，在中、大幅度时的起重性能已达到了国内外12—16吨级起重机的水平，特别在10.1米幅度时，起重量达到2.3吨。液压系统设计比较可靠，系统压力损失小，总体效率达到50%，微动性和点动性特别好，伸缩、回转、变幅度的可调度达到了1：55以上，起升速度可调率达到1：12，提高了吊装潜望镜、导弹、鱼雷的安全性。

由于该产品是在我厂12吨汽车起重机的基础上进行改进设计的，采用了独创的转腿结构，使支腿重量轻、跨度大、车架刚度高、传力路线短，保留了12吨汽车起重机的优点，同时针对海军部队的战术要求，在总体布置、吊臂及其他有关部件进行了针对性的设计，解决了设计上的一些难题。

1983年，HQ150型海军舰艇部队专用汽车起重机获常德地区重大科技成果二等奖，1984年获湖南省科学技术成果三等奖，1986年获湖南省科技成果推广奖三等奖。获奖人为陈炬、张洪桂、张良栋三人，从1982年至1986年，HQ150汽车起重机共生产了112台，装备海军舰艇部队，为我国的海军国防建设作出了贡献。

海军专用汽车起重机鉴定会代表合影。

“东风三号”专用设备诞生

陈炬

高空工作台和避雷车是“东风三号”地对地导弹中两项专用设备，浦沅工程机械厂共生产了各50台装备二炮部队。这两项设备是以天津工程机械研究所为主，浦沅工程机械厂参与设计的，浦沅厂承担了试制和批量生产的重担。这两项设备在1978年全国科学大会上获得科技成果奖。

在高空工作台和避雷车的设计、试制、制造过程中，全厂各级领导、设计人员、工人师傅群策群力，付出了大量智慧和精力。许多设计人员和工人师傅具有大国工匠的风范。他们追求职业技术的极致化，靠着传承和钻研，凭着专注和坚守，在平凡的岗位上，用勤劳的双手，缔造了神话。他们热爱本职工作，技术精湛，为浦沅敬业奉献。

一

高空工作台于1968年11月在上海工程机械厂试制，厂里成立了新产品试制组，王天福任组长，组员由沈金根、孟霞龙、段梅芳、王忠浩、陶富炎、孔庆模等组成。试制两台，第一台于1969年9月31日总装成台，第二台对液压系统作了改进，于1969年12月31日成台。

1974年在浦沅工程机械厂进行批量生产。由我和裴如山主管技术工作。当年试制小组王天福师傅总抓，负责总体各项试验等工作。沈金根师傅是试制组的主心骨，负责重要零部件和液压阀件的加工及装配。重要阀体和结构件由陶富炎、孔庆模负责协调加工。

二

孟霞龙同志起到不可替代的作用。他工作踏实，对技术精益求精、一丝不苟，和试制组其他同志密切合作，解决了一个又一个的技术难题。他几乎每天都到现场热情为生产服务。他是浦沅液压技术方面的顶尖人物之一。

三

避雷车最关键的部件是升降架，升降架的作用是将避雷针针尖送到近50米的高空，从而得到所需免受雷击的保护空域。升降架由七节横断面大小不一的桁架套装而成。其中五节桁架都是四角用7米多长的等边角钢，中间用钢管连接，焊接而成。7米多长的桁架各个截面的尺寸误差，以及全长上的直线度必须控制在2毫米之内，而且不容许出现扭曲变形，因此，桁架的制造和装配成为避雷车生产中的最大难点，但这些困难都被大国工匠们攻克了。

每一节桁架的角钢到生产现场后，首先要整形，保证全长弯曲变形不大于2毫米。这项任务由谢阿林、薛盘金及结构车间的师傅来承担，当时厂里没有专用设备。校正全凭双眼来判断，加上大榔头、乙炔氧气火焰来完成。谢阿林师傅是我厂著名的校正老师傅，经验丰富，手艺极高。避雷车车架上有四对铰接孔，用四根销轴将四只支腿油缸铰接在车架上，铰接孔两边的钢结构用两块钢板焊接连接成一体。厂里没有大型退火设备，车架焊接后，焊接应力不能有效地去除，因而四对铰接孔在加工完成后，由于焊接应力的释放，孔两边经常出现错位的现象。这时车架已无法再加工，解决办法只有校正一条路。有一次，由于一台车架的一对铰接孔两边错位太大，谢师傅看了以后，要薛师傅在某个方向配合，他自己用大榔头施以适当的力，只用了三锤就把孔校正到图纸要求。谢阿林师傅要求的施力方向和力量大小，出乎我们的意料之外。谢师傅退休回上海后，他应同济大学的邀请，举办讲座，给同济大学的师生讲授钢结构的校正技术，深受广大师生的欢迎。

避雷车桁架上的钢管的品种和数量很长，如果采取通常的锯床下料，耗时太长，而且不能保证工作进度，薛盘金师傅用16Mn钢板加工了一件大直径薄钢盘，把它安装在钢轴上，用电动机驱动，使其高速旋转，自制成一台钢管切割机。由于切割机旋转速度很高，切割盘周边的线速度更高，当切割盘与被切割的钢管接触时，因摩擦产生很大的热量，使被切割处烧红，当切割盘再进刀时，便将烧红钢管挤压切割下来。切割一根钢管只需要20秒钟左右，大大地提高了生产效率。下好料的钢管，再由锻工组的师傅们将管子两端烧红，再用模子将两头压成球形，最后在铣床上铣好两端的凹槽。

避雷车桁架上所有零部件加工完成后，摆搭和焊接成为制造中的拦路虎，薛盘金和郁新师傅迎难而上，他们利用厂里一块8米多长的平板，薛盘金设计并和顾乃昌一起亲自制作了一套避雷车桁架的摆搭模具，当需要摆搭某节桁架时，先把6—7组相同模板用螺栓连接在平板上，然后进行校正，最后固定好。摆搭时先把四根角钢放在四角，郁新师傅设计制作了一套内撑的模具，将四根角钢紧紧地顶在四角，然后再按图纸要求将各种管子和零部件摆搭焊接在四根角钢上。由于桁架的制作要求高，必须尽量减少焊接变形，焊接时，摆搭和内撑模具不能拆下，只能把摆搭桁架整体吊下，薛盘金和结构车间的有关技术人员制定了详细的焊接工艺，以减少因焊接热量引起的变形。对所有的焊缝采取一处焊缝分几次间断焊成。某处焊缝焊一段后，马上到较远处另一焊缝处焊接，就这样前后左右上下不断交错焊接，一节桁架采用24小时的通宵达旦的间断焊，保证了桁架的直线度、截面的尺寸误差在规定的范围内，既防止了扭曲变形，又降低了焊接变形。结构车间有几位顶级的焊接师傅，如刘财金、朱根林、孙正富等，都付出了辛勤的劳动。

避雷车桁架的装配，试制时由黄福根负责，批量生产时由王俊负责。总装前，他们把每一节的桁架的外形尺寸和内档尺寸分段量出，用油漆写在相应的位置

新产品，源源不断。

争优创新节支三江齐奏风流曲
赋诗吟联作画千墨共抒盛世春

——浦沅历年原创春联选（40）

浦沅厂领导潘学志（前中）日夜奋战在生产第一线。

破千难，跨万仞，自成峰。

不差毫厘。

部套装配，精益求精。

上，然后再精确地配制出上下滚轮八个面的垫片，以保证某一节桁架装到另一节桁架里时，装得进，拉得出。而且要保证上下滚轮与另一节桁架间的间隙为最小，使桁架在全伸状态下，针尖的偏斜在允许的范围内。在试制过程中，黄福根与设计人员共同商量，设计了一个既简单又管用的固定装置，大大地简化了装配过程，保证钢丝绳绷紧，同时又便于调整钢丝绳的松紧度，从而保证了行军时或汽车紧急刹车时，里面桁架不会冲出来。

王忠浩师傅在高空工作台和避雷车试制中负责两项产品的总装配，他工作经验丰富，踏实肯干，任劳任怨，他参加两项产品的多项试验，后来他担任钳工组组长。他不仅要自己干，还要带动其他人一起干，把精湛的技术手把手地传给年轻的工人。他和郑兴道、陈宗庆、韩磊等老师傅一起为浦沅厂培养了一批年轻优秀工人，如刘国雄、刘年红、顾林龙、秦著文等。

四

在高空工作台和避雷车的设计制造过程中，工程技术人员热情为生产现场服务，及时解决出现的各种问题。他们不怕苦不怕累，努力拼搏。其中裴如山、段梅芳、尹枝武、庄三荷等人，为两项军工产品献策献力。段梅芳参加两项产品的试制和技术服务工作。1970年底，段梅芳正怀孕，避雷车进行七天七夜连续工作试验。但她一直坚持在现场，测量数据，直至结束。她为浦沅厂制定了几十项厂标和产品质量检验工作法规，为浦沅的质量和检验工作作出了很大的贡献。

五

为了保证高空工作台和避雷车在制造中获得可靠的质量，第二炮兵科技部从1975 —1985年，向我厂派驻了军代表，负责两项军工产品的质量监管。第一任总代表是魏国华，第二任总代表是石炳坤。我厂主要由我和裴如山两人与军代表联系，当军代表对产品质量提出问题时，我们本着质量第一的原则，进行认真解决。对于他们不清楚和误解的地方，我们耐心解释。应二炮的要求，我们为二炮的官兵举办了几次培训班，提高他们的理论和操作水平，提高他们排除故障能力。

第二炮兵是我国实施战略威慑的核心力量，担负着遏制他国对中国使用核武器，实行核反击和常规导弹精确打击任务，是震慑敌人的有力杀手锏。今天“东三”经过“东三甲”“东四”发展到“东五”，二炮经过深层次改革，让火箭军代替了二炮。我厂为“东三”提供两项地面设备使用了十七八年，“东三”在20世纪80年代中期已完成了它的历史使命。浦沅厂作为一个三线企业，为我国的导弹武器作出了应有的贡献，这是浦沅人的光荣和骄傲！

好人张熙华

桑成滨

张熙华师傅很早就来到浦沅工地，毫无疑问是浦沅建厂的元老。他虽然到老没担任过任何领导职务，但他总是默默地不辞辛劳地做好自己的本职工作。除了驾驶技术一流外，平时待人也总是笑容可掬，老张特别能体谅别人的困难，从没给人不悦的脸色。不少人谈起他来都是一个字：好！1968年，我出差到长沙与老张相遇，他驾驶一辆三轮车。那时渡湘江只有轮渡，而且还到不了岸，还要走一段浮桥。此浮桥结构十分简陋，全是木板结构，横向短板由两边的长板压住，因人走得多了，很多横板磨损，造成间隙很大，极不安全！行人可跨着走，但对三轮车就困难重重了，车速不能快，由于前轮的跳起，车的方向极难掌握，但老张艺高胆大，还是安全地走完了这一段惊心动魄的浮桥。

高空工作台和避雷车获全国科技大会成果奖

陈炬

1964年10月，我国第一颗原子弹试制爆炸成功，使世界力量的对比发生了变化，打击了少数国家核垄断的阴谋。我国后来研制了多种战略导弹，其中"东风三号"（DF—3）中程地对地导弹是我国研制的第一代中程地对地战略导弹。该导弹采用机动发射的方法进行发射，除主体结构外，还配有运输、吊装、就位、燃料加注、检查维修等设备，其中包括高空工作台和避雷车。这两项设备由浦沅工程机械厂负责研制和制造。

FZ1053高空工作台是用于把人和设备送到高空，对关键部位进行检查或排除故障。

1969年上海工程机械厂接受了高空工作台的试制任务，成立了新产品试制小组，王天福任组长，组员有：沈金根、陶富炎、孟霞龙、段梅芳、孔庆模等人。1969年底，上海工程机械厂完成首台高空工作台的试制任务，装备了总字102部队（第二炮兵部队前身）。紧接着，由孟霞龙、天津工程机械研究所的郑孝贤、王仲桃进行了改进设计。1970年，高空工作台在浦沅工程机械厂进行了小批量生产。

为了保证导弹发射时不被雷击，必须为导弹提供一个不被雷击的空域，FZ1123避雷车承担这项职责。

1969年7月，机械工业部决定由天津工程机械研究所、七机部一院十五所、上海工程机械厂三个单位派人组成联合设计组，设计避雷车。天津工程机械研究所派了王松山、王有森、马天龙、刘宗寿四人参加，七机部一院十五所派了马锡如参加，上海工程机械厂派了王天福、陈炬参加，总共七人组成联合设计组。王天福任组长，王松山任副组长，设计任务由王松山负责，先后在北京进行了调研，制订了设计方案，回上海后进行方案讨论，最后通过了设计方案，决定在上海工程厂进行技术设计。到1969年底，联合设计组发扬了不怕苦、不怕累的精神，努力拼搏，精心设计，完成了FZ1123避雷车的技术设计。

机械工业部决定由上海工程机械厂、四川泸州长江起重机厂同时试制避雷车，上海工程机械厂于1970年5月率先试制成功，并立即送北京机械工业部供首长观看。

当时，厂里由赵加胜、潘学志带领一组人去北京，成员有沈金根、王天福、陈炬、陶富炎、王忠浩等人。在机械工业部大院，中央军委刘华清、机械工业部部长李水清、副部长周子健、机械工业部军管会主任严庆堤仔细地观看了避雷车的操作表演，并亲切地和赵加胜、潘学志交谈。他们赞扬联合设计组和上海工程机械厂为国防建设作出了很大的贡献。首台避雷车在北京就交付给总字102部队使用。

1970年下半年，机械工业部下达了小批量生产5台避雷车的任务。新产品小组的成员已先后支内到常德浦沅工程机械厂，由于当时浦沅刚刚在建厂阶段，厂房、设备和人员均未到位，生产条件不具备。厂领导决定，5台车的所有零部件在上海制造，然后装箱到浦沅，在浦沅进行组装和总装配。当时，大结构车间刚刚封顶，地面还是泥巴地，行车还没有安装。

为了保证5台避雷车顺利装配，厂里尽全力，先将大结构第一跨地上铺好水泥，安装好行车，成立了以王天福为组长、王忠浩为副组长，陈炬、段梅芳为技术员的钳工组。在极其困难的条件下，在厂领导和钳工组及全厂职工的共同努力下，1970年底顺利地完成了5台避雷车任务。

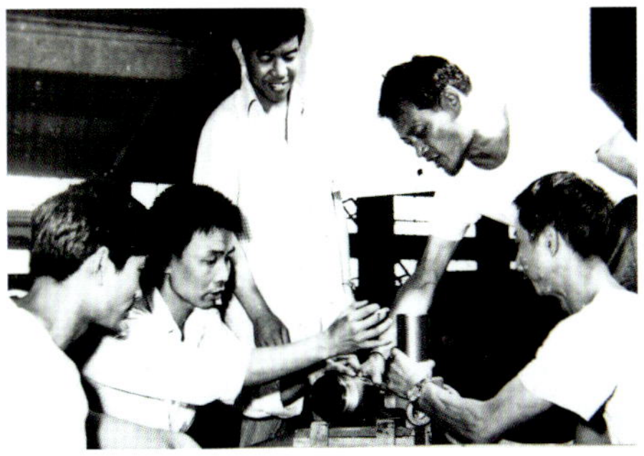
"三结合小组"出成果。

婀娜多姿，升降自如。

四平八稳，左右逢源。

尽职尽责。

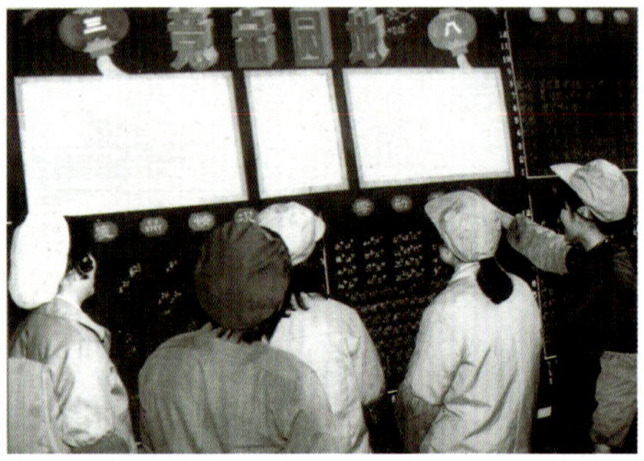
尽情尽意。

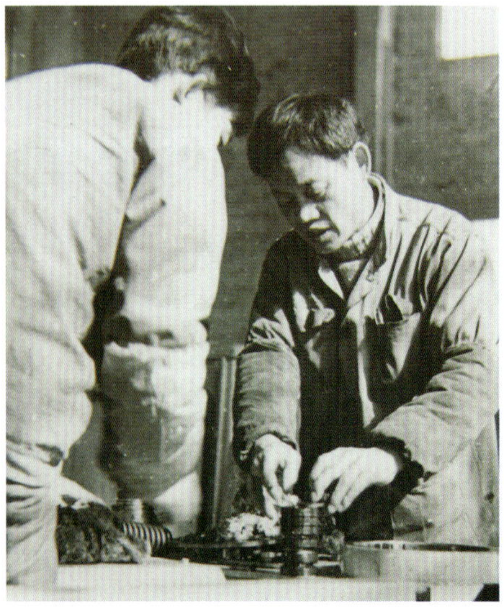
尽心尽力。

在此之前浦沅只生产夯土机这样的小产品，5台避雷车的装配成功，使浦沅厂的发展上了一个台阶。

紧接着又完成避雷车展开、停放七天七夜连续工作的试验，并选择了一台避雷车去江西庐山进行风载试验，由王天福、二炮军代表郝家文带队，参加人员有沈金根、王忠浩、陈炬、陶富炎、沈忠国、史进法、陈宗庆、韩磊、潘民、吴振东、王家齐等人，历时半个多月。庐山将大雪封山，气象风力没有满足试验要求，当时未完成风载试验。

5台避雷车装配完成送部队后，在1971至1972年两年半时间内顺利完成了发射气流冲击试验、高原试验、低温试验、风载试验等项目。天津工程机械研究所的刘宗寿、浦沅的陈炬、王忠浩及有关军代表参加了不同项目的试验。

从1972年开始，高空工作台和避雷车两项军用产品技术工作由陈炬和裴如山负责，1974年3月，国防科委在北京京西宾馆召开“743”会议，“东三”产品定型。这次会议至1975年3月，分三次召开，陈励青、许文龙、贺永成、陈炬、裴如山分别参加了会议，会议由国防科委张爱萍、陶鲁笳、钱学森等首长主持。

会议结束后，高空工作台和避雷车两项产品由陈炬、裴如山负责，花了半年多时间完成了技术资料定型工作。定型后，FZ1123避雷车1970—1980年间共生产29台；FZ1053高空工作台1974—1982年共生产27台，装备了第二炮兵部队。

高空工作台和避雷车两项产品在1978年的全国科学大会上获得了科技成果奖。

获奖单位为浦沅工程机械厂和天津工程机械研究所。

独树三帜

天路上的试验

韩磊

十年动乱后百业待兴，青藏铁路的建设再次提上了国家重点建设议程。于是，国家有关部委指令北京国家建筑科学院机关研究所（简称建机所）牵头，成立青藏铁路桩工试验组，决定开进青藏高原进行科技和施工试验。浦沅工程机械厂按照上级通知，由技术科长郑岳昌召集车间部门有关人员进行多方论证协调，1975年指派技术员乔日同，装配车间韩磊北上京城建机所，加入以该所桩工课题研究室徐慎初主任为组长，乔日同为副组长，郭丹希、郑英泉等七人组成的青藏铁路桩工课题研究试验组，定于1975年8月中旬前往青海省西宁。

青藏高原空气稀薄，气候恶劣。我们将经受严重的高原反应考验，在艰辛的生存环境中进行桩工试验。

试验组行前做了大量的准备工作。首先是购置防寒、防辐射皮衣、皮帽、手套、皮靴和眼镜，其次是每人准备一大箱水果、鱼肉罐头及方便食用的松花蛋等，在做好充分准备工作后，由建机所党委书记李明为我们送行。

1975年8月下旬飞抵西宁，与这次桩工试验后勤工作的先遣队——西宁高原研究所成员会合。

1975年9月12日，我们离开海拔3520米青藏公路的起点西宁白雪皑皑的日月山，途经传说文成公主东望长安泪流成河的一条由东向西流淌的倒淌河。

车队继续前行，我们来到群山环绕，白雪皑皑的山巅内陆湖——青海湖。它周长3604千米，面积4583平方千米，湖面烟波浩渺，万鸟翱翔，一望无际、清澈明亮的湖水和蔚蓝色天空相映，那极美的景色今生难得一见……

大自然的千变万化是我们始料未及的。我们一路行进，一会儿乌云密布、狂风大作、飞沙走石、雷声隆隆，一会儿黄豆般冰雹砸向车顶沙沙作响。十来分钟后，又是阳光明媚，七色彩虹倒映在湖中……

9月13日我们从乌兰经德令哈、怀头他拉进柴达木盆地，在大柴旦休整。9月14日直奔青海第二大城市格尔木，车队行至察尔汗盐湖稍事休息、参观。这里盐矿南北约40公里，东西160公里，约5856平方公里。晶莹透亮的盐花仿佛是冰的世界，这里盐的储藏量可供全国人民食用六万年。

9月14日我们从格尔木出发，午间在4650米的巍巍昆仑山口观赏。这里是《昆仑山上一棵草》电影的拍摄地。我们越走越高，经不冻泉、五道梁、二道沟、沱沱河、通天河、三江源区域，这就是令人生畏的可可西里边缘区。五道梁、二道沟中间是海拔5000米的风火山，我们的帐篷扎在清水河边，傍山依水帐篷中的毛巾一会儿就结冰了。

89120部队王同志等4名工程兵与西宁高原研究所李保海为联络员，电工、起重工等后勤保障人员进驻现场。

桩工试验即将打响，为防野兽，我们二人一组值班，配备了56式步枪。韩一兵、郭丹希深夜值班时发现一野兽扑向帐篷，结果射杀了一头黄羊。在与世隔绝的高原中，西宁高原研究所派电影放映队为试验组放映了《南征北战》《三进山城》两场电影，这对我们试验组来说真是奢侈的享受了，也让我们终身难忘……

在1500米厚的冻土上进行打桩钻孔试验，D2.5型筒式柴油打桩锤，一次又一次反复试验，尽管D2.5打桩锤在内地作业时威力巨大，但在严重缺氧的世界屋脊上有力无气地呻吟着，不规则地蹦跳着。真是英雄气短，无能为力。

螺旋钻孔机，浦沅工程机械厂试制了2台，由于动力头性能强劲，采用螺旋推进，试验场地钻出了数十个洞深10米、洞径0.4米的深孔。我们取得了一小步的进展，徐老激动地说：我们钻进了，胜利就在等候我们……

实地试验，进展缓慢。尤其是当年打桩锤中大哥大——D2.5型柴油打桩锤在天路上“英雄气短”，不适合在氧气不足50%的高原打桩。另一方面螺旋钻孔机小有成效的试验成果，为桩工试验积累了大量数据，提供了科学试验的可靠性依据。

9月30日89120部队派人紧急通知，极为恶劣的天气即将来临，全体人员必须急速撤离。

1975年底厂部通知我参加在青海西宁召开的青藏铁路科学试验会议，当时援越抗美的打桩架正紧张调试。1976年1月4日，厂领导潘学志在装配车间检查工作，看到我说：还不出发?并指示何楚雄联系机票。

桩工组徐慎初主任在中国科学院青藏铁路科研工作会议上作汇报发言时提出：实践证明了高原严重缺氧，打桩机无法正常运作。在螺旋钻孔机试验中积累的数据，为成功地改进它的缺陷提供了依据。我们认为以螺旋钻孔机打深洞埋桩前途是一片光明的，并建议用机动性能沉稳的履带式做旋挖机底盘，钻机的钻杆加长制成分级，动力头要进一步改进，原动力一定要选大功率。徐老的发言得到了会议的高度认可、领导的肯定，学术界、业界一片看好，试验组十分欣慰。作为工人代表，我作了战天斗地、实地试验的感悟发言。

20年后，青藏铁路建设施工中使用了机动性能好、动力强劲、钻孔洞深的大家伙——履带式旋挖机。我浦沅工程机械总厂上海分厂生产各种型号的旋挖机在神州大地、高铁、港口、高速公路等重点工程中大显神威。

质 量 第 一

工人们认真讨论，增强安全生产意识。

安全教育抓得严。

安全指导到一线。

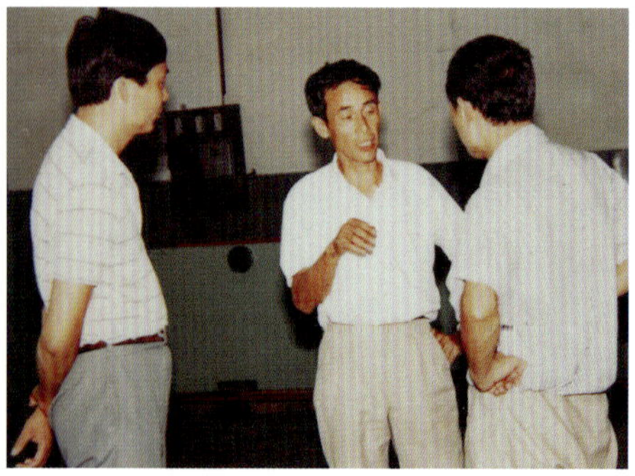

唐荣祥工程师（中）深入车间，进行技术指导。

1981年12月，浦沅自行设计、制造的4000吨大梁压机制造成功。

立足改革，振兴浦沅。

制造4000吨大梁压机

徐志良

汽车吊大梁原先需经多道工序，有些部位需焊接连成，这样加工的梁体强度及承受力都难以保证，质量难以达到设计要求，而且加工周期又长。汽车吊要批量生产，急需一台一次成型的大梁压机，既能保证质量，又能提高工效。这种大梁压机在吊车行业中也是首屈一指的专用设备。

在钱金伯等老师傅艰苦努力下，这台大梁压机即将总装。这台专用设备制造的前中期我均未参与。在即将总装时，钱金伯因故退出，厂部决定将我从技校调回机修车间负责。大梁压机的具体总装、调试由乐嘉良小组承担。当时已是1981年8月，要求在仅有的4个月时间内，必须完成总装、调试和报交。

该设备有5个主体油缸，每个缸体需承受800吨压力。在总装中发现其中一个缸体有一处砂眼、裂痕，有缺陷的缸体在使用中有可能炸裂。一个巨大的难题摆在面前：若重新制作时间上不允许。该部件当时是委托上海大隆机器加工的铸钢件，精加工周期长而且毛坯和加工费高达数万元。当时我感到非常棘手，但容不得我犹豫。

于是，我寻找很多参考资料，自己动手磨出多副凿子精心凿去裂痕砂孔，并请有丰富经验的电焊师傅进行精心补焊，我再用手工打磨恢复原样。

经试压，完全符合压力要求，这样既节约了财力又抢回了时间。但在12月初调试时发现6只液压垫每只都向外喷射液体。因该液压垫壳体是铸铁件，因其浇口处疏松，造成一有压力就破裂(每只液压壳体需承受30吨压力），经多次焊补都无济于事。眼看离年底只有十几天了，真是令人心急火燎。

我将自己所懂的技术用上去，把浇口处挖掉改成闷盖，连夜请金加工师傅加班，花了2天时间改装成防泄漏液压垫。

4000吨大梁压机于1981年12月30日正式试车并成功报交，并由厂部向一机部报告：4000吨大梁专用压机制造成功。

该设备投入使用后，汽车吊大梁一次成型质量完全符合设计要求，在以后的生产中，这台专用设备也未出现过故障。

老厂长的愧疚

李镇贵

听何惠良述说赵厂长的一段往事后，令我对他更是肃然起敬。赵厂长离休后回上海，他的工资待遇与同级别的上海离休干部相差许多。面对这种现实情况，他想到的不是个人的利益与得失，而是想到了浦沅的全体职工。赵厂长曾不无感慨地说，我对不起这些支内职工，他们是我带到湖南去的，现在我没有能力把他们再带回上海。今后，浦沅的工人退休后，他们和上海退休工人待遇会差得更多。现实情况也正如赵厂长所说的那样，浦沅支内职工的收入一般都比上海的差。许多年前赵厂长已看到这个问题，当时他也想在上海办些实事，帮助支内工人中的困难群体解决一些实际问题。由于诸多原因，老厂长的这个愿望未能实现。

但老厂长心系老百姓，我们就领情了！

1200吨锻压水压机制造纪事

沈春美

1978年9月，仅用售价十分之一的资金自制的1200吨水压机是浦沅制造史上的丰碑。

调 研

1972年，厂部为了了解各种锻机的工作性能，掌握相关的第一手资料，安排薛盘金带领蔡文珍、韩国圣、薛悦兴等人走访了上海重型机器厂。通过多次走访、参观、学习，大家基本了解了锻机的工作性能，以及对设备、场地的要求。

锻压工程师蔡文珍是合肥工大锻造专业65届毕业生，她运用专业知识，结合我厂产品的实际情况，根据缸径、立柱、活塞的尺寸计算确定了水压机的工作压力为1200吨。当时全国只有上海、广州、齐齐哈尔等几个大厂才有这种设备，而一台的价格就要1300万元。这种大型设备花钱采购是不可能的，只有自力更生自己制造。

1972年厂部正式决定：自己上马设计制造1200吨锻压水压机，成立了由薛盘金、蔡文珍、陈炬、薛悦兴、俞荣财等五人的设计小组，由蔡文珍总负责。

蔡文珍通过在四川德阳机床厂技术部门工作的大学同学，知道该厂有一台1200吨水压机。设计小组通过机械工业部开出介绍信前往参观调研，在蔡文珍大学同学的帮助下，设计小组详细地了解了水压机的结构和工作原理，还提供了不少有用的技术资料和图纸。

设 计

由于设计工作量相当大，大家作了分工。薛盘金、薛悦兴还有冷作工蔡元璋主要负责立柱、上下横梁等结构件的设计制造，陈炬负责泵房系统和液压系统设计（五个月后陈炬在完成初步设计因工作需要调技术科，由蔡仁畴、韩国圣等人接替参与设计和技术服务），合肥工大热加工毕业的李承璋负责锻造操作工具设计，俞荣财则负责电气系统设计。1200吨锻压水压机设计完成后，除大型构件由结构车间加工外，其他制造安装工作主要由设备动力科和机修车间负责。

既当好工人，又是好民兵。

觅 宝

为了节约生产制造成本，设计组成员开始四处“觅宝”，寻找可替代的零部件。薛盘金、蔡文珍、韩国圣三人到吴淞口拆船公司了解各种轮船传动轴的直径和长度，寻找合适的部件。从这里找到的零部件会被作为废旧材料出售，只要0.2元一公斤。用这种传动轴来做水压机的活塞杆和立柱最合适，而且可以省去不少热处理和金加工的费用。

薛盘金得知上钢五厂有一台大型锻锤机身躺在废铁堆里，就要时任革委会副主任的许文龙去机电一局开介绍信，到上钢五厂现场去寻找。在废铁堆里他们仔细测量锻锤的关键部位和尺寸，发现正好适合1200吨水压机的设计尺寸时，大家就像捡了宝贝一样高兴地跳了起来。

薛盘金在大连路飞虹路上看到一个完好的水压机压力缸的缸筒毛坯，一量尺寸正合适，大家甚为惊喜。此物虽放在露天也不能随便拿啊。后来费尽周折找毛坯主人，因为在那里放了五六年时间，街道派出所搞不清楚，交警还说它放在那里影响交通，于是许文龙决定用起重运输车把它搬回来了。

说来也巧，这时上海《解放日报》《工人日报》同时刊登了《上海工程机械厂工人登上设计舞台》的整版报道，报道中提及此事，没想到毛坯真正的主人上海高压容器厂找上门来。他们说，这个缸体是他们准备自制氧气瓶用的压机缸体，由于经办人员调动工作七

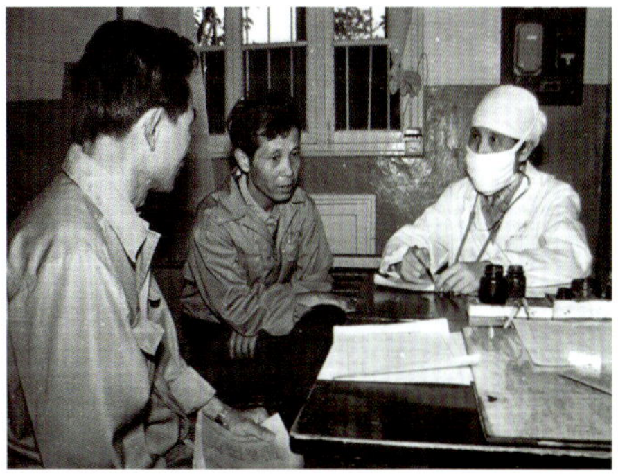

浦沅医院定期为工程技术人员检查身体。

产品测试

当年的技术科长陈励青（右）指导技术人员对产品进行测试。

对食品升降车进行安全性能有关数据的采集。

再用劲拉点，再增加点倾斜度。

八年了，没人知道这毛坯在哪里，看了报道才找到这毛坯的下落，还拿来了相关的图纸资料、加工合同及凭证。我们只好眼睁睁地看着人家将毛坯拉走了。但庆幸的是当年他们的浇铸木模还在，并答应让我们拿来用。

攻 关

1200吨水压机上下横梁、活动平台都由铸钢件改为结构件。而水压机的锻锤头和锻墩必须要用特殊的工具钢。由于没有50公分的机械切割机，只好用氧气切割。

刘财金、刘荣金兄弟俩一起上阵。他们将十多个氧气瓶串联起来，用特别粗的切割枪进行切割，点火后割嘴喷射的火焰长达一米。

切割前首先要对50公分粗的钢锭预热，由于钢锭直径太大，气割速度非常缓慢。切割至20公分后，不仅钢锭的温度高，氧气的冲击力也使人很难把握稳气割枪。

“上阵父子兵，打虎亲兄弟”，哥哥在前面屏住全身力气紧握气割枪，弟弟在后面推着他的背助哥一臂之力。时间一分一秒显得特别漫长，在旁观看的职工里三层外三层像看一场精彩的表演。厂领导潘学志、许文龙也轮流上前帮着推……就这样持续了近一小时，钢锭终于割了下来。刘财金师傅的衣服浑身都被汗浸湿了，戴着厚厚的焊接手套的双手烫出了不少水泡。

泵房系统大型阀件和管路安装是制造中的关键，由机修车间钳工一组负责。组长是赫赫有名的八级钳工葛昌宝。泵房系统中的管路纵横，管路质量直接影响到水压机的压力。特别是直径100多毫米的钢管在弯曲时不允许有太多的变形和瘪痕，加工难度很大。为了保证管路质量，葛昌宝师傅亲自出马。他凭借以往的经验在大口径钢管里灌满了沙子，加热后用手拉葫芦慢慢地热弯，直至达到安装要求，圆满地完成了任务。

这个组的黄祉嘉师傅负责大梁立柱的安装就位，底座、大梁、立柱都是由直径300毫米的对拧螺丝联结，其结合处必须要完全啮合，否则将产生整体颤抖，影响水压机的正常工作。

于是他们对螺帽的所有接触面全部铲刮至完全贴合，其工作量是非常大的。年逾六十的黄祉嘉带着胡少伯、郭爱君、赵峰等青工完成了所有的准备工作。为了要使300毫米螺帽达到紧固要求，在动力科胡滨、钱金伯等老师傅的指导下，他们采用热胀冷缩的原理，在立柱螺纹部分打直径300毫米×600毫米的深孔，安装时用电力棒加热内孔后再把螺栓放入，待螺栓被紧紧围绕冷却后再将螺帽并紧。

液压蓄能器的测试也是如此。作为水压机的主要配件，水压机的工作压力能否达到每平方厘米200公斤设计要求是关键。胡滨、钱金伯、葛昌宝等商量先对管路进行水压测试，结果压力达到每平方厘米250公斤，完全达到设计要求。

谢志明带着学徒董翠萍等负责泵房的水泥基础。为使高压泵基础达到设计要求，他土法上马用搭积木方式打磨水泥基础平面。即在水泥座机平台上，用手动方式慢慢移动旋转动力头，为了防止水泥扬尘，他们边打磨边浇水，顺利地完成了任务。

马菊仁则带着刘后秀、武健铭、杨安灼等负责阀体的研磨安装。其中最大的操纵阀，阀体尺寸达600×600×800毫米。该件的毛坯是外协的锻件，运回来后再热处理金加工，工序多技术要求高，必须每道工序精心制作，不允许有半点差错。电焊工竺道富负责全部的焊接工作。因液压管道要求高，且不允许有丝毫的渗漏，竺道富一丝不苟地完成了任务。

成 功

在整个水压机制造中，蔡仁畴、吴鸿声等技术人员经常深入生产第一线，发现问题及时指导和修改相关的技术资料，共同努力解决技术难题。钳工组还有葛仲义、张选忠、曾经建、张维勤、徐万春等一起参与了制造。

总之，在大家的通力合作下，经过5年多的设计制造，这台仅用了售价十分之一的资金自制的大型设备1200吨锻造水压机一次试验成功，并于1978年9月正式投产，满足了当时汽车吊产品大型锻压件羊角、横梁等的生产需要。

尾　声

这是一篇由许文龙、陈炬、马菊仁等1200吨水压机制造亲历者的回忆而撰写的报道。我们谨以此文向那些当年参与设计制造1200吨水压机的浦沅人致敬。

清明往事

桑成滨

有一年清明节，我们坐张熙华师傅的车去德山祭扫故人，车上坐有五六家的大小二十余人。当车快开到德山殡仪馆时，恰逢修路，不能通行，怎么办？有人提出步行，但小孩怎么走山路？而且老张下午还要出车，这可难住了老张。我因来德山祭奠的次数多，对周围的地形较熟，就与老张商量，是否走另一条能通过拖拉机的山路，但路况不太好，老张为方便大家就同意了。于是，我站在驾驶座旁，指引着路线，山路确实不好走，颠簸得很厉害，车子最终到了目的地。客车按原路返回，待车开到公路上后，大家的心才放松下来。突然，车子停了下来，老张说：操纵方向杆上的螺丝震掉了，车子不能开了。这下车上的人乱了，在这前不着村后不靠店的地方，怎么办呀？此时，我想在此坐着干等，还不如大家下车找找那震掉的螺丝。于是，我们大人们在公路上一字排开，在客车开过的泥沙公路上进行地毯式的搜索。也许是有故人们的保佑，十几分钟后，我们终于找到了丢失的螺丝钉。老张安装好后，我们一路平安回到厂里，还赶上了食堂开午饭的时间。

试制避雷车关键结构件

高林俊

1969年，机械工业部下达了为“东风三号”配套的FZ1123避雷车设计任务，这是为保证导弹发射时不被雷击所必备的军工设施。经天津工程机械研究所、七机部一院十五所、上海工程机械厂联合设计完成后，上海工程机械厂紧接着进行了试制。这是一项考验工厂综合制造能力的任务，其难度与以往的新产品均有所不同，尤其是关键部件桁架的生产。

通俗地说，避雷车相当于一根车载移动式的巨型拉杆天线，不同的是，收音机的拉杆天线可一节一节任意升缩，而这根巨型天线是通过安装在汽车底盘支架上的多节桁架，经钢丝滑轮组同步升降。我记得好像超过七节，总高有40多米，只要有一节卡住，则全部卡住，如现场发生这种情况，势必影响发射。

上海工程机械厂接到部里下达的任务后，结构件制作义不容辞地落到了金结车间冷工二组的肩上。7米多长的桁架，弯曲度仅数毫米，矩形断面的4个角垂直度容许误差也非常小，上述误差全部要由冷焊来控制实现，无法再后期金加工。如用传统方法，生产10根至少9根要报废。在曹荣根技师的带领下，多次召集冷作、电焊等工种有经验的师傅商讨应对措施。陈炬等设计人员也深入到车间，随时技术交底、现场修改图纸等。

大家深感责任重大，任务艰巨而光荣。除了对重要部位作1:1的实地放样，验证图纸及工艺的可行性，作必要的修改预案外，重点要解决冷作摆搭精度和焊接变形的可控问题。再难也难不倒久经考验的上海工人，大家都使出了浑身的解数，群策群力提出了一整套的工艺措施，车间技术人员加紧设计必备的工装。

我们采取的主要措施有：

拉紧，稳住！再量量。

测试数据。

应国家要求，浦沅厂研制的食品升降车如期交付上海和杭州机场使用。

厂里举行工人技术大比武，厂长陈励青（右）和工程师李代播认真检测工件。

繁忙的生产车间。

当年车间班组学习会。

1. 加工制作7米多长的平板。

2. 所有角钢(槽钢)不仅严格校直，还必须逐段校垂直，这是一项十分细致的工作，以前从未有过。

3. 除顶部有两根槽钢开孔拼接外，对其余采用4根角钢通过铣槽钢管焊接成型的桁架，全部通过分段安装在平板上的矩形工装器具来定位，并通过内部可调螺杆对角顶紧至矩形框架，由此来保证总长的弯曲度和截面垂直度。

4. 对每根仅数厘米钢管焊缝有规律地每次仅焊一小段，分数次完成，尽可能减少焊接造成的应力。

5. 全部焊完后，待构件冷却后再从工装中拆下等。

当然，在起重吊运等方面也制作了相应的工具来保障。完工后经实际测量，完全达到要求，直到此刻大家一颗悬着的心才放了下来。熟悉冷焊件的人深知，像这种长度轻型的桁架，一旦变形超差，要靠后期校正是相当困难的，只能靠智慧在前道工序来控制。

本人有幸参加了试制，不仅开了眼界，更领略到了老工人无穷的智慧，这是企业的无价之宝。在历次新产品试制任务，为浦沅非标设备设计、制造，在三线建设过程中，我们不能忘记这些默默无闻的工人、技术人员：曹荣根、顾乃昌、吴兆荣、谢阿林、钱加明、蔡元章、刘财金、刘荣金、朱根林……技术高超的起重师傅，有的已叫不出名字，还有承上启下的吴天鹏、柏凤鸣、胡同华、李根兴……他们的言传身教带动了“文革”后进厂的一批青工，使他们很快地锻炼成长起来。

浦沅为什么会发展如此迅速？拥有各工种配套的这样一批能工巧匠，无疑是一个不可忽视的重要因素。因为，什么也难不倒他们。

此后，不仅5套的零部件由上海工程机械厂生产后运到浦沅组装。全套的工装器具、主要生产人员均先后到了浦沅。为1970年至1980年间部里下达的29台避雷车军工任务的顺利完成创造了条件。

陈励青带我制滚刀

郑益民

1973年浦沅厂开始试制两台武陵汽车吊，一切从零开始。产品除了发动机和轮胎是配套的，其余大部分的零部件都靠自己生产。前桥靠自己锻造，羊角、汽车转向机构也要自己制造，而制造这些零部件首先要制造工模具和刀具，当时浦沅厂没有工具车间，只能在机修车间生产工模具和刀具。

转向机构是靠一对蜗杆蜗轮带动汽车转向的。其中蜗轮的加工是在滚齿机上用滚刀进行切削加工的，然而这把滚刀是需要多头而且精度等级为AA级的滚刀。这种非标刀具市场上是采购不到的。当时负责底盘工艺制造的工程师唐荣祥专程去哈尔滨刀具刃具厂订货，发现许多采购员足足呆了一个多月都没有能够订到刀具，其中有位上海女采购员因为怕订不到刀具回家无法向单位交代，就在办公室里哭了，就这样该厂破例从全年生产计划10把刀增加为11把。如果浦沅厂按照排队订货就不知道猴年马月了。

怎么办？只有自己制造蜗轮滚刀，然而自己生产蜗轮滚刀谈何容易啊！机修车间加工多头蜗轮滚刀毛坯因为分头达不到要求就报废了6次，最后只有两个毛坯可以使用。机修车间有台C8925铲齿车床已经安装有半年了，但是没有操作师傅，所以一直用塑料布封存着。

当时我就在这台设备后面操作C620车床。经常发现一个熟悉身影出现在这台C8925铲齿车床旁边，他就是技术科科长陈励青。他有时掀开塑料布看看机床，有时拿着机床说明书在琢磨着什么，有时干脆拨动着机床手柄。

由于机修车间主任王厚文曾经要我兼做铲齿车床，于是我主动迎上前去。陈励青告诉我，他在合肥工大读书时，曾经在工具厂铲齿车床实习过，虽然时间很短，但对铲齿车床操作有点印象，他想试着完成双A级蜗轮滚刀制造。他的想法得到我的响应，就这样只要陈励青来到铲齿车床旁，我就会放下手中的活，开始帮他借工具做各种准备工作。

后来陈励青带我一起研究起了机床凸轮机构，一般的工具厂凸轮是根据加工零件铲程要求去更换不同大小的凸轮，这对于专业生产的刀具厂是可行的，但是我们非专业生产刀具的厂家，不太可能备那么多大小不一的凸轮。只能靠调整凸轮机构来完成铲程大小。但是陈励青对机床的内部结构不了解，他决定把凸轮机构拆下来看个究竟。于是我就帮他借了拉模工具，陈励青把拉模上的螺丝拧进了凸轮机构销子，轻轻往上拉，然后再加重，好不容易才把销子拔出来。这时凸轮机构全部展现在他的眼前，他根据机械原理很快了解了结构，脸上露出微笑对我说，有数了，可以通过调整凸轮大小来控制铲程了。

经过他对滚刀制造标准5模数的挂轮进行计算和准备，他找出相应齿轮安装后就可以对滚刀毛坯进行切削了，但陈励青却迟迟没有动手。他离开车间时，对我说暂时不要动手。

直到第三天陈励青带来了手中的笔记本对我说，当我们毛坯切削完毕后要去热处理，热处理会产生变形，如果将滚刀竖着放入水中迅速冷却就会使螺距拉长，你现在挂了标准螺距，热处理后不是要超过标准了？以后再精加工就会加工不出来，如全部磨削出来，齿轮的厚度就会超差。昨天我到热处理车间进行了调查和分析，得出了一个结论，热处理后螺距会拉长千分之二。如何解决这千分之二的螺距，只能在挂轮上动脑筋，就这样我们在挂轮的计算上缩小了螺距。完成了螺距挂轮后，因为蜗轮滚刀是斜齿，所以还有第三组挂轮及差动挂轮组，前面两组挂轮我看到陈励青计算过，我就提出这档挂轮我试着计算，陈励青同意了。

当我试着计算安装完毕后，总觉得心里不踏实。正在一筹莫展时，陈励青要我找个划针放在刀架上，打开机床运转看滚刀的斜齿运动方向是否一直保持一致。结果试验下来有误差，陈励青笑着对我说，你计算的差动比有问题，结果还是通过他的计算，差动比与滚刀斜齿终于保持一致。

热处理完后可以进行磨削了，采用多大的砂轮直径去磨削滚刀是一个非常重要的课题。采用小砂轮磨削不动，采用大砂轮则会产生干涉，也就是没有磨完前面齿的刀背会碰到后面刀刃。陈励青采用机械制图方法，将滚刀截面展开，用砂轮直径来对应，结果得出结论直径为150毫米最合适。这天下午他兴冲冲拿着图纸给我看，让我心服口服。

实践证明用150毫米砂轮磨削是不会碰到后面刀刃的。经过磨削，滚刀终于制作完成。陈励青又拿着滚刀去了齿液车间，他走的时候对我说："滚刀磨削的角度在磨床上，我们要保留住。" 当时我还不知道啥意思？又过了几天，他拿了两根已经热处理过的转向蜗杆让我磨削，并且要求一定要使用上次滚刀保留的角度。

大约过了一个星期，在上班的路上他满脸微笑地向我走来，告诉我蜗杆与自己滚刀滚出来的蜗轮接触面角度完全一致。这说明了我们厂自制第一把非标刀具完全合格。

几个月后我被厂里送到上海工具厂进行铲齿车床培训。陈励青对我说："你现在去学习这是有的放矢，可以更加深刻地学到一点东西。"

在上海工具厂培训的日子里，有一次与师傅谈到我们曾经自己制作过双A级蜗轮滚刀，开始师傅有点诧异，后来听我说了全部过程，师傅笑着说，做过双A蜗轮滚刀的人已经是师傅了！

为了浦沅的明天，狠抓质量管理。

全面质量管理办公室是浦沅质量管理的权威部门。

充满自信的QC成果发布者。

急送产品武陵吊

胡精钢

当年的浦沅长沙中转站。

汽车吊调试试验再加码。

汽车吊的表演，令人叹为观止。

1974年年底，按照当时的国家计划，首批4台8吨汽车吊满载着全厂2000多名职工的期待与厚望成功地下线了。4台吊车需全部急送北京，除一台内定直送一机部参展外，其余3台由部里统一调配。

当时厂部将这项任务交给了我们供应科的汽车运输队。车辆调度潘学忠同志因此犯了难，有驾驶经验的司机全部到济南接黄河底盘去了，一时半会赶不回来，队里只留下我们刚考取驾驶证的4个小青年。产品急运北京的事又耽误不得。老潘权衡再三，最后决定大胆启用我们。当我们接到这个通知时，格外兴奋。那时，我们才20多岁呀，正是意气风发、踌躇满志的阶段，谁不想用自己学来的本领，好好为三线建设增砖添瓦，实现自我价值呢。然而，我们心里也清楚：对我们这些新司机来说，这不是一般的运输任务。首先，责任大。运输途中，产品不能有丝毫的闪失。稍有刮擦，产品质量就要打折扣，工厂的形象就会受损。万一出了事故，损失和影响就更大。要将这4台产品车送到长沙铁路北站，全程200公里，路面较窄，途中还要轮船摆渡过沅江、资江、湘江，处处有难度，时时有风险。但“不经历风雨，何以见彩虹！”我们4人聚在一起，就行车中可能发生的问题进行分析，并制定出解决方案与措施。只许成功，不许失败！为此，我们分头做了极其充分的各项准备。

第二天，天气特好。早上4点半，我和熊长康、唐爱生，一同去家属宿舍邀来了余福昌。余比我们长几岁，是我们这次急送产品小分队队长。来到汽车队，我们又将各自驾驶的车辆仔仔细细地检查了一遍。

听到队长“出发”的一声令下，我们跃上车，启动马达，打开车灯，起步前行，4台武陵吊缓缓驶出了厂大门。按照昨日的排序：熊长康走第一，唐爱生行第二，我排第三，队长余福昌兜底压阵。一切都很顺利。我紧紧地跟在唐爱生后面。车灯照耀着前车尾部的配重块上，凸出的“中华人民共和国制造”9个大字格外亮眼。我的手稳稳地握着方向盘，“浦沅工人”的自豪感油然而生！

5点半，吊车在常德青年路渡口顺利过了沅江，6点半车队通过了太子庙，东方渐泛鱼肚白时，我们已经到了益阳资江轮渡口，100公里的路程一路顺风，我们心里暗自高兴。此时渡船正好在北岸空载等着，熊长康、唐爱生见状，喜出望外，一脚油门猛加，将两台车并排停在船头。我一看是条小渡船，估计我与余的两台车上不去了，但船工好像故意要考验我们浦沅人的技术似的，非要我开上船。这种场合，我想：无论如何不能丢浦沅厂的脸！我叮嘱自己一定要胆大心细。我打开大灯，向左打方向上得渡船，又向右猛打方向，见缝插针将车稳稳地斜停在船尾。我关闭大灯，开启小灯，走下车来查看停车情况。我看到右后轮还在船的跳板上，就找来三角木，将车的四个轮子都塞上了三角木才放心。我们的产品和我们3个人的行为都被渡船上的船工看得仔细，后来他们听我们说滞留在北岸的那台车是赶火车去北京毛主席身边的，就毫不犹豫专程开空船把余福昌开的吊车接了过来。

为了节省时间，赶前不赶后，余队长不同意我们去尝益阳特色小吃猪血汤。于是我们每人买了两角钱的水饺，囫囵吃了起来。虽然没有喝上猪血汤，但大家对2个小时完成了任务的一半还是特别开心的。记得我们有个驾驶员吃完水饺后一高兴，还哼起了儿歌“我是汽车小司机，小司机……”逗得服务员和吃水饺的人都笑了。早餐后车队继续前行。但这后来的事情就并非想象的那么顺利了。

车队刚行2公里，在一个上坡的路段上，我发现一辆5吨的解放牌货车以极快的速度加惯性直接朝我们车队放坡下来。那时的公路宽一般只六七米，我生怕吊车被撞，急忙将车向右边拉，结果经验不足，多拉了点，致使吊车右前轮偏离路面而陷入黄土里二三十公分。好在我车速不快，路边也无障碍物，吊车完好如初。

我是买票“专业户”

刘美丽

当年支内期间，购买去湖南的火车票是比较困难的，一人限购两张。每当有人要去湖南，支内办就会通知我，我成了买票专业户。因为我家就住在永胜路人民路，买票的队伍排过永胜路也就到了我们家门口。当时接受这个任务我觉得很光荣，因为能为三线建设贡献一分力量，再者又能享受第二天休假一天的待遇。我父亲是个老党员，每次厂里的人通宵排队买票，坐的小凳子都是我家供应的。他也觉得好光荣，父亲会把家里的小凳子都搬出来给买票的人坐。每次晚上排队，我爸爸不放心我，一晚上要下几次楼来看看我，其实他比我还辛苦，但他觉得是应该的。可是做梦也没想到，后来自己也走上了这条光荣之路。我父亲得到这个消息后，也为女儿能参加三线建设而感到光荣。为了让我能安心在外，他让我连同户口一起迁走，断了我的后路。我当时心中确实很难受，那又有什么办法呢？我有这么一个思想进步的老爸，只能无条件地服从。

武陵吊笑傲塞北沙场

向少勇

1985 年10 月中旬的一天，我在长城之外的一个小火车站下车后，独自提着沉甸甸的行囊，顶着往颈脖里直灌的大风沙，径直朝机械工业部试验场走去。

以厂质检部主任郑德康同志领队的我厂QY12 型汽车吊试验组一行八人，已于上月下旬驱车来到这里。现在，正在接受中国起重机公司、长沙建筑机械研究所、机械工业部试验场联合组织的QY12 至20 型汽车起重机的集中考核。

近20 天时间过去了，时令已至深秋，陈励青厂长等领导担心在试验场工作的同志着凉，特地委派我送去衣物。这里地处塞北，空气干燥，气候多变。试验场被燕山余脉的群山环抱着。试验场离厂2000 多公里。我的突然到来，使同志们感到意外和高兴。老帅傅土忠浩曾远渡重洋援外去过非洲索马里。见到我后，风趣地说：“热烈欢迎祖国的亲人！”一句话把大伙全逗乐了。我笑着对大家说：“厂长和全厂职工让我向各位师傅问好！”大伙高兴地异口同声：“谢谢厂长和全厂职工，我们一定好好干！”当看到棉大衣时，有的同志感动得眼圈都湿润了说：“这真是雪里送炭啊！”

我厂QY12 型吊车在胜利完成3200 次起吊循环试验后，厂里发来电报表示祝贺：“厂党委对你们的工作表示满意，希再接再厉，创造更好成绩。”厂党委的关心、爱护与鼓励，使试验组的同志们干劲倍增。

试验组是一个团结奋战的坚强集体。他们八个人自从来到试验场后，每天都是起早摸黑，吃饭轮班，不分晴天雨天，每天坚持在野外作业14小时。从他们的试验记录上可以看到：9 月25 日，最低气温已是1℃；9月27 日下午，下过半小时的大雨加冰雹。气

“连中三元”赛场上的功勋团体

1989 年浦沅厂参加全国 8 吨汽车起重机行业评比的工作人员。

1990 年12 吨汽车起重机行业评比，浦沅厂派出了精兵强将。

1991 年 16 吨汽车起重机行业评比，浦沅厂有一支特别能战斗的队伍。

耸立在办公楼前的硕大标语牌格外醒目，16个大字是浦沅厂的质量准则。

宣传“质量第一”的标语牌，在车间比比皆是。

展销会上，产品宣传牌也别具一格。

候的突变，加上水土不适，贾迎春、夏子元两同志感冒发烧，郑德康同志的牙痛、胃病又发了，华柏林曾经受伤的左臂隐隐作痛，八个人竟病了四个！然而，他们却咬着牙，互相关照，互相体贴，互相勉励，终于挺了过来。

国庆和中秋，他们除了强行“命令”家住北京的贾迎春同志回家过节外，其余七人都照常上班。节假日期间由于食堂只开两餐，不得不买苹果充饥。塞北的寒风吹皱了他们的双手，深秋的骄阳晒红了他们的脸颊，交通的不便，更给生活上带来了诸多不便和困难。苦吗？确实很苦！然而，他们却说：“苦中有乐！”“乐在何处？”我问。郑德康、贾迎春、吴世伟说：“工作进展顺利，使人惬意！”王义新、夏子元、华柏林说：“最使人放心的是3200次12吨重载循环圆满完成！”老师傅王忠浩、胡炳涛说：“整机至今未渗半滴油，我们开心死了……”啊，好一个为“武陵”腾飞而团结奋战的坚强集体！

我站在试验场上，目睹着我们的“武陵”吊与北起、沈阳等兄弟单位的产品一起接受着考核。随着马达的轰鸣，看到的只有同志们的辛勤而细致的工作和巨臂驯服的循环起吊，我心里感到甜滋滋的。在用油布盖起来的简易临时工棚里，王义新倒上一杯水递到我手里，笑道：“敬您一杯塞北大曲！”我也给他倒上一杯：“预祝胜利，干杯！”大家都会心地笑了。

归途中，我想：这恶劣的气候，这狂卷的风沙，这严格的规范要求，这精密的自动化测试仪器，对我们的“12吨”固然是个最全面的考核，然而，这对我们浦沅人不更是最严峻的考验吗？浦沅这块英雄的土地上，一代代新产品在横空出世，一代代新人在茁壮成长。“武陵”牌12吨汽车起重机8500次可靠性起吊即将接近尾声，我期待着塞北传出胜利的喜讯。果不然，当我回到厂里，北京传来消息：浦沅12吨“武陵”吊已顺利通过了整机测试。

特色的标语牌

熊株陵

到过浦沅总厂的人，一定会对办公楼前那硕大的标语牌留下印象：56平方米的巨型标语牌耸立在鲜花绿树丛中。“宁可少造，决不滥造，宁可返工，决不冒充”16个大字格外醒目，这就是浦沅总厂的质量准则。这16个字的来历，有一个浦沅人个个熟知的故事。

1987年6月，结构车间为一批材料的回用问题与质检部门发生了尖锐冲突。“官司”一直打到厂长陈励青那里。陈厂长了解事情原委后，立即在“回用单”上写下了那16个字。在后来的职代会上，它被定为工厂的质量准则。

浦沅总厂的质量准则从字面上看很土，但通俗易懂，朗朗上口。更重要的是它针对企业的质量管理中最突出的质量与数量的关系和不讲职业道德、弄虚作假这两大难题，给每位职工一条操作性极强的标准。

——1989年4月，一根有质量缺陷的传动轴被装上即将出厂的吊车，当发现这个问题时，汽车吊已开至长沙，装配车间主任带领钳工连夜赶去，换上新传动轴，用户深为感动。

——1991年12月，工人们在生产中发现一批HQ70C钢材有断裂现象，经厂计量中心检测为材质不合格，厂长亲笔签署这批三万余元的材料报废，自己承担损失。

浦沅人在质量准则标语牌下，演绎出一个个真实的故事，为这16字“准则”赋予了强大的生命力。

其实，浦沅总厂的质量准则并非只是应付突发事件的“灭火剂”，真正的意义还在于它是企业优质生产的催化剂。

厂部组织的质量巡视队是工厂质量管理的执法者。

它在工厂的生产管理中至高无上，具有一票否决权。1993年3月，质量巡视队在例行的检查中，发现产品结构件上电焊飞溅物没有清除干净，于是有关厂长、部门车间负责人均被扣罚奖金，并张榜公布。

但是，质量管理绝不是惩罚的代名词。由主管厂长带队、各部门负责人组成的现场服务队在车间留下的足迹，成为工厂内“管理就是服务”标牌的最好注解。

1993年，浦沅总厂对质量管理体制实行了重大改革，在部分车间试行取消工序检验，实行最终全检。他们坚信，质量是做出来的，而不是验出来的，最重要的是要把质量准则的标语牌树到每个人心中去。

于是，质量准则标语牌化作了小巧的“免检工人”标牌挂在了机床边、钳桌旁，这是对工人职业道德的褒奖，也是对其技艺的信赖与赞赏。

质量准则已成为浦沅人“优质致富”的法宝，也演化为企业实实在在的财富。

伊朗一位客商参观完浦沅后说，原来我准备在中国多看几家，看了浦沅后我不去别处了，浦沅的产品我信得过！

浦沅总厂生产的8吨、12吨、16吨汽车起重机在1989年至1991年连续三年的全国同行业评比中，三次稳居榜首，获得三块国家银牌。浦沅人骄傲地把“连中三元，唯我浦沅”的自豪，展示在全国各地的广告牌上。

1992年，浦沅的16吨汽车起重机获“92消费者信得过国产车金奖”的称号。浦沅是全国同行唯一“金榜题名”的企业。

连中三元

浦沅汽车吊在南极

陈立祥

浦沅人被选进了中国南极考察队。

2001年12月7日早上7点，国家海洋局极地办就来车接我们去机场。当时，我的心情无比激动，能有幸成为中国第18次南极考察活动的一名队员，在中国的12亿多人中，也只有2000多人能拥有这种幸运。我心里默默在想，我是代表中国、代表浦沅，绝不能给我的国家和企业抹黑丢脸。

把南极与浦沅联系起来的是我们的浦沅牌汽车起重机。上海宝钢给中国南极长城站捐赠了一座400平方米的发电楼，国家海洋局极地办在采购招标中，浦沅牌16C汽车起重机一举中标。我作为汽车起重机的驾驶、操作、维修人员被派往了南极。

浦沅汽车吊在南极。

南极之行，非同寻常。行前的准备工作是紧张而缜密的，唯恐有“万一”的疏忽或差错给将来的工作造成影响。

集团公司对此项任务也高度重视，对车辆进行了精心的调试与维护，增加了低温启动装置，更换了进口的耐低温润滑油。2001年9月1日，我驾驶16C汽车起重机前往上海宝钢。我和宝钢的同志花了20天的时间，对400平方米发电楼的主体厂房进行了预组装，确保南极施工的万无一失。在此期间，我也对汽车吊磨合期内的一些问题进行了处理。

和谐的南极，企鹅列队欢迎浦沅人。

此刻的我似出征前的战士，有一种冲动，一种渴望，还伴有一丝隐隐的焦虑，我恨不得一下子飞到南极……越到此时，我越是不停地告诫自己，准备工作一定要做得充分、充分、再充分。我不时地把准备随身带往南极的《液压原理》《发动机维修》的书翻一翻，捧上它，我的心里似乎又踏实平静一些。

伟大的出征时刻到了，我的一生都会永远记住这

南极，浦沅人来了。

武陵武陵　神州风行（漫画）（李新又作）

力与美的构图。

个日子：2001年12月7日上午10点45分，我们12名队员，包括站长、站长助理、医生、厨师、水暖工、机械师、电工等建站的站务人员和另外几名南极站越冬队员，乘坐法国航空公司的飞机准时起飞。飞机掠过蒙古的乌兰巴托，穿越莫斯科的朗朗晴空，在我的手表指向21点40分时，我们到达法国戴高乐机场。在巴黎我校正了手表，当时是巴黎时间12月7日14点40分。

接下来，我们便是不停地转机，飞行。从巴黎飞到阿根廷首都布宜诺斯艾利斯，再转机飞到智利首都圣地亚哥，再乘坐飞机到离南极乔治王岛最近的城市蓬塔。到达旅社后，由于连续长时间的飞行，每个队员的腿都肿了，连走路都困难，但没有一个人叫苦。

大约在12月14日13点多钟，我们乘坐的智利军用大力神运输机降落在乔治王岛上。刚出机舱门，一股强劲的风便把我吹走了四五米才站住脚。南极人说，这是南极常刮的风，他们称之为“气旋”。

刚踏上南极，老天爷便给了我一个“下马威”，我知道更大的考验还在后头。当时正是南极的夏天，气温却是零下10℃。

人说，到了南极，找不着东西北，全都是南。在南极，还找不到四季，一年之中，南极只有冬夏两季。夏季是头一年的12月15日到第二年的3月12日，其余全是冬季。

我们这次的任务就是要在南极短短的夏季里，完成“宝钢楼”的基建安装任务。

12月17日，中国科考船“雪龙号”到达南极。“雪龙号”拉响汽笛向祖国的亲人们致意，我们兴奋得欢呼雀跃！

我们的汽车吊是首批转运上岸的物资，当看到那我熟悉得不能再熟悉的红白相间的汽车吊从“雪龙号”上缓缓吊下时，我的眼睛不禁湿润了！浦沅吊的身影能出现在这冰天雪地的南极是多么的不容易啊！一代又一代的浦沅人为之奋斗，才铸就了它的钢筋铁骨。现在由它代表浦沅，让它在南极一展风采，这是何等的荣耀与幸福。

我把出发前新买的海鸥照相机递给身边的一位同伴说，给我们的汽车吊照张相，要全景！我一边说，一边跑向缓缓驶来的驳船。

我一个箭步跳上驳船，拉开车门，跨进驾驶室，稳稳坐定后，轻轻揿了一下喇叭，我默默念道：南极啊，南极，我来了，浦沅人来了！

南极的夏天本来就没有什么白天黑夜，太阳刚刚落下去，两三个小时后又升上来了。

记不清日子是几月几日，也记不好今天是什么天气，南极的一年无四季，一天之中却有四季。

在南极每时每刻都离不开“霜”。太阳出来了，要赶紧在裸露的脸上涂上厚厚的防晒霜；天阴了，又要赶快抹上防冻霜。南极的风，用什么样的词语形容都不过分；南极的寒冷，怎么样形容都难达其意。先说冷，假如你将半截手掌在海水里浸泡一下，马上你会感到小臂的骨头都刺痛！再说风，我记得刚进入南极时，我们树起了一面大约80毫米宽的标志旗，没有多少天，这面旗子被风“吹”得只剩20毫米宽的布条条了。

就是在这样恶劣的气候条件下，我们全体考察队员，团结一致，与天斗、与地斗、与冰霜雨雪斗，每天正常工作12小时，遇上好天气，就连轴转，饿了去吃点饭，实在困了，睡上一会，爬起来又干，最多一天干到十七八个小时。由于天气原因，“宝钢楼”原计划120天的任务要压缩在80天之内完成，紧张的程度可见一斑。

远离工厂，远离了同志们，我对日夜陪伴我的汽车吊丝毫不敢掉以轻心，只要一有空，我就会仔细地去检查维护吊车。

我们的吊车起吊一吨左右的重物时，南极的飓风常常会把钢丝绳从两块挡板中刮出来，令人瞠目结舌。

我慎之又慎地操纵着吊车的每一次起落，慎之又慎地控制着吊车的每一个回转俯仰！我知道南极这样的工作环境，不仅是对我们汽车吊的考验，更是对浦沅人素质的严峻挑战。在南极的3个多月的时间里，从“雪龙号”上卸下800多吨物资，在“宝钢楼”的房屋吊装和设备安装之中，我保证了100%的出车率，100%的安全生产。

2002年元旦，站长宣布放假一天，我们心里别提有多高兴。来到南极这么多天了，还不知道乔治王岛到底有多大，周围是个什么样。长城站的伙食每餐虽然都是四菜一汤，但变不出什么花样，由于运输、保管困难，长城站吃的都是速冻食品。为了保险起见，长城站一般保证有三年的食物储备，我们吃的还是1999年的罐头，好在南极无污染，又是个天然大冰箱。只是为难了厨师，巧妇难为无米之炊，“洋葱炒洋鸡蛋”是长城站的第一道名菜，土豆一年吃到头。

我们匆匆吃完早餐，便迫不及待地开始了拟议中的“南极一日游”。

那天天气特别好，平日无暇欣赏周围的美景，今日发现南极也有它极温柔的一面：

天空是碧蓝碧蓝的，蓝得那么清澈；白云是雪白雪白的，白得那么纯洁，世界上只怕很难找到如此清朗透明的天空。

远处的冰山晶莹剔透，眼前的海水湛蓝湛蓝，这可真是一块人间净土和乐园啊！

我们几个人在南极这块空旷纯洁的土地上奔跑着、跳跃着……脚下虽是一片砾石，但也感觉不到它的荒凉，海风一阵阵吹来，也丝毫感觉不到它的寒意。

南极，像一位饱经沧桑的老人，以博大的胸怀，迎接着我们这群炎黄子孙。它不断给我们以惊喜，不断给我们以兴奋：那一群群绅士般的南极企鹅齐刷刷地站立在那里，像是请求我们检阅；那硕大的海狼懒洋洋地在晒太阳，它知道我们这群来访者不会对它造成任何伤害；海豹快乐地在海里嬉戏，享受着它们作为南极土著居民的快乐与安宁……

我静静地坐在一个小山包上，点燃一支烟，悠闲地欣赏着这大自然与动物和睦相处的美景。记得考察队在北京出发前，国家海洋局极地办的领导曾专门组织我们学习《南极条约》，要求我们增强环保意识，爱护南极环境，保护南极动物。我们不敢打扰这些南极的土著居民，只是以它们可爱的身影作背景，把这一切都无声地定格在胶卷上。

我掐灭烟头，顺手放进衣服口袋里。不能乱扔垃圾与烟头，是南极人严格遵守的规定。我们所有的生活垃圾都经过焚化炉处理，烧不掉的还要求带回大陆。吊车在施工中偶尔滴落的油滴，我也要仔细擦干净。保护南极的圣洁是人类的责任，也是文明的标志。

顺着山坡下来，只见眼前一泓清水，同伴们说这是长城站的同志称为“西湖”的又一名胜。只见两山之间有一块洼地，山上的雪融化后，都流到这洼地便成了“西湖”。由于水深，“西湖”冬天也不结冰，南极长城站的生活用水全部取自这里，它成为长城站的“生命之泉”。

南极天气，说变就变。突然一阵雨夹雪袭来，我们只好早早结束了这“南极一日游”。回到长城站虽然个个淋得像落汤鸡，但心里却美滋滋的……

1月3日我受站长委派，前往智利站支援。当时正是我们吃晚饭的时候，我毫不犹豫地开车前往，一直干到晚上11点，我才饿着肚子，拖着疲倦的身子，开着吊车“回国”。

南极这块土地上是一个国际大家庭，为了和平利用南极，不同国籍不同肤色的科学家走到了一起。据我所知，在南极乔治王岛上，智利、俄罗斯、韩国、乌拉圭、捷克等国建有南极考察站。平日，各国的科学工作者和睦相处，空闲之际，大家相互走动，串串门子，我们把这称为“出访”。长城站曾安排了考察队员多次到各国考察站出访，我都因为吊装任务忙而放弃了。

去智利站支援时，我的心情就像初登南极般激动。我知道，这次我是代表中国前往，决不能给中国人丢脸。我把吊车仔细收拾整理好，特意用回丝擦干净了

从国外引进的先进管理理念在浦沅生根开花了。

高点引进的“全路面”起重机，让大家耳目一新。

上世纪80年代初，浦沅厂领导高瞻远瞩，确立了赶超世界先进水平的目标。

提高全员素质，加强全员质量培训。

产品质量从设计源头抓起。

王万达（后排右一）和师兄弟送薛悦兴师傅（前左）奔赴三线。

吊车上的“浦沅”标志，我要让我们的吊车容光焕发去执行国际任务。坐在驾驶室里，对着反光镜，我整理了一下服装，把防寒服上“中国南极考察队”队标上的脏物擦净，雄赳赳地向智利站进发。

这次到智利站是帮助吊运8个集装箱，集装箱堆码在沙滩上，我想方设法垫好吊车，开始起吊。智利站没有汽车拖运集装箱，我只好用吊车将8个集装箱一次又一次地往前挪动，像蚂蚁搬家似的，一共挪了五次，马不停蹄地干了四五个钟头。临走时，智利站站长热情地拥抱着我，伸出大拇指说：China　Ok！听到这句话，我比什么都高兴，因为他们赞扬的是我们中国，我为此而骄傲自豪。

我还曾前往俄罗斯站帮助吊装4个大油罐，因为在乔治王岛上，只有我们一台汽车起重机。起吊大型设备，我们浦沅汽车吊责无旁贷。在南极这片土地上，浦沅汽车吊是一位友好的和平使者。

3月8日是南极长城站宝钢楼竣工交付使用的日子，也就是说我们浦沅汽车吊的工作也已完成。望着那高高耸立着的蓝色的宝钢楼，我如释重负，浦沅交给我的任务，我完成啦！

宝钢楼里面包括发电机房、多功能活动厅、淋浴房等，室内恒温18℃，温暖如春。从风雪交加的野外一钻进宝钢楼，便感到了家的温馨。

随着离别南极的日子越来越临近，一种眷念之情日益凝重。我趁着较空闲的时间，像对待自己的孩子般仔仔细细地给吊车进行了一次“体检”。望着陪伴我度过了3个多月的吊车，我感慨万千。经过两万多公里的越洋跋涉和极地风霜雨雪的考验，我们的浦沅吊依然神采飞扬：镀铬件依旧光亮如新，油漆也未龟裂或“脱皮”，整个动力系统和液压系统运转正常。唯一不足的是“两室”防水性能不够，高压油管出现老化现象……我轻轻拍打着车头，从心底里说道：谢谢你啦，老伙计。

3月11日，我郑重地把保养一新的浦沅吊交给了一位在南极越冬的机械师。我记下了这台16C汽车吊的编号：1805号，2001年8月制造。

再见了，浦沅汽车吊，你将作为浦沅人的忠实代表，永远地留在南极，为人类服务！

再见了，1805号浦沅汽车吊，我会在梦中想你的……

（执笔：熊株陵）

满师之日去三线

王万达

我清楚地记得，1970年11月15日公布的去三线光荣榜，第二天就是我三年学徒满师的日子，榜上有百把多人，我有幸榜上有名。

当时因热区锻压设备还没到位，锻工的一大批人都到上海大隆机器厂培训实习锻压大设备操作技术。其间，支内办公室组织我们暂留人员帮助先去的同事打行李包，还通宵排队买火车票（那时候几十个人一起走是不那么容易的事，一人限购两张票）。我和周华、周民兴、陈德胜一起在人民路售票处通宵排过几次队。周民兴、陈德胜他们席地而坐，汉界楚河摆战场；我和师兄夜游城隍庙，九曲桥扶栏聊天。那时兴搞“三结合”，工人阶级参加上层建筑一起搞浦沅建厂的工艺设计。我师傅薛悦兴参与的是热区锻造部分的车间厂房和设备配置等相关工艺设计。在我学徒的三年里，他真正带我们“学生意”一起干活的日子不多，印象中总共也不会超过二三个月，我们的锻造操作技术基本上是跟着“郁大师”（即郁新）一起干活学的。记忆中师傅是在1969年底一个人先去的湖南。当时送他，我们师徒还一起在火车站（老北站）的红旗照相馆合影留念。

"1050"汽车吊试制成功

熊株陵

1990年1月12日，试制车间的工人精心地把从德国引进技术生产的"1050"汽车起重机收拾利落，像打扮自己的孩子一样，细心地在吊臂上喷上"浦沅—利勃海尔"字样，满心欢喜地燃放着鞭炮到厂部报喜。

鞭炮在晴空里炸响，引擎在阳光下欢唱。许多科技人员和老工人的眼睛湿润了，望着那庄重的"浦沅—利勃海尔"标牌，他们想起了那些为赶超世界先进水平、为中华争光、为企业争"牌"的日日夜夜。

1983年，陈励青厂长在一份外文杂志上看到一条简讯，说国外正在研究一种新型汽车起重机，它的名称翻译大意是"所有路面都适应的移动式全驱动"。陈厂长眼睛一亮，我们应该抓住这个信息，从现在开始研究和引进这种新型汽车起重机。

1986年，引进工作进入实质性谈判阶段。精细的浦沅人又捕捉到了最新信息，德国利勃海尔公司又研制出一种新产品"1050"。究竟是上原先拟定的"1045"，还是上最新的"1050"，浦沅人面临一种两难选择。

上"1045"有诸多有利条件：方法技术比较成熟，资料齐全；我方人员业已培训过……

上"1050"困难显而易见：对方资料尚不齐全，我们连样车都未见……但"1050"属高科技产品，引进后可使我厂新产品开发跟上世界新潮流。

浦沅人决定，上"1050"。干！就要干最先进的！利勃海尔公司听说后不无钦佩，他们说中国还没有一个厂家像浦沅起步这么高，步子迈得这么大！

"1050"造出来了！浦沅人在没有任何外援的情况下，"1050"一次试制成功！

浦沅人成功了！1990年4月19日，利勃海尔公司的代表赫勒先生在"1050"质量合格证上签字。他说，用户应为能使用这种牌子的汽车起重机而荣幸！

浦沅人骄傲地向世界亮出了"浦沅"的牌子：中国人也能造世界一流的吊车！

浦沅人引进一台"1050"，得到的是一整套全路面汽车起重机的设计制造技术。随后，具有世界先进水平的"1025""1035"都已在制造之中。

浦沅总厂以赶超世界先进水平的雄心壮志，不断充实完善着"武陵"标牌下的系列产品。工厂的产品从1984年前单一的8吨、12吨汽车起重机发展为现在的3吨—120吨系列产品。近几年，随着国家经济建设的发展和需要，他们又迅速向市场推出混凝土搅拌输送车、混凝土泵车和桩工及高空作业机械两大系列产品。

1992年，浦沅总厂和湖南建筑机械研究所共同承担了国家重点科研攻关项目——桥梁检修车的立项和调研。

1993年，工厂又从南非引进并共同再开发了MITRALIFT集装箱自卸车，产品返销国外。

浦沅总厂新产品的开发已瞄准了世界最前沿。

"1050"全路面汽车起重机。

高点起飞，为中华争光。

参与试制"1050"的技术人员和工人们在产品前留影。

浦沅厂庄春根副厂长（前右二）陪同湖南省陈邦柱省长（前右一）参观"1050"。

技术含量高的“1050”令人驻足。

湖南省机械厅厅长黄卯生（前右一）参观“1050”后喜形于色。

湖南省有关领导参观“1050”。

再创业的岁月

张广制

为了企业的生存与发展，决策者们高瞻远瞩，浦沅厂与长沙市新中机械厂跨地区联合，进行战略重心大转移，成立了浦沅总厂长沙起重机分厂，开启了再次艰苦创业的征程，让浦沅制造和营销上了一个新的台阶。

浦沅的创业精神就是不等、不靠，没条件创造条件也要上。为了发扬与传承这种精神，为了使浦沅长沙起重机分厂结构车间尽快地上马，总厂抽调了以黄明辉、胡天鹏、蔡元璋、潘安、陈建忠、张广制等一批精兵强将，肩负传、帮、带的重任，于1985 年先期调往浦沅长沙分厂。我有幸成为这其中的一员，参与和目睹了浦沅二次再创业，从无到有，从艰辛到辉煌的历程。

浦沅长沙起重机分厂前身是长沙市新中机械厂。我进分厂时，结构车间刚成立。由于新的结构车间厂房还在基建中，车间行政办公、产品生产都挤在原新中机械厂装配车间场地里，其中三分之一处用帆布围了一下，就权当制作工区。当时的生产设备只有一块冷作摆搭平台，几台从常德搬来的电焊机。就是这简陋的生产场地和生产设备，在新组建的结构车间领导班子的带领下，干群一条心，拧成一股绳，承担了8吨汽车起重机上车结构焊接件的试制任务。

上车吊臂、转台体两大关键结构件的制作，是我们面临的最大难题。生产汽车吊必备的钢板校平机、吊臂方箱自动电焊机都没有，按常规必须解决了这些问题才能生产。怎么办？干！不能等。咱们都是工人出身，都能挥大锤，手工校平就能解决难题。

校吊臂板料的那天，管理组的干部基本上都到了现场。为了保证钢板外观质量，大锤不能直接砸在钢板上，不能有锤痕，我们采取了工艺保证措施。这样挥大锤的难度增加了，劳动强度也非常大，可是大家毫无怨言。特别是车间干部黄明辉、胡天鹏及技术组蔡元璋虽多年未抡大锤了，但基本功还在，挥起锤来仍不减当年。他们带领着一帮青年工人，一锤接一锤，指哪儿打哪儿。在干群同心协力下，我们完成了吊臂钢板校平任务，再现了浦沅的“蚂蚁啃骨头的精神”。

吊臂摆搭方箱成形后，立即转入下道电焊操作工序。由于手工焊接达不到质量要求，电焊技术骨干陈建忠奇思妙想，利用轨道自动行走气割机，设计了一个焊接行走工装，创造了条件，把不可能变成了可能，解决了电焊焊接问题。

“边基建，边搬迁，边生产”。这是浦沅建厂初期的方针，在长沙起重机分厂得到了很好的传承。

原长沙新中机械厂是一个老厂，只留下了像样一点的装配车间。原结构车间、金工车间及配套设施都要推倒重建。所有人员、生产设备都挤在两处陈旧而昏暗的老厂房里。原新中厂的员工们在一批浦沅人的带动下，携手共进，焕发出了新的活力。他们出色地完成了8吨起重机试制、整机出厂和总厂下达的配套任务。

记得1986年初，分厂结构车间刚完成基建厂房，什么设施都未安装，我们就开始了搬迁，同时进场的还有浦沅总厂机修安装队。有了新的厂房，8吨吊也试制成功，分厂决定上批量，但结构件制作设备还是没有，机修安装到位还要一段时间，加上当时冷作、电焊操作工都是原新中机械厂转行的员工，操作技能还需要巩固提高。还是那句话，没有条件创造条件也要上。生产效率低，加班加点是常事，特别是机修安装队比我们还急，为尽快使设备及时安装到位，上班比我们早，下班比我们晚。这样边生产、边安装的场景，现在回忆起来真的是难以忘怀。

随着时间的推移，我们在机修安装队的支持下，克服了种种困难，完成了钢板校平机及其他设备的安装工作，为走向批量生产创造了很好的条件。

我的合理化建议获一等奖

张广制

1984年，浦沅厂工会组织了“为浦沅腾飞合理化建议大奖赛”，我满腔热情地参与了那次大奖赛活动并上交了三份合理化建议。

记得有一天，我走在上班的路上，总师办潘景荣师傅笑容满面地告诉了我一个好消息，你的合理化建议获得一等奖。

上班不久，车间主任胡同华也对我的获奖表示祝贺，他说，恭喜你，你搞的那个工装写成的合理化建议获得了大奖赛一等奖！主任还嘱咐我要准备好在会上发布这项成果。

我是做工的，平生从未上过讲台，何况要面对的还是厂里有关的领导、评委、技术部门的专家，还有同行们，说实话那比我写合理化建议要难得多。这是一件没有退路的事，我真有点被逼上梁山的感觉！

我思考了好几天，仔细认真地做着准备。这次大奖赛我获得一等奖的项目是“12吨汽车起重机活动支腿一次性摆搭成形焊接工艺改进”。为了便于讲解，我做了两项准备：一是绘制了一张活动支腿一次成形冷作摆搭模具工装示意图，二是写了活动支腿冷作原工艺操作现状、工艺改进可行性分析、摆搭焊接模具的构想与设计、模具的制造过程与使用以及讲解的发言提纲。

发布会安排在厂办公楼里面的会议室里，那张示意图就挂在发布会讲解台上。

我在发布会上根据示意图，详细讲解了活动支腿冷作工艺操作工艺改进、摆搭模具的设计、制造过程和操作使用方法，以及投入生产后能大量地简化工序和提高效率的情况。讲解大约进行了50分钟。最后与会的领导、评委和同行们，对我的合理化建议给予了充分肯定和比较好的评价！

我从事冷作工艺操作已经十多年了，主要担负汽车起重机底盘部分结构焊接件生产，对活动支腿结构焊接件生产的全过程有着细致、深入的了解。在冷作工艺操作时我也经常喜欢搞点小摆搭模具，这样做事快，质量好。我还参加过厂里业余理论知识培训班，学会了机械制图。根据十多年生产的经验，觉得自己动动脑筋，想想办法，有能力解决上述生产中的这些问题。

我认为机会往往是留给有准备的人的，一次偶然获奖背后，必然存在着获奖的基本条件。回忆在浦沅这个充满激情，拼搏向上的集体里，我秉承对工作惟技惟实的精神，扎实练基本功，吃苦耐劳，勤恳好学，凡事爱琢磨，做事认真仔细追求完美。特别是在参加厂部举办的各工种理论知识培训后，能将学到的知识用于实际，奠定了我搞小改小革的基础。

特别让人难忘的是领导为了让我能更高更快地提升技术操作水平，于1986年年初选派我赴日本多田野铁工所进行研修。

在纪念建厂50周年这个时刻，回忆我的获奖之路，思绪万千！我要感恩亲爱的父母赐予我生命，感恩浦沅对我的培养，感恩获奖路上所有支持帮助过我的浦沅人。这项工艺革新中，我永远忘不了的还有另一位给予我大力协助的人，就是车间负责结构件生产的徐云祥调度员，是在他极具前瞻性的鼓励和支持下，项目才得以很快付诸实施。遗憾的是他现已离我们而去，我会永远地怀念他。

张广制在收集第一手资料。

张广制做事认真、仔细，追求完美。

工人们认真做好调试前的准备工作。

凯歌阵阵浦沅工地传捷报
战鼓声声沅水河畔迎新春

——浦沅历年原创春联选（41）

齐心协力抓紧干，
争分抢秒建浦沅。

你追我赶争先锋，
建设三线立新功。

全国起重机调查的回忆

赵南山

1981年，国内工程机械行业均遇到了经济体制转型给企业带来的冲击，但大家还是形成了行业要继续发展的共识。浦沅、北起、长起、徐重等起重机厂家在机械工业部重型矿山机械工业局的授意下，成立了中国工程起重机公司（简称“中起公司”）。

中起公司在工程起重机“四大家族”的倡议下，决定进行一次全国轮式工程起重机拥有量的调查。中起公司责成浦沅、北起、长起及徐重具体负责此项调查工作，成立四个调查小组，每家企业各为一个调查小组。

1983年3月10日，我们调查人员在中起公司集中。在分工中浦沅负责中南大区（广东、广西、湖南、湖北及河南五省）的调查；调查对象是各省地级行政市的车辆管理所。要求了解每台轮式工程起重机的型号、品牌、购买日期、使用单位名称、地址、联系电话及车辆牌照等情况；要求逐一填写好调查表格，及时寄回公司。中起公司规定此项调查时间为6个月，并要求接受调查任务的四家企业及个人要高度重视，认真对待。

3月12日，我们开好了到各大区进行调查的介绍信，并拟定了先去广西、广东，然后到河南、湖北，最后在湖南的调查路线。调查程序是，先到各省交通厅签批，然后去各地级市车辆管理所调查。

调查工作的重头戏在各地的车管所档案的筛选摘抄上。每个地方少则上十 本，多则三十余本的《车辆购买登记簿》，我们要在里面摘抄我们需要的信息。往往是他们职员下班时，我们才有可能结束一天的工作。回到住地只感到腰酸、背痛、手发麻。6月初，中起公司要求加快调查进度，浦沅又派了两位同志前来支援。我们四人分成两组，分开进行调查。

我们的调查历时6个月，行程近2 万公里，调查地级市车管所75 家，填写调查表格800 余张。统计表明，中南大区五省拥有起重机近2000 台，以3吨、5吨 为多数，20吨以上的极少。10月，中起公司在北京召开调查总结会，评定浦沅调查小组为第一名，并给予我们120 元的奖金。同时，浦沅厂也给予我们等额的奖金。

感恩常德这方水土

赵菊芳

俗话说，一方水土养一方人。常德这方沃土养育了浦沅，我们对常德这方水土充满了感恩之情。

当年，从北京直接赶往常德的赵加胜、孟兆金、孔祥森、张关明、龚龙福和从上海赶来的许文龙、陈励青、周贵生一行8人，从1968年3月21日至4月3日历时14天，在常德落路口、石板滩、德山、桃源、灌溪等5个区点、47处踏勘，最后在樟树湾、董家冲两个方案中选定了比较理想的樟树湾。

樟树湾靠山，海拔40米以上，地势丘陵起伏、坡度平缓，界于平原与山区之间，一般相对高差5~8米，土方工程较少，可少征良田，也不受内涝威胁。距湘鄂公路很近，将来离铁路也近，总面积53万平方米。

1968年正值“文革”时期，浦沅筹建的先行人马来到湖南后，先后到省委和常德地委汇报工作，都因“文革”的冲击无功而返。浦沅筹建组一行最后找到常德县。还算好，县政府内个别部门还有一两个人在，通过他们找到了原常德县副县长雷恭政同志。雷副县长当时主管农口，当赵加胜给常德县的领导讲述三线建设迫在眉睫，毛主席为三线建设所作的重要指示和浦沅筹建工作等情况后，得到了常德县委领导的重视和支持。

1968年12月，“三通一平”工程开展前，赵加胜和张关明、郑岳昌、许文龙等现场踏勘，整个工地地势高低悬殊。在冷区从东到西，是规划中的结构露天跨到装配车间，地势从东端的0.8米升至西端的4米，全长500米，宽100米；还有热区从西南到东北方向地面必须拉平；制氧站和变电站位置也是高坡；而生活区地势则西高东低，整个工地要达到“平整”的要求，有近百万立方的土方工程量，这是一场硬仗。

赵加胜深知，“三通一平”中，通电通水包括造公路桥、人行桥都好办，而平整土地和筑路必须依靠常德县领导，发动农民群众打“歼灭战”。于是，他带着浦沅基建负责人张关明等求见县领导。常德县的干部是好样的，当时的县革委孙副主任和副县长雷恭政三次召开机关、公社、大队干部和由采石场、石灰加工场干部参加的专题会议。会上，县委领导组织大家学习毛主席关于三线建设的系列重要指示，宣传为备战而在樟树湾建设现代化工厂的战略决策，组织与会干部连续两天到浦沅工地参观，现场安排落实大家必须承担的任务。

各公社干部群情激昂，纷纷表示：“毛主席对三线建设这样操心，这样重视。我们明白了支援浦沅建设不是搞副业，不是摊任务，而是干自己的事，建设浦沅就是要靠我们当地人民群众一起出力。”石板滩公社干部说：“我们全区有5万多人，贫下中农是说到也能做到的，挑土方的人力和石灰、砖头的任务我们保证完成。”石门桥公社干部说：“我们公社有2万多农户，县里分配的1.5万立方河卵石任务完成没有问题。”

赵加胜回忆起当时的情景，不无感慨地说，常德县的农民兄弟真是令人感动，他们没提任何额外的要求与困难，仅仅要求我们提供60辆翻斗车和一台35马力柴油机以及用作宣传鼓动的1部200瓦扩音机。

1969年3月18日，浦沅工地上红旗招展，锣鼓喧天，由常德县革委成员、副县长雷恭政挂帅、县物资局局长王熙任总指挥，5名县机关干部配合协调、全县7个公社抽调身强力壮的2300名农民工自带劳动工具和干粮茶水，以民兵连队为单位，抬着毛主席巨幅画像和“三线建设要抓紧”“备战备荒为人民”以及引人注目的用常德方言书写的“抓晴天、抢雨天，麻风细雨当好天，为浦沅建设争分夺秒立新功！”的巨幅标语，浩浩荡荡开进了浦沅工地。

当时的浦沅工地，只有一辆由筹建处的吴蔚若通过一机部从银川调拨来的苏式推土机，许文龙、刘贵清、王德海三人从天蒙蒙亮到日落西山，十几个小时连轴转，奋战在工地。2300名民工斗志昂扬，挖山取土，人拉肩挑，平整土地。经过120多天连续奋战，搬运土方115万立方。这些土方填河塘及低洼区，加上数千计的土建立柱所挖土方回填加高了冷加工区各车间地面，使车间地平高出道路20多厘米。所以落成后的车间从未发生过雨水倒灌现象。

基建时期，建材的采购运输要消耗大量人力财力，当年的常德市建筑工程公司从未承接过大规模现代工厂的建造，技术和装备都力不从心。怎么办？赵加胜经过调查研究，决定为常德县水泥厂、制砖厂先后投资添置电动机、破碎机、皮带输送机和砖块压制机等9台。同时为常德工程公司购买钢筋点焊机、弯曲机、切断机、平板振动器、搅拌机、电动水泵等10种规格54台，短期内把建筑单位武装起来。低成本投入换得了高效率回报，4栋单身宿舍和5栋家属宿舍都提前完成，为第一批支内职工落户和加快“三边建设”创造了条件。

浦沅飞速发展，赵加胜抚今追昔，反哺之情油然而生。他感恩三湘父老的倾情付出，他一直思考着通过浦沅的力量去扶植乡镇产业。1980年，赵加胜着手策划厂乡联营，由双方投资的武陵结构厂于1984年8月14日正式投产，武陵结构二厂、武陵液压机械厂、武陵铸锻厂也先后建成，由浦沅劳动服务公司与灌溪乡工业公司集股经营的武陵液压油缸厂应运而生。

大吨位吊车，首次亮相市场。

讲信誉抓服务巩固老用户
上品种搞推销开拓新市场

——浦沅历年原创春联选（42）

1990年下半年浦沅产品订货会会场。

上海分厂掠影

熊株陵

展开双臂迎嘉宾。

客户意见认真听。

吊车引来赞叹声。

上海分厂2002年破天荒地完成了销售收入4000万元。欣喜之余，我来到松江一探究竟。

进得厂门，车间门上的一幅醒目标语吸引住我的眼球：收好尾，确保全年销售收入四千万；开好头，迎接明年各项工作新挑战。字里行间充满了担当与自信。

我在满满当当的车间里小心地穿行，以一个采访者的眼光，挑剔而又仔细地审视着呈现在眼前的上海分厂；在熟悉而又陌生的车间里细细地品味，以一个“老浦沅”的身份，用身心感受着呈现在眼前的、变化了的上海分厂。

在一台吊车旁，我看见副厂长薛文兴正在协助调试产品，员工告诉我，这是这位实干型领导的日常功课。哪里有困难，哪里就有我们的干部；哪里最忙碌，我们的干部就会盯在哪里。 接下来员工给我讲了许多平凡动人的故事：

在大战4、5、6月的日子里，每个星期六星期日总有50多个一线工人在加班。当年上海的夏天是罕见的高温，但因为高温而减少工作时间的日子只有2天。

生产任务最压头的下料组，四个人凭着一台剪板机和气割龙头，冲刺着每月下料25吨的难关。还有钻工陈丽萍，年近半百，每天还义务加班3个小时……

钳工一组组长王传根，言语不多做事多。原来的钳工班，一个月装配10台车就是不得了的事了。但当年，他们用意志和毅力改写的纪录是：两个月完成了43台车。我问王传根，他说：我们就是要用实际行动来体现自己的人生价值，证明我们有能力。说完便戛然而止，让我思索了许久。

还有支6个人的油漆组一年内在露天地里完成了200多台产品车的油漆，他们的辛劳，苍天可以作证！

上海分厂召开了民主对话会。

……

副厂长曾伯奎给我提供了这样一组数字，他说，到本年年底，全厂已完成销售收入(含税)4071万元，同比增长25.34%；实现利润(预计)200万元，同比增长45.99%；销售商品182台，同比增长80.2%……

上海分厂完成这样的年度指标，在往常是连想都不敢想的。其他的困难都不讲，光是场地狭小这道难题就难以破解，从下料、制作到装配、油漆，都在一个车间内进行，但上海分厂“螺蛳壳里做道场”，他们用月亮换太阳，以时间换空间，硬是在这有限的空间里，一年捣鼓出了4000万元的销售收入，靠的是什么？靠的还是一种精神，一种浦沅人的精神！

谈到精神，党支部书记余志章接过话头，员工的积极性空前高涨，来自于思想观念的转变。观念变了，人心齐了，气理顺了，干劲也就上来了。

党支部扎扎实实为员工办实事，努力营造一种“认认真真工作，和和气气相处，开开心心玩乐，宽宽松松过日子”的内部良好环境和小气候。

余书记的这番话并非空话和套话，在随后召开的员工座谈会上——得到了印证。

员工座谈会气氛热烈，大家你一言，我一语地释放着自己内心最真切的感受。

“领导确实在为老百姓办事，比如，今年上海对户口控制很严，但我们厂一下子办下来14个。”最真实的感受往往来自最敏感的话题，快人快语的李振明用朴实的语言表达着自己的心声。

“对工人的事领导比自己的事情还要急。为了小孩的读书问题，厂领导多次出面联系。领导为员工解除了后顾之忧，工人也就把工厂的事放在心上了。现在我们是上班忙着生产，下班也想着生产上的事，在工作上‘捣糨糊’的想法都没有了！”

“领导关心员工的例子我再补充一个，我们厂今年为一线工人每人买了份意外保险，每人每年70元。工厂还为全体员工办理了工会系统组织的医疗互助基金，组织有毒有害工种人员参加体检……”

“我们今年的收入也明显提高了，起码我们要交所得税了！”

“我们单身宿舍也重新装修过了，全部换了新彩电，有线电视也看上了。”

员工的言语中透露出一种感激和感动，一些看似平常的小事，却长久地温暖着大家的心。

听着这些朴实的话语，我也觉得有一种暖流在心中涌动，耳边回响起一首电视剧插曲：“天地之间有杆秤，老百姓就是那定盘的星……”

老百姓拥护自己的领导，是因为领导在为大家谋利益。上海分厂张建雄等领导也的确是殚精竭虑地在谋划着分厂的发展，使员工过上幸福的生活。

上海分厂热销的随车吊。

难忘浦沅篮球队

尹国前

浦沅篮球队始建于20世纪70年代中期，是由上海支内职工、职工子弟、子校教师、学生及厂里青工组成。全都是业余爱好者。由于队员们各自车间工作的缓忙不一，所以球队队员也常有变更。这支球队是在厂工会的领导关心下成长进步起来的，当年风华正茂的工会副主席王德海对篮球队更是关爱有加。灯光球场相继建成，设备设施相当完善，在常德地区名列前茅。

当年球队中帅哥美女更是一大把，也不知吸引了多少痴情男女的眼球，每每打比赛场边粉丝云集，掌声喝彩声不断。小嘴巴、二小、大顾、金生啵、强巴、面积、麻子、毛驴子、平平、湘澧、强儿，一大帮队员名字耳熟能详，个个风流倜傥；国娣、丽红、慧琴、心慌、幽情、湘湘、兰娥、大姨姐、大洋马、玲玲、玉仙……更是球场上美的化身！由于浦沅厂远离市区，给世人平添了一份神秘感。浦沅厂篮球队按现在的话说，就成了浦沅厂的一张名片，球队纪律严明，队风纯正，场上拼搏意识战术意识强，队服整齐划一，精神风貌好，它展示着大型国有企业的风貌。

球队建队以来在教练陈韵的指导下，战绩一直不俗，男队前三强（常德地区队常驻纺机厂），女队更是多次问鼎称冠！每逢浦沅厂的球队出现在赛场都会引起小小的骚动，有的队员还通过球场传情收获了幸福的爱情……

随着时代的变迁，男女队员们有的读书深造，有的外调其他单位，有的返回了上海，有的进入了厂级高管层，也有的下岗了为生活打拼……但是，不管他们的工作生活发生了怎样的变化，相信他们都会以曾经作为浦沅厂篮球队中的一员引以为傲，引以为荣！

有何需求详细问。

用户心中有杆秤。

我是浦沅老客人。

浦沅宗旨：让客户满意放心。

门对花山花开浦沅红似火
厂想客户客恋武陵密如亲

——浦沅历年原创春联选（43）

服务用户，要满腔热情。

回忆起来的都是温馨

王慧琴

几十年的往事如细细的泉水流进心田，甜甜的。虽说我们这一批人由于历史的原因，无可选择地去支内，但我们的经历比留在上海的同龄人却丰富了许多。

我们共同生活在一个大家庭、一个屋檐下，情与爱、纷与争、怨恨斗气、嬉笑打骂，谁个不晓，哪个不清。现在回忆起来都是一种温馨。

看见李莉、方兔英等人，我想起来了，1968 年11 月15 日进厂的那一天，我们在张俊、范春英的带领下走进了集训地——江浦体育场；

看见赵又饴、何惠良、沈天放等人，想起了上海工程厂结构、冷作、锻工车间的工作环境。每天吃饭的时候拿起两个大搪瓷碗去食堂。这一刻充满了欢笑，老师傅们打情骂俏插科打诨讲笑话。吃饭时有一毛钱的红烧肉已大呼过瘾，碰到好心厨师在你的饭上浇上一瓢红烧肉汁水，那幸福模样历历在目。

看见陈英贵、吴盛凤等人想起我们工程厂乒乓球队，我们经常出去比赛，有时也在厂里比。工人下班后也不回家，到现场喝彩加油，而我们也不负众望，大多数能打赢。

我和王万达特别有缘，结构车间成立毛泽东思想哲学小组，他任组长，我是“打酱油”的。下班后小青年在一起学习《毛泽东选集》，写心得体会很有趣，他是一个特别认真、努力、正直的人。

还有一件事在今天看来是荒诞，在当年确确实实地发生在我身上。记得我是车间青工第二批加入共青团的，在表决时有人提出我的舅舅在台湾，不能入团。天呐，我舅舅去台湾也就二十来岁，我还没出生，他怎么会影响我的生活呢？当此人一说，大家有半分钟目瞪口呆，最后不知谁说了一句公道话，再一次表决。虽有几票不同意，但少数服从多数，当团支部书记说，通过！我泪流满面振臂高呼：毛主席万岁！……你们说在今天这事还会发生吗？

在上海工程厂的日子过得很快，1970年就开始提出支援三线建设的问题，也有人陆陆续续地去了。开始是敲锣打鼓到别人家去送光荣榜，去火车站送人，过完年就轮到自己了。

我和好姐妹辛林珍、周迎春，三人经过商量决定去湖南。同时，我们作了一个决定，一路游玩去湖南。当时年轻，就觉得去湖南工作好比游玩。其实从那个时候起，我们这批人的人生轨迹就注定要发生变化了，得到的和失去的要比同龄人多得多。

我们去还有护花使者，周华和王万达陪我们去苏州，当时周华正和周迎春谈恋爱。我们一行五人去了苏州灵岩、虎丘，无锡惠山、太湖。后来他俩返程，我们去南京玄武湖、中山陵；乘船去九江，上庐山；又去湖北武汉游东湖和长江大桥；最后到了长沙。马王堆出土文物我们是有幸的第一批参观者，爬岳麓山、游桔子洲头，去火宫殿吃臭豆腐、钵钵饭、长沙米粉，在五一路上买瓷器。当时，我们三人买了许多，其中每人买了一把茶壶，我还要求刻了“茶香飘四季”几个字，这把壶现在还保存在我妈妈那里。

一路游山玩水去“支内”，那个时候我们三人名气可响了！最后来到常德，当我们乘上大卡车到浦沅厂，看到的是一片荒凉，就几栋房子。我印象最深的是：下了大卡车看见何惠良拿着两个大搪瓷碗去了食堂。

第三章

为有牺牲多壮志

浦沅人是无悔的，

在祖国最需要的时候，我们拼搏过了、付出过了。

拼得“连中三元，唯我浦沅”；

跻身“四大家族”，三线梦圆。

三 线 家 园

德者永存

王贵仲

光阴流逝，时隔已久，但走过的路、经历的事依然历历在目，回味无穷。

相识、相交的领导、同事的风貌、德行一直离不开我的记忆；生产班组、管理部门的火热场面，员工的敬业奉献，似乎又在眼前，经常浮想联翩，挥之不去。

浦沅厂的业绩已经载入三线建设光辉的史册，是中国工程机械发展史上的一座丰碑。当我们回顾这一历史时，必然要回顾其中的主要人物：赵加胜同志（厂党委书记、厂长）是这一壮举的创始人和领导者；汪正东同志（厂党委副书记）一直辅佐老赵完成了这一伟业。

至今，这两位老领导的许多事迹，成为浦沅人抹不掉的记忆。

自1996年下半年到1998年三季度，我主要工作在浦沅常德区域。期间，负责接待了赵加胜同志最后一次回常德浦沅厂，料理了汪正东同志去世前后的有关事宜。

每当回顾两位浦沅元老时，他们一如既往地对浦沅负责，一直眷恋浦沅、牵挂浦沅职工的情怀，使我记忆犹新。他们为人师表的精神状态，自律自省的行为，永远是我学习的榜样。

我记得是1997年11月，细雨绵绵，空气潮湿阴冷，给人十分不悦的感觉。这时浦沅总厂的机构已基本迁往长沙，生产经营陷于困局。老厂长赵加胜很清楚这时的自然气候和经营环境不是来访的合适时机。然而，他不计较此行的不利条件，因为他不是来游玩享受的，而是来探望曾经战斗过的热土和共同奋斗过的战友。所以，他毅然决然地最后一次踏上曾经架桥梁、平山包、填池塘、打水井的铁山脚下。浦沅职工怀着敬重、感恩的心，迎来他们的领路人。

老赵1984年离开领导岗位后，不久就离开常德，再没在公众场合露面。我参加1997年春节前在上海松江召开的上海离退休职工慰问会后，邀请他来厂走走。

11月接到他要来常德浦沅的准确信息，我们安排老赵住常德市宏达宾馆，已定了一间客房，计划每天接送他来浦沅活动。当我们要送他到宾馆休息时，老赵却再三谢绝，一定要住厂招待所。

我们说，厂招待所十分简陋，又临近公路，昼夜汽车的噪音都很大，很难休息好。老赵仍然坚持说：“住自己厂招待所进出方便，减少你们的麻烦。”他身体不好，还要舍弃舒服，尽量减少对别人的麻烦！他如此执著地把自己定位于普通退休职工的身份，而非浦沅的功臣。

在征求老赵对行程安排的意见时，他提出首先去看老汪，然后是“哪里都不去，就在厂里看看”。

在他的心中，老汪还活着，我们告诉他，汪正东同志已于1996年去世，老汪的骨灰（部分）埋在过人行桥后拐弯处的花园里。

第二天早饭后，老赵站在埋有老汪骨灰的树林里，看到树叶不断凋落，草丛已经枯黄，冷风扑面而至，凄凉之感油然而生。

默哀少许，老赵声音低沉：“老汪，去世前没能见面，很遗憾，今天我来看你了，你永远安息吧！”最后语塞哽咽。两位老人既不能握手、拥抱，也无法面对面叙旧，无限怀念老战友的悲伤，只能以沉思无语表达。此时无声胜有声，一切都在不言中！

这时，从露天钢材库传来行车起吊重物和结构车间敲击铁板的刺耳声音，天空中掠过一群叽叽喳喳的麻雀，雨点开始滴落……陪同的我们，目睹两老以如此特

工业学大庆浦沅获殊荣红花映春色
武陵谱新篇职工鼓干劲豪情向未来

——浦沅历年原创春联选（44）

当年浦沅厂部、车间领导在生产一线办公是一种常态。

1997年11月，老厂长赵加胜（左三）来到原党委副书记汪正东骨灰撒放地——浦沅人行桥西小花园凭吊。

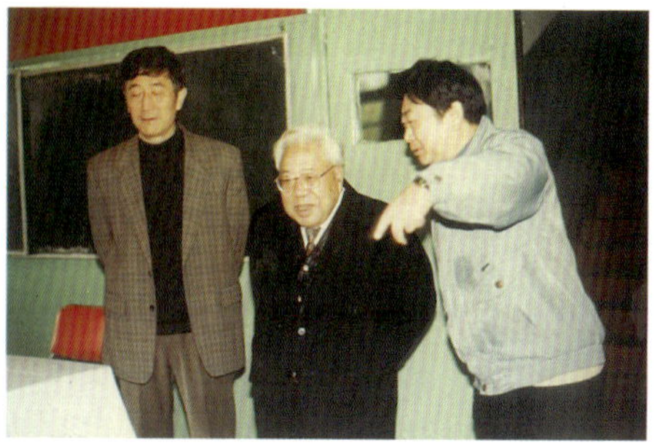

怀念三线，魂绕梦牵。

一招一式，风月无边。

相敬如宾，天地浩然。

殊形式悲伤地“会面”，无不动容……

雨下个不停，路面积水，老赵脚穿一双平底布鞋。问他穿多大码的鞋，他不愿告诉我，并说：“没问题，走吧。”从招待所到人行桥头，鞋面都已打湿，我让办公室肖金龙买了一双白色旅游鞋，他勉强接受了我们的心意，又自言道：“湖南就是这种天气，没什么！不要破费，工厂困难，要节约！”

老赵就是这样的人，他呕心沥血，艰苦建厂，上求国务院、各部委，下跑地方政府，头上雨淋，脚下泥泞，白天顶烈日，晚上睡工棚，不图物质享受，不畏困苦，已经成为他的生活习惯。

老赵的实际行动，给我们诠释了一个真理——财富积累，无非是开源节流；而节流往往被人们束之高阁。特别是20世纪90年代中后期，社会上流传一种荒诞逻辑——会花钱才会赚钱，于是引发了不少人大手大脚乱花钱的不良行为。老赵的言行在呼唤我们，要继续保持艰苦奋斗、勤俭节约的优良传统。

在离开常德时，老赵很慎重地提出一个建议：“我看了生活区建厂初期的老房子，建议在每栋的北面，为每户增加一个辅房，用作卫生间和厨房。前后楼之间空档距离够用，把职工每天倒马桶的麻烦解决掉。现在工厂困难，资金由两方面抬，个人出一半，工厂负责一半。”

聊到建厂时，地方政府不让自来水进户，“我们只能说服他们，工厂居住集中，上下班用水时间集中，总不能让大家排队接水，生活节奏要跟上生产需要，好不容易争取到一户一个水龙头。”老赵讲述这一历史故事时，既无牢骚，又不责怪当时地方哪一个部门或哪一个人。他完全以律己宽人的胸襟，以唯物主义的思想方法，正视历史造成的遗憾，比较多地流露出对职工的亏欠之意。

陪老赵两天，时有小雨，天气虽寒冷，也阻挡不住他的脚步。他走遍冷区、热区、制氧站、变电站、小工厂、生活区，每到一处都亲切地与工人群众不停地交谈，需经常催促他往前走。看得出老赵十分怀念老同志，很想知道更多浦沅人的情况。

在和老赵短暂相处的几天里，听言观行，他仍牵挂着简居在浦沅老厂的职工；理解体谅工人的难处，不谈自己，更不诉说自己的苦衷；他还是那样坦诚而不造作，朴实无华；他早已不在领导岗位上，但他的注意力还在工人群众身上；他在位与不在位，始终和普通职工一样朴素地过日子，他的言行举止始终和平常百姓一样。他使我想起毛主席在《纪念白求恩》一文中的教导“做一个有益于人民的人”，他就是一个有益于人民的人。

1998年，惊悉老赵突然辞世的噩耗。这消息在常德浦沅厂迅速传开，浦沅职工为他较早离开人世而深深惋惜，痛感悲伤！追忆他的音容笑貌、言谈举止，尊敬景仰他的人格，他永远是我心中的楷模！

他是德者，永远活在浦沅人的心中！

光辉业绩，永载史册。

我的师傅潘民

王家齐

我们6个青工在工地上搬运了一个星期的钢材后，就被安排到汽车修理间当学徒去了。分配我学的工种是汽车修理工，师傅是潘民——当时修理间的头儿。

师傅是军人出身，个头不高，但特男人：其眉宇间透着智慧、善良，一张古铜色的脸流露出刚毅与威严。他识字不多，不爱言辞，偶有说话，极其简短；他性格直而犟，内心的活动全写在脸上。

师傅进三线较早，筹建长江建筑机械厂时就去了四川泸州。1969年来浦沅工地。

一

那些年，读书无用论盛行，学技术却蔚然成风。厂里的名牌工匠像我师傅、葛昌宝、郑岳昌、曹荣根、吕和生、吴士根等，就像现在的歌星那样被人羡慕和追捧。

刚到工地那阵，有一次在食堂工棚吃饭，几个上海师傅知道我是潘民的学徒后，几乎异口同声："哎哟，侬真有福气啦！潘民的手艺老好啊，无论是开车还是修车都'顶特'了！"我不懂"顶特了"，一脸狐疑，于是他们就用上海普通话给我解释："侬晓得吧？顶特了就是特别好的意思。"

那一天，我从他们那里听到了关于师傅的一些传奇小故事：说我师傅艺高胆大。有次开车，在四川泸州的山上，一个车轮坏了，他就把它卸下来，往车厢里一甩，用三个车轮把汽车开回家了；又说我师傅耳朵灵，只要汽车经过身边，他就知道这辆车有没有毛病；还说我师傅特爱喝酒，过去在部队行军，人家的水壶天天灌水，他的水壶天天灌酒……

三个车轮能否把车开回，我没有琢磨。传奇归传奇。不过，后来接连发生的两件事，很快让我对师傅肃然起敬。

那天，师傅带着我们两个学徒往蔡家岗的方向调试"东风3号"的刹车，就在大垱大队的国道边，一辆河南的大货车司机招手将我们的车拦住。计划经济年代，公路旁边是没有修车服务的。据那位司机讲：他的车熄火后就再也发动不了，已抛锚两个多小时。他曾先后叫停了3部车请求援助，但都没有找出抛锚的原因。眼看天色渐暗，司机心里着急。师傅听完，一声不吭地径自走到车头，用手示意那位司机去发动汽车。当马达声隆隆作响，发动机在被动运转的时候，我发现师傅在侧着耳朵仔细辨听发动机的声音。突然，他把手一摆，司机立即停了发动。只见师傅掀开引擎盖，用手摇了摇汽油泵的摇臂，向司机要了一把起子，在化油器上轻轻连敲三下，然后说："侬试试。"那司机听不懂师傅的杭州话，在我们的翻译加比划下似乎明白了一些，便半信半疑地爬上了车。他没有想到，一搭马达，嘿，车发动了！那司机高兴得满脸是笑，急忙跳下车要感谢师傅。这时，师傅已开车带着我们往蔡家岗方向走了。

还有一次，祝光运司机刚卸完红砖就急忙将车开进修理间了。他在报修单上填的是发动机有异常响声。究竟是哪个部位异常？影不影响行车？这是修理工首先必须想办法弄清楚的。就像医生看病一样，诊断准确了，用药就能有的放矢。当时参与诊断的修理工有两种不同意见：一种判断为"敲缸"，必须对发动机实施手术；一种认为是"气门脚响"，稍作气门间隙调整即可行车。双方各执一词。这时有人请出了我师傅。车又一

艺高胆大，"玩车"大家。

秉直刚强，敢于担当。

喜好烟酒，肝胆相照。

讨论方案，热烈非凡。

既紧缩又倾斜挑战与机遇同在
以平衡求发展困难和希望并存

——浦沅历年原创春联选（45）

工人代表，当家做主。

次被发动。只见师傅手拿一把加长的“起子”，将木柄的一头贴在耳边，另一头放在发动机上，像医生用听诊器那样不断地变换听诊位置。我们几个学徒生怕错过一个环节，围前围后地仔细看。最后，师傅的诊断是“大瓦烧坏”，故障在第3缸。后来，他们将发动机解体探查，真神了！第3缸的曲轴油孔果然被沉渣堵死，该缸的轴瓦由于缺油被烧得已经开始发蓝。

这两次看起来似乎有些神奇的故障诊断与排除，让我们这些学徒对师傅的高超技术佩服得五体投地！

二

来浦沅工地较早的人也许还记得一辆“方头驾驶室”的大型卡车。这辆名为“大门厅”的车，就是师傅在得到来常德的通知后，利用旧料在老厂加班加点进行改造后开到浦沅来的。师傅曾说过，那时支内的人都知道樟树湾还是一穷二白。为早日上手，他们就像女儿出嫁时那样，尽可能地从“娘家”多带些东西到“新家”来。他还说这辆“大门厅”当年帮了他们的大忙，装了满满一车的工具、材料和小型设备，为后来建厂争取了主动。师傅是个干实事的人，从那时开始，他就竖起了浦沅汽车修理的大旗，在樟树湾一干就是20年！

刚到工地时，浦沅只有6辆汽车，到20世纪70年代中期，各种国产车、进口车、特种车陆续增加到30多辆。这些车这么多年的定期检查、保养和维修，每一件每一桩都倾注着师傅及他带领的修理团队的心血。

师傅开过修过的车较多，经验比较丰富，因而常常被工地上的人请去解决大型汽车、推土机、压路机、机械吊等修理上的难题。有时人员紧张，他还被请去代班。110千伏高压线的施工现场，车间屋架、立柱的起吊工地，还有交通事故的事发地，各种试验场所，哪里艰险哪里就有他忙碌的身影！

工地上大家比较熟悉的那台履带吊，当初因找不到大吨位平板车运输而被迫停放在长沙火车北站。为解工地燃眉之急，师傅受命领衔，在一无图纸二无说明书的情况下，全凭脑子和经验，带着我们大胆将履带吊解体后运输。回厂后，他又马不停蹄地带着我们从履带板开始，慢慢摸索着直至安装到发动机，再到“巴杆”的调试。这种非液压传动的机械吊，操作起来稳定性特别差，师傅凭着多年的经验很快摸索出了一套操作方法，并在极短的时间内带出了学徒汪维权（小名汪大个），后连人带车交给了起重班，为加快浦沅厂的基建速度发挥了重要作用。

三

师傅比较任性，常常“得罪”上峰。一次，潘学志喊他把修理间的全体人员带到老渐河去“拉线”，他不假思索：“不去！”我当时吓了一跳：潘学志是谁呀？是厂领导耶！也怪，潘学志不但不批评他，还微笑着拍了一下师傅的肩膀，走了。不过没隔多久，师傅还是叫我们所有在岗的人都去了，他知道110千伏高压电的重要性。还有一次，厂里一台“解放牌”在石门泥市拉煤，因路基塌陷，翻入山下99.5米深的沟壑。我们所在的五连连长林春根来到修理间请他参加有关事故车施救的会议，他又是一句：“不去！”硬邦邦把连长顶了回去。我真替师傅捏了一把汗！可那时候的干部真好，不生气，笑嘻嘻地走了。一会儿，师傅叫我与他抬东西，我一看，是他昨晚加班制作的钢架。张水鸿师傅是我们修理间最有婆婆心的人，他告诉我：“那是拖事故车的三角架。你师傅心里早就有施救办法了。他不爱说，更不爱开会。”

师傅不仅喜欢“抗上”，而且特别“护下”。我刚进修理间时对开车情有独钟。有时坐在师傅旁边看他开车潇洒得像玩玩具车，我的手就发痒。一天下班后，我悄悄把一台刚修好的“北京吉普”开出去了。我不敢上公路，便在工地上转圈。当“瘾”过足了，回车库时把车门给挂坏了！第二天，师傅知道后一声不吭地把门拆去修了。有人问我师傅，要不要作事故上报？师傅回他：“报什么报？不报！”他一句话把我护了下来。不过，从那以后，师傅很少安排我干活了，也不像原来那样老带着我。水鸿师傅悄悄告诉我，这是师傅让我闭门思过。他这种办法还真比写份检查，受个处罚管用，我后来再也不敢“好那一口”了！

大约被师傅“冷处理”了一个星期后的一天，水鸿师傅拿着一根轴急急忙忙地找到我，说轴上面的半圆销没了，想根据轴上的半圆槽加工一个销子，由于不知道应车多大的圆，车工试着车了几次都对不上。于是，师傅要他找我。水鸿师傅还特别强调：“依师傅说你是高中生啊，看能不能想办法计算出来。”我的脸一阵绯红，心想：我喝的那点墨水够吗？转而再想，这是一次将功补过的好机会，无论如何不能放弃！我赶忙从水鸿师傅手中接下了那根轴。我找来笔、纸和游标卡尺，测量了销槽的深度和长度，把销槽的长作为假想圆的弦画在了纸上，图还没有画完，我就找到了解题的思路，即利用相交弦定理拟好方程式求出圆的直径。真碰到我的枪口上了，3分钟“解决战斗”！我把求出的直径数据交给水鸿师傅，他立即让车工车了一个4毫米厚的铁圆块，再锯了个半圆销，一试，不大不小，严丝合缝！水鸿师傅笑了，我师傅也露出了一丝微笑。这是我入职以来第一次利用所学的书本知识解决实际应用问题，它拉近了我与师傅的距离！

四

1971年，各种车辆多了起来，我们便从修理间搬进了渐河西岸新建的汽车库。由于修理任务一重，晚上加班的次数就越来越多。那时候师傅的家眷还没来，为了省事，他住进了车库内靠渐河边的小偏屋。

师傅爱喝酒，几乎每天下班后他都要弄三两个菜独酌几盅。有时候买到脚鱼，还要邀好友畅饮一番。在娱乐空气稀薄的穷乡僻壤，“老酒喝喝”“牛皮吹吹”，对师傅来说无疑是一种惬意。也就是在这种时候，师傅的笑容和话语比白天多了。我们几个学徒也鬼，掌握了这条规律后，白天不敢问的话都放到晚上加班去问了。一次，我们正在加班研磨气门，师傅过来了，一看他脸上带着笑，就知道他喝得比较舒心。我抢先问了一直想问的问题：“师傅，他们都说你三个轮子就把车开回厂了，是这样吗？”师傅酒醉心明，把脸一沉：“哈七搭八！”我悄悄地伸了下舌头。记不清是谁急不可耐：“那军用水壶里灌酒呢？”师傅嘴里含混不清地咕哝了一句，笑着离开了。那段时间师傅的业余生活，几乎就在酒的世界里。他在酒里找到了温暖，找到了慰藉与快乐。

师傅虽然嗜酒如命，但也有意想不到的例外。那是1971年夏季的一天傍晚，我们吃完晚饭后散步到车库准备加班，师傅他们刚弄好饭菜开始喝酒，这时厂里的高音喇叭播出紧急通知：沅江洪水上涨，厂河洑仓库50吨水泥告急，请供应科的司机与青工迅速在汽车库集合抢运水泥！我看见师傅最先放下酒杯，没过几分钟就见他上了在修的10吨黄河牌卡车。其实，他既不是司机又不是青工，完全可以安稳地“喝喝老酒”。然而，当我们说出这个意思后，他一句“分嗄清做啥？”封住了大家的嘴。那天师傅饿着肚子又开车又和我们一起扛水泥包，弄得像灰白色的圣诞老人。等50吨水泥被我们转到安全的地方后，时间已过了晚上10点。

五

师傅曾流露过他一生中的两点遗憾：

一是他追随中国共产党20多年，最终还是因为家庭成分问题不能入党。师傅率真、简单，他不明白自己多年的愿望为什么总不能被领导理解？这或许是他总爱在其上司面前任性的原因。

二是后悔自己读书不多，待到用时方恨少。他有抱负，从改装“大门厅”时他就一直想自己造汽车。1973年，他把仓库里平日收藏的旧部件与旧材料清理出来后尝试了一番：先是造了小客车，后觉得不漂亮，

刘蔚祥师傅（中）是首批支内的职工。当时他工作的车间就是这芦席棚。

三十年艰苦创业描绘武陵春色
四千人奋发图强吟咏浦沅精神

——浦沅历年原创春联选（46）

当年小公园里的假山，都是我们自己设计、制作的。

昨夜星辰

王家齐

你是建厂元勋，是浦沅营销第一人。你博学多才、精明智慧。你把这一切献给了三线。你就是我们敬爱的沈奎元老部长。

为了让毛主席睡好觉，你扎根穷乡僻壤，一辈子无怨无悔。

你勤勤恳恳，始终如一，为老厂长建好三线分忧解难。

又将其改成小货车、中转车。结构车间陈顺发师傅开过的“1918”，就是他摸索着自制的第三轮“产品”。虽然凭他个人脑子里构思的图样打造的车能用，但其外观与内饰距离专业水准还较远。师傅自己也清楚，他也曾为此懊恼过、纠结过。最后，他有自知之明，知道要造好车，必须有科技与文化的底子！他想再去补习文化已不现实，所以，他把这一点看作自己终身的遗憾！

我想，这不单是我师傅一个人的遗憾，也许是他们那一代优秀工匠共同的遗憾和痛吧？！

尘封的记忆

王德炎

偶尔看见了赵峰收藏的一些老照片，其中一张集体照勾起了我尘封的记忆。那是四十多年前在煤矿的留影，五六十个少男少女脸上绽放着甜蜜的笑容。这群年轻人被浦沅厂招至旗下并安排到羊耳山煤矿培训。羊耳山煤矿的培训条件是十分艰苦的。我清楚地记得，4个型铸工的条件尤为艰苦，那么重的铁水包全靠人抬，就是在这样的条件下，他们为矿车铸造出无数的车轮；17个车工大部分时间都在皮带车床上操作，仅有的一台齿轮车床要轮流才能上去试一回，他们加工出来的主要是排水泵壳体；6个冷作电焊工更是干的体力活，没有剪板机，下料全靠用大锤錾子，一锤一锤地将铁板按画线裁下，制作成井下的输煤溜子；6位铁匠用锤子打造的多是道钉与夹板；9个木工学徒也是从最原始的下料、推刨子学起；还有那12位钳工们，他们的任务就是让空压机转得更欢，让矿车跑得更快；7位电工则经常奋战在井下，巷道有多深，他们的线路就有多长；我们的四位管道工，为了井下的排水通畅，不知贡献了多少个日日夜夜；还有4个在食堂工作的青工，更是起早贪黑。

怀念老部长沈奎元

庄三荷

我是1987年从总装车间主任岗位，调至销售部担任沈奎元部长的助理。

多年的共事，沈部长过硬的业务能力和乐观向上的工作态度给我留下了深刻印象，有幸成为他的部下是我的福分。早在计划经济时代，沈奎元同志曾是原计销部的一把手，凭着他丰富的工作阅历和过硬的业务水平，统领供、销两个部门。沈部长曾形象地把计划经济时代的“企业”比作“三岁半的孩子”，即饭来张口，衣来伸手，企业只管生产，而产品的供和销都是由上级主管部门安排好的，用不着愁材料的供应和产品的销售。

他曾坦言，过去的计销部在企业中的地位显得并不十分重要。而随着市场经济时代的到来，企业经营就大不一样了。他对我说，市场经济对企业的自主经营提出了更高的要求，尤其是供与销，在企业中的地位、职能大大提高。如何采购到价廉物美的原材料，生产出性价比高而又适合市场需求的优质产品，从而更好地开拓市场，增加利润，成了摆在我们计销部门面前一项新的任务和课题，它关系到企业的生存与发展。随着时间的推移，顺应市场经济的需要，现在，才把供应与销售分开，分别成立了供应部和销售部两个独立的重要部门。在计划经济向市场经济过渡的关键时刻，沈部长的一席话，对于一个刚从生产一线来到销售部门的我来说，胜读十年书啊！通过向沈部长学习业务，我感到产品报价的学问很深，它是一门经营艺术。不学会科学的报价方法，就无法同各种不同的客户打交道。报价格，弄不好，还会失去客户，给企业带来损失。

记得我刚到销售部不久，有个在湖南某化工厂当厂长的大学同班同学找到我，想买一台12吨吊车，向我询价，要求质量最优，价格最廉。我心想，讲产品质量，是我的本行，没有问题。但谈价格我还是新手，不敢贸然行事，于是我只能把报价这个难题推给了沈部长。沈部长非常热情地接待了我的同学，并坦诚地回答了客人提出的一系列产品定价的有关问题，其中包括企业可以承受的价格优惠幅度和让利原则。10分钟搞定，供需双方很快达成一致，愉快成交。我的这位同学一离开销售部，对沈部长的价格谈判水平赞不绝口，并经予了非常正面而又积极的评价。他说，你们的这位沈部长很不简单，业务娴熟，说话坦诚，滴水不漏，让人佩服。他还表示，他的化工厂目前还找不出像沈部长这样善于经营，维护企业利益的优秀人才！我认为，这是代表用户对沈部长能力和水平的最好褒奖！

同时，我也为浦沅厂有沈部长这样元老级优秀人才，感到无比自豪！老部长勤勤恳恳，始终如一的敬业精神是我们永远学习的榜样。值得称道的是，临退休前后，尽管体弱多病，他还在为企业经营的事东奔西跑，有三件事令我难忘。

首先是他曾奉命带队远赴非洲索马里走访用户，与孟霞龙、王忠浩一起为用户排忧解难，热情服务，从而践行了浦沅厂“以一流的服务赢得用户”的承诺，受到上级主管部门的好评和嘉奖。

其次是在国家收紧银根，企业资金短缺的情况下，与财会部欧阳有谟部长一道，多次前往武汉中南公司借款，以解企业燃眉之急。最后一次在武汉工作期间，由于年迈体弱，下楼梯时不小心踏空摔倒，头部受伤，造成脑积水，留下了后遗症。据说，这也是后来造成他过早辞世的病因之一。为了企业，他连命都给搭上了，令人十分痛心和惋惜！

第三是退休后继续留用，发挥余热，前往长沙，协调、理顺长沙的销售工作。

由于长沙分厂的销售条件较差，没有成品库，没有用户接待室等，这都给发车及用户接待带来了很大困难和不便，最终在沈部长与各相关部门的积极协调下得以完善和解决。

今天，在我们纪念浦沅建厂50周年之际，我们永远不会忘记这位德高望重，把毕生精力都奉献给浦沅的建厂元老。

沈部长，我们永远怀念您！

阿拉母校：浦沅子校

赵立干

1971年春天，那一天阳光十分明媚，我们这群跟着父母搬迁到湖南常德浦沅的失学少年儿童，斜挎着书包，绕过高高的水塔，走过长长的渐河河堤，穿过农民的住房。经过半个多小时，终于到达了我们最原始的浦沅子弟学校。浦沅子校原址在浦沅厂家属区的最北边。学校是一栋没有经过粉刷的民房，四周杂草丛生，左前方有一个小藕塘。学校只有五个房间，一年级有两个班在一间教室，由朱豫生老师教课。二年级三年级一间教室，由李慧琴任教。四年级五年级一个教室，班主任是罗仁秋。六年级由管谟贤老师教课。最小的一间就是老师的办公室了。 学校门前的晒谷场就是学生们的活动场所。唯一的体育用具就是一根拔河长绳，学校的设施简陋得几乎是零。我们这群学生就在这仅有五间房的新学校里开始了学习生活。我们学校的老师大多数是从各车间抽调出来的精英，没有经过正规的教师培训，没有教学经验。他们边教书，边自学，摸索出一套教学方法。老师们呕心沥血，用一颗热忱的爱心，培养出了许多的优秀学生。要是有人问你们是来自哪个学校？我们可以骄傲地说：阿拉的母校是浦沅职工子弟学校！

用户评价你：你们的沈部长不简单，说话坦诚，业务娴熟，滴水不漏，让人佩服。

身赴索马里，脚踏赤道分界线。胸怀祖国，放眼世界。你精干、精明、精细、精致，不愧为工人阶级的先锋。

昨夜星辰依然闪烁，永远闪烁。

（《昨夜星辰》 完）

纤尘不染，玉洁冰心。1969年，董静芬是来到浦沅工地的第一个医生。

董医生用热情接纳新的生命。

浦沅人心中的董医生就像那傲霜的金菊永留芬芳在人间。

永远的白玉兰

赵菊芳

“翠条多力引风长，点破银花玉雪香。韵友自知人意好，隔帘轻解白霓裳。”每当看到明代诗人沈周赞美白玉兰的这首诗，我便想起了原浦沅职工医院妇产科医生董静芬。她像一朵清香的白玉兰，永远开在浦沅人心中。

1969年，也是玉兰飘香时节，浦沅热火朝天的工地上迎来了第一位报到的医生——董静芬，作为产科医生的她，自觉地把自己服务的目标定格在第一线。她穿上白大褂，背起医药箱，深一脚浅一脚地来到工人中间，俨然当起了全科医生。

一

白玉兰，在冷雨中挺立，在寒风中怒放，始终保持纤尘不染的品格。董静芬正如白玉兰，历经艰难，熬过寒冬，在生活的道路上一步一个脚印地走过来。

大学毕业后被分配在安徽铜陵妇幼医院工作的董静芬，和应理国从相爱到婚后产下两个女儿，婚后10多年过的都是两地分居的日子。妇产科三班倒，生活无规律。所以，长女出生后由婆母和丈夫在上海抚养。夫妻俩来到浦沅工地，虽说告别了牛郎织女生活，总算可以合家团聚了，但工地上住草棚、饮河水，自己烧饭要做煤球，如厕要“蹲坑”，条件十分艰苦。再加上调来后身边随带一个小女儿，其生活的艰难就可想而知了。

后来工厂生活条件逐步改善，董医生一家住进了新房，7岁的大女儿也从上海接过来，一家人真正地团聚了。没想到，由于长期和母亲分开的结果，性格内向的大女儿和母亲之间的心理隔阂成了一个难解的“结”，这让董医生的内心非常痛苦。直到数年后，董静芬才听到孩子第一声“妈妈”的叫唤，此刻的董医生一阵眩晕，眼泪像决堤的水，哗哗地流个不停。

二

白玉兰，生于枝顶，朵朵向上，冒寒迎春，昂首怒放。董静芬正是这么一位倔强的女性，她在艰难困苦的工作环境中积极进取，在浦沅职工医院的历史上留下了浓重一笔。

建厂初期的浦沅先生产、后生活，没有像样的医疗设备，更不用说专业的产房了。董静芬用一颗仁爱之心，用传统的接生方法，在临时整理的家庭产房中迎来浦沅工地上一个个鲜活的小生命。

陈翠娣的阵痛发生在1973年1月28日凌晨，毫无经验的爱人宋锦狄一时手足无措，心中又喜、又急，只是想到快点生煤炉、烧开水。他想到半夜三更董医生正在睡觉不便去打扰，只想能熬到天亮再去找医生。但妻子一阵紧似一阵地呼叫，让他下决心去敲董医生家的门。

董医生反应特快，她披上棉衣开门，没等小宋开口便说：“快生了，是伐？别说了快走！”只见她转身背起医药箱，闻声起来了的应理国同志拿起手电筒，搀扶着董医生直奔产妇家。

董医生做好常规检查后，告诉小宋：“胎儿很正常，勿要担心。”几乎在说话的同时，董医生对房间稍事整理，很快变成了临时产房。就这样，伴随产妇宫缩有规律地缩短，一个健康男婴呱呱坠地。

初当人父的宋锦狄将婴儿抱在怀中亲吻的时候，董医生还在忙着处理产妇分娩后的事宜。

此时，天已拂晓，初升的太阳正冉冉升起。一夜劳累的董静芬并无睡意，一个新生儿的诞生和母子平安的温馨，鼓舞着她新一天的工作的开始。

三

白玉兰，洁白无瑕，高雅脱俗，仪态万千。作为一名产科医生，董静芬将“娩出生命、母子平安”作为自己职业的最高追求。

孕妇由于遗传基因、健康状况、从业岗位和生活习性的差异，怀孕过程中情况也是千变万化的，临床经验丰富的产科医生其思维和应对能力应该是全方位、多角度的，这样才可做到处变不惊，临危不乱，沉着应对。董静芬就是这样一位医技一流的产科医生。

比如，车间里有一位车工小霞早期怀孕过程都很正常，但怀孕到第28周时自感“滴漏”，经验丰富的董医生孕检时了解到小霞是车工，连续六七个小时都是站立操作，过于劳累造成羊水“早泄”。如果症状得不到控制，将会影响胎儿的正常发育。于是董医生为她开出病假单，嘱其回家绝对卧床养息2个月，直到临盆。小霞认真按照医嘱，产前安心卧床养胎。1975年1月，一个足月分娩的健康女婴诞生了！

又如1982年1月7日，孕妇王金仙足月破羊水，一天一夜宫缩不紧、阵痛间隔时间较长，家属焦灼不安。王金仙的公爹杨阿忠也很担心，9日晚餐后，他在孙悦薇陪同下登门求助董医生。董医生随即赶到产房，为产妇听胎音、测宫缩、量血压，作了一系列检查之后，董医生安慰产妇和亲属：“现在情况正常，12点钟之前让她生，如果过了12点，我们就送地区医院。”结果，深夜11时07分，一个6斤重的男婴呱呱坠地，母子平安，皆大欢喜！

四

白玉兰，在晨曦中披上一袭轻纱，在金色的阳光照耀下，白白花瓣变得银灿灿、亮闪闪，更加夺目生辉。

产妇在分娩中撕心裂肺的叫喊声在董静芬心头产生强烈的震撼，为减轻产妇的痛苦，她很早就学习、钻研和尝试采用针刺麻醉无痛分娩。所以，她动用银针探穴非常精准。笔者虽未听她谈过此事，但有一件事，可以从侧面验证这种传说。

20世纪70年代初，在阴雨连绵的工地上的许文龙身上寒湿严重，加上3月的暴风雨发大水，他跳下淅河抢救木材后，更是雪上加霜。许文龙双肩整天像压着千斤重担，酸痛难忍。董医生为他针灸治疗，三天后感到轻松了不少，第四天一针下去，他却晕了过去。

娇小的董医生竭尽全力架着许文龙，让他躺到隔壁的病床上，一会儿老许醒来。董医生说：“你晕针啦，吓煞我了。”没想到奇迹出现了：许文龙的双肩此后几十年再没酸痛过。老许多次当面道谢，董医生则轻描淡写地说：“这也许是针灸理论上所谓‘重针除根’吧。”老许说：“我真心感谢你一辈子，帮我彻底拔掉了这个病根。”

董静芬对事业的执着追求和对产妇深沉的爱还表现在她对产妇的产前重视、产后跟踪和想方设法为产妇解除痛苦上。由于胎儿大、产程长，子校张慧云生下第二个孩子后身体虚脱，肛门红肿，“屎”出了严重痔疮。这个男婴不是董医生接生的，但董医生闻讯后急忙赶到她家，要其丈夫龚少武准备开水，董医生用毛巾试温后替她热敷。连做三四天后，红肿消退、肛门复位，能正常排便了。张老师一家人连连道谢，董医生摆摆手，微笑着离开了。

五

白玉兰经过了冬的洗礼之后，在春天勃发出更加强劲的生命力。

随着时间的推移，职工医院产科任务日趋繁重。在先后引进两位产科医生的同时，由企业自己培养的吴莉莉、王祥梅等新生代产科人才也脱颖而出。董静芬吃苦在前，身体力行，整个产科医护人员协力同心，坚守

不畏荒原，谨记使命。

背井离乡建三线，此时无声胜有声。

浦沅人心中的董医生与武陵源山水同在。

浦沅厂工会开展征集合理化建议活动，职工们上交的条条建议，倾注了浦沅人的深情。

职工代表们整理的道道方案，表达了浦沅人难改的初心。

喜迎科技大会三百精英献厚礼
欢度新春佳节四千职工庆丰年

——浦沅历年原创春联选（47）

着这片阵地。

1980年3月19日，胡精钢妻子芦静怀孕7个月破羊水，由当班医生杨靖莲接收入院，次日清晨，杨医生请来董医生会诊。检查后，董医生对胡精钢说：“由于孕妇羊水流尽无法保胎，只好催生。现在情况不太好，你是要保小孩还是保大人？”小胡说：“保大人，力争都保！”

董医生说：“我们会尽力的，但你要做好思想准备。”就这样在董医生指导下，杨医生作出“打催产素，准备接生”的决定。20日上午，一个体重仅3斤2两的早产儿娩出了。羸弱的小蓉蓉让人怜爱让人忧，何况正赶上零下4度的冰雪天，医生护士穿梭般24小时严密监护。

董静芬人在家中，心系病房，深夜里躺在床上久久难以入眠。小蓉蓉吸吮困难，出生第4天，80毫升母乳分7次才能喂完；打吊针又找不到血管，22毫升葡萄糖是护士用眼药水滴管一滴一滴滴进口中的，小蓉蓉一整天才吸进102毫升。

到了第4天晚上，婴儿保温箱突然不制暖了！董医生、杨医生和不当班的护士纷纷直奔医院，一面紧急求援，一面采取临时保温措施，在高级电工俞荣财老师傅及时抢修下排除故障，保证了小精灵的取暖和安全。

小蓉蓉出生第6天，体温低于36度，两腿由红变白必须转院抢救！这天医院救护车不在家，厂运输科车库只剩一辆油罐车，司机刘伯阶闻讯开起就走。正在医院看望芦静的余先菊当机立断，抱起孩子和胡精钢登上油罐车立即赶路！突发早产儿硬皮症的小蓉蓉终于赢得抢救时间，转危为安。一个体重只有3斤2两的七个月早产儿能安然闯过一道又一道生死难关，这是以董静芬为代表的职工医院全体医护人员和浦沅人用大爱精心呵护创造的一个生命奇迹！

据统计，董医生曾亲手将2240个小天使迎来人间。然而，她太累了！德艺双馨、积劳成疾的董医生过早地离开了我们，她撇下自己当年接生迎来的“浦二代”乃至“浦三代”，微笑着走向天堂。

六

白玉兰在月白风清之夜，亭亭玉立地在深蓝色天际下更娴静、素雅。

董静芬以她高雅清新的风姿、不畏艰难的品格和“润物细无声”的精神不断鼓舞着职工医院医务人员奋发有为、无私奉献。

浦沅建厂以来，职工医院从无到有、逐步完善，同时敞开大门为方圆十几里的乡亲热情服务。

据不完全统计，光是产科候产、接生人数高达6900余人。端庄秀美的吴莉莉1975年走上产科医生岗位后，以董静芬老师为榜样，爱岗尽责、不辞辛劳、勤奋从业，30多年中用她温柔的双手，将1900多个鲜活的小生命迎来人间，同时，还完成了大量计划生育的有关任务。

在纪念浦沅诞生50周年的日子里，我们饱含深情怀念董静芬这样一位具有崇高医德、精湛医术、高尚情操的白衣天使。她是我们浦沅女性的骄傲，是我们心中永远绽放的白玉兰！

无影灯下写人生。

我的老师奚耀庭

李天朗

1972 年初新盖的齿液车间的水泥地面还未干透，筹建车间的工作班子已经搬进了车间二楼办公室。余志章被任命为党支部书记，王金凯为车间主任，耿叔宁为车间副主任，邹杏泉老师傅为车间顾问，奚耀庭和我出任技术员，负责策划车间投产前的技术准备工作。陈协祥、张荷萍、谢寿涛等一批大学生也加入了我们的技术组，撑起了齿液车间技术工作的一片天。

齿液车间承担工厂各类液压元件、齿轮、变速箱、转向器、热处理、电镀件的生产和加工。应该说在我们工厂里，从技术复杂程度、机械加工精度来讲，要求还是很高的。除奚耀庭师傅是工人出身、自学成才的技术员外，我们都是见习的大学生，他当然就成了我们的主心骨和启蒙老师。

他中等身材，白净的脸庞，高高的鼻梁，大大的眼睛，头发有些卷曲，常常穿着干干净净的工作服，待人接物彬彬有礼，说起话来轻言细语，情真意切。他看上去就像工厂里一个很普通的劳动者，但他身上散发的能量和智慧，不是一般人所能做到的。这就是优秀共产党员、厂级劳动模范、浦沅厂的开拓者和功臣，也是我的老师——奚耀庭。

那时候齿液车间的一切工作都得从零开始，我们的技术工作首先是从画安装机床地脚螺丝开始的。现在看来是很简单的工作，但对我们新上任的技术员来讲，感到十分新鲜和陌生。自己先要翻设计手册，照着葫芦画瓢抄袭下来，还得小心翼翼地请教奚师傅审阅，只有他点头后，我们心里才算踏实。

机床安装好后，他又开始了生产准备启动工作。车间生产需要大量的刀排、刀杆、刀具、各类夹具、工位器具，这些技术准备工作同样离不开奚师傅的具体指导和帮助。经过半年的努力，生产工人也陆续上岗，车间总算开工生产了。车间生产正式启动之后，对技术人员的要求更高了，为了尽快提高我们的工艺技术水平，奚师傅要求技术人员对车间的每一台机床、设备都要十分熟悉。

我在一个笔记本上，对车间每台设备的各类参数都做了详细记载。比如加工长度、深度、外圆、内孔、精度、转速和横向、纵向进刀速度等。只有掌握了这些基本信息，现场解决技术问题才能心中有数。对每一个产品零件的工艺路线，奚师傅也要求我们烂熟于心、认真掌握，学会制定产品工艺的基本方法，这些知识从书本上是很难学到的。在奚师傅的精心指导下，我们的技术工作也慢慢上路了。

对齿液车间技术工作的真正考验，还得从试制8吨汽车吊产品开始的。当时厂里的技术科只负责工艺路线的制定，比如车、钳、刨、磨、铣等。在实际生产中需要的刀具、工具、夹具、模具等，全部由车间负责设计、制造。奚师傅带领我们几个技术员先后设计了8吨吊变速箱产品全部工装夹具，攻克了长短油缸的加工难题，克服了操纵阀批量生产、回转支承滚道粗糙度达不到要求、淬火裂纹等一道道拦路虎，这才初步形成了汽车吊小批量生产的能力。

1976 年，厂里提出了“武陵一千，八〇实现”的奋斗目标。为实现这一宏伟目标，车间成立了工装组，奚师傅出任组长。车间把模具大师郑伯昌、车工大师李文宁等精兵强将调入其中。我们也开始了更为复杂的技术工作。奚师傅充分发挥其丰富实践经验的特长，

浦沅卧巨龙“三线”西征创伟业
德山藏猛虎“九五”东移展宏图

——浦沅历年原创春联选（48）

青年工人在老师傅手把手的教诲下，技术水平日益提高。

青年工人干中学，学中干，生产技能一步一层天。

产品创优靠质量赢得企业荣誉
职工振奋以精神托起浦沅辉煌

——浦沅历年原创春联选（49）

民主管理，深入人心。

切磋交流，金石可镂。

和同事们集思广议，边设计、边制造、边改进，先后设计、制造了几百套工装、夹具、专用刀具、模具及连续镀铬机，十米抛光机、双面铣、双面镗等20多台套专用设备。1980年汽车吊产品初步达到了年产1000 台的能力，浦沅的发展也上升到一个新台阶。在此期间，奚师傅每天上班总是来的最早，走得最晚，不分白天和黑夜，不计报酬，给全组同志做出了良好的榜样。

在质量攻关中，奚师傅从不服输。比如解决长油缸拉偏、打刀、出屑不畅、滚压波纹等问题，他亲自跟班，不断改进机床转速、进刀深度、行走速度，亲自操作工具磨床，刃磨刀具从缸径70毫米、110毫米到130毫米等型号的问题一一解决。此项技术是我厂生产的一道难关，也是我厂核心竞争力的一项关键技术。由于奚师傅和同事们持续努力，终于逐步成熟。

在奚师傅的带领之下，当时我们这些车间技术员很少呆在办公室，总是和工人打成一片。什么事情都得去干，画了工装、专机图纸之后，还要自己开“领料单”，推车去领材料，下车间做调度，上机床作调试，直到成功交付，这还不算，还要给工装编号，送到仓库登记入账，工作才告一段落。当时是计划经济时代，月月都有生产目标，必须按计划完成，往往造成装配钳工组“月初逛西湖，月底打老虎”的被动局面。奚师傅这么大的年纪还带领我们去钳工组加班加点，搞几个通宵也是常有的事。他就是这样一个人，一走进车间就没有“消停”（即休息）的时候。

我们几个技术员在奚师傅身边工作有七八年的时间，在他的指导下，逐步具备了独立工作的能力，慢慢成了工厂的技术骨干，先后调离车间，走上了其他技术岗位，只有他坚持留在车间，服务一线生产，并担任了车间技术主任，继续培养更年轻的技术人才。

由于他技术业务突出、人品出众，被工厂聘为技术部长，成为全厂工艺技术人员的主心骨。他站在全厂的高度，提升工厂的工艺技术水平，直到退休之后仍被聘为技术顾问，为长沙东厂工艺设计操劳，即使病魔缠身，还躺在工厂医院的病床上，翻阅资料、图纸，不停地和来探望的技术人员讨论问题，关心工厂的大事。在上海看完病之后，家人苦苦劝他留在上海大医院治疗。他却说：“企业困难，在上海看病，花钱太多，我们还是回浦沅吧。”这就是我们浦沅人春蚕到死丝方尽，鞠躬尽瘁、死而后已的高尚情怀。他是我们浦沅人光辉榜样中最突出的一位，也是我最尊敬的师长。

老厂长心系职工生活

成祖国

浦沅建厂初期提出的是“边基建、边搬迁、边生产”和“先生产，后生活”方针，但这不等于不要关心职工的日常生活，赵厂长在处理这些问题时是很重视的，有的还亲自出面落实解决。例如：为争取邮局、粮店、商店能早日进入浦沅现场，老厂长去常德地区和有关部门领导协调，并配合解决营业场地及来厂服务人员的具体问题（如人员居住及家属子女等），使来厂人员都能安心在浦沅工地工作。而理发店的设立更是考虑得周到，直接在支内职工中物色和引入人才。当时浦沅理发店的规模、装饰及设备曾轰动一时，给人带来一种舒适清新的感觉。生活用煤的煤炭指标由上级部门调拨，工厂负责运输，再由家委组织人员加工成煤球供应家属。后来进一步创造条件安装了煤饼机，彻底解除了职工自做煤饼的劳累。随着生产的发展，为解决经常断电的烦恼，工厂新建发电站用柴油自行发电，确保生产、生活两不误。后来一机部有关工作人员曾对我说：你们浦沅厂的整个建厂过程，在部里很少遇到。这也说明浦沅的创业精神得到了上级部门的认可。

我的师傅薛金弟

李天朗

大学毕业后我的实习岗位是在新成立的浦沅厂钳工班液压小组，指定师傅是薛金弟。他中等身材，国字脸庞，长长的眉毛下，一双大大的眼睛炯炯有神。他常常穿着那标志性的粗布蓝色对襟衫，布扣扣得整整齐齐。衣服虽已泛白，却是干干净净，显得格外干练精神。他待人和蔼可亲，是大名鼎鼎的浦沅劳模，国宝级的工匠、钳工大师。时间虽然已过40多年，在薛师傅身旁工作的情景仍然历历在目，永远也不会忘怀。

我们液压小组不论在刚刚建成的大结构车间的一片围栏中，还是在齿液车间的新厂房里，总是与众不同：地面、台面、设备始终干干净净；各类工件按规格、形状、大小码放整齐，油光发亮，不留任何卫生死角。那时也没有学过现场管理、定置管理、5S管理、生产现场管理，为何能搞成这般模样？这都要归功于薛师傅的职业习惯和言传身教。保持现场清洁、整齐、舒适已成为他的日常生活的一部分。当时我还不太理解，薛师傅为什么对工作环境要求这么严格，慢慢才知道，一粒铁屑、一点垃圾对液压件的质量都是致命的。后来，我从事质量管理遇到最大的困难就是现场的脏、乱、差和人们的不良习惯以及对待质量的态度。抓质量不得不从现场整顿、整理开始，花去我相当大的精力。液压小组负责工厂所有液压元件的装配和试验工作。汽车吊、压路机、打桩机、高空工作台、升降机等机器设备的液压元件，都是关键零部件，不允许有任何差错，否则，就会机毁人亡或出现重大质量事故。在这里的工作人员要求必须是认真、负责、一丝不苟，每道工序、每个元器件确保零缺陷。在这方面，薛师傅又是我们的光辉榜样。在他的带领下，首先要做到每个零件不允许有飞边、毛刺、边角倒钝。必须要经过这样几道工序：第一道：零件放到室外，用空压机把内外的灰尘、铁屑吹干净；第二道：用柴油清洗干净、吹干；第三道：先用专用工具修除内孔、弯道、油槽的飞边、毛刺，直到彻底根除隐患；第四道：用煤油精洗、吹干，用油纸或堵头封闭油口、排列整齐，用布盖好。上述工作，只是装配前的准备工作。

要说液压钳工，最有技术含量、最难掌握的就是阀杆与阀道的研磨配合。要知道，多路阀的阀道与阀道的配合间隙只有5微米即半丝，配合后要经得起32兆帕的密封试验，不得超过规定的渗漏标准。在外磨和内磨选配好后，留下一丝左右的余量，再进行手工研磨配合。薛师傅件件把关，没有通过检查决不放行。装配过程同样严格，如压路机齿轮泵两端十几个内六角螺钉，压紧程序必须一致，不然就会渗油或出现噪声。当时也没有扭力扳手，只能凭经验操作，就这一技术，够几个月学的。浦沅刚建厂时，几乎所有液压元件即操纵阀、液压锁、平衡阀、溢流阀、均流阀、齿轮泵及各类油缸，不下几十种，全部都是我们工厂自行制造，都是薛师傅带领王东华、张新弟、余小亭、熊光秀等师傅完成的，做到了件件合格，保证了整机出厂。

薛师傅在浦沅的多年里，年年被评为厂劳动模范，班组也多次被评为先进集体。薛师傅工作勤勤恳恳，精细认真，技术也是一流的。先进的工具、刀具、模具、试验台具全是他自己动手制作，车、钳、刨、磨、铣，他样样能动手。对我们每个人一点也不保守，毫无保留地传授技术，手把手地教。记得有一次我在钻阀片“O”形圈槽，我多进刀10丝，被他检查出来了。他帮我调整了皮带轮转速，并制作了专用限位工具，保

薛金弟连续五次被评为厂劳动模范，被授予“模范工人”光荣称号。

薛金弟是八级钳工，他带了十几个徒弟，个个都是车间生产骨干。他加工的零件合格率100%，凡是有难度的钳工活都是他牵头完成的。他管理的地面、台面、设备始终干干净净，成了当时工厂现场管理的一张“名片”。

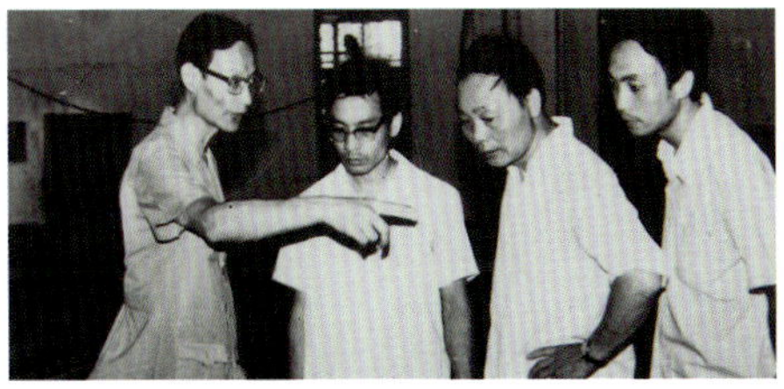

只要是来了客人，厂领导就喜欢带他们来薛金弟这里“欣赏”一番。

潇洒乐观，大将风范。

产销联手，金牌搭档。

厂部领导下车间，带来笑声一串串。

证了阶梯孔槽尺寸精度。他最大的功劳是给浦沅培养了一批年轻的液压钳工接班人，为浦沅后继发展壮大奠定了基础。“连中三元，唯我浦沅”这曾是我们浦沅人最自豪、最霸气的一句话。要知道这种霸气和自豪是无数像薛金弟、奚耀庭、郑伯昌、王俊、王忠浩、黄道义、薛盘金、刘财金、朱根林、葛昌宝、钱金伯等众多大师和浦江两岸及三湘四水青年才俊默默奉献创造出来的。正是有了一批上海工人阶级的优秀代表和聪明智慧好学的湖湘子弟和谐融合，才有浦沅那段时期的辉煌和美好。薛金弟不仅是上海工人阶级的优秀代表，更是我们浦沅人的骄傲。

我和薛师傅相处虽然只有短短的几年时间，但他对我一生的影响却是深远的。跟他在钳工组相处的日子里，我对液压技术有了浓厚的兴趣，针对液压元件的每个小槽、每个扁式、每个台阶的原理都有了深入的理解，使我有幸登上工大液压传动课的讲台，培养了一批浦沅技术管理骨干。每当回忆起来，心里也是美滋滋的。特别是从1984年从事质量管理工作，直到我70岁正式退休，我一直都在品味着什么叫“质量”，什么叫“一丝不苟”，什么叫“零缺陷”。我虽然学习过世界上多家质量大师的箴言，但真正使我领会质量真谛的，还是在薛师傅身边的亲身实践。因此在我无数次质量课堂上引经据典的众多案例中，薛师傅重视质量的故事，总是我编写教材中最经典的范例。

单身工人宿舍309室青年工人学哲学小组，成为了当时浦沅厂青工学习的典型。

我眼中的胞兄庄春根

庄三荷

我的胞兄庄春根1934年出生在江苏镇江一个普通农民的家庭，比我大七岁，我称他为二哥。

父亲常对我说年少时的二哥，其中有三件事，我印象最深。

一是二哥七八岁时就懂得做生意了。他能骑着小毛驴到离家数十里开外的大茅山贩卖桃子赚钱。走在乡间的小道上，不时与驴一起摔倒，弄得满身泥泞，从不叫苦叫累。

二是解放前，我们家有个豆腐作坊，购买黄豆的任务通常由二哥主动承担。他每次去到镇上，都是一条街走到头，挨家挨户品质量，货比三家砍价格，买回的黄豆质优价廉，父亲十分满意。二哥从小就有经营方面的天赋。

三是二哥从小就喜欢下象棋，而且从不惧怕与大人交战。父亲告诉我，有一次在下赢一个大人后，二哥还用手指着对方调侃说，我在你脖子上前后左右架起了几把刀，你已动弹不得，一动即死。结果这个大人恼羞成怒，气急败坏，顺手一个耳光，打得二哥一个趔趄，他拔腿就往家跑，把委屈告诉了家人。

我父亲评判孩子将来有无出息，嘴上常常挂有“从小看看，到老一半”的口头禅。二哥小时候的表现，让父亲对其未来充满期待。

1949年，在我二哥刚满15周岁时，就被托付给了一个乡邻，只身前往上海讨生活，吃尽了千辛万苦。试想，一个从未出过远门的孩子，要想在举目无亲的大上海立足，需要有多么大的勇气和毅力呀！我的二哥庄春根，凭着他过人的聪慧、天赋以及吃苦耐劳的精神，奇迹般在大上海闯出了一条活路。

1954年上海实行公私合营后，二哥进入上海新通机器厂当学徒，在平凡的工作岗位上，刻苦钻研，连创佳绩，受到各级领导的一致好评。他在单位里曾先后多次被评为企业先进生产者和上海市先进工作者。二哥担任组长的钻床小组，被评为上海市社会主义建设先进小组。凭着过硬的钻工技术，二哥曾一度获得“钻头大王”之美誉，这是工匠精神在二哥身上的具体体现。

1961 年，工厂为鼓励二哥作出的突出贡献，决定把地处控江大街1462 号的一套甲级公房奖励给了二哥，这是多么大的荣誉啊！

1970 年，二哥积极响应毛主席发出的建设三线的伟大号召，全家支内来到常德。在樟树湾创业奋斗中，二哥充分发挥其活泼开朗，善于交际这一性格特点，与其他厂领导一道出谋划策，为工厂招工、生产、生活用电、用水、用气四处奔波，以解燃眉之急。

据我所知，建厂初期直至投产后好几年，正处于计划经济时期，物质十分匮乏，许多商品都要凭票供应。当时二哥看在眼里，记在心里，以其豪迈爽快的性格，风趣幽默的谈吐，结交了一大批周围县处级地方上的领导，并通过他们，为厂里特批到了很多计划外的鲜鱼鲜肉等农副产品，大大改善了职工生活。在食堂杨阿忠师傅的操持下，大扒、猪脚、红烧肉等，做到敞开供应，应有尽有。这与二哥背靠鱼米之乡与当地县市领导建立良好的厂社关系密不可分。当年不少职工曾戏称我的二哥为浦沅的“外交部长”。

二哥从小没有受过正规的中、高等文化教育，只是后来在工作中接受过一些中等专业技能方面的学习和培训，一直未能取得高等教育文凭，这也是后来制约他晋升更高领导岗位的一大障碍。尽管如此，这并没有影响他工作能力的发挥，由于头脑中条条框框少，敢说真话，求真务实成了他的一大特点，给人们留下了很深的印象。

1980 年浦沅厂首届科学大会召开之后，有不少人对浦沅厂的发展前景充满着期待，成立长沙起重机分厂，接着筹建上海松江分厂……

后来，他在主抓浦沅总厂的产、供、销工作的同时，还肩负着筹建上海松江分厂的艰巨任务，并兼任上海分厂董事长。

二哥的最大梦想是把上海分厂做强做大，把浦沅重心逐渐向大城市靠拢，从而实现浦沅厂新的战略转移！

众所周知，浦沅厂从无到有，赵加胜书记兼厂长所付出的努力和心血巨大无比，大家已经形成共识，这是毋庸置疑的事实。而二哥当初在支持、配合赵书记及其他领导者，在完成好支内、搬迁等工作上付出了努力，在后来工厂的创建、生产、销售、生活管理等方面也作出了应有的贡献。

我在想，如果二哥健在，他定会叮嘱我们，要我们正视现实，脚踏实地，把我们浦沅人自己能办的事、该办的事办好吧！

唯有这样，把纪念浦沅50周年的事办得圆满，才是对包括我二哥在内的所有浦沅前辈们最好的纪念和缅怀！

生产线上“三剑客”。

胸中自有雄兵百万。

看见你们格外亲。

笑声就是获奖感言。

青松挺且直

熊株陵

千军竞发纵览九州多劲旅
百家争雄连中三元唯浦沅

——浦沅历年原创春联选（50）

情况上传下达，全靠沟通交流。

创造新成绩，迎接十二大。

为准备浦沅50周年庆祝活动查找手头的资料，看到一篇关于刘庆松的报道，这个名字有些人也许不太熟悉，但只要提起“刘老保”大家一定还记得。这也许是刘庆松留在浦沅历史上唯一一点文字资料，它让我想到许多许多。当年组织完这篇报道文章后，却让当时的浦沅报美术编辑犯了难，竟然找不到一张像样的照片配上去，无奈之下只好做了个艺术化的标题：一棵巨大的松树傲然挺立，直指苍穹，配上题目——青松挺且直。

铮铮硬骨：怒放的生命之花

时间回到1988年11月，老刘最后一次出差前。

“老刘，你近来咳嗽厉害，天气又这么冷，这次大西北你就不要去了。我去给你们领导说说。”爱人关切地询问他。“不行！”刘庆松斩钉截铁地说，“这工作是我的，你不要去找领导，不能让领导为难！”妻子知道他那犟脾气，只好默默地为他收拾行装，并千叮咛万嘱咐催促他去医院拿点药。他嫌咳嗽药水带在身边麻烦，揣着几粒药片就出发了。

他的妻子哪知道，此刻刘庆松已重病缠身。据医院后来检查，发现他肺部有三个肿瘤，脑部还有一个。老刘忍受着巨大的痛苦，以非凡的毅力开始了他出差计划中的兰州——西安——大足之行，在生命的最后时刻，他发起了最后的冲刺。

第一站是参加兰州的订货会。11月的兰州，气候干燥。老刘只觉得头像割裂开来一样地疼，咳嗽更厉害了，常常彻夜难眠。但他表面上仍像无事人一样，开会期间跑上跑下，忙得不亦乐乎。

由于脑部神经被肿瘤所压迫，老刘发现自己右半身麻木，手也在不停地颤抖。吃饭时筷子都难以握住，从盘中夹的菜到碗里时已所剩无几。他怕别人发现自己的病情，就退掉会议餐票。每到就餐时，他就借故走开，一个人躲在房间内就着白开水啃自己买的干粮，就这样一直到会议结束。

兰州会议一结束，他又风风火火地赶到陕西汽车制造厂采购厂内急需的助力缸。待他在陕汽厂办好提货、包装、发运等事宜后，他给供运部领导来电说，他将上四川大足提底盘。供运部领导在电话中告诉他，你上海的姐姐专程来湖南看望你，已等了很长一段时间，你赶快回来。老刘说，工作要紧，我还是上大足去吧。“不行，你赶快返回！”供运部领导下了命令。

1988年11月20日，刘庆松登上了返湘列车。当他好不容易捱上火车时就再也不能动弹了。这趟车他不知坐过多少回。每次有边远地区的采购任务，他总是争着去。一到火车上他就忙个不停，不是帮列车员扫地倒水，就是为老幼拎包让座。

在迷迷糊糊的昏睡中，老刘的头脑却在翻腾着：我这是怎么啦，怎么老要瞌睡呢？也许是太累了，歇一会儿吧……随着列车单调的声响，他觉得自己仿佛飞出了窗外，回到了阔别多年的家乡，回到了自己战斗生活了六年的南海舰队……

1958年，他怀着许多美丽的梦想来到部队。领导上安排他干事务长，他毫无怨言地干开了。他两次被评为“五好”战士，四次受到领导口头嘉奖、表扬。1964年他复员到上海，1970年支内来湖南。20年风里来雨里去，他干采购员这一行足迹几乎遍布全国。1988年6月，他出差到山东，就经常感觉头疼、咳嗽，他只当是感冒引起的全不在乎。

剧烈的头疼使他两眼直冒金星，一阵咳嗽又使他苏醒过来："我可千万不能倒下，就是爬也要爬回浦沅去……我还要上大足去，厂里还等着用底盘呢！"他在心中默默念叨着。

11月21日深夜，刘庆松好不容易摸到长沙中转站，望着这熟悉的建筑，他心中一阵快慰：终于到家了！此刻，他再也无力用手去推大门，嘴也发不出声来，只好用身子去撞那扇沉重的大门。

大门打开了，人们发现了近乎瘫痪的刘庆松。第二天，老刘再也爬不起来，小便也失禁了……同志们望着这铁打的汉子，再也说不出话来。人们实难想象，他这样几乎不能动弹、不能言语的病人是如何熬过这上千公里的长途旅行的？人们在他手提包内发现的是两个半未啃完的烧饼。

长沙的医院要给他作全面检查，他执拗地要求回厂，11月22日他回到了浦沅。

在厂医院内，他还念念不忘采购的那批物资，用那含混不清的口语，询问前来看望他的供运部领导："陕汽……的货……来了没有？"当人们告诉他确切的消息后，他才放下心来。

悠悠岁月：忘我的孺子牛

在外单位，人们称他为"荣誉职工"；

车间里称他为"编外工人"；

在拘留所内他抢着干活，所长要把他留下来；

在生命的最后时刻，他在病床上艰难地伸出两个指头……

老刘住院的消息很快传开来，厂领导及许多职工都去探望。老刘望着络绎不绝的探视人群对他妻子说："这么多人来看我，只怕是我不行了。""别瞎说，这是你平日为大家做了那么多好事，现在你病了，人家来看看你。"妻子忍住悲痛安慰道。

在人们的记忆中，老刘似乎从未生过病。1981年修电影院时，他摔成重伤，只在医院里躺了几天就跑出来了。他好像浑身有使不完的劲，永远劲冲冲的。

刘庆松负责配套件采购。出差在外，有时要等待提货，他不去逛大街游公园，而是主动到采购单位帮助做些力所能及的工作，甚至比本单位的职工都积极主动。山东潍坊物资贸易公司就来信表扬他，称他为"公司的荣誉职工"。

1977年，工厂采购的黄河底盘运抵长沙。老刘看到底盘在货场多停一天，厂里就要多交一天的场地费。他凭着自己会摆弄两下汽车，就把底盘车一辆一辆地往当时厂驻长沙办事处——湖南旅社转移。谁知出了交通事故，由于他是无证开车被判罚拘留10天。事后，有关领导去拘留所接老刘时，所长说，把你们厂的老刘调到我们这里来吧，这位同志太好了。在这里他什么事都干，挑水、烧饭、扫地。

刘庆松在搞液压附件时负责生产外协，有些电镀件生产安排在中夜班，他就去电镀组上中夜班，大家称他为"编外工人"。他看到许多裁下来的短液压胶管四处丢散，数次找领导建议要保管好这些短胶管。领导采纳了他的意见，短胶管后来果然派上大用场。

修建俱乐部时，施工中发现地下通风沟出口没预留好，全被混凝土加毛岩封死了。刘庆松二话没说，硬是和民工一道，蹲在沟内用一把锤子一根钢钎，凿通了近一米厚的主体墙基础。

刘庆松就是这样，为了干好工作他舍得己拼得命，他对浦沅厂充满了感情。在生命的最后时刻，他苏醒过来，望着前去探望他的供运部领导，艰难地伸出两个指头。人们费尽猜测，才明白他要回浦沅去参加建厂20周年厂庆活动。

漫漫人生：留下爱的温馨

建厂初期的每年春节，他都主动担任押运行李车

职代会上，全神贯注。

条条建议寄托爱厂情愫
句句警言坦露当家胸怀

——浦沅历年原创春联选（51）

开个民主生活会，听听群众的声音。

浦沅第一届体育运动会。

高擎红旗，率队入场。

自创项目：携物赛跑。

的任务。在冰天雪地里，他为货车搭棚装行李，一干就是一通宵。把本应归押运人员乘坐的驾驶室让给老弱者，宁肯自己蹲在车厢内挨冻。车至长沙，他冻得浑身发抖，连话都讲不出来，但他仍然帮大家提箱拎包，扶老携幼进站上车。

夏天露天电影院放电影时，作为业余工作人员的他会早早来到场内，用自来水给场内降温，浑身淋得透湿。电影完了，又是他最后离开、关门、上锁。

人们含着热泪讲述着刘庆松生前的件件往事。他们嘱咐笔者：你写吧！就写他的克己奉公，就写他的助人为乐，就写他吃得苦、熬得夜、霸得蛮，就写他是活雷锋，我们都认了！

现在想来，我这支笔是支遗憾的笔，未能在老刘的生前采访到他的许多动人的事迹，更好地再现他那光彩鉴人的形象。

我们的摄影师也在遗憾，当年怎么就没有想到给他拍张照呢？厂里搞美工摄影的人想起来了：当我们在现场拍照时，他在后面举着照明灯；我们办展览橱窗时，他为我们裁纸、描字，甚至抱走缠在身边的孩子，在一边哄着玩。

一对新婚夫妇更是在遗憾：老刘啊，我们的喜糖，您没吃一颗，我们的喜酒，您没喝一口。结婚前我们需要划玻璃，只是试着给您说了一声。没想到当天晚上，你就挟着毯子扛着直尺来了，费尽周折为我们配好了玻璃。其实，请他划玻璃的何止十家、百家，为此，他自己掏钱买了一把划玻璃刀。

还有许许多多的人在遗憾：老刘啊，要是你回到浦沅厂，我们一定要去医院陪你一晚，叙叙我们的心里话，表表我们的感激情。谁也无法统计，他为厂内多少家庭料理过丧事，他不怕脏、不怕累，就像故去的是自己的亲人。供应部一职工病故后，家境困难，领导号召捐助，他毫不犹豫地掏出10元（占他当时工资的1/4）。

每次发奖金，他总对领导说："我不要这么多奖金！""如果有矛盾摆不平的话，我少拿一点！"每次工资晋级，他从不争闹，甚至连问都不问一声。

老刘为什么对金钱如此淡泊，莫非他搞采购发了财已腰缠万贯？事实恰恰相反，老刘前后搞采购20年，却两袖清风。有时外出采购，为尽快完成任务，他不惜自己掏钱来招待，天长日久亏空两千多。他咬紧牙关，每月从工资中扣除20元。走进他的家庭，人们发现他使用的还是支内时带来的几样家具，十几年前动工的沙发，现在还是一个木框子，最值钱的电冰箱洗衣机还是供运部的领导下命令要他去年添置的。人们也许会说他"笨"，他也的确"笨"。1980年，他从江华县采购了几百立方米木材，只要他说一声，何愁一套家具木材？可他硬是一块木板也未买回来。

1989年1月8日16时25分，刘庆松同志永远离开了他所热爱的生活，离开了他所热爱的浦沅厂……

人们怀着无限的深情与敬意回忆着老刘生前的点点滴滴。"他就是活雷锋！""他就是踏踏实实的公仆！""他是一辈子做好事！""一个非党的同志能达到这种思想境界，的确不易！""一个人做点好事并不难，难的是一辈子做好事。"大家说，无论怎么写他，都不过分。他是我们浦沅人的骄傲！刘庆松同志走了，他走得那样坦然，他将一颗晶亮的心留在了人间，留在了浦沅厂。他生前没有获得过什么荣誉称号，我只好将他那平凡的事迹编成一个洁白的花环奉献在他的灵前。在今天看来他还是那么地纯真、洁净！

今天我们浦沅人庆祝自己的工厂成立50周年，我们就是要为这些普普通通的浦沅人树碑立传，他们才是真正的浦沅人。

此刻，我想起了罗曼·罗兰的一句话："我称为英雄的，并非以思想或强力称雄的人，而只是靠心灵伟大的人。"

子承父业的工匠薛文兴

沈春美

浦沅厂绝对是个藏龙卧虎、人才济济的地方。这里不仅有退休返聘、身怀绝技的能工巧匠，更有技艺精湛年富力强的精兵强将。薛文兴则是一个难得的子承父业的冷作工匠。

1970年6月，薛盘金带着薛文兴、薛根娣兄妹俩来到浦沅。两兄妹经过农村锻炼被招进了浦沅厂。当时他父亲作为结构车间主任和一批浦沅元老一样，在子女的工种选择上是有发言权的。那时最热门的要数车、钳、刨、铣等机加工工种，而小薛最想当个司机。可出乎所有人的意料，父亲要他当冷作工。于是他来到了那个又苦又累整天和铁板打交道的铁件加工班，拜刘岳林师傅为师。

刘岳林师傅是班组长，建厂初期每天的事多且杂。第一天他就交给薛文兴一张图纸要他划线下料，自己则忙其他事去了。这对一个刚进厂的青工来说，真有点摸不着头脑。但薛文兴一个人拿着图纸琢磨，凭着在家跟邻居学木匠活的识图知识，也把图纸看出个大概。中午他回家问父亲是否该这样做，下午一上班他真的开始划线下料了，把刘岳林师傅高兴得哈哈直笑。他知道这孩子就像他父亲，是块干冷作的料。

1922年出生的薛盘金是无锡人。13岁来沪在姑父的小作坊里学打铁，之后又到姑父朋友处学冷作，一做就是十来年。那时的冷作从放样下料到铆焊后的热处理工艺都要精通。他们的工作五花八门，拆船、修桥、修锅炉等等，所以走南闯北见多识广。

敲榔头是冷作的基本功。薛盘金能敲上下左右前后的六面榔头。那手上的功夫可谓精准。解放初不到30岁的薛盘金去考上海新通贸易公司就被定为冷作七级半。薛盘金虽然文化不高，但他实践经验丰富，肯钻研，技术过硬。最令人佩服的是他还能绘制一手漂亮的机械图纸，被人称为文武双全的能工巧匠。

在浦沅厂锻压车间工艺设计中薛盘金挑起了大梁，在1200吨水压机设计制造中他发挥了重要作用。他还急生产所需自制了3吨蒸空两用汽锤等常用设备，为浦沅厂各类产品的毛坯件制造作出了可圈可点的贡献。

年轻的薛文兴好学上进，充满了求知欲。为了让他学技术，父亲用儿子差不多一年的工资给他买了一套画图工具：图板、角尺、量规、纸笔。教他学机械制图，掌握看图放样的本领。这些工具至今还跟着他走南闯北，成了他一生的吃饭家伙。

为了培养儿子成为冷作的行家里手，薛盘金要儿子空余时间练基本功。他在废钢板上焊一根高150毫米、直径为300毫米的圆钢，每天小薛都提前1小时到车间去敲榔头，什么落地式背包式的大小榔头都敲。薛盘金天天来量一下看看那圆钢矮了多少。就这样在三个月后的基本功测试中，无论功架、命中率薛文兴都是第一。

放样下料是冷作的第一道工序，也是产品制作最重要的环节。年过六旬返聘来湘的肖桂福师傅是冷作放样高手，他单身一人在厂，天天晚上会到老朋友家串门。他们老一辈天南地北地聊天，更多的是交流工作中遇到的问题和解决办法，在一旁的小薛耳濡目染，对不少问题有了起码的感性认识，后来肖桂福成了薛文兴学放样的师傅。肖桂福师傅三天两头就交一个诸如“天圆地方”的课题给小薛，小薛利用晚上空余时间独自研究。展开、计算、放样、下料，过几天他就会交一个样品给师傅检查，接受指导。这样的日子持续了有两三年

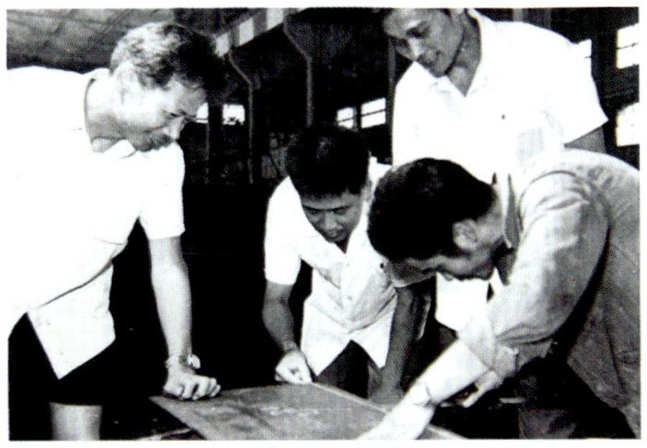

武陵家族添异彩
浦沅科技建奇功

——浦沅历年原创春联选（52）

当年意气风发的浦沅年轻人。

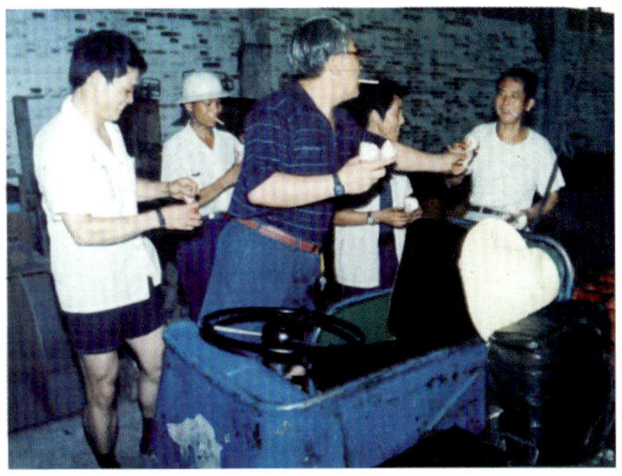

当年时时关心工人的浦沅厂领导。

当年浦沅厂结构车间的生产工人。

当年浦沅厂劳动模范——朱根林。

当年浦沅厂劳动模范——柏凤鸣。

之久。放样用的马粪纸是小薛托常德的同事到市里一刀一刀地买回来的，他宿舍的床底下堆满了各种他学习放样的作品。

身高一米八的小薛生性腼腆，但格外踏实肯干。在车间厂房还没完工的时候，他不论严寒酷暑总是早早来到露天工地将钢板上的露水打扫干净。车间厂房完工后，师傅要他带17个民工校正行车轨道，他没有经验就先请教父亲，很快就完成了任务。为了学好冷作校正他又拜这方面的权威谢阿林为师。薛文兴既听话，又动脑，还能吃苦，深受老师傅们的喜爱。小薛很快成为青工们的杰出代表，在以后的考工定级和技术比武中他的成绩总是名列前茅。1972年他光荣地加入了中国共产党。

记得在校正压路机底盘时，开始他根据师傅的传统办法，不断用椎形钎来调整，费时又费力。父亲说你不能一味蛮干，要学会从繁重的体力劳动中解放自己。于是他开始琢磨做个简易工装，用千斤顶顶，很快他就尝到了甜头。压路机上的座椅工具箱靠背有弧度，角铁成型有难度，他动脑筋做了个弯形的工装。

680大客车上的山型流水槽，薄板结构要求一次成型。在结构老技师曹荣根的帮助下，薛文兴采用三副模具一次成型。另外680底盘液压铆钉钳一次加工成型技术曾获浦沅厂科技成果三等奖。

随着16吨汽车吊新产品的开发，吊臂采用的是15MnMoVTaXi高强板，因新材料强度高，板材很难校平。负责工艺的曹荣根师傅点将要小薛去校正。凭着对材料校正的认知，利用变形和反变形的原理，小薛不断摸索用火工榔头敲，终于完成了任务。

16吨后桥设计由原来的铸铁外包件改为钢结构件，由于几何外形复杂，一开始生产很难达到图纸要求。薛文兴大胆采用黄河制动气泵制作具有定位、支撑、压紧功能的整体摆搭模，大大提高了后桥质量。

后来厂里开发混凝土搅拌机，搅拌滚筒前后锥体各不相同，要连接中间圆筒达到图纸要求很不容易。薛文兴接连几个晚上在办公室画图，制作了一副集摆搭、焊接及机加工于一体的工装胎具。他设计的工装胎具做到了加工脱模一次性试验成功，于是他一口气做了四套胎具，满足了生产的需要。这些胎具至今还在制造单位发挥着作用。薛文兴用扎实的基本功和丰富的实践经验，攻克了一个又一个生产难关，解决了一个又一个的生产技术难题。

随着工厂的发展，浦沅从常德走向长沙并在上海松江成立了作为浦沅窗口的分厂。薛文兴从生产组长一直干到生产厂长，负责除财务、销售外的方方面面，逐步成长为一个精干的企业管理人员。

在上海分厂生产的轨道吊三节臂，伸缩钢丝绳不但装配困难而且极易脱落。薛文兴根据经验，直接将钢丝绳由两侧改为上下安装，从此钢丝绳不再脱落。

解放军二炮的3吨随车吊的样品是意大利生产的。它的六边菱形臂中间长两头尖，军代表强调为保证吊臂的强度，制作时要求一次成型。这个问题很棘手，加工难度大，生产、技术人员都束手无策。薛文兴琢磨着用两副模具生产，达到了军方的要求。军代表对此很高兴，曾向外单位人员炫耀这种车的制作工艺，外单位的人横看竖看都不相信这六边菱形臂只有一条焊缝。

2006年薛文兴先后应聘到抚顺挖掘机厂和合肥柳工集团任副总经理。他运用浦沅的经验大刀阔斧地搞技术改造，改进工艺布局和生产流程。他既抓生产又管技术还搞管理培训。在很短的时间大大提高了企业的工艺制造水平，使产品质量大幅度提升，为企业带来了十分可观的经济效益，被辽宁日报称为“北飞的大雁”。

薛文兴17岁进厂学艺，他没有学历文凭，只有技师职称。他说自己是四不像。既不是土建专家，也不是专业的设计工艺技术人员和企业的管理人员，但他却常常能够在企业技术改造中提出专业的生产布局建议；能够在产品设计和工艺设计中推翻不合理的设计方案，提出有益的改进意见和工艺流程、制作方法；并经常给基层管理人员上管理课程。薛文兴就是这样一个同行眼里不可多得的专家能人。

回顾薛文兴的成长首先要归功于他的父亲。作为冷作行业的能工巧匠，他知道这行的学问有多深。他创造条件为儿子打好扎实的基本功，让他了解各工序间的连接和技巧。

其次，薛文兴有幸参与了浦沅的建厂创业、产品开发的伟大实践，再加上个人的辛苦付出，这才造就了薛文兴不一样的才干。

作为冷作行业的传承人，他继承了老一辈当家作主、艰苦奋斗、不怕困难、勇于奉献的无产阶级革命精神。他干一行爱一行，刻苦钻研勇于创新，以主人翁的姿态为浦沅腾飞、为中国工程机械工业的崛起作出了自己最大的贡献。

人称铁匠张陵江

熊世洋

张陵江，同事们却喜欢喊他“张铁匠”，主要是他舍得干，肯吃苦，而且有一身好劳力。1969年10月，他在湘西钨矿培训。那年12月，钨矿仓库发生火灾，他奋不顾身冲进火场抢救国家财产，身体被严重烧伤。1972年培训结束返厂后，他在机动车间干钳工。工作中他吃苦耐劳，勤于钻研，最脏最累最险的活儿抢着干，被同事和领导称为浦沅青工中最能吃苦耐劳的人。他是浦沅多年的先进工作者，劳动模范，是浦沅青年学习的楷模。1984年他被任命为机动车间主任。他坚持原则，公正无私，关心职工，顾全大局，带领机动车间一班人，为确保全厂的水、电、气、管道和设备的正常运行，作出了宝贵的贡献。浦沅人一直钦佩他、尊敬他、喜欢他。

浦沅厂劳动模范、青工楷模张陵江，我们都亲切地叫他张铁匠。

张陵江理论、实践样样强。

张陵江勤学苦练是浦沅人的榜样。

我在浦沅16年

何惠良

我1972年2月从上海工程机械厂支内到浦沅，1987年1月离开浦沅调回上海，在浦沅工作了整整16个年头。我把最美好而宝贵的青春年华留给了浦沅。

正如一首歌所唱的那样：“我们这一辈，酸甜苦辣酿的酒不知喝了多少杯；我们这一辈，真正地尝到了做人的滋味，人生无悔……”浦沅哺育、培养、锻炼了我，至今我仍深深地怀念在浦沅的16年。

参与修建电影院

记得我刚到浦沅的时候，生活条件还很艰苦，业余生活单调枯燥，没有收音机，更不用说电视。厂里时有球赛，观战的人群常常把球场围得水泄不通。看电影是件很奢侈的事，偶尔有电影跑片来我厂放映，职工和家属用竹椅和木凳，早早地在露天广场抢占个好位子。我们夏天是冒着高温炎热站着看完全场，冬天是在西北风中全副武装地坚守，碰到下雨天，雨伞像朵朵繁花散落在露天电影场，人们在“花”下的狭缝中寻找着那闪烁着欢乐的银幕。为解决职工看电影难的问题，1976年7月，时任厂工会副主席的王德海向厂部申请了2万元资金，前后用了一年多时间，东拿西挪，和基建科陈凤章等同志一起，在如今的浦沅退休人员活动室所处的位置上，建成了简易的露天电影放映场。虽然，夏天坐在水泥板的座位上屁股还有些灼热，冬季还得穿棉衣戴手套抗寒冷，但再也不用带座椅，抢位子了。

为了从根本上解决职工家属看电影难的问题，厂部向机械工业部重矿局申请，自筹资金85万，建造浦沅电影院（后命名为浦沅俱乐部）。

在考察了上海新光、国际、和平等影院的基础

流年在指缝间划过，
记忆在蜕变中沉浮。

我们由于历史的原因无可选择地去支内，但我们的人生经历注定要比留在上海的同龄人丰富了许多。

我们年轻时的笑容如此灿烂。

上，厂部敲定了电影院的设计方案：装饰不能豪华，要适应实际情况；座位不应太多，但可以有二楼看台。

1978年夏天，由时任党办主任林春根领衔，基建科长张关明现场指挥和调度，基建科副科长许文菊设计的浦沅电影院开工了。当时，担任施工建造的是苏州第十三建筑施工队。在那个计划经济时代，武陵汽车起重机的购置是要部里下达指标的，苏州第十三工程施工队为了在计划外求得浦沅一台8吨汽车起重机，将浦沅电影院的建造任务承接了下来。

苏州的施工队先后派了包括技术人员、施工员、泥木、水电、钢筋、架子工等45人，吃住在浦沅招待所楼上的三楼会议室里。当时我有幸作为张关明科长的助理，参与了电影院施工建造的全过程。

我主要负责施工队与厂里各部门之间的协调工作，包括施工过程中需要的各项物资材料的配套供给协调，预埋件的施工配合，施工队的生活后勤保障等。工作中，我如碰到问题，除了向张科长请示外，还可直接向林主任汇报求助。在两年多的电影院建造施工期间，我目睹了林春根主任运筹帷幄指挥调度，坚定果断的处事方法；感受到了张关明科长不辞劳苦，日夜奔走在现场的敬业精神；看到了许文菊副科长技术服务到现场，及时解决施工难题的工作方法。

特别让我记忆犹新的是在浇注电影院挑楼框架时，全体施工服务人员不辞辛苦，连续工作三天三夜，两台搅拌机人歇机不停，终于将挑楼钢筋水泥框架一次性浇注成功。

经过两年多的努力，浦沅电影院终于建成了。当看到职工和家属坐在电影院里看电影、开会或联欢时，我心里感到无比的欣慰。

事无巨细忙会务

1980年，改革的春风吹暖了中华大地。当年8月下旬，由国家计委、经委、财政部、国家物资总局、第一机械工业部等联合举办的第一届全国机电产品交易会在长沙贺龙体育场开幕，这是一场供需双方在交易会上直接洽谈、成交的尝试，是新中国成立以来首次改变全国机电产品统筹统配方式，逐渐转入以市场调节为主，计划分配为辅，从而循序渐进地实行以市场需求为导向，以销定产的市场经济体制，是一次物资流通方式的供应制的重大转变。浦沅厂也派出唐宝麟、沈奎元两位资深销售人员赴会。当时，湖南省政府负责交易会的接待会务工作，由一副省长担任总指挥长。受省政府委派，我们浦沅厂承担省第五招待所的接待会务工作，接待的是来自第一机械工业部七个大局的供方代表，浦沅厂领导对这次会务接待工作非常重视，组成了由党办副主任何楚雄领衔的15人会务组。何楚雄主任在浦沅厂被大伙儿尊称为礼宾司长，那时来浦沅检查指导工作和参观学习的来宾，大多数场合都是何主任出面接待。他气质高雅，国字形的脸上始终保持笑容；他仪表堂堂，衣着整洁，礼仪行为举止得当；他注重细节，保持着良好的职业风范。领导指派这么一个重量级的干部领衔这次会务工作，可想而知这次会务工作的重要性。

那时，我参与浦沅电影院的建造工作已近尾声，外墙结构已经完工，内装饰尚未开始，林春根主任通知，由刘庆松和周伟国两人接替我，让我立即去何主任那儿报到，参加长沙全国机电产品交易会的会务工作。当时我记得有这样一些同志参加了这次接待工作，黄明辉（保卫科副科长，负责会务安保）、赵菊芳和刘芳（当时在党办）、欧阳有谟（财务科，负责会务财务）、黄淑华（职工医院，负责会务医疗保障）、周川达（制氧站，负责会务票务）、应时强、朱文枚、王不俗等同志（时隔30多年，尚有几位参加会务组的同志，我回忆不起来了）。在何主任的率领下，我们于1980年8月下旬赶赴长沙省第五招待所报到。

那时正值长沙高温季节，气温高达三十七八摄氏度。当年不像如今室内都有空调，那时客房里连一台电风扇都无法满足。而省五所的客房，除了八九个单间，其余的都是四五人一间的普通房间，应该说工作、居住条件都是很艰苦和简陋的。

我们除了保证每个大局一个单间作为局领导的办公室兼会客室，其余只能合理配给若干间普房了。由于机电产品的供需厂家都聚集在长沙，那时的长沙城内能寻觅到一处下榻之地实为不易。为了腾出更多的房源以解用户燃眉之急，我们会务组除了留下一单间作办公室为接待、开会之用（并兼何主任休息室），其余14人蜗居在三个普房里，两个男同志晚上还得打地铺睡觉。

我们从机场、车站、码头、长途汽车站等地迎接来自全国各地的来宾，安置好吃住。每天上下午都要用大巴接送客户来往于贺龙体育场，晚上在招待所各层楼设置安全保卫哨，交易会结束了还要欢送用户返回……许多同志每天仅睡四五个小时，但大伙儿没有一个人叫苦叫累。时值盛夏，为了防止肠道疾病发生，我们和招待所方商量，将十人一桌的用餐改为分餐制，我们与省五所的工作人员一起，把饭菜送到每个客户的座位上，这样工作量大了，但保证了客户用餐卫生。在湖南省所有会务接待点里，我们的用餐方式是独一无二的，曾受到了省政府会务领导和参会来宾的一致好评。

那时，国家物资供应还很紧缺，一些生活物品都要凭票购买。为了在近20天的交易会期间，满足来宾们生活上的需求，我们想尽办法，从长沙湖南宾馆求援了一批毛巾、肥皂、牙膏、白糖、雨伞、汗衫、背心等生活必需品，从常德捎来了香烟、白酒，从长沙茶厂采购了数大箱茉莉花茶，还从中国进出口总公司湖南分公司求援了一批出口转内销的瓷器，要知道这些物品在当时有的要凭票供应，是十分紧俏的。

为了解决住在省五所所有来宾的返程票务事宜，我们会务组负责票务的周川达同志，诚恳向原长沙建机所驻湖南旅社负责接待和票务的闫洪序老人求援讨教（闫老被尊称为“路路通”，那时我厂出差、探亲的人员频繁，闫老为来往人员的住宿和票务事宜倾注了很多心血），不管是汽车票、火车票还是飞机票，基本上做到全员满足，这在当时我国的交通运输能力不足，民用票务十分紧张、短缺的时期，应该说是很不易的。

经过二十多天会务组全体成员的不懈努力，我们省五所这一接待点没发生一起质量安全事故和任何细小差错，受到了湖南省政府会务总指挥部的通报表扬。

毛头小伙担重任

在老厂长赵加胜同志逝世16周年之际，浦沅人从四面八方汇聚上海，自发赴上海龙华烈士陵园祭拜赵加胜同志，缅怀老厂长的历史功绩和高风亮节。我不由得回忆起他老人家对我的关心、爱护和培养，往事历历在目，令人浮想联翩。

记得1977年夏季，薛盘金老人和我闲聊中知晓我大哥在太原工作，大哥的同学在太原重型机器厂技术部门工作。薛盘金于是跟我聊起他与陈家桥、朱逸勤等人在为浦沅厂自制一台25吨/米模锻锤，其结构框架、立柱等外协加工碰到了困难，要我去信给我哥，能否请他同学出面帮忙，能否请太重厂生产部门帮助解决。我哥回信说他同学应允一试。薛老向赵厂长汇报了这事。

赵厂长当机立断派我立即去太重办理此事。到太原后我哥同学带我去了太重生产处，向负责外协加工的领导引荐了我。在交谈中得知浦沅厂的想法和用意，对方建议道：与其你们这样把加工件运来运去，既浪费时间和精力，还保证不了质量；倒不如我厂给你们生产一台，花的钱比你们自制的费用少，时间上又可节省很多，质量更能保证。但需要一机部重矿局下达指标，有了生产指标后我们尽量年内给予安排。

这真是天大的好事！要知道，正因为我们购置不到这样的一台设备才考虑自制，如今太重同意给我们造一台，那多好啊！对方还告知我，25吨/米模锻锤太重仅生产了三台：一台给黄河汽车制造厂，一台为湘潭锻

赛春联　迎新春

赛春联，像过年，
如意吉祥满人间。

你一句，我一言，
抢答完毕忙交卷。

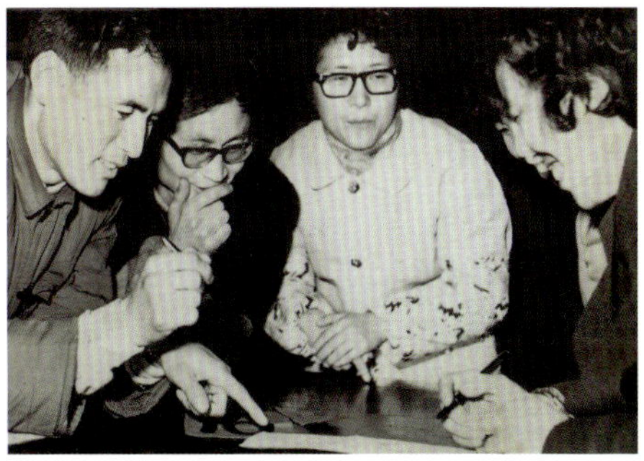

前联得了八十五，
此次要把满分扳。

去年我们拿第三，
今年名次要靠前。

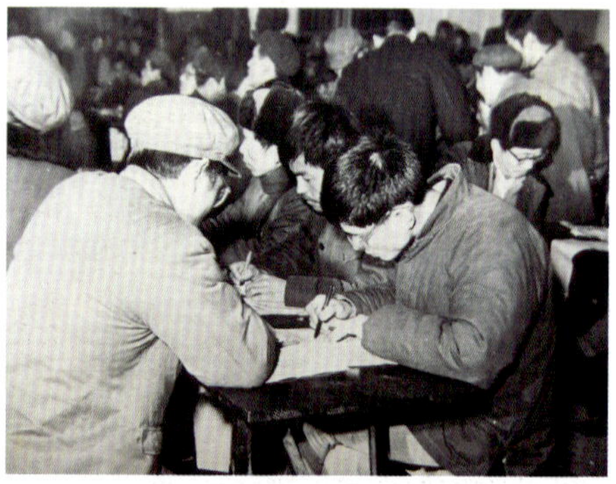

稳扎稳打慢慢来，
求好求快操胜券。

铜锣敲响大局定，
又是我们中状元。

造厂生产，一台是应齐奥塞斯库总统请求而为罗马尼亚制造的。你们如能申请到指标，就是第四台了。我当时既感动又害怕，感动的是把这么重要的担子交给我一个才27岁的小青年，领导需要多大的魄力和信任啊！这是赵厂长不拘一格地信任我，鼓励我。我暗暗提醒自己，一定要加倍努力，力争把这件事办好。

我打电话向计划科长唐宝麟通报了此事。唐科长向赵厂长汇报后，赵厂长指示我马上去北京，到一机部重矿局工程处汇报并申请指标。

次日我乘火车赶到北京，顾不上住宿安顿就直奔三里河。那是我第一次进入一机部办公大楼，门口有武警人员持枪站岗，进大楼要凭单位介绍信。我找到了重矿局工程处办公室，一个50多岁的李总工程师接待了我，我把去太重求援之事概要作了汇报，并说明我是受厂里委托来部里请示，能否给太重下个指令性计划，给浦沅厂制造一台25 吨 / 米模锻锤。

李总看着我，慢条斯理地一连串问了我好多个为什么：浦沅厂为什么要这么一台设备？你们浦沅一年产值、利润有多少？要自筹资金购置这么一台设备，资金如何解决？你们厂未来几年生产能力需要达到多大规模？李总的一席提问，我无以回答，我说我不是从事经营管理的，但我把您的话都记录下来了，今晚就打电话回去请示，明天上午再来向您汇报，行吗？

当晚我电话请示唐宝麟科长，唐科长传授机宜，他在电话里说，我在这头用笔记。

次日一早我就赶去部里。李总听了我的详细汇报，严肃地对我说：“你们浦沅厂这么多中层干部，这么重要的事叫你一个毛头小伙子来部里申请？好吧，我知道了，此事口说无凭，你回去后请厂里打个书面报告，局里再酌情考虑。”我见到李总有些松口，马上一再表示感谢局里支持云云。

后来，唐科长陪老厂长专程去北京向部里递交了报告，李总当面“数落”了赵厂长一番，说这么重要的事，派这么一个小年轻来局里，胆子好大啊！赵厂长笑着对李总说，我们浦沅厂就是注重培养年轻干部大胆工作，勇挑重担，像小何这样的年轻人在我们浦沅还有好多呢。赵厂长的这些话是唐科长从北京回来后告知我的，得知赵厂长对我的呵护，心里充满着感激和敬意。

没多久，局里给太重下达了指令，太重为浦沅厂专门生产了一台25 吨 / 米模锻锤，为浦沅厂以后年产千台汽车起重机前后桥的压铸、锻造奠定了坚实的基础。

1982年5月，我在上海探亲度假，突然接到沈科长电报，要我立即返厂述职（那时我已在厂计销部工作）。回厂后，沈科长告诉我，为配合全国第二次人口普查的开展，冯俊云副厂长提出要增加些干部力量支持保卫部门，是赵厂长在会议上推荐了你。沈科长要我服从冯副厂长的工作安排，配合保卫科把这次人口普查工作搞好。我和其他12位同志一起，努力工作了三个多月，按照全国第二次人口普查的各项要求和指标，大家群策群力，废寝忘食，一家家、一户户上门排查、摸底、登记、汇总，尽力把差错率控制在最低，在常德地区和省里的第二次人口普查工作总结大会上，浦沅厂被评为先进单位。

1987年元月，按照国家相关政策，我离开了工作了16个年头的浦沅厂，回到了上海工程机械厂，这又是一个历史的轮回：我又被安排在液齿车间做压路机齿轮箱和打桩机缸泵阀的装配钳工工作。

那年5月份的一天，车间里通知我，厂部要我去厂长办公室，说有人找我。在厂长接待室里，我看到赵厂长和一机部老五局局长刘赞平坐在里面。老赵是陪刘局长专程来上海工程机械厂视察的，旁边有工程厂厂长陆寿彭和党委书记虞网法作陪。老赵叫我坐在他边上，见我穿着工作服，手和衣服上都沾满着油，就对陆厂长说，小何在车间里是暂时的吧，他在浦沅是个好青年，为了调回上海，损失了许多，什么都耽误了。陆厂长，你以后还是把他安排在销售部门吧？在旁的刘局长也附和着说，小何在北京工作时一直陪老赵和黄(卯生)厂长来我这儿，陆厂长你要多照应他呀。我当时听了很感动，我尽管已调离了浦沅，但老领导没有把我忘掉，还一直在牵挂着我。

勇闯市场破难局

1981年夏天，全国机电产品销售形式已转为以市场调节为主，计划分配为辅的市场经济模式。浦沅厂的产品销售，除了一机部下达的为车上配套的少量指令性计划外，其余全部由企业在市场自主销售。那时，浦沅厂下半年仅有一台产品订单了，销售形势十分严峻。

厂部经过研究后决定：主动出击！准备以一台8吨汽车吊的代价，组织人员外出推销，把浦沅的品牌产品推出去！这一前瞻性的决断，需要有多大的魄力！那时，赵书记在北京学习，厂里的行政工作由黄卯生厂长负责，党委工作由汪正东副书记主持。厂部要求厂办按全国六大区配备人员，厂销售部门组织力量对外出推销人员进行业务培训。我那时暂借在厂办工作，协助何楚雄主任到各部门、车间抽调了37位人员，其中厂级干部4名，中层干部29名，一般人员4名。经过销售部门一天的业务培训，厂办也宣布了赴全国六大区各组的组成人员名单：由党委副书记汪正东领衔负责云、贵、川等地的西南组（我有幸被安排在此）；由党委副书记魏元诚带队负责两广、两湖等地的中南组；由副厂长史道贵挂帅的京津冀豫晋内蒙等地的华北组；副厂长冯俊云负责新疆、青海、宁夏、甘肃、陕西等地的西北组；以及周君明负责的沪、浙、苏、赣、闽、鲁、皖等地的华东组和由余志章领衔东三省等地的东北组。

厂长黄卯生在会上作了出征动员，他说你们肩负着全厂职工的重托，到全国各地去推销，开拓市场，要发扬不怕苦、不怕累、不怕困难，勇于奉献，争取胜利的精神！我在厂里等着大家的捷报传来。最后，他说为了支持大家外出推销和开拓市场，特向常德地区行署领导申请，在小额、必须、合理的原则范围内，为大家争取到每人每天一包银象烟补助（因银象烟类似上海的凤凰烟，在当时深得社会大众的喜爱），希望大家珍惜这来之不易的物质支持。我知道，这待遇在当时已经很奢侈了，当时销售部门为鼓励工作表现出色的同志，而向厂部申请增加月奖几元都很难。接着，汪副书记讲话，他说：雄关漫道真如铁，而今迈步从头越！我们浦沅人也要去长征了，我们是工作队，是宣传队，是播种机，是战斗队，要把浦沅的创业精神向用户认真宣传，把浦沅的产品向用户热情推介，把浦沅产品的优点向用户着重介绍，让浦沅的武陵牌产品在用户心中生根、开花、结果。

1981年7月19日晚上8点半，我们外出远征的37位壮士，在厂广播喇叭播放的欢送乐曲和厂锣鼓队震耳欲聋的锣鼓声中，在全厂干部和职工的夹道欢送下，登上了无锡牌大客车，徐徐地踏上了征途。那动人的场面，感动得我们许多同志热泪盈眶。半夜时分，我们到了长沙中转站，站长黄敬高不顾炎热，熬夜守候在门口。那时的长沙，真可谓火炉也！气温十分闷热，白天近四十度的热浪沉淀在房间里，晚上根本扩散不出去。那时条件简陋，四个人一间的住房，别说空调，连电扇都保证不了。我们中的许多同志就拿床凉席，抱只枕头，上到中转站楼顶露宿去了。

经过37位同志历时两个月的辛勤工作，共访问用户1400多家，行程74000多华里，收获产品订单二十余台，为浦沅厂以后的市场销售打开了可喜的局面。

今天，我们回想起浦沅厂为了企业生存的那次长征，早已在浦沅厂壮大和辉煌的发展史上留下了不朽的一页，由此而提炼总结出的“跋山涉水开拓市场的精神”成为了浦沅“新五种精神”之一，同时也在我们心中留下了不可磨灭的记忆。

转战油田试锋芒

随着市场经济体制改革的深入进行，浦沅厂的产

浦沅月饼　回味悠长

浦沅月饼，上海配方；
皮软馅实，香味绵长；
供应职工，品种多样。

当年后勤，走向市场；
首战常德，一炮打响；
再上长沙，不负众望。

浦沅精神，职工不忘；
不骄不躁，改进推广；
如今月饼，誉满三湘。

篮球场上，龙腾虎跃。

家庭运动会，活泼又新颖。

项目获了奖，家家心欢畅。

品再也不像过去那样“皇帝的女儿不愁嫁”了，守株待兔的销售形式已不适应新的形势，必须到市场里去找新的份额。那时，整个销售科人不多，一共十三四个人，从整车和配件销售、广告美工、仓储发车、用户培训、维修点的建立和运行等工作全靠这些人。我们频繁地参加全国性的机电产品订货会和行业的产品展示会，并组织力量对全国一些涉及国计民生的重点领域和关键行业加紧探访。

当时的石油行业呈现出一片欣欣向荣的景象，针对这一情况，厂部决定把销售的触角，及时地延伸到各大油田中去。

去南阳

1982年初，由史道贵副厂长率领销售科副科长吴蔚若和我，前往南阳油田探访。我们一行乘火车从长沙出发，凌晨到河南信阳。

上午，史副厂长说顺便去拜访其老首长，把浦沅厂武陵汽车吊向部队推荐和宣传一下，为以后的部队军需留下契机。到了解放军某部，史副厂长的老首长、老战友热诚地接待了我们并准备中午设宴招待我们。史副厂长把我们的来意告诉了部队首长，请求他们的关照和帮助，且表示不必劳驾首长。中午，我们在部队食堂简单地吃了碗鸡蛋面条后就赶路了。

从信阳到南阳，那时还没有铁路客运，只能坐长途汽车。那长途车简陋破旧，门窗都关不紧，一路上叮叮当当响个不停。更令人尴尬的是双人座位十分狭小，时值寒冬季节，我们三人都穿着军大衣，两人的座位靠中间走道的一人仅半个屁股搁着，另半个悬空着十分吃力难受。长途车就这样冒着严寒在雪地里行走了5个多小时，天黑才到南阳城。

我们在长途汽车站旁边的一处邮电局，电话联系了南阳油田机动处的一负责人，对方说油田已下班，要办公室派车来接有难处，他马上与运输部门联系，请外出运输的车辆返回油田时，顺便接我们去油田。我们等了近两小时，尚未见车来接我们，这时零下七八度的气温，冻得我们直哆嗦，伴着等人的焦急心情，让人感到饥寒交迫。史副厂长决定，先解决肚子的问题：吃饭。

我在邮电局边一处小摊联系了白菜肉丝下面条，只见老板从木架上挂着的一块冻肉上割下一小片，洗也不洗，切碎了，起油后放些干辣椒，把肉放入锅里炒了几下，舀些冷水，把面条一起放入。等面条煮得差不多了，用手抓了一把切好的白菜放进锅里，捣鼓几下，放点盐，就倒入一只面盆里。我们三人坐在一只矮桌边，围着面盆，饥不择食地用筷子把面条捞进自己的粗边大碗里，狼吞虎咽地吃了两大碗，这才赶走了饥饿和寒冷。

晚上9点多，只见一辆进口的油罐车停在我们附近，车上下来一位司机，见我们三人在雪地里仿佛等人，就赶紧过来问我们是否从长沙过来的，我们像是见到亲人一样似地赶紧说是的。那师傅说他是刚办完事要返回油田，接到领导的电话，专门来接我们的。我们三人搭在油罐车的驾驶室里，连夜赶到了油田。

次日，我们拜访了油田机动处，把我们浦沅厂的情况和生产的武陵汽车吊认真地进行推介。机动处处长说，他们油田过去采购的都是长起、徐重的产品，根本不知道有这么一个从上海支援三线建设到湖南常德的浦沅工程机械厂。上海厂技术好，管理好，产品肯定好，我们以后一定会选用你们的产品。史副厂长当场与油田机动处领导达成了合作意向，为今后浦沅厂产品进入南阳油田打开了局面。

下濮阳

1982年9月，由黄卯生厂长率领的，史道贵副厂长、销售科沈奎元科长、供应科副科长王荣根、李镇贵、潘学忠和我等数十人及随行的6台成品车来到了濮阳中原油田。我们进入濮阳中原油田，是源于李镇贵的一大学同学——在油田运输处任职的姚副总工程师，以及潘学忠在某铁道学院读书时的一同窗好友在油田某部任职，经他俩穿针引线后认识了油田机动处刘处长。经双方多次接触后，刘处长同意邀请浦沅厂产品去油田现场推介展示。

9月秋高气爽，天空晴朗，尽管中原大地的风吹在人身上有些凉意，但太阳出来后，阳光照在身上暖洋洋的。和我们同去的四台汽车起重机（8吨、10吨、12吨、16吨各一台）和两辆武陵牌大客车，在中原油田的现场一字排开，两边彩旗迎风飘扬；汽车起重机吊臂舒展，直耸云霄，吊臂上悬挂着“浦沅工程机械厂欢迎您！”“向中原油田学习！”“向中原油田致敬！”等标语。油田各部门均派代表前来观摩。浦沅产品深得大家的喜欢和赞赏，他们纷纷向油田机动处请求，尽快添置浦沅厂产品。油田机动处领导根据大家的意见，当即与我们签订了20辆浦沅牌大客车和30台各种型号的汽车起重机，从根本上改变了中原油田无浦沅产品的局面。

访东营

为加强营销售后服务工作，龚龙福同志调来销售部，专门负责全国十多个武陵牌汽车起重机维修点的筹建和运行事宜。1986年夏季，我在北京参加了一个订货会后，随老龚一起赴山东东营胜利油田，联系筹建维修点的事宜。我们从青岛乘长途汽车抵达东营市。

到东营胜利油田已下午1点左右，我俩肚子早已饿得前胸贴着后背。胜利油田机动处下属胜利汽车修理厂的领导，把我俩迎到厂食堂用餐。等我俩坐下，胜利汽车修理厂来了5位领导作陪。我一看，哎呀，吓死人了！桌上放着四瓶白酒，桌底下还放着两箱青岛啤酒。我们早有耳闻，山东人豪爽、好客，招待客人喜欢劝酒，只有让客人喝得醉醺醺的，他们才觉得尽心了。

最要命的是我俩为了尽早从青岛往东营赶，忽略了吃早饭，这时肚里是空的。我忙作揖打招呼，本人不会喝酒，请高抬贵手。老龚也附和着说，他酒量不行。谁知，这五位领导中，曾有人来过浦沅，老龚已和他共过餐，老龚再怎么说都没辙，只好舍命陪君子了。

酒这东西稍微喝点是种享受，喝过量了，那真是在受罪啊！这几位朋友车轮大战般地敬我们，一小杯一口，三小杯一人次，不胜酒力啊！我俩几次借口上厕所去把胃里的酒呕掉，回来又再喝，最后还是被他们灌醉了。

为了企业，为了工作，有时真的身不由己，只能“奋不顾身”了。翌日，老龚和胜利汽车修理厂签署了建立浦沅特约维修站的协议书，为以后浦沅产品在胜利油田生根、开花、结果，夯下了坚实的基础。我想这里面也有那一餐酒的功劳吧。

刻骨铭心话春运

浦沅厂的支内职工经历了几十年刻骨铭心的春运。为了方便职工家属春节回家探亲过年，厂领导想尽办法，努力为大家创造条件。

20世纪70年代初，那时厂里没有大客车，就在卡车四面围着帆布代替客车。为了赶上第二天的火车，探亲专车都在半夜出发。大伙儿穿着棉大衣，戴着棉帽子、手套，自带小木凳坐在卡车里，行李搁在另一辆卡车上，顶着寒风上路。碰上大雪天，卡车轮子还得系上防滑铁链，车子在雪地上慢慢地前进。

那时春运的车票很难买，都是托长沙建机所的闫洪序科长代办的。闫老为了办票，不但没像“黄牛”那样擅自加价，反而还自掏腰包去车站票务部门打通关节。我有时在思忖：在2001—2012年间，我在上海工程机械厂商务部为同仁和用户办过不少票务，那时一张票通过中介办理，一般需加价20—30元不等，碰上春运期间，更是需加价60—80元不等，而遇上热门难办的票，甚至要加上百元方可。闫老那时是建机所派往长沙专职搞接待和票务的，要是他在代办的票务上每张车票加5元劳务费，那用不着几年，闫老早就成万元户了。所以到现在我还要说，要向闫洪序老人学习，学习他不为名，不

浦沅的这帮摄影兄弟，当年在常德市摄影界名气不小。

旱冰场上，青春闪亮。

销售路上，有我们留下的脚印。（前排中为何惠良）

那一年我们一起参加人口普查。

人口普查登记站对每个职工家庭情况进行认真登记。

浦沅俱乐部漂亮的夜景。

为利，不怕苦，不怕累，全心全意为大家服务的精神。

卡车到了长沙火车站，再换坐长沙到株洲的火车；到了株洲还得转乘由成都到上海的快车。这列火车本来就人满为患，走道上都挤满了人，从车门口上车根本不可能。没办法，我们只能挨个敲列车的玻璃说好话，请坐在窗口边的大娘、大爷、爷叔、阿姨们帮帮忙，打开列车窗户让我们爬上车去，因为稍上些年纪的人多点同情心。好歹求得一两个窗户打开，我们就赶紧爬上几个年轻力壮的，乘势把老人、小孩、女人一一送进去，然后把大伙儿的行李递进车，最后剩下的几个刚爬进车，列车就徐徐启动了。这十几分钟紧张的上车情景，想想都后怕。

站在车厢的过道里，你会对生活平生许多感慨：你以为人满为患，结果你还是挤上了车；你以为连蹲下去的地方都没有，结果你一路站了十几个小时；你以为你痛苦得会当场晕倒，结果你被拥塞的人群摇晃着睡着了。

经过一路二十多小时的颠簸，次日总算到上海了。那时春运期间，车站不出售站台票，全凭自己肩扛手提地走出站。我们回家总想带些常德的鸡、鸭、鱼、肉、甲鱼、黄鳝、蛋、花生等土产孝敬父母，每个人都大包小包的五六个、七八个，如果不幸被车站工作人员盯上，就有行李超重罚款的风险。

我们都争先恐后地跟着人群涌向出站口，那时浦沅人真的体现了团结友爱、互相帮助的精神。无论看到谁有困难，都会伸出友谊之手，帮助提拿行李，协同出站。一出站，见到来接车的亲人，我们许多人都止不住热泪往下淌。

浦沅厂有许多老家在汉寿、临澧、澧县、津市的职工，在春节放假的前一天下午，厂里会安排几辆卡车分别把大家送回家。我那时正在厂工会工作，曾几次春节没回上海，参与护送大家回家的旅程。天气寒冷，条件简陋，路途辛苦自然不必言说。

后来浦沅牌大客车问世了，长沙到上海也有直通车了。春运期间浦沅厂专门安排班车定时送接职工和家属去探亲访友，厂里还安排专人订购车票，彻底解除了职工们的后顾之忧。

拜师

潘安

当年到浦沅报到后，我的工种是装配钳工。姚呈之科长给我们介绍了工厂情况，使我对“三边”有了一个认识。随后来到车间，其实也就是临时搭建的简易工作场地。生产连钳工班地处后来的锅炉房位置，机加工班在后来的中型会议室内。厂区内忙碌的人群、轰隆隆的机声、飞转的马达，使当年的我感到紧张和好奇，同时又兴奋和感慨。走进钳工班，姚科长把我介绍给大家，潘水根就成了我的师傅。曹宝荣、孟霞龙、葛昌宝、庄留金、汪美英、翁菊敏……第一次接触这么多的上海师傅，想到以后将和他们共同工作，陌生的环境、不同的经历、年龄的差异，想到这些我心中不免紧张起来。师傅也许察觉到了什么，他轻轻地拍拍我的肩膀：“呵呵，我们都姓潘，一家人。”顿时，让我感觉轻松不少。初次接触，我仔细地打量了一下我师傅：师傅1米 68 的个头，中年，长方形面孔，一双不大的眼睛，笑时变成一条缝，一副瘦小的身材。望着他慈祥的面孔，我紧张的心理忽然放松起来。今天再回想当年的情景，回想这近50年的风雨历程，好一个“一家人”！正是这沪湘产业、人情、文化的融合和包容造就了浦沅“连中三元”辉煌品牌。浦沅一家人的人脉不正是中华美德、中华大家庭的一个缩影吗？我不由得想起书中描绘的古人学艺拜师的情景：一日为师，终身为父。遇到这么一位上海师傅，我的福气真不浅呀！

大写的人

熊株陵

庆祝浦沅建厂50周年，使我回忆起许多往事和人物。其中有一个人在我的脑海中留下了不可磨灭的印象。1974年的一天傍晚，我们几个同事吃完晚饭后去结构车间加班。刚走进结构车间24米跨的大门，只见正在安装调试的十一辊校平机的场地上灯火通明。我们只以为是钳工班的同志们去吃饭了马上就会回来加班，之所以亮着灯是怕别人会磕着碰着。

谁知我们刚走到掀开了盖的十一辊校平机的巨大齿轮箱前时，突然从里面站起来一个人。只见这个人浑身上下全是黑乎乎的机油，像是我们当年从煤矿井下出来一样，只有两只眼睛和牙齿看上去是白的……我仔细一看，原来是吴新民。他正在清理齿轮箱里的油泥，到这时还没吃晚饭呢！

吴新民的这一形象在我的头脑里定格，久久挥之不去。随着我对他的深入了解，这个个子并不高大的普通浦沅人，在我心目中就是一个——

大写的人

吴新民，男，1952年4月出生，中共党员。1969年10月参加工作，曾为浦沅工程机械基地维修组组长，高级工人技师。吴新民同志自参加工作以来，多次被评为企业的“先进生产者”“优秀共产党员”“质量标兵”。在他的履历表上，有着一连串辉煌的记载：

1977年至1995年，他曾8次获得工厂“劳动模范”称号，1978年被评为“湖南省质量先进个人”，1979年获团中央授予的“新长征突击手”荣誉称号，曾两次被团省委授予“新长征突击手”称号，1993年被评为省“工交系统优秀党员”，1996年荣获“全国五一劳动奖章”，并被评为湖南省劳动模范……

荣誉的光环折射出吴新民同志爱岗敬业、无私奉献、锐意进取的人格魅力与精神风貌。

一个爱岗敬业的人

吴新民曾说过，他一生就抱定一个宗旨：老老实实做人，兢兢业业做工。他参加工作的三十多年，主要从事维修钳工，也干过机械员、生产调度、维修站站长，职务最高时曾任浦沅资产处副处长，无论在什么岗位上，他都像一团火，燃烧着自己，释放着光和热。

20世纪70年代初浦沅建厂创业时期，身为“青年突击队”队长的吴新民和大家一道完成五百多台如行车、龙门饱、发电机组、锅炉等各类大小设备的安装。

“爱岗敬业”在吴新民眼里不是一句口号，而是扎扎实实甚至是玩命地工作。吴新民安装十一辊校平机的故事，便是他这种精神境界的一个很好的注解。

1974年，浦沅购进沈阳XX厂生产的我国第一台十一辊校平机。当时由于受“文革”的冲击和影响，这台设备从未组装成台，更谈不上试车验收了。吴新民和一位女同志加上两个民工，接受了这项安装任务。

那是一段多么令人难忘的惊心动魄的日日夜夜啊！吴新民仔细研究了并不齐全的图纸资料，弄懂了设备的结构原理；他按照仅有的原理图，完成了许多管路的设计制作；他把许多部套中未完成的金加工逐一加工完毕；他奋不顾身地钻进庞大的齿轮箱把淤积的油泥铁屑用手掏洗干净，每当他从齿轮箱中爬出来时浑身上下都是黑乎乎的油泥，每一个亲眼看见他工作的人，无不为之动容……就是凭着这种玩命苦干的精神，凭着

“全国五一劳动奖章”获得者、湖南省劳动模范吴新民。

大型设备的安装凝集着吴新民的心血。

吴新民庄严承诺：保证每一台设备正常运行。

工匠技术，手到“病”除。

设备正常运行，是吴新民最大的欣慰。

学习吴新民，刻苦学技术。

他那只有90斤重的血肉之躯，吴新民硬是在最短的时间内，完成了自重达80吨的十一辊校平机的安装调试。

不，应当说是他完成了我国第一台十一辊校平机的调试。这个感人的故事，成为浦沅创业史上的一段佳话。类似的事情还有许多许多。当年，吴新民参与制作的非标设备水爆清砂装置重达20多吨，光电焊条他就烧了一吨多；为了在做好的水泥基础上，安装已改变设计的1吨蒸汽锤，吴新民用风镐、钢钎一点一点地凿掉了两个多立方米的水泥；1999年4月，他突患急性会咽炎。开始，他用喉片抵挡剧烈的喉咙疼，实在扛不住了，才去医院。一住进医院医生就下了病危通知书……

吴新民身材瘦小，不善言辞，但他在工作中迸发出来的激情和忘我精神，的确为广大群众称道。他用自己的实际行动，树立了共产党人吃苦耐劳、大公无私的崇高形象。

一个心灵手巧的人

就是当年跟吴新民做民工的人，如今也都因为在吴新民身边学到的一手好技术而下海发了财，而吴新民却无怨无悔地工作在自己的岗位上。他说，是党教育了我，浦沅培养了我，要终生回报浦沅！

20世纪80年代，他率队参加了浦沅长沙起重机分厂的技术改造工程，安装各类设备200多台。

20世纪90年代，他再一次进工地、住工棚，投身浦沅第二次创业的工程机械基地的建设。世纪之交的1999年初，一纸通知免去了他资产处副处长职务，调任他担任工程机械基地维修组组长。他二话没说，第二天便上岗报到。那时，他负责基地价值6000余万元从美、英、日、俄等国进口的高、特、尖设备的管理与维修。由他负责的设备管理部分顺利通过了ISO9000贯标认证与复审，管理日臻成熟与规范。在浦沅的1000多台机械设备中，吴新民掌握了几乎所有设备的机械维修技术。谈到机械设备的维修，吴新民如数家珍，几乎每一台经过他精心维修过的设备，都有一个动人的小故事。

浦沅有一台自制5米导轨磨床，一直存在平行度、不直度超差的问题。虽经两次大修，均未从根本上解决问题。第三次大修的任务落在吴新民头上，他没有急着动手，而是四处寻找资料，日夜围在机床边琢磨，他运用理论知识去研究前两次失败的教训。

功夫不负有心人。吴新民通过逆向思维，大胆将原来加工中的刀具运动改为工件运动，彻底消除了机床系统的叠加震动，难题迎刃而解。直到现在这台5米导轨磨床仍在设备大修中发挥着重要作用。

工程机械基地的一台毛刺整理机和板材预处理系统中的风机，由于运行时噪音太大，以往这两台设备都只能安排在夜间操作。吴新民到基地后，开动脑筋想办法，在毛刺整理机上加了一个隔音罩，把预处理风机的风道由原来的硬连接改为软连接，一举消除了噪音。

动着脑子干活，增加自己工作的科技含量，是吴新民的一大特点。他设计制作了摇摆式零件加热清洗机、360度旋转及升降可调工作台、工字形装拆零件架、气动推力器、轴承拆卸器、机床箱体装拆铲车等方便实用的专用设备，大大减轻了大修中的劳动强度，提高了工作效率。他试制成功的电接触导轨淬火机，解决了机床导轨经大修磨削后硬度降低的难题，延长了机床使用寿命。

他注重引进新技术、新工艺，采用锡铋合金焊补和用聚四氟乙烯软带粘接修复导轨副，优化了大修工艺，缩短了机床大修停台时间。

30多年来，吴新民共取得技术创新、技术改革及“五小”成果50多项，为企业创造直接经济价值近百万元。

科技像灵验的催化剂，放大了他为企业作贡献的宏愿；科技像明媚的阳光，给他作为新时期产业工人的形象镶嵌了一道亮丽的光环！

一个无私奉献的人

吴新民兢兢业业、吃苦耐劳的精神令人佩服，他那种只求奉献，不图索取的崇高品德更是令人折服。一次，基地由英国进口的板材预处理系统减速机蜗轮损坏，国内无配件供应，无技术资料和刀具，自己也无法加工……吴新民心急火燎！他和一位同事在长沙市内奔波了一天，寻找可以替代的配件。最后，经过他慎重的测算，在满足原设备性能的前提下，找到了替代配件。他毫不犹豫地自己掏出1210元，买好配件又连夜“打的”运到基地装配，保证了生产急需。

吴新民垫付的实际上是他一个月的工资。其实，他家里条件十分艰苦。他的妻子和小孩一直是农村户口，以往常年买议价口粮。近些年，妻子在工厂做临时工，月收入也只有264元。他居住的房子没有经过任何装修，现在看的仍然是18寸彩电。平日，吴新民省吃俭用，从不乱花一分钱……但是每逢支援灾区，捐款捐物，他总是带头响应。厂里发给劳模的奖金，他都全数送到了厂幼儿园……

在做好本职工作的同时，吴新民还利用自己的技术特长为其他单位部门排忧解难。

例如，他为职工食堂改进了下粉机、修复了压面机；也曾为供应处设计制作了弯管校直机；还为铸锻分厂改造了压蜡工作台、物料升降机；甚至还为职工医院试制了封瓶机…… 他所做的这一切，全都是义务奉献、主动上门服务，没有收取过一分钱报酬。

据不完全统计，吴新民参加工作以来，每年义务加班时间都在600小时以上。

一个志存高远的人

2000年3月，吴新民家里添置了一件“豪华家电”——他自己花钱买了台电脑。他说，社会在飞速发展，需要学习的东西越来越多了，像机床的电脑控制、机电一体化等等。

他向基地有关领导提出，把他的电脑搬到办公室来，他想尽快对基地的设备实行电脑管理。基地领导当然婉拒了他的这个提议，但我们无法拒绝他那热爱企业的一颗金子般的心。

有人说他像雷锋，对工作有火一般的热情；又有人说他像保尔，瘦弱的身躯里充满的是共产党人的坚定信念和百折不挠的钢铁意志；还有人说他像新时代的好工人王涛，一身了得的功夫、一个难得的人才。

总而言之一句话：吴新民，一个大写的人！

老周与小周

霍日炽

二十几年前，在厂工会的领导组织下，已过不惑之年的我和倪春林、丁仕柏、顾建国一起受命组织浦沅工人业余兴趣小组。我们和厂里一批漫画爱好者，一道参加《刺玫瑰》举办的漫画创作学习，并开始走上了漫画的业余创作之路。1986年到1987年，我们参加了两期漫画创作的函授学习班，我们一边学习，一边尝试着进行漫画创作，并陆续在报刊上发表了一些漫画作品。“老周”周启玲和“小周”周艳春，是漫画学习班中的佼佼者。从未画过人物画的周启玲，学习十分用心、勤奋。她利用业余时间一心扑在漫画的学习和创作上，并率先在报刊上发表了作品。她的“处女作”被谢丁玉老师发表在《刺玫瑰》漫画报上。她成了我们厂在报刊上发表作品最多的业余作者。周艳春虽然没有参加函授学习，但她创作的热情很高。她在《浦沅报》上常有作品发表。浦沅的漫画创作渐渐成为了浦沅各项兴趣活动中的一朵奇葩，使得“浦沅漫画”在湖南也小有名气。

吴新民抓紧学习，充实自己。

学习先进，精心装配。

巨臂高擎，壮志凌云。

中国工人的风采

熊株陵

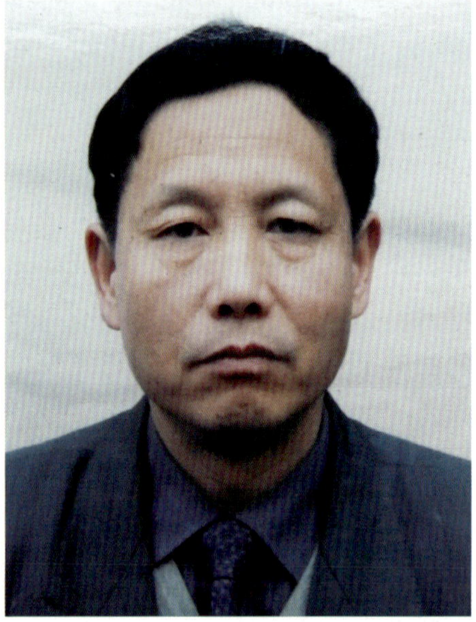

“全国五一劳动奖章”获得者——杨礼基。

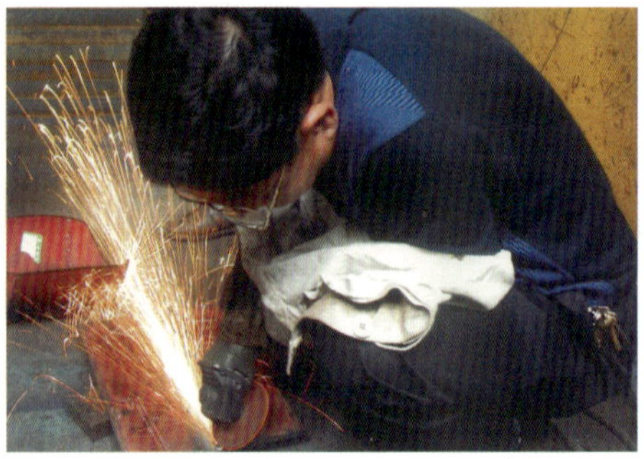

低调做人，埋头苦干。

高调克难，勇于攀登。

改造100台林肯电焊机

1997年3月。

这几天，杨礼基像着了魔似的，下班回到家他就一头钻进自己的房间，静静地坐在桌前，美美地注视着桌上的那套电气装置，只见装置上的指示灯有规律地闪烁着……在杨礼基的眼里，它简直就是一首美妙绝伦的交响乐。

一周过去了，望着那套电气装置，杨礼基的心里踏实了。事情的原委还得慢慢道来。东厂的技改项目从美国购进了100台林肯电焊机，由于订货时考虑价格因素，少装了一套程序控制电路。在试焊中，发现焊机的起弧、收弧不好，将直接影响厚板和高强钢的焊接质量。杨礼基是个有心人，林肯电焊机的试验情况早已传到他耳里。他知道自己作为工厂的高级焊接技师，解决这个难题责无旁贷，自己在心里早就琢磨开了。

毕竟是要对洋设备开刀，杨礼基十分慎重。他一共设计了三套电路。经过仔细地计算、筛选和比较，他确定了制作成本低、运行最可靠的一个方案。为保证万无一失，他自己掏了三百多元钱买来电器元件，利用业余时间制作了这套程序控制电路。为了验证控制电路工作的可靠性，他让这套装置先在自己家里连续运行了一周。

最难能可贵的是，杨礼基所做的一切都是在领导把任务交给他之前完成的。所以，当100台林肯电焊机改造的任务正式交给他时，他在极短的时间内，仅花费4万元便完成了100台焊机的改造。假若这套装置完全从美国原装进口，工厂至少要花40万元。改造后的这批焊机效果极佳，已正常运行了四五年，而杨礼基也一直义务承担着这批焊机控制电路的维修任务。

破解德国技术

杨礼基生性是一个不服输的人，他小时候和伙伴们比试打架，前20次都输了，他爬起来，第21次又冲了上去……儿时倔犟的性格长大后演化成一种强烈责任感、使命感。在潜意识里，他又被这种责任感和使命感不断地重塑。

1989年，浦沅引进了当时世界上最先进的德国利勃海尔全路面汽车起重机技术（简称“1050”），在试焊中由于没有“吃透”进口钢材的特性，焊后的部件严重变形甚至出现裂纹。

“1050”车架的试制工作再次交给了杨礼基，他知道这副担子的重量，因为德国人说过，我们不派专家来，你们是装配不好的。

杨礼基没有急着动手，他走访了所有到德国培训过的技术人员和普通工人，同他们探讨焊接失败的原因。他相信只要从实际出发，尊重客观规律，找出问题的症结，就没有克服不了的困难。

一位普通工人的话给了他极大的启发，这位工人说，我们在德国焊接时，焊枪冲劲很大，按都按不住。说者无心，听者有意。杨礼基听后在心里仔细揣摩着，工人的焊枪按不住，实际上是焊丝出得快。在焊机恒电压的情况下，焊丝长，电阻增大，电弧热集中，焊丝冲击焊缝根部，使劲按住焊枪就导致焊缝熔深大，根部就自然不易产生裂纹了。对，有门！杨礼基连忙在试板上试验，他一次又一次地调整焊接工艺参数，密切注视焊缝的变化……

正式焊接开始了，杨礼基把时间定在白天下班后。他早早来到车间，仔细检查好设备，在心中默念着操作步骤与要领。

杨礼基进厂30多年了，他从基建吊屋架烧电焊做起，但从未像这次感到一种庄重的使命感在身：我就是要作出个样子让德国人看看。他像出征的战士，义无反顾地登上了焊接平台。

他操起焊枪，装好焊丝，点火，随着一阵悦耳的“丝丝”声，焊枪催开一朵牡丹。透过深蓝色的护目镜，杨礼基看到焊花璀璨，焊枪仿佛钳着一个小太阳在冰冷的焊缝里游弋，所到之处通体光亮，辉煌壮丽。这简直是一种艺术创作的酣畅，一种令人陶醉的享受。

这一刻，杨礼基完全沉醉在一种出神入化的“创作兴奋”之中，平焊、立焊、侧焊、仰焊信手拈来，左边的焊缝右手焊，右边的焊缝左手焊，左右开弓。杨礼基一鼓作气，连续多天的日夜连班，转台、车架焊成了。成功的喜讯振奋了所有的浦沅人，摄影、摄像记者来了，杨礼基却不知什么时候悄悄地离开了车间。

经检测，转台焊接后的变形控制在1毫米以内，车架达到了设计要求。杨礼基他们不断完善工艺，以致后来他们可以将车加工好的轴孔、轴套直接焊上去，焊后不变形省却了再次加工，提高了效率。完成了“1050”的焊接后，可以说杨礼基他们已完成了高强钢焊接从“必然王国”向“自由王国”的飞跃。

德国专家仔细检查了浦沅焊接的“1050”车架后，郑重宣布说，德国不再派专家来了，并希望杨礼基他们能去国内另一厂家指导焊接。此刻，杨礼基心里美滋滋的，他不由自主地昂起头，挺了挺胸，像站在世界冠军的领奖台上，耳旁回响的分明是庄严的《国歌》。

攻克特种焊接难关

1989年,在湘黔线的西行列车上。

漫长的旅行令旅客乏味，有的闭目养神，有的在吆五喝六地“拱猪”，车厢内唯独有一中年汉子在沉思，他手里拿着一块黑乎乎的铁砣，时而举目眺望，时而把玩手中的铁疙瘩……他就是杨礼基。

随着浦沅汽车起重机产品吨位的不断增大，要求三节以上吊臂内的钢丝绳只能采用“钎焊”。“钎焊”的技术目前只有德国人掌握，杨礼基此行是要到云南贵重金属研究所去化验一下这种“钎料”的成分，攻克“钎焊”的难关。

杨礼基和工艺所的同志一道，经过上千次的工艺试验，他又成功了！

没有人能忽视他的胆魄和聪慧，没有人不佩服他的顽强与执着，杨礼基似乎天生是一个技术攻关能手。这些年来，他一直在踏踏实实做事，潜心磨练。如今他已掌握了多种有色金属的焊接，像铸铁铸铝的焊接，紫铜黄铜的焊接，不锈钢、钛管等的焊接，他样样捡得起，放得下。比如说，以前请外单位焊接钛管，是以焊一点30元的标准支付劳务费用，而现在我们可以承接这种外揽业务。杨礼基以自己精湛的技艺为企业创造了巨大的财富。

随后，杨礼基又试验成功了堆铜焊。堆铜焊既可提高零件的技术性能，又可大大节约材料成本，具有广阔的应用前景。杨礼基的这项试验已完成了有关工艺检测，正准备在工厂生产的压路机零件上推广应用。

杨礼基虽然身居常德，但他的眼睛始终盯着世界焊接工艺与材料发展的最新动向，抓住一切机会与外界交流学习，用科学知识不断充实着自己。他常说，一个人再聪明也只能算是小聪明，一个人如果紧跟时代发展潮流，那才能有大聪明、大智慧，才能干大事情。

他曾与西安交大共同进行“焊接应用与变形、应力分析测试”的课题研究。他也曾与哈尔滨焊接研究所的科技人员一道，投入到“焊接设备应用与焊接材料分析”的研究中去。他参与列入国家星火计划的HQ80高强钢焊接工艺实验，获湖南省科技进步二等奖。

他参与攻关成功的钢丝绳钎焊工艺，荣获中国有色金属总公司科研进步四等奖。

在集团公司内，他获得的奖项就更多了，像高强

就是试验一千遍，也要攻克这难关。

成功采用了钎焊工艺的大吨位汽车起重机。

搅拌车能吞能吐一派大将风度
工作台能伸能缩几多壮士豪情

——浦沅历年原创春联选（53）

套上工作服，现场攻难关。

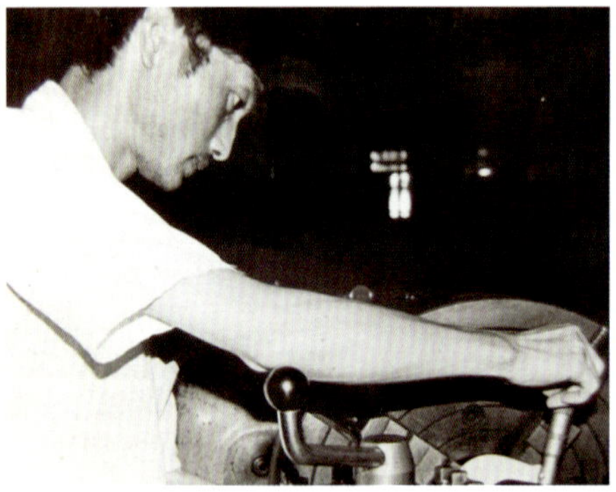

劳模精神人人赞。

平凡岗位不平凡。

钢焊接获一等奖，吊臂腹板精密切割、数控管子切割机获四等奖……

笔者在和杨礼基的交谈中，他对自己过去取得的成绩倒是漫不经心，唯一耿耿于怀的是浦沅未来的科技发展。他说，人无远虑，必有近忧，企业也是这样。随着“入世”的临近，我们应抓紧针对入世后产品发展方向的研发，像我们的产品一定要向环保型发展，否则将来的产品在市场上会无立足之地。对一些新产品在试制中暴露出来的问题久拖不决，他表现出深深的忧虑……

我默默地注视着杨礼基，心中不禁顿生敬意，多么可敬可爱的浦沅人，假如我们每一位员工都像他那样，何愁企业不兴旺发达！

论道美国LTC公司

1995年，美国LTC公司培训中心。

杨礼基到美国学习等离子切割机的使用与维护。这一天，LTC公司焊接实验室主任查尔斯先生讲解高频脉冲发生器。不知是语言交流障碍所致，还是基础知识差的缘故，同在一个教室里上课的我国台湾省学员怎么也没弄明白。这时，查尔斯先生便对杨礼基说：杨，你给他们讲讲这个原理。原来，在短短的几天接触中，查尔斯先生发现杨礼基理论基础扎实，思维敏捷，知识面广，中国来的这位学员不简单。

当杨礼基在美国公司焊接LTC实验中心侃侃而谈的时候，旁人很难相信这位来自中国的高级焊接技师原来只有初中文化水平。谈到这一点，杨礼基十分感激浦沅对他的培养。他说，我是在浦沅补习完高中，在浦沅经历了初级、中级、高级技工的全程培训，我比一般人更幸运的是得到了更多的学习深造机会。

1988年5月，杨礼基参加了中德在哈尔滨合办的焊接培训班。培训班考核筛选近乎残酷，两天一小考，十天一大考，十三项实践考核有一项不合格就要遭淘汰……历时两个月的学习，杨礼基称烧掉焊条40包，瘦掉肉20斤，终于捧回一张世界通行的“DVS焊接技能教师证”。后来他又获得了“中国全项锅炉压力容器焊接资格证”，这可是一张通行全国的“红派司”。回忆自己自学成才的历程，杨礼基说，我唯一感到骄傲的是，我的每一场考试都是过硬的。

1990年全省技师统考，五门功课，杨礼基以两个满分、两个90多分、最差的一门也达到87分的好成绩大获成功。

1994年杨礼基获高级焊接技师 职称，任湖南省职工焊接协会理事。

1996年杨礼基通过考试获高级电工职称，成为浦沅第一个获得“双工种”技术职称的工人。

在这之前，杨礼基通过顽强自学，获得桂林电子工学院电子技术大专文凭（函授）；还获得哈尔滨工业大学机械工程大专文凭（函授），成为浦沅第一个通过自学获得机、电双文凭的工人。

“知识就是力量”。杨礼基运用所学得的知识为企业服务，攻关破隘。

——1994年，35吨汽车吊发生吊臂断裂事故，此事非同小可。杨礼基深入现场仔细勘察，凭自己所学得的焊接、材料知识对事故原因作出了准确判断。原来“罪魁祸首”是装配时在吊臂上增焊的一个“L”形钢绳滚筒托架，非专业焊工的不规范焊接，在已成型的吊臂上实施横向焊接，等于横向切断了吊臂材料。

为此，杨礼基向上级部门建议：一是将“L”形托架改为“I”形，等于取消了横焊；二是工艺上严格规定此处由专业焊工施焊，以保证质量。从此，这类问题再未发生。

——有一段时间，用户反映油缸内壁有拉毛现象，开始人们一直围绕油缸加工过程寻找原因。杨礼基闻听此事，他仔细观察了出现拉毛的油缸，发现拉毛是油缸加工中烧电焊时活塞与缸筒之间放电造成。针对这个问题，杨礼基用两个晚上的时间专门给产品车间的电焊工上课，并制定了在产品上烧焊一定要执行就近搭铁的工艺纪律。在实践中解决生产中出现的问题，这是杨礼基作为一个工人技师所发挥的独特作用。

基地试制160吨轨道吊，第一台车架未达到质量规定的二级焊接标准，用户要求返工。杨礼基闻讯赶往基地，会同工艺所的同志与用户进行了一整天的谈判，完成了整改方案的制定。

为了攻克这道难关，杨礼基设计方案、制定工艺，将一台直流旋转焊机改装成简易氩弧焊机，对车架实行氩弧重熔焊接，这一措施大大地降低了焊工的劳动强度，提高了效率，保证了质量。他通过试板试验，重新修改了焊接工艺参数，改变了焊接接头方式，有效地分散了应力，消除了接头的表面缺陷，成功地完成了这台160吨轨道吊车架的返修工作，经检测达到质量要求，用户也满意。

基地年轻的电焊工们通过这次“磨难”，长了见识，提高了技艺，用杨礼基的话说，这帮伢儿以后焊100吨的吊车都不成问题！

感恩社会 回馈企业

1983年，上海某大医院。

此时此刻，杨礼基的身份是“马来西亚华侨”，是专程陪女儿来上海治病的。杨礼基的女儿出生后不久就发现得了一种十分罕见的病。他查找资料四处求医，终于打听到中国仅上海有一家医院可做此类手术，手术费用十分昂贵。

杨礼基当时的工资只有四十多元，为了凑足这笔手术费用，他开始用自学的木工手艺给别人做家具。他白天在厂里上班，晚上和星期天便操起家什做木工活……几年里，他打了三十多套家具，终于凑足了一笔钱。到了上海托熟人一打听，手术要提前预约，最长的约到六年后，但那时女儿将错过最佳手术期。杨礼基四处打探活动，求人托保。在许许多多热心人的帮助下，杨礼基终于以“华侨”身份住进了“贵宾”病房。此刻，他怀里揣着的3000元钱还散发着木屑刨花和热汗的混合气味呢！

女儿的手术极为顺利，极为成功。现在杨礼基谈及此事还是感慨良多 。他说，一是要感谢社会上的许多好心人；二是他悟出一个道理：人要办成一件事，只要努力，就总会有结果。在几十年的人生道路上，杨礼基也正是怀着这样的信念，一步一步地走过来的。

厂里缺少氩弧焊机，去购买新的，资金有困难。杨礼基就想方设法自己动手做了一台。这台经过他不断改进完善的氩弧焊机具有多种功能。一是可以实施手工氩弧焊，二是可以当作等离子切割机用，三是可以改装成“中频热源”……为企业生产解决了不少难题。

美国进口的等离子切割机的割嘴是易损件，这割嘴价格昂贵，消耗量也很大。杨礼基在解剖进口割嘴的基础上，和同事们一道试制成功了国产化的割嘴，几年使用下来效果良好，仅此一项每年便可为企业节约几万元。

他自己在日常工作中更是注重点点滴滴节约，在焊接培训中心任教师期间，大大小小的事总是身体力行。他从理论教学的备课、实践操作的现场指导、材料的收发、工件的检测、等级评定都是一个人承担。他自己动手制作焊接工作架，使用材料尽量做到有小不用大，有短不裁长，就连使用焊条剩余的长度都有严格规定，不能超过4厘米。杨礼基常说，我们国家还很穷，企业也很困难，办企业不能靠一味地增加投入来赚钱，而要靠不断的技术创新来增加效益。

“我的根在浦沅”

1988年，全国工程机械行业电焊技术表演代表团巡回表演途中。

在开往哈尔滨的火车上，中途上来几个牛高马大的地痞流氓，他们一上车就开始寻衅滋事。或许是屈服于他们的淫威，人们敢怒不敢言。他们频频向代表团的

产品创优年年书捷报
企业发展岁岁上台阶

——浦沅历年原创春联选（54）

质量标兵常嘉奖。

依“三按”加工执行岗位规范
照“两不”办事牢记质量准则

——浦沅历年原创春联选（55）

团干部下车间，和工人同劳动。

志在磨砺方圆任自手里出
精于执着曲直能从巧中来

——浦沅历年原创春联选（56）

往日岗位勤修炼
今朝擂台占春先

——浦沅历年原创春联选（57）

成员发动攻击，最后来到浦沅代表处纠缠，杨礼基忍无可忍，挺身而出和他们论理。那些地痞流氓哪把这个小个子南方人放在眼里，其中一歹徒拿起一啤酒瓶向杨礼基头上砸来。说时迟，那时快，杨礼基抬臂一挡，顺势一“锁喉掌”， 将那家伙砍得趴下。他的兄弟们见状张牙舞爪地扑上来，杨礼基三下五除二，一分钟之内撂倒三条彪形大汉，满车厢的人都为之暗自喝彩。

谈及此事，杨礼基说我虽然习武这么多年，刀枪棍戟样样来得，这是第一次也是最后一次“伤人”。

杨礼基疾恶如仇的胆识虽然鲜为人知，但他在平日对同志、对工作的热爱却是人们时时可以感受到的。

1991年，杨礼基任浦沅技校电焊班教师，他给学生上的第一课，既不谈理论，也不讲操作，而是讲如何做一个好工人。课后要求每个学生写一篇作文，晚上他亲自批改作文，包括纠正错别字。

在担任电焊班教师的两年里，他上午讲理论课，下午辅导实践操作，晚上还要备课。整个焊接培训中心的大小事情全由他一个人张罗，还兼管所有的焊接设备的维修工作，整天忙得不亦乐乎。

辛勤的劳动获得了丰厚的回报，他所带领的这个班在全省毕业统考中，39名学生有5人定为五级焊工，有20人获四级焊工证，现在这批学员都已成为企业挑大梁的角色。

杨礼基精湛的技艺名扬三湘四水，有一知名民营企业仰慕杨礼基的大名，数次登门请杨礼基“出山”，条件很优惠，杨礼基婉拒了。对方提出可以在家里定期为他们提供服务……杨礼基明确告诉对方：浦沅待我不错，我也不缺钱用，你们不要再谈了。

事后，杨礼基对笔者坦露真言，他说我要赚钱很容易，自己出去干个体，奋斗几年可以享受一辈子。就凭我掌握的一些“配方”，只要在一张纸上写几个字，就可以换回钱，但我总觉得不能那样做，我总觉得我对浦沅有一种割舍不断的感情。几十年来，我从当年搞基建挑土、吊装焊屋架做起，对浦沅的一草一木都有感情。我不能为了个人的一点利益而跳槽，去帮助人家来抢浦沅的市场，那岂不是要端掉许多浦沅人的饭碗？

后来，杨礼基担任浦沅技术发展公司的总经理，虽然是独立经营自负盈亏，但对浦沅的事，他从不谈“生意经”。只要生产单位有技术难题求援，他总把它当作分内的事来办，该吃亏的照样吃亏，该奉献的依然奉献。也许有人会说杨礼基“傻”，的确，在搞市场经济的今天，这些人可以找出十条百条理由劝杨礼基心安理得地去赚钱，但杨礼基却固守着自己心灵深处的那一份执着与信念：我们是国家的产业工人，就是要为国分忧，为国吃苦受累，为国出力流汗。

这就是境界，这就是工人的胸怀，这就是中国工人的风采！

写在后面的话

我最近一次见到杨礼基大概是2008年，那天杨礼基是顶着“常德市优秀企业家”的光环，作为浦沅的配套厂家代表来工厂参观学习。我们是老朋友了，见面时聊了一会。谈到他自己的厂子，他言谈中充满自信与自豪。他说，我的车间是自己绘图设计的，自己搞的基建。现在我的结构车间里面没有了刺鼻的电焊烟气，所有的废气都从地下风道里抽走了。现在我的厂子不差银行一分钱……在浦沅庆祝建厂50周年的时候，我再一次想起了杨礼基，想起了关于他的许多传奇故事。

作者札记

写文章常常是令许多人头疼的事，但采访报道杨礼基，我却从内心里感受到一种鼓舞，一种深深的震撼，油然而生一种创作的冲动。

杨礼基从一名只有初中文化的普通工人成长为一个具有“双文凭”学历、“双工种”技术职称（其中一个是高级技师）的佼佼者，这本身就是一个奇迹。

采访中，在杨礼基娓娓道来的故事里，无论是广西十万大山里天生桥水电站技协攻关的孜孜不倦，还是“1050”焊接攻关的日日夜夜；无论是在大洋彼岸TLC公司实验室里的侃侃而谈，还是读书做人、传道授业的点点滴滴……你都能真切地感受到一种理想和信念的感召力，感受到一种浦沅人奋发进取、顽强拼搏的精神风貌，感受到一种中国工人阶级博大的胸怀和崇高的人格魅力。

浦沅之恋

倪春林

我曾经在这片热土生活过，
这里流淌着一条清澈的河。
两座大桥伴两岸花开花落，
人来车往传颂着岁月的歌。
酸甜苦辣牵动生命的脉搏，
高大车间是我坚强的依托。
啊！浦沅——
我的第二个故乡，
想起你，我双眼热泪在闪烁！

我曾经在这片热土奋斗过，
这里处处燃烧青春的烈火。
机床旁留下了苦战的硕果，
吊臂下记载着攻关的坎坷。
喜怒哀乐感受到天高云阔，
春夏秋冬我为你努力拼搏。
啊！浦沅——
我的第二个故乡，
怀念你，我把你铭记在心窝！

白衣情深

徐庆华

引子

他出生在中华民族苦难深重的20世纪40年代，父亲是个富于正义感的旧军人，不愿内战，所以解甲归田，做小牛意糊口。新中国成立后，父亲当上一个小图书馆馆长，生活才得以安定。少年时代的他目睹劳苦大众缺医少药，脑子里留下了极深的印象，于是萌生了当一名医生的愿望。

1964年，他毕业于湘潭医专，穿上了白大褂。

善门难开，善门难闭

1971年，他调入了浦沅职工医院。

天哪，这是一个怎样的医院啊！那年月，连浦沅厂还不成个工厂的样，更何况职工医院呢？设在单身宿舍第三幢底层的两间房，权当门诊兼药房，简陋得几乎让病人失去治疗的信心。然而，他与白衣同事却一点不气馁，含辛茹苦，在所不辞，一步一个脚印地干了起来。

浦沅人要在这里干一件大事，他们也一定需要一批真心实意保护他们健康的医护战士——他在心里这样坚定地对自己说。1972年，在那间用洁白的布围起来的临时手术室里，他成功地为浦沅两名工人做了胃大部分切除手术。好家伙，这一下“浦医”威名大振，牌子在职工心里竖起来了。越来越多的人熟悉了一位普通医生的名字：贾欣志。

贾欣志学的是外科专业，但他对患者却从不见“外”，只要有病人找他，总是有求必应。倒是人们在私下里纳闷，这个外科医生真够“外”的，从西医到中医，从手术到推拿，从清创到包扎，从厂内病员到厂外患者，从医务到行政，凡此种种，他都那么真诚热情。

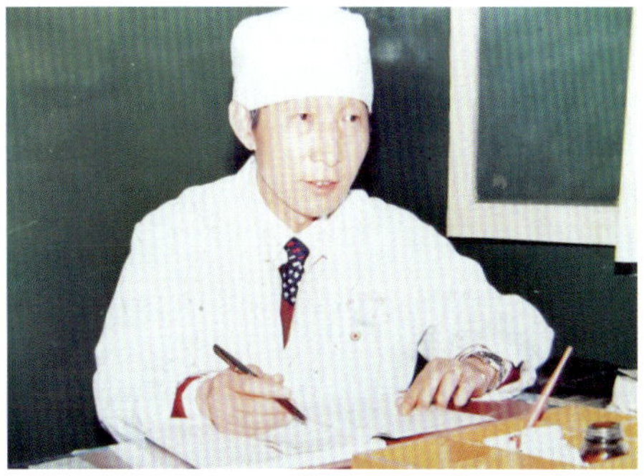

共产党员、浦沅厂劳动模范、原浦沅职工医院院长贾欣志。

心中有了白求恩，愿拿青春斗疫神。

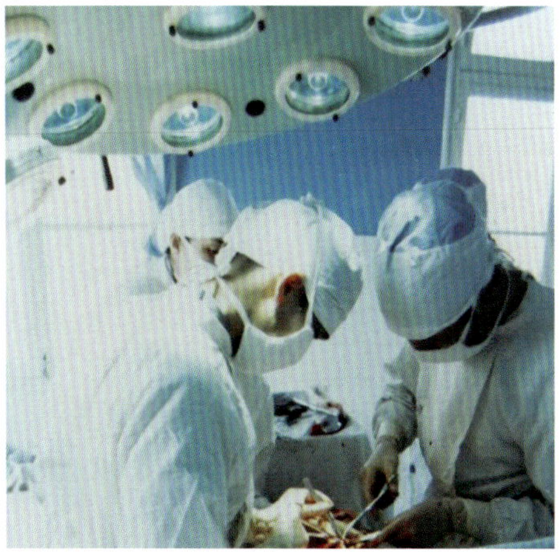

无影灯下的战斗。

贾欣志院长（右一）和护士们在一起，庆祝国际护士节。

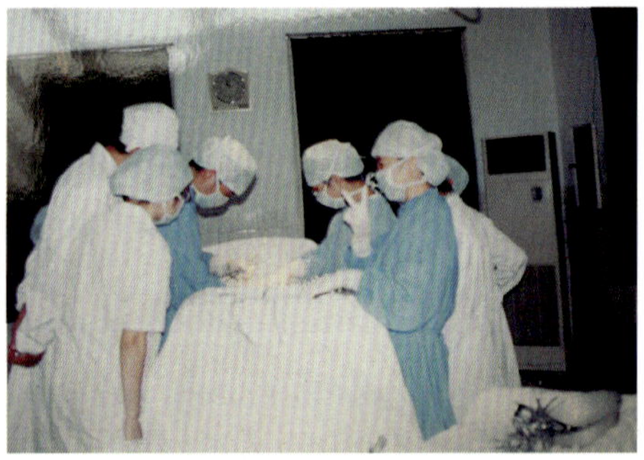

心系病人，鞠躬尽瘁。

老友相逢，百感交集。

为了让“浦医”站稳脚跟，他作为浦沅的一名创业者，不惜汗洒一草一木、一砖一瓦。尤其是担任医院负责人之后，他几乎全身心地扑在这个岗位上。

19年过去了，浦沅医院初具规模，成了同类厂矿医院中的佼佼者。全院建筑面积达2700平方米，医护人员60余名，拥有60张床位。全院设内、外、儿、妇、口腔五官、中医、放射、超声心电、检验等科室，医院除负责厂内职工家属的防病治病外，还对社会开放，每年收治大量的农村病员，救治大量的危重病人，还能胜任肝叶切除、胆肠内引流、甲状腺次全切除、胃切除、子宫全切除等手术。

贾欣志对自己洁白的大褂充满了深情，他在实践着自己的志向。

十多年来，他在门诊室、急救间、手术房及无影灯下，放弃了自己多少休息时间，为多少病人解除病痛，谁又能说得清呢？贾欣志的心是充实而欣慰的。但他又感到不由自主的疲劳。除了行政管理外，他每周要站好几次手术台。一个手术几小时甚至十几个小时。手术毕，点烟解乏，累得手打哆嗦接不上火，两脚站肿了，一按一个“坑”。

他这个院长不好当，全院经费开支加全体医护员工的工资加奖金，实行全额承包。其实，这“包”的不是钱，而是全体浦沅人的健康，是浦沅的生产力。这是何等的重任呀！老贾于是认准了一个理：病人需要他，这就是自己不容懈怠的天职。他硬撑着，撑到椎间盘突出，痛得直不起腰来。即使这样，他还是常常眨巴着眼睛，撑着身板到处张罗。

这就是他，生性随和，平易近人，人们戏称他“马医生”。于是有人送他一副对子，赞道：“贾院长之贾非真假之假手术刀上真功夫；马医生之马乃牛马之马病家面前牛精神。”可以说，这是浦沅人送给他最真诚最朴素的荣誉。

旧时中国人把救死扶伤赞为做善事，殊不知有句民谚：善门难开，善门难闭。贾欣志已在自己的事业中找到了自身的价值，这不只是做善事，而是一个受党和人民哺育的知识分子向母亲的回报。他将一如初心，乐此不疲。

爱的对象的多少，是衡量一个人的品格的标准

情注白衣，就是爱自己的病人。一件白大褂，没有多重，但披在贾欣志身上，他自觉地将它化作一种责任感，一种道德的力量，一种崇高的革命人道主义精神。1976年，常德闹地震荒。作为医院负责人，他一边要指挥把病人和重要医疗设备转移到防震棚，一边还要组织、训练救护队作应急准备。老贾忙得不亦乐乎，几乎忘了工作以外的事，几十个日日夜夜没有回过家。最后，老贾在一间防震值班室病倒了。一名医生被作为病人送往地区医院住了24天。

平时，只要有人苦着脸来求医，不论怎样，他总是热情相待，想法治疗。一时不能解决的也常常挂在心上。久而久之，职工群众遇到疑难杂症时总会习惯地说，去找贾医生看看。他不但对厂内职工是如此，就是对家境贫寒的农村患者也能解囊相助。有年冬天，一位非亲非故的病人来医院做手术。老贾见他伙食没有着落，竟连着十几天让妻子送饭端汤款待这位病人，把病人感动得不知如何是好。

一年初春，一位叫张佳的5岁女孩不幸被车辆挤压，造成右大腿大面积撕伤，惨不忍睹。孩子的父亲心痛得下跪向贾医生求救，母亲则一下子昏死过去了。老贾当即扔下手中的饭碗，二话没说，会同于医生、乔医生一起全力抢救。清创、手术花了几个小时才做完。以后，他天天关注着小张佳的康复，她的父母感动得一迭声地道谢。四个多月后，小张佳终于以天真活泼的舞姿回报了老贾和他的白衣同事们的救护之恩。

有一次，老贾乘火车出差时，见邻座一女孩流着两条长长的浓涕……这是典型的严重副鼻窦炎症状。

出于职业本能，他主动询问这个女孩的病情。这个活泼聪明的女孩叫黎藏，是四川涪陵五中初一的学生。她万万没有想到，这位贾叔叔回厂后真的给她寄去了药方和注意事项。不久，他俩成了素昧平生的忘年交。小黎的父亲中风瘫痪。老贾得知消息，馈赠100元，叮嘱他坚持治疗不要中断。小黎全家感动不已。小黎的母亲来信说家中尚不拮据，请万勿客气。她们三姐妹写信给贾叔叔说，十年“文革”让我们全家心灰意冷，你则温暖了我们全家的心。我们从你身上看到，人间自有真情在。

后来，常德市武陵区选举人民代表，浦沅的选民很自然地想到了老贾。贾欣志和另两位人民代表肩负着参政议政的责任，广泛听取选民建议，在区第十一届人代会上，为浦沅选民呈报了两个议案，而且都被大会采纳了。老贾高兴地笑了，他意识到，自己不再只是医治人身上的病症，他下决心将自己的爱无私地奉献给信赖他的选民。

知我者谓我心忧，不知我者谓我何求

1958年的一天《衡阳日报》公布了市委、市政府通报，有一名年仅17岁的优秀青年学生、团干部名列其中。他就是贾欣志。可以说，这是他向社会交出的第一份操行答卷。

在学校党组织的教育培养下，他开始懂得了人生的价值。如同一颗种子埋入心田，他萌发了当一名无产阶级先锋战士的崇高愿望。他从此严于律己，迈上了人生漫长的追求之路。

32年过去，弹指一挥间。他仍然是“李鼎铭”，一名对党的事业忠贞不渝的党外知识分子。人们可以设想他经受的漫长的考验和锻炼，但无法衡量他，一个知识分子对党的真情有多深沉、有多真挚。

他常常以布尔什维克标准对照和要求自己。

他经常为病人批几十、几百甚至几千元的医疗费用，但他出差办事节俭得令人难以置信。1987年他到上海参加全国大肠癌学习班16天，共报销公共汽车票0.86元，住的是6元一天的防空洞招待所。站手术台按规定有站台费，他个人坚决不拿。全院月奖最高的有20元，他当院长的却情愿少拿2元。有时，某些病人家属出于感激之情，悄悄地给他送礼物，他都一一谢绝了。

1989年，老贾被评为浦沅厂劳动模范，厂部奖给他200元，他把100元寄给亚运会，100元交给医院分工会添了几盏工作台灯。人人知道，老贾的工作生活是紧张的超负荷的，有时候他也会埋怨活得太累、太苦，也会急躁发脾气，但一转身，他又投入到繁杂的工作当中去了。

于是有人不理解了：老贾已经获得高级职称，也干出了一番很好的事业，又有一个很幸福的家庭。他又何必刻苦于是呢？是啊，可能人们不理解，人生的追求有时是一种苦恼，但更是一种乐趣。老贾对自己的政治向往从未淡漠，从未改变。相反，正是这种执着的追求，使他振奋，催他自强。随着时光的流逝和风雨的洗刷，这种信念更强烈、更纯真、更坚定、更清晰了。

某民主党派的基层组织敬重老贾的人品和学识，多次主动向他做发展工作。老贾动情地说：“谢谢你们的信任，但是我不能答应你们。我既然已把自己的心许诺给了我选定的终身信仰并为之奋斗的目标，我就永远不会改变。”在不懈的追求下，老贾终于在1999年光荣地加入了中国共产党。

俗话说，“情”字有多重，千人担不动。老贾呀，我们知道，“白衣深情”远不能概括你的全部情感，更无法详尽反映你作为劳模所做的鲜为人知的事迹。但是，人们最终会理解你。他们会说，老贾何忧？忧大众之忧。老贾何求？求大众之康乐。一定会的。

梦回武陵

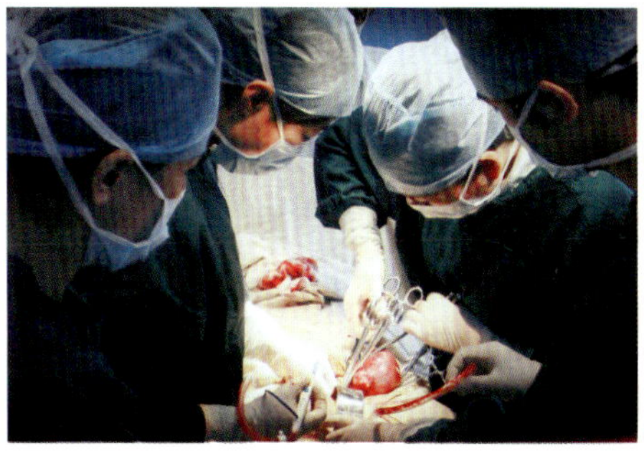

敬畏生命，聚精会神。

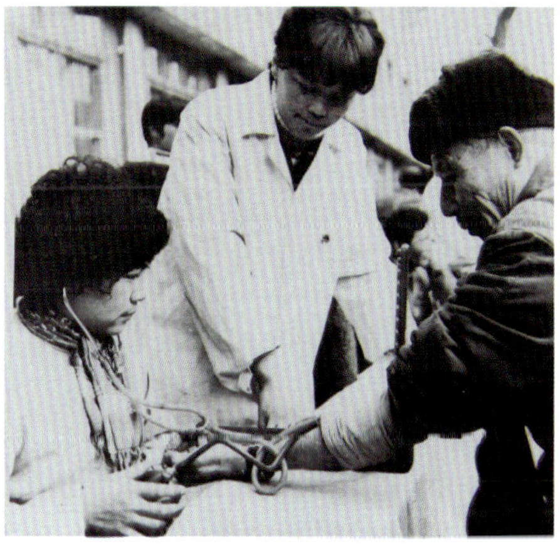

学习雷锋，为您服务。

坚持抓预防，关怀下一代。

浦沅厂生产的汽车吊在广州。

身无彩凤双飞翼，心有灵犀一点通。

最美夕阳红，温馨又从容。

电话总机更新换代

何楚雄

20世纪70年代中期，浦沅厂的基建和生产正如火如荼地开展，机械加工区主要车间已建成投产，办公大楼也已投入使用，河东生活区初具规模。

但工厂的生产和生活却面临着一个新的困境，即全厂上下各部门车间之间的沟通联系非常不便。因为当时还没有自动电话机，只能靠老式的人工电话机联系，效率极低，很不适应生产的快速发展。

那时常德地区的电话机还是解放初期的老式手摇有线电话，经与常德市电话局联系，他们无法帮助我们解决电话通讯。正在一筹莫展时，广州市电讯局领导一行，专程来厂求援汽车起重机。当他们说明来意后，我们却犯难了，因为那时实行的是计划经济，大型国有企业的工业产品均由国家统一安排销售，工厂无权销售产品。后来，广州电讯局领导告知我们，他们急需汽车起重机是为改变广州当时的施工落后局面。那时广州施工电话电缆靠人海战术，全靠人扛肩抬，效率极低，严重拖了广州市发展的后腿。更令人气愤的是外国记者将他们的施工场面拍照发表在国外报刊上，让全世界笑话中国施工设备的落后，所以他们不远千里来厂求援。

我们被感动了！厂领导经过反复研究，决定增产一台汽车起重机支援他们，为此，还派人专程去北京一机部作了汇报，得到部有关部门的批准。于是厂里千方百计组织材料投入生产。

其间，我们了解到广州市电讯局下属的一个工厂正在生产当时比较先进的自动电话总机设备，我们喜出望外，就向他们提出帮助我厂生产一套自动电话总机设备的要求，他们经上级批准同意生产一套支援我厂。不久，派了工程师和技术人员来厂实地测绘施工地图。

广州的自动电话总机生产好后，很快就运到厂里，同时他们派来了一批工程施工人员，帮助我们厂安装，调试。在施工过程中遇到很多困难，都一一获得圆满解决，经过近两个月的努力，此项工程胜利完工。这期间，我们还选派了几名总机操作和维修人员去广州学习，得到他们的大力支持，并很快就学成回厂投入工作。

从此，浦沅厂有了一套先进的通讯设备——自动交换电话总机，这在当时的常德和益阳地区影响很大，就是省会长沙也有很多大型企业来参观学习，轰动一时。有了这套先进设备的运行，浦沅厂的生产也如虎添翼。

赵厂长夫人李慧英

赵菊芳

李慧英曾是上海黄浦区中心医院护士长，几十年来，她用自己柔弱的肩膀挑起工作与家庭双重重担，为的是全力支持丈夫赵加胜的工作。她明白丈夫从枪林弹雨中走来，为看护红色政权、抚平战争创伤负有卸不下的担子。1968年，当战备吃紧，赵加胜出征三线，李慧英义无反顾，全力支持；1980年后，发展中的浦沅步入市场经济，赵加胜日理万机，李慧英心系浦沅，毫不犹豫地向组织申请提前两年退休，从上海奔向内地，照顾丈夫的饮食起居……如今，老厂长已远去20年，赵厂长创建的浦沅也迎来了五十华诞。李慧英又慷慨解囊，率子女亲属奉上了五万元捐款。李慧英的义举令浦沅人动容，我们浦沅人深深感恩这位可亲可敬的厂长夫人。

我给冷库增“冷量”

吴蔚若

建厂初期我们筹建组人员，搭伙在建筑施工单位，同吃湖南菜。我们这些上海人不适应，造成“进口”“出口”都困难——喉咙痛，肛门也痛。

随着我厂“边基建、边搬迁、边生产”的进度不断推进，工地上人员日渐增多，食堂也办起来了。

在自己的食堂进餐后，浦沅人都有感触，我们的食堂不只为填饱肚子，还大大丰富和方便了职工生活。

逢年过节，食堂里采购到的大量食材，要放到冷库储藏。我们食堂的冷库体积虽不小，可是达不到冷藏冷冻要求。

有关规定要求是：冷库温度能控制在零下10度，称作小库，可供食材每天进出；冷库温度能控制在零下25度，称作大库，冷冻的食材能保质一年。当时浦沅冷库只能控制在零下10度左右。

改造冷库

杨阿忠师傅向动力科提出要进行冷库改造。动力科负责人王厚文叫我把这任务担当起来，我没推辞，只提出到上海参观学习一次。于是我与刘观定及他的两个徒弟阳桂生和肖红到上海杨浦区走访参观了五六家中小型冷库。我们一边看冷库结构，一边向技术人员请教。我的专业是工厂电气化，进厂后在夜大进修机械制造，冷冻成了我第三专业，当然只懂得一点皮毛知识。

通过学习，我知道了冷库体积、储量、库温与冷却排管表面积大小和压缩机总功率有关，经计算原配的两台压缩机功率够了，这样改造的成本就低了，只要增加冷库四周与顶部排管。改造后，我厂冷库达到了使用要求，为食堂较大量储藏食材创造了条件。

浦沅棒冰

夏天到了，靠几个小贩从常德贩来的棒冰，无法满足需求，杨阿忠想自己生产棒冰。他问我能不能帮助造台棒冰机。我有了改造冷库的经验，对造棒冰机也就有了把握。当时食堂有厨房冰箱的备用压缩机，我对杨师傅说，只要你拿出这台压缩机，就能造出棒冰机。

棒冰机的结构是：一只足够大的钢结构箱体，箱体内壁布满冷却管，箱里放足够浓度的盐水，压缩机对排管制冷时也就是对盐水制冷，盐水的冰点随着浓度不同而不同。我们在盐水中加个叶轮，对盐水不断搅拌，使盐水在箱里流动。

我设计好图纸后，机修车间组织生产，很快就把棒冰机造出来了。我们把配好料的液体放入棒冰模子，再把棒冰模子放到盐水中，经一二分钟就结成了棒冰，四五分钟后就可从模子中拿出包纸了，这叫热气棒冰，现场现做现卖，特别受小朋友欢迎，现场经常围着很多人等着吃新鲜的棒冰。如果现做现卖有剩余，那么放进冷库放上一宿，第二天，就是硬碰硬的冷气棒冰了。

浦沅厂工会主席史宏杰（右二）和结构车间主任李益来（右一）送冷饮到工人手中。

浦沅厂领导高桐（右一）、王春阳（左一）陪同部队客户代表参观工厂。

工人师傅们，加班辛苦了。

期待比守望更撩拨人心。

久违的技能考试现场。

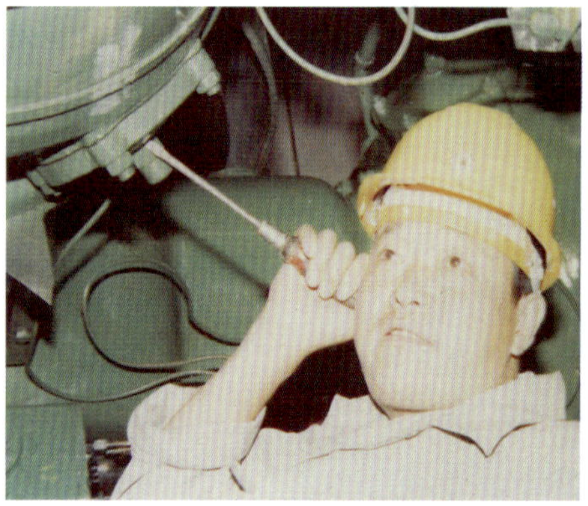

冷静面对，沉着应战。

车钢削铁刀前洒落流星点点
追风逐雷夹头飞旋日月轮轮

——浦沅历年原创春联选（58）

第一批工人技师

付叙松

1992年10月，我厂第一批工人技师通过了长沙市工人考核委员会技师考评聘任工作领导小组的审批。这次被聘为技师的33位工人，绝大多数都是建厂初期招工进厂的“浦沅籍”青年员工。他们都是生产一线各技术岗位上的能手，具有丰富的生产实践经验，在专业技术理论和生产实际操作方面都有骄人的表现，为浦沅建设作出了卓越的贡献，他们是浦沅工人的脊梁。

这33位员工是：　吴新民、龙绍其、付叙松、王鑫泉、林吉钧、曹世来、邬善祥、谭晓明、曾东生、许文龙、蔡福顺、郑嵩山、李济清、蒋彦禹、朱雅玲、雍万余、汪宏大、夏子春、杨礼基、乐金荣、胡夏秋、陆建民、唐自萍、陈建忠、夏春坤、宾绍泉、王克俭、张笑直、贺镇邦、吴经建、龚湘林、张广制、王春林。

第一批工人技师们和厂领导陈励青（前排右五）合影。

我们曾在临澧培训

董翠萍

这张珍贵的照片成了我们永恒的留念。

记得这张照片是在临澧农机厂培训时照的。1971年11月浦沅厂因工作需要急调张广制、曾炎培、刘士元、王水清、殷慧敏、李淑兰六人回常德浦沅厂。每天朝夕相处的同事即将先期回厂，为了永恒的记忆和留念，管理团队策划了一个欢送晚会。

记得准备回厂的头两天的晚上，唐仲品、龙绍其，还有顾振英，几人买了瓜子、花生、糖果，在男单身宿舍里开了一个欢送茶话会。38人挤在一间小屋子里但也觉得很开心，唐仲品还写了很多谜语叫大家猜，猜到的吃瓜子、花生；猜不到的罚一首歌。记得我当时没猜着，罚了一首歌，那天晚上很好玩！那时都掌握不了时间，38人无一人有手表，不知什么时候各回各的宿舍。第二天中饭后，唐仲品、龙绍其就组织我们去照相馆照了这张珍贵的相片。

1972年在外培训的青工全部都回厂了。当时厂房、道路都没有建好，我们这批青工整天挑泥土填藕塘，加班加点挖防空洞，挖到晚上12点。食堂里的杨阿忠师傅给我们每人发两个肉包子，然后再下班，没有人有怨言，每个人都为了尽快建好浦沅默默地奉献着！

“老杨”速写

曾桂清

我们亲切地称呼他老杨，其实他年龄比我们大不了几岁，叫声大哥还确切些。但大家乐意叫他“老杨”，因为他持重老成、办事老练、做人老实、老骥伏枥。

他经历多，做事稳重。从一个普普通通的采购员，一步步踏踏实实地走来，他当过浦沅劳动服务公司经理，被评为湖南省“劳动模范”，现在又是几千万资产企业的老总……荣誉大了，职位高了，钞票多了，可老杨为人还是那么低调，走路不声不响，碰到熟人，打个招呼，笑眯眯的。大家都认为他跟以前没两样，对他印象都蛮好，也的确是不容易的。

记得1997年5、6月份的时候，上海某单位几位同志因业务需要到湖南常德考察，在返回长沙的途中，因迎面行驶的车辆操纵失控，连撞两车后再冲上送客人的轿车，造成连司机在内所有人员不同程度受伤，全部送到湘雅医院进行抢救。老杨当时出差在外，其单位也没有人在长沙，便马上给我打电话，委托我全权处理救治事宜，并指示不惜一切代价做好医疗工作。抢救费用很高，当时货币流通哪有现在这么方便，全部得用现金，又是晚上，没有办法调出资金，为了不影响抢救的顺利进行，找到当时湘雅医院的党委副书记，由他担保。第二天一大早老杨就派人将款送到医院，他自己中断了出差，赶到长沙，亲自看望伤员，向医生了解每一位的伤势状况，探讨施救方案。考虑到上海客人伤情的具体情况，决定将他们转到上海继续治疗，征得医院同意，又和医生商定转院措施，并要求保证每一位伤员有一位医生全程陪同，老杨又安排专人去机场、火车站联系，保证了整个转移工作顺利进行，随后又赶去上海对每一位伤员进行探望、慰问。在这一事件处理过程中，事无巨细，他都亲力亲为，得到了上海某单位领导和伤者及家属的高度评价。

他阅历深、经验多，稳重而有办法。想当年，他踌躇满志地来到液压附件厂后，发现了该厂管理混乱。他找出病因后，就按照“系统化、标准化、完善化”的要求，定下了“注重科学管理，向管理要效益”的管理目标，组织人员制定了134个管理制度、450多条岗位责任标准……仅经过几年的艰苦努力，就使该厂主导产品形成了9大系列210个品种，自有资产增长了32倍，产值增长了15倍，利税增长了18倍，成为常德市鼎城区的纳税大户。

他说老实话，办老实事，当老实人。他怀有一颗感恩的心。这次，他听说浦沅人自发组织纪念浦沅建厂50周年活动后，认为自己应该献上一份爱心，以实际行动表达了对大家的支持……我有一朋友有一次给液压附件厂做了一点事，老杨亲自上门致谢。弄得朋友都不好意思了，他嘴里还不停地说：应该的，应该的，贵人不能贱用……这句话，让这位朋友温暖了二三十年，至今还记忆犹新。

而今，老杨到了从心所欲之年，但他仍志在千里，壮心不已。壮哉、壮哉！愿老杨且行且保重，好人一生平安！

老杨——就是我们敬爱的杨学清大哥！

无悔今生

浦沅厂副总工程师匡云轩挑灯夜战。

管理质量效益三同步
销售服务信息一条龙

——浦沅历年原创春联选（59）

图伟业技高唯求可兴厂
乐康衢位卑未敢忘忧国

——浦沅历年原创春联选（60）

春华秋实

吕志国

1978年12月，浦沅工程机械厂一次提升了十位工程师，这可是一件轰动全厂的新鲜事，因为“文化大革命”以来还是第一次。

这十位工程师有八位是20世纪50年代末和60年代初毕业的大学生，有一位取得了50年代工人业余大学的毕业文凭，还有一位是中专毕业生。当初，他们充满着对未来的美好憧憬，奔向各自的工作岗位时，是满腔热情、跃跃欲试，准备着为祖国建设而大干一场的。他们的智慧和才华正像春天初绽的花蕾，就要迎着祖国明媚的阳光，为装点祖国的锦绣山河，竞相开放。

然而，他们不知道，生活中除了阳光和风，还有暴雨、狂风。在“四人帮”横行的阴暗日子里，“臭老九”“知识越多越反动”的谬论压得他们抬不起头来，他们中间有的被安排在车间长期劳动锻炼；有的学非所用，干脆丢掉专业，饱食终日，无所事事；他们惆怅迷茫，唉声叹气……

当满天的乌云被驱散，祖国迎来了明媚的春光，这些人的知识花蕾重新开放。他们觉得英雄有了用武之地，一心要把智慧和才华奉献给祖国的四化建设。

他们被提升工程师一年多来，为厂里的企业管理和产品升级换代耗费了

设计科工程师李显荣曾经担负过食品升降车的主体设计。在第四代汽车吊设计中，他和同志们一道，对原来生产的汽车吊进行了三千多次吊重试验，找出差距，提出了改进意见。右图为1965年他在成都工学院学习时，在首都实习留影。

李显荣

厂全面质量管理办公室副主任、工程师李镇贵认为在全厂推广普及全面质量管理是一本万利的事情，他亲自制图、讲课。在很短时间里，厂里全面质量管理收到初步成效。右图为1964年他在吉林工业大学机械系学习时在洛阳实习留影。

李镇贵

设计科工程师徐懋华正在设计中。右图为1964年他在上海交通大学进行毕业设计。

徐懋华

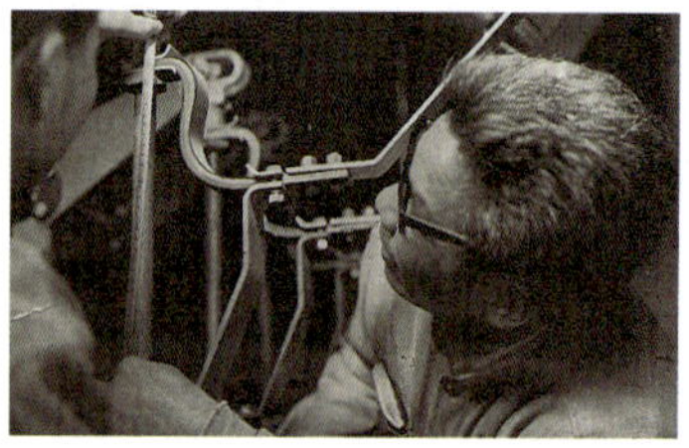

动力科副科长、工程师黄锦福和技术员一起检修高压配电屏。右图为他1964年毕业于上海业余工人大学时留影。

黄锦福

工艺科工程师李代璠给厂“七·二一”工人业余大学学生上机床夹具课。右图为1965年他在成都工学院照的毕业像。

李代璠

动力科科长、工程师陈加桥在机修车间和工人一道分析机床修理中出现的问题。右图为他在1955年在武汉机械学校学习时在东湖留影。

陈加桥

自己的心血。他们独当一面，在各自的岗位上成为中坚力量。目前有六人担任了副科长以上的领导职务，有五人入了党。他们瞄准国内外同行业的先进水平，找自己产品的差距，攻克了一道道质量难关，现在产品设计已进入第四代。他们在革新、挖潜、改造上献计献策，把厂里生产的每一道工艺、每一件工装，整理得井井有条。他们积极参加厂业余工人大学和各种技术培训班的教学工作，给技术园地的新花辛勤培土浇灌……

记者最近访问这一批工程师，在他们家里做客，从他们的相册里，看到这些人在风华正茂的年代中留下的英姿，真是感慨万分。他们现在大多数人是四十多岁了，整整经过十年的浩劫，历史才又衔接起来。但是，他们没有时间叹息，这些年富力壮的工程师们正精神焕发，昂首迈步在向四化进军的征途上。我们衷心祝福这些人的智慧之花，将结出更加丰硕的果实。

（吕志国系当年《湖南画报》记者，该文发表于1980年第7期《湖南画报》）

（李镇贵收藏该期画报并供稿）

设计科科长、工程师陈励青在装配车间和技术员一起研究汽车吊管路问题。右图为1964年他在合肥工业大学学习时在长春实习时的留影。

陈励青

设计科副科长、工程师唐荣祥负责第四代汽车吊总体设计。这是他在审查图纸。右图为他1963年毕业于南京林业学院时留影。

唐荣祥

工艺科工程师张占义，负责全厂工具设计制造的技术工作，为全厂工具革新、专机设计作出了贡献。这是他在工具车间观察数控铣床的加工情况。右图为他1960年在沈阳建筑工业专科学校学习时留影。

张占义

工艺科副科长、工程师唐瑞礽给年轻技术员作汽车吊后桥圆柱被动齿轮齿形分析。右图为1959年他在北京工学院进行毕业设计。

唐瑞礽

在厂里召开的技术分析会上，工程师们充分发表自己的意见。

振兴中华（汪正东 刻）

我以我们班组为骄傲

席远光

我们的抛丸清理班。

退休后，我有时去广州女儿家小住，带外孙散步时，经常看到一辆辆“浦沅牌”汽车吊穿梭在道路上。“浦沅工程机械厂制造”——几个铸铁凸体字，镶嵌在汽车吊的配重块上，十分醒目地展现在我的眼前。霎时，一幕幕在浦沅厂奋力拼搏的场景，就浮现在我的脑海里。

我是上世纪70年代末从石门磷肥厂调进浦沅厂的，分配在铸铁车间热处理抛丸清理班。我们班组有两大任务:一是抛丸清砂，二是回火处理。这些都是男人干的力气活。虽说我们干的是辅助工种，技术含量不是很高，但要掌握好风铲清砂，确实是一件不容易的事情。随着一阵阵“突突突”的风铲声，好像那心儿就要跳出喉咙；两只手还要不断地调整风铲的角度，使出吃奶的力气，干得浑身是汗，才能把一件件铸件清理干净。如果是配重块上，那“浦沅工程机械厂制造”九个大字出现粘砂现象，我们还需用砂轮磨、錾子凿，花费四五个小时，才能使铸件达到合格的标准。

浦沅厂劳动模范——曹世来。

回火处理方面，低温处理工件时还好，每天只需工作七八个小时；若是高温处理工作，则需连续工作十多个小时，间歇时间我们也只能在更衣室少许休息，等待炉温降到出炉要求后及时出炉。有时工作晚了，我们住常德市的职工只能在更衣室里，朦胧地休息四五个小时，天亮后又要迎接新的工作。

炎夏酷暑，我们也要面对七八百度高温，用长钩分开工件，为了工件不变形，我们还要将工件直立在地面。即使穿着厚厚的帆布工作服，带着防护面罩，完工后，我们还是全身湿透、满脸通红，一个个步履蹒跚，十分疲惫……

浦沅厂“曹世来小组”。

工作虽然十分辛苦，但看到浦沅厂生产的汽车起重机在国家三次行业评比中，都获得了“质量第一名”，创造了“连中三元，唯我浦沅”的奇迹，我们又感到无比的欣慰，因为浦沅汽车吊的奖牌里，也倾注了全班兄弟们的汗水。

抛丸清理班是一个非常人性化的班组，大家非常和谐、团结。星期天，经常举行家庭聚餐，你家来一碗辣椒炒肉，他家凑一盘凉拌西红柿……欢声笑语，其乐融融。大休假时，我们还集体旅游了张家界、岳阳楼、芙蓉镇等名胜景点，这些地方都留下了我们快乐的记忆。

我们抛丸清理班，班长是徐明鸣，我是工会组长。感谢浦沅厂对我们班组的培养和厚爱。我们班组曾获得过很多荣誉：多年被评为厂级先进班组，总厂模范班组，长沙市模范班组，先进工会小组，还被湖南省政府授予“安全生产先进班组”……厂里还以班长的名字，命名我们班组为“徐明鸣小组”，真是给予了我们巨大的鼓舞。

至今，我还为我们班组感到自豪和骄傲!

浦沅厂“徐明鸣小组”。

我在浦沅的六个“第一”

罗子淳

全厂干部、职工坚持“服从、守职、创造”的工作作风，造就了不计其数的第一，就像一朵朵浪花，在太阳的照耀下，闪烁着光亮，伴随着浦沅这股激流奔向了历史的远方。我作为浦沅的一员，在企业党组织的培养下，在同事们的帮助下，由一个毛头小伙成长为企业生产经营的骨干。虽然没有惊天动地的业绩，但也尽了自己的职责，创造过浦沅的六个第一。

谨以此文，感谢在我人生和事业的每一转折点上，给予我热情帮助和支持的同志们。

第一个最重的铸件

1972年9月，经过近三年的“边基建、边搬迁、边生产”建设，铸铁车间告别了简陋的工棚，搬进了现代化的厂房，从此浦沅厂的铸铁生产走上了正轨。

1976年，为了适应汽车吊生产的需要，厂里决定自力更生制造一台1200吨水压机，以满足中、大型锻件的生产。水压机有两个机座，是铸铁件，形状如同一块大铁板上规则地安放两只圆锥桶，单件重量约4.5吨左右。

铸铁车间首次遇上了大家伙，车间主任陈谒毛同志点名要我担任该机座的造型任务，并同意我在全车间造型工中挑选一名助手。这样大的铸件，没有现成的砂箱，我就利用车间内的长方形水泥大坑，在大坑中造型。木模工为了节省木材，木模大都采用刮板造型和泥芯拼装。八级木模工郑小毛师傅在现场当木模顾问。我和陈照明同志经过两个星期加班加点地工作，终于完成了造型工作。当时车间里浇注用的铁水包只有一个2吨的，一个1吨的，还有几个0.5吨的，后来向铸钢车间借了一个2吨的。正式浇注的那一天，每小时化铁1.5吨的化铁炉工作了近四个小时，才将两个大铁水包装满铁水。两部行车各吊起一个大铁水包，分别在铸件两头的浇口处浇注，一头为主，另一头呼应。主浇口那一头先浇完后，行车立即吊起1吨的铁水包继续浇注，直到两头同时浇完。几天后，经过清砂，机座铸件经检验，完全合格。事后又用同样的方法制作了另一件机座，为1200吨水压机能够顺利制造成功打下了基础。这也是浦沅历史上生产的最重的铸铁件。

第一根25吨汽车吊吊臂伸缩钢绳

1982年，装配车间主任龚龙福同志将我调到装配车间工作，担任起重工。整天与钢丝绳和重物打交道，各种零部件运来运去，吊上吊下，配合装配钳工为每台汽车吊的总装做辅助性的工作。1985年，浦沅汽车吊在已有8吨、12吨、16吨三个品种的基础上，又利用斯太尔底盘试制25吨汽车吊。

25吨汽车吊的吊臂总成中，有一个关键零件，叫伸缩钢丝绳。它的作用是利用伸缩油缸的力量使第三节臂伸出去。该钢丝绳直径23毫米，6股、每股19丝。钢丝绳的两端各编插有一块鱼形联结钢块，编插过的颈部还有一个铝合金压套，用水压机压紧实。

开始工艺科技术员请我们试编一根，我们几个起重工还是第一次编插这么粗的钢丝绳，费了九牛二虎之力也没有编成功。主要是编插后的6股钢绳尾巴无法穿过铝压套，铝压套也就无法安置在紧靠鱼形钢块的颈部编插过的地方。在厂部的生产技术准备会议上，决定由机修车间起重组试编该钢丝绳。这个为建厂立过大功的小组也是辛苦了好几天，试了好几次最后也无功而返。

产品质量月月月招来浦沅千家客
用户满意年年年腾起服务一条龙

——浦沅历年原创春联选（61）

炉烟青横日月路
铁水红涌改革潮

——浦沅历年原创春联选（62）

装配车间工人正抓紧对汽车起重机进行油漆工作。

工人技师理论考试。

装配底盘生产线。

纪念红军长征胜利60周年文艺演出。

有一天，我看到钳工师傅在弯管机上弯管子，那油缸活塞杆在操作手柄的控制下往返运动，伸缩自如，我受到了启发。就利用中午休息时间，改进压套内孔的直径使6股钢绳尾巴能穿过压套，然后将每股尾巴固定在活塞杆头上，利用活塞杆的回缩将钢绳的尾巴拉紧，使铝套挤到编插过的鱼形块颈部，这样一根根地拉，铝压套也就到位了，后用水压机将铝套压紧，经技术检验，符合设计要求。第一根25吨吊臂伸缩钢丝绳就这样试制成功了。后来我们又改进了铝套的壁厚和内孔直径，也不用弯管机一股一股拉了，可以直接将铝套敲到位，用水压机压紧。但编插还是个苦力活。有趣的是，能者多劳，工艺科就将该钢绳的制造工序，划到了装配车间起重组，直到引进了利勃海尔技术，我们起重工才从这繁重的编插中解放出来。

第一次月产底盘110台

1987年，装配车间主任刘国雄同志找我谈话，要我担任底盘装配调度员。没有干过钳工的我，要在钳工师傅们面前指手划脚，我很担心。刘主任鼓励我说：“不用担心，据我们观察，你能干好，只是识图方面可能欠缺点。”我说：“我是从铸铁车间看零件图纸出来的。”“那没问题，你放手干，我们会支持你。”

上任伊始，我虚心向老调度员学习，并向工人师傅了解装配过程，还利用晚上休息时间，在车间办公室阅读各种底盘的装配图和工艺文件，并且将装配图中标题栏内的零件、标准件按总装工序划分到各个工位，每个工位建立一张工作清单，上面有工作用的图号、所需的零件名称、规格、数量以及标准件的名称、规格、数量，还有工时定额。这种清单式调度的基础工作，我整整做了3个月，全部是利用业余时间。清单式调度做到了人变工位不变，工作任务不变。我的调度工作很快得心应手，就将主要精力放在了和厂内各有关部门、车间的协调和零部件的中转吊装上。

1988年，市场形势非常好，汽车吊供不应求。车间的总装任务非常繁重，厂里一个生产令号动不动就是几十台、上百台。11月份，生产进入了年尾的冲刺阶段，总装任务更是繁忙。2条铁轨、12台平板车就是我们的底盘装配流水线。每天6台车架进，就有6台底盘开出车间。我虽是调度员，但又兼起重工、中转工，人不离生产现场，时刻控制生产进度，稍有延迟，就安排加班，我们提出的口号是：决不拖下一道工序的后腿，不耽误生产线的进度。

1988年11月29日，创历史纪录的月产底盘110台，只差最后6台了。我为了鼓励并提醒大家，在车间的黑板上写道：“天就要亮了，不要屙泡尿在床上，同志们加油！”最终我们顺利完成了任务。直到好几年后，高桐总经理多次提到我写在黑板上的那句话，评价说：话粗理不糙。这次月产底盘110台的成绩，也给“武陵一千，九○实现”的奋斗目标提供了实践依据。

第一个获得高等教育自学考试奖金

从1985年起，浦沅厂的中、青年职工中掀起了一股学习文化知识的热潮，各种补习班、夜校如雨后春笋。湖南省高等教育自学考试制度和办法实施后，有很多有志青年向更高学历冲刺。铸钢车间徐来发同志获得全国职工读书知识竞赛一等奖并赴北京领奖，宣传科徐庆华同志取得汉语言文学专业自学考试大专毕业证后，更是激励了职工们的求学热情。当时的浦沅厂，真可谓白天是工厂、夜晚是学堂。我根据自己的条件和兴趣，报名参加了法律专业的高等教育自学考试。第一次参加考试，报考四门学科，只合格了一科。我很是失望，但没有泄气，而是理智地总结学习方法，更加刻苦地阅读课本熟记重点，努力提高学习效率。

第二次参加考试，报考四科，合格四科，我一下子信心大增。第三次考试，又是四科全部合格。只用了一年半的时间，我就取得了该专业多半学科的合格证，离毕业只差5科了，我的信心更加坚定，一定要拿到大专毕业证书。

厂部从徐庆华同志自学考试成功的典型中，鼓励职工以高等教育自学考试方式取得大专以上学历，发布了一个文件，规定凡是利用业余时间，自学取得大专以上学历的职工，凭有效毕业证书可获得该专业每学科20元的奖金。

1990年，我经过三年的学习考试，法律专业的14门课程全部合格了，终于拿到了由湖南省自考办和湘潭大学联合颁发的毕业证书。后来，我到教育办要求申领奖金，教育办主任于锡轩同志对我说："厂部的本意是职工在自己工作的专业内取得本专业的大专文凭，每科奖励20元，但起草文件表述不完整，打印后就下发了，你的这个情况我们研究请示后再答复你。"我开玩笑说："没关系，我学的是法律专业，想试一下打官司。"一个月以后，于锡轩主任通知我："你来教育办，填单子领奖吧。"于是我高兴地拿着教育办开出的领奖手续，到财务处领到了280元奖金。由于是件新鲜事，财务处的大姐们嬉笑着"敲"了40元"竹杠"买糖吃。

第一个取得律师资格的职工

1985年，为了配合全国的普及法律常识活动和培养急需的律师人才，《中国法制报》在司法部批准下，成立了中华全国律师函授中心，保卫处胡铁桥同志为了提高本处同志的法律知识和业务水平，拟定了保卫处的五位同志参加学习。在厂部开介绍信报名时，问我愿意参加学习吗，我说愿意！介绍信上就加上了我的名字。中国法制报社收到厂部的介绍信后，给我们六人寄来了学员登记表，我们也按要求汇出了有关费用，很顺利地成为了中华全国律师函授中心的首批学员。

两年的时间里，我们根据中心寄来的教材，利用业余时间，如饥似渴地学习法律知识，经常聚在一起讨论遇到的学习难题，交流学习方法和体会，每学期认真参加学校举办的书面开卷考试。每逢星期天，我都要跑市里的新华书店，只要新到了法律方面的书籍，就及时买下来。几年下来，家里的法律书籍就有好几百册一百多公斤。

时逢国家在全体公民中进行五年普及法律常识活动，提高全体公民的法律意识，做到有法必依，违法必究。在当时，"普法"成了一项重要的工作。浦沅厂也成立了普法工作领导小组。我经常受邀担任临时教员，用学到的法律知识给职工同志们上法律常识课。名词解释、案例分析、法律条文的理解等，是我上普法课的基本内容。

1987年，《工人日报》举办全国职工法律知识竞赛，浦沅厂全体职工积极参加，厂工会给每位职工发放了一份印有竞赛题的《工人日报》，并且规定了厂内竞赛一、二、三等奖的奖励标准。很多车间部门组织攻关组到处查阅资料书籍，解答试题，在竞赛中学习法律知识，浦沅厂的普法活动开展得有声有色。我所在的装配车间获得了竞赛的优胜奖，百分之九十的职工拿到了一等奖。

1988年国家举行第二次律师资格考试，旨在选拔一批合格的法律人才充实到律师队伍中来。我由于尚未取得大专毕业证，是以律师函授中心优秀毕业生和高等教育自学考试法律专业九门单科合格证报名，经司法部特批后，发文通知湖南省司法厅而参加考试的。利用国庆假期举行的考试，考场设在常德市一中，武警荷枪实弹，戒备森严。考试一共五科试卷，足足考了两天半。

后来公布录取标准：一种是每科成绩都是60分以上的，另一种是平均成绩65分以上。成绩通知单下达后，我才知道：我是常德地区300多名考生中仅有的几个"双标准"都合格的考生之一。

1989年，我凭省司法厅颁发的1615号律师资格证书到司法部门注册，成了某律师事务所的兼职律师。受当事人的委托或者律师事务所委派，曾担任过某企业的

零件质量严把关。

风翻荷叶一向白我自岿然不动
雨湿蓼花千蕙红江山如此多娇

——浦沅历年原创春联选（63）

法律服务走进了工厂。

产品开发众手竞栽摇钱树
质量贯标群力精铸聚宝盆

——浦沅历年原创春联选（64）

刚试制成功的新产品引来了浦沅人的围观。

不畏风雨雄鹰展翅
再造辉煌集团起航

——浦沅历年原创春联选（65）

法律顾问，也担任过一些民事诉讼案件的诉讼代理人，同时也担任过刑事自诉案件受害人的诉讼代理人，使犯罪分子得到了应有的惩罚。

我坚守律师职业道德，以事实为依据，以法律为准绳，热心地为他们解答疑问。我经常在家中接待来访职工，调解当事人的矛盾，维护他们的合法权益，并严格保护他们的隐私，成了当事人值得信赖的朋友。

我曾成功地帮助供应处职工w同志解决了与前妻感情不和分居近20年而久拖未决的离婚案，使他与后妻z某有情人终成眷属。这些法律服务工作，都是业余时间或者调休完成的，没有影响本职工作。后来，常德地区司法局律师管理科科长、地区普法领导小组成员李安华同志对我说：“你从工人到律师，证明浦沅工程机械厂的普法工作做得确实好，普法普出了一个律师。”我也从内心深深感谢企业对我的培养。

第一个自配手机的销售员

1994年，国家进行经济体制改革，浦沅顺应潮流，及时扩大销售队伍，结合人事制度改革，在全厂职工中公开招聘销售业务员。当时我在经管处担任计划调度员，有冬暖夏凉的工作岗位，有旱涝保收的奖金收入。为了企业的发展，我积极报名应聘。在招聘会上，我面对厂领导和各位评委，发表了应聘演讲：“我具备三个条件当一名销售业务员：一是我担任过装配车间生产调度员，对产品熟悉；二是我是兼职律师，会维护企业利益；三是人到中年，孩子已上初中，无家务上的后顾之忧。”几句实言，被潘学忠同志相中，成了一名驻外销售人员。

1994年4月初，我来到武汉，老潘带领我们几位业务员筹办武陵牌汽车起重机产品订货会，忙得不亦乐乎，厂长陈励青也亲临现场。湖北省机电公司重通部张经理设晚宴招待陈厂长。席间，产销双方谈笑风生，推心置腹。

突然一工作人员来到老潘身边耳语几句，只见老潘眉头紧锁，眼光注视着我：“小罗，你是装配出来的，去处理一下吧。”我起身随那人走了。原来展车在开往展览会现场的途中，在武汉繁华路段熄火了，怎么也发动不起来，导致了交通拥堵。我们飞快地赶到现场，我爬进驾驶室打开发动机侧盖板，用手电筒一照，发现是进油软管脱落。我们马上安装好进油软管，发动吊车，迅速离开抛锚现场。我回到宴席边向老潘汇报了情况，他开心地笑了。

5月初，我单枪匹马来到济南，担当起了开发山东市场的重任。全厂职工对销售人员的殷切希望，时刻激励着我刻苦地工作。母亲身患癌症，也未能在她身边尽孝，直到临终我们母子也未能见上一面。销售部委派徐庆华同志前往汉寿悼唁，他代替我在母亲灵前真诚地磕了三个响头，我受到了极大的感动。企业的关怀，同志们的帮助，更加激发了我销售工作的热情。我学习孙正富同志为开拓广东市场踏破十几双皮鞋的吃苦精神，凭一张地图，一本电话簿，跋涉齐鲁大地，送名片，发样本，回访老用户，发展新用户，当年就创造了较好的销售业绩，初步打开了山东市场，受到了领导和同事们的好评，并且光荣地加入了中国共产党，圆了我多年的入党梦。

在后来的销售实践中，我发现走访用户就守不了电话，守得了电话就走访不了用户，顾此失彼，通讯联络就成了销售工作的障碍。当时移动电话刚开始流行，这是一种身份的象征，其次才是通讯工具，而且价格十分昂贵。我豁出去了，在家人的支持下，花13800元购置了一部摩托罗拉手提电话，并及时通知了销售本部，成了第一位配置手机的销售业务员。

推销产品就是推销自己，要用户接受你的产品，首先要用户接受你自己。真诚地和用户交朋友，感动用户，销售才会成功。中原油田某单位需要三台35吨、两台25吨汽车吊，在招标前其主管副总到各个生产厂考察。我打听到他是长沙某学院毕业的大学生，便策划了一个接待计划，设法联系上了他十几年未曾谋面的恩师和在长沙工作的同学。当他到达浦沅后，我们详细向其介绍产品制造过程和质量控制过程，参观了生产现场，和技术人员进行了技术交流。在招待宴会上，他的恩师和同学的出现，使他喜出望外，激动得热泪盈眶。那位教授临走时对我说：“罗经理，我保证我的学生选购我们湖南的产品。”不久，他们顺利和我们签订了购销合同。

敬业和不怕吃亏是销售员应有的品德。那时的浦沅厂，经常会因为资金问题陷于困境，为了加快资金周转，业务员收到汇票后立马用特快专递向总部送达。有一次通过上海分厂销往胜利油田一台进口组装汽车吊，胜利油田用承兑汇票向上海分厂付款，总额近150万。按常规走程序，最快也要一个星期才能到厂。

我拿到汇票后，查看了一下航班信息，没有济南至上海的航班了，便从济南飞北京，又从北京飞上海，到上海分厂办完“背书”后，又从上海飞长沙，及时将汇票交给了财务处。财务副总胡德华对我说了声谢谢，便带上汇票驱车赶往娄底某银行兑现去了，解了企业的燃眉之急。至于那些机票款按规定不能报销，只能自己承担了。

展销会：产品即人品。

不曾忘怀的记忆

李新华

20世纪90年代的第二个春天，正是：“江南好，风景旧曾谙，日出江花红胜火，春来江水绿如蓝，能不忆江南？”的季节。青藏高原的夏都——西宁却春寒料峭，一片萧瑟肃杀之气的寒意依然甚浓。

喷着白色的气体、碎步小跑在冰地之上。叩问中国水电四局供应科的门扉，一声“请进！”推开门，镜片蒙雾只感觉蓝色的烟雾笼罩、人影憧憧，似有满堂精灵。

少顷，云开雾散，方看得清是十几个精英男儿，操沪上口音的杜科长例行公事接待。他端坐椅上，一副领导派头，长者风范，说道：“你是谁？”“我是湖南浦沅工程机械总厂销售员，浦沅是上海内迁企业，与您大有渊源！”于是我献上名片，产品样本和企业的获奖资料，请其边听边阅之。

“什么银奖！不就是吃些、喝些、拿些搞来的吗？我就没听说有金奖！况且我们从来不进国产设备，清一色日本原装！只要有问题，一个电报就从东洋彼岸赶来排除故障。你们能做得到么？”话硬得嘣嘣响，掷地有声，昂扬又犀利！言词间强势的优越感，却不乏无奈的恨铁不成钢之忧愤。

瞬间我热血“腾”的往上涌，众目睽睽之下我该怎么办？责任告诉我，必须冷静，绝不能灰溜溜地走出这个门！这不光是我自己的脸面问题，更重要的是，这关乎着浦沅的形象与声誉！

我清了下嗓门说：“杜科长，您说得一点不错，社会上确有这不正之风，但汽车起重机行业的抽检，却是不打招呼的飞行随机抽样，贴封条后明确规定时间送国家级的北京军品试验场。其检验的程序极严格且规范。我们这是人换机不停地连续8100次试验而评

善管理质量佳用户纷纷到
懂交情营销旺财源滚滚来

——浦沅历年原创春联选（66）

成交，是对浦沅最好的肯定。

签字，是对浦沅吊的最高褒奖。

四千精兵阿拉浦沅厂“老嗲”
三块银牌中国武陵吊“OK”

——浦沅历年原创春联选（67）

与伊朗外商洽谈。

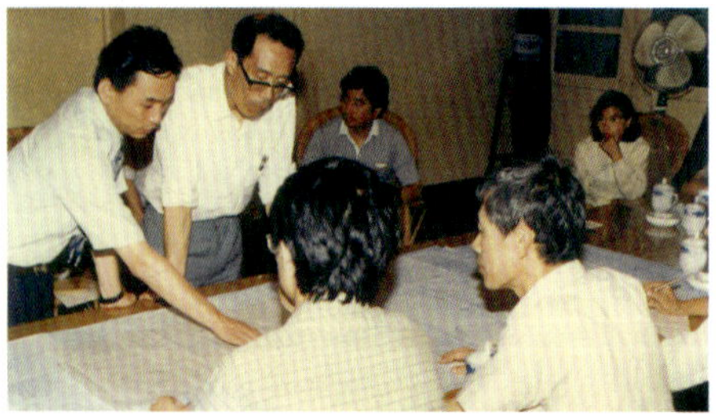

与外商交流。

出的真实结果啊！况且，《人民日报》是党的机关报，无论怎样它的可信度是不容置疑的吧？”

“确实，我们国家的工业水平落后于西方发达国家，这是事实，但某些单项技术并不差。比如我们浦沅转产前的打桩机活塞环的耐磨性就高于日本，在援越抗美的战场表现非凡。

“话又说回来，没有水电四局这样的全国赫赫有名的大企业和您这样的老设备专家支持购买国产产品，那么，我们民族工业就永远上不去！这不仅是落后多少年的问题，而且是差距越拉越大的问题！这样下去，何来民族工业兴旺的光明前途呢？

“我们行业清醒地看到了差距，希望您把宝贵的改进意见提出来，我把您的意见带回去，正是我们企业完善产品最需要的。

“另外，任何一种产品都不是尽善尽美，都会在使用过程中出现这样那样的故障，只是大小而已。否则，日本人也不会花那样大的费用飞到中国。最近，连连报道日本电视机显像管爆炸伤人，也说明月亮不都是外国的圆吧？

“我期望我们虽是第一次见面，但通过探讨达到沟通，更盼望您能为振兴民族工业多多支持，多多帮助。

“杜科长，耽误不少您的时间，打扰了！就此告辞，以后再来拜访请教。”

“欢迎！我送你！”真诚与礼貌的殷殷道别，使我看到了一个国企老干部的坦荡胸襟与气度。

这时，原来喧哗的办公室里烟雾散去，阳光洒在众人身上，呈现出好看的金色。时隔不久，我再一次登门造访，当我告之想去国家投资了42个亿的李家峡水电站采集需求信息时，杜科长表现得特别热情。他跑到局机关电台通报李家峡工程指挥部，告诉物资处长，我将会找他，请他接待。另外，杜科长还安排去李家峡工地的车送我。

光阴易逝，25年弹指过去。在人生漫长的岁月里，很多事虽然遗忘，但那样关照我、帮助我的杜科长却深深印在我的脑海，恍如昨日。他的德行我非常感佩，是我以善心善行向前之榜样。我想：“以真心真诚示之人前，必交得到良师益友，即使碰撞也能迸发出人性光明灿烂优质本洁的火花！”

好青年曹世来

王志远

“曹世来是我们浦沅厂的好工人，好青年。”这是当年我对抢救曹世来的主治医生讲的话。那时，曹世来在湘西钨矿培训。他好学又肯干，同事说他是“三干好青年”：人前人后一样干，白天黑夜一样干，样样工作抢着干。有一次，抢修电路，由于场地狭小，只能容一个人钻入。小曹抢先进去检查，不慎触到高压电线，被电击不省人事。因当地医疗条件有限，只能急送长沙。我被浦沅委派前去看望，但是不知被送到哪家医院。我搭乘吴振东的便车，他先送我到湘雅医院。可是医院里查无此人，我又先后找了多家医院，都没见小曹踪影。最后我走进东塘医院。一进大门我就看到黑板上写着“浦沅工人曹世来”一行字！进入病室，正好医生在查房，我直奔主题问小曹的病情怎样？“你是他什么人？”“我是单位派来的。”“那就好了，我们已研究了抢救方案，请领导签字后就可以进行。”我哪是什么领导？但当时也只好借梯上楼啦。我说：“小曹是我们浦沅的好工人、好青年，为了抢修电路和保护同事安全而受伤。请医生不惜代价，尽最大努力抢救他，我们承担一切应付的费用。”手术一周后，我又去探望，小曹脱离了危险。几个月后，小曹康复上班了！后来他成为浦沅厂的劳动模范，为浦沅发展作出了贡献。

特殊的“清欠”

庄三荷

2001年初，时任浦沅销售公司副经理的罗子淳同志，曾与湖北XX特种车辆制造厂，签署过一份价值不菲的军工产品购销合同。据老罗说，这份合同的签署是经过艰难谈判才得以促成的，成功来之不易啊。

面对激烈的同行竞争，浦沅厂之所以能力压群雄，取得成功，除了靠销售人员的不懈努力外，还与我们企业对军工产品有着独特的设计和高超的工艺制造水平密不可分。

老罗对我说起当年签署该合同时，一个非常少见的细节，那就是XX厂派出纪检干部参与，并见证了这项产品购销合同的签署。这位纪检干部当着老罗的面说：“希望贵厂能按质、按量、按合同要求的交货时间完成交付，如果出了纰漏，我们纪检部门将介入调查，并根据调查结果，按有关规定追究当事人的相关责任，请你们千万不要害了我们的干部。”言下之意，一切按正规渠道办理，不准搞歪门邪道，更不准利用经营活动，搞不正之风，侵害国家和人民的利益。

然而，当我厂严格履行合同各项要求，按时发货一个多月后，仍未见对方按规定时间支付这笔货款。在我们多次联系该厂，催付货款未果的情况下，老罗试图迎合XX厂的思维，采取对应措施，由浦沅厂也派纪检干部陪同前往，参与合同的执行和清欠工作。这时老罗就找到了时任销售总公司清欠办主任的我，一五一十地谈了上述情况，并要求我以纪检干部的特殊身份，陪同他前往XX厂，参与完成这项货款回收任务。

我在想，本人虽不属本企业现任的纪检干部，但当年我曾担任过销售公司党支部书记兼任支部纪检委员一职。而今又是公司清欠办负责人，同时也熟悉销售业务，接受这项清欠任务是理所当然的事，是本职工作。于是，我当场表态，服从安排。

5月的某天，我们从武汉乘长途汽车，一路颠簸，来到了湖北远安县城，鄂西的大山深处。进入XX厂，老罗首先把我带到该厂相关部门，并向他们一一介绍了我的身份和来意。因为该企业始终坚持让纪检干部参与经营活动，所以对浦沅厂也派纪检干部，前来监督产品购销合同的执行，并积极参与货款清欠回收工作，并不感到意外。

我们俩在XX厂供应、技术、财务、纪检等部门就履行合同，及时支付货款等事项进行了友好协商。我当着XX厂各职能部门的面，阐明了我作为浦沅清欠办负责人及纪检代表身份，对此次前来执行货款回收任务的态度。我说，原供货合同上有规定，贵厂纪检干部也参与并见证了合同的签署，现在我们已完成了交货，如果你们不按合同及时支付首笔货款，我们除了要向你们纪检部门质疑外，也要追究我们老罗的责任。如果我们的销售人员在签署合同过程中有违纪违规行为，我们绝不姑息，也将追究相关人员的责任，直至对老罗作出免职处理。

就在这时，我见XX厂财务负责人连连向我们解释并致歉说，货款的支付不存在其他困难和问题，只是因为上级的拨款尚未及时下拨到账所致，让我们再稍等两天，款项一旦到位，立即支付。

两天后，他们财务部门传来消息说，该款项刚才已通过电汇打入浦沅账户。随即，我们到财务室查看了他们的电汇底单，140万元首付款确实已经付出。在拿到付款凭证复印件后，我们高高兴兴立即启程返回长沙，从而圆满完成了这次以特殊身份参与的货款清欠回收任务。

新疆交易会，浦沅厂广告摊位前人头攒动。

夺三标浦沅厂连中三元
创一流武陵吊更进一竿

——浦沅历年原创春联选（68）

全国商品展销会。

我在数控电子科

李新安

引进装备强实力
优化环境动客心
——浦沅历年原创春联选（69）

双吊悬奖牌犹添彩凤双飞舞
一心恋客户更有灵犀一点通
——浦沅历年原创春联选（70）

采用先进的手段，提高产品质量。

20世纪90年代，湖南省数控加工刚起步，而浦沅厂已进口了匈牙利加工中心、德国焊接机械手、美国水下等离子切割机及数控折弯机等多台进口数控设备。为此，浦沅厂成立了包括杨月秋高级工程师在内的数控电子科，负责全厂自动化加工及数控设备的维护保养，极大地提高我厂产品的加工质量，同时也培养出一批优秀的自动化人才。

当时条件较差，大家从来没有接触过数控知识，这方面基础较弱。我们一边看书学习，一边工作实践，不懂就互相探讨。科里还经常派技术人员参加各类数控学习班。大家白天上班，晚上不知加了多少个义务班，熬了多少个夜晚，通过实践，获取了许多宝贵的经验。我们发扬“蚂蚁啃骨头”的精神，攻克了许多技术难题，排除了无数的故障，较好地保证了数控设备的正常运行，加工出了优质产品。

1992年数控电子科与湖南大学共同开发了P—FMs物流运输车，并获得湖南省科技奖。通过几年的拼搏、学习和实践，大部分技术人员在专业知识上有了很大的提高。

2000年厂里进口了一台俄罗斯自动化镗铣床。由于各种原因，该设备一直没有安装，日晒夜露使设备受到很大的损伤。当时我厂急需加工特殊零件，必须要该设备投入生产。怎么办？是请俄罗斯专家来调试，还是我们自己调试？厂部经过考虑，陈厂长把这任务交给了数控电子科，同时也可检验数控电子科的水平。科长表态一定按时完成任务。

为了早日恢复设备的正常运转，科里派杨月秋和我两人前去长沙生产基地。经过现场的观察，两人决定把生锈的电器元件，一个个拆下来用酒精清洗。由于手长时间在酒精中浸泡，对皮肤刺激大，很不舒服。我俩克服重重困难，经过半个多月的艰苦工作，电气控制箱焕然一新。

接下来的调试工作量也很大，领导又派刘助民、彭宇萍等工程师一道来协助工作。调试中出现了许多难以想象的故障，机器运转很不正常，我们就拿着参考图纸对着实物查对。图纸与实物有些对不上，电器元件坏了只能马上替换。时间紧、压力大，困难并没有压倒我们。白天没查完，晚上继续查，我们发扬“愚公移山”的精神，分阶段地排除故障、试车。经过一个多月的辛苦工作，我俩排除了所有的电气故障，并用国产元件替换了许多国外元件。在机械工程师铁小武、钳工技师罗岳祥等同志的配合下，设备提前试车，一切正常，并用它加工出了优质产品。该设备的技改，后来获得了浦沅总厂技改一等奖。

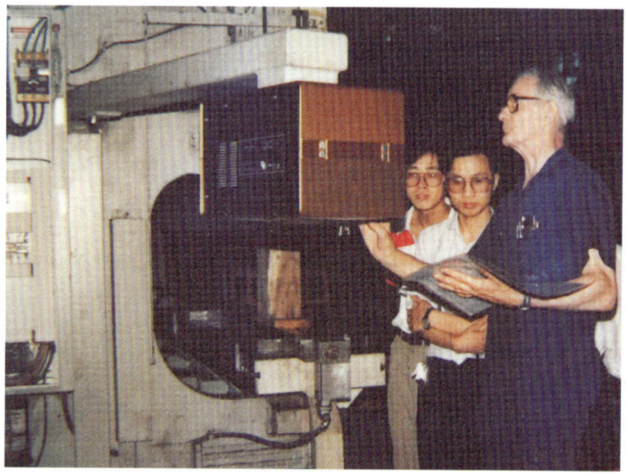

OK！浦沅人干得真棒！

聆听莫言讲课

曾繁威

1985年7月19日，我们创作组的指导管谟贤老师，请来了他的胞弟——莫言老师，为我们上了一堂文艺创作课。莫言老师当时已是成名的军旅作家，他洗得发白的军装，标准的军礼，生动朴实的语言，引人入胜的举例，让我们十几个人听得聚精会神。莫言老师没有作报告的派头，完全像是老朋友谈天一样，讲了他的农村、军旅生活以及他的文艺创作生涯。

他给我们着重讲了创作著名的“三红”作品（《透明的红萝卜》《红高粱》和《红蝗》）中《透明的红萝卜》这部他的成名小说的创作过程。从题目的变动到各处修改，都仔细斟酌，并广泛听取同志们的建议，使得这部小说更加完美，获得一致好评。莫言老师还说，文学创作除了多练、多写外，还要多看，古今中外的书籍都要涉猎。他特别推荐苏联文学家肖洛霍夫的长篇小说《静静的顿河》，称赞这部划时代的巨著时代特点鲜明、语言美、人物美，值得细读品味。

他的这番评论，给我极大的震撼。因为我以前曾经读过《江青在部队文艺工作座谈会上的讲话》的小册子，她说《静静的顿河》是大毒草，肖洛霍夫是修正主义文艺鼻祖。秉承她的旨意，当时的报纸杂志出过很多批判《静静的顿河》的文章。此时，粉碎“四人帮”虽已经多年，我还是头一次听到如此称颂这部作品的言论。莫言老师坦诚的语气，直白的语言，确实令我印象深刻。过后，我又重读了这部著作。

现在想来，巨匠们的心灵是相同的：眼光独到，手法高超。肖洛霍夫先生1965年获得诺贝尔文学奖；47年后，莫言老师也荣膺了这顶桂冠，成为中国首位诺贝尔文学奖获得者。

三个小时的讲课，一会儿就接近尾声，我们都意犹未尽，纷纷提问，莫言老师一一给予解答。当时，社会上正流行武侠热，港台的武侠小说充斥银幕、书刊，我就这个问题向莫言老师求教。他谈了一些看法后，反复叮嘱大家，文艺创作的源泉在生活，要热爱生活，仔细观察生活，积累创作素材，你的作品人物才会丰满，内容才会生动，才能具有时代气息。

虽然已经过去三十多年，莫言老师的这堂课在我心中留下难忘的记忆。我觉得，近距离聆听大师的讲课，是一种极大的精神享受。机会难得，我很幸运。

想起在湖南吃蟹

魏根发

那还是20世纪80年代的事。一天，行政科装了满满一车大闸蟹返厂，食堂门口排起了长龙。

动力科技术员小刘是当地人，听我们上海师傅讲吃蟹的故事吹得天花乱坠，也来排队凑热闹。在回家的路上，小刘向我讨教蟹怎么个吃法，我就从煮烧、配料到剥壳取肉，一整套过程作了详细介绍。没料到，第二天他提着半桶剩下的活蟹找上门说：“魏师傅，味道倒不错，就是吃得不顺手，挺麻烦的，这些就送给你吧。”接着，他还翻起被蟹壳刺破的嘴唇给我看。我不好意思白受人家的礼物，随即到商店称了二斤猪肉给他，算是平了。

浦沅報

PUYUAN BAO

湖南省浦沅工程机械总厂编

湖南省厂矿企业报登记证第三十号

文联版一号

总第廿七期

图片新闻

浦沅总厂文联特邀解放军艺术学院文学系学员管谟业同志来厂进行文学创作辅导讲课。总厂文联部分会员听取了管谟业同志两个半天的讲课并和他就当前文学创作的有关问题进行了座谈。

管谟业同志是一位勇于探索，并有自己独特艺术追求的部队青年作者。

前不久，在北京举行的关于他的中篇小说《透明的萝卜》讨论会上，国内许多知名作家和评论家肯定了谟业同志在这篇作品中进行的艺术探索和创新给文学作提供了有益的启示。

（仕柏摄影　雄文撰文）

《浦沅报》刊登了莫言来浦沅讲课的消息。

铸造栋梁虔意敬业信此德

培养英才竭心尽力乐其行

——浦沅历年原创春联选（71）

1985年6月召开的浦沅文联成立大会。

检查食堂食品卫生。

食堂白案技术大比武。

办实事办好几件职工满意事
建好家建出一个全国模范家

——浦沅历年原创春联选（72）

陷车记

韩云衢

4月，春雨唰唰地下，把长沙城打扮得如梦如幻……

浦沅厂客班车晚上9点从长沙火车站开出。车内乘客慢慢安静下来，准备开始漫漫夜行。

“嚓！——匡啷！”客车急刹，乘客磕磕碰碰，不假思索我抓紧了前面的靠背，心里说：“不好！要出事故！”又一声响，是钢铁的撞击声，客班车醉汉般摇晃了一下便定格在黑夜中。

车外传来悲泣：“哎哟哟！怎么得了哟？”司机听后探头窗外，抖抖地低声：“压伤了人？”车上一工人起身按住要下车的司机：“天保！你别动，我先下去看看！”那工人猫身下步，车厢内静得没有一点响动。

“天保！没事，是小面包卡住我们厂客班车后轮！”司机鄢天保下车，许多人也关切地跟着下车。司机关照地说：“妇女儿童老人坐着，下面尽是泥巴，雨大，冷！”雨中，我绕车一周。

这里是湘江二桥引桥与引道中间新挖的一条深沟，客班车到跟前才发现，车刹不住，被惯性推下去，尾随的小面包措手不及，撞上并抵住客班车后轮。多亏这小面包车，等于及时搬来一块巨石垫着客班车才使之倾而未倒。

我以为抬起小面包，客班车便可开动，几十个人在雨中顾不得泥污水浊，风冷雨骤，“杭育杭育”了老半天，谁知小面包纹丝未动。

雨中，一辆小轿车戛然而止，走下后勤处长王才建，他来长沙办事，见到这情形，忙问明情况，登车而去。王处长到唐家巷中转站去请胡虹光师傅，一会儿，一辆武陵吊飞驶而来。虹光师傅一到便支好吊车，挂上钢索，客班车后轮被吊到路上，司机天保高兴得上车就要发动，王处长摆手，随后趴在前轮用手电照了个仔细：“天保！天保！发动机被一块水泥板顶住了，前轮也要吊一下！”天保司机不以为然，王处长坚持道：“不能发动！今天听我的指挥，虹光师傅你把吊车开到前面来……”

王才建同志和我隔壁邻居了五年，三十多岁，微胖，人随和，热心肠。工人分房找他发牢骚，他总是笑嘻嘻解释，眉都不皱一下，脾气好得没脾气，今天看见他的严肃，我才坚信人都有脾气。

客班车吊到平地，天保发动正常，王处长才说：“刚才你如果硬开，车挂坏了，经济受损失，更要紧的是车上几十个浦沅工人，有老有小，野外风雨中呆上一晚，这个罪受得了？”

我们上车后，他又和虹光师傅帮着吊起桃花江开来的小面包，雨帘中微弱的灯光里，只见那小面包上的四位不住地点头，兴许是对王处长和虹光师傅感激不尽。客班车发动了，他笑嘻嘻来送，拿腔拿调地说：“同志们好！同志们辛苦了！一路顺风！”。

车上一位姓林的退休老干部对王处长发了话：“小王！你到中转站赶快挂个长途到常德，叫家属们不要等，就说上海火车误点，要明天天亮才能到浦沅！”我看表已是子夜过后凌晨1点45分，他答应着并抹一把雨水，淋湿的头发在前额粘得很紧，让人怀疑套了假发，我突然觉得他那脸型极像魏碑字帖上哲学家的哲字。

(此文为作者女儿在征文期间投稿)

我在工厂放电影

霍日炽

1973年我调任浦沅厂专职电影放映员，到常德市影院和农村放映队实习半年后，我和我的业余电影队在露天放了8年电影，在室内放了9年电影。

当年我有一本放映日志，记录了十几年500多场电影放映的情况及当时的天气状况等。它曾为公安局提供了可靠的数据：根据放映的电影片名、天气情况和星期几，准确地找出事发的日期。

我离开工会后至今已有二十几年了。放映人员已换过几批，尤其是俱乐部被弃置后，小偷频频光顾。那本日志还会在吗？抱着希望不大的心理，我请胡精钢帮忙去找一找。哈哈！竟然被他找着了！从传来的照片可以看到，封面已不见了。

老胡用快递把它送回我家，我像看到走失多年的孩子一样。重新翻开这本我亲笔记下的放映日记，里面储存着许多的回忆……

湖南雨天多，一年中露天放映有1/4时间都是在雨天中放映的。看的人不爽，对放的人来说，更是灾难！就怕放映设备中途出故障。既怕断片停机，又怕损伤影片罚款赔钱。

那时几乎所有空旷的场地都曾经是露天放映的场所。“电影队”中我和李德英、颜明初是专职放映员，还有董阿兴、孟金荣、孟迹兄弟甘当义务志愿者，每逢放电影之日，他们都会不请自来，主动帮忙挂银幕，守护放映机，而从未领过加班费。

1979年4月24日法国宽银幕电影《巴黎圣母院》是在2吨汽车的车厢上架机放映的。我曾先后用这个办法放映过不少于10场。

1980年7月露天电影场建成，放映设备从移动提包式放映机更换成固定式仿西德氙灯放映机。苦尽甘来，结束了“流浪”放映的生活。

1981年12月31日浦沅俱乐部新影剧院建成，首映《金鹰》连放两场。1990年1月28日，《逍遥剑》是我放映的最后一场电影。我的放映生涯就此打上句号。当年基本上每月安排两三场电影，每年30余场，17年共放映了500多部电影，能看这么多电影，这是生活在大城市的人难以享受的福气。

背影

倪春林

当年，浦沅厂经常开展技术比武和劳动竞赛活动，以进一步提高工人的技术水平，促进工厂全面完成生产任务。我当时从事宣传工作。我们几乎是天天往车间跑，去搜集生产一线的好人好事。有一天，我来到车间，见一工人反穿工作服，明显地与众不同。他第一个跳进了我照相机的取景框里，我见他聚精会神地工作着，就在他身后站了一会。当他取下电焊防护罩，才看清是宋光佐师傅。他满脸是汗，手上拿着小榔头不停地敲打着焊渣，他放下的防护罩上也沾满了汗水。于是我退后两步，又照了一张宋光佐的工作照，整个过程我都未影响他的工作。工人师傅辛勤工作的情景鞭策着我努力做好本职工作。我想，我们浦沅厂正是有了大批像宋光佐这样敬业的工人，才创造了浦沅历史上的辉煌。

当年的浦沅露天电影放映队。

工人辛勤工作，创造了浦沅的辉煌。

汽车起重机的“美容师”。

话说当年看电影

翟爱英

露天里，厂长与我们一起看电影。

浦沅老食堂门前的篮球比赛。

我们喝过黄浦江的水，吃过沅江的鱼，住过樟树湾的工棚；我们一起玩耍，一起读书，一起爬假山，一起摸鱼虾……

说起看电影，对于现在的年轻人来说，实在是一件很平常的事。只要高兴，随时都可以去电影院，买张票，带上饮料和零食，靠着舒适的座位，美美地享受一番。

但是对于生活在20世纪70年代的浦沅人来说，看电影却是一件老大的事，全家倾巢而出，那热情劲，绝不亚于现在去参加一个什么旅游节、艺术节的。

当年，我们这批青年学生，刚经历了两年多的“文化大革命”，就被分配到了工矿。才出校门，又进厂门。后来又响应党和政府“支援内地，建设三线”的号召，随着支内职工和家属，一批一批地来到了湖南常德浦沅。

到了新地方的新鲜劲，没多久就消退了。从繁华热闹的大都市，来到边远闭塞的小山村，是多么大的落差啊！这里没有马路可兜，没有商店可逛。更谈不上去看看电影啊，吃吃冷饮啊。陪伴大家的是枯燥的生活，单调的工作，真不知如何打发时间。

在我记忆中，当时几乎是文化空白时期，没有什么娱乐活动。带上板凳去看免费的露天电影，这是我们当时唯一的“文化享受”。

尽管每月“三战”“两列”(《地道战》《地雷战》《南征北战》和《列宁在十月》《列宁在1918》)轮流放映，故事情节连说梦话都讲得出来，好多台词都能背得滚瓜烂熟，但照样场场爆满，从没出现过冷场现象。特别是雨中放电影、雨中看电影的滋味，城里人是无法想象的。

露天看电影，厂内职工都自带板凳。厂外观众都是闻讯而来，见缝插针站着看的。于是，预先占座位，就成了孩子们的专有职责。只要有“晚上放电影啦！”的消息，马上便能传遍浦沅周边方圆三十余里。远在几十里外的农村观众，都会摸黑赶过来。遇上放电影那天，街道马路都特别“干净”，找不到一块砖头、石块。原来上午就被影迷们搬到空地或操场上“值班”圈地去了。到了下午，就有不少竹椅、板凳在抢座占位了。等到我们下班时，放映场上早已密密匝匝地挤满大小椅凳，没有了插足之地。

没有预先占位的我们只好到白色幕布的反面去占个座位。虽然看起来影像是反的，而且抬着头，脖颈酸疼，但却看得津津有味。那时看电影，如同过节般的兴奋劲却让人难以忘怀。

记得有一年夏天夜晚，天气炎热，蚊子叮咬，好不容易入睡了，突然广播里传出通知，说有电影放映。顿时，大家睡意全无，像打了鸡血一样，都朝操场涌去。那天晚上放的是《东进序曲》，电影里的情节，除了打仗，记得还有黄桥烧饼。

随着文化生活的丰富和放映条件的改善，厂里建造了一个露天电影场，里面有一排排的水泥条凳，可容纳观众近千名。看电影用不着扛椅子去抢座位了，也不用在银幕的反面去观看了。大家像城里人一样，买票对号入座。但就怕电影放到紧要关头，天不作美，下起雨来，走又舍不得，不走又为难。

20世纪80年代，浦沅建起俱乐部后，看电影的条件大大改善，刮风下雨都不怕了。楼上楼下两层座位可容纳观众1800名。坐着适意，看着满意，就像在上海“大光明”看电影一样，真的是一种享受。

嘴含人参走四方

陈伟康

我的父亲陈顺发是一位勤劳朴实、任劳任怨、性格开朗、心胸豁达的人。与众多的浦沅人一道，追随赵加胜厂长，从黄浦江畔举家迁往浦沅厂安家落户。

父亲是一位敢于挑战自我的人，40岁那年放弃从事多年的冷作工手艺、车间调度职位，毅然改行学开车，方向盘一直握到退休。他先后在浦沅厂供应科开货车、服务公司开液化气槽车(又称LPG运输车，是液化气体的专用汽车)、厂公共交通车等。

因为开车需要精神饱满，思想要高度集中，为了保证旺盛的精力，他是浦沅厂有名的嘴含人参、手握方向盘、驾车行四方的人。他为了开车，可以不吃饭、不睡觉，但不能没有人参在嘴中。他因为常年开车在外，饥一顿饱一餐地落下了胃病，最终也是因为此病离我们而去。

当年浦沅厂在建设中，交通不便，厂里还没有开通公共交通车，很多职工家属去市区办事、去医院就医等，只要顺路，他都会带上一程。多少年后都总会有人跟我提起：当年我到浦沅厂，是你父亲开车接我们的；我小孩生病去常德地区医院，是你父亲送的；我曾坐你父亲的车到过……你父亲真好，好热心哦!

记得有一年临近春节，父亲开着半挂平板车，去重庆拉生产用的钢板。重庆山路峻险，又赶上了大雪天，前不着村后不着店，连人带车被困在了山中。当时的通讯落后，无法通知厂里及家中，我和妈妈在家等得很着急，去问了供应科领导后，才知事情的原委，悬着的心总算放了下来。可人未归，我和妈妈的担心与期盼之心一点也未减。父亲在饥寒交迫中度过了近一个月才回家，这时已是新年了。

为了改善职工的生活条件，厂里准备建立液化气站，将职工家属从烧蜂窝煤的窘境中解脱出来，让家家户户用上液化气。但液化气需从油田用槽车运送，槽车属易燃易爆、危险极大的运输车辆，安全行驶是关键，须技术过硬、责任心强的人担当。我父亲有幸被选中，成为浦沅厂第一位开槽车的驾驶员。

有一年春节刚过，人们还沉浸在新年的喜庆之中，年初二父亲与随车人员启程前往南阳油田。当车行至南阳境内已临近傍晚时分，突然一石块飞来，穿过汽车前挡风玻璃，直接砸到我父亲左眼眉骨上。挡风玻璃碎了，眼镜片破了，鲜血直流，汽车被迫停下。瞬间，过来几名劫匪，强行将俩人拉下，翻遍驾驶室内物件及随身携带的包，抢走了包内的备用零钱。劫匪并不甘心，强迫父亲和随车人员自己去拿，此时父亲他们二人配合默契，说时迟，那时快，趁劫匪没注意，迅速跳上汽车将车发动，驶离了现场。

前挡风玻璃没了，眼镜片没了，寒风刺骨，鲜血模糊着眼睛，他硬是凭着自己娴熟的驾驶技术，加足油门往前方驶去。因还在年关，一路没有停歇的地方。天越来越黑，也不知驶了多久，前方终于有了亮光，那是一家解放军的边防医务站。他们才将车停下，包扎伤口，衣服上的鲜血已凝固，等一切就绪已至深夜。第二天才与厂里联系，当时服务公司经理王才建迅速安排人员及车辆亲自将父亲接回厂医院治疗，这时我和母亲才知道父亲受伤了。我们见到一脸苍白的父亲苍老憔悴，心疼啊！可他却笑着说：“没关系，没关系，逃过一劫啦!”

20世纪80年代中期，为改善职工乘车条件，厂里开通了常德至长沙往返公共交通车。为方便去上海的职工赶、接火车，发车时间是根据火车开车和到达时间而变

我父亲工作勤勤恳恳，年年被厂里评为先进生产者。

我父亲（前排右二）年轻时生龙活虎，是一名优秀的厂足球队运动员。

我父亲退休后，仍活跃在社区的文艺舞台上。

奚耀庭师傅（图中）是技术人员和工人的贴心人。

奚耀庭师傅（左二）与赵加胜厂长（右一）一起在外地考察。

在湘西钨矿培训的浦沅女焊工和她们的师傅（二排右一）。

动。凌晨发车，傍晚等上海火车到达长沙后，接到职工再返回常德，每周有二到三班。平时在家，就开接送职工上下班的班车。有一次都过了班车返厂的时间很久了，仍不见父亲回家，晚饭还没吃呢，我不放心，跑到外面去找。平时停车的厂门口，已杳无一人，马路上静悄悄，又去车库里，那里黑灯瞎火地不见人影。等我的眼睛适应了黑暗，才从一辆车的微弱灯光中找到正在保养车辆的父亲。因车辆电器出现了故障，为保证第二天一早能准时发车，他必须及时排除故障。此时的我看在眼里疼在心里，马上帮他一起干起来，等做完这一切已近晚上10点了……

我深深爱着我的父亲——一位“嘴含人参走四方”的好人！

女焊工之歌

董翠萍

一走进结构车间，你就会看到耀眼的电弧光闪亮，其中最为夺目的是那些手握焊枪、英姿飒爽的女电焊工。20世纪70年代，在浦沅曾有一首《女焊工之歌》，那是我们的“工人诗人”龚雪辉发表在车间黑板报上的作品：“电花闪闪红，弧光飞流星。英姿飒爽女焊工，壮志凌云震长空。心红手巧降电弧，晴空万里飞彩虹。攀长梯、登铁塔，架银线、空中行。妇女能顶半边天，誓为革命攀高峰……”后来这首诗歌被谱上了曲子，在浦沅厂传唱。我们车间当年参加厂里组织的文艺汇演，女生小合唱演唱的就是这首歌。我记得当时有我、赵峰、邢冬娥等6名女工，满怀激情地站在舞台上，给全厂职工汇报演出。因为是我们厂自己工人作词、谱曲，又是演唱的我们熟悉的电焊女工，台下一时间掌声热烈。

我的父亲奚耀庭

奚小英

父亲奚耀庭虽然已远离我们，但他仍然生活在我们中间；不用诉说，不用对话，我们会在每一瞬间都感受到他那慈祥温暖的眼神和谦和明朗的笑容。

永远是干干净净的人

生活上，我们的父亲勤俭朴实。他的衣服总是干干净净，再旧的衣服、打着补丁的衣服，哪怕是工作服，从没看他穿得邋邋遢遢。父亲经常是自己洗衣服，家里的重活抢着干，他总说：“人不能懒，要勤俭，要自尊自爱。”在思想上，他防微杜渐，坚持清清白白、干干净净。记得20世纪80年代后期，父亲有一次去外地订购设备，供货方在确定价格后询问父亲，是否加点价？父亲明白他们的意思，没有丝毫犹豫，当即拒绝了他们的“好意”。父亲后来说，做人就是要清清白白、干干净净，不能贪小利，更不能附和这种歪风邪气。

永远身教重于言教

父亲从不喜欢夸夸其谈，他总是习惯于身教重于言教。在厂里，他举止谦和，待人真诚，工作上总是扎扎实实；我们经常听到有人说“跟着奚师傅干，心里踏实，能学到许多好东西”。是的，父亲就是这样的人，他对工作中的同事既严格要求，又尽可能地为他们创造各种学习、成长条件。

热爱生活，热爱学习

自然灾害时期，家里老吃面食，面条、面疙瘩，吃得倒胃口。父亲就想办法给我们做出花样，南瓜饼、饭糍饼、面式咖啡等等，让我们吃得美滋滋的。

“文化大革命”中，居委会要画巨幅毛主席画像，这任务居然落到了父亲身上。这个任务的艰巨性和风险远远大于荣誉，父亲从没学过绘画，但他会画技术图纸。他用按比例放大的技能，以他特有的耐心、细心和魄力，圆满完成了巨幅画像的绘制。

20世纪80年代改革开放初期，父亲曾受厂里指派去日本参观学习交流，当时，日本的机械制造水平和科学管理水平远远高于我国，父亲从日本回来后第一句话就是我们要向先进学习，不久，父亲居然买了日语课本、日语词典，戴着老花镜学起日语来。父亲说：我们不能老等着求别人告诉你，要主动学习，掌握知识，才能和世界打交道。

积极进取、不骄不躁的人

父亲一辈子干过无数项工作，解决过无数个难题，他总是不怕接受最难的技术问题。比如，上世纪70年代初，厂里接了260军工产品的研发、制造任务，这是厂里从未接触过的项目，要求精度高，工时紧，父亲在接受这一任务后连夜开始查找资料。那段时间父亲经常废寝忘食地连轴转，为了某个技术难点，加班加点做实验，自己做夹具、切削刀具，每个切削角度都要经过精密的计算和试验，260军工产品提前研制成功。他对子女们说得最多的一句话就是“做人要谦虚，做事要认真”。

父亲年轻时奋发努力，学文化课门门都是满分，学技术，刻苦钻研，由学徒开始一步一步走到总厂技术部部长的位置，工作中创造了无数个优异成绩。

大孝之人

我们的老外婆年老后患有痴呆症，父亲会不厌其烦地去哄她，照顾她。每天早晨父亲要去看看她睡好了没有，把她喜欢吃的早点端到她床旁的桌上；晚上要问问一天的身体情况，让她安心睡好；后来老外婆出了意外，卧床不起。父亲每天帮她翻身，安抚她。

重病中依然坚强勇敢

父亲病重后，我们子女相继请假陪伴，父亲总是问：“会不会影响工作？不要请太多时间的假。”

父亲病情日益恶化，但他不叫一声痛，不说一句泄气的话。多少次看见父亲因疼痛睡不着觉，他悄悄起床，坐到沙发上然后自己把上衣袖子脱下来再穿回去。后来才发现父亲是用这种方式来掩饰和分散他的疼痛感。

父亲自知时日不多了，他让女婿给洗了头、刮了胡须，擦洗干净身上，换上干净的内衣，他什么也没说，安安静静地走了……

入门

潘安

1970年五一节刚过，一部拖拉机从常德三岔路口沿着一条泥沙路，颠簸着蹦蹦跳跳地行驶，扬起的灰尘伴随着车厢中没有清理干净的石灰，漫天飞舞，人瞬间就变成了猴子。经历过当年那场景，呵呵！今天的雾霾就算什么呢？路边的几间不整洁的房子，一条简易的乡间小道，那就是当年的灌溪。我来到这里，就算是走进了浦沅工程机械厂。那时的我还不懂什么叫三线建设，但在那“工人阶级领导一切”的年代，又怀着对上海大城市的崇敬和对工人阶级的崇拜，走进从上海搬迁至常德的浦沅工程机械厂，对于我们这一代刚走出校门的年轻人来讲不仅是一种向往，更是一种幸福。20世纪70年代初，澬河边耸立的四栋四层的单身宿舍楼算是“雄伟”建筑了，办公楼和食堂都是简易工棚，生活区仅五栋两层小楼（后来我们称之为老五栋）。一条默默流淌的澬河汇入沅江，新修的一座澬河大桥像一条纽带，将工厂生活区、生产区紧紧联系在一起。踏上这块土地，我的人生也从此扬起另一种理想的风帆……

当年浦沅厂劳动模范——涂南娥。

抓生产当标兵英才满榜
促销售争能手强将如林

——浦沅历年原创春联选（73）

后方科室为前线提供各种高效的服务。

当年浦沅子弟学校的老师们就在这样的环境下办公。

工棚教室是浦二代成长的摇篮。

尺方讲台通天贯地
寸许粉笔茹古涵今

——浦沅历年原创春联选（74）

我在浦沅办学校

徐志良

因陋就简办子校

1970年底，已有大批支内职工进入浦沅工地，而随他们一起来的孩子们则流散在工地上，这些孩子大部分是在上海的就读生。孩子能否上学读书成了家长共同的后顾之忧。

当时的厂领导很重视这件事，后勤组郑国卿同志建议："后勤组安排两位同志来管理，组织他们集中在一起复习功课，给以后开学打下基础，也使家长能安心工作。"领导认为这是个办法，决定委派资深教师张惠珍同志来组织管理小朋友复习功课。但是没有教室，连落脚点也没有，每天都在露天处席地而坐，如同郊游。如遇雨天就无法进行，真是太难为张老师啦！

基建组岳帮喜同志是位有心人，他说，"504库（以前是常德地区储存备战物资的临时仓库）那边有一间废弃的破旧房子，去修补一下可以暂作教室……"同志们齐心协力很快修补并打扫干净了。

有了"教室"，没有课桌椅也不成，木工组长陈凤章同志带领全组同志利用不成材的小圆木锯成一米多长的木桩。细一点的平行钉在地上，粗一点的横着钉在桩上，如同高低杠一样，前排高当课桌，后排低是座椅，每排坐两人，整个教室排满可坐50多人。

由于学生不断地增加，张老师一人已无法照顾周全。后又调朱豫生老师（因她年纪很小我们都称她小朱老师）过来支援。从生活区到504库那边读书必须经过渐河大堤。建厂时504库所在地划为热加工区，职工到热区上班、小朋友到504库上学都走河堤这条路。

1971年，根据厂里的决定，利用临时工棚和仓库当教室，成立了浦沅的临时学校。我当时以工宣队名义进驻学校，不久，厂领导正式任命我为学校行政负责人，后来被任命为学校党支部书记。

从那时起，我就承担起筹建学校的准备工作：组织摸底报名、统计人数分班；在工棚里分隔教室。当时从一年级到初中有150多人，但教师仅有10位，每位老师均需分担起多门学科的教学任务。没有体育老师，就聘请袁继发任体育老师兼后勤总务；教材是从市新华书店购买凑起来的。

1971年上半年，浦沅子弟学校正式挂牌开学了。为了使学生毕业后获得教育局认可，我们曾多次向市教育局申请，最后终于被教育部门认可，纳入常德市正规学校并解决学生教材和教师辅导资料。

当时虽然条件艰苦，但师生们毫无怨言。教师认真教学，学生刻苦努力，确实也培养出一些优秀学生并考上重点大学。如金敏华、黄俊民等人考上了复旦、华东化工等重点大学。

1973年浦沅开始建造学校新校舍，建成后的学校当时在常德市范围内也算是一所很具规模的学校了。学校规模从小学一年级直至高中。

我于1976年离校被调到车间工作。

创造条件办技校

那时，高中学生毕业后，少部分考上大学，大多数学生则留在家中待业。当时有政策规定，知识青年不能随便被招工进厂，只能上山下乡。家长思想负担较重，厂领导也为此犯愁。

为替职工排除后顾之忧，老厂长赵加胜考虑再三，决定筹办技工学校。这样做，既能避免孩子荒废学业，又能为孩子创造就业出路。

当时，由劳资科科长姚呈之负责向省劳动局及有关部门申请报批，经批准同意在浦沅厂开办技工学校。由何难、徐志良为主负责，组成了张叙明、曾伯奎、陈敏芬、谭孝芳、章星、王志勇等8人的技工学校筹建班子，在同年11月30日正式宣布常德地区技工学校在浦沅厂成立，并举行了开学典礼。

新建的浦沅技工学校当时在省内技校中也属很正规的技工学校。那些下放农村的知青也被招收考入了技校。

首届技校毕业生共150名，其中75名为本厂职工子女。1981年技工学校首届毕业生分别被分配在各车间部门。

（本文综合了王志远撰写的《走过扬灰路、水泥路的浦沅人》部分内容）

红心化春雨点点滴滴育桃李
青发染秋霜丝丝缕缕系栋梁

——浦沅历年原创春联选（75）

我的技校同事

张叙明

浦沅技校学生的学习热情高涨。

校长徐志良

徐志良校长当年同支部书记何难在一个办公室，我由于工作关系与他们有较多接触。但是，每每看到徐校长的座位是空的。他到哪里去了？大多数情况下，他不外乎两个去向：一是实习工厂，二是厂里的车间或部门。

他筹办起了技校实习工厂，还要进行日常管理，所以他的时间和精力大部分都花在这上面。他给学生讲各个工种实习课的操作要领，也帮助解决设备出现的故障和困难，好像有永远做不完的事。

至于和浦沅厂的有关车间和部门的协调沟通，更是技校特别是实习工厂（夸大点说）的“生命线”，离开这些兄弟车间、部门的大力支持，就没有浦沅技校的成立，更谈不上它的成长发展。在技校日常教学和后勤保障中许多问题都要徐校长及时“跑动”协调解决，徐校长就这样度过了技校初创时期的日日夜夜，技校成了他另一个家。

1985年9月1日成立的长沙浦沅小学。

管家章星

浦沅技校初创时虽只是一个二级单位，仅相当于一个科，但麻雀虽小五脏俱全，它也有自己的一套机构，总务组就是其中之一。组长章星是有名的“60个复转军人”中的“老浦沅”。

在同老章共事的几年中，我有两个突出的感觉：一是他干劲足。总务组全面负责技校的后勤管理。由于学校刚办，这方面的事可以说千头万绪。每个学生报到后，接下来诸多生活方面的问题都离不开总务组。组内几号人马也是浦沅厂各部门调来的，对自己分管的具体业务并非都熟悉，需要章星帮助指点。尤其是外出采购

小朋友不要怕，老师给你剪指甲。

总会计师张少征（左）和财会处领导一起研究工作。

财会、销售人员学习电脑。

浦沅职工大学电大企管班的同学在张乐炽老师（左二）的指导下学习计算机语言。

以及同常德地区技校主管部门打交道，占据了老章很多时间和精力。面对这一切，他总是浑身是劲地干个不停。

二是他脑子好使、善于钻研。虽然他不是电工、钳工，但后勤管理中碰到这些方面许多问题，他都可设法解决。我和老章相处的这些经历，虽过去了30多年，还是让我难忘。只可惜他英年早逝，但他对技校的贡献是不会被忘记的。

出色的老师们

浦沅技校老师不论是教理论课的，还是带领学生上实习课的，都是从浦沅厂各部门（车间）调入的，他们既有相关的理论知识，又不同程度地具有各种实践知识。尤其是教实习课的老师们，大多是有十年左右工龄的老师傅，本工种的实践经验不能说不丰富。钳工班的老师是翦镇华、唐朝清和殷惠敏，四个车工班老师是王鸿英、黄道礼、李育英、邹建平。这个教师队伍同有些技校的不少老师来自刚离校的毕业生相比，显然具有很大优势。浦沅的毕业生后来成长为各种梯级人才，不能不说同“藏龙卧虎”的教师队伍有关。言及此，人们必将怀念已早逝的唐朝清和王光明两位技校老师，在技校的初创期他们都作出了贡献。

浦沅职工大学的老师在商量工作。

跟冯宗浪老师学电脑

余桃珍

我对在浦沅35年财会工作无限眷念，闲暇之时偶尔会随手拿起桌上许近仁师傅所著的《财会人生》翻翻，从书里可看到我和同事们在浦沅从事财务工作的点滴，倍感亲切！

《财会人生》中的“质量成本”章节，使我回想起了那个年代跟着冯宗浪师傅学电脑操作的事情。

质量成本，顾名思义，它是与质量职能相关的成本，是质量管理和效果的货币体现。20个世纪80年代初，是一个用数字说话的年代，在机械部和湖南省质协领导下，省内各机械制造企业都开展了质量成本核算工作，并且每年都会组织检查。

把质量量化到货币并独立核算，用货币数字对产品质量来进行精准直观的分析，这是新生事物，有利于对产品质量缺陷制订具体对策，从而达到提质降耗增加企业利润的目的。在这样的大环境下，我厂的质量成本核算工作顺利开展起来，以许近仁科长为带头人的财会处质量成本QC小组也就应运而生了。

浦沅厂的质量成本是由财会处和全质办共同管理的。财会处在总会计师的领导下，由成本科长许近仁具体负责实行两级核算。首先制订了质量成本管理办法、核算规程和报表格式，对相关核算人员进行培训。质量成本，它是由内部故障成本即车间废品损失等，外部故障成本即售后产品保修期内更换的零件、配套件等，鉴定成本和预防成本等组成，四个科目下面又分设有若干明细科目。其核算程序是由车间成本员和相关部门上报报表，财会处进行汇总，出具分析说明，报送厂部有关领导、省质协，同时送交厂全质办。

因质量成本是全面质量管理的一部分，报表分析采用了文字说明和图表相结合的方式。图表主要有质量成本发生额比例图、各明细项目对比柱形图、年度发生额总趋势对比图等多达7种，如有其他内容会更多，这样反映出的问题详细清楚且一目了然，便于领导靶向决策。所以编制报表时都会用到圆规、量角器等文具，相当麻烦又特别费时。

由此想到了是否能用电脑解决这个复杂的问题，我便拿着手工编制的报表去找了冯宗浪师傅。在计算机房，他热情地接待了我，耐心地听我讲完了所有的困惑和需求，答应一定帮忙解决，说搞好了再联系我。

我回到办公室，心里特别高兴！那个年代，计算机操作对于我这个从未动过电脑的人来说，是高深而不可及的。一个计算机界的大牌行家、工程师，对一个办事员是如此平易近人、容易沟通且全力相助，对他的敬仰之心油然而生，说不出有多感激！到现在三十多年过去了，依旧难忘。

第三天，冯老师叫我过去，他打开电脑，我看呆了！前天留在他那儿的手工报表已跃然出现在电脑屏幕上，全部图表呈现出五颜六色的画面，真是高兴至极！随即冯老师教我电脑的全部操作。一是文字输入；二是图表的绘制：首先将不同颜色的彩笔安装好，然后将报表各项分析数据输入程序中，确定、打印。真是神速，好快呀！一份高质量、独树一帜的报表呈现出来了！既高效又省时，最后把报表封面也排版打印了，上报后得到了厂领导和省质协的充分肯定和赞扬。

由于厂领导的重视和全体相关人员的努力，浦沅厂的质量成本管理和核算是卓有成效的，1989年，省质协组织在我厂召开了质量成本管理暨现场经验交流会。财会处质量成本QC小组经常有成果发表，被省经委、省质协评为省级质量成本先进QC小组。我尝到甜头后，也将电脑应用延伸到了自己的本职工作中。

随着电脑逐步普及，1996年财会处组织全体财会人员，参加了财政厅举办的计算机操作和理论知识培训（利用业余时间学习）。经过近一年的刻苦学习和实践，学员们两项考试合格率达百分之百，取得了由财政厅颁发的计算机操作合格证书，为浦沅日后全面实现财务会计电算化打下了坚实的基础。

我要上“工大”

高林俊

1974年，令人振奋的消息不胫而走，厂党委、厂部决定，我们也要办“七·二一”职工大学，要从各车间、部门选拔优秀职工入学。这是千载难逢的机遇啊！众所周知，“文革”使很多人几乎失去了上大学(甚至高中乃至初中全部课程)的机会。当时我在结构车间任抓生产的副主任兼计划员，尽管我再三找有关领导倾诉强烈要求上工大、今后可更好地为浦沅发展出力的愿望，但可能出于当时工作考虑，领导们都不表态。我只好去打扰百忙之中的赵厂长，赵厂长非常仔细地听取了我的想法，表示会认真考虑的。一颗焦急的心，似乎仍无法放下，在上海探亲也没有心思。不久，黄敬高带来了消息，我被选拔进工大，要我当班长，让我尽快返湘，当时兴奋的心情难以表述。刚进工大初期，大家觉得握笔杆子并不轻松，放下笔杆太久了。尤其是高等数学等课程，本来就没有学过。说白了，大家基础水平参差不齐，不少是初中课程还没学完，现在要跳到高中、大学水平，困难重重。但大家下定决心，一定不能辜负领导和同志们的期望。由于我们的老师都是从生产、技术一线抽调上来的优秀人才，学员都有生产、工作实践经历，大家都很快适应了新的学习生活。我们的专业是汽车制造专业，毕业设计课题是汽车底盘跑车台、数控车床等。其中，数控车床与省机械研究所合作，含试制工作。

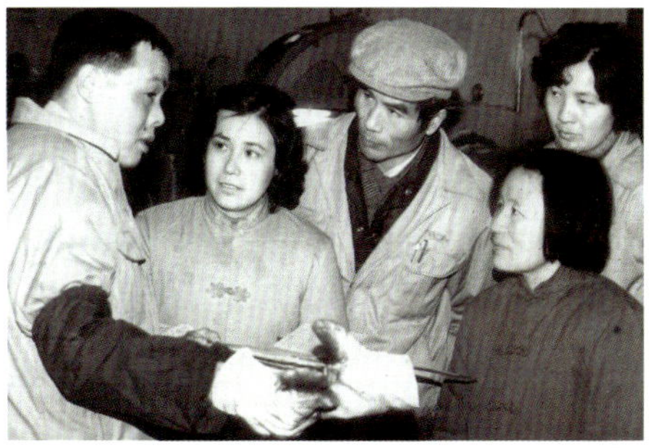

成本核算走进了车间班组。

紧张有序的工业普查现场。

在浦沅技术档案室认真查阅有关工业普查的数据和资料。

“点”评常德生活环境改造

熊株陵

2003年7月改造后的常德浦沅生活区东大门。

美丽的浦沅，我的家。

做广播体操尽展奋进者勃发雄姿
搞体育比赛练就浦沅人强健体魄
——浦沅历年原创春联选（76）

虽然没有刻意地搞什么“献礼工程”，但它的确是浦沅儿女献给党82周岁生日的一份厚礼，是一篇造福于民的佳作，是一部浦沅共产党人践行“三个代表”的杰作。这就是2003年7月1日通过验收的常德生活区改造工程。

笔者虽无点睛之笔，但愿意伴您一“点”一“点”去看个究竟！

盘点

说起常德生活环境改造工程，有这么一组数字:从3月10日召开第一次领导小组工作会议到7月1日验收，历时112天；改造更新铺设路面6061平方米；拆除围栏、围墙及运土石3930立方米；粉刷铺贴外墙面3652平方米；移栽新种树木264棵，新种灌木（小红继木和金叶女贞）5830棵，移植草皮5300平方米；转移规整电话、电视、供电电线电缆16000余米；安装标志灯、高杆灯、草地灯91盏；搭建房屋面积560平方米，修建91平方米的殡仪馆一座，维修了游泳池、篮球场……总共耗资157.5万余元。

常德区域生活环境的改造是一项系统工程，从架空照明广播电话线路的入地，到平坡造园移树种草；从拆围扩路环境的美化，到基础文化体育设施的建设，包含了100个大大小小的项目，由公用事业总公司、建安公司、生服公司、能源公司、工会四个部门承担。

当庄重大方的大门在国道旁赫然而立时，当笔直的改性沥青路面在人们关注的目光下完美展现时，当生活环境改造已成为历史开始渐行渐远时，我们透过生活环境改造的规划、实施和不断完善的一幅幅生动画面，需要盘点的是一种与之相生相伴的可贵精神——浦沅精神！

起点

在春末夏初一个细雨绵绵的日子里，浦沅集团公司副总经理史宏杰满怀兴奋地在俱乐部包厢里召开了生活环境改造的第一次专题会议。与会者都十分激动，的确，我们等待这一天已很久很久了。包厢里的会开得很短，大家按捺不住激情，按捺不住兴奋，撑着雨伞，跑到现场指点起来……春风夏雨也把这个喜讯悄悄弥散开去……

对于承担这项在浦沅历史上具有重要意义工程的一群浦沅人来讲，短暂的兴奋之后，就是缜密的思考和实实在在的规划。俗话说，万事开头难。任务繁重，时间紧迫，千头万绪抓什么？身为工程领导小组副组长的王家齐想到，这项造福于民的工程首先要让大家看到希望，他决定先制作出效果图来。他和同事们用智慧设计浦沅东大门，用激情涂抹浦沅新天地。48小时后，效果图诞生了。王家齐连夜揣着效果图赴长沙，在总经理办公会上，明快简洁的效果图胜过千言万语的描述，赢得了赞赏，也赢得了拍板。效果图随后被张贴在了常德宣传栏内，让大家看到了美好，看到了未来。后来王家齐同志将这套图纸挂在了他的办公室内。他说，效果图是我们工程的起点，也是我们最终追求的目标。

景点

6月下旬，有两位常年在外搞销售的同志回到常德浦沅，他们惊喜地发现已认不得家门了，因为经过几个月的奋战，浦沅人已把平面上的效果图实实在在地摆布在了浦沅的大地上，成了可触可摸的“景点”。

这两位走南闯北的浦沅人，此刻也禁不住在大门前细细地端详起来：只见素色的文化石衬托着一块4.2米×2米的黑金砂大理石，上面金色的“浦沅”二字凝重朴实，气势不凡。他们看着“浦沅”这两个字，轻轻说了声：还是浦沅！在外面听到的种种传说均已化为乌有，看到这两个字心里就踏实了。

其实，为了装点好浦沅的门面，大伙可没少花心血。就拿大门口这条路来说吧，建厂初期，依坡就势在一个坡段上开辟的路，在那“先生产后生活”的时代，人们根本没有刻意去把浦沅的这条主干道拉直。这次施工中，当拆掉围栏、推倒旧报栏、削平包坎，把大路的毛坯刚刚拉好，猛然间发现这条路的几个“自然段”并不在一条直线上，人们笑它不是“笔溜儿直”，而是“笔溜儿弯”。当时，俱乐部前这一段路的挡土墙已贴好瓷砖，要拉直整条路，这一段必须向内移1.2米。怎么办？王家齐那几天愁得坐立不安，他多方征求意见，反复探讨整改方案……最后下定决心，这段路沿推倒重来，决不让改造工程在大门前留下遗憾。

又比如，对于大门标牌，工会副主席董承森一再坚持提高材料档次，要让浦沅的门面上档次，有气派。王家齐也深深理解这些老浦沅人的心，他知道“浦沅”在大家的心目中有多重！正是由于有了这样一群对浦沅爱得深、爱得真的人，才使得常德生活环境改造工程中，亮点不断，成为一道亮丽的风景线。

亮点

假如你能从高处俯瞰浦沅东大门，你会看到10米宽的黑色改性沥青道路如尺划刀裁，大路边的两个小花园，一左一右，两相呼应，正如长沙五一大道旁的五一广场和芙蓉广场，成为浦沅生活区的亮点。

原阅报栏后面有两个相对封闭的小花园，中间有一葡萄架相连，当年汪正东先生曾亲自挥毫，题名“晓拳”“夕步”，意即闲暇之际人们可以在这里舒展舒展拳脚，活络活络筋骨。如今阅报栏、葡萄架、围栏已荡然无存，两个封闭的小花园一气贯通，开阔敞亮的草地上新安装了9件色彩斑斓的健身器材，充满了时尚气息。它们与修葺一新的绿瓦红柱亭榭、假山围栏鱼池相互映衬，充满了动感与新潮，有人把它称为“健身花园”。我们相信，假如汪正东老先生在天之灵看到此刻浦沅的变化，一定会欣慰的。

如果说健身花园跳跃的是一种生命的律动和青春的活力，那么食堂前的休闲广场却充满了一种文化的韵味和闲情逸致。休闲广场塔松婆娑，香樟挺拔，小径弯弯由彩色鹅卵石铺就，中间有一大约200平方米杂色碎花大理石拼砌的空坪，成为孩童嬉戏的场所。入夜，华灯初放，两个巨大的标志灯像纺锤形发光体，流光溢彩；散落在小径边、大树旁的彩色草地灯，五色辉映。两排不锈钢制作的阅报栏，像一溜发光的走廊，折射着企业文明的光彩。

具有30多年历史的食堂外墙也装饰一新，像一位穿中山装的长者默默地注视着浦沅新世纪的跃动与跨越。原来这块空地上曾用空油桶搭过舞台，上演过《洗衣歌》和《拉线舞》，也曾改建成篮球场，现在它又回归到了自然状态。

那时浦沅的食堂是原来省建二处承建浦沅时临时搭建的一个工棚式的食堂，当年在黄土地上钉几根木桩，上面铺块木板就成了饭桌。浦沅人不舍得拆掉它，经过一次又一次的改建，保留到了现在。它实际上保留的是一种传统、精神和美德。

那次生活环境改造提出了一个“以拆养拆”的口号，在实践中，服务走廊几乎是“位移”到了新址，仅仅更换了一些破损的石棉瓦。拆除的“家家来餐厅”的砖瓦又仍用到了新餐厅的建设上。

有人说，新修的休闲广场是生活区的一大亮点，其实，这里由一个工棚式的集贸区变为休闲广场，更多的是一种精神在闪光发亮！

从小培养孩子的团队精神。

全民娱乐健身健心强体魄
上下众盼发厂发家兴浦沅
——浦沅历年原创春联选（77）

气势磅礴的浦沅百人大合唱。

企困不坠凌云志
厂兴更扬创业鞭

——浦沅历年原创春联选（78）

定置管理，常抓不懈。

武陵吊出众出名出国门鱼贯而出
浦沅人创业创新创精品泉涌之思

——浦沅历年原创春联选（79）

闪光点

在原大排档一条街前新修了一条6米宽的马路，就是这么一条看似普通的马路，王家齐同志却给我们讲述了一个感人至深的故事。

建安公司项目经理周学炎自奉命来常德负责施工以来，他以一个复员军人特有的责任感和使命感全身心地投入到了工作中，每天6点多钟伴着晨曦他便开始在工地巡查，直到晚上八九点才回到自己临时的家中休息。他的心愿只有一个，自己负责的工程一定要交出最满意的答卷。在这次生活环境改造工程中，泥瓦工的活大多是修修补补，小打小闹，唯在铺设水泥路上可显现功夫。因此，周学炎暗下决心要“打”一条漂漂亮亮的马路出来。

原大排档一条街前的马路设计只有4米宽，但实际施工中为了整体的需要改为6米。这增加的50%工作量都在预算之外，周学炎没有讨价还价，其实根本连“价”都没提。

春夏之际的天气充满太多的变数。那几天正准备浇筑马路，第一天早上阴沉沉的不敢动工，谁知上午竟是晴空朗朗，令周学炎懊恼不已。第二天一大早老天爷露了个笑脸，周学炎毫不迟疑地干上了，哪知一阵瓢泼大雨袭来……被这阵雨淋“蒙”了的周学炎，止不住的热泪在暴雨中流淌。同事们好不容易把他拖进办公室，这铮铮汉子硬是号啕大哭了一场，边哭边说，我要打条上好的路给大家看，为什么老天竟这样戏弄我？旁边的人怎么劝说也止不住。

的确，为了这项工程周学炎是操碎了心。一天晚上转钟两点，突然风雨大作，被惊醒的周学炎一骨碌下了床，他想到工地上有下午刚刚浇好的几十米路面。深更半夜，为了不影响他人休息，他自己打开仓库门，拖来彩条布盖到新浇的路面上，搬来石头压好。彩条布不够，他又敲开商店的门，好说歹说赊来彩条布……一直忙到转钟四五点。

这是什么精神，这就是浦沅精神，那夜深人静狂风暴雨中的身影让人想起了吴新民的兢兢业业，让人想起了杨礼基的敬业奉献！

金点子

常德生活环境的改造正是由于有了许许多多参与者的无私奉献，正是由于有了许许多多浦沅人为之出谋划策，才使得整个工程精彩迭出。渐河大堤上夜晚照明的问题又一次被尖锐地提了出来。能源公司在完成了东大门主干道的亮化工程后，又移师渐河大堤。

300米长的大堤要解决照明问题，按常规要立电杆10根，但堤防的要求又使得此方案行不通。能源公司经过实地勘测，精心策划，提出了架设高杆灯的方案。

购买金属高杆灯，商家报价逾万；若用水泥电杆代替，包括运费在内也要3000元。能源公司管道班的同志们立足于自力更生，提出自己制作高杆灯的设想。他们找来报废的不同管径的深井泵管，焊接成13米长的塔形灯杆。在杆顶的三个方向安装三盏探照灯。他们把灯杆立在渐河大堤与周家嘴人行桥的“丁”字形结合部，避免了立多根电杆打洞破坏堤身的弊端。让穿管埋地敷设的电线从塔形灯杆的中间穿过，电线不露半点痕迹，成为一副美妙绝伦的作品。

现在，傲向青天的金属灯杆在渐河边亭亭玉立，成为单调的渐河大堤上的一道风景线。入夜，高杆顶端的探照灯大放光明，将周围300米范围内照得如同白昼。夜晚，人们在大堤上休息纳凉，尽情享受着生活环境的改造给他们带来的实惠。

有人说，解决渐河大堤夜间照明的方案是一个金点子，那高高耸立的高杆灯似乎是一种昭示，昭示着浦沅共产党人践行“三个代表”的决心和实践。

其实那次生活环境的改造一直受到全体浦沅人的关注，他们为工程提出了许许多多的好点子，领导小组从善如流，让许许多多的金点子为改造工程增添光彩。

大排档一条街的成功改造就是一个很好的例证。最初的方案只对大排档作些修补。但当服务走廊的围墙拆除后，大排档的“尊容”一下子暴露在光天化日之下，实在有伤大雅。在修改方案的讨论中，涂南娥一语惊人：下决心将大排档后撤，这一溜门面改作无明火作业的商铺，好，金点子！采用！现在的大排档整齐划一，干净清爽，实现了环境改造的初衷。

类似的事例还有很多。有人建议将老食堂的木屋檐改成红砖山墙压顶，齐整漂亮。好，点子很实在！食堂大门正中，阅报栏之间原设计为一整块草坪，有人建议在这草坪中间辟一小道，方便大众生活。好，点子也不错！还有诸如老同志史道贵发现施工中的隐患，一直盯住不放，直到问题得到解决。还有赵德江、徐志良、杨业富、刘绍民以及许许多多的老浦沅人，他们几乎每天都盯在现场，成为改造工程义务的监督员、业余的策划师。

难点

搞过家庭装修的人都知道装修难，常德生活环境的改造就是一次大的“装修”，其中的难，其中的苦辣酸甜，王家齐有着更深层的体会。他向我们细细道来：一是时间紧，任务重。王家齐扳着手指头给我们算账。在这段长达112天的工期中，32天下雨，16个阴天，而完工的日期是铁板上钉钉的，我们的施工人员每天必看天气预报，他们诅咒每一个雨天，宁愿每天都是火红的太阳，越热越开心。二是改造工程不可预见的情况太多，给施工组织增加了难度。而且由于经费已经核定，每一个突然冒出的情况，反映在经费上都是一个增量，面对这些难题，我们坚持四条原则：坚持美化环境质量第一原则；各单位坚持既分工负责又通力合作原则；坚持既节约又不失水准的施工原则；坚持群策群力，创造性地完成好项目原则。我们全体参加施工的人员都有一种良好的心态，即有幸参加这样的工程是我们的荣幸和光荣，我们没有理由不把它干好，因此，遇到再大的难点，我们都能“大化小，小化了”。例如服务走廊的改造是我们预见中的一大难点，因为它涉及的面广，而且牵涉到许多人的切身利益，但生服一公司的同志们在涂南娥的带领下，矛盾不上交，困难不推卸，用千言万语做好宣传解释工作，想千方百计妥善安置动迁个体商户，偌大的拆迁工作量，偌大的新建工程量，他们处理得熨熨帖帖。

制高点

在7月1日的生活环境改造工程验收会议上，党委副书记史良高度评价了这项造福于民，得民心顺民意的工程。他说，我们常说“产品即人品”，环境改造工程的高质量和高速度，反映了浦沅人的精神，体现了浦沅人的水平。

领导的赞许是给全体施工人员极大的鼓舞，但他们仍在不断检讨自己的缺点：一种追求完美中的遗憾，一种严格要求下的自省。

假如坏天气再少一点，许多的细节会处理得更好一点；假如资金再充裕一点，许多问题的处理会更加得心应手。像俱乐部门前由于沥青路面调平而形成的“缺陷”，像商店门前因为资金缘故不敢“动土”，导致现在和整体的“不和谐”……

不过，全体施工人员应该感到快慰的是，浦沅人以他们特有的方式给工程作出了客观的评价：那晚风中闲庭信步的从容和赞许的目光，那夕阳里芳径品味的优雅和“求全”的建议，就是“合格证”，就是“嘉奖令”。生活环境的改造，让我们生活的硬件上了一个台阶，登上了一个新的高度，而此刻副总经理史宏杰却考虑到了一个更新的问题。正如美好的环境要靠绿色点缀，美好的心灵要靠道德滋润。如何保护好我们生活的环境，如何根除陋习，是我们所有浦沅人的共同责任。

20岁生日那天，场面蔚为壮观。

30岁生日那天，感觉就像过年。

心连万客天涯近
车挂双星海外明

——浦沅历年原创春联选（80）

管谟贤校长（前右二）在赛春联的评委席上。

聚三江英豪自有伟绩惊天地
荟一厂风流岂无妙对留春秋

——浦沅历年原创春联选（81）

电视台来浦沅厂拍摄《月亮总会圆的》电视剧，管校长（后站立者）当了一回群众演员。

浦沅之忆

管谟贤

报到

1970年2月，我结束了在沈阳军区旅大警备区守备三师为期一年的锻炼，拿到了回单位报到的通知，通知限期一月之内到位于湖南常德的一机部浦沅工程机械厂报到。

毕业分配的时候工宣队乱点鸳鸯谱，把我分到“浦源”。“浦源”在哪里呢？不知道，问系里、校里、市里的毕业分配办公室，一概不知道。直到到了部队，碰到同济大学几个分到浦沅的人才知道原来这“浦源”应该是“浦沅”，在湖南常德，是上海工程机械厂的内迁厂。一想到常德离山东和江苏高邮都有几千里，交通又不方便，心里就凉了半截！

现在终于可以回到自己的单位报到了，心里还是很高兴，但想到远在江苏高邮的妻子已怀孕三个多月，就和陆顺麒（同济大学毕业）商量，决定去一次上海工程机械厂（老厂），看能不能留在上海，等妻子回沪生了孩子之后再去报到。到了老厂的劳资科，见到负责人，他说，浦沅现在很需要人，生产生活都安排得很好，你们应该赶快去报到。我们一看没有商量的余地，就决定3月下旬去常德报到。

大概是3月24号吧，我和陆顺麒一起坐火车到了长沙，找到厂里长驻湖南旅社的办事处报到。接待我们的是厂革委会的一个头头，他问了陆顺麒毕业的学校，学的专业，然后又问我，我如实地回答了。谁知这个头头一听，十分惊诧而又不屑地说：“你是师大学文的，到我们厂来干什么？”我一听此话，如有一盆凉水从头上浇下来，觉得受了极大的污辱，太伤自尊。心想，我如果工作不称职，你可以批评，但你没有资格瞧不起我的专业，更没有资格瞧不起“师范”二字！于是我说：“我也不愿来你们厂，如果你们不需要我，你可以把我退回师大！”他不再说话。但他当时的一句话，却从感情上把我推出了浦沅，让我的肚子里憋了来厂第一口气！

当时从长沙到常德不但没有铁路和高速公路，连普通公路的质量也很差。长沙到常德，三湘四水，要过湘江、资水、沅水三条江，三条江上连一座桥都没有。加上我们发的路费已经用得差不多了，接待的人要我们等厂里的卡车来，坐卡车回去。于是我们就坐在湖南旅社等厂车，哪儿也不敢去，只去爬了一次岳麓山，看了看岳麓书院和爱晚亭，感受了一下湖南人“唯楚有材，於斯为盛”的豪气和“停车坐爱枫林晚”的美景。第二天上午，正在房间里等得无聊，忽听大街上锣鼓喧天，鞭炮齐鸣，乐队高奏语录歌《下定决心，不怕牺牲》和《大海航行靠舵手》，我们以为又是“最高指示”发表了，赶快跑出去看。只见一群白衣白帽的人簇拥着一具棺材，棺材顶上坐着一个男孩，男孩手里抱着一只大公鸡，我的心里禁不住感慨万千，原来这就是湖南，这就是毛主席的家乡，难道我的一生将在此度过吗？我想起了汉朝的贾谊，觉得自己遭此贬谪，非死在这卑湿蛮荒之地不可！情绪更加低落。中午，因公来长沙的厂一把手赵加胜同志来了，大家都叫他“赵厂长”。赵厂长看到我们俩，问了一下情况，告诉我们，下午厂里有两辆大黄河来，我们一起坐驾驶室回厂。我们一听十分高兴，赶紧收拾东西，准备出发。果然，下午4点多钟，我们坐上了刘贵清师傅开的大黄河出发了。汽车过江全靠渡轮，每艘渡轮只能载六辆车，码头上要排很长的队。邮车、急救车、军车、轿车又有优先权，所以每过一条江最快也要几小时。在益阳过资水时，为了不让别人插队，刘师傅还和人家吵了一架，气得赵厂长下车把双方都批评了一顿。对方一看赵厂长胖胖的样子和居高临下的口气，知道是个大干部，就不再吵了。就这样过了沅水，到了常德，天已经黑透了。赵厂长说，回厂没饭吃了，在市里吃吧。于是我们在上南门附近的一个饭店每人吃了一碗牛肉米粉，等回到厂里，已是晚上八九点钟的样子了。当晚，赵厂长安排我们在老五栋的最后一栋的楼下住了一晚。第二天，我们到劳资科办了报到手续，才知道我们俩是来得最晚的，我们连分到浦沅的其他几个人和我师16连分到浦沅的几个都早来了。我被安排到单身宿舍第一栋302室。同室的室友有冯宗浪（中山大学毕业）、林贤良（支内青年，早逝）。我的工作是当电工。第二天，我们就上班了。一看，偌大的工厂，在一片丘陵荒地上，生活区只有几栋家属宿舍和一排排脚手架，单身宿舍只有四栋。厂区里只建好了一座车库，结构车间也只是有几根水泥柱子立在那里。班上有王心（合肥工大毕业）、张俊（支内工人）、小沈（支内青工）等人。我虚心向他们学习，每天在汽车库、制氧站一带拉电线，拧螺丝安开关、装灯泡。腰里系一条牛皮带，皮口袋里装有电工工具，像挎着盒子炮，倒也威风自在。

因为是晚间到厂的，第二天又是阴天，加上生活区和厂区之间又有一条自北向南流的河（人工开挖的，叫渐河），按一般规律，河水总是自西向东流的，所以我就迷了向，在常德的17年，一直把南当作东，把北当成西，每天看着太阳从"北"边升起，从"南"边落下，心里不知有多么别扭！这种别扭，对不辨南北的上海人来说是无法体会到的。这种别扭对我这个北方农村长大的人来说，无疑是一种精神折磨，有时会因此而莫名其妙的烦躁，或抑郁起来。记得有一次去山里钓鱼，走到一处山沟里，忽然找准了方向，心里那个透亮劲，不啻夏天吃了冰淇淋！可惜，等回到厂区，一切又照旧了！我要调离浦沅这也是一个客观原因。

当油漆工

电工只当了40天，有一天劳资科的负责同志找我们几个大学生谈话，说现在油漆车间最需要人，你们都去干油漆工吧，油漆工虽说脏一点，但每天有两毛钱营养补贴，我们只好服从。

到油漆车间的有中山大学毕业的冯宗浪，太原重机的楚金莲等人，都是一起在部队锻炼的战友。其中楚金莲是和我一起从部队请假回去结婚的，她爱人在西安，其时她已怀孕四五个月了。来到油漆车间才知道，每天两毛钱的营养补贴可不是好拿的，每天用砂布、砂轮、钢丝刷除锈，锈尘飞扬，人的两个鼻孔都是黄的，不同的油漆要用不同的化学试剂稀释，不管是香蕉水还是二甲苯，都是有毒的，弄到手上的油漆，下班时也要用这些东西才能洗掉！这都会对身体造成极大的危害！随着楚金莲同志的肚子越来越大，我们怕影响到她腹中的胎儿，一起去找劳资部门的负责人，请求给楚金莲调换工作，哪怕生了孩子之后再回来干也行，但没有得到同意。当时的知识分子不值钱啊。

我们的师傅是刘书亭，这是一个忠厚老实技术一流的老工人，1959年曾去北京油漆过人民大会堂，活儿干得漂亮。他的绝活是不管用什么姿势，漆什么部位，油漆都不会滴下来，哪怕是仰面油漆天花板，油漆也不会滴到身上和地上！当时我们几个情绪都很低落，刘师傅就安慰我们说，你们干油漆总是暂时的，你想啊，国家花了那么多钱，培养你们上了大学，你们都学有专长，让你们一直干油漆不是浪费吗?这活儿文盲也能干啊！听了刘师傅的话，虽然心里并不敢认同，但总感到温暖，亲切！十分的感激。所以，我始终把刘师傅当作真正的师傅看待。时间过去30多年了，不知刘师傅还在否？如果健在的话，该是九十多岁的老寿星了。

当时的工资是42.5元，因厂里的劳保制度规定，

学雷锋倡三德似清泉注入渐河
讲文明树四美如春风吹满浦沅

浦沅历年原创春联选（82）

油漆工正在作业。

新竣工的职工家属宿舍为三线人营造了温馨的家。

子弟学校运动会开幕式上，学生们雄赳赳、气昂昂。

浦沅生产的新产品成为了子弟学校学生写生的“模特”。

当年浦沅小小合唱队员，一定会唱响人生的奋斗之歌。

进厂不满八年生病则要扣工资，大学生读书期间当然不算工龄，我进厂不久，曾因在部队受伤的左脚心长了一个瘤，动手术休息了五天，就被扣了近五元钱，占工资的百分之十还不止！所以当油漆工的营养补贴也是一笔收入，两毛钱，当时可以买一条做好的鱼。为了身体健康，这两毛钱的补贴我们一般都吃掉了。

筹建学校

转眼到了夏天，我领略了湖南的热，从来没有经受过的热！白天骄阳似火，连风都是热的；傍晚，人下班了，风也下班了，汗都流不出来，浑身上下粘乎乎的，像刷了一层胶水。夜里难以入睡，人一翻身，连凉席都粘起来。一个夏天，让我睡坏了公家四个棕绷和自己一条凉席。每次扛着坏棕绷去找赵菊芳同志换新的，都感觉不好意思。由于睡眠不好，加上又闹了二次地震（不是真的，只是流言导致庸人自扰），白天总是昏昏沉沉，眼屎多。据早一年来报到的同志说，那一年的五一节，人们穿上了短袖衬衣，到了7 月19号，气温一下子降了许多，很多工人只穿夏衣，冷得受不了只好在车间里烤火！这么怪的气候，当时虽然还未领略到常德冬季之冷，就已经令我望而生畏。加上来厂半年的遭遇，心情坏极了。又想到孩子即将出生，妻的困难，于是决定调走。我写了来厂后的第一份请调报告。报告中，针对在长沙时某头头的那句话，我写道：“我来厂半年，因爱人即将生产，在此无法照应，请厂里照顾我，调我到江苏高邮爱人所在单位，我决无赖在厂里不走之意。”报告交上去后，据说赵加胜厂长对“赖在厂里不走”一句很有看法，但还是同意了。劳资科负责人姚呈之同志告诉我，档案已寄出，但却久久没有消息。

此时，支内职工已大批来厂，正在上学的孩子也都跟来了，大的到处乱窜，小的只好带到车间。有一天姚呈之同志找我谈话说，厂里决定让你出来筹建子弟学校。我当即说，一、我要调走，厂里已同意，档案都寄出了；二、我是知识分子，正在车间干最脏的活，接受工人阶级的再教育，还没有改造好，我不能用资产阶级的一套把工人阶级的下一代教坏了；三、我干油漆已经成了熟练工，每天还有两毛钱补助，挺好，请厂里另请高明。姚呈之同志说，不要这样说，调动的事，据我所知，内地往沿海调难度挺大。如果调成了，厂里肯定放人；如果调不成，厂里可以把你爱人调过来。你如果不同意出来办学校，这事就不好办了。我听了这话，顿时哑口无言，只好答应试试看。

走马上任后，才知道办一所学校多么不容易。首先要每家每户地去了解，摸清要上学的孩子的姓名、性别、年龄、年级等情况并进行登记，汇总后要打报告到常德市教育局备案审批，然后到新华书店预订教科书。当时蔡家岗到常德的公共汽车还未开通，厂里也还没有交通车，要到常德去办事，只好搭乘厂里的卡车去。有一次为了买书，厂里派了赵厂长的上海轿车，令我们十分感动。

办学校最重要的是教师，当时除我之外，只有俞明国的母亲张惠珍同志，之后招工来了朱豫生同志，一个已经50多岁，一个才19岁，后来又来了一个罗仁秋同志。到了11月26号晚上就在临时搭建的餐厅里宣布开学了。厂里派了一个头头来参加开学典礼。会上，他宣布，现在都是革委会，学校领导叫主任还是校长也说不定，厂里研究决定管谟贤老师负责行政工作，罗仁秋老师负责教务工作。我当即说，我是已经要调走的人了，不适合当这个负责人，再说百无一用是书生，我是一书生，对厂里来说，没有什么用，还是让别人干吧。头头不知是否想起了他在长沙说的那句话，当然没有同意。

学是开了，但没有校舍，我们发扬抗大精神，把学生分成三个班，朱老师带领1—3年级，罗老师张老师带领4—5年级在户外上课，学生坐着自家的小板凳，教师把黑板挂在树杈上，就上起课来。我带初中以上的学生在餐厅上课，没有教材，就教毛主席诗词。由于餐厅是和厨房相连的，每逢厨房里炒辣椒，大家就一起咳嗽，课就上不成了，只好改活动课或干脆放学。

转眼到了年底，儿子出生已经三个多月了，还没见过我这个爸爸，调动工作的事也如石沉大海没有消息，我便请了探亲假赴江苏高邮探亲。其时妻已在一所中学里任教，工作很忙，为了带孩子，从少得可怜的工资里拿出十几元雇了一个老保姆，艰难地熬着岁月，调到一起已成了头等要务。到了高邮，见到妻儿，心里高兴。第二天就去了高邮县城，找到县革委会政工科询问我调动工作的事。接待我的是一个部队干部，听说我是华东师大中文系毕业的，竟然问了我一个令人又好气又好笑的问题——你能教初中语文吗？我一听，脸色肯定是不好了。我说："高邮有大学吗？大学我也可以教的！"就这样谈话结束。我回到妻子单位，对妻子说："就这种人管人事，管教育，调不过来未必是件坏事。"果然，几天后县里给妻的单位打电话，说省革委会的许司令（当时许世友兼江苏革委会主任）规定，江苏是沿海，一般不接受内地调入人员，从沿海调内地是可以的。于是调动工作的事就只剩下把妻调到湖南这一条路了。

春节过后，已是1971年初，我回到厂里，姚呈之同志告诉我：高邮已将你的档案寄回来了，还是把你爱人调过来吧。我同意了。3月份，调动手续办好，我爱人带着孩子就到厂报到了。

学校一年一年发展起来，老师多了，学生也多了，但校舍一直未建起来，1971年春季开学后，先到已废弃的铸造车间工棚里上课。热区离生活区较远，又是土路，每逢雨雪天气，师生们走在泥巴路上，经常有人摔跤。后来，教学楼建好了，硬件上在所有厂矿子弟学校中居于前茅。教师队伍逐渐充实，中师及本科毕业的老师在各厂矿子弟学校教师队伍中，所占比例也是最高的。

当时河南马振扶事件，北京的黄帅，辽宁的张铁生等祸乱教育界，读书无用论甚嚣尘上。我们是子弟学校，地方教育局很少过问，所以我们一门心思抓教学，什么学农学工学军，装装样子而已。老师们工作认真负责，不计报酬，一心奉献，教学质量不断提高。我教的第一批学生初中毕业后厂里办了技校班，用高中教材上课，虽然这个班被人以抗拒知青上山下乡的罪名贴了大字报而解散，学生也去临澧插了队，但高考恢复后，这批学生中不少人考上了大学。如金敏华、黄俊民等人考上了复旦、华东化工等重点大学。而后来不管是高中毕业生参加高考还是初中毕业生报考省重点中学常德市一中，升学率都很高。其中因八〇届高中班预考高考语文成绩优秀，我个人曾荣获二等功。八三级初中毕业生报考常德一中因升学率太高，致使市教育局个别人怀疑我们的学生作了弊。为此，我找到市教育局，找了有关负责同志大发了一通脾气：我们参加的是全市统考，监考教师都是市属高中老师，凭什么说我们作弊，真是岂有此理！教育局领导只好让该同志向我道了歉。总之，浦沅子弟们是争气的，他们中不少人考入北航、复旦、同济、国防科大、华东师大、湖南大学等重点大学。他们大学毕业后，有的留校，有的读了硕士、博士，都在不同的岗位上为国家作贡献。总之浦沅子弟学校对国家，对三线建设，对浦沅厂，都是有功的！

借调宣传科

我因为憋了一口气，所以很闹了几年情绪，先是坚决辞职不当学校负责人，我的借口是我是臭知识分子，不能当领导，请领导派工宣队来领导学校斗批改。厂里同意了，派了赵东同志来当工宣队，但他干了一学期就不干了，赵东同志走后学校的事我一概不管，只管自己上课。为此党委副书记汪正东同志专门到学校找我，当着很多老师的面对我大发脾气，弄得我下不了台。他说："党在困难时期，让你多做一点工作，你不干，这是知识分子的臭毛病，要好好改造！"我一听也火冒三丈，说："老汪说得好，你也是知识分子，我们

浦沅举办的"中国近代史"展览，是子校学生历史教科书的拓展篇。

"五讲四美"的新风在这里蔚然兴起。

电脑真神奇，撩拨孩子的好奇心。

一年一度的浦沅菊花展。

那朵菊花真好看。

热闹非凡的六一儿童节活动。

一起下车间，下农村去改造，看谁先草鸡！”把汪书记气得拍了桌子，一扭头就走了。

到了下午，冷静地想了一下，自己用这种态度对待一个领导，一个老革命老前辈，是不对的。于是我去厂部找汪书记道歉。汪书记见了我，对我说：我的态度也不冷静。但是你工作还是要干，你还要上课，工作较累，厂里可以考虑再派一个党员去协助你工作。

不久，又派了陈克俭同志来。陈克俭回车间后，又派来了徐志良同志。虽然学校当时只有他一人是党员，经过争取厂里同意学校成立党支部，徐志良同志由工宣队改任支部书记。就这样，很多工作我就不用管了，完全交给了徐。

后来亚凡同志从上海某中学调来，我就自动解职只教书了。工作轻松了，心中有一种阴谋得逞的莫名其妙的快意。

恰在此时，毛主席要评法批儒。内部传达了毛的一首诗，其中谈到了柳宗元的《封建论》，时任厂宣传科长的邓茂龄同志问我见没见过这篇文章，我说：“岂止是见过，我家里就有，可惜是古文，你们看不懂，我给你们翻译成现代白话文吧。”老邓一听很高兴。当晚，我开夜车把《封建论》翻译成白话文。《封建论》很长，翻译了近二十张报告纸，第二天交给了老邓。我想，这是一个机会，何不趁此时调离学校干一点自己有兴趣的工作呢？

随着评法批儒的深入，要给干部们讲法家著作，什么荀子、韩非子，厂里只有我一个大学中文系毕业生，这任务就交给了我。不但给厂里中层干部讲课，有一次在厂招待所楼上会议室讲课，地委第一书记张文光和副书记刘佳时都来听，得到两位领导的赞赏。后来，地区把注释刘禹锡诗文的任务交给我们厂等几个单位，我自然被邀请参加。同时参加的有张少征、曹笑非、刘顺清、向维凡（早逝）等人，最后由湖南人民出版社出了书。

这期间经过我的要求和邓茂龄同志的工作，厂里把我借调到宣传科，但必须给子弟中学高中部兼一个班的语文课。到了宣传科，科长让我和外交部下放来厂的高建勤同志一起抓工人理论小组的工作，给理论骨干讲马列理论，修改大批判文章。再后来评水浒，批宋江，跟着风干。我虽然不知道当时的政治内幕，但也感到不正常，总是小心翼翼，不敢胡乱引申发挥。

记得1976年有一次张安中科长让我为中层干部讲毛主席新发表的《词二首》，讲到其中“土豆烧熟了，再加牛肉”时，有一个同志说：“管老师，土豆烧熟了，再加上牛肉，土豆早烂了，牛肉还是生的，这菜能吃吗？”我很尴尬，只好说，这是诗，不是菜谱。这时，一个同志插嘴说“可以加熟牛肉啊！”大家都笑了。讲到“不许放屁”时，有一个同志说：“管老师，这放屁也能写进词里吗？”我只好说：“按说词贵雅，曲贵俗是正规。把‘放屁’写进词里，这正是毛主席敢为天下先的反潮流精神啊！”这事过去三十多年了，我至今还记忆犹新。因为我一直很佩服这两个军人出身的干部的勇气和才气。

经历大事

在浦沅17年，经历了几件国家大事，令人难忘。

一件是林彪事件。自1970年8 月九届二中全会之后，林彪在新闻媒体上出现得越来越少，我们在宣传科自然十分关注这一类政治动向，但谁也不敢说。一直到了1971年“九一三”事件之后，我们几个才在私下讲了几句，记得好像是10月24号吧，我到子弟学校参加政治学习，工宣队老陈还组织我们学习他从部队复员时带回来的“林副主席语录”呢。第二天，全厂就开大会传达了中央52号文件，公布了“九一三”事件的真相以及林彪的“571”工程纪要和他们要杀害毛主席的罪行。听到传达，感到气愤，又感到悲哀，毛主席自己亲自选定的接班人，破天荒地写入了党章，竟然要杀害毛本人。九大以后，多次传达中央精神，说“文化大革命”

收获最大最大，损失最小最小。最大的收获是用法律的形式确定了接班人。毛主席自己还说“文化大革命”是三七开，三分错误，七分成绩。现在“文化大革命”搞到这个地步，怎么解释呢？心里有一种被愚弄了的感觉。过了些日子，电视上看到毛主席出来接见外宾（好像是罗马尼亚的），毛主席一下子苍老了许多，连路也走不动了，可见林彪事件对他打击之大。

另一件大事就是毛主席的去世。一进1976年，先是1月份，周总理去世，我们感到悲痛，无望。到了7月份，朱老总又去世。每晚一打开电视，只要听到哀乐声，人们就心惊肉跳。9月9号那天下午，我们宣传科刚开过一个什么会，散会后我到厂广播站去听广播。忽然，广播里传出了播音员沉痛的声音，刚说到“毛泽东”三个字，吓得管广播的林世明同志马上关了机器，问我：“怎么办？是不是敌台？”我说：“赶快打电话问汪书记！这不像敌台。”小林马上打电话请示，汪书记在电话中指示：地区已来通知，马上全厂广播，鸣放汽笛。霎时，全厂汽笛齐鸣，广播齐放，人们走出了办公室，走出了车间，聆听着这惊天噩耗。当时，我的心里一片空白，思绪紊乱，感到国家和个人的前途十分凶险，不可预测，“文化大革命”弄成这个样子，他老人家却甩手走了，怎么办呢？当时人心惶惶，设灵堂，守灵祭奠。过了几天，常德地区在市大礼堂设了灵堂，厂里做了一个大花圈，组织职工代表去吊唁。轮到我们进入灵堂后，厂家属委员会的一个中年妇女忽然冲出队伍，一下子躺在地上，大声哭嚎起来：“毛主席啊，你死了让我们怎么活啊！”会场顿时大乱，人们把她扶起来送了出去。是啊，毛主席死了，我们怎么活呢？

到了大概是10月8号吧，晚上开全厂职工大会，散会后，蔡长清同志偷偷告诉我，中央那四个人被抓起来了！香港已经公开报道了。我听了，精神为之一振，心想，中国要变了，该走上正道了。果然，后来邓小平复出，高考恢复，中国人终于有了奔头。

值得一提的是，当年7月28号凌晨发生了唐山大地震，闹得人心惶惶。据说常德也在断裂带上，也可能发生地震，厂里要大家提高防震意识，注意防震。于是滑稽的现象出现了：人们白天在家吃喝拉撒睡，一到晚上，吃了晚饭，就拖着木板、塑料布，抱着被褥，带着家里最值钱的东西，诸如缝纫机、座钟、电扇之类跑到广场上露天睡觉。大人们忧心忡忡，孩子们却兴高采烈！人们心中有事，加上蚊子咬，露水多，根本休息不好。夏天还好说，转眼到了10月份，天凉了，我让人把学校的室内活动室打开，教师们每天晚上一家家住了进来，天一亮就回家。后来，我和大家开玩笑说，回家住吧，毛主席都去世了，地不会震了。果然，大家再也不躲地震了。事后想：这是多么荒唐可笑啊，难道地震只发生在夜间。白天不震吗？

不愿当校长

粉碎了“四人帮”，经过拨乱反正，一切逐步走上了正轨，高考恢复，教育界迎来了春天，知识分子的地位有所提高，科学文化越来越被人们重视。开始，党委汪副书记找我谈，说现在厂里的干部文化水平太低，连个工作报告都写不好，让我给干部们补习语文知识，从标点符号讲起。我赶紧编写讲义，从标点符号到字、词、句、复句、逻辑，一共十几万字。每周一个下午在热区上课，同志们听了感到很有收获，接着又为他们上语文课，用的是湖南师院、财经学院、长沙铁道学院、中南矿冶、工程兵学院合编的《大学语文》教材。同时还为准备参加高考的青年工人辅导。高考后，有的同志专门向我表示感谢，说我在复习时猜到了一个三分的小题目，大家都做对了。我听了很高兴。

到了1979年，我意料中的事情终于发生了——领导上要我回学校。因为我虽然在宣传科上班，但关系一直在学校，而且一直给子校的高中班上语文课。现在家长们望子成龙心切，对学校要求很高，我回学校自然是

浦沅子校庆祝香港回归文艺演出。

浦沅子校举办的夏令营里，孩子们自己讲的故事同样很精彩。

老师给孩子们讲爷爷奶奶建设三线的故事。

八一建军节，子弟学校的学生们向解放军叔叔敬献红领巾。

新学年开始，学生们纷纷上台表决心。

浦沅子弟学校广播操比赛，个个都认真。

顺理成章的事。

党委汪副书记对我说，现在粉碎了“四人帮”，办好学校成了头等大事，你还是回学校，将来学校工作还是要交给你，靠外行是不行的，你先回去当教导主任吧，把教学工作抓起来。我说：汪书记，我是要求调回家乡的啊，什么官我也不当。汪书记说，调走是不可能的，你若前几年走了倒也罢了，现在粉碎了“四人帮”，知识分子人才难得，你要走，找两个华东师大毕业的来接替你，否则，只要我在其位，你就别想走。我一听，心里很生气，就说，我又不是教育部长，上哪去弄两个华东师大毕业生？你这不是刁难我吗？说归说，还是老老实实回了学校。其时，学校领导已经换过几人，徐志良早回了车间，继任的祝云阶也调走了，校长是部队转业来的薛镇天。老薛同志为人厚道善良，平易近人，我回到学校他很高兴。后来老薛调走了，我当了副校长，顾金龙同志从金工车间调来当了支部书记。老顾同志工作热情高，干劲大，教学工作虽然不大懂，但做思想工作很有一套，关心师生生活，老师们都很拥护他，我们俩配合十分默契。加上他在厂里人头熟，关系多，学校有什么困难，总有领导来关心，有人来帮助解决，子弟学校进入了鼎盛期。升学率及各项工作在常德地区所有厂矿子弟学校中开始名列前茅，在整个常德市教育系统也取得了一定的话语权。

1982年组织科的胡松希科长找我谈话，问我对入党的看法，我说，我早就想入党，1966年在安徽定远搞“四清”时就交过入党申请了。胡科长说，那你再写一份吧。我就写了一份交给他，第二年6月，我和亚凡同志一起入了党。

转眼到了1984年，中央提出干部要革命化、年轻化、知识化、专业化。厂里老一代领导基本都退了，厂长换成陈励青（合肥工大毕业），一起在部队锻炼的战友杨合林担任了党委副书记，刘广生、楚金莲、罗天平都担任了中层干部。

在学校领导班子里，四个副校长中我最年轻、学历最高。领导来考察时，我特地声明，我一直想调回老家，请千万不要让我当校长，其他任何人当我都没意见。但最后还是宣布由我当这个校长。领导找我谈话时，我又重申了自己的意见，也没有用。谁知道就这样，一位被解职的副校长还是找我大闹了一通。至今想起来，犹觉可气可笑。

当时，知识分子获得了第二次解放，大家意气风发，忘我工作，不讲条件，不计报酬，在全体教师努力下，子弟学校连年被评为厂、市先进单位，支部被评为优秀党支部，我个人也获得过各种荣誉称号。

1983年，厂里受省机械厅委托，办起了中央电视大学工业企业管理专业班。学员都是在工人和干部中经过严格考试选拔的，不但是工作、生产骨干，青年中的精英，而且大都是老三届高中生，文化底子都较扎实。电大开学前，厂长让教育科长、职大校长邓茂龄同志找我，说学员学的是管理专业，中文很重要，厂里决定让我去电大兼写作课。我虽然很忙，也还是答应了。用的教材是刘锡庆、朱金顺合编的《写作通论》，李景隆编的《应用写作》，每周两节课。由于学生水平都不低，有的甚至写过小说，编过电视剧，所以我还是有一定压力，教起来不能马虎，作业批改更得认真。后来他们的这一科通过电大统考，所有学员的成绩都是优良。

我在电大上课，既不算加班，也没有补助或奖金，纯属尽义务，只是在年终时发给我一个“业余教育先进工作者”的奖状，心里就很满意。

提到电大，还有一件趣事。有一年，大概是1977年下半年，我大儿子刚上小学一年级，有一天放学路上丢小石头玩，把一个小孩的头打着了，头皮没破，但却有点红肿，正好我也下班，碰个正着。我骂了儿子几句，拉着他，背起受伤的孩子去人家家里赔礼道歉。到他家，开门的是车间的一个青工，很熟的一张面孔，我赶紧说明了情况，表示道歉。谁知对方口出粗言，说了一句："臭老九！"这真是热面孔碰到了冷屁股，气得我扭头就走，回头骂道："你混蛋！"事过五六年，在给电大上课的第一天，我发现这位青工竟赫然坐在第二排座位上。四目相对，都有些尴尬，但我是老师啊，一样上课，一样提问，一样为其批改作业，作为老师，心中的芥蒂已经一扫而光了，这就是师德啊！后来，这批学员都为企业的发展作出了很大的贡献。

艰难探亲路

浦沅地处三线，交通十分不便，虽然享受四年一次的探亲假，但走起来却不容易。当时工资低，物资缺乏，等攒够了路费，还要带一点诸如茶叶之类的土特产，大包小包拖儿带女，形如逃难跑单帮。因为当时长沙到上海没有直达车，开始几年，一般是坐厂车或是长途汽车到长沙或株洲，或坐轮船过洞庭湖，赶到长沙，再坐火车到株洲，然后到上海。在上海休息几天，再坐轮船（船票便宜）到青岛，然后再从青岛坐火车到高密。到高密后，想法通知家里人，让兄弟们用自行车来接。一路上要走四五天！一般到家后，就已十分疲劳，嘴上都鼓起了燎泡！刚刚休息好，则又要原路返回了。

记得有一次是头一天从厂里出发，到常德过沅水，全家在德山汽车站附近的一个小旅馆住了一夜，第二天，乘长途汽车去了株洲，结果没有买到去上海的直达车票，只好坐火车去了江西萍乡，在萍乡又住了一晚，第二天才坐上了萍乡到上海的火车。

还有一年暑假，我带着孩子到了青岛，从码头来到火车站，一看到高密的火车要等到早晨六点多，只好在候车室等。谁知到了半夜12点，车站要清场，把候车室里的旅客全部赶出来。虽是夏天外边还是很凉。我只好带着孩子到车站广场上找了一个角落，坐在包裹上，把自己的衣服脱下来，裹在孩子身上过了半宿！到了高密之后，来到老汽车站，很高兴地买到了去大栏的汽车票，但一等再等，汽车就是不开，坐在椅子上，臭虫咬得大腿上都是疙瘩，奇痒难耐。好不容易等到要开车了，车站工作人员出来说："去农场的车不开了，退票！"无奈，只好退了票，还被扣了几毛钱手续费！我们只好再走到县招待所，花钱打了个电话回家，家里的弟兄们又是骑自行车出来接我们，等回到家里，已是半下午了，我浑身像散了架，犹如生了一场大病！

那时火车速度慢，人又挤，尤其是浙赣线上，有时车上的厕所里都挤满了人，没有水喝，只好在火车停靠时从窗口里伸出手去，花高价买水、买甘蔗解渴，晚上就睡在座位底下。好在那时社会风气好，同行的多是厂里同事们，凡事互相帮助，如果碰上了解放军，更是常常得到他们的无私援助。

如此探亲路，不惟艰难且有凶险。为了探亲，我经历了两次车祸。一次是1974年年底，我送已怀孕八个月的妻子回上海生孩子，带着五岁的儿子，坐上了周爱民司机开的解放牌卡车，挤在驾驶室里。车上拉的是刚出厂的夯土机，早上7点从厂里出发，9点多到了益阳和宁乡交界的地方，路上车不多，汽车以六十码的速度向前开。忽然，从煤炭坝方向的小路上冲出来一台拉煤的拖拉机，一头撞在我们车头的右侧，只听"嘭"的一声，汽车紧急刹住。汽车的玻璃全部震碎了，我下了车，抱下了儿子，扶下了妻子，只见她两手捧着肚子哼哼着，我想：坏了！千万不要把孩子挤出来啊！我把妻和儿领到路边坐下，连声问：怎么样?怎么样？妻子惊魂未定，但还是安慰我说：没事，没事。这时，我再去看汽车，只见驾驶室的门有些变形，满地都是碎玻璃。周师傅正在骂拖拉机司机："老子是干线，你是支线，老子是汽车，你是拖拉机，你不知道谁该让谁啊？"那拖拉机的驾驶员显然是个农民，木然呆立，一句话也不说，一转眼就溜走了。这时围观的人越来越多，益阳话不如常德话好懂，听不懂他们说的什么，但却知道他们是在起哄，幸灾乐祸。我悲愤，我无助，欲哭无泪。当时没有手机，连电话也难找，周师傅先是搭车去宁乡找

写好中国字，
当好接班人。

宣传部组织召开"学校·家庭教育座谈会"。

小学生们争相学雷锋，做好事。

“星期六义务劳动”中的浦沅子弟学校学生。

李玉声老师（左三）给电大浦沅企业管理班学生解难题。

浦沅工人夜校里，技术员上设备管理培训课。

交警，人家不管。又搭车返回益阳，人也不来，现场就那么保持着。从9点多直等到下午3点多，没等到交警，倒是等来了厂里两辆往长沙送货的卡车。三个师傅一商量，决定让妻子和儿子跟其中一辆车先去长沙，我和周师傅留下来处理事故。于是我爬上车厢去取行李，却发现其中一个大旅行包的一角被夯土机压住了。我费了好大的劲，就是拉不出，看看天色越来越晚，急得我用尽全身力气，大喝一声，用肩膀推动了装机器的木箱，用脚把包勾了出来。同时也觉得腰间似乎“咯”的响了一下。下车后看着妻子和儿子坐车去了长沙，我留了下来，一宿没合眼，腰间隐隐作痛。第二天上午一直等到11点，益阳的交通监理所才来了两个人，测量了现场。吃中饭的时间一到，表情木然的拖拉机司机却突然灵活起来，把两个交警拉到饭店里吃饭去了。吃过饭，交警对周师傅说：“责任基本上是拖拉机的，但你们是国营大企业，交300元钱吧！”这是什么逻辑！但是县官不如现管，强龙难压地头蛇，只好交钱。等我赶到长沙，已经是下午3点。好歹赶上了火车，妻子也平安无事。但从此我的腰就落下了病。

第二次发生在1982年暑假。我们一家人回来探亲，暑假结束，8月24日赶回厂准备开学。半夜12点在长沙下了火车，厂里的大客车在火车站等。等人都到齐了，我一看，有不少是学校里的同事。一辆只有50多个座位的汽车，坐了80多人。座位只能让给妇女和小孩坐。妻子和两个儿子坐在最后一排座位上，我只好抱着东西坐在前门台阶上。一路疾驶，快到常德时，天就要亮了，我正在欣赏那刚刚露出的红红的太阳，忽然觉得车身在倾斜，“轰隆”一声，只觉得我打了几个滚，好多人、东西砸在我的腰上，压在我的身上，车厢里一片哭喊声，还有的女老师在喊救命。我自己也不知道怎么爬出了车厢，还拖了一个女老师出来。一看汽车四轮朝天，妻子和两个儿子已经被人拉了出来爬上了公路，五个人浑身黑水，脸上身上都有血。我赶紧让他们活动一下手脚，查查全身的伤情，还好只有表面伤，似乎并无大碍。但我妻子的眼镜却不见了，我赶紧返回车厢，车厢里已满了水，我摸了半天，终于把眼镜摸到了，爬上公路，才发现自己赤着双脚，一双新凉鞋不知什么时候丢掉了，腰部也痛得厉害。人们集中在公路上哭喊叫骂，乞求过路车辆把自己送往地区医院。到了地区医院，我和大儿子被送去透视、验小便，我们体检的结果，都没有骨折，但我的小便却有四个“+”号，只好回到厂里住院。住了两天，开学在即，还有一大堆事要办，只好出院。但腰部的伤却一直没好，一到下雨阴天，从胸椎到腰椎就有抽紧的感觉，而且经常钝疼。年轻时不太觉得，到了老年发展成椎间盘突出，只要一犯病，则疼痛难忍，非卧床休息不可了。更让我难过的是，车祸不久，忽然发现小儿子的头有点歪，带他去地区医院检查，医生说与车祸受伤有关，要做牵引。于是每周两次我带他到地区医院做牵引，看到儿子躺在床上，头上和脚上分别挂着几个大铁砣，心里很是舍不得，好在儿子很坚强，并不在乎。从此，我即视长沙到常德这一段路为危途，调离浦沅更是铁了心。

进入20世纪80年代，厂里先是在长沙建了分厂，准备把总厂迁过去。后来又在上海松江县建了分厂，自然支内的都可以回上海了。厂里人心开始浮动，我想，此时不走更待何时？经过努力，终于在1987年调离了浦沅。我有时想，假如厂里当年既不去长沙也不去松江，集中力量在常德发展汽车吊及汽车制造业，现在恐怕是全国重要的汽车及汽车起重机生产基地了。

莫言到浦沅

1984年暑假，三弟莫言特地从北京来浦沅看望我们一家。当时莫言正在解放军艺术学院文学系学习，中篇小说《透明的红萝卜》已发表，在文坛崭露头角。他的第一本中短篇小说集就以该中篇命名，于该年出版后，立即寄给我们，并特别题词送给了我的小儿子，他的小侄儿。尽管放暑假前他就把要来湖南的决定告诉了我们，但事到临头却把我吓得够呛！

事情是这样的：莫言在出发时，发了一份电报给我，邮局收到电报打电话通知我，让我去取。因为那时老母亲长年有病，听到有电报，我就以为可能是老母亲病危，于是浑身冒虚汗，脚下拌蒜走不动了。挨到邮局，邮局的黄淑华大概看到我脸色难看，赶紧说："管校长，电报上说有人要来看你，没别的事！"我这才缓过神来，知道是莫言要来了，心里十分高兴。多年客居他乡，就要见到亲人，全家人都很兴奋，妻子买了很多菜，还买了当地特产鳜鱼、甲鱼之类。两个儿子高兴地跑进跑出，出去接了好几趟。

莫言一到我们家，第一句话就是"湖南真热！"

两天后，厂行政科组织员工去索溪峪张家界旅游，我们一家人和莫言都去了。

当时张家界索溪峪一带虽然已定为国家级森林公园，但旅游开发刚刚开始，去索溪峪的公路差不多全是山间崎岖小路。司机小翟开着厂里的大客车，高速前讲，有时汽车在半山腰行驶，一个"之"字形的急转弯，汽车后头外侧的轮子几乎悬在半空！最险的是在过一条什么河的时候，河上没桥，汽车一头扎进河里，溅起高高的水花，接着抬头爬上陡坡，汽车轰轰地叫着，冒着黑烟，车厢里充满了柴油的气味，人们吓得抓紧了扶手，大气也不敢出，总感觉这汽车要仰跌进河里。爬上陡坡，接着又是个急转弯，回头一看，刚才走过的路，一边是河，一边是悬崖！汽车上了好路之后，莫言长叹一口气说，你们厂的司机开车水平真高啊！

到了索溪峪，那景色真是奇妙极了，一座座奇异的山峰，壁立千仞，千姿百态，如巨笔，如美人，如猿猴，如神仙，直插蓝天。那天特别蓝，那水特别清。天蓝得透明，水清得见底。天上苍鹰盘旋，水里卵石光滑，游鱼可数。来到十里画廊，蜿蜒的山道，矗立的峭壁，千年的古树，真如一巨大的水墨长卷，巧夺天工，令人惊叹！

进了黄龙洞，好大的一个地下溶洞！比桂林的芦笛岩、七星岩大多了！洞里阴凉，寒气逼人。一个个钟乳石，千奇百怪，鬼斧神工，想到什么它就像什么。

我们在山顶"不吹牛皮饭店"每人吃了一碗面，老板娘在碗里放了一大勺子辣椒，辣得我们个个浑身冒汗。饭后，我们摄影留念。夜晚就住在山里新开办的旅馆里，凉爽舒适。想想山外那炎热的天气，真想今生长做山里人了。

在浦沅期间，莫言还应邀为厂文联的文学爱好者开了一次文学讲座，我因学校有事，未能参加。事后宣传科的徐庆华同志对我说："莫言真敢讲啊，'振聋发聩'，蛮好！" 已经担任了党委副书记的杨合林说："挺敢讲，有些离经叛道的意思。"我就知道，莫言讲的可能比较前卫，在当时的背景下，人们心有余悸，听了他的话，自然有所触动。

莫言讲课时，工会的丁仕柏拍了照片，登在《浦沅报》上。

莫言这次来浦沅本来打算住半个月，但实在受不了常德的热，所以只住了一个星期就离开了。

回北京后，他根据这次活动写了一篇散文《马蹄》发表在《解放军文艺》上，也算不虚此行。

两个难以忘怀的人

我在浦沅17年，有两个人大家都不能忘记，我至今仍然怀念他们。

一个是老厂长、党委书记赵加胜。赵加胜厂长矮矮胖胖，和善可亲，政治上高瞻远瞩，业务上十分精通。浦沅的创建发展，自始至终凝聚着他的心血。建厂初期，他与职工同甘苦共患难，吃冷饭，住工棚，艰苦奋战在第一线。后来厂子建成了，发展了，他清正廉洁，呕心沥血，运筹帷幄。他胸怀宽广，知人善任，爱才如渴，为企业营造了一种宽松融洽的政治环境。

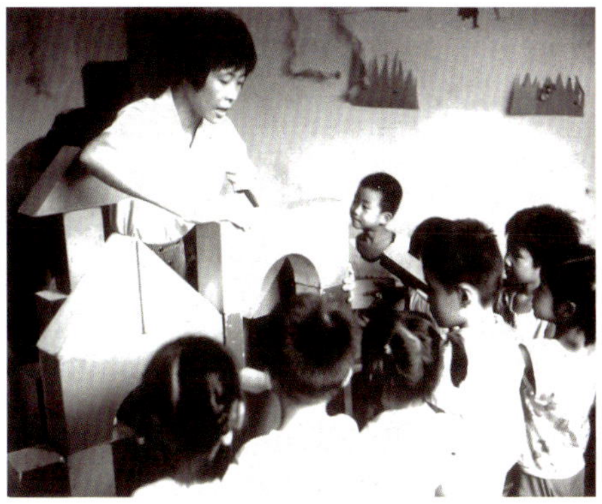

工人叔叔的房子就是这样造出来的。

当年浦沅幼儿园老师交流自制教学道具的经验。

大家围成圈，听阿姨讲故事。

赵爷爷、汪爷爷和孩子们在一起。

学校开营火晚会，爷爷们也好开心。

红日映浦沅，记忆暖心田。

我有两件事，十分感激他。一件事是44—47幢家属楼造好后，厂里发下住房申请表。我当时住在25栋301室，25栋是老式的筒子楼，没有阳台，房间朝北，冬冷夏热，我住的301，是带一个小套间的，一家四口，还可以凑合。而新建的四幢楼房，不但房间朝南，还带阳台，面积也大。我根本没有想到会分到新房子，所以在表格的后边随便写道："浦沅的房子没阳台，房间朝北，冬冷夏热，阴阳颠倒，如人倒立一样，什么时候咱也能住上带阳台的房子呢？"过了几天，党委办公室的赵菊芳同志告诉我，说赵厂长在分房会上，看了你表格上的话，对大家说："他这是发牢骚呢，分他一套吧！"就这样我住上了带阳台房间朝南的房子。后来隔壁的张占义调走，房管科的老谢又让我搬到张占义的房子里，两个阳台，走廊对面还有一间小厨房，面积也更大。事后想：当年我打第一份请调报告，报告中的话让赵厂长很生气，如今我随便发了一句牢骚，他不但不忌恨，反而满足了我的要求，这是一种何等的胸怀！

再一件事是粉碎"四人帮"之后不久，厂里经常举行揭批"四人帮"的大会。有一次是厂里中层干部会，宣传科的一个同志在发言中说到"四人帮"横行时的反常情况时说："我们看不出来吗？看出来了，但不敢说。"会后讨论时，浦沅法庭的刘镇沅庭长说："老×同志说把'四人帮'的罪行早看出来了，早看出来怎么不说？要说早看出来，宣传科只有老管同志，我就听到过老管对张春桥的不满。"听了这话，虽然有表扬佩服的意味，但却让我惊出了一身冷汗！心想，我对张春桥的不满连刘庭长都知道了，不知还有多少人知道，假如当时有人向党委告密怎么办？但当时的浦沅在赵厂长领导下，正气压倒邪气，工作凭表现，打小报告拍马屁的人并不吃香。

其实我对张春桥的认识也很肤浅，一是他1967年初到师大走了一趟，在学生中抓了很多小爬虫，二是我们毕业时凡是参加过炮打张春桥的一律要写进档案，这是多么狭隘狠毒的一招。这些话我私下里说过。但浦沅厂政治环境宽松，我得以平安无事。另一个人是党委副书记汪正东同志。他很早参加革命，身上却表现出浓厚的书卷气，于诗词，于书法篆刻都有研究，与我爱好相同。他一直分管组织、宣传、教育及工会群团等工作。我曾经为了工作几次顶撞过他，他不但不介意，还一直用我所长，直接给我交任务压担子，对学校工作十分支持。有一年六一儿童节，学校举行篝火晚会，我们邀请他参加，结果他把整个领导班子都带来了，赵厂长（书记）、魏副书记、庄副厂长等都来了，和孩子们一起度过了一个愉快的夜晚。另外，我认为汪副书记在浦沅的企业文化建设方面功不可没，浦沅的宣传工作，理论队伍的建设，在全省有名。工会工作更是勃勃有生气，建了藏书丰富的图书馆，设备良好的俱乐部，每年都搞文艺演出、职工运动会，还创建了厂文联，鼓励文艺创作。每逢春节，厂里都搞赛春联、猜谜语等活动，不但活跃了气氛，也增强了企业的凝聚力。听说两位老领导现都不在了，其中汪副书记去世后，连骨灰都撒在了厂里的花园里，可谓为三线建设贡献了一切！

结束语

离开浦沅已经二十多年了。我从27岁到44岁，在浦沅整整工作了17年，把美好的青春年华都贡献给了她。这些年来，不管是在高密还是到外地，只要看到一辆浦沅武陵汽车吊从马路上开过，我都会注视良久，并对同行的人自豪地说："这吊车就是我原来单位造的！"前年，我的大儿子去湘潭考察学习，专门绕道去了一次常德，在厂里遇见了曹果哉老师，拍了一些照片回来，其中有子弟学校及我们原来住过的几处房子，那房子都显得老旧不堪了。看了以后，回想往事，令人徒生感叹。光阴似箭，日月如梭。我已经是七十多岁的人了，往事不堪回首。祝愿昔日领导、战友和同事，保重身体，与时俱进，过一个幸福的晚年。再见，浦沅！

第四章

遍地英雄下夕烟

浦沅人是无愧的，
当年意气风发的一代如今都已老去。
他们归隐于神州的山山水水，
往日的辉煌化作了共和国不朽的底色。

三 线 情 缘

浦沅第三次科技大会全体代表合影。

樟树湾的记忆

熊株陵

樟树湾，像中国大地上许多古老的地名一样，默默地存在了好多好多年……

五十年前，一位赵姓中年汉了心存壮志，
带领一群像他一样离家别子的创业者
从上海来到常德一个叫樟树湾的地方，
决心做一件让毛主席能睡好觉的大事——
建设好大三线。
他们给自己的新家注册了一个词典里
查不到的名字：浦沅。
浦沅，因黄浦江和沅江的滋润而充满了灵性和活力；
樟树湾，成了浦沅人一段充满沧桑的历史记忆。

一代浦沅人在樟树湾创造奇迹：
“浦沅号”货船用湘江的浪花
装点了上海——灌溪新的航线；
第一代压路机的隆隆声，碾压了世俗的禁锢与偏见；
抗美援越的桩机挺拔着浦沅人的忠诚；
“1050”洋溢着“全路面”的豪情；
“连中三元，唯我浦沅”的喜悦被轻轻地
收藏进优雅的折扇。

一代浦沅人在樟树湾开始新的生活：
从此，阿拉的吴侬软语在北方语系的常德方言里弥漫；
樟树湾的炊烟里，上海糖醋大排的醇香渐次飘散；
江浙的藤编菜篮在灌溪老街穿梭，织出了别样的风韵；
淮海路捎来“765”，把黄浦江的花纹在小路上重印；
老渐河边水草裹着活蹦乱跳的小虾，是樟树湾的回赠。

樟树湾的风情，老浦沅人如数家珍：
齿液车间前坪的婴托间，是浦二代温馨的阳光屋，
蓝天下，宝贝们和着车间机器的轰鸣自唱摇篮曲；
子校教室里清脆的上海普通话
引领浦沅新一代走向天南地北，五洲天下；
露天影院的光影，泳池的碧波，旱冰上的旋转，
用五彩的斑斓描绘了樟树湾的新图美卷；
春节探亲大篷车，半夜发车的汽笛，
风雪里裹着似箭归心和落花生、风干鸡；
桥头花园里兰竹梅下撒落的骨灰，
是老一辈浦沅人镌刻在渐河边的无怨无悔。

樟树湾的风情，老浦沅人娓娓道来：
浦沅食堂的随堂小炒，肯定成了当今职工食堂的绝唱；
长寿面里的熏鱼大排，早已定格成最美好的味觉回忆；
拐角小卖部的鲜啤被热水瓶包装，
送进了我们永久的记忆；
QQ里晒出的浦沅饭菜祟，锁住了舌尖上的浦沅美味。

樟树湾的风情，老浦沅人历历在目：
生活区亲手栽种下一行行梧桐树；
渐河边的青草黄了又绿；
岁月把我们雕刻成资深美女老帅哥；
叶落归根，但对故土的思念难舍难割。
幸好有了网络，让我们相距不再遥远；
幸好有了QQ，让我们不再鸡犬之声相闻；
幸好有了“浦沅人”群，让我们不再无处倾诉；
幸好有了浦沅五十年庆典，让我们重温当年的征程。

在纪念浦沅五十周年的日子，
我们发自内心地问一声：
天南海北的浦沅人，你们过得还好吗？

浦江为源沅江为流企业名浦沅厂
武字谐五陵字谐菱产品叫武陵牌

——浦沅历年原创春联选（83）

那些年，浦沅人个个生龙活虎，激情四射。

义务劳动一声喊，团员青年总在前。

两次幸会相声大师马季

王志远　何楚雄

马季初到樟树湾。

再请马季来浦沅。

马季表演，幽默自然。

20个世纪70年代初期，我国相声大师马季曾到湖南桃源县深入农村工矿和基层体验生活。

马季得知离桃源县不远，有一家从上海迁来内地的三线大企业正在基建。他们生活、工作环境很艰苦，那里一无自来水、二无充足的供电，晚上用油灯照明，住在自己搭建的油毛毡棚及农民遗弃的破草棚里，粮油、菜类和日用百货的供应，都要到二十几里外的市区去采买。特别是他们为了抢时间，加快内地建设的速度，大家起早贪黑，干劲十足，基建工地及生产现场热火朝天……

马季大师得知这些情况后，毅然放弃到桃花源景区游览，来到浦沅工地看望慰问大家。当马季来到工地向群众挥手致意时，工地上的干部群众都热烈高呼“欢迎大师光临！”一时间整个工地沸腾起来啦！

有位同事说：“如果能把这个热烈的场景拍摄下来，那将是我们建厂史上很有意义的场面……”但当时工地上连最起码的照相器材也没有。我自己有一架老式照相机但无胶卷，也拍不成。老友提醒说赶快去买呀，我觉得有道理，于是，急奔市区去买胶卷。到市区往返要两个小时，当我买到胶卷回到工地时，工地领导和群众已在准备欢送马季一行上路了。在我的请求下，马季同意了。于是，我幸运地拍到了马季大师一行与工地领导的一张珍贵合影。

马季大师是我们在樟树湾建厂时第一位来访的名人，浦沅人感谢他曾送来的欢乐。

马季大师再次来浦沅是几年后的事了。那时，浦沅厂的基本建设和生产，在全厂职工的共同奋斗努力下，工厂初具规模，正在顺利向前发展。

有一天，我们获悉相声大师马季到了长沙，这是一个千载难逢的好机会呀，何不请他顺道过来表演呢？我们马上请示赵加胜，他十分赞成。他说当年马季第一次访问浦沅时，我们没有请他表演，只留下一张照片。现在我们工厂已今非昔比了，有条件提供表演场地了。这次马季来到家门口了，应该请他来，不然错过了这个机会太可惜！

派谁去长沙请马季呢?经反复研究，最后选定张定国，因为他不但工作认真负责，为人热情好客，更重要的是他还具备文艺特长，口才很好。当即指示派小车让张定国专程赴长沙邀请马季来浦沅。

张定国到长沙后，几经周折找到了马季。张定国向马季介绍了浦沅的概况，特别介绍了浦沅是由上海搬迁来的大型工厂，经过几年的艰苦创业，现已初具规模。但因工厂远离大城市，工人的文娱生活非常枯燥。获知您在长沙，全厂三千职工家属都渴望再睹您的风采，特地派我前来邀请您去厂里表演。

马季想起当年曾经到过浦沅，和老赵老汪有过一面之缘，于是一口答应，还拉上他的徒弟——季马。马季说：走！看看阿拉上海朋友去！

那天马季一行到达浦沅时已是中午，职工食堂特地由杨阿忠师傅掌勺，专门做了几道拿手好菜招待他们。

马季来浦沅啦！人们奔走相告，消息很快传遍了全厂。当天，各车间、部门纷纷向厂领导提出要求，希望人人都能看到马季的相声表演，有的甚至表示宁可调休，也要看演出。基于全厂职工渴望观看相声艺术表演的迫切心情，赵加胜、汪正东根据全厂职工的要求，临时召集党委会研究决定：全厂停产半天，在厂区大会堂观看相声表演。大会堂即后来的配件总库，可以同时容纳全厂职工开大会。

下午两点表演正式开始，会堂内全厂职工和家属坐得满满的，个个兴高采烈。大家比过节还开心，就像过大年一样兴奋。台上随着马季师徒俩的一段段的精彩表演，台下不时爆发出阵阵笑声和热烈掌声，人们陶醉在马季师徒精湛的相声艺术的魅力之中。整个演出过程，气氛热烈，笑声震天，演出非常成功。直到演出结束，人们还久久不愿离去！

演出结束后，厂领导亲切会见了马季、季马，并代表全厂职工向他俩表示感谢！

张定国自始至终陪伴在马季身边，最后由张定国送马季师徒回长沙。

送马季师徒的小车马上就要开了，不少职工和家属都自动赶来，聚集到小车两旁，热烈鼓掌夹道欢送。马季被感动得眼眶里滚动着泪花，他从车窗里伸出手，频频向欢送人群告别。

庆祝建厂三十年

赵加胜

浦沅建厂三十年，好似弹指一挥间。
市场竞争如战场，冷静面对应万变。
领导决策要超前，职工齐心谱新篇。
生产经营出良策，效益定能翻几番。
工厂素有好传统，艰苦奋斗不能偏。
研发新品练内功，抢占市场迎兔年。
浦沅三十青春伴，挺身跨入新纪元。
而今迈步从头越，再创辉煌在明天。

我读浦沅七·二一工大

沈春美

1975年5月7日，经厂党委批准，我有幸成了浦沅厂“七·二一”工人大学的一员。

我们第一届共招学生29名，后因故离开一个，其中女同学7名。邓茂龄是我们的校长兼政治老师，他对职工大学的创办发展倾注了大量的心血，是职大的灵魂人物。

那时学校的教室设在浦沅职工子弟学校的三楼靠楼梯的第一间，走廊的另一头是教师办公室，条件十分简陋。

在厂党委的关心和支持下，邓茂龄挑选了浦沅厂各相关专业的精英做我们基础课和专业课的老师。李镇贵、李远孝等教师则是工大的核心人物，他们根据学生的实际情况制定教学大纲安排学习计划。

作为机械制造专业共开设了数学、物理、电工等六门基础课，以及内燃机、汽车底盘构造、机械设计基础、机械制造工艺等六门专业课。

教数学的是高老师，教理论力学材料力学的是李远孝，机械制图则聘请的是湖南大学的老师。

记得刚开学，我被高老师指定为数学课科代表。第一堂课摸底测试，下课后我就走马上任，把所有考题在黑板上做了一遍。同学中除了几个高中生外，大多是67届以下的初中生，有的人因文化大革命中学也没上过几天，所以学习难度相当大。

针对这种情况高老师认真备课，力争在最短的时间内让基础差的同学跟上，他非常耐心地给大家补课，同学们也互相帮助共同提高。

那时候我们除了白天上课，晚上会到教室自习。虽然钢笔比车间里拿工具轻了许多，但同学们感到的压

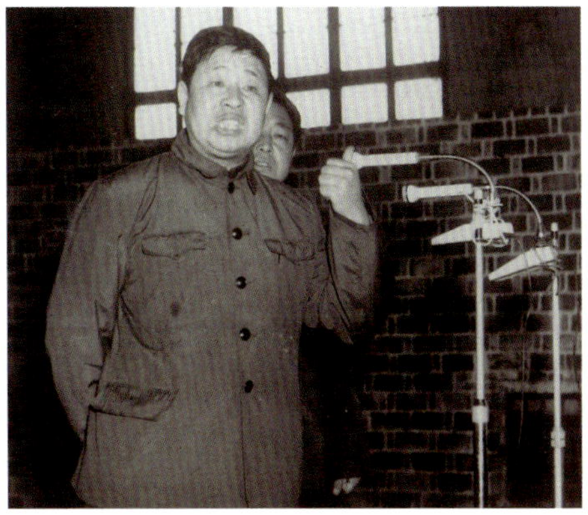

逗哏诙谐，捧哏老练。

包袱一抖，笑声震天。

当年结构车间的文艺青年张定国入职上海滑稽剧团后，回娘家浦沅表演。

“七·二一”工大，浦沅重视教育开出的新葩。

雄才逢盛世鼓三江春潮蓝图正展
和风奏协律传八方捷报宏业有期
——浦沅历年原创春联选（84）

首届学员毕业答辩。

力却非常大。基础差且不说，一下子从车间到教室坐着都难受……这时学校老师、班干部积极开导鼓励大家，那些基础差的同学更是狠下功夫，在大家的共同努力下很快都跟了上来。

开学不久我们就迎来了漫长的夏季，因为是厂办大学所以不放寒暑假。湖南的夏天又闷又热，加上教室在顶楼，温度高，大家热得像热锅上的蚂蚁。怎么办？

为了提高学习效率，学校决定自装风扇。班长高林俊带领几位电工同学从仓库领来排风用的小风扇，胡同华将它固定在教室的天花板上。虽然它一开动就嗡嗡地响个不停，但毕竟给我们送来了一丝清凉，至今看到风扇我还会想起那些日子。

那时政治运动接连不断，学习中央两报一刊社论、文章成了我们的必修课。每天下午上课前有个理论学习时间，我这个负责理论学习的要给大家读报纸。为了尽可能地不打扰同学们的休息或做作业，两年来我练就了连续不断地快速读报法，这也许为以后我的办报生涯打下了基础。

在校期间，每天下午四点以后是我们的体育活动时间。胡同华、张献忠等同学经常在教室里下象棋，可惜这两位英年早逝，成了同学们的一大遗憾。办公室门口有一张乒乓桌，是乒乓球爱好者的天地。楼下操场上各种球类活动都可展开。我以前不怎么参加文体活动，因凑数也经常打打排球篮球，活动身体调节大脑，促进身心健康。那时我们经常开展各类项目的男女混合比赛，球场上欢声笑语，大大地丰富了同学们的业余文化生活。

在工大学习期间，为了配合厂里的生产销售需要，我们这些各个工种的能工巧匠成了厂里的生产突击队，哪里需要就到哪里去。记得去得最多的是装配车间，而且一去就是加班加点地干。我低血压体质差，到湖南就没在生产一线工作过，到装配车间后在吊车上不停地爬上爬下搞焊接，痔疮发作也不好意思请假，经常拖着病体干活。那段日子给我留下了深刻的记忆！但不管怎样，在学习期间仍能为企业的发展贡献力量，自己还是很欣慰的。

学习中最有趣的要数学外语。因为子校校长祝云阶是日语专业人士，所以就近聘请他教我们学日语。那时教室里不时传出日语声，大家还相互取笑。而今我仅剩下10个日语数字还能说，其余都还给老师了。但在后来的职称外语考试中，我班的闪保健同学还真考了日语科目。而大多数同学都跟着中央电视台学英语，我因生孩子于1982年才获得湖南广播电视大学英语单科结业证书。

1977年工大毕业后同学们各奔东西。有去工艺、设计部门的，有去技校、管理部门的，更多的充实到生产第一线从事技术管理工作。唯有同学中的佼佼者杨根庆后来考上了复旦大学，并在上海冶金研究所当了所长。随着企业的发展和各自的努力，不少同学都当了中层干部和技术、管理人员。王志勇同学还成了我厂第一个专利项目设计人。

两年多的工大学习生活，使我增长了知识，开阔了眼界，提高了人文素养和独立思考能力。工大毕业后我先在车间从事技术工作，1981年我们转了干，我又先后到过几个部门。无论是当厂报编辑还是从事党群工作或者技术质量管理工作，我都不忘党的培养，努力为浦沅的建设发展作出自己的一份贡献。

教师节，做金匾，献给老师表心愿。

赞魏元诚同志

向少勇

原总厂工会主席、共产党员魏元诚同志，当年主动让贤，退居“三线”，义务照管绿化。离休时，他曾赋诗一首：“花开花落年年有，青壮时期不久留；为了革命千秋业，乐在‘三线’度春秋。”充分体现了一位老共产党员的高风亮节。

花开花落年年有，您却是一朵永不凋谢的奇秀；青壮时期不久留，您的人生却永远是“战斗”——讨饭的竹篮曾装过昔日的苦难，土煤窑的生活曾记下了童工的深仇；扛起三八枪后您明白了一条真理：要革命，只有跟共产党走！

当官数年，你不像“官”，却分明是头忠厚老实的牛；你的词典里没有“名利”二字，荐能让贤，你毅然离休！

从此，厂绿化组里多了位义务参谋，终日里，这里摸摸那里瞅瞅；移株，拔草，剪枝，整形，足迹遍全厂，离休哪曾休？

路旁栽上了水杉；河边插上了杨柳；工厂变成了花园；空气似醉人美酒。

初春，彩蝶绕你脚跟飞舞；盛夏，莲花对你频频招手；深秋，金菊为你吐着馨香；寒冬，蜡梅向你微笑点头！

有人说亭阁红柱象征你的为人正直；有人讲桥头青松像你精神抖擞；面对盛赞，你唯有谦逊一笑：“人老了，爱和花木交个朋友！”

此时，我耳边又响起了你那动人的诗句：“乐在‘三线’度春秋！”忽然，一个崇高的形象在眼前浮现：老共产党员，一头从不歇脚的老黄牛！

走上浦沅科学大会讲台

庄三荷

1980年8月初，浦沅厂首届科学大会在厂中型会议室隆重召开。让人始料未及的是，装配工人把刚调进厂不久的我，推上了大会的讲台，让我代表装配车间在会上做了题为“从小事做起，往大处努力”的发言，除了受之有愧，更有一份感激之情！

出席这次会议的代表共340人，各车间、部门向大会报送技术革新和技术改造项目286项，经大会鉴定，评出一等奖2项，二等奖6项，三等奖48项，表扬项目37项。这些奖项里也有我们装配工人付出的努力与奉献。

我调入总装车间开始是当工人，后来担任车间技术员。在我从事车间技术工作期间，除了与产品打交道，还经常与用户接触，倾听用户对我厂产品质量的评价、建议和合理诉求。为提高产品装配质量，两年来，我们共设计制作各类工位器具41件套，与工人师傅一道完成技术革新成果5项。我在科学大会的发言中提到了多位工人师傅为提高产品装配质量，和我一起攻克难关，出谋划策，共同设计完成了多项工艺装备的制作。

这里，首先要说的就是工作经验十分丰富的黄福根老师傅。在他的指导下，我们先后完成了气动离心滚刀除锈器、液压铆接工作台两项技术革新任务。前者解决了汽车底盘后桥半轴套管内壁除锈难问题，后者则是解决和改善了底盘前后轮制动蹄摩擦片总成铆合质量的可靠性问题。时至今日，黄福根老师傅与我合作的情景仍记忆犹新，印象深刻。

其次则是1969年进厂的装配车间钳工一组组长刘国雄师傅。为解决吊车底盘前后弹簧钢板与桥连接的

原党委副书记魏元诚离休，哪曾休？

老魏书记还是当年那股劲。

老魏书记乐于植树种草，造福浦沅人。

骑马螺栓螺母松动问题，我与刘师傅一起研究，并设计制作了一台专用工艺装备——前后桥拉机。它的工作原理是采用液压油缸活塞杆伸缩拉动，先将弹簧钢板预拉平，待其与前后桥贴紧后再行紧固螺母。实践证明，这样做之后，前后桥弹簧钢板的骑马螺栓的紧固再也没有出现过松动现象，从而大大提高了桥和整体底盘的装配质量。

三是为解决汽车方向机、变速箱、后桥包等部件定量加注齿轮油问题，我们自行设计制作了一台气动定量加注器。这台设备在常温下使用很好，但到了冬季，齿轮油黏稠度增大，给定量加注带来困难。车间电工组组长张洁新师傅获悉后，主动为我们排忧解难，给这台定量加注器增设了电加热管，为冬季注油作业大大提供了方便。张洁新师傅真是雪中送炭啊。

我的每一项技术革新成果都离不开工人师傅的热心帮助和全力支持。我深深体会到，无论何时何地，工程技术人员只有与工人师傅相结合，才能快出成果，出好成果。

浦沅产品质量年年提高，成为行业中的佼佼者，直至获得“连中三元”的盛誉，是因为，除了有广大工程技术人员对产品的创新设计外，还与生产一线工人师傅的敬业精神、工匠精神以及他们为改善产品质量所做的刻苦努力密不可分。我们要永远记住浦沅广大工人师傅的功绩，向他们学习，向他们致敬！

浦沅装配车间技术革新小组在活动。

每一项技术革新成果都离不开工人师傅的热心帮助。

一代新苗茁壮雨润山乡千枝绿
十年科技繁荣花开浦沅万朵红

——浦沅历年原创春联选（85）

浦沅厂领导陪同用户考察装配车间。

为毛主席追悼会站岗执勤

罗子淳

20世纪70年代，在常德地区人民武装系统中，有一支闻名的民兵队伍，那就是浦沅民兵。抗洪抢险，人工降雨，浦沅民兵不辱使命，定能胜利凯旋；实弹射击，武装泅渡，浦沅民兵争强好胜，定能折桂而归。

我作为其中一员，永生难忘的是我们浦沅民兵，为毛泽东主席追悼会常德分会场执行礼仪与警戒任务。我们用严明的组织纪律，优良的精神风貌，过硬的军事素质，在常德人民面前彰显了“威武之师”的光荣形象。

1976年9月9日，伟大的领袖毛主席不幸逝世，全国人民沉浸在万分悲痛之中。党中央决定于9月18日下午3时在天安门广场举行全国追悼大会，沉痛悼念伟大领袖毛泽东主席。浦沅厂接到上级指令，要求在9月18日派出80名武装民兵，在常德追悼大会会场执行礼仪与警戒任务。

闻令而动。首任武装部长龚龙福同志带领符笃初等几位专职武装干事，很快从各个车间、部门抽调出了80名精兵强将，组成了8个班。我和黄巨贤、张长丰、揭光俊、田燕长等十人编为一班，黄巨贤任班长。然后进行思想政治动员、武器分配、着装准备，一切相关工作有条不紊地进行着。

9月18日清晨，全体武装民兵在球场集合，大家都穿白衬衣，外着“浦沅”劳动布工作服，脚蹬黄色军胶鞋，头戴蓝色工作帽，腰束皮带，肩背钢枪，左胸前挂一朵小白花，左臂佩戴黑纱，黑纱外又佩戴印有“执勤”字样的白袖章。两部卡车载着我们风驰电掣般地向市区进发。

到达北站后，我们全体下车，又排成四路纵队徒步向会场——市体育场行进。不愧在部队当过军事教官，符笃初同志的口令喊得非常专业，声音洪亮，抑扬顿挫，使人为之振奋。大家士气高昂，步伐整齐，英姿飒爽。市区主干道突然出现这样威武的队伍，引发了市民和路人的好奇，大家都驻足观看。

队伍到达执勤现场，便立即进行执勤布置。40人在入场处道路两侧站岗，每间隔10米1人。另外40人在主席台前及两侧站岗，每间隔10米1人。中午11点，我们提前午餐，然后各就各位上岗了。笔直站立，挺胸收腹，目不斜视，右手持枪接地，左手紧贴裤缝，枪刺打开，闪闪发光，整个队伍威武极了。

11点半钟开始，开会的群众成8路纵队陆续入场。滚滚人流在眼前通过，近10万人入场就花了近3个小时。我们纹丝不动地也挺立了3个小时。下午3时整，大会开始，近10万人向毛主席哀默，空气就像凝固了一样，几万人的会场静悄悄的，收听完天安门广场追悼会实况广播后，我们又调动到体育场出口处道路两旁站岗执勤。3点半钟大会结束，大会场群众有序退场，我们又同样挺立了3个小时。记得当天回到厂里时快晚上9点了。

大家化悲痛为力量，第二天，又生龙活虎地照常战斗在各自的工作岗位上。

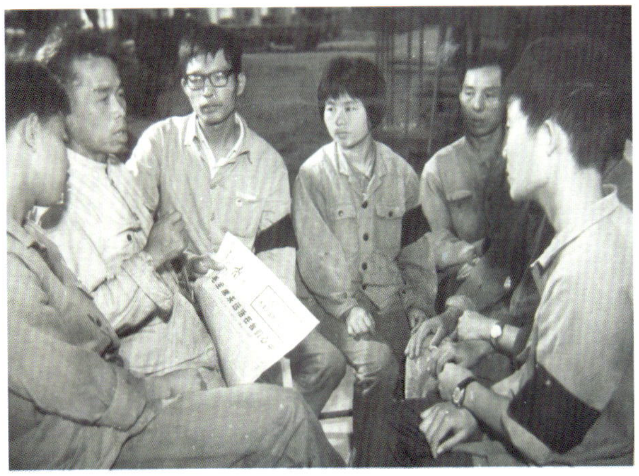

初心不改跟党走。

机床边采访陆建民

向少勇

湖南省“天仙杯”青工技术竞赛车工组第一名、全国青工技术大赛车工组第十名，“全国新长征突击手”……这一连串荣誉的获得者就是浦沅工程机械总厂车工陆建民。

记得当年，在齿液车间机声隆隆的厂房里，在他那台C620-3 型普通车床边，我采访了他。

“小陆，又出什么新招了？”我凑拢去问。

陆建民憨厚一笑：“哪有什么新招啊，为车间加工零散工件。”

眼下，他正聚精会神地车一件泵车上的补废端盖。我在工厂呆了几十年，深知加工零散工件对于车工来说意味着什么。就说他手头这件端盖吧：车工定额工时仅20 分钟一件，可这补废的单件零活，从准备刀具到加工完毕，没有50 分钟是拿不下来的。工时不仅没有赚的，而且还要亏本。然而，陆建民不以为然，他坦城地对我说：“零散件总得有人干！”他还告诉我，他乐意干这些零散件还出于这样的考虑：加工零散件往往难题较多，能促使自己多动些脑筋。大概就是因为他多动了些脑筋，再加上加班加点为“双过半”作贡献的缘故吧，在工时定额偏紧的情况下，他上个月还是超额200 小时完成了生产任务。

“挣工时对我不是至关重要的，充实自己才是我的当务之急——从实际操作技术到理论知识，尤其是理论知识！”陆建民诚恳地告诉我。他向我谈起了他在北京参加全国青工技术大赛时的情景，他说操作比赛时加工的一套五件组合体，参赛的52 人中，只有6 人在规定时间内全部加工完毕，而这6 人中又只有3 人的工件能装配上去。陆建民是这3 人中的一个。如果单单考核

浦沅民兵努力学习，武装自己的头脑。

在历次射击比赛中，浦沅民兵多次取得优异成绩。

在武装部专干的指导下，浦沅民兵刻苦训练。

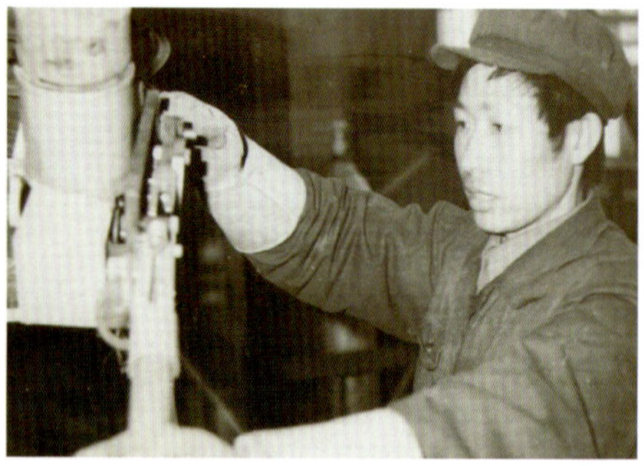

浦沅电焊大王陈天佑。

浦沅车工大王熊国喜。

熊师傅把高超的技艺传授给年轻人。

操作实践，小陆完全可以进入前三名。然而，他的总评成绩，却是第十名！

“我最大的差距在理论方面。”说这话时，陆建民不无反思和遗憾，“理论上我要更加多下些功夫！”啊，难怪他这个业已在大赛后拿到了省劳动厅颁发的高级合格证的九级半技工，又报名参加厂里的高级工业余培训夜校了。他说很有必要再和X、Y打打交道，要不，就解不好四化建设这个大方程。有道“亡羊补牢，未为晚也”。在他的家里，从书柜到床头，码满了供成人自学的各类数理化教材，他每晚都要自觉学到深夜。我看过陆建民上夜校的笔记本，从字里行间完全可以看出，这个干起活像小老虎一般的小伙子，在攀登科学知识的道路上，同样是位拼命三郎。老师给他批改过的习题，几乎全是红“√”。本来，有关部门告诉过陆建民，你参加学习可以不必参加考试，因为你已经有了高级工合格证书。可陆建民却执意要同其他学员一道参加所有考试，他说这是对他学习成绩的一次检验，他不能错过这个机会，他要争取优良成绩，以弥补自己理论知识的不足，充实自己的真实本领，当一个最好的车工，为工厂的兴旺发达多作贡献。

好个陆建民，祝愿你越飞越高！

临江仙·水仙

汪正东

驾驶一轮明月，行程四十三天。凌波仙子到人间，白檐黄锦帽，翠袖绿披肩。

百卉齐眠暖屋，孤梅独放寒园。唯君入室贺新年，清香舒腑脏，素净浴心田。

郭刚毅印象

向少勇

一

个头1.75米，体重73公斤，拔河劲旅金工队的头号种子选手。1989年10月我去采访他时的4年前，已过而立之年。他那成熟的双肩，当时给我的感觉是：能承受起任何一副重担。这条硬汉的名字很响：郭刚毅！那天下午，我到金工车间桥架组去找他，他不在。另一位青年钻工正开着他的机床在干活。

“郭刚毅呢？”我问。

小伙子用嘴朝远处一呶：“大龙铇上安排了急件，郭班长干那活去了！”末了，补上一句：“他呀，梭子一个——两头忙。过一会要过来的！”

于是，我决定等他，便和那小伙子攀谈起来：“哥们，干这活一天工时挣多少？”“40来个吧！”小伙子随口回答。“你们班长工时更多吧？”“不见得。他一时这里，一时那里，事杂等工误工。比方说，今天他去龙刨那边，工时能拿到这边一半就不错了！吃亏的活他就自己来，工时哪能上得去？”小伙子心直口快。

“那为什么他月月工时都在600以上？这在车间算高的了！”我不理解。“那是加班加点拼出来的！另外，他爱动脑筋，同大伙合伙搞了不少小改小革，提高了工效……”

我仔细地打量起郭刚毅这台正在工作中的机床来：银色立柱铮亮眩目，绿色巨臂翡翠一般，就连机床底座那些不显眼的沟沟槽槽，也全无半点黄黑油渍，分明像台刚试车的新设备。如此崭新的机床，设备统一编号标牌上却写着：“025—24 1983年12月”。已经使用近6年了！据说郭刚毅接手这台机床时，曾从家里拿来两大包去污粉，用热水给它彻底擦了个澡。擦不掉的老油污，是他用铁片和胡须刀一点一点刮掉的。当钻床现了本色之后，郭刚毅坚持一天两小擦，爱机如命，才有了这台摇臂钻床的“永葆青春”。

二

龙门铯那边，郭刚毅也不在。一副写着“自制”二字且设计精巧的专用夹具，固定着一长串车钢簧支架在龙铯上来回走刀，锋利的铯刀削铁如泥，蓝色的铁屑带烟横飞，一派繁忙景象。当班的铯工乐仲浩告诉我：这副钢簧支架专用夹具就是由郭刚毅设计，他们两人用了一个多月业余时间完成的。钢簧支架由牛头铯床上单件加工改为龙门铯床上成批加工之后，提高工效4倍，大大减轻了劳动强度。“那也是郭刚毅的点子。”乐仲浩指着龙门铯床上配备的铣头说：“我俩到废品库找了个报废的电机，修好后，改成了专用铣头装在龙门上。龙门铯床装铣头，似乎有点四不像，但能解决问题哩！原先在齿液车间铯床上加工的吊车齿轮箱，都划给阿拉这边加工了，以前一天干4个挺紧张，阿拉现在一天干12个还轻松！”小乐又指着另一侧码放着的一大堆装夹用具向我介绍，那神情如数家珍：“这都是郭刚毅动的脑筋。”“你们俩搞了这么多革新，革新奖可观吧？”商品社会，使我自然联想到了钱。

“郭刚毅和我统一过思想：小改小革分内事，一律不上报。但有两次，车间还是给我俩发过革新奖。共13元，两人平分……”乐仲浩平静地告诉我。

我决意要找到郭刚毅！乐仲浩说，郭刚毅上午干完龙铯上的急件后，可能上“羊角”专用铣床平端面去了。平“羊角”端面，早就听说过是金工车间最累的活。一个“羊角”，毛重41.62公斤，加工中搬动频繁，不便使用天车吊装，全靠人工装卸，几年前已累倒过几个年轻人，据说，人们对它有点“谈虎色变”。可如今，这个郭刚毅却偏向虎山行！咳！郭刚毅呀，你三头忙啦！简直是在同我捉迷藏。这时下班的广播响了……

三

晚餐后，我只看完《新闻联播》，便去敲郭刚毅家的门。我看你还往哪儿跑！这回他没跑。但他妻子小马说他上床睡觉了。“怎么这么早就睡觉了？”我好生奇怪！小马告诉我：郭刚毅有严重的血管性头痛病，每天回到家里，就像散了骨架似的，吃过饭倒床便睡，家务事全撂给了她。当小马明白我的来意之后，欲叫郭刚毅起来。但被我执意制止了！还有什么需要采访的呢？我只感到：里屋传出的那轻微的鼾声，分明是一曲刚强坚毅主人翁的深情赞歌……

渔歌子

汪正东

春钓

夕阳满垄菜花香，
归去心依柳岸旁。
鲢鱼肉，
鲫鱼汤，
口味难及钓味香。

夏钓

云来雨洒绿荷塘，
暑气微消碧叶凉。
一壶水，
半袋粮，
钓过黄昏又何妨？

秋钓

秋到西湖赛钓场，
童心白首喜如狂。
单称重，
总计量，
老夫双获“状元郎”。

冬钓

麦苗青青耐雪霜，
老来尤爱钓冬阳。
竿伸远，
线放长，
何愁晚餐少鱼香。

工种比武汇聚群英切磋千般艺
质量访问挥师五路服务万里情

——浦沅历年原创春联选（86）

丰富多彩的浦沅团支部活动。

浦沅的好产品离不开高科技。

电大浦沅企管班的学生把自制的“老师，您好！”红匾敬献给老师，庆祝1985年的教师节。（前右一为李金莲老师）

浦沅人专心致志，敢考敢拼。

浦沅图书馆里的年轻人。

我生命中的贵人

段大明

除少数人以外，大多数人都不知道考大学还有“补考”这回事，而能够通过补考而考上大学的，更是凤毛麟角。而我，因为偶然的“贵人相助”，不仅参加了新中国几十届高考中唯一的一次补考，而且还考上了重点大学，成了一个少见的特例，而我的人生轨迹，也就此发生了神奇的改变。

这一切，都得益于——浦沅厂教育科的干事李金莲(后调入浦沅工大任老师)。那是1978 年，我还是浦沅厂基建科木工班班长，一个有九年工龄的木匠，并已结婚生了两个女儿，大的三岁多，小的一岁多。正在此时开始高考了，我也随大流报了名。名是报了，可复习资料、教科书等一本都没有，甚至，我连钢笔铅笔都没有一支。后者不难，买就是了，可教科书资料买也买不到，借也无处借，远不像今天资料书籍满天飞，唾手可得。就这样，一直到高考日子来临，我手里只有一本政治复习资料。

7 月23 号，厂里安排六辆大汽车，将200 多考生送往远在二三十里之外的常德市一中、七中考场。而我却没在其中——临阵脱逃了。我估摸，像我这样十多年没摸过书本、也没复习过功课的人，上了考场虽然不会交白卷，但最多也只会得个一二百分，丢自己的脸不说，怕的是丢了“老三届”老一中的脸，所以我选择了放弃。

然而等他们考完回厂问考题，我傻了！别说大部分普通题我会做，就是一些他们认为很难的题也难不倒我。我真后悔，上天本来给了我一个上大学、改变人生命运的机会，一念之差，我却将它放弃了。我一生做了不少蠢事错事，但所有错误相加都比不上这一次大错。接连两个晚上，我都失眠、懊悔、恼怒、烦躁，我真是个混蛋，窝囊废。足球已到门口，只差临门一脚，我却选择了放弃。不是老天不眷顾我，而是我自己跟自己过不去。

7 月25 日下午6 点多钟，下班以后，我从幼儿园将两个女儿接回来，急急忙忙拉开蜂窝炉门，忙着做晚饭。不一会儿，妻子钱昌桃也下班回家了，俩人一起忙晚饭。正忙着，厂教育办的干事李金莲路过我门口。李金莲原来和我妻子都是“三八红旗车工班”车工，后被推荐上了湖南大学，毕业以后由工人转为干部，在厂教育办任职。这次高考，浦沅厂的考生就是由她带队。高考结束了，因为我连准考证都没去领，她是来给我送准考证来的。拿着这张准考证，我百感交集。妻子和她原来个人关系就不错，两人又一阵闲扯。妻子向她说起我的悔恨，说起对我来说不过是小菜一碟的高考试卷。李金莲也很为我感到惋惜。只过了一天，李金莲来到我家，告诉我和妻子，上面下来紧急通知：凡是正考（7月23 日——7月25 日）因病或其他特殊原因没有参加考试的，可在8月3 日——8月5 日补考。她已经帮我办了补考手续。因为那天我没有参加高考的原因她给填的是“重病”，所以补考手续和报名很顺利。

多亏李金莲，23日到25日接连三天的报考单上，她一直给我填报的是“重病”。全厂近三百考生，只有我一个人没参加“正考”。全常德地区上万考生，大约有二百多考生参加了这次补考，考场设在常德卫校。离补考还有七天时间，虽然不多，但对我却足够了。我要的不是时间而是机会。老天爷再次给了我人生一次难得的机会。

正式高考结束了，高中教材和复习资料很容易借到。我借来一大堆，摞在一起，足足有一尺多高。厂办公室林春根主任让我调休，给了我足足五天的复习时间。我向师弟廖东贵借来钢笔，又向基金科技术员沈静如借了圆规、三角板等画图用的文具。很快，8月3号的考试时间到了。我每天骑自行车往返浦沅厂和常德卫校之间赴考。天气太热，我每天中午就在附近喝两碗绿豆汤。中午有两个多小时的休息时间，我把两张报纸往地下一铺开，呼呼大睡。

所有科目（语文、数学、政治、历史、地理），题目对我而言都不算难。虽然每场我都是最迟交卷，但交我前面的，大都是白卷和半白卷。五场考试的最后一个小时，考场上只剩下三个监考老师和我一个考生。三个老师，一个在讲台上，一个在教室后面，另一个则站在我身边充满爱心地帮我打扇。我竟然奇迹般地上了线——在丢掉书本12年之后，而且是389.5 的“高分”。那一年，湖南师大的录取线是320 分。9月中下旬，我便收到了湖南师院的录取通知书。事后打听才知道，参加补考的十个县市考生，只上线了三个，另两个分别上了常德师专和长沙市的一所中专。我还真的以超高分考上了大学。

自此我的命运，以及我整个家庭的命运发生了改变，我由一名普通的木工成了大学教师，我的女儿也在文理学院的人文环境中，轻松地考上大学、读研，两个女儿都学有所成，这些都是因为李金莲在1978 年高考时“四两拨千斤”般的轻轻一“拨”。

李金莲，她是我生命中的贵人。

情满三江

支农小分队

阳桂生

1974年，我22岁，第一次独当一面，带一支只有4个人的支农小分队下乡。

那时，农村普遍没用上电，其他方面也比较落后。有一句顺口溜是这样说的：“通讯靠吼、交通靠走、治安靠狗、取暖靠抖。”因此，我们两个钳工、两个电工为安全起见，就只有挨着县城或乡镇支农，不敢走得太偏太远。

我们在原野上一走，便惊动了四野八乡，因为我们的三角旗上印有“浦沅支农小分队”。农民兄弟一般请我们修理的是打米机和抽水机，这些小设备是他们的生活中不可缺少的。平时，设备运转不灵，农民心里清楚，但一来缺钱，二来太忙，不愿停下来。现在，免费维修送上了门，自然是喜出望外。我们一放下行李，他们就立即提上网去塘里打鱼，婆姨开始宰鸡杀鸭，小伢去打酒，把我们当贵客了。

面对此情此景，我倍感责任重大。我们背后立着的是浦沅厂，要是把机器修好了，农民就会说是浦沅修好了我的机器；反过来，修砸了，就会损害浦沅的形象。想到这里，我不由得谨慎、凝重了起来！记得那次天气很热，加上有几分紧张，我满头大汗，身上的衣也汗湿了。我一边拆卸小型柴油机上的零件，一边编号记录在纸上，拆下来的零件从哪里来，最后还得回归原处。如果多出一个零件，弄不好，有可能就会出大事故。好在那次维修后，试机成功，初战告捷。听到柴油机响起轻快的声音，晒谷场上涌起了一片欢呼声。我们旗开得胜之后，紧接着又连下几城。本来半个月就可以收兵回营的，由于名声传播开了，老乡远近都派人来请、来接。盛情难却，我们只得再留了下来。

慈意爱心春风梳柳丝丝细
红烛皓首夜雨润花朵朵红

——浦沅历年原创春联选（87）

当年电脑还算高科技，冯宗浪老师（右）教我来试试。

华沛林老师（图中）在为电大浦沅企管班的同学释疑。

我们和老赵合影。

这里的空气还是像当年那样清新。

在曾经居住过的宿舍前留影。

乡亲们把我们的行李工具挑走了，让我们徒步跟在他们的后边。一路上我们虽然辛苦，却也其乐融融，因为乡间野地，眼睛里看到的，都是风景，可以高歌，可以长喊，互相还可以打闹一番，那时年轻，20郎当岁，精力充沛。

此后，我带领小分队下乡支农连续去过3次，下乡支农几乎成了我的专利，只要有任务，领导首先考虑的人选中往往有我，而搭档的人每次都不同。

最后一次支农的阵容最强大，有电工熊株陵、吴知生，钳工李国锋和我，由熊株陵带队。我们先来到公社，公社书记说我们来得巧，某某村大米机坏了几天了，准备抬到县里去修，要我们赶紧去看看。我们4人又现西天取经的阵势，逶迤在暑气蒸腾的旷野里。走了约莫一半路，乡亲们就派人来迎接我们了。来到村口，他们竟放鞭炮引路，还夹道欢迎。

这个村打米机的柴油机是损坏最严重的，却是修复得最漂亮的。乡亲们的评价是，等于换了一台新的，因为我们将其涂上了油漆，焕然一新。离开村里的时候他们又放了鞭炮，还给浦沅厂寄了感谢信。

这一次是我们支农时间最长、行程最远的一次。两个多月的时间，我们服务了3个县：常德县、临澧县、澧县，为10个乡的农民兄弟修好了20多台大小机械设备。

支农是我进入浦沅后第一次为社会服务的人生体验，也是我为加强浦沅的厂、乡关系，作出的微不足道的贡献！

刻苦钻研，工匠精神。

陪赵厂长故地重游

曾桂清

往事历历，岁月如梭。1969年从农村被招进工厂，直到退休，我在浦沅一干就是40多年。对企业的爱、对浦沅的情已深深地融入我的骨髓。

想当年，遍地荒芜，没有厂房，青工就分别到常德及周边的几个机械厂培训学艺。

为了加快基础建设，职工们战高温斗严寒，用锄头挖基础，修排水沟，搬砖递瓦；为了尽早生产，克服困难创造条件，芦席棚里铁花飞溅；为了看个电影，露天坪里摆满了各种大小石头和五花八门的椅子。

没有宿舍，桥头边搭个棚，睡通铺，与蛇虫为伴；没有娱乐活动，晚饭还在嘴里，就跑去抢篮球场；没有奖金没有加班工资，工人们个个干得热火朝天。

记得第一次发奖金，在常德办公楼前坪召开全厂职工大会，宣布每人八元钱时，个个喜笑颜开，人声鼎沸。

那时候的领导，没有干部的架子。无论上工地还是下车间，和普通员工一样，晴日一身汗，雨天一身泥。正是企业上下职工的无私奉献，汗与血的点滴堆积，成就了全国机械系统的工程伟业，成就了浦沅的一代辉煌。

浦沅的建设与发展，凝聚了几代浦沅人的无私奉献，凝聚了老领导赵加胜书记的智慧与艰辛。建厂初期，樟树湾这片土地的每个角落都能见到老书记的身影。办公室里夜灯长明，他运筹帷幄。在建筑工地上，他肩搭着一条毛巾汗流浃背。车间里排忧解难，他废寝忘食。宿舍里握着职工的双手，他问寒问暖。为了祖国的三线建设，为了浦沅的兴旺，他贡献了全部的精力和心血。

离休后赵加胜回到上海仍不改初衷，时刻关心企业的生产和发展，并抽空亲自来湖南。每次来浦沅，厂里一般都安排我陪他去几个地方看一看，临行前他都会再三叮嘱我不要惊动任何人，不得搞任何形式的迎送接待。看到泉塘生产基地的规模，他高兴得像小孩似的，一路上谈笑风生，憧憬浦沅的未来。在去常德的路上，当脚步踏上灌溪的那块土地，他的心情就格外激动，每到一个地方，他都会回忆过去，讲述当年的故事。遇到支内的老职工，他都会驻足长谈，询问他们的生活，问其子女的情况。印象最深的就是，我们一起走到原厂区食堂的前坪，他仰起头，望着蓝天，眼眶溢满了泪水。他谈起1973年的验收投产，谈起了那次的意外事故，谈到了李宪涵。他说一个热血青年，为了祖国的三线建设大老远地从上海来到湖南，一下子人就没有了，心里愧疚，觉得十分对不起他和他的家人。

当我握住他的手，感觉到他在颤抖，这是他心灵深处的痛。

也许有些人还记得在职工大会的主席台上，在办公室里的汇报中，有时候会看到赵书记突然耷拉着头，靠着椅背仿佛睡着了，大家也觉得纳闷不解，私下也有议论。直到后来我才知道其中的缘由。应该是1997年吧，他在大人李医生的陪同下再次来到湖南，这时他的身体状况大不如前，上下车都得搀扶。受托我陪他去湘雅二医院做全面体检，做 B 超、心电图，扶着他刚刚坐上去，人还没来得及躺下，他就鼾声大作，一下子睡着了。医生告诉我，这是典型脑血管硬化症的表现！他从医多年还没有看到过病情这么严重的。医生说这种状况是由于早期没有及时治疗和长期劳累的结果。那次回上海，在送他去火车站的路上，赵书记还反复给我说：今后还要常回湖南看看。列车除除启动，相互挥手惜别，我却怎么也没想到，那竟然是我们最后的一次见面！

创　业

干群鱼水情

李金枝

虽然我两耳不闻窗外事，足不出厂印刷所那几平方米的小小检字排版间，与各车间、部门没有多的接触，但对浦沅的事情还是略知一二。因为我为《浦沅报》检字排版，要接触到那一份份稿件、一篇篇文章。它们通过我的双手，由铅字编排成一块块整齐的铅版，从而成功印刷出一张张漂亮的《浦沅报》。我从中也受到了许多启发和教育。

沈奎元部长（左）过生日，亲手切下生日蛋糕，与员工分享。

浦沅厂有许许多多的优秀事迹和动人故事。我最深的感受是：浦沅厂的干群关系是那么的融洽，那么的纯洁，就像毛主席说的：“我们都是来自五湖四海，为了一个共同的革命目标走到一起来了。”这与厂党委要求党员干部“吃苦在前，享受在后”“要做群众的表率，要做群众的贴心人，要关心群众”，而形成的政治风气是分不开的。浦沅厂干部和群众之间就像鱼水之情，亲密无间，谁也离不开谁。

睿智赤心献妙计
神工鬼斧施绝招

——浦沅历年原创春联选（88）

1979年，厂里进行计划生育动员，我被厂办工会计生专干的精诚所感动，响应厂部号召，在孩子不到周岁的情况下，成了厂办科室第一位进行绝育手术的女工。时任厂办主任的杨万柱主任闻讯后，从岗市农村家里拿来40个鸡蛋到我家里来看望、慰问我，我感动得热泪盈眶！

夏天，拥挤、狭小的检字排版间热得像蒸笼一般，工作时我的衣服经常是湿漉漉的，厂办副主任赵菊芳大姐便将她自己办公室的一台“华生牌”电风扇拿到了我的身旁，大大减轻了我的炎热之苦。当时我家都还没有这“奢侈品”，电风扇要凭票才能买得到。

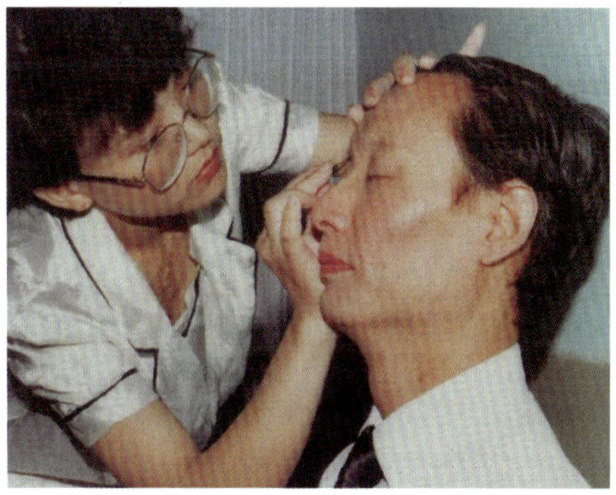

马上要演出了，陈励青厂长（右）抓紧时间来化妆。

我老公是热区铸铁车间翻砂工，从事的是重体力劳动，染上了胃溃疡疾病，长期胃痛，时常胃出血。人

三位见义勇为抢救落水儿童的浦沅运输科职工：李敦文（左）、胡精钢（中）和肖汉村（右）。

人是要有一点精神的。为表彰他们舍己救人的精神，厂部为他们记功颁奖。

雷锋精神，光照人间。科室支部组织党员参观雷锋纪念馆。

越来越瘦，1米75的个子体重不到100斤。医院贾院长要他手术治疗，他不同意。铸铁车间主任滕德林主任有天到我家走访，我在滕主任面前诉说了老公的病情，还发了些牢骚。滕主任安慰我说：放心吧，我们会处理好这件事的。不久，滕主任通过医院写出病情报告，又通过厂劳动鉴定委员会研究，很快将我老公的工作调整到厂警卫班。在警卫班边工作、边治疗、边调养，一年后胃病治好了。他又被龚龙福主任调到装配车间，在生产一线干起了起重工。

那时的浦沅，干部不摆架子，紧密联系群众；群众不刁难干部，理解、支持干部工作。干群团结如一人，生产形势日新月异。职工邻里彬彬有礼，和谐相处。偌大的企业，就像一个大家庭一样。

浦沅，你值得我们永远怀念。

建厂二十周年有感

汪正东

二十春秋弹指间，纷纷往事已云烟。
三千里落芙蓉国，九百亩成沧海田。
乱世搬迁书壮举，危年建厂创奇观。
今朝白发将离尽，喜看后人续新篇。

时逢乱世建浦沅，多少风霜雨雪寒。
四害干扰愁化忍，三边上马苦求甜。
留得半截泥墙在，换得千家高枕眠。
日下人称肖上海，桐樟荫绿二十年。

（编者注："肖"谐音"小"字。）

勇救落水儿童

邹建平

邹建平：胡师傅！你好！

胡精钢：你好！

邹建平：我想问问发生在渐河边的一件30多年前的事情，因为当时汽车库就在渐河旁边。

胡精钢：什么事情？

邹建平：就是你和另外两位浦沅工友见义勇为、抢救落水儿童的事情，还记得吗？

胡精钢：那肯定记得，不过那事情过去几十年了，现在提它还有意义吗？

邹建平：现在老浦沅人要编写一本《浦沅魂》的征文集，你们抢救落水儿童的事情当时轰动了全厂，这件事情你们也是历史的见证人。

胡精钢：原来如此，那我就讲一下当时的情况吧。

邹建平：谢谢！

胡精钢：那是1982年4月6日，晴天，下午5时左右。当时我开的汽车已经存放进车库。因为还没有到下班时间，我就在旁边的汽车修理车间休息。刚刚休息没多久，就听到远处传来小孩喊"救命，救命！有人掉河里了！"我们来不及多想，马上跑出车间，向渐河方向望去。远远地看到岸上有一个小孩在哭喊着呼救。我们事后才知道，两个小孩是到河里捉蝌蚪，一不小心，那个名叫龙晖的孩子就掉下去了。

邹建平：渐河我知道，岸边都是黄土，沾水后特别滑，在你们救人的头几年，有一次两个小孩也是白天掉下去，因为当时周围没人看到，两个孩子都淹死了。

胡精钢：我也知道这起惨剧。

邹建平：你们是怎么救小孩的？

胡精钢：我们远远地看见对岸的小孩，直线距离有一百多米。如果出汽车队大门再出厂大门，要200多米远。而翻过汽车库的围墙，可以不绕道，直接奔跑到河边。所以，我和汽车修理工李敦文、肖汉村三个人选择翻围墙。好在围墙不是很高，我们很快就翻了过去。翻过围墙，我们以百米冲刺的速度拼命往河边跑，大概只用了十几秒的时间。

邹建平：然后呢？

胡精钢：我和李敦文一前一后跑到河边，我俩来不及脱掉脚上的工作鞋，连衣服都没有脱，就纵身跳进浙河。可是此时孩子已经沉下去了，水面上半点影子也看不到。

邹建平：那怎么办？

胡精钢：我们知道孩子就在我们旁边，立即潜水施救。李敦文一个猛子扎下去，我也一个猛子扎下去，两个人在水底下一阵乱摸。李敦文首先摸到了孩子，浮出水面，我立即游了过去。李敦文把孩子往岸边拖曳，我在后面托着孩子，用力往前推。而岸上的肖汉村师傅则脱下衣服，把衣服当做"救援绳索"，甩向河水里的我们。就这样，我们三个人齐心合力，把这个孩子救上来了。还好，孩子只是灌了一肚子浙河的水，没有大碍。

邹建平：好危险！若是再迟几分钟，可能就出人命了。

胡精钢：那确实。要是在晚上，要是我和李敦文都不会游泳，可能就会出大问题了。

邹建平：后来厂部对你们的救人行为有什么"表示"吗？

胡精钢：厂里给了我们很高的荣誉，不仅仅表彰了我们见义勇为的行为，还给我们颁发了立功证，给我们三个人各记三等功一次。这是我此生第一次立功，也是唯一的一次立功。

邹建平：应该立功，你们救了孩子的一条性命，让一个家庭避免了一场悲剧。给你们更高的奖励也不过分。

胡精钢：不过是一件小事，换成浦沅厂的任何一个人，都会这样做。只不过被我们三个人遇上了。

邹建平：谢谢你接受我的采访。

胡精钢：谢谢！

感恩

龙庆祥

感谢邹建平的文章，提到了这件我们全家人永不忘记的事情。感谢李敦文、胡精钢、肖汉村救了我们的女儿，我们一辈子忘不了他们的救命之恩。

当年，因为厂里老五栋宿舍翻修改造成三层楼，我们临时在浙河边的男单身宿舍第三栋一楼借了一间房居住。那一天，女儿放学后和同学一起去河边抓蝌蚪玩，不料失足落水，险些酿成大祸。多亏三位同事见义勇为，不顾个人安危，联手将孩子救起。

那时，我与这三位同志同在运输科上班，事发时我并不在现场。事后听说后真是又后怕又感激，千恩万谢，无法言说。

1982年4月恰逢第一个文明礼貌月，记得浦沅厂在文明礼貌月活动的表彰会上，重点表彰了这三位见义勇为的同志，此事还载入了浦沅厂的厂史。

我们唯有教育孩子，像他们一样，踏实工作，乐于助人；像他们一样，一辈子做好人，做好事。

浦沅人扎扎实实干好本职工作。

丈夫营销四处交双月
妻子生产一心作单弋

——浦沅历年原创春联选（89）

浦沅工人对技术精益求精，追求工匠精神。

百米跑道 浦沅情缘

敖宗义

这次运动会让敖宗义（后排右三）跑进了浦沅。

当年为浦沅争光的浦沅人。

浦沅人夺魁后的喜悦。

翻开尘封的影集，有两张发黄的照片映入我的眼帘，它勾起了我久远的记忆。一张是1969年我下放时参加澧县首届工农兵运动会与农民运动员的合影，一张是1973年5月我代表浦沅厂参加常德市职工运动会与工友运动员的合影。在这两次运动会上我都拿到了百米赛跑的金牌。而这两块金牌改变了我的人生：一是它让我跑进了浦沅厂，由农民变成了工人，成了引以为自豪的浦沅人；二是常德市职工运动会让我爆发了洪荒之力，独拿三块金牌，为浦沅厂扬眉吐气，也让我度过了一段难忘的时光。

跑步进厂

1969年3月的一天，我和熊株陵、何逢辉三人正在生产大队部帮忙写标语，我们哥仨是一起从常德市一中下放到农村的。这时大队会计急匆匆地走进来，他说县里要召开首届工农兵运动会，问我们知青中有没有会搞运动的？这时熊株陵连忙指着我说，让敖宗义去，他在常德市就是短跑大王，他去比赛金牌是手到擒来。

会计赶紧向大队书记汇报，我们从大队书记那里了解到，这次运动会由县里一把手关政委挂帅（那时武装部的政委就是县里的一把手），关政委要求各个公社都要把这件事作为政治任务来完成。书记了解到我这个情况后喜不自胜，赶紧到公社给我报了名。第二天我就到公社报到，成了一名农民运动员。经过了短暂的训练，我们就到县里比赛去了。比赛结果和预想的一样，我拿到了100米、200米头名，使我下放所在的如东公社着实在澧县风光了一回。公社书记大喜过望，破例批准我回家探亲10天，工分照记，让我高兴不已。

然而更大的惊喜还在后头，我在县运动会上的表现引起了正在澧县招工的浦沅劳资科张光勋的注意。他急忙找到关政委通过县里了解到我的情况，经请示姚呈之科长同意后，决定将我特召进厂。但这些内幕情况我们是不可能知道的，以至于浦沅厂招工新录取的工人在县城培训体检时，我是极度的忐忑不安。因为我知道我是高度近视，根本不符合招工体检标准。当轮到视力检查时，尽管当时已是冬天，但我身上的那个汗啊，把内衣都湿透了。这时只见张光勋走到那个医生旁，对他耳语了些什么，我也糊里糊涂地对着视力表比划了几下，只见那医生对我微微一笑。我不知道这笑里包含着什么意思，心里一紧，坏了，得回乡里继续修地球去了。

就在我走出体检室时，同是知青的史秋生走过来，悄悄对我说：“敖架架，莫紧张，你不会刷下去的。老张看了你在运动会上的表现，已专门点名特招你，浦沅就是想招各种各样的人才。”直到这时，我才稍稍安下心来，但仍然将信将疑。直到培训学习结束，我被分到羊耳山煤矿培训，我才确信我已实现了人生的重大转折，我因跑步与浦沅厂结下了不解之缘。

跑步报恩

百米飞人大战，永远是田径场上最激动人心的时刻。从世界大赛到基层体育比赛，每当进行百米决战的时候，总是那么令人热血澎湃。我作为一个短跑爱好者，有过失败的沮丧，也有过胜利的喜悦。然而最令我难忘的是代表浦沅厂站在田径场上，为工厂夺取金牌的那段经历。

1973年常德体委为纪念五一劳动节，召开了全市田径运动会。作为常德市唯一新建的三线大厂，浦沅组织了以男女篮球队为主，加上田径各单项好手组成的体育代表队。其中有大力士郁新、跳高好手司徒美奇、长跑健将余大毛、李国瑞，短跑能手刘明成、张凤山等40人。在田径队成立大会上，厂团委书记史秋生做了动员报告，他那富有激情的动员令人振奋。他说，浦沅厂的工人个个都是生产能手，不输他人，在运动场上我们浦沅人也要展现我们的实力，勇夺第一。

五一劳动节的常德体育场，彩旗飞舞，人声鼎沸，各个大厂都在体育场边上搭起了休息帐篷。浦沅厂的帐篷特别醒目，浦沅代表团的队旗迎风飘扬，运动员身着大红运动服，胸前的“浦沅”二字夺人眼球。

在三天的比赛里，广播里不断传来浦沅获得好成绩的消息：余大毛获得男子400米第三名，涂南娥获得女子800米、1500米冠军，张新芳个子小速度快，勇夺女子百米冠军，司徒美奇获得男子跳高第三名，大力士郁新获得男子铁饼第三名……

赛场上捷报频传，更激起了我的斗志，尽管预赛中我的成绩仅名列第二，但我做好了全力拼搏的准备。

第三天下午3点，男子百米决赛开始了。跑道边围满了各个厂的运动员和拉拉队，加油声此起彼伏，好不热闹。

比赛即将开始，我分在第四道，我的右侧5道就是在预赛中排名第一的纺机厂的罗伯元，我们俩在中学阶段就是赛场上的竞争对手。走上赛道我们俩相视微微一笑，我清楚地知道，我们俩谁也没有绝对优势，就看临场发挥了。

随着发令员的口令，我走向起点，做好了各就各位的动作。我抬头望去，看到边上有一排身着红色运动服的人，胸前的“浦沅”二字金灿灿的，他们挥舞着小红旗，整齐而有节奏地喊着“浦沅加油”“浦沅必胜”，顿时一股暖流涌上心头，我心中只有一个信念：英雄舍我其谁，金牌当仁不让，为了浦沅，拼了！

突然，整个体育场静了下来，我深深地吸了一口气，双脚稳稳地贴紧了起跑器，空气在那一刻仿佛都凝固了。

随着一声枪响，我像一支离弦的箭冲了出去。30米、50米，我与5号跑道的他始终并驾齐驱，最后我咬紧牙关、屏住呼吸、加快频率，终于以0.1秒的微弱优势第一个撞线，为浦沅厂拿到了这块分量最重的金牌。

浦沅厂胜了，这是我当时心里唯一的信念！队员们沸腾了，在大家的呐喊欢呼声中，我的眼眶湿润了。

这正是：运动场上摆擂台，各路高手四方来。浦沅在胸斗志昂，脚下生风摘金牌。

在那次运动会上，我还拿到了110米栏冠军，并与刘明成、强凤山、周常华合作拿到了4×100米接力金牌，为浦沅厂获得团体总分第一名尽了我最大的努力，用优异成绩回报了浦沅厂给我的培养和知遇之恩。

招待所内“另起炉灶”

赵菊芳

浦沅筹建期间，赵加胜等人赴京联系工作，为了给厂里减轻负担，赵加胜和随行人员只住北京苏州胡同20号建机所下属的招待所。赵加胜通过与建机所党委书记李明协商，李明书记体谅浦沅干部的处境和经济状况，免费为浦沅提供了一个套间，办公住宿两用，借住时间不限，还提供烤火取暖。

张关明、王荣根烹调手艺不错，他们决定充分利用这个生铁烤火炉来做菜，买来铁锅，从市场上采购蔬菜、鱼肉自己开伙，每餐两菜一汤，主食从食堂买馒头稀饭，就这样对付着一日三餐。

浦沅人集结在一起，随时面对任何对手的较量。

浦沅人曾经失败过，但从未因此而放弃，因为浦沅人的内心里，有对胜利的渴望。

浦沅人为胜利而拼搏。

浦沅游泳“梦之队”

董刘庆

浦沅游泳“梦之队”。

浦沅游泳池边，人声鼎沸。

虽知渐水浅
为爱浦沅深

——浦沅历年原创春联选（90）

最近浦沅朋友传来了一张旧照片，让时间仿佛定格在了39年前那激情燃烧的年代。

那是1978年6月底，为了迎接建党节和推进广大职工的文体活动，常德市政府相关部门决定：在常德纺机厂举办一次全市游泳运动会。为此，浦沅厂部按照规定从全厂挑选出了黄玲、邢丽湘、曹福湘、张颖4名女同志和黄巨贤、董刘庆、揭光俊、范国辉、曹平平、聂其国6名男同志，临时组成了一支浦沅厂游泳队，由黄巨贤任队长。

这次比赛为期四天，比赛项目分团体和个人共8项。常德纺机、红光、电光、七一和船舶厂以及邮电局等近20多家市级企事业单位参加了比赛，上演了一场精彩纷呈的水上角逐大战。

比赛即将开始，泳池边人声鼎沸，呈现一片欢乐沸腾的景象。浦沅选手们个个摩拳擦掌，舒展筋骨；大家相拥握手，鼓劲给力。随着裁判一声令下，比赛正式开始，五十米长的泳池瞬间被激荡起无数浪花。只见浦沅女选手们个个劈波斩浪，奋勇争先。浦沅男选手们人人如蛟龙入水，飞速向前。“……浦沅冠军”每天都响彻在赛场广播里。最震撼人心的是一万米泳赛，黄巨贤代表浦沅厂参赛，这是一场比耐力和毅力，拼消耗和意志的大赛，在仅50米长的泳池中游10公里距离，需来回往返100次触壁转身200次。即使人们在平地上以这种方式走路头都会发晕难受，何况还是在泳池中。只见黄巨贤如飞鱼般飞速向前，2000米后开始有选手实在坚持不住上岸休息，之后陆续自行上岸放弃比赛的选手越来越多。3000米之后整个泳池里就只剩下黄巨贤一个人了。他一个人在泳池中努力地坚持着、顽强地拼搏着。5000米、8000米直至游完万米全程。“巨贤加油！浦沅好样！”现场呐喊助威声、欢呼声及掌声不断，将整个比赛推向了高潮。与其说这是一场比赛，不如说这是当代浦沅人敢于挑战，不怕牺牲，坚持不懈，奋勇前行的精神在泳池中的闪烁。

本次运动会浦沅厂10人参赛，几乎囊括所有项目的冠军，获得了男子团体、女子团体、单位总分第一以及男女混合接力等7个项目的冠军，成为常德市企事业单位中无一比肩的游泳“梦之队”。

工地上的“自助餐”

赵菊芳

筹建人员刚到工地时，为了免除每天往返常德的麻烦，赵加胜决定在工地上搭建工棚。筹建组选定工地东面两端近公路边搭建了两排共20间临时工棚。工棚内是泥巴地、砖瓦结构毛坯墙，用芦席隔成一个个小间，每间可住8～10人。工棚内没有床，土砖砌成的床脚搁上木板，铺一层当地农民粗编的草垫，挂好蚊帐解开行李铺盖就算“安营扎寨”了。

开始，工地上没人管吃饭，三四人不等自由组合开伙。张关明、岳邦喜等用铁皮敲敲打打卷成圆筒，箍上铁丝，用碎砖、泥巴一糊，一个简易柴灶就成了，架上铁锅铝壶就开始烧水做饭，吃上了“自助餐”。从工地穿过公路，对面有一条灌溪老街，街上有粮店、肉摊，每月逢“一”赶集能买到鸡蛋、鱼虾和蔬菜。

良师益友话陈韵

尹国前

我在20世纪80年代中期就调离了浦沅厂，此后，因种种原因，再也未曾去过那地方，许多的朋友都从记忆中慢慢淡去，可总有那么几位让我无法释怀，他就是其中的一位……

闲来无事，前些日子约了几个浦沅厂的铁哥们小酌几杯，酒正酣时话题就散了，甚至有点漫无边际了。

话语间一位曾在浦沅装配车间任过职的朋友提到了我很是熟悉的一个人，这人可说是我的良师益友，只是失联许多年…… 当年，我这朋友在浦沅厂名声显赫，凡在浦沅厂晓点事理的人都能认识他，他在我心目中不亚于一厂之长赵加胜呢。

他有近一米八的身高，体重二百多斤，腆着个将军肚，一头卷发天然长成，奇怪的是他居然还长着个老外样的大尖鼻子。传说年轻时他是“小白脸”很帅，按现代说法就是帅呆了的那种，身材也蛮好，跳得一手好舞，什么快三慢四无不精通，是上海滩上“白相宁（人）”。来到内地后大家都说他变了，变得衣着随便，不拘小节（一条永远系在小肚子以下的裤子让人担心不已）。他甚至还有点邋里邋遢，除了冬季脚下永远是趿拉着拖鞋，很像现在的时尚屌丝男！他为人耿直，待人和气大方。工作时他会认真负责从不马虎，下班后他会换上另一副面孔，用玩世不恭，用严重口吃而又油嘴滑舌的独特方式邀约酒友：“那……那弄……落班……落班后……赌加（大家）一……一……道气……气（吃）老酒！好……好勿（不）啦？……侬……侬切（你去）……买额（买点）…… 买额，……小……小菜……藕气……藕气（我去）沽……沽点老酒（我去买点酒）……苦……苦意吧（可以吧）……”酒是他的最爱，他有点贪杯，经常会喝得酩酊大醉。那时工资很少，也没有像现在这么多好酒喝。那时候你可以经常在浦沅厂商店门口的马路上碰到他，他口中哼着只有他自己才能听懂的越剧，摇头晃脑悠然自得去商店靠（买）老酒。他是个天生的乐天派，快乐的细胞充实在他那健壮的身体里，他的快乐很容易散发，稍不小心就会被他传染到，会情不自禁地快乐起来，他在哪里哪里就是一片笑声。后来听说他疏于照顾自己的身体，导致身体出现了严重的问题，病发时疼得要命，满头大汗哇哇大叫，医生会过来给他注射止疼针，可只要疼痛刚缓过来，他就会从床头小柜里摸出个酒瓶嘬上两口，立马脸上流露出满足的神情。

可就这么个积极向上热爱生活充满乐观精神的好人，也无法阻挡病魔的攻击，撒手人寰离我们而去了！老天爷对你这是不公啊！！！……不是常说好人一生平安的吗？

值得欣慰的是朋友告诉我他走的时候很安详，就像喝了瓶好酒进入了梦乡……虽然事隔多年了，我还是要说：朋友，去天堂的路你要走好，我代表浦沅厂球队的全体队员给你送行了……

他就是浦沅厂装配车间一普通支内工人师傅，浦沅厂男女篮球队奠基人之一，球队总教练，我们的良师益友——陈韵。他身怀绝技，打得一手好篮球，早年被招进上海青年集训队打篮球。篮球技术中的传、切、投、运，他都拿手；阵地战、破联防、三线快攻、全场紧逼等战术，他更是用得相当熟练。他曾司职中锋、后卫并兼任场外指导，还曾入选常德地区篮球队征战四方。他多次随厂篮球队获取常德市各级联赛的优

浦沅运动达人陈韵。

陈韵把人生精彩留给了浦沅。

当年冠军争夺战的情景。

有了您，花园才这般艳丽、大地才充满生机。

明媚春光好识字。

我不是您最出色的学生，而您却是我最崇敬的老师。

异成绩。建厂初期，他还是浦沅足球场最佳守门员，其鱼跃扑球的身影令人叫绝。

浦沅厂远离市区，下班后打打篮球消耗过剩的能量就成了一部分青年不可或缺的业余生活。陈韵也经常出现在球场上。别看他胖的像只大笨牛，可球场上的他躲、闪、腾、挪，好不灵活，加上他动作滑稽诙谐就像球场上的小丑、魔术师，来看球的粉丝们个个看得目瞪口呆拍手叫绝，他便是用这种方式把快乐带给了大家。

陈韵是浦沅厂篮球队的开山鼻祖，是一位优秀的教练员，他用智慧调教出了一支有浦沅特色的篮球队伍。曾炎培、顾林发、杨金生、尹国前、李湘里、强瑞华、陈长宽、刘明成、陈国娣、涂兰娥、王慧琴（财务）、陈丽红、曹福湘、黄正义、张新芳……都是他的高徒，个个球技优秀。

浦沅女队更是倾注了他的大量心血，他把一帮什么球技战术都不懂的小姑娘组织在一起，根据她们自身的特点量身打造，制定出了一套快可攻，退能守，远可投，近能抢，篮下双高卡位拼篮板，后卫突破能得分的完整战术体系，常把对手打的束手无策，落花流水，书写了女队不败的神奇佳话。

陈韵他走了，走得如此平凡，如此悄无声息。他把自己人生的精彩留给了铁山渐水，他把快乐人生和快乐篮球留给了喜欢他爱戴他的球友和粉丝，更是留给了浦沅篮球队的队员们。他在浦沅这个三线企业谈不上有什么特殊的贡献，但他带给了我们快乐。他的快乐篮球理念陪伴着我们度过了美好的青春，我们喜欢他，缅怀他！追忆他！

陈韵，我们的良师益友，天堂里你快乐吗？我们想念你……

敬业

最后的音乐课

张慧云

1995年3月20日，人事科通知我去办退休手续。走到人事科，他们给我一张“职工退休离职手续单”。

我把这张表拿在手上，映入眼帘的第一行字是：“张慧云同志因病退，从即日起停止现岗工作。”原来我认为上课要上到3月底，想不到今天就不要我上课了。

我拿着这张表回到学校，首先去找校长。校长说：“按这张表上说的，你从今天起就不要上课了，由谁来接课呢？人事科为什么不早点通知我们呢？”我马上说：“这不要紧，今天的课我去上就是。”我这样说，一方面是为了给领导解难，另一方面主要的是我舍不得这些学生，我要给他们上最后一堂音乐课。校长说：“好，今天的课你去上吧！”

我回到办公室，当我想到下面要上的这两堂音乐课（一堂二年级的，一堂五年级的）就是我几十年的教学生涯中最后的音乐课，上好这堂课我就将告别我所教的学生，告别我站了几十年的讲台的时候，我的泪水唰唰地往外流，一个人在办公室里泣不成声……

上课铃响了，二年级两个班的同学和往常一样熙熙攘攘在音乐教室门口排着队，等我去上课。我含着泪水把音乐教室门打开，让同学们一排排走进教室。因为是同年级两个班一起上课，开始进教室免不了有些叽叽喳喳，我拿着话筒对同学们说：“同学们，请安静下来！”因为我的喉咙哽住了，声音不大，后面的同学没听见，仍在讲话，这时前排的同学看到我流泪了，不知是怎么回事。其中沈强同学站起来大声对后面的同学喊：“大家不要讲话了！张老师哭了！”这时全班同学就安静下来了。我接着说：“同学们，今天我给你们上最后一堂音乐课，下一次音乐课就是别的老师来给你们上了。”这时我实在控制不住自己的感情，泪水不断地往外流，我说不出话来了，一双双小眼睛睁得大大的，诧异地问：“为什么呢？”我说：“我要退休了。”他们又天真地问：“你为什么要退休呢？”我说：“国家的政策规定，女教师年满55岁都要退休，我已到年龄了。”他们“啊！”一个个哭丧着脸，无可奈何的样子。我说：“我退休以后，学校会安排更好的老师来教你们，你们要听话噢！”他们说：“不，我们要你教我们……”这时很多同学开始流泪，有的哭出声音来了。

师生都沉浸在分别的痛哭之中……

这堂音乐课无法唱歌了，我知道小朋友喜欢听故事，我把准备好的一盘音乐故事磁带放给他们听。约三分之一的同学在听故事，三分之一的同学在想心思，还有三分之一的同学在一个劲地哭，有的还边哭嘴里边念着：“我们不要张老师走！”“我们不要张老师走！”

我在教室里来回走动着，用哭红的眼睛巡视着每张可爱、纯真的小脸，有时用手摸摸他们的头（我多想亲亲他们啊）。我的泪水无法止住，我只好走到教室后面站着，让泪水唰唰地往外流……

听了20分钟故事以后，我想：今天是最后一节音乐课，我们还是要唱几首歌吧。我说：“同学们，张老师要退休了，你们应该唱几首歌欢送张老师，你们说好吗？”他们说：“好。”“我们现在把前面学过的歌复习一遍，唱给张老师听噢！”

我像往常一样一边弹琴，一边唱，泪水不断地滴在钢琴上……同学们的歌声没有以前那么响亮、活泼，歌声里夹杂着哭声……

约唱了十分钟歌，这节课只有十分钟了，我该和同学们话别了，我说：“同学们，我3月底就离开学校，6月底或7月份我就离开常德，去长沙定居了。希望你们以后要好好学习，听老师们的话，将来顺利地考上中学、大学，还可以出国留学，好吗？”他们说“好”。“我家住在长沙浦沅总厂家属宿舍4栋403室（我写在黑板上），我的名字叫张慧云（我写在黑板上），你们要记住噢！你们以后路过长沙来张老师家做客好吗？”“好！”

下课铃响了，同学们听到下课铃声，95%的同学都哭了，泣不成声，我说：“同学们，就要下课了，你们不要哭了，我暂时还在学校，我们还可以天天见面。最后我祝同学们好好学习，茁壮成长！好，现在请大家排好队。”

同学们在教室走廊里排好队，一行行走出教室，他们一个个泪流满面地挥着小手——和我告别：“张老师再见！”“张老师再见！”……今天的“再见”比任何时候都叫得亲切、动人！

我也挥着手用含着泪水的目光送他们走出音乐教室。接着是五年级的音乐课，他们看到我哭红的面颊，很快就安静下来了，但他们还不知道是怎么回事。当我含着泪水告诉他们“我要退休了，今天是我给你们上的最后一堂音乐课”时，他们一个个都露出难过的表情，平常再调皮的学生，今天都规规矩矩，他们毕竟是五年级的学生，能控制住自己的感情。但下课以后一些女同学来到我的办公室问我：“张老师，您真的要走吗？”我说：“是的，厂里已批好了。”他们也无法挽留我，只好深情地说一句：“张老师，你要保重！”一个个眼泪汪汪地离开了我的办公室。

下午上班之前，几十个学生等在我办公室门口，手里拿着各种各样的小礼物，要送给我。我把办公室门一打开，他们蜂拥而入，把我办公室挤得满满的，他们的小礼物堆满了我的办公桌，这些礼物有卡片、照片、小玩具、小工艺品、日记本、歌本、相集等，上面都写着赠词，他们把礼物放好以后还久久不愿离去。

我还兼四年级两个班的音乐课，他们是我从一年级带上来的，本来准备明天给他们上最后一堂音乐课的，但我怕同学们太难过，于是我提前到今天下午上读报课时和他们告别。尽管我强装着笑脸，但还是有很多

彩绸腰鼓声震天，万方乐奏有浦沅。

浦沅厂工会举办了职工个人作品联展。

浦沅厂职工在观看联展作品。

《血染的风采》曾激励了多少浦沅人。

浦沅人与共和国共命运，祝愿祖国繁荣昌盛。

高山流水，琴笛和鸣。

同学都哭了。下课时，班长对我说：“张老师，明天晚上我班给您开欢送会，请您参加。”另一位同学说：“张老师，明天我去厂广播站为您点歌，请您收听。”

最后一堂音乐课，是一堂告别课，是一堂感情的教育课，是一堂我永远不会忘怀的课！

作为一名人民教师，在离开自己的工作岗位时，能得到学生这么多泪水和真挚的情意，还有什么感到不满足的呢？

在此，我感谢我的学生，感谢你们对我深深的爱，我更爱你们，永远爱你们！

春节回家

楚金莲

当年最盼回家过年，
内衣里缝的是一年积攒的钱，
一定还要换点全国粮票，
否则就要吃亲人的口粮。

厂里“专车”总是在凌晨二三点，
外面的天气又湿又寒，
铺满了厚厚稻草的大货车，
车上的人心里却暖洋洋。

上火车却愁坏了爹和娘，
好不容易把孩子塞进车窗，
自己却久久被卡在车门旁，
春节啊，又盼又怕你年复一年。

有一种情结叫浦沅

聂尧

这是一个历史时代的传奇，
这是一段无怨无悔的经历，
这是一场魂萦梦牵的苦恋，
这是一生难以忘却的记忆。

浦江的浪花，
沅水的涟漪，
见证你挥师“支内”的风生水起；
灌溪的热土，
浙河的桥面，
长留你逐鹿三线的峥嵘足迹；
唐山的断壁，
南极的冰雪，
铭记你“唯我浦沅”的王者之气；
武陵的襟怀，
湖湘的厚重，
承载你“连中三元”的神来之笔；
崇高的梦想，
奉献的一代，
铸就你“行业排头兵”的精彩演绎。

曾经沧海，
不弃不离，
潮起潮落，
聚散依依。
一朝话离别，
何日是归期。
屡问苍穹问大地——

浦沅，
你在哪里？

一直不曾轻言放弃，
始终在守望中苦苦寻觅，
当纠结的思念回归理性的思考，
顿然感悟其实你从未远离。
芙蓉路上的城市地标，
武陵城镇的腾飞之翼，
中国制造的历史丰碑，
五洲争锋的擎天巨臂，
薪火相传的勇争一流，
情系浦沅的感天动地，
……
全然是你无处不在的蛛丝马迹！

春华秋月，
物换星移，
青丝白发，
初心如一。
时光可以抹去尘封的记忆，
唯浦沅情结珍藏心底，
缘起不灭，
生生不息！

浦沅旗帜，高高飘扬。

心中永远的家园

李天朗

1968年浦沅工程机械厂刚刚筹建，我大学毕业未走出学校大门，就成为了浦沅厂的第一批成员，作为浦沅人至今已有50个年头。忆往昔，无数美好的记忆常常涌上心头，伴随我幸福着，感激着，快乐着。

感恩浦沅

从走出学校大门，直到古稀之年，是浦沅这个企业为我的生活和工作提供了一切。在这里，我成家立业，牛儿育女，学习成长，实现自我价值，在工作中找到了梦想，在生活中找到了幸福。对浦沅这个集体，感情之深厚，融合之密切，没有任何其他所能代替。不仅我的一生奉献给了浦沅，儿女和子孙也在浦沅这个大家庭里，全家人的幸福都是和浦沅紧密相连的。

在浦沅这个大家庭里，我由一名普通员工成长为共产党员；由一名技术员成长为工程师到高级工程师；由一名质量管理员，被公司推荐为湖南省质量管理专家；由一名ISO9000 质量管理体系的推进者，被培养为国家级高级审核师；由一名普通劳动者成为公司的劳动模范等。这一切，都是浦沅这个大家庭给予我的，所以对浦沅这个企业的感恩和感谢是发自内心的，毫无保留的。人们常说：相逢就是缘分。何况我遇到了这么多开明的领导、可敬的师傅、可亲的同事同仁。我和朋友们长期战斗在一起，使我始终享受到工作的充实和快乐。企业给我多少恩，我就享有多少福。我心中知道浦沅对我有说不完的恩爱，因而常常有报恩的心愿怀揣在胸。

幸而有“浦沅人”QQ群这个平台，在这里我真情倾诉：感谢时代给我和浦沅人相处几十年的好日子，感谢各位领导和同事们对我的关心、宽容、尊重、帮助、

浦沅人有时也来段华尔兹。

长重、长泵、浦沅三厂联袂，普天同庆。

浦沅职工的笑声是永远的情怀。

浦沅人为奥运会加油鼓劲。

浦沅人签名加油的队伍齐整整。

浦沅人和祖国在一起。

鼓励，使我得到了工作的动力，享受到了工作的乐趣。我知道自己对企业贡献是微薄的，但得到的收获是巨大的，这种恩惠是我终生难以报答的。

浦沅感怀

在和浦沅人相处的几十年，是我激情燃烧的岁月，也是我梦想成真的旅程。我们赖以生存的浦沅这个家也曾那么靓丽、那么辉煌。不论走到哪里，身为浦沅的一员总是充满着骄傲和自豪。几十年来，企业在困难时期，我为之焦急，献计献策，竭尽全力。在兴旺时期，我为之奋斗，锦上添花，充满信心。国内一位著名作家在《寄故乡》一文中有这样一段话："不管他乡的茶水多香甜，比不上家乡的饭菜更可口；不管他乡的话语多动听，比不上乡音更入耳……"这是我对浦沅感情最贴切的写照。无论外界的诱惑有多大、条件多优厚，从未动摇过我对企业的爱恋。在这里我可以口无遮掩地批评企业的各种不良现象，却总不愿听到外界对浦沅的指指点点。因为爱之愈深，但也恨之更切。每看到公司一个新产品的诞生、一个新荣誉的获得，营销新业绩的攀升，会情不自禁地为之庆贺、高兴；也会为企业产品质量还有这么多的问题，生产现场还有这么多的脏、乱、差，核心竞争力还有这么大的差距，为之担心、着急。我就像浦沅史诗般大合唱中的一个音符，随着音乐的节奏抑扬顿挫，已全身心地融入其中。走在常德的大地上，问我是哪里人，我会自豪地讲："俺是浦沅的。"在上海的行人中，问我是哪里人，同样回答："阿拉是浦沅人。"在长沙的公交车上，广播里传来"浦沅站到了"的声音，我仿佛回到了家。现在，浦沅社区还在，浦沅居委会还在，浦沅立交桥还高高耸立在长沙的交通枢纽之中，"浦沅"这个地理性标志已印在历史簿上。我的老屋仍在浦沅的宅基地上，我的新居是在浦沅工厂原址上，我就是一个地地道道的浦沅人。出门有浦沅人讲话，有空还有浦沅人相聚，我一直生活在浦沅人群里。

作为一个浦沅历史的见证者，工厂成长发展壮大的往事常常历历在目。亲眼目睹了第一台夯土机、高空工作台、高空避雷车、打桩机、汽车吊、搅拌车、泵车、剪式高空工作台等产品的诞生，见证了浦沅书写历史的章章史篇：未忘记拉钢筋、搬水泥、拖电缆、建厂房的轰轰烈烈场景，为建设美好家园的满腔热情；未曾忘，芦席棚下炼出的第一炉铁水，是如何点燃浦沅人的激情；未曾忘，1976年为支援唐山大地震加班加点生产40 台汽车吊的日日夜夜；未曾忘，"武陵一千，八〇实现"设计专机、制作工装大干快上的幕幕场景；未曾忘，作为一名老师，给工大学生上课，倾情培养浦沅"黄埔军校"青年才俊的美好时光；未曾忘，作为工厂计量部门负责人筹建浦沅计量大楼，开展计量上等级的全过程，使浦沅计量工作成为全国先进企业的酸甜苦辣；未曾忘，作为企业质量部门的负责人之一，全程参与创造"连中三元，唯我浦沅"的辉煌时刻；在浦沅"企业的根本出路在于质量"的理念下，先后获得省、部质量奖、全国质量效益奖、全国用户服务先进企业，曾为浦沅赢得最多的荣誉和褒奖；未曾忘，在质量推进贯彻ISO9000 标准的过程中，重写公司质量体系文件，确定公司"高于国内同类产品一个档次"的质量方针，通过质量体系认证，把公司质量管理推上一个新台阶的艰苦历程；更未忘，露天电影院的故事、操场上的拔河、打篮球的加油声、端午节浉河上的浪遏飞舟、三八节的激情表演，更有那毛主席生日寿面的大排、熏鱼、卤鸡蛋，想起来就嘴馋……一件件、一桩桩温馨往事，浦沅人谁能忘怀?

在浦沅发展几十年的过程中，我有机会接触到了工厂的全套技术，如机加工、结构件、铸锻、热处理、电镀、企业管理等等，增加了知识，增长了才干，不仅有了立身企业的能力，也有了服务社会的本钱。随着浦沅在湖南省乃至全国去学习、交流工作的机会不断增加，我就是其中幸运的一个。在湖南省，我先后到过上百家企业检查、评审、讲课。每到一处，人家总会把来自浦沅的我作为专家贵宾介绍，使我深感自豪和荣耀。在全国机械行业大会上我也多次代表浦沅在大会上发言，倾情传颂公司的辉煌，受到同行的称道。

我在浦沅多年，知道公司人才济济，各类精英专家众多，干什么事情都会成功，总能争得一流。不论在生产、技术、质量、各项管理、生产现场等等总是名列前茅，各类人才不断输出，还是在推进企业现代化管理中，例如计算机管理、精益生产、6S现场管理、技术进步方面更为突出。浦沅的工人阶级也是人才辈出，在各类技术比武中多次获得状元。即使浦沅的退休人员也是社会上抢手的人才，大多都被社会聘用继续为国家作贡献。浦沅人在那个时代对国家作出的贡献，为社会培养的人才，功劳是有目共睹的。特别是对推动湖南省工程机械行业的发展起到了示范作用，使长沙成为全国最大的工程机械基地。浦沅人创造的精神财富，一定会在我们的下一代中，继续发扬光大。

浦沅是我心中永远的家园。

吊起一轮金色的太阳。

永远的怀念

罗家乐

浦沅，曾经的一片热土，一个让人敞开心扉的地方。

爱阅读的人，把浦沅比作一本书，书中记载了一代代浦沅人艰苦创业、展翅高飞的历史。爱画画的人把浦沅比作一幅美丽的长卷，画中浦沅人奋发进取、敢为人先的画面栩栩如生、绚丽多彩。我把浦沅比作一位伟大的母亲，是她那勤劳的双手把一代代浦沅人养育大。几十年的坎坷历程，让人回味无穷。

厚 礼

我是20世纪80年代初随着浦沅与新中机械厂联合，有幸成了浦沅的一名员工。1985年8月26日，起重机分厂结构车间成立，分厂党委任命我为车间党支部副书记。面对陌生的车间员工，陌生的工作环境和繁重的生产任务，我心中感到压力山大。分厂党委书记胡松希、副书记张长生、厂长俞明国、副厂长李镇贵都给我以各种鼓励。车间成立那天，俞厂长送给我500元安家费，这对一个新成立的车间可以说是杯水车薪，但我非常理解俞厂长是心有余而力不足。我怀着无比激动的心情双手接受了这份厚礼，和行政领导一商量，把这笔钱奖给了在劳动竞赛中成绩突出的几名员工，大家都很满意，俞厂长表扬我决策正确。

攻 关

结构车间成立后，厂房正在基建中，为了尽快形成生产能力，车间没有等，没有靠，创造条件开展生产试制。当时生产汽车吊关键结构件吊臂的冷作校平机、吊臂方箱自动电焊机没有，怎么办？车间员工一不怕难，二不怕苦，采用手工敲打的方法来攻克板材校平这道难关。

浦沅起重机分厂结构车间领导对职工的一次家访。

浦沅厂生产基地现代化车间宽敞又明亮。

吊臂臂长长臂托天摘月
桩锤锤重重锤击地撼山

——浦沅历年原创春联选（91）

技术比武，紧锣密鼓。

定制管理不走样。

浦沅起重机分厂技改基建工地上的技术员。

为了保证钢板外观质量，他们挥舞16磅重的大锤一锤一锤进行校平，劳动强度特别大。车间员工齐心协力，车间主任黄明辉、副主任胡天鹏、朱万良，技术员潘安和改行学冷作的章长华、黄金星等轮流进行手工校平，张广制、蔡元璋手上都磨起了泡，用纱布包扎一下又继续飞锤校平。有的衣服汗湿了，用毛巾擦几下又继续干。车间干群一条心，终于克服了无校平机这道难关。

吊臂摆搭成型后，手工焊接达不到质量要求，陈建忠、张广制提出建议，利用轨道自动行走气割机焊接，设计一个焊接行走工装，厂部和车间采纳了他们的建议，由焊接技术骨干陈建忠设计工装实施完成。

拜 年

每到春节大年初一，留在长沙过年的起重机分厂领导俞明国厂长要求中层干部要在八时前赶到分厂会议室参加团拜会。俞厂长站在大门口迎接各位的光临。在团拜会上，俞厂长向大家拜年，互致问候，还给我们每个人发一个保温杯之类的小纪念品，我至今还在用当年发的保温杯，几十年了，还很保温。

团拜会后，我和车间副主任朱万良一起骑着自行车冒着初春的寒风走街串巷，挨家挨户给车间员工拜年，嘘寒问暖。通过拜年，把浦沅对员工的关心和体贴送到家家户户。每到厂休日、节假日，我和车间主任黄明辉、胡天鹏都进行家访，通过走访家庭，凝心聚力，密切了干群关系，为车间生产打下坚实的思想基础。

馄 饨

车间成立后，厂部要求尽快完成小中吨位结构件的试生产任务。时间紧，任务重，每天都必须加班加点。记得有天晚上，室外寒风刺骨，车间内热火朝天加班生产，很多师傅连晚饭都顾不上吃，一心只想把当天的任务完成。我和值班的行政领导干脆跑到厂外把馄饨店的老板请来，在车间大门口煮馄饨，一碗一碗送到工位上，师傅们吃得津津有味。我们作为浦沅人，那时只有一个信念，攻坚克难坚决完成生产任务。我清楚地记得电焊师傅陈建忠为了确保12吨伸缩臂的焊接质量，冒着高温，爬进臂箱中进行焊接，焊接完了爬出来时，衣服全湿透了。多么敬业的浦沅人，这挥之不去的生产场面永远铭刻在我心中。

寿 面

为了增强车间员工的凝聚力，车间党支部、工会想方设法为行政排忧解难。盛夏酷暑天，每天煮绿豆汁送到工位为员工充饥解暑，设立保健箱为员工消伤止痛；寒冬腊月，为在车间加班的员工送去香喷喷的盒饭。

12月26日是伟大领袖毛泽东主席生日，每年这一天中午，车间请员工吃寿面纪念毛主席，让员工不忘共和国的创始人。一只鸡腿、一个鸡蛋、一碗面条，员工吃得心里乐开了花。花钱不多，意义非凡。

怀 念

在浦沅起重机分厂结构车间工作了15年，往事历历在目。浦沅给了我许多崇高的荣誉，记得我还代表车间党支部和陈励青厂长一起参加了长沙市庆七·一表彰大会，使我感到无比自豪和光荣。

退休多年了，无论在何处遇见了浦沅人都感到无比亲切，我与车间员工一直保持联系，经常利用聚会笑谈往事。我每次到退休办去，站在原起重机分厂地址旁的马路上都会陷入久久的沉思……

我怀念分厂大门马路两边石墙上那一丛丛、一簇簇金灿灿的迎春花；我怀念车间东北角上那几株俊俏挺拔、气宇轩昂的翠竹；我怀念那庆五一联欢会上多姿多彩的时装表演；我最怀念那些勤奋朴实、任劳任怨的车间员工。是他们，成就了浦沅过去的辉煌；是他们，书写了浦沅值得感悟和品味的历史。

浦沅，你是我们一生中难以忘却的记忆。

做个浦沅人真好

阳桂生

我们是1969年9月从澧县乡下被招工进厂的。由于浦沅厂还在基建，被招上来的青工，便被安插到常德地区各县市的工厂和矿区培训。澧县就有津市机床厂、机修厂、机械厂和羊耳山煤矿等。分配到这些单位的青工，普遍受到所在单位的热烈欢迎和特殊安置，这无疑与我们是浦沅人的身份不无关系。你想想，浦沅是隶属中央一机部的企业，工厂大，职工多，又是上海内迁过来的，响当当的名片呀！有这么强大的浦沅厂做后盾，我们怎么不自豪呢？

做个浦沅人，真好！

我所在的津市机床厂对我们的优待不光是生活方面，还体现在师资的配备上，最好的师傅是配给浦沅学员的。我学的是钳工，给我配备的师傅是刚从军工厂调回的技术很过硬的师傅。另一个是从公安局下放到工厂劳动锻炼的万长生，因为他懂文学，还有一身少林功夫，我和他经常切磋诗艺和武功。后来他向领导提出，要带我为徒。厂长阳大雄严肃地对他说，你不能带他，你那点技术，我们不好向浦沅交代，人家是大工厂，不学点真功夫，我们对不住人啦！你就业余带小阳学武术、学写作，算我给你开绿灯了。他们厂的学徒绝没有这种优待！就这样我学到了许多过硬的本领。给我安排的钳工活，不怕杂，只怕少，十八般家底儿，都有我的份。我得到了全面的培训。正如此，当省委书记华国锋来厂视察，便安排我在平板上划线，第一个受到华国锋的接见。工厂的职工羡慕不已。

做个浦沅人，真好！

因为培训单位的看重，我的基本功打得很扎实。特别是锉刀技术，磨钻头技术，基本达到了一定水准。还有平面铲刮，我和师傅都喜欢琢磨钻研，一般产品除了铲得光洁平滑外，最后还能在铲好的平面上铲出飞燕的图案，回到浦沅后，在技术考试中，我一举夺冠，那闪闪发光的平面和活灵活现飞动的燕子图案，惊动了车间领导和楼上的技术员。荣誉给我增添了几分自信和喜悦。

做个浦沅人，真好！

浦沅毕竟是大型工厂，公共设施很齐全，像一个小社会，什么都有：医院、电影院、商店、粮店、邮局、菜场、足球场、篮球场。浦沅的墙报和黑板报，比文化单位办得还要好，还要丰富多彩。车间与车间之间，文化交流争奇斗艳，绚丽多彩；每周都有电影；赛诗、赛春联，影展、画展，体育活动如赛跑、跳高、跳远、篮球赛、足球赛、乒乓球赛，层出不穷，屡见不鲜！这里没有门户之见，没有山头帮派，只要有个人爱好，尽可以投入其中。这里就像一所大学，只要你肯学，满满地给你提供优越的条件。我在这里学会了画画，增长了美术知识，提升了艺术素养。

我是浦沅人，我骄傲！

做个浦沅人，真好！

平凡的岗位。

艰苦的工作。

浦沅人生活在一个和谐的大家庭里。

开心的时刻。

做个浦沅人，真好！

检验工作可不能马虎。

我也听说过老一辈浦沅人艰苦创业的故事。

聊聊我在浦沅的经历

熊世洋

进浦沅之前由于各种原因我在几个厂矿工作过，最早我是由知青招工到煤矿挖煤，尔后调到船舶厂当造船铆焊工，随后又调入市第一运输公司，我于1984年5月通过郭学章（浦沅车队电工）等的联系调入浦沅，那年我34岁。

进浦沅之前，我的那段人生之路走得很曲折。进浦沅之后，我感到很幸运，工作很顺利，生活也很充实，在浦沅一直工作到退休。

记得我调进浦沅是涂南娥师傅给我办的接收手续。办手续那天我在办公楼的走廊上很凑巧遇见了我的中学同学夏瑞芬，十多年未见，很亲切。她得知我调进浦沅，很高兴，后听说我是作为冷作工调进浦沅的，她主动对我说，她老公张陵江所管理的机修车间有个结构八班急需冷作工，正好你是新来待分配的冷作工，张陵江应该可以出面向厂部申请要你。她还介绍说机修车间的冷作产品不定型，各种冷作件都会涉及，技术要求稍高一些，但会自由些。这样通过郭学章与夏瑞芬等的帮助，我上班的第一天就到浦沅机修车间结构八班（以下简称结构八班）报到。

结构八班在浦沅是一个小有名气的班组，它负责全厂设备中结构件的维修，并生产自制设备的结构件部分。它的前任班长是上海支内来的陆万生老师傅，班里的冷作与焊接技术特强，聚集了一批优秀的工匠，如上海支内来的焊接大师朱根林。

记得刚上班的第一天，班长鲍夏常就给我安排一件有难度的活儿，图纸很复杂，好在是第一天上班要领劳保用品等耽搁了大半天，下班时让我有机会把图纸带回家。那晚我在家里翻书照图放样、搞到深夜才弄懂。第二天上班，我在材料上放好样将材料裁剪好，用两个工日把工件照图制作好了。结构八班有位很优秀的电焊工叫喻忠柏，是常德灌溪人，他原是北京首钢的电焊工，早于我几年调进浦沅，记得是他给我在浦沅制作的第一件工件施焊。他对我说，你的这件活儿对冷作工来说不是个个都做得出的，是班长在考验你。其实我自己也知道，只是听老喻这么一说，让我想起我走过的那段路。我挖过好几年煤，只能算是普工，从煤矿调到船舶厂才学冷作。我跟的师傅是捻匠（捻匠是将麻丝等原料塞进木船的缝以防水）出身改冷作工，师傅不认识图纸。20世纪70年代船舶厂造船的师傅大都是木匠和捻匠改行，他们很多都不会识图，但船舶厂有个专门照图放大样的师傅，用木板把样板做好，工人照着做就行。好在我当时年轻求知欲强，自学了一点识图和放样。在结构八班我过了班长这一关后，至此我在浦沅的冷作工生涯就一路顺风顺水了。

结构八班出了个工程师叫林军，他是浦沅工大毕业的。我和他相处得很好，他是常德市二中的老三届。他的很多同学是我的朋友，他是作为知青直接招工到浦沅的。那时林军作为技术员常常来结构八班看看，说实话我一直没有系统地学习过机械制造，林军时常过来和我聊天，我找他借过《结构放样》《公差与配合》等机械制造方面的书，也做过很多笔记。在浦沅工作总是感觉周围的技工同事们对本专业很专注很爱研讨，这种氛围在我之前的几个单位是少见的，我觉得我在浦沅冷作技术上得到了很大的提高。

我也制作过不少大件活儿，印象较深的是热区的3吨冲天炉，它结构复杂，制作工艺非常严格，配合我的那名热区电焊工叫雷柏林，他在焊接中也遇到很多难题，如怎样将上千枚散热片焊接在另一种材质的炉体上等问题。为此他反复琢磨多次试验终于攻克了焊接方面的难题。我们制作的3吨冲天炉投入使用后，完全达到设计要求，得到了热区负责人王富近的极高评价。为此我还为电焊工雷柏林攻克技术难关成功焊接3吨冲天炉，在《浦沅报》上报道过。

1986年夏季，我作为结构八班的冷作工参加了浦沅上海松江分厂的技术改造，安装总负责是王厚文主任，安装调度是秦鹏年，秦也是一位很不错的师傅。那个时候王厚文主任好像临近退休的年龄，但他还是一心扑在工作上，常常见他下班后还一个人在车间检查当天全厂的工作进度并拿个小本做记录，第二天的班前会他讲得很透彻，并把当天的工作安排得井井有条，感觉他抓生产和质量的能力很强。我在上海松江分厂工作时正逢学生放暑假，我女儿和夫人利用假期也来到松江，非常感人的一件事是王厚文主任把他的住房腾出来让给我，他去住单身宿舍，并把很多生活用具留下给我用，大热天的他把电风扇也留下了。现在我们两口子提起在上海松江的日子，我夫人还常常念叨他。

1988年在浦沅长沙起重机分厂的技术改造中，结构八班承担了大部分的结构件制造。记得机修调度是曾繁威，印象中上海松江、长沙起重机分厂等在建厂的过程中机修的调度们都是身先士卒，既管生产又当搬运又当司机。起重机分厂当时的地势高低起伏，有次我坐曾繁威开的电瓶车拖材料，在下坡时刹车失灵，我们飞速冲下，好在当时路况蛮好，加上曾繁威处置得当我们才化险为夷，现在想起来我还有点后怕。

我在结构八班时曾经建是机修车间支部书记，记得有次我感冒，发高烧，贾院长当即开了住院条，三天后还没退烧，曾经建到医院来看我。他和贾院长商量了一下，将我转到市里的医院，并派起重班的张伯光照料我。张伯光是一位比较活跃的师傅，快人快语，待人很坦诚。我和他还有质检处的段基航、齿液车间的何德华等都住在常德市小西门一条街上，每天上下班都同搭一辆班车，我们关系都很融洽。我在常德住院期间病因一直没有确诊，反复发烧，曾经建就派张伯光带我去长沙湘雅医院进行全面检查，后确诊我患的是重感冒，排除了其他病因。虽然那个时候住院治病有体制的优越性，但更多一面是作为浦沅领导对职工非常人性化的关怀，我多次受到领导的关怀，对此我一直心怀感激。

在浦沅的同事中，我有很多良师益友，浦沅计算机中心的陈昭平工程师是让我难以忘怀的一位。他是我接触电脑的引路人，我现在能比较熟练地掌握一些办公软件都是得益于他。还有质检处的陈明谦，我们一起参加自学考试。此文我不能一一点名感谢我的那些良师益友，但感恩浦沅应该是我们的共识。

在浦沅的那些日子已经过去了很多年，往事并不如烟，想想我在浦沅工作的那些年，真的庆幸处在一个好的环境中。且不说浦沅生产的汽车起重机在国内独占鳌头，连中三元，就说浦沅的综合管理在当地应该也是屈指可数的；记得那时浦沅生产工人的工作服是不用自己洗的，厂里有洗衣间。理发也不花钱，有理发票。厂里还时常发放生活物资，浦沅有个五七农场，每年到金桔飘香的时候，职工都能分到好多柑桔。厂食堂里有个叫杨阿忠的上海老师傅，在粮、油、肉类需计划供应的年代想尽一切办法把食堂弄得非同寻常，菜肴花样繁多，自制的面包闻名常德市，中秋节时食堂里制作的月饼在省里都有名。浦沅接送职工的班车每天上下班总会准时出现在常德市的各个站点。有个叫叶彩娣的班车乘务员，是一位上海支内来的女同志，我经常听见她在客车上宣传文明乘车：车内不要抽烟，不要吐痰，不高声喧哗，衣着要整洁……这在那个年代是难能可贵的，因为那时在公交车上抽烟、吃瓜子等是很常见的现象。

浦沅还有自己企业的《浦沅报》，报纸办得有声有色，深受全厂职工的喜爱。浦沅技术大楼一楼有个技

期待那成功的一刻。

这样搭配是最好的组合。

电大班同学上门慰问老师。

梧桐搭起林荫道。

生活因你而精彩。

家庭大奖赛，人人助兴来。

术图书室，它在上班时间也开放，我时常在干完活后，换上干净衣服在那里呆上个把小时，或为《浦沅报》写稿或复习高校的自考内容。

星期六浦沅的舞厅灯光闪烁，职工们翩翩起舞，当时浦沅的俱乐部其设施领先于常德各大影院。浦沅的工作服颜色和式样在设计上领先当地，星期天不少职工穿着干净的工作服在城里逛街，还很潮的……

计划经济年代，一个大企业就是一个小社会，浦沅在常德这座城市掀起了一个人们从未见过的新潮，那是黄浦江和沅江共同涌动的文明之潮；吹起了一阵新风，那是上海和常德两地职工共同扇动的文明之风。

浦沅，你曾是两地职工们洒热血、献青春的热土，你铸就了两地职工一段出彩的人生，你是共和国工程机械制造史上一页耀眼的华章！

我们怀念浦沅、纪念浦沅，时常聊聊浦沅的那些人和事，那是我们人生中一个永恒的话题。

苏幕遮·赞孔繁森同志

汪正东

别娘亲，辞妻小。
万苦千辛，两上高原道。
千载深情西藏抱。
公仆心，白雪珠峰照。

正英年，人去了。
冈底斯山，改革刚催晓。
遗志荒凉翻绿貌。
今喜边疆，处处多芳草。

梧桐树的记忆

王韵子

儿时对于浦沅的记忆总离不开那一排排斑驳的法国梧桐。

春天，细雨如丝，梧桐树长出一片片嫩绿的芽叶，像刚出生的婴儿贪婪地吮吸着春雨的甘露；树上的毛毛球果实也经过一个冬天的酝酿，成熟开裂，飞絮漫天，四处撒播着新的种子，让刚刚度过寒冷冬日的人们感受到了勃勃生机和温暖气息。而讨厌的毛毛虫也在这时繁殖开来，被小时候班上调皮的男孩抓来放在女生的铅笔盒里，引来阵阵尖叫和哄笑。

夏天，烈日炎炎，阳光透过枝丫投射在上学路上的我们，身上形成了大大小小的光圈。抬眼望去，透明而浅绿色的叶片连接交错着，像个大蒲扇，被风吹得颤颤巍巍，为我们在酷暑中带来一丝丝清凉。傍晚，吃完晚饭的大人们三五成群，在树下摆上竹床纳凉、聊天、下棋。这时候孩子们也最开心，一吆喝，两棵树下结个皮筋就开始了马兰开花二十一，二五六，二五七……而男生们懊恼知了的叫声，弹弓射击，爬树轰赶，有时还能捕到天牛和金龟子，又是围着一窝蜂的喧闹。

秋天，瑟瑟风起，梧桐叶也变身应景的土黄色，金灿灿的，比我小时候的手掌还大，有着清晰的叶脉。叶片从树上飘落，慢悠悠的，还没落地又被一阵狂风带到空中，像是留恋陪伴着的大树，兜兜转转，依依不舍。我蹲下来，找一片焦黄的树叶，闻一下，有丰收的味道。等到放学回家去开水房时，落叶早就积了厚厚一层，我们偏是要拣黄叶多的马路走，踩上去沙沙的作响，像演奏着跳跃的舞曲，心情开朗得连打开水的脚步也欢快起来。

冬天，银装素裹。为了防冻，人们把坑坑洼洼的树干涂满白色的石灰水，扎上草绳，可梧桐树却不惧严寒，向人们展露出它健硕笔直的树干，婀娜多姿的枝杈，像坚守的士兵，始终昂首矗立在行道两旁，守望着那一栋栋红砖灰瓦的房子。我们在树下堆着雪人，打着雪仗，玩着我们都是木头人的游戏……那时候时间很慢，车马邮件都很慢，心里盼望着的只是来年春天，一定要去仔细听听隔壁范家阿婆说的梧桐长新芽的声音。

长大以后，才知道法国梧桐真名叫三球悬铃木，因为法国人在上海霞飞路法租界周围成片种植形似梧桐而得名。难怪走在上海里弄小巷总有些熟悉的感觉，不光是吴侬软语的亲切，原来也有这梧桐的情愫。父亲后来告诉我，厂里的梧桐树是当年他们从上海的静安公园开车拉回树苗种植的，想想那段艰苦建厂的时期，这法国梧桐慰藉了多少职工的思乡之情。

我爱浦沅的这片法国梧桐，它不仅见证了开创者们呕心沥血的点滴付出，更承载过多少浦沅人的青春与梦想。如今，故乡的梧桐树依旧高大挺拔，枝繁叶茂，而树下盼望长大的孩子们已经展翅高飞，成为了社会、家庭的中流砥柱。斗转星移，时光飞逝，唯有梧桐树还在年复一年地守护着那片土地。回望参天大树，虽心中感念物是人非，可始终剪不断的是梧桐情怀。无论身在何处，每当风起叶落，我的心都会飘向远方，停驻梧桐树下那片生我养我的故土。

再使一把劲。

戏说“浦沅节”

倪春林

在浦沅，算得上自个厂节日的，我以为有两个可以“PK”一下：早期是12月26日；后来就是3月8日。

12月26日，是伟大领袖毛主席的华诞。在那个特殊的年代，为“敬祝毛主席万寿无疆”，我们工人阶级都是满怀最深厚、最纯朴的“无产阶级革命感情”，这一天是一定要吃“长寿面”，共同为毛主席来祝寿的。记得那时的食堂在杨阿忠师傅的带领下，办得红红火火，竟然在每年的这个日子里，能为每一个职工免费提供一碗“长寿面”，上面盖的浇头更为丰富：一块大扒、一块酱肉、一个肉丸、一个卤蛋、一块熏鱼，而且个头都要比平时大。全厂职工兴高采烈，上上下下，红光满面，真有过节的气象。

后来，毛主席走了。开头几年，改为了春节聚餐。余长志师傅回忆：每年春节前一二个月，食堂就开始忙起，那段时间会“忙”死！……为了职工能享受到丰盛的美食，真是辛苦他们了。他们也的的确确是“全心全意为人民服务的好炊事班”。

记得有一年，我把聚餐发的东西，装在厂里发的大搪瓷杯子里，带回了家，想让家人分享。我岳母家是回民。之前我不知道，猪肉之类的食品是不允许进门的。小舅子连哄带吓对我说：等下老妈见了，会泼掉的。于是，没进屋，在旁边用油布搭起的“厨房”里，他迅速打开藕煤炉门，就直接用大搪瓷杯子炖热后，呼呼啦啦吃起来……开始还答应为两个姐留点，谁知没一支烟功夫，搪瓷杯子就见了底，他还一个劲地直呼：好吃、好吃；真爽、真爽。岳父问道：真的那么好吃?小舅子还沉浸在余香里，抹着口水答曰：味道真的好极了。之后，他逢人便夸：浦沅的伙食确实好!

芙蓉花开芙蓉国独放奇葩香天宇
武陵吊伴武陵源三扬美誉广人间

——浦沅历年原创春联选（92）

浦沅女工服装秀。

浦沅女工钢笔字比赛。

演出前，化好妆，台上要有好形象。

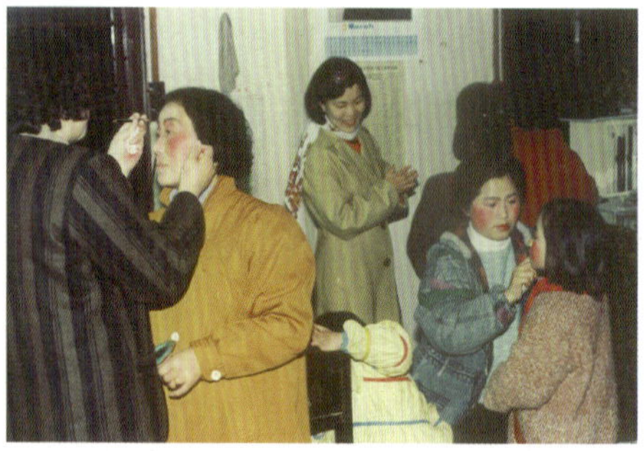

一切为了演出成功。

你唱我跳大家爱，群众艺术放光彩。

后来，食堂搞起了成本核算、经济责任制，职工们就再也没有了这等好事，美味佳肴也就成了一种珍贵的记忆。

再说3月8日。本来只是一个女同志的节日，但在大三线企业、大型机械厂里，女同志少，“物以稀为贵”。因此，在这一天厂工会觉得不组织个什么活动的，就对不起女同志。最初几年只是组织女职工搞些书法、毛衣编织、烹饪等小打小闹的活动；后来，就变为服装走秀、卡拉OK家庭赛等；最后，发展为大型歌舞文艺比赛，大有与中央电视台文艺会演媲美之势。

从人员参与上，开始只是女同志自娱自乐。后来觉得不过瘾，要吸引男同志来同庆。开头只是文件上一般号召，动不起来。干脆以评奖加分来鼓励，才取得显著效果。有的车间、部门为多加分，加大了男同志参与力度，又喧宾夺主了。工会再次发文，规定了加分的具体细则，男同志参赛比例便列在其中了。

还嫌不够，光群众乐了不行，还要干部参与进来，做到“干群同乐”。于是，又新拟了“中层干部、厂级领导参赛的加分奖励办法”。谁的部门、工会里领导多，就先天占据了优势。因此，动员干部参加节目，便是活动组织者们优先考虑、但又深感头疼的事情。不管你能不能唱、会不会舞，在舞台上挥动下红旗、晃动下标语牌，总行吧?有的实在不乐意，编导就会让其从台的这边，舞（跳）到台的那边，上场连一分钟时间都未到，评委们连其面目都未看清，有时遗漏了加分，参赛队就会找到工会领导要求追补。这一着，在两队得分“咬”得很紧时，还能“力挽狂澜”。一般情况下，就忽略不计了。因此，在三八节期间，只要是在厂的领导，都基本上过台，挣过“奖励分”。谁又何乐而不为呢?

当然，评选的重点还是看节目的质量。加分的方法只占一小部分，影响不了什么大局。质量好的节目，还是会囊括一等奖、二等奖的。“先天不足”的节目，男同志再多，即使加进一个班的厂领导，也还是改变不了落后的面貌。

到了“三八”那一天，上午还正常上班。12点一过，浦沅厂就开始热闹起来。参加演出的同志就忙着化起妆来，换上租来的、买来的或自个赶制的服装，顿时个个就像是电视台的明星，身价高出了许多。尤其是身后那一大堆工作人员忙前忙后：打底粉的、抹胭脂的、描眉毛的、涂口红的……都有明确分工。还有那些帮演员抱衣服的，更是辛苦。演员走到哪，他就跟到哪。演员稍一休息，他就会给演员立马披上衣服，嘴中还念道：关键时刻，千万不能着凉……演员们如还想亮一回嗓子、扭一下身段，他们就迅速地接下衣服，在一旁如痴似醉地瞧着，仿佛表演者就是他们自己。

更有出得众者，化好了妆，穿上了演出服，还会在车间、自个家和俱乐部之间穿梭不断，理由是“落了东西”。开头一二个，还能引起顽童们的好奇与追逐。后来，大家也见多不怪、习以为常了。这时的浦沅厂就像是春季里的大花园，一只只、一群群红的、绿的、蓝的、粉的“花蝴蝶”，一会儿飞到这，一会儿飞到那，更加丰富了节日的光彩，增添了节日的斑斓。

我那时是浦沅厂文联和工会文体委的委员。因为这些“官职”，经常也能担任文艺演出的评委一职。有一年，一中层干部W被部门拉来“加分”。他演出节目好像是《众人划桨开大船》，在台上就穿个红棉背心，想想在早春三月还是够冷的。我们几个评委还“勾结”在一起，折腾他：跳得不够高，未露肚脐眼，并“威胁”道：不看到肚脐眼，我们不加分……正式演出时，他真的特别卖力，的确跳了起来，我们也看到了肚脐眼，那是因为棉背心太短了的原因。我们当时都给了最高分，当然不是仅因为他，而是他们的节目整体效果、质量的确就是一等奖的水平。后来，这个“露肚脐眼”就流行起来，当今的女孩子还把它当作了一种时尚。

1993年秋歌舞比赛，我也被纳入了“加分”的行列。生产工会主席齐红英到处求爹爹、拜奶奶，还是求不到人，她自己也被逼参与其中。好不容易凑够了参赛人物，就抓紧时间排练起来。一到晚上，“扭一步，退两步”“手要舞起来啊”“脚要跳起来”……编导们就在你的身边，一个劲地念叨着。折腾了许多时间后，节目也总算有了个雏形。编导沈金凤又别出心裁地把我和另一个女同志从队伍中调出来，要求在舞台中间跳一段双人舞，这样一来，就成了主要演员。还要求四目对视、交流情感（意思就是要达到那种含情脉脉的效果）。我们又不是专业演员，很难演出那种效果，让“沈导”很是失望……眼看就要演出了，销售部李镇贵部长从长沙三番五次地打来电话说，陈厂长催得紧，叫我立即赴长参加厂办公楼楼顶的广告设计工作。我也无奈，只好向齐主席汇报。她亲自给李部长打电话，好说歹说总算为我请了假，并承诺一演出好，就马上叫我去长沙。事实也是如此，那年3月7日晚一演完，3月8日，我就赶到了长沙。

到了长沙工作不久，厂工会就将秧歌舞比赛的录像带到了长沙，供长沙片区的职工观摩交流。那天晚上，总厂办公楼的梯形教室里挤了不少人。放录像的是长沙办公楼的维修电工易天宇师傅。他也蛮“逗把”（常德土语：开玩笑）的，一放到我的演出时，就定格或回放，使我“丑陋”的形象和“穿包”的动作，在反复播放时，得以充分暴露，便引起大家的一阵阵笑声。这笑声透过窗户、穿过楼顶，久久地飘荡在厂办公楼宁静的夜空。

那笑声一阵阵的，被风儿那么轻轻一吹，又传递到了长沙城外更遥远的地方……

好枪好马上三线

难忘的浦沅味道

邹建平

我是1969年从澧县被浦沅招工进厂的第一批青工，后被分配到羊耳山煤矿培训。1972年12月回到了日夜思念的浦沅。从那以后，我就在樟树湾这块土地上一直工作到退休。

几十年的浦沅生涯，经历的事情很多。现在回想起来，有的事慢慢地淡忘了，但唯独有一个我始终没能忘，那就是“浦沅味道”。

何为浦沅味道？我觉得在上海菜的基础上融入一些湘菜的元素而制作成的那个味道，就是浦沅味道。这是沪湘饮食文化互相渗透的结晶，是我们浦沅独有的“饮食味”，一旦迷上这味，很久都挥之不去。

至今我还记得第一次走进食堂的情景，透过那清爽的玻璃窗口，我看到简陋而清洁的厨房案板上摆满了各种菜肴：有香喷喷的回锅肉、酱肉、走油肉、羊肉炖粉条，有配色丰富的狮子头、大扒、糖醋排骨、椒盐排骨、黄雀肉……真是花色品种齐全，色香味形俱佳，让人垂涎欲滴！

买饭时，炊事员将荤素搭配得特好，且菜品价格也比较便宜：一块两个火柴盒大的酱肉铺在青菜上，只要1毛2分；比手掌稍小一点的大扒，纯瘦肉，铺在时令蔬菜上也只要1角5分。这样价廉物美的伙食特别受人欢迎，也让我们这些正在学徒的、刚刚满师的、经济仍然拮据的青工实惠了好多年！高兴了好多年！这或许就是“浦沅味道”温暖于心的开始。

成家以后，食堂是去得少了，但大扒、酱肉和糖醋排骨的味儿却无论如何割舍不掉。有时候一端起碗，就很容易想起那喷香的味儿。实在想不过了，就放下碗筷去食堂买个两份解解馋。

劳模该属谁？问问我的胃。
酱肉加大扒，老杨最实惠。

浦沅职工食堂验收汇报会。

锅碗瓢盆交响曲奏乐乃是掌勺者
酸甜苦辣天下味品尝当属浦沅人

——浦沅历年原创春联选（93）

处在市场前沿，了解用户需求。

捕捉市场信息，掌握用户动态。

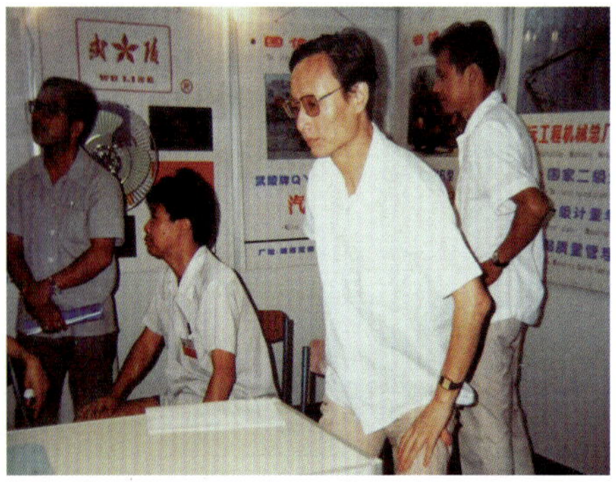
产品研发，紧贴市场。

后来食堂又推出了叉烧、卤菜、油炸带鱼、春卷、凉面，还有油墩子、酥油饼、蛋糕等各种点心。其中香气四溢、红艳艳格外诱人的叉烧是我儿子的最爱。没有叉烧他就吃不下饭。无奈，我只得每天下班后去食堂买一点，以满足他喜爱的“浦沅味道”。主妇们为了长久地照顾到家人爱吃的“浦沅味道”，常常把食堂的厨师请到家里拜师学艺。我先后向梁德炎学过烧大扒，向唐仲仪学过烧糖醋排骨。现在儿子从外地回家探亲，他第一个要求就是想尝尝“浦沅味道”，我就可以毫不慌张地烧大扒和糖醋排骨满足他了。

如今“浦沅味道”不完全是指菜肴了。伴随着大家对浦沅的怀念，浦沅人更喜欢把食堂里推出的任何一种传统食品都称之为“浦沅味道”，如正月十五的汤圆、八月十五的月饼、十二月二十六日的长寿面。

特别是每年三月五日的“为您服务一条街”，各个团支部推出的“浦沅味道”，更让东西南北的浦沅人为之倾倒、长久地想念！

提起“浦沅味道”，我想，大多数的浦沅人会立马叫出杨阿忠的名字。就是这位鼎鼎大名的杨师傅，带领着他的后勤班子，不断地研制和创新饮食产品，“浦沅味道”才如此深入人心。记得有一次“厂劳模”评选，杨阿忠的选票遥遥领先。

那阵子，吃食堂的青工鬼得很，顺口溜尤其的多：“手拿饭盆敲起来，谁当劳模你来猜？中餐吃得满嘴油，不选老杨你不该。”“劳模该属谁？问问我的胃。酱肉加大扒，老杨最实惠！”后来听他们讲，那一段时间食堂的伙食出奇的好！也许“浦沅味道”就是在员工不断的鼓励中浓厚起来的。

其实浦沅人在怀念“浦沅味道”的时候，更怀念我们已故的老书记、老厂长赵加胜。有人说过：老赵对食堂厚爱有加！他不止一次地在干部会上强调的一句话就是：厂以民为本，民以食为天。就是因这样的一句话，每年年底后勤部都要派专车从上海拉好多的带鱼、鳗鱼、黄鱼等海产品来改善职工的生活；也是因这句话浦沅建起了冷库和冰淇淋、冰棒、冷饮生产线。有些冰产品常德市还没有的如刨冰、咖伦等，浦沅人就先尝为快了。

“浦沅味道”不仅浦沅人难忘，就连灌溪镇、常德市的人也会忘不了。前不久，我与常德市的朋友聚会，大家在一起还津津乐道聊到了浦沅月饼、糖醋排骨、叉烧。有一位朋友还说：那一毛五的大扒和一毛二的酱肉啊，到现在我还想吃，还想那美美的味道！

北京传来好消息

赵菊芳

1968年7月，浦沅立项总投资2300万元，后因材料差价、项目增加调整为3500万元。其中，用于筹建初期的第一笔投资下达200万元。到1969年底，我们完成了“三通一平”、深井取水、结构放样间、汽车库及四栋单身宿舍和五栋家属宿舍的修建。

紧接着，大小结构、金工、齿液、装配、机修车间和材料库、半成品库的吊装施工，新五栋家属宿舍和厂区、生活区道路的铺筑，急需上级下达第二笔投资。

但第二批投资的批复却困难重重，当年国家铺开重点项目很多，传说中“南浦沅、北黄河，两个项目只上一个……”浦沅被列为“原地踏步”。

听到这些消息后，赵加胜带着筹建处的浦毅中、沈奎元、王荣根、张关明、张荣赓、俞明国等夜以继日地核算、讨论修订投资计划，奔走游说于国家和一机部各部门之间。从1969年11月16日至12月5日，经过不懈的努力，总算争取到“浦沅”“黄河”同时上，第二笔投资一次批准800万元，这真是天大的喜事！喜讯传到浦沅工地，职工们奔走相告，一片欢腾。

百字文 两篇

王家齐（左篇） 倪春林（右篇）

看
浦沅
正当年
志存高远
却别了人间
心滴血泪打转
痛苦失落不堪言
拒绝呻吟抱团取暖
浦沅人站起撑住了天
精神可疗伤文化能祭奠
恰逢纪念建厂五十年
回忆创业苦辣酸甜
诗词歌赋文连篇
群里如逢春天
亲们莫等闲
百花争艳
好文鸾
抢鲜
看

时不空过

春回大地

恋
浦沅
五十年
共苦同甘
往事在眼前
工友相照肝胆
艰苦创业豪情添
唯我浦沅连中三元
不朽业绩光辉映蓝天
更有喜怒哀乐苦辣酸甜
新老五种精神后人传
爱与痛铭刻在心间
我们一辈莫等闲
五十厂庆纪念
好文章篇篇
恐后争先
老照片
怀念
恋

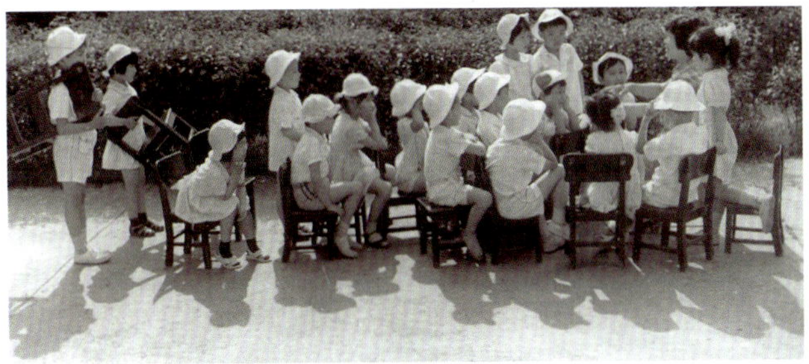

阳光·园丁·花朵

温暖的旅程

钱咏海

坐在沪昆线舒适的高铁车厢里，望着窗外急速掠过的景色，不禁回想起当年从浦沅回上海过年的情景。

凌晨两点，一个原本应该万籁俱寂的时刻，却因为一个特殊的群体变得热闹异常。呼唤声、告别声、工作人员的指挥声交织在一起。小花园门前的人声鼎沸，奏响了浦沅人迎新春的序曲。

当年浦沅到长沙，短短200多公里的国道，一路畅通的正常行驶也得4个多小时。遇到风霜雪雨、渡轮脱班，路途可能就会变成七八个小时甚至更长。为了使职工既能赶上9点多长沙开往上海的唯一一趟列车，又不用在长沙多花费一晚的旅馆费用，企业对职工关怀的凌晨班车，都会在每年春节前多批次开行。这个由数辆大巴和一辆行李车组成的车队，承载了多少浦沅上海职工对家乡的思念，也承载着老一代厂领导对职工的关心。

多少次积雪中停下给轮胎加装防滑链，多少次为了召唤对岸渡轮焦急鸣响汽笛，多少次因为寒冷在没有空调的大巴上跺脚取暖，又有多少次不停擦拭前挡风玻璃上的雾气……

给每位需要回乡的职工和家属都解决火车票，甚至在出行人数高度集中的那几天包下整个车厢，在今天这个交通高度发达的时代都算是一个羡煞旁人的“壮举”。时隔多年，当我们偶尔回忆起那时的情景，才突然明白：这份温暖来自于对家乡满满的思念；这份温暖来自于企业对职工的关怀；这份温暖来自于浦沅人在困难中的互助互爱；这份温暖来自于那个年代作为一个浦沅人的骄傲。

薪火相传，语重心长。

从工大走出来的年轻人。

当年的浦沅团委办公室。

深秋时节看菊展。

元宵佳节有灯会。

逛灯会，闹元宵，浦沅人人乐陶陶。

浦沅厂的花和树

冯烁

清明，桐始华。“拆桐花烂漫，乍疏雨，洗清明”。泡桐树平凡，花亦平凡矣。可每到阳春，白云蓝天之下看那一树紫花或白花绽放，心里都会涌起温柔。

桐花太常见了，小时候在浦沅厂区长大，厂区里的泡桐树满处都是，记得在桐花盛放的季节，走过树下，能闻到一阵独有的桐花的气味，浅浅淡淡时还能算是芬芳，稍浓烈些就让人觉得不适。有时走路小果粒会打在头上，如果夜来风雨狂骤，早晨就能发现泡桐树被吹倒了几棵。桐花虽然不起眼，但是多了也就免不了观察它，感受它，渐渐发现桐花有大有小，有白有紫，在每天上学路上有一棵特别美的泡桐树，开紫色秀美的满枝繁花，那时天空颜色美丽，蓝紫色的天空下一树紫花，真让人恋慕，读了多少年书，就欣赏了多少年。

浦沅是一个内迁的三线企业，在那个清贫年代，父辈们用对生活的热情把本来是铁骨铮铮的重工企业装扮成了柔情温暖的花园。孔子说过：“多识于鸟兽草木之名。”依托那个美丽的小天地，很多像我一样的孩子完成了人生最初的植物课，认识了太多的草木，不名贵，却亲切温暖。

上学路上两旁的法国梧桐，每年看它从春天萌发新枝新叶，渐渐繁盛到夏天在空中交织成浓荫匝地的林荫道，到秋天结了双双对对悬铃般的果实，被风吹起果絮满天乱飞，再到冬天，黄叶枯落，等待来年的生机。周而复始，多少人的生活也交织在这年年岁岁的轮回里，刻画进这两行法国梧桐的年轮中。

还有校园里的海棠，开花时的明艳耀人眼目，虽然只有小小一株。曾经写过一篇作文描写海棠，被老师当范文读了，却又加上一句“大概是摘抄”，竟能让人同时体会得意与失落两种情绪。

紫薇、紫荆、鸡冠花、指甲花、木芙蓉、蜡梅、广玉兰、葡萄，甚至碰到了会手腕起小籽的夹竹桃，每一种花木都有其特别的记忆，开在那么多年前的小花园、学校、幼儿园，却又穿过那么久和那么远，一直开放在没注意到的内心深处。每年在小小曲径雕琢的“晚晴园”里举办的菊展，沿着游廊，无数盆菊花长长地摆去，或者在假山上高高低低地布置着，看来看去，那些肥的瘦的，大而独或小而丛的，明黄的暗红的，甚至淡绿的墨黑的菊花，都给我留下深刻的印象。离开浦沅后，这些纷繁披离的菊花再也没有见过，却在人生之初已经留下了一腔五柳先生的热情。

对了，还有美人蕉，美人蕉开花的时候，火红的花不是小伙伴欣赏的重点，而是偷偷折下花朵，吸花朵根部的花蜜，吸过的所有花蜜里，这个是最甜的。

就这样，没有老师的植物课，成为童年的乐趣，那个植物丰茂的地方，也成了童年的桃花源。

现在身边依然每个角落都有泡桐。每年桐花开放后就是雨季，常在雨后经过泡桐树下，听到身前身后“啪”的一声轻响，那是一朵桐花落下了……满地桐花在雨后不久就踏成了泥。有时爱并不是因为珍贵，而是因为陪伴和亲切。平凡的桐花，就像身边多年老友，带着遥远年代的气息，安心舒怀，是我所爱。

和　谐

诗选八首

许近仁

渐 河

我看见你，就看见了夏天
想起游泳时的姿态，心领神会地
捡拾那段回忆
野鸭子般地揉揉腰杆
眼神自由地翻飞，心灵羽毛上
脚趾之间，浪花原汁原味

四十年后，我的心溪黑暗无底
化学名词长满了络腮胡子
它不能想春天的故事
不能和鱼儿跳绳游戏
排水口心肌梗塞，血液不能
到达心脏明亮后院

在它们谋反之际
水已不是黄浦江足洼里那一捧波光
水也不是内迁人的肩膀从太阳山挑回来的汗水
水像是王阿姨瘦小的乳房中流出来的眼泪
水像是咱们族群分娩出来的淤血

朋友呀，我想掀起一场风暴
推翻一河病毒
让萌芽于远古的火焰
在大地上重新种上水

抛丸机

这里是雷的旧居，
机声盖过霹雳，
这是前进着的钢铁小伙，
接受一场洗礼。

烟云弥漫的帷幕里，
铁丸组成强大的火力，
像英勇的钢铁师团，
不惧任何横逆。

扫去点点残沙，
迎着痛苦的锤击，
呼啸声中的生命，
渐渐发育成熟。

我听到，我听到——
哦，你的旋转，你的呼吸！
季节的优良，优良的季节里，
我们的时代不也是一台抛丸机？

备战备荒为人民

为您服务一条街

王家齐

主席题词，学习雷锋；
浦沅纪念，变成行动。

为您服务，一年一度；
团委倡议，青年赞同。

每年三月，周末行动；
八点开街，人如潮涌。

裁剪拼补，针线缝纫；
免费服务，单身受用。

陀螺积木，铁环弹弓；
飞天气球，喜煞儿童。

图书杂志，诗词歌赋；
少儿青年，文艺沙龙。

地震年

1976，风声鹤唳，后来才明白，全国处于地壳活动年

那年冬天
有一群麻雀倒下来
东南西北中
玻璃哐当哐当摔东西
晚上，梦锉得尖细
尖尖细细的梦，常捅醒躺下去的人
有一只蛐蛐，从缝隙中探出头来
看看睡觉修改的姿势

那年冬天内心的草丛里，灯光很零乱
可俱乐部，挤满了一场一场歌剧
一个清晨，丈夫“解放”了
饭桌椅填满了空缺多年
那年，鸢尾花来看她
蚁群细密的针脚暖了风云变幻
一弯月亮被女儿压成马鞍
一个家在马背上幸福地摇晃着

不速之客

“吱”的一声
第一次看腾空而起的
打桩机，一根桩写一个字
惊醒响尾蛇触须。它洗浴到
故事中心，怕后面有人追
索性爬到水泥管上面——
瞿瞿声里，纹丝不动，水泥大瓦在天空像渡船
天空挤出太多的焊花语言
它按捺不住豹子般激动
焊花到哪里它奔到哪
用一阕无序的身体舞蹈
对新世界格外眷恋

“吱”的一声
它的洗浴，已不是一阵暖昧
桩锤埋下太阳和月亮
埋下波浪和潮汐
它把车间当枕头，把窗子当成鱼
它侧身听马达情歌用一条声音的河洗洗脸
听“嘭嘭”的脚步震颤
自己已被媒体曝光一览无余

荣冠三军

当年英俊潇洒的浦沅篮球队小伙子。

曾经

厂址尘埃落定，由电通、路通、再到水通，过渡到基建全面铺开。

我曾经是一次远途的迁徙
脱掉城市高跟鞋，和蚯蚓、蟋蟀的声音一起
走进清澈工地、留下喧响和冰冷细节
我曾经把寂寞以外的事忘记，走进山涧有关的温度
驱走情感上的岚雾梅雨

我曾经雪一样慢慢融化，琴一样涓涓潺潺
站着创造缤纷，卧着也是母亲儿女
长卷十里，用力推开石头和月亮交谈
我曾经让蝴蝶跟我寻一份工作，成为山的结合体
我曾经从身上倒出去，又从身上收回来能量和力量
隐蔽微小波澜，藏身建设路线

我曾经走走停停，内心的前一滴喊后一滴
上马和下马，像种树种上一棵又拒绝一棵
路程的折痕越多，总有儿子的怀念，挥舞大禹的长鞭
有时站在大路边，有时睡车间，构思干打垒春天
有时爬到屋顶，伸展四肢，暖一暖阳光身体
雨天休息，越过墙的月亮，淌弯了生命四季

“水”有说比银子贵
城里人能尝，山里人也能喝
从虎的脚印如注走过二三百米，幽会地下水
珍藏一生的信念，亲吻红土地
水珠最后一颗溅到我时，读了五十年
如今，还湿在三线心情咫尺之间

其实

以此献给三线建设的战友们

其实，内心的樟树湾有几座
那些回不来的山里几个湾
仍是我梦想停留的地方
心口对着海浪般“假想鬼”
一把凉风摸过它们的脸

其实，山里后生听父辈五十年前
鸟声、树声、捣衣声是回不来的黑白音乐
阳光、水光、星光的背后，一张
蓝图上的虚点，是粮票换鸡蛋的上马时间
如今心室内的尿味打扫得干干净净的了
眼前的樟树因模糊而寂静
树和我是最后的虚点，被一阵风吹成云烟

原谅我的豁达胸怀对往昔的留恋
多少年了，胸内爬过的烽火儿女
心里的山崖月光如今一根根暗下去
一对石狮子不说话，黄昏跌向山底
我用摄像机翻耕篝火烧过的地方
镜子墙如今长到了毛毡浴室
突击手称号在镜子里表情痴呆
指挥部里一双战靴、一条标语替代了麻辣担担面
车间的头版新闻不是一只鼎或者瓮
眼前明晃晃的光，色香味眼花缭乱

我从迷离的歌声里挤出来
突围出来粗糙的脸和松弛的肌肉
离开了烛光身影、肚皮舞和追星族
这一片前半生奋斗、后半生冷落，根根老叶
已填满牙槽牙缝里细长的小幸福

花盆簸箕，衣架铁桶；
利废为宝，廉价耐用。

单车维护，修表修钟；
电器检测，包你好用。

法律服务，解惑轻松；
医药咨询，受益大众。

美食尝鲜，其乐融融；
排骨叉烧，春卷莲蓉。

老将出马，领导助阵；
擦鞋修鞋，样样精通。

为您服务，蔚然成风；
浦沅特色，永存心中。

（《为您服务一条街》 完）

回到干打垒

用贝壳捣成粉，与黄土石灰混合制成，可以砌成
三层高楼宇。当你想起老屋的时候
总不喜欢回答自己不喜欢问的问题
我在那里抱过年轻的身体年老的身体
听过毛主席骑毛驴来的消息
我不愿离开皮肤里散发出来的洗脚气味
向雷电谢幕，抱着神灵，背着蚂蚁逃离

我和乡亲们见过多次面，他们说
快回来吧，这里收养一根根白发
回忆回忆读书童年。但我总是
丝丝缕缕地倾诉，又一次次皱眉静谧

我要归去已经忘记一生的委屈和卑微
可以说，那住房，只置换在沪宅地一 平方米
包括高价噪音和按揭空气
如果我蹲进一个平方米，袜子典当
赤脚走进《辛普森一家》，我就是
瘦小狗和伶仃鸡

酷似露珠的脸，仰望直冲云霄的楼顶
那发光的幕墙，滚下向往的苦泪

寄居家里，我上网联络收养人
肯收养的仍是最初身体，冬暖夏凉
西部120 平方米空间
温暖那只家猫，见我把眼睛揉了又揉
正向乡愁客车敬礼招手窗前

架 线

我一直怀疑
这些线是从月光里拉出来的
拉出眉梢上的心情，长久地悬挂起来
类似用心启明的光明树，虚构夜晚的繁荣
为景象升温不断地升值

我一直怀疑
一路踩着的松槐记得，拉断风雨
竟是梦里抽出来的几根丝线
地名新绣，亮着班车、邮车、粮车
一直亮到羊的嘴边

四十年后
一根线接通万根线世代变迁，眼界扩容
联合带上电
为把月光削成紫藤、牵牛缠绕黎明之前
乘蝙蝠瞌睡间隙，倒伏绕星光

移动盘旋鼓点
队长脑颅里残片记得
两片云接通之间，疼痛从黑夜里榨出的柔软阳光
够养活家里的几只雁
雁飞过的车间，重整阳光起点

浦沅齿液车间工人生产忙。

在“非典”肆虐的时候

倪春林

2003年春天，一场突如其来的“非典”灾难降临神州大地，对中国的影响深刻而广泛。灾难，无疑是考验一个国家、一个民族、一个政党、一个单位应变能力的试金石！浦沅销售公司是集团公司对外的一个窗口，每天迎来送往来自祖国各地的客户，尤其是驻扎在外的200多名销售、服务人员分布在30多个省、市（直辖市），有许多人还身处“非典”的重疫区，他们的安危冷暖，每时每刻无不成为集团公司、销售公司领导们的牵念！“非典”制造着可怕的灾难，也给每一个人带来严峻的考验！我们中华民族经受住了考验！我们的党经受住了考验！同样，我们销售公司也经受住了考验！广大驻外销售、服务人员在“非典”期间表现出来的浦沅人大无畏的英雄气概，无疑成为我们销售公司战胜困难、夺取胜利的法宝！他们有战胜困难的昂扬斗志和必胜信念；他们实事求是地分析形势，沉着冷静地面对挑战，坚韧不拔地克服困难；他们在困难和挑战面前不惊慌、不退缩、不悲观，顽强拼搏，坚决同“非典”斗争到底！他们是真正的英雄！他们是浦沅新时期最可爱的人！

“两军相遇勇者胜”。春节期间，第一例“非典”病人在佛山发现，不久广东省疫情蔓延，无情地吞噬着人们的生命。身处“非典”疫情高危区的华南大区全体外销、外修人员，和广东人民一道经受着这场惊心动魄的考验。就在许多南下打工民工们惊慌失措地卷起行囊仓皇离去的时候，华南大区没有一个人退缩，人人坚守岗位，各项工作都照常进行。销售、服务的工作性质决定了外销、外修人员必须经常外出，无论是疫情高发区的华南大区和北京大区，还是疫情相对缓和的东北大区、华东大区、中原大区和直属科点及服务站，只要是客户的需要，他们都会义无反顾地赶往现场，和往常一样尽职尽责地履行着浦沅人的神圣职责。他们行万里路、吃百家饭，流动性很大，而外出工作的次数越多，感染疫情的概率也就越大。而我们的外销、外修人员并没有被吓倒，他们首先是依靠科学、群策群力，做好预防工作。面对疫情，各大区主任、科长、服务站站长高度重视，制订了一系列防范措施，严格要求大家做好个人保护。各大区给大家购买了口罩、体温计和预防药品，对集中活动的公共场所、公用设施和员工宿舍，每天坚持清扫消毒、药剂熏蒸，还督促部分员工改变不讲卫生的陋习。华南大区还配制了预防“非典”的中草药，指派专人负责煎熬，让大家每天服用。为了控制口腔传染这一源头，各大区主任要求员工尽量不要在外就餐，各外销、外修人员一完成指派工作，就迅速赶回驻地，不接受客户的请吃，塑造出了浦沅人新的形象。原来，北京大区员工早餐都是个人在外解决的。最近两个月来，几乎都是北京服务站站长李荣伟等人在大区食堂给大家做早餐。在家从未下过厨房的李荣伟，通过“非典”的磨练，又增加了一门新本事。他每天早上6点起床，为大家做早餐。为什么？“保一方平安”，李荣伟回答得特别简单和干脆。此外，大家还建立了相互关照的互助制度，无论何时何地，一旦发现谁出现疑似病状，立即报告，赶紧送医院检查和就诊，人与人之间比以前关爱了，灾难使人们增添了凝集力。“非典”肆虐让不少人明白了一个道理：关心别人，也就是关心自己，团结一致才能取得胜利！“非典”在我们英雄的员工面前退却了。两个多月中，

水下等离子切割机。

浦沅自制专用工装——大梁翻身架。

产品结构调整企业效益蒸蒸日上
经济体制改革中国前景欣欣向荣

——浦沅历年原创春联选（94）

技术人员把绝活教给青年工人。

戴上了大红花，当上了厂劳模。

刻苦学习，优秀共产党员、高级工程师王志勇获得多项专利。

销售公司驻外的200多名销售、服务人员无一人感染，个个身体安康，心平气顺，他们都忘我地奋战在各自的岗位上，将这段难忘的非常的经历留在了永远的记忆里：

记忆一：“非典”期间，各省、市都采取了严厉的防范措施，“外地人不许进入”的牌子等挂在各单位、社区的大门口，尤其是湖南疫区的人更不让进。各大区、科点及服务站负责人及时化解大家的不理解情绪，要求大家正确对待、积极配合政府采取的各种防范行动，同时要求我们的销售人员要做到销售、“抗非”两不误，我们的服务人员要做到服务、“抗非”两不误。不让进门，就在家多打电话，主动与客户联系。要资料的、要修车的，我们的外销、外修人员就主动上“门”。这个时候，“门”字的用义就特别准确。河南科马清平科长站在客户单位大门口，与客户洽谈业务，情真切切。江苏服务站朱大林率领售后服务人员利用中午、晚上休息时间，通知客户把车开出门修理，及时为客户排忧解难。有的客户吊车不能动，他们想方设法，不惜花费较大的代价，包租当地的车辆“混”进客户单位大门，解决了客户的燃眉之急，维护了浦沅品牌的声望。

记忆二：在“非典”猖獗的日子里，我们的外销、外修人员每天都要频繁地接到电话和手机短信，有亲人的、有朋友的，也有领导的；有询问疫情的、有祝福保重的，也有劝其早日速归的，话语里无不充满关怀和忧虑。然而，他们没有人动摇，没有人畏惧，浦沅人多年形成的凝聚力在危难时刻释放着超乎寻常的能量！难能可贵的是有的同志此时此刻还主动从家里赶回到工作岗位。湖北科科长谈景德去年年底在赴客户单位的路上出了车祸造成腰椎骨折，一直在上海家里养伤。在“非典”疫情严重的4月里，他腰伤并未痊愈，却离开了上海，回到了工作岗位，表现出了“明知山有虎，偏向虎山行”的英雄气概。新业务员欧惠文，自春节来到河南，一直未离开工作岗位，为了开拓市场日夜奔波。在兰考等地，他多次被当地防疫人员以外地人不许停留的理由“请”出了招待所，但仍然想方设法地留在当地工作。

记忆三：往年“五一”长假都是销售公司部分驻外人员回家与家人团聚的日子。由于“非典”的影响，销售公司认真贯彻集团公司36号文件《关于认真做好非典型肺炎防治工作的通知》的精神，及时发出通知，要求广大外销、外修人员坚守工作岗位，在驻地好好休息，避免“五一”期间探亲引起的交叉感染和扩散传播。各大区、科点和服务站服从总部安排，做员工的思想政治工作，说明每个员工在国家遇到重大灾害时所应承担的责任，使大家安心坚守在销售和服务工作的第一线。在与“非典”作殊死斗争的过程中，许多人、许多事情令我们感动，使我们感悟：销售公司确实是一个特别能战斗的集体，她让你甘愿奉献自我，全部投身到这个大熔炉里。这个熔炉可以激发和调动起每个人的光和热，去完成一项令将来、令后人回想起来就特别有意义的事业。

记忆四：与“非典”的斗争，无疑是一场没有硝烟的战争。江苏服务站朱大林至今还清楚地记得：有一次他们刚给一家客户修好车，手还未来得及洗，就传来消息，说这一带发现疑似病人，要立即封锁大门。他们立马从后门出来，赶回了驻地。如果当时不是判断准确、技术过硬、修理及时，那就要增添许多麻烦，贻误战机。胜利油田井下作业公司的一台浦沅吊坏了，整个工地的生产进度受到了严重的影响，客户很着急，打电话给山东服务站，要求急派服务人员进现场修理。当时正值胜利油田有“非典”的疑似病人，整个油田和东营市已全部戒严，所有的车辆和人员都不许随便出入。在这进退两难的时刻，李波站长站出来，斩钉截铁地说：“去！”说句实话，在那个时候去了之后结果谁也料想不到，有可能进不了；也有可能客户还未见到，人就被隔离了。最后，李波还是想办法，到了离济南有300多公里的工地上，把吊车修好后，第二天通过体检，安全回到了驻地。客户打来电话感谢，称赞他们是一支有战斗精神的服务队伍。

记忆五：“非典”时期，广州市一手抓抗击“非典”，一手抓经济建设，地铁三号线的施工日以继夜地进行。午夜，一台忙碌吊装的浦沅吊忽然出了故障，如不及时排除，既威胁施工人员的安全，又影响工作进度。客户拨通了广东服务站的电话，请求紧急派人抢修。当广东服务站连夜派人派车赶到工地门口时，却被一戴口罩的保安拦住了，说是“非典”时期，非本单位的人员和车辆一律不许入内。最后，客户只好请来了工地指挥和大夫，给他们测量了体温，又发给了口罩，才允许修理人员进去，但服务车仍然不能驶入。修理人员只好徒步赶到工地现场，即刻对起重机进行了检修，发现了故障。但由于工地现场的限制，他们只能将损坏的装置拆下，带回服务站修理。从广东地铁工地到南海大沥修理厂，一个下半夜（不算修理时间）仅行车就跑了两个来回。终于在凌晨5点，将起重机修好，客户的脸上露出了笑容，吊车的隆隆作业声又飘荡在工地上空。

记忆六：我们在“记忆一”中说的是进门难，现在应该说吃饭难、睡觉难了。寻酒家吃饭，找旅馆睡觉，这些在平时是举手之劳，在“非典”流行期间都成了难上难的问题。饭店关门了，旅馆规定不接待外地人。这给我们的外销、外修人员造成了极大困难。饭店不开门，就自带干粮，饿了就啃干粮；旅馆不让住，就睡在客户单位、农民家，甚至工地上。前面我们说到的山东服务站的李波站长一行，在胜利油田服务后，天就黑了，找了多家旅馆处处碰钉子，最后没有办法，客户只好带着他们在工地现场上睡了一晚。青岛科杨军科长在临沂投标，半夜11点半仍在找住宿的地方，最后在当地客户的帮助下，开后门才得以解决住宿问题。这些困难，我们驻外的每一个销售、服务人员都遭遇过，他们都用积极、主动的态度去克服，动人事迹不胜枚举。

……

“非典”威胁着人类，对经济建设产生了巨大的负面影响。而我们英雄的浦沅人却在与“非典”的斗争中，创造出了极佳的生产、销售业绩：月月超额完成任务。尤其是4、5两月创造了浦沅新的辉煌：汽车起重机每月生产、销售双过亿。由于广大外销、外修人员的忘我拼搏，极大推动了整个销售工作的向前发展，5月份起重机销售收入1.22个亿，创造了浦沅销售史上月销售额的最新纪录。

“非典”的阴霾已经散去，阳光重新普照大地。抗击“非典”的斗争造就着英雄，呼唤着英雄。我们英雄的外销、外修人员在应对危机、战胜灾害的考验和洗礼中，加速了自己的成熟，实现了自我的超越！销售公司在非常时期汇集起来的凝聚力，在未来的销售工作和振兴浦沅的事业中，将继续发挥不可估量的作用！

壮哉！我们英雄的外销、外修人员！他们是献身浦沅、振兴浦沅的真心英雄！谨以此文伴着鲜花，献给我们广大的亲爱的驻外销售、服务人员！

（笔者的话：在与“非典”的斗争中，我们广大的外销、外修人员中涌现出了许多可歌可泣的英雄事迹，经常使笔者按捺不住心中的激动。这些天总有如鲠在喉的感觉，现在终于写成了这篇文章，找到了一吐为快的感觉。在整个写作过程中，我总感到：自己只是一名建筑工人，用砖头、用泥浆在砌这面高墙。为我传递“砖头”的有：华南大区龚雪辉、北京大区李新又、华东大区朱大林、中原大区何伟健、刘旷等，是我们大家一道努力完成这座“纪念碑”的建筑。在此，一并表示衷心的感谢。）

浦沅情

瞧瞧人家的设计。

上水平人机料法环层层控制
抓质量刨铣镗磨钻道道把关

——浦沅历年原创春联选（95）

夜间课堂，厂长开讲。

参与两个结构厂筹建

辛林珍

顾乃昌师傅兢兢业业地工作。

顾乃昌师傅（后排右一）和昔日日夜奋战的工友们。

顾乃昌师傅协助筹建的结构二厂早已形成规模。

顾乃昌师傅是浦沅厂冷作老前辈曹荣根的高徒，而在顾师傅手下的徒子徒孙又有十多个，里面不少是冷作结构的主要骨干，如胡天鹏、柏凤鸣、高林俊、黄明辉、张广制等，还培养了农民技术员李云华等人。

他从一个普通的工人成长为浦沅冷作工艺技术骨干。在攻克驾驶室顶棚低熔点合金冲压模时，他从实践经验中得出合理的压模系数，和湖南大学科技人员成功攻克了难关，解决了耗时、耗料的复杂工艺难题。

改进后的模具不仅提高了效率，保证了质量与美观，使驾驶室、操纵室的许多薄板部件一次成型，为大批生产汽车吊作出了宝贵的贡献。

他接厂部指示，协助灌溪乡筹建武陵结构厂，他全身心地投入到这项工作。从厂房平面设计、工艺布局到施工都亲临现场监督。

在安装30吨行车时，顾师傅更是一刻也不敢松懈，见到那些农民工缺乏实际经验，果断下令停止安装，建议聘请专业起吊工程队，保证了30吨行车顺利安全安装成功。

结构一厂的部分设备是浦沅厂各车间部门支援的。有的设备已经落实好了，可真要去搬迁，对方又变卦了。他又来回奔走协调，直到搬迁的机床落地安装完毕。

1990年，厂领导又把协助筹建结构二厂的任务交给了他。当厂房、设备一切安排妥当，业务来源又成了大难题，他又亲自到长沙跑业务，和长沙起重机分厂领导协调，把部分业务转让到结构二厂生产。业务接到后他又与其他技术人员一道，对青工进行传帮带，直到作出合格的产品零部件为止。

记忆中的“浦沅人”

马先明

奏响三通铜锣大鼓，挥起一管春秋词笔。浦沅五十华诞，我们来了！从天南地北，从五湖四海汇聚成一片欢乐的海洋……歌唱吧！舞蹈吧！因为我们都是浦沅人！浦沅人，多么亲切的称呼，多么自豪的名字！伴随着我们的成长，书写着我们的辉煌。浦沅人的许多动人的故事，早已融入铁山夜话、渐水渔歌中。

曾几何时，我们的老领导赵加胜厂长带领我们艰苦奋斗，励精图治。凭着浦沅儿女特有的聪明、特有的创造力，硬是在荒山野岭之中建造起一座气势恢弘的现代化大型企业，成了三湘大地的明珠、工程机械的骄子。浦沅吊车享誉中外，品牌屡登金榜。

浦沅人来自祖国的四面八方，有着不同的语言、不同的生活习惯，但干群关系融洽，邻里相处和谐，形成了独特的浦沅大家庭的氛围。

浦沅人能创造社会价值，更能享受生活的快乐：忘不了元旦的贺岁晚会、三八节丰富多彩的文艺演出、健美操大赛、服装表演；忘不了迎新年环厂赛跑、春节赛诗赛春联、春节热烈祥和的干群团拜会；忘不了3月5日学雷锋一条街、五四青年节青春舞曲的火热；更忘不了浓情端午节渐水河上中流击水、中秋佳节明月之下共尝浦沅月饼香甜无比。

在那激情燃烧的岁月里，浦沅人追寻着理想，憧憬着未来，创造着奇迹，书写着历史。现在回想起来的一件件一桩桩，谁不说咱浦沅好！虽然浦沅现在已经成为了过去，但在我们几代浦沅儿女深沉的回忆中却是永恒！

心中的丰碑

熊株陵

在中国版图的中东部，千年流淌着三条河流。东部一条叫黄浦江，在它的出海口上，伫立着中国最繁华的国际大都市——上海。中部的两条是湘江和沅江，它们千回百转后注入浩瀚的洞庭湖，千年古城长沙和常德坐落在这两江之滨。

三江之水，默默流淌。直到20世纪60年代，由于一个三线企业的诞生，湖南才有了跻身中国四大吊车生产厂家的荣耀，同时也成就了湖南工程机械基地的前世今生。这个企业的名字，叫“浦沅”。

历史的岁月：厚重

1968年，国家实施建设大三线的战略决策，上海工程机械厂从黄浦江畔部分内迁至湖南沅水之滨的常德，黄浦江和沅江的结缘孕育了浦沅。

1984年，浦沅与长沙新中机械厂实行省内首家跨地区联合，组建浦沅工程机械总厂。从此，浦沅在黄浦江、沅江、湘江三江之水的滋润下，茁壮成长，发展壮大。

1988年，浦沅雄心勃勃挥师东进，在上海松江建成了浦沅上海分厂，形成了以常德为生产基地、以长沙为科研中心、以上海为经营窗口的生产经营格局。

1993年，浦沅作出生产中心向长沙转移的重大决策，决心借助省会城市的政治、经济、文化的优势，让企业的发展再上一个新台阶；1995年，浦沅兼并长沙空心砖制品厂，在长沙泉塘筹建湖南省工程机械基地。

1997年7月，第一台25吨汽车起重机开出车间大门，基地正式投产。浦沅已发展壮大成国内知名的企业集团。拥有总资产近12亿元，年销售收入达13亿。在全国各地建有30多个销售科点和维修服务站，产品行销全国各地，并出口到18个国家和地区。

浦沅先后获得“全国五一劳动奖状”“国家一级计量单位”“国家二级企业”“全国现场管理先进单位”“全国质量效益型先进企业”等荣誉称号。通过了ISO9000国际质量体系认证，主导产品汽车起重机四次获得国家银质奖，连续五次被评为“用户满意产品”，用户赞誉有加，好评如潮。

奔流不息的三江水，见证了浦沅辉煌的发展历史；奔腾向前的三江水，伴随着一代又一代的浦沅人自强不息。

奋发的征程：求新

在计划经济年代诞生的浦沅原定是生产桩工机械和压实机械，当轰隆隆的压路机造好后，浦沅人才真正感受到了三线企业的先天不足：常德没有铁路，围绕企业的四条大江上竟没有一座桥，产品运输成为一个大问题。浦沅开始寻求着变革，他们用“黄河”卡车作底盘，造出了浦沅的第一台汽车起重机。正是这台其貌不扬的汽车起重机奠定了浦沅主导产品的发展方向。

浦沅人把汽车起重机越做越精，越做越精的汽车起重机把浦沅人带入了一个崭新的天地。

历史进入20世纪80年代，浦沅人踌躇满志地要跻身世界先进行列。此刻，他们清醒地认识到：开放也好，引进也罢，民族工业的振兴是“买”不来的。浦沅人向世界宣告：联合设计是商贸谈判的唯一前提。浦沅苛刻地选择着世界，世界欣喜地接纳了浦沅。

浦沅引进的不仅是硬件的购置，更是一种先进理念与思维的吸纳。

迎佳春闹佳春今春明媚
庆新年拜新年来年丰登

——浦沅历年原创春联选（96）

下决心挖潜力当为武陵添色
立壮志破雄关敢与加藤争雄

——浦沅历年原创春联选（97）

现场示范，现场交流。

劳模表彰，盛况空前。

职工当兵，全厂光荣。

浦沅人放歌天惊地动
武陵吊扬臂雾散云开

——浦沅历年原创春联选（98）

当时引进的是德国利勃海尔的一台车，成就的是浦沅全路面汽车起重机产品的一个系列。

20世纪90年代筹建的工程机械生产基地，浦沅人以更大的气魄和更宽阔的胸怀吸收着世界科技的精华：37000平方米的厂房是按世界一流的标准设计建造；车间内有从美国、英国、日本、俄罗斯引进的一流设备；有仿德国利勃海尔的一流工装和工艺布局。现在，基地已形成年产2000台中大吨位汽车起重机的能力。

企业技术力量雄厚，产品采用计算机辅助设计，建立了CAD工作网络和由电脑控制的液压实验室等多个实验室；几十年风雨兼程，浦沅已从当年一个普通的三线企业跻身于中国机械500强第142位，成为湖南省十大标志性工程企业。

几十年春华秋实，“高点引进，高点起飞”的“双高战略”，促使浦沅在国内建立了广泛的合作关系，促进了浦沅与日本加藤、多田野、三菱以及美国格鲁夫、德国利勃海尔等世界著名公司的技贸合作。广纳博取，兼收并蓄，浦沅形成了独特的科技开发能力：

8—130吨汽车起重机品种齐全，应有尽有；

12—50吨H系列汽车起重机性能卓越，豪华气派；

3—8吨随车起重机应用广泛，高能高效；

3—9立方米的混凝土搅拌运输车是浦沅为社会提供的精品建设机械；

3—20吨道路清障车、20米高空作业车在特种车辆领域独树一帜……还有军港维修车、军用抢险车、军用顺装车、集装箱起重运输车、集装箱侧面吊、扫描车、渣罐车、清扫车等一系列产品，作为一种雄厚的技术储备，为浦沅的品牌增添了沉甸甸的砝码。

浦沅的产品从三江出发，走向神州，服务社会；浦沅的产品从三江出发，为现代化建设助一臂之力。

艺术的运作：精细

企业的管理是一种艺术，浦沅紧紧抓住基础管理和质量管理，保证了企业规范有序的发展。

坚持不懈地抓好规章制度的建设，洋洋洒洒数十万字的《企业管理标准》成为企业管理的法典；

坚持不懈地抓好检查考核，浦沅自己创立的“模糊考核法”，最大限度地把各项工作纳入严密考核的范畴，杜绝了管理上的漏洞和死角；

坚持不懈地抓好班组建设，每年进行的班组评比、验收、升级活动，企业独创的命名班组激励形式，增强了“企业细胞”活力，不断推动班组建设向更高的层次发展。

在浦沅，各项管理工作都服务于质量这个主题。

浦沅有一个通俗易懂的质量方针：高于国内同类产品一个档次。

从1991年起，每年的10月被定为浦沅的质量月。质量月的活动丰富多彩：

组织质量知识竞赛和质量专题演讲，让员工现身说法，自我完善，自我提高；

开展合理化建议活动，举行QC成果发布会，集思广益，群策群力；

企业在关键岗位建立质量监控点，设立特别重视质量奖，让大家明白，光荣不仅属于高产者，荣誉更属于优质能手。企业实行优质优价的质量分等计酬制，推行“精细工程”，全方位提高产品品质。

规范的管理如三江之水的滋润，让浦沅的管理之树常青。

人文的家园：温馨

人是需要一点精神的，一个企业更需要一种精神。

几十年来，浦沅人在不断创造物质财富的同时，也在不断建造着自己的精神家园。

企业从重视对人的行为管理，发展到注重开拓人的精神潜能；由重视满足员工多层次的需要，发展到注重培养企业群体精神。

企业开展的多渠道、多层次、全方位的员工培训，造就了浦沅一支以高级技师、技师为骨干，中级工为主体的技术工人队伍。先后涌现出一批全国五一劳动奖章获得者、全国劳模、全国新长征突击手、全国十大杰出岗位能手和省级、行业先进模范人物。

企业创办的《浦沅报》、广播、宣传画廊营造了一种浓郁的文化氛围。

各具特色的文化体育运动，把工厂的一年四季搞得红红火火，“春舞龙灯夏嬉水，秋赛三球冬练腿”的顺口溜就是浦沅人业余生活最好的写照。

“湖南省两个文明建设标兵单位”“全国模范职工之家”就是对浦沅这个温暖大家庭的最高褒奖。

历史的长河，积淀孕育了浦沅深厚的企业文化。

永远的纪念：丰碑

浩荡黄浦江，气象万千；浩然沅江，气吞云梦；浩浩湘江，气势万里。

在过去的岁月里，浦沅创造了一个又一个辉煌：

在今天，天南海北的老浦沅人聚集在浦沅建厂50周年的庆典中，怀念浦沅昨日的辉煌；

老浦沅人在黄浦江畔聚首，探寻浦沅人的精神源泉；

老浦沅人在昔日的樟树湾，缅怀逝去的岁月与青春；

老浦沅人在湘江橘子洲头，笑谈人生的风霜和磨练。

我们这一辈——共和国的忠诚儿女，无悔于三线的历练，“苦其心志，劳其筋骨”让我们学会了忠诚坚韧；

我们这一辈——共和国的建设者，无愧于“三线人”的称谓，“献了青春献终生，献了终生献子孙”，祖国发展的大旗上有我们热血染成的风采。

欲往明日，问道昨天。

今天，我们聚会在一起，是感召于一种精神的呼唤，是为了朝拜我们心中的那座丰碑——浦沅。

因为在浦沅这座丰碑上镌刻着我们不灭的信念，不死的精神，不朽的追求与不尽的思念。

《浦沅报》二十年记

《浦沅报》全体编辑

2003年12月31日是《浦沅报》出版最后一期的日子，套红的478期《浦沅报》被称为“绝版”。报纸在报眼的显著位置以醒目的红色标题“《浦沅报》告别浦沅人”，宣告创办20年的浦沅报正式退出历史舞台。

1984年11月8日，《浦沅报》诞生了。作为一种崭新的宣传工具，浦沅报在厂内引起了巨大的反响：平日里看惯了《浦沅简讯》，看惯了油印的32开《浦沅诗编》，看惯了一笔一划书写的黑板报，骤然看到铅印的四开四版的正规报纸，浦沅人都觉得眼前一亮，感到一种亲切，受到一种鼓舞。

时任党委副书记的汪正东作为这张报纸的创办人，为此倾注了大量的心血。他搭建班子，物色编辑，政治处的徐庆华和倪春林、办公室的杨立荣、技术部的沈春美、机修车间的熊株陵均被一纸调令召到了《浦沅报》的旗下。

第一任厂长兼党委书记赵加胜同志亲笔题写了《浦沅报》报头。汪正东同志亲自拟定了办报宗旨：反映动态，报告浦沅近况；介绍经验，促进各项工作；陶冶心灵，建设精神文明；艺海拾贝，丰富文化生活；并提笔撰写了《浦沅报》的创刊词：《全厂来办报》。

汪正东同志每次都亲自主持编务会，确定本期编辑主题，明确组稿方向……每到审稿之时，汪正东同志都亲力亲为，从文章结构到语句语法，从标题推敲到标点修改，一丝不苟。圈圈点点的删繁剔冗，字字句句的滋润点拨，把这群不知“编辑”深浅的年轻人送上了马……

创刊初期的《浦沅报》采用老五号铅字印刷，每版约需文稿3000字左右。因为手生，就是这每10天3000字的组稿任务也让几个编辑喘不过气来。他们向

首届浦沅报社人。

瞻仰前辈，陶冶情操。

前方车间又传来好消息！

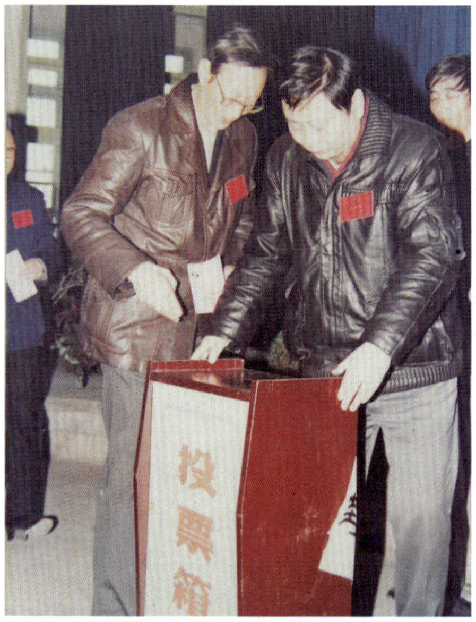

党代会上，代表们履行自己的权利。

浦沅思想政治工作年会。

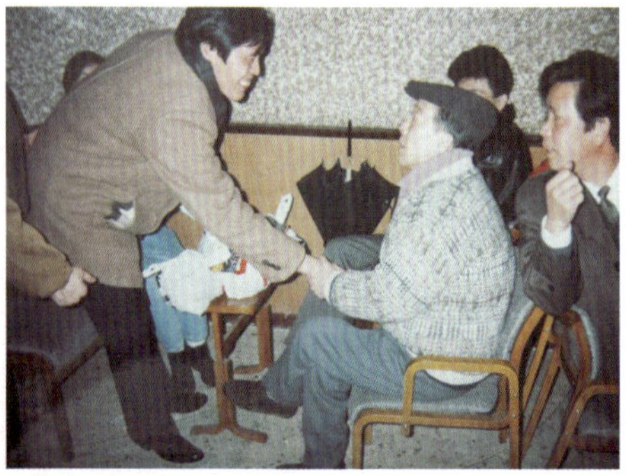

浦沅集团公司领导殷正富（左）慰问销售战线上的老前辈。

汪正东同志“求情”，希望将报纸改为半月刊，被严厉拒绝，汪说，逼一逼你们有好处!

就是这么一逼，逼得像热锅上蚂蚁的编辑们，钻山打洞去找稿；就是这么一逼，逼得编辑们都参加了人民日报社举办的新闻函授培训。

以现在的眼光看来，当年的《浦沅报》的确不足以炫耀，标题字体仅有三种，正文字体大且不说，由于是活字排版，一字一格，没有“伸缩”余地，文章的排版必须精确到每一行。常常有这样的情况，排版编辑是拿着计算器算字数与行数，文字编辑则守候在一旁随时准备删改文章，以适应版面的要求。版面使用照片就更加困难，先要冲印好黑白照片，再送到市里制成锌版，然后才能上机印刷。

文字编辑也没有现在这么潇洒，修改好稿件后要誊正在方格稿纸上，以方便统计字数排版。报社当时有专职校对员，杨建国、童国莲、陈凌云、姚梅芳老师、汪授煦老师都曾经是尽职尽责的校对员。校对也很辛苦，每期报纸都要跑印刷厂。就这样，编辑们使出浑身解数“熬”出一期期报纸，奉献给广大的读者，这其中的艰难辛苦，沈善福、李世斌这些曾经的老编辑是再清楚不过了。

浦沅人以少有的热情呵护着这朵稚嫩的小花，以宽容的胸怀包容着它的不足。还有令编辑们感动的各单位部门的支部书记们，更是把为《浦沅报》写稿、组稿作为自己义不容辞的责任，像艾菲、涂春娥、石家法、殷先菊、冯妙兰、李学俊、艾松明、刘雄辉这些“铁杆”通讯员的名字将永远留在编辑们的记忆中……

《浦沅报》这株嫩芽在众人的关爱中茁壮成长。

当年，王家齐同志在《浦沅报》上发表了一篇文章，题为《我是浦沅人，当歌浦沅事》。套用这个标题，就是《浦沅报》当说浦沅事，这成为浦沅办报坚持的一条原则。当年汪正东同志坚决反对搞当时盛行的“文摘版”，他说，我们花了钱和精力，一定要搞原汁原味的“浦沅货”。

20年来，《浦沅报》扎根浦沅，说浦沅人，道浦沅事，表浦沅情，像一柄越燃越旺的火炬，璀璨了浦沅人的精神生活。

原总厂厂长陈励青曾亲笔为《浦沅报》题词：《浦沅报》要高唱浦沅的《马赛曲》。于是，激情、向上成为《浦沅报》编辑心中永远的坐标：在索溪峪忘我救人的一群年轻人像史良、卢晓岚、甘雅兰等成为第一个在《浦沅报》上亮相的先进群体；令人唏嘘的刘庆松的故事让浦沅人感受到了人格的魅力，他是《浦沅报》为一个普通员工撰写的第一篇长篇报道；老书记汪正东同志立遗嘱骨灰撒浦沅，《浦沅报》的长篇通讯《一生正直，坦荡清廉》和《梅竹兰香伴忠魂》让人们体味到一位老共产党人、老浦沅人的无私胸怀和情操；还有《一个大写的人》全国劳动模范吴新民、全国五一劳动奖章获得者杨礼基的《中国工人的风采》、全国十大杰出青年岗位能手周全民青春的笑容……如灿烂的珍珠装点着我们的《浦沅报》。

20年来，《浦沅报》在浦沅人心中树起了一杆迎风招展的旗帜，它向全体员工昭示：在文明的范畴，精神永远是与物质并驾齐驱的风火轮。

当前路山重水复时，《浦沅报》展示将来的“柳暗花明”，为“新生的事物”摇旗呐喊。

1993年，浦沅决定向中心城市转移，员工中有的心存疑虑，有的热土难离，《浦沅报》围绕“热点”作文章，尽职尽责地做好“拨亮油灯”的工作；

1996年，浦沅尝试着由工厂制向公司制的改革，虽然是“年年小步快跑”，但员工的感觉是在“折腾”，《浦沅报》努力与党委保持一个声音：变，是永恒的，变革才能进步。

当变革风卷浪翻时，浦沅报坦言征程的坎坷，描绘彼岸的光明。

《浦沅报》“全程直播”改革的“赛场进程”，让员工体味改革的公平、公开和公正；《浦沅报》“全文转发”

改革的“游戏规则”，让员工在风浪中心里踏实。

20年来，《浦沅报》倾情打造了一个大众化的平台，让浦沅人在这个无形的舞台上展示自我的才华与风采。

当年热热闹闹的“双革四新”和“五小活动”，如星星点点的小花在浦沅的大花园里盛开。《浦沅报》采撷缤纷，典藏家珍：细长丝杆车削出神入化；仰焊双面成型令人叹为观止；亚温淬火蕴藏玄机……

浦沅报社积极策划参与的年年赛春联，把浦沅的年关闹腾得红红火火。春联擂台赛，高手云集，临场抢对，人们忘不了那“神思五分看谁丢笔称奇，妙联一副令人拍案叫绝”的喝彩满堂；春联润色赛，重赏求佳联，斟字酌句，人们忘不了那“五十‘大毛’改一字”，“勇者”雀跃的动人情景；春联满街红，上百副对联在清风艳阳中翻飞，染红长街一条，人们忘不了那“书生意气，挥洒天地”的豪情……

如果说赛春联还属“阳春白雪”的话，那么年年进行的“浦沅十件大事评选”就是地地道道的“下里巴人”了。4000人推选十件大事，365天豪情集“选票”一身，张张选票填写的是对浦沅的情和爱。手写的选票搭乘现代化的媒体，浦沅闭路电视现场直播评选结果揭晓……精神文明建设的平台像魔毯神奇地飞进了千家万户。

说起《浦沅报》的历史，我们不得不再次提到印刷之事。常德新源印刷厂拒绝了《浦沅报》这点“零星业务”后，我们不得不利用自己印刷厂的简陋设备来印报纸。浦沅印刷厂为了降低成本，不得不将铅字反复利用。也就是说，每期报纸印完后，检排工人又要将铅字一个个地送回铅字架上，工作量之大，常人难以想象。印刷厂的李金枝、王婉明、董晃等不厌其烦地配合编辑们出版着一期又一期报纸，每当看到她们满手油污、铅黑，我们都不由自主地心生敬意。就是在使用电脑排版后，为了赶印20版一期的《浦沅报》，印刷厂的何良育曾40个小时未合眼，的确令人感动。《浦沅报》正是由于众人的关心，才能蓬勃向上，不断进步。

20年来，《浦沅报》不仅培养了一批业务骨干，更像一位勤勉的园丁苦心经营着一畦充满生机的园圃。在这园圃里百蔬青翠，百果芬芳：汪正东的篆刻，内行落眼叫绝；霍日炽的漫画，业界小有名气；“大倪”的摄影、小顾的邮品、仕柏的美术、黄继雄的收藏，都曾为浦沅人津津乐道。

在这畦充满希望的园圃里，一茬茬的“土作家”层出不穷。从这里走来了满脑子幻想与浪漫的散文高手韩云衢、李宏毅和一周可采写40篇广播稿的“高产作家”向少勇，走来了最接地气的高产通讯员宋光佐，走来了退休后仍心系《浦沅报》的诗坛常青树许近仁和遍游祖国河山的“游记专栏作者”张叙明；还有楹联辞赋好手张光义和透着才气与灵气的才女姚爱菊，更有“提笔就想发议论”的“论说家”黄勇……他们始终在心中“供奉”着自己对文学的爱好与追求，保持着对《浦沅报》的一份情和爱。

1998年是浦沅建厂30周年，浦沅人用各种各样的方式表达着自己对工厂的爱，我们则用这畦园圃里的收获，编织成《浦沅情》《浦沅百星风采录》《浦沅共产党人》《浦沅文联个人作品丛书》等一组香气袭人的花环，编织成一份永远的纪念。

20年的岁月，《浦沅报》和浦沅人结下了深情厚意。

《浦沅报》向一切关爱过它的人致敬；

《浦沅报》向一切关心过它的人致谢；

《浦沅报》向一切关注过它的人致意！

安装浦沅电视台天线。

浦沅电视台。

浦沅电视台的建立，极大地丰富了职工的文化生活。

摄像机真神奇，刚拍的人物笑嘻嘻。

失信仰千尺阴霾蔽红场
循马列万丈光芒耀神州

——浦沅历年原创春联选（99）

纲举目张是当年最响亮的口号。

业精于勤荒于嬉，行成于思毁于随。

浦沅年谱

付新启 整理

1968年

3月25日—4月，一机部五局组织上海工程机械厂领导和职工代表赴常德地区选点踏勘厂址，参加的人员有：赵加胜、龚龙福、孔祥生、许文龙、陈励青、张关明、周贵生。

7月24日，一机部下达（68）一机军密五字第865号文件，将原拟建的长江建筑机械厂和滇北工程机械厂搬出四川和云南，改在湖南省常德地区新建，厂名定为“浦沅工程机械厂”，由上海工程机械厂搬迁、包建。

8月17日，一机部五局以（68）五规字第179号文颁发浦沅筹建处公章并批准启用。

8月22日，赵加胜率何楚雄、张关明、张永赓、黄锦福、沈公卿共六人，上午9点乘49次列车赴湘。吴蔚若、沈奎元、浦毅中3人8月20日赴京取批文、厂章后去湘。由此9人组成的工作小组在湖南开始浦沅厂的筹建工作。

10月18日—10月21日，在常德市大饭店召开浦沅厂总图审查会议，会议由一机部易俊卿处长主持，参加会议的有：常德军分区、常德地、市、县革委会、省建筑设计院、省建筑工程公司、省交通设计院、省工业安装公司、灌溪人民公社、建行常德办事处、上海工程机械厂、浦沅工程机械厂筹建处等。

11月9日，一机部以（68）一机军基字第1305号文批复浦沅总图布置方案。

11月14日—21日，在上海工程机械厂召开工艺设计审查会议，一机部齐珍、刘任两位处长主持会议。参加单位有：上海市机电一局、上海重机公司、湖南省建筑设计院、省建常德工程公司、洛阳建筑机械厂、上海采矿机械厂、上海建筑机械厂、上海新华铸钢厂等。

12月，常德工程公司第二工程处施工队伍进入现场，公路桥开建。

12月7日，上海工程机械厂以（68）工程革内字108号文报批工艺设计。12月31日，一机部以（68）一机军密基字1569号文批准浦沅厂工艺设计。

1969年

1月4日—5日，常德地革委生产指挥组、公交组主持召开关于浦沅工程机械厂筹建工作会议，明确1969年一季度开始“三通一平”，为二季度全面进入施工高潮创造条件。

2月4日，以（69）浦沅筹办字011号报告申请征地477.148亩，其中水田197.824亩，旱地279.324亩，同月13日，湖南省革委会基建征用土地审批单（69）革生基字第044号文批准征地。

3月18日，常德县组织2300名民工进入浦沅工地。

9月，开始水井钻探工程，厂区人行桥开建。

9月—11月，厂部在常德汉寿、澧县、临澧等县招收一千多知青进厂学徒，并分赴湘西钨矿、河洑农机厂、临澧机械厂、汉寿机械厂、羊耳山煤矿、常德市阀门厂、常德轴承厂等厂矿培训，少数青工直接进浦沅工地学徒。

10月，大结构车间开建。

11月19日，完成浦沅1号水井和2号水井建井工作。11月，薄板结构车间开建。

12月，湘西钨矿培训的浦沅青工勇敢参加矿区火灾扑救，张陵江、刘明成、韩常德救火烧伤，受到湘西钨矿通报表彰，浦沅厂部发电报慰问并表扬。

1970年

1月，大件金工车间开建。

1月22日，上海工程机械厂召开支内动员大会，批准24名职工首批支内。

2月13日，一机部（70）一机军密一办字第5013号文下达“东风三号”任务。

2月20日，首批支内职工陈谒毛、滕德林、吴根祥、王光烈、张瑞林、叶懋红、应理国、顾进云、刘蔚祥、陈祖仁、郑小毛、翟云艇、李余庆、潘志强、徐寿仁、顾茂华、曹林宝、孟阿根、施百金、冯银泉、汤引娣、骆来顺、陈兆亮、陈国淼等24人进入工地。

3月，庄春根带领的第二批支内职工69人，赴常德参加浦沅创建工作。

4月，公路桥竣工。

4月26日，第一批浦沅产品——ZH7型120公斤夯土机出厂。4月28日，第一炉铁水出炉。

6月20日，赵加胜等从北京回来，布置下半年基建、生产任务，召开“东三任务”动员大会。

7月，110千伏输电专线开始架设，150吨水塔工程开工。

8月，赵加胜到一机部汇报浦沅工作设想，获得部计划基建局的支持，顶住了“下马风”。

10月，大件金工车间竣工。10月，第三批支内职工共105人进入工地。10月，110千伏输电专线架设完工。

11月，职工子弟在朱玉生、张惠珍、管谟贤老师带领下在职工食堂草棚内开课。

12月21日，我厂“四好”班组、“五好”职工代表滕德林、吕秋云、周火松、俞明国等4位同志代表我厂6个“四好”班组、168名“五好”职工赴常德市参加地区首届“双代会”。

12月22日，在职工食堂草棚内召开浦沅厂职工子弟学校成立大会。赵加胜任名誉校长，管谟贤、罗仁秋分别负责学校的行政和教务工作（后由徐志良任学校党支部书记）。

12月，大结构车间竣工。

12月，“东风三号FZ1123”任务五台产品胜利完成。

1971年

1月11日，制氧站开始出氧，填补了常德、湘西地区工业上的空白。

1月15日，第一批五台10—12吨三轮压路机出厂。

2月，厂区人行桥竣工。

5月，管道班完成32米高、容量150吨水塔安装任务。

6月，组织第四批搬迁人员支内。

7月，一机部下达援越任务：赶制DJZ型2.5吨打桩机架四台。

8月，薄板结构车间竣工。

9月，援越DJZ型打桩机胜利完成。

10月，110千伏输电专线正式通电运行。

12月，新产品2.5吨装卸工程车试制成功。

12月，齿轮液压元件车间开建。

1972年

5月12日—16日，省机械局在常德召开全省基本建设经验交流座谈会，浦沅作为现场，有33个单位参加。

7月6日—13日，一机部基本建设现场会在浦沅召开，有46个单位参加。

7月，在重返前线的退休起重老工人吕和生、吴连生、周火松、史如材及史全法等起重工的努力下，完成了7万多平方米厂房的吊装任务，为国家节省了大量投资，为基建赢得了时间。

7月27日—8月19日，为期24天的浦沅首届运动会在金工车间举行，1042人参加了21个项目的比赛。

12月26日，中共浦沅工程机械厂第一届委员会成立，赵加胜任书记，张翼、汪正东任副书记。本年度根据北京起重机器厂8吨汽车吊图纸经改进后生产了第一批8吨汽车吊（黄河吊），为省内首批汽车起重机。

1973年

2月，为迎接验收投产，成立验收准备小组。

浦沅建厂初期，这台压路机可是立下了汗马功劳。

浦沅建厂初期，游泳比赛是在澌河里这样举行的。

浦沅建厂初期举办的乒乓球赛，观众挤得水泄不通。

浦沅建厂初期，自编自演的文艺节目吸引了大家来观看。

优秀共青团员李先涵（前排左一）为建设三线献出了年轻的生命。

浦沅厂结构工人表决心，狠抓质量不放松。

6月15日，我厂第一次工代会闭幕，第一届工会委员会由19人组成，龚龙福任主任，周银妹、周昌银任副主任，王德海、张顺英等为常委。

7月，启用浦沅厂公章，同时作废筹建处公章。

8月，齿轮液压元件车间竣工。

12月27日，浦沅厂验收投产大会胜利召开。

本年度试制了两台CD150专用底盘，生产出首批7台“武陵牌”8吨起重机，成为国内同行业既能生产底盘又能制造上车的唯一厂家。

1974年

1月，党委发出“向李先涵同志学习”的号召，全厂开展向李先涵同志学习的活动。铸钢车间团支部副书记李先涵于1973年12月27日，在厂部召开验收投产大会执勤时，不幸以身殉职，牺牲时年仅24岁。

2月12日，厂党委召开革委会筹建动员大会，14日，有224名代表参加的职工代表会议召开，并于17日选举产生了由潘学志等31人组成的浦沅工程机械厂革命委员会。

3月1日，浦沅厂革委会正式成立，潘学志任主任，张翼、汪正东、庄春根、龚龙福、许文龙任副主任。地委副书记刘佳时出席成立大会，并代表地委表示祝贺。

4月25日,国务院要求浦沅于4月份完成的两台2.5吨打桩机胜利结束总装、试车。27日凌晨出厂上船，发往越南前线。

5月，厂部召开汽车吊前桥、转向节锻模研制会。在缺乏设备和技术力量不足的情况下，锻工车间工人用“蚂蚁啃骨头”的精神，把0.45米见方2.05米长和0.4米见方2米长两根共9吨重的合金钢截成四段模块。

9月6日，浦沅试制新产品——我国第一台四吨打桩机机锤一次试车成功。

12月，职工子弟学校教学楼建成，学校迁入新校舍。

12月26日，厂部组织首次冬季环厂赛跑。

1975年

5月7日，浦沅工程机械厂“七·二一”工人大学诞生，由汪正东任校长，邓茂林任副校长。首届学员30人。

7月12日，举行厂第二届体育运动会。7月，全厂职工通过义务劳动，篮球、排球、足球场相继建成。

9月6日—8日，浦沅共青团第二次代表大会召开，参加大会的代表132人，代表全厂390名共青团员，大会选举产生了由5名委员组成的共青团浦沅工程机械厂第二届委员会。

9月，一支驾驶员组成的运输队从山东济南抢运20台黄河底盘回厂，保证了全年生产任务的完成。

9月，一机部工业学大庆经验交流会在天津召开，赵加胜、罗忠出席大会。为贯彻这次会议精神，厂党委狠抓了企业整顿。

1976年

1月7日，厂部召开1975年度先进生产（工作）者表彰大会，树金工车间三八车工组为先进标兵小组，并命名为“三八红旗车工组”，树薛金弟、杨阿忠、张陵江为全厂先进标兵，并授予薛金弟“模范工人”、杨阿忠“全心全意为人民服务的好炊事员”、张陵江“吃大苦耐大劳的好青年”光荣称号。

1月，周恩来总理逝世，厂部举行追悼大会。

3月，魏元诚转业来厂，任党委副书记。史道贵转业来厂，任革委会副主任。

5月，浦沅参加省美展，展出倪春林、霍日炽、肖亮达、周川达、刘乐纯等创作的版画、剪纸作品6件。

8月10日—9月26日，湖南省传来一机部的紧急电报，要求浦沅厂在8、9两月拿出40台汽车吊支援唐山人民抗震救灾。浦沅职工用高度的革命干劲和科学态度，于九月底按时完成了任务，省机械局党委两次来电表扬。

9月9日，毛主席逝世。11日，全厂职工沉痛哀悼伟大领袖毛主席。

“先进企业”称号，授予杨阿忠“劳动模范”称号。

7月16日—23日，二届二次职代会召开，讨论和审议经济责任制等方案。同月，厂内全面推行内部经济责任制。

7月，结构车间吊臂垂直度攻关获省机械行业科技成果二等奖。

9月23日—28日，QY8型汽车吊接受同行业产品质量检查，被评为一等品。

11月27日，省政府授予浦沅“质量管理先进企业”称号，同时命名QY12型汽车吊为省优质产品。

11月，历时一年多的原始记录整顿工作经部行业验收，符合部颁标准。全厂原始记录共设置553种。

12月29日，厂部召开全体工程技术人员大会，颁发工程师证书，1982年以来共有39人分别批准晋升为工程师、建筑师、技师、主治医师和讲师。

1983年

1月15日，厂生活服务公司成立。

1月18日—21日，中共常德地委、常德地区行政公署主持召开“常德地区劳动模范、先进集体代表大会”，会议授予浦沅“先进企业”称号，授予厂工会、金工车间“先进集体”称号，授予杨阿忠、李显荣“劳动模范”称号，授予成红良“先进生产者”称号。

3月20日，地区妇联授予涂南娥“1982年度三八红旗手”称号。

3月21日，厂工会配合团委举办“为您服务一条街”活动。

4月2日，浦沅企业整顿验收合格。

4月9日，副厂长陈励青当选为湖南省第六届人民代表大会代表。4月12日，汪正东任工会主席。

4月15日—16日，日本株式会社加藤制作所代表椎桥敦一行四人来浦沅参观，双方就25吨汽车吊引进技术举行了会谈。

5月18日—21日，浦沅全面质量管理工作通过了湖南省机械工业厅的检查验收，总评分为428分，为全省机械系统第一个全面质量验收合格企业。

5月26日—28日，省机械工业厅、省机械工会在浦沅召开生活服务现场会，浦沅被评为职工生活后勤先进单位。

6月10日—12日，HQ150海军专用吊通过国家鉴定，填补了我国专用汽车吊的一项空白。

8月，黄卯生调省机械厅。

8月30日，面积达1600平方米，可容纳300人溜冰的浦沅旱冰场正式开放使用。

9月14日，俞海潮副省长专程来常德与地区领导商量，明确浦沅与长沙新中机械厂联合，在长沙成立浦沅工程机械总厂。

9月27日—29日，厂工会集邮协会举办浦沅首届集邮展览，展出50多个专题2000多枚邮票。

10月18日，厂工会主席汪正东出席全国第十次代表大会，厂工会被中国全国总工会授予“职工之家”光荣称号。

12月10日，我厂和长沙新中机械厂实行跨地市联合，浦沅工程机械总厂成立。新中机械厂改为总厂下属的长沙起重机分厂，俞明国任厂长。

1984年

3月，浦沅长沙总部筹建处一行8人进驻长沙起重机分厂。

5月2日，魏元诚任工会主席。

8月，武陵牌QY8型汽车起重机获国家银质奖。

9月~12月，厂部先后组织两批人员赴日本考察访问。

9月，厂工会举办“首届职工美术、摄影、书法、篆刻作品展览”数十名职工共200多幅作品参展。

10月11日，徐来发在全总“1984年振兴中华职工读书知识竞赛”活动中获得特别优秀奖，赴京参加授奖大会。

10月26日，省机械厅党组宣布陈励青任总厂厂长兼党委书记，聘庄春根、冯俊云任副厂长，唐云祥任总

浦沅厂当年的设计图纸就是这样靠手工绘制出来的。

浦沅厂不断改进中的武陵吊。

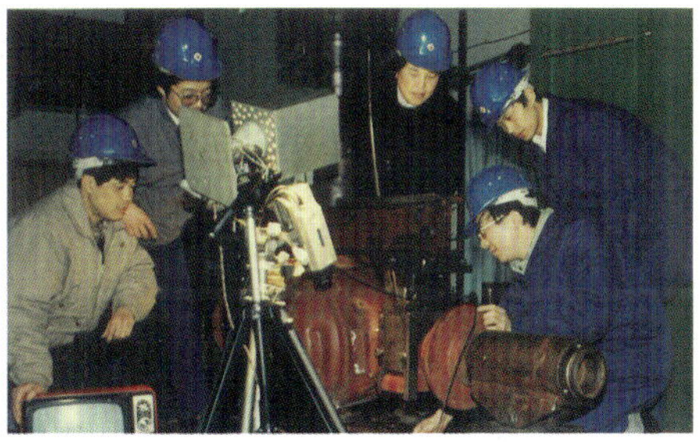

浦沅厂和高校、科研单位研制新产品。

自编浦沅大法典——管理手册。

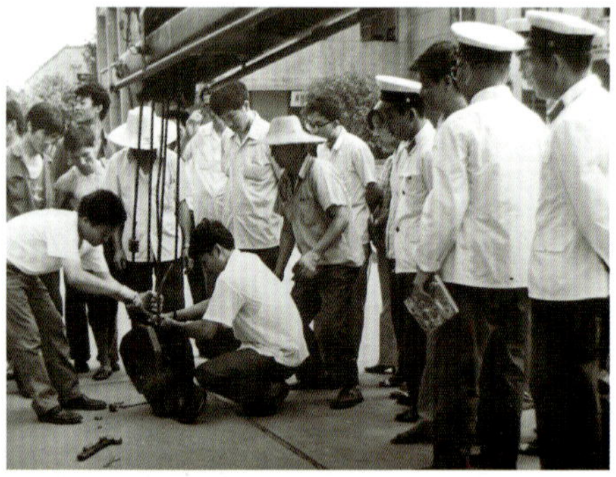

海军吊鉴定硬碰硬。

培训客户，真诚热情。

工程师，张少征任总会计师。赵加胜任总厂顾问。总厂开始实行厂长责任制，干部实行聘任制。

11月1日，起重机分厂技术改造正式开工，主要项目是综合车间和办公楼。

11月4日，史宏杰任总厂工会主席。

11月8日，《浦沅报》发行创刊号。

11月16日，总厂第一次党代会选举产生了陈励青、汪正东、冯俊云、杨合林、史宏杰、史道贵、李青林七位组成的新党委会。汪正东、沈金昌、张少征、李新林、楚金莲组成纪检会。

11月28日，总厂团委给参加张家界、索溪峪舍己救人的十名团员和青年记二等功，十位青年是：侯美斌、詹丽君、甘雅兰、徐小平、张予丰、刘星顺、史良、张青年、元德伍、吕东席。

11月，QY12型汽车起重机被评为部优产品，QY150型汽车起重机被评为省优秀产品。

11月，总厂工会相继成立美术、摄影、书画、篆刻、集邮协会。

12月，浦沅QY16型汽车起重机通过国家鉴定。

12月，组装日本多田野30吨吊车成功。

1985年

1月25日，湖南省副省长周政来起重机分厂召开现场办公会，帮助浦沅解决技术引进与改造存在的问题。

2月，经总厂首届三次职代会决定，对分厂、车间等单位实行以承包为主的多种形式责任制。

6月，厂文学艺术爱好者联合会成立，下设新闻宣传、美术摄影、文学创作、音乐曲艺四个协会，赵菊芳、严奉健、徐庆华、余志章、李青林、于锡轩、许近仁、倪春林、曹可哉九人组成文联委员会。

7月1日，湖南省计量管理局给我厂颁发国家二级计量合格证书。

7月19日，应厂文联邀请，青年作家、中国人民解放军艺术学院文学系学员管谟业（莫言）来我厂举办文学讲座。

8月，总厂常德首批调长沙起重机分厂的17名职工开始搬迁。8月14日，我厂与常德县灌溪乡联营的武陵结构厂开始生产，联营双方共同投资350万元，为我厂薄板结构件的专业厂。

9月1日，长沙浦沅小学成立。

9月18日，总厂举办十大工种技术大比武，经评定冠军有：车工熊国喜、铣工姚银发、刨工吴英英、装配钳工桑大昌、机修钳工付叙松、冷作工张笑直、电焊工陈天佑、锻造工杨瑞华，亚军有：造型工张新民。

9月27日，经总厂技术比武领导小组研究并报总厂工会同意，授予陈天佑1985年度“电焊大王”、熊国喜1985年度“车工大王”荣誉称号。

11月，浦沅总厂长沙总部征地报告获省政府批复。

12月，本年度产量突破500台，主要经济技术指标创历史最高水平。

1986年

1月，在全国经济工作会议上我厂被命名为“企业整顿先进单位”，省经济工作会议我厂被命名为“六好企业”。

1月27日，总厂授予杨阿忠、张陵江、郭铭湘为1985年度劳动模范称号。

3月18日，刊授党校浦沅分校开学典礼，71名新学员入学。

5月，陈励青厂长荣获“五一”劳动奖章、“全国立志改革者”和“湖南省特等功荣立者”等荣誉称号。

5月，总厂945户职工开始使用液化气。

8月，我厂职工冉承淼业余创作的电视喜剧片《月亮总会圆的》由湖南电视台开拍。后获中央电视台举办的全国电视喜剧汇播二等奖。

9月，厂职工大学电大工企管理班以优异成绩毕业。

11月，“浦沅新闻”在厂闭路电视台播出。

12月，长沙起重机分厂技改项目第二综合车间通过竣工验收。

1987年

1月，总厂二届二次职代会提出1987年工作方针：以一流产品开拓市场、以一流服务赢得用户、以一流管理发展浦沅、以一流作风建设队伍。总厂工作作风：服从、守职、创造。总厂质量准则：宁可少造，决不滥造；宁可返工，决不冒充。

3月8日，总厂举办纪念三八妇女节家庭娱乐赛。总厂女工卫生室交付使用。

3月20日，总厂生活区开展“为您服务一条街”活动。

5月30日，浦沅厂科学技术协会成立，总工程师唐荣祥任主席。

6月，《企业管理》刊登调查结果，全国经济责任制搞得好的百家企业中浦沅榜上有名。

6月，总厂居民身份证开始发放。

8月6日，总厂举办游泳池竣工典礼，举行游泳比赛。

8月，总厂职工大学84级电大机制专业34人毕业。

8月20日，湖南省省长熊清泉、副省长陈邦柱来总厂视察。

9月，总厂子校初、高中毕业率达100%。

11月，国家机械委“1987”84号文件确定全国机械工业骨干企业665个，浦沅、北起、徐重、长起被确定为骨干企业。

12月，周家嘴三栋宿舍完工，56户职工喜迁新居。

12月，厂部嘉奖我厂第一个专利项目设计人王志勇。

12月，本年度成功试制混凝土搅拌车、高空作业车、25吨越野底盘。

1988年

1月，厂部保送张陵江赴美国德州中央大学攻读管理硕士学位，保送童刚玉赴湖南大学攻读计算机硕士学位。

1月，高桐、陈天佑当选为常德市第一届人大代表。

2月，总厂推行定置管理。2月10日，总厂销售部上海营业科在上海大柏树沪办大厦正式营业。

3月，总会计师张少征被省政府授予“劳动模范”称号。

4月，浦沅生产的QY25型汽车起重机和QGY20高空作业车参加中国机械工业产品首届博览会。

4月8日，“武陵牌”JCD6A型混凝土搅拌输送车通过部级鉴定，投入批量生产。

4月，上海分厂正式成立，唐荣祥任厂长。

5月1日，厂内银行开业。5月，省工会十次代表大会上，总厂工会被授予“先进职工之家”称号。

5月7日，国家对外经济贸易部正式批准建立中国机械进出口总公司浦沅多田野起重机维修站。

5月，浦沅自行研制电子力矩限制器用于中小吨位汽车起重机。

6月1日，浦沅和鞍钢在常德芷园宾馆联合召开HQ70高强钢鉴定会。

7月，总厂开始实行浦沅特色的“模糊考核法”。

8月11日，《中国机械报》刊登1987年度国家二级企业名单，经国家体改委核定，浦沅成为湖南民用机械行业第一家国家二级企业。

8月14日，浦沅顺利通过了计量升一级评审，成为省机械系统，长沙市和常德市所有工业企业中第一家通过国家一级计量评审的单位。

8月，总厂建立浦沅焊接培训考试中心。

10月20日，浦沅公安分局成立。

10月，省广播电视厅发文同意浦沅建立浦沅总厂有线电视台。

12月，总厂劳服公司与灌溪乡工业公司集股经营武陵液压油缸厂，职工可自愿购股。

12月23日，总厂举行厂庆20周年文艺晚会，常德

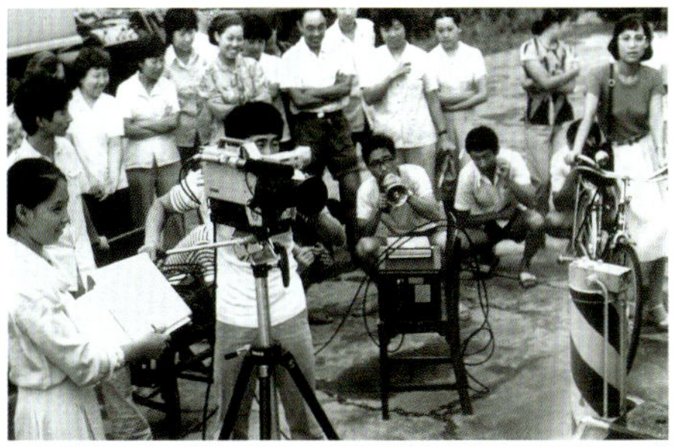

浦沅厂工人作者冉成森创作的电视剧本《月亮总会圆的》在厂里开拍。

忘不了当年浦沅足球队的那些伙伴。

浦沅青工春游嬉戏，心旷神怡。

质量是企业的生命线。金工车间工人正在交流提高产品质量的经验。

青春在平凡的岗位上熠熠生辉。

战高温，夺高产，结构工人大战八九月，创造新成绩。

棉纺厂、常德纺织机械厂、常德卷烟厂、桃源纺织印染厂与浦沅联合演出。

12月，本年度，浦沅通过部质量管理奖复评，被正式命名为机械系统1988年质量管理奖企业。

12月，总厂评出1988年度下列劳动模范：李显荣、张嗣孝、柏凤鸣、曹世来、张广制、谢冬、姚银发。

1989年

1月，国家“七五”期间重点科技攻关项目P-FMS准柔性系统的两台关键设备——匈牙利YBM90N-100加工中心基本安装就位。

1月31日，总厂计量大楼竣工。

4月，陈励青厂长被省委、省政府授予“湖南省特等劳动模范”。4月，由邓小平题写书名，中央宣传部和国务院二十多个部委联合编辑的《企事业改革家列传》出版，徐庆华撰写的陈励青改革实践的报告文学《开拓者的足迹》入《机械卷》分册。

5月，武陵QYS3型随车起重机在上海分厂试制成功。

5月27日，共青团浦沅总厂三次代表大会选举产生了由林晔、方陵陵、吕东席、何伟建、李文、马云东、赵彬、陶红先、陶家林组成的新团委。

7月，由长沙市经委、企业管理协会和浦沅企管部联合编辑的介绍浦沅企业管理经验的《让管理之树长青》一书出版。

7月，经省机械厅复评，浦沅厂达到国家安全级企业标准，后通过机电部终审。

7月26日，浦沅与灌溪乡联营的股权式集体企业——常德武陵液压油缸厂开工投产。

7月，军用高空工作台FZ105-3A通过部级鉴定。

9月，浦沅厂被机电部批准为国家节能二级企业。

9月21日，中国工业四十年大型企业成就展在北京展览馆开展，江泽民、李鹏、邹家华、宋平、余秋里等党和国家领导人观看浦沅展位，并与厂领导高桐等人交谈。

11月—12月，厂部组织从事艰苦岗位工作的61名员工分7批去张家界索溪峪休养，结构车间休养组与全国总工会主席倪志福巧遇合影留念。

12月，1989年为“节约年”，全厂节约总额达517.37万元。

1990年

1月，德国利勃海尔LTM1050全路面汽车起重机试制装配成功。

1月，省劳动人事厅对全省21所技工学校进行全面检查，浦沅技校被列为一类技校。

1月，浦沅获“设备管理省一级企业”，并获省、部“设备管理优秀单位”。1月，李焕英、高桐、贾欣志当选为武陵区第十一届人民代表。

1月，机电部发出通报，浦沅QY8A汽车起重机被评为部优产品。

2月，总厂成立红十字会，史宏杰任会长，贾欣志任副会长。

3月，浦沅计算机综合清单管理系统投入试运行。

3月，省机械厅通过“全省学长炼，机械行业学浦沅”的决议。浦沅被列为省机械系统和长沙市企业的排头兵。

4月，上海滑稽戏剧团来厂参观演出。

4月，154吨自卸车车斗在总厂结构车间试制成功。

5月，1989年度劳动模范吴新民、柏凤鸣、谢冬、姚银发、何国俊、贾欣志、张荷萍、周寅生受表彰。

6月，具有国际水平的先进技术——钢丝绳钎焊接头试制成功。

6月，武陵牌8吨汽车起重机再获国家银牌，12吨汽车起重机在全国行评中夺魁，被评为唯一的优等品，并获优质银奖。16吨A型汽车起重机被评为一等品。

7月，厂部开展现场管理优化工作，直属金工车间率先整改取得好效果。

9月，总厂直属结构车间露天跨加顶完工。

10月6日，湖南省“天仙杯”技术竞赛成绩揭晓，结构车间焊工曹杰获焊工理论实践综合评定第二名；陆建民获省车工第一名，并代表湖南省参加全国青年工人大赛获车工比赛第十名。

10月，总厂财会部被财政部授予“全国先进财会工作集体”荣誉称号。

12月，中共浦沅总厂第三次代表大会选举王贵仲、史宏杰、刘广生、刘年洪、庄春根、陈励青、杨合林、俞明国、高桐为中共浦沅总厂第四届委员会。选举陈励青为总厂党委书记，杨合林为副书记。

12月8日，总厂二届十一次职代会投“赞同票”，陈励青继续任总厂厂长。

12月30日，P—FMS准柔性制造系统通过总厂和湖南大学组织的联合验收。

1991年

1月31日，中国质量管理协会在京召开全国首次国产土方起重机械用户评价新闻发布会，我厂排在产品质量和用户服务质量好的企业第一位。

2月27日，由浦沅和湖南大学共同承担的“七五”国家科技攻关项目准柔性制造系统（P-FMS）通过国家鉴定。

2月，湖南省省长陈邦柱及曹文举、孙文盛、沈瑞庭等省领导视察浦沅，盛赞浦沅“工厂管理搞得确实不错”。

2月，浦沅8—50吨汽车起重机底盘形成系列。

3月，浦沅业余作家冉成淼出席在人民大会堂举行的全国青年业余文艺创作者会议，他创作了《月亮总会圆的》《危险人物》《库拉西恶魔》《吕后》等电视剧剧本。3月20日，省机械行业个人技师考评，浦沅获团体总分第一。

3月，1991年“三八红旗手”为：张荷萍、郭凤菲、谭金秀、乐雅娣、陈励英、皮再春、钟惠珍、徐惠明、朱雅玲、李桃秀、伏利君、王剑安。

4月，总厂厂办地震测报组被评为全国地震测报工作先进集体。

4月，1990年度总厂劳动模范为：姚银发、柏凤鸣、陈天佑、谢冬、刘崇峰、吴新民、周寅生、蔡仁畴、何国俊、王仲华。

7月，在全国第五届国际标准舞竞赛中浦沅选手李中康、李爱英获丙组（按年龄分组）第七名的好成绩。

12月，厂部投资56万元，对总厂生产区1100米主干道改造翻修，重新铺设水泥。

12月，经国家质量管理审定委员会批准，“武陵牌”QY16型汽车起重机被授予银质奖章。

12月，QY50汽车起重机批量试制成功。

12月，浦沅工业总产值、销售总额、销售收入三项指标同时超亿元，创历史最高水平。

1992年

1月17日，总厂第二次科学技术大会召开，表彰科技工作先进集体、优秀个人，其中表彰有突出贡献的科技工作者李显荣、陈德初、黄仁乡。

1月，厂部命名铸锻分厂热抛组为“徐明鸣小组”，直属机修车间变电组为“曹世来小组”。

3月，总厂劳动服务公司被机电部授予“全国机械电子行业劳动就业服务企业先进单位”光荣称号。杨学清、罗艳红作为先进个人受到表彰。3月2日—8日，日本国际协力事业团来我厂进行现代化开发调研。

3月8日，总厂庆“三八”，表彰荣获“长沙市工会女职工工作优秀工作者”称号的王桂芳、“百朵芙蓉”称号的甘雅兰、“千名能手”称号的钱玉珍、段梅芳、李金莲、罗志楚、罗桂珍、冯茵茵、乐雅娣。

3月10日，中国质协批准，浦沅被评为全国质量效益型先进企业，全国仅68家。

4月20日，厂部表彰1991年度十名厂劳模，他们是：

热爱漫画创作的浦沅职工真不少。

媳妇过门前后（周启玲作）

当家（曾光辉作）

改革方案呢？（陈兵作）

进门易 出门难（徐翊锦作）

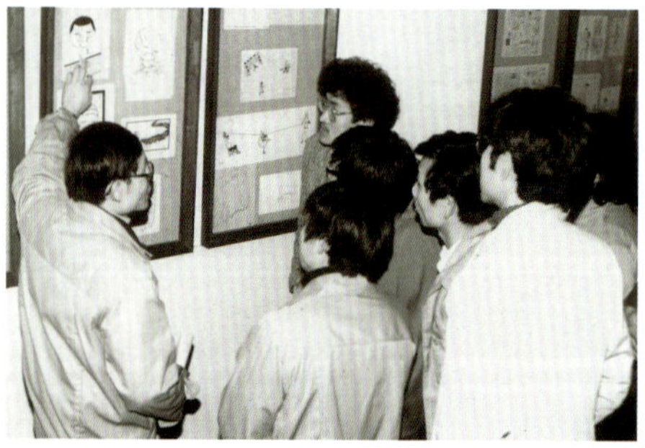

浦沅工人漫画组，聚首常交流。

唐建民、柏凤鸣、刘崇峰、钱玉珍、甘雅兰、谢冬、曹世来、杨学清、陈协祥、何国俊。

5月19日，准柔性制度系统和管理信息系统在北京第二届全国电子信息应用展览会上被评为优秀项目，中央领导宋健、谷牧、刘华清及省长陈邦柱参观展览。

8月，经国务院生产办批准，由浦沅、柳工、厦工、山推、中国工程机械成套公司等企业共同投资组建的中国华大工程机械集团公司成立。

8月19日，厂务会正式讨论通过由倪春林设计的“浦沅”新商标。

9月，经“中国保护消费者基金会”等单位联合调查评比，浦沅“武陵牌”汽车起重机获1992年消费者信得过国产金奖。

9月28日，浦沅与灌溪联合经营的武陵结构二厂、武陵液压机械厂建成剪彩。

10月，工会举办国庆个人藏品展览，黄继雄展出珍藏的钱币百余种。10月，经长沙市工人考核委员会审批，浦沅33名工人被聘为工人技师，他们是：吴新民、龙绍其、付叙松、王鑫泉、林吉钧、曹世来、邬善祥、谭晓明、曾东生、许文龙、蔡福顺、郑嵩山、李济清、蒋彦禹、朱雅玲、雍万余、汪宏大、夏子春、杨礼基、乐金荣、胡夏秋、陆建民、唐自萍、陈建忠、夏春坤、宾绍泉、王克俭、张笑直、贺镇邦、吴经建、龚湘林、张广制、王春林。

11月，甘雅兰、高桐当选武陵区第十二届人大代表。陈励青当选长沙市南区第十一届人大代表。11月24日，中央电视台“晚间新闻”报道浦沅狠抓产品质量，促进生产发展。11月27日，总厂三届六次职代会通过岗位绩效工资、医疗制度改革方案。

11月28日，144户职工喜迁热区新宿舍（麻将村）。

12月，浦沅上海贸易公司成立。

总厂长沙科研综合大楼启用，经营中心开始由常德向长沙转移。

全年销售收入超1.9亿，达历史最好水平。

1993年

3月30日，总厂三届八次职代会通过《关于浦沅总厂生产中心向中心城市转移的决定》。兼并长沙空心砖制品厂，组建浦沅总厂建材分厂。

5月2日，总厂召开大会热烈庆祝我厂荣获全国五一劳动奖状，庆祝我厂被授予“全国质量效益型先进企业”。会上表彰了1992年劳动模范柏凤鸣、徐瑞丰、钱玉珍、甘雅兰、费新民、陈东诚、鲍夏常、郭凤菲、何国俊、陈仕江。

5月9日，制氧站、印刷厂、招待所划归总厂劳动服务公司，实行独立经营。5月12日，浦沅与灌溪联营的常德武陵铸锻厂正式成立。

6月，总厂派出李新林等六位同志组成的企业管理组进驻长沙建材分厂；成立浦沅生产中心技术改造工程指挥部，并于8月8日进入建材分厂。

7月，我厂首次实行暑期职工休假制度。

7月，职代会通过《劳动人事制度改革实施办法》，干部、员工开始实施招聘制。厂部建立员工事务所，管理下岗待聘员工。

9月，美国生产的数控等离子切割机在我厂调试通过验收。9月，长沙团市委授予郭新年、龙治平“新长征突击手”荣誉称号。

10月21日，史宏杰赴京参加中华全国总工会第十二次代表大会。

10月，我厂步入由国家统计局按利税总额排序的“中国500家最大机械工业企业”第151位。

11月7日，总厂召开大会庆祝总厂工会荣获“全国模范之家”荣誉称号。

12月，“七五”以来浦沅利润首次突破千万元大关，销售收入突破2.5亿。

12月，我厂荣获国务院经贸办颁发的“全国现场管理先进单位”称号。

12月26日，顾建国选送的“新中国普通邮票”在湖南省纪念毛泽东同志诞辰100周年集邮展览中获邮展唯一金奖。

1994年

3月10日，周伯华副省长在长沙总厂现场办公，对加快总厂技术改造发表重要讲话。我厂生产中心转移改造工程列为1994年长沙市重点工程。

4月21日，共青团总厂第五次代表大会召开，选举庞敏等九人为第六届团委成员。

5月，1993年度总厂授予曹世来、刘崇峰、谷正明、陈伟康、陈仕江、何敏、郭仲义、刘根英共8人劳动模范荣誉称号。长沙市政府授予我厂“先进单位”、曹世来“长沙市劳动模范”称号。

6月8日，举行“浦沅汽车吊服务万里行”首次出征仪式。6月，浦沅职工参加“盛京杯”书画、篆刻赴日艺术展，于锡轩获三等奖。

7月，陈励青、唐荣祥获“长沙市有突出贡献的专家”光荣称号。

9月，总厂子弟学校初中毕业生保送率达33%，升学率达98.6%，在常德市直中学名列前茅。

10月10日，机械部包叙定副部长视察浦沅总厂。

10月，1994年浦沅四大工种技术比武优胜个人前三名分别是：冷作工何方喜、夏全生、任荣祥，车工郭新年、刘卫国、李文化，电焊工易小戈、俞铮巍、曹杰，调试工李敬、李俊红、何永涛。

12月，我厂完成内部房改工作。

12月，武陵牌汽车起重机获得国内同行业1994年度唯一“全国用户满意产品”称号。

1995年

1月1日，我厂首次以个人租赁经营方式运行的桩工机械厂成立，李文宁为租赁人，任厂长。

1月，常务副厂长高桐被评为全国机械工业劳动模范。

2月13日，湖南工程机械基地（浦沅长沙东厂）举行奠基典礼，周伯华副省长等领导参加典礼，工程预计投入5亿元，第一期工程1.2亿元。

3月23日，我厂与湖南大学联合创办湖大机械与汽车工程学院，当日举行签字仪式。

4月6日，厂部召开“联效计酬”动员会议，开始实施划小核算单位，建立模拟利润中心。4月27日，总厂表彰1994年度劳动模范，他们是：周波平、吴新民、鲍夏常、陈伟康、谷正明、王光惠、刘根英、潘学忠、于锡志、罗家乐。

5月，陈励青、殷正富提交的《关于以浦沅为核心，把工程机械列入支柱产业的建议》获长沙市“献计献策大奖赛”二等奖第一名。一等奖空缺。

6月8日，浦沅职工大学庆祝建校20周年。

6月28日，总厂召开第四次党代会，选举由陈励青、高桐、杨合林、史宏杰、王贵仲、王春阳、刘广生、冯俊云、周君明九人组成的新党委，杨合林等五人组成纪检会。

9月2日，浦沅牌集装箱起重运输车通过省级鉴定。9月27日，总厂举行第三届卡拉OK大赛，获特别奖的有高桐、刘春娥；获一等奖的有：老年组曹达生，中年组高桐、谢梅娥，青年组刘春娥、陈爱山、宋欣志、黄志红。

10月，1995年浦沅八大工种比武揭晓，各工种第一名分别是车工李文华、钳工贺修春、铣工黄菊芳、钻工张小泉、电焊工俞铮巍、冷作工钟书勤、油漆工李盈福、调试工黄可斌、汤波。

10月，混凝土机械厂成立，李敦文任厂长。各直属车间改为厂，实行模拟独立核算。

12月19日，湖南浦沅工程机械集团有限公司挂牌暨国有经营授权大会在浦沅长沙总厂隆重举行。陈励青任集团公司董事长，董事有冯俊云、唐云祥、张少征、高桐。高桐任总经理。浦沅总厂正式更名为“湖南省浦沅

浦沅厂因势利导，创建浦沅文化。

多才多艺的浦沅人。

儿童散学归来早，忙趁东风放纸鸢。浦沅人把日子过成了一首诗。

赵厂长和演员亲切握手。

机修车间的工人们正在排练新的节目。

浦沅厂文艺宣传队乐队正在紧张地排练。

工程机械集团有限公司”。

12月，我厂成为湖南省7家“双扶”企业之一，东厂技改列入国家56个“双加”项目之中。我厂现代企业改制列入国家经贸委抓的1000家企业之列。

本年度市场需求下降，生产经营遇到困难。

1996年

1月22日，经董事会同意，总经理高桐聘任王贵仲、王春阳任常务副总经理，刘年宏、刘广生、胡德华、张建雄、史宏杰为副总经理。

1月23日，集团公司四届一次职代会通过《全员劳动合同制实施办法》和《集体合同》。

2月，董事长陈励青拟定“管理及运行规则”规范集团公司运作。

2月，高空作业机械厂挂牌运行，史良任厂长。

3月7日，经工代会选举，报长沙市总工会，集团公司同意，由11位同志组成浦沅工会第五届委员会，王桂芳任主席，李兴国任副主席。

3月8日，全国总工会授予工会主席王桂芳“全国先进女职工”光荣称号。3月，集团公司成立公用事业部，把工厂办社会的各个单位集中起来管理。

3月，公司团委表彰1995年浦沅十佳青年，他们是：周波平、贾克刚、李文华、裴蕾、丁朝阳、李占军、肖述仁、彭履平、杨艾华、龙宁。

4月26日，集团公司表彰1995年度劳动模范，他们是：吴新民、鲍夏常、周波平、陈天佑、史红兵、陈伟康、秦炳业、尹枝武、张顺英、牛国楚、周全民、周双。吴新民荣获“全国五一劳动奖章”和“湖南省劳动模范”称号。

4月—5月，集团公司向员工筹集启动生产所需资金，全体员工积极响应，集资达655万元。

6月10日，集团公司生产组织形式从指令生产转为订单生产。

6月26日，在长沙市劳动局的见证下，集团公司与4000多员工签订了劳动合同。

8月16日，PYS100TQZ道路清障车在长沙通过鉴定。9月25日，省长杨正午、省经贸委主任陈德铨、长沙市委书记秦光荣、市长袁汉坤视察浦沅。

10月—11月，在1996年七大工种比武中，李文华获“车工大王称号”。11月8日，省委书记王茂林视察浦沅集团武陵液压件厂。

12月4日，中国人民银行行长戴相龙在省长杨正午陪同下视察长沙总厂和起重机分厂，并举行银企座谈会。

12月24日，常德结构厂设备向长沙东厂迁移的工程拉开序幕，装载着材料预处理设备的七辆卡车在锣鼓鞭炮声中驶出常德厂区。

本年度经营困难加剧。

1997年

1月15日，集团公司在中国质量万里行活动（1992—1996）“光荣榜”评选中金榜题名。

1月，集团公司按产品系列组建三大分公司，工程起重机公司由张建雄任经理、建设机械公司由刘年红任经理、特种车辆公司由陈天佑任经理。1月，“爱我浦沅”集资活动，收到员工集资款共1209万元。

3月15日，东厂下料车间预处理线投入试生产。

4月11日，浦沅创始人之一汪正东逝世。

4月22日，浦沅技校举行“省重点技校”挂牌仪式。

4月24日，新一届集团公司团委产生，班子成员是：李昌健、孙鹏、刘年祥、刘斌、刘澧波、罗芸、罗凯、周轶群、黄向明。

4月30日，集团公司召开庆“五一”表彰大会，王继光、乐金荣、贾克刚、尹枝武、龚龙福等为劳动模范。

4月，集团公司开展“学雷锋、倡三德”活动，表彰家庭美德先进个人姜丽梅、职业道德先进个人王修明、医疗道德先进个人贾欣志、好人王大宝。

5月14日，省委书记王茂林、市委书记秦光荣视察东厂，提出浦沅等几家企业联合起来，发展湖南工程机械。

5月，上海分厂荣获“外地在沪企业国内协作优秀企业”称号。

6月12日，工会召开职工代表组长会议，同意由长沙市政府有偿收回浦沅长沙中转站土地使用权，由市国土局支付经济补偿费441万元。

6月24日，集团公司被授予“全国CHD（计算机辅助设计）应用工程工作先进单位”称号。

7月，集团公司组织“庆七一、迎回归”系列活动。

7月15日，四届四次职代会首次移至长沙办公大楼举行。7月24日，吴邦国副总理视察浦沅，表示“不错，很不容易”。

8月，东厂16C汽车起重机总装出厂，东厂建设和生产取得重大进展。

8月7日，省委副书记储波视察东厂，市委书记秦光荣表示：“现在长沙市工业的两块牌子，一块是烟厂，一块就是浦沅。”

8月28日，浦沅工艺毯公司正式投产。

9月，公司住房公积金开始缴交。

10月16日，为ISO9000贯标认证，浦沅质量体系文件正式颁布执行。

11月，集团公司启动员工全额集资修建长沙两栋84套宿舍。

11月21日，老厂长赵加胜和夫人回到常德浦沅旧地重游，勉励浦沅人奋发图强。

12月28日，湖南工程机械集团正式成立，集团由省内多家企业组建，陈励青任董事局副主席兼总经理。

12月，本年度资金紧缺，生产经营异常困难。但在全公司干部员工的努力下，工业总产值（不变价）比上年增加20.69%，销售收入增加42.87%，实现利税增加86.27%，创汇增加103.57%。销售收入近十多年来首次排名全国同行业第一。

1998年

1月，集团公司实行常、长分区域管理，由常务副总王贵仲、王春阳分别担任区域负责人。

1月，为缓解资金紧缺，“振兴浦沅”集资活动集资1135万元。

2月20日，浦沅10台25吨汽车起重机批量出口东南亚，产品车队在交警引导下驶向省政府报喜。

3月2日，YZ14振动式压路机试制成功。

4月，公司七名同志获高级技师资格，他们是：陈天佑、杨礼基、乐金荣、林吉钧、张笑直、曹世来、谭晓明，加上1997年已获此资格的吴新民，集团公司已有八名高级技师。

4月30日，集团公司召开庆五一暨劳模表彰大会，1997年度公司劳动模范是：张果毅、胡国安、胡天仇、谭国义、周询、殳爱均。

7月17日，液压件厂实行资产租赁经营，史良为租赁经营集体负责人。

7月28日，工具厂实行租赁经营，黄可群为承租集体负责人。

8月26日，机修厂和运输队分别实行租赁经营，吴焱和聂顺初各为承租负责人。

8月26日，以刘年洪为代表、郭方云为主要合伙人的承租集体获得承包建机公司资格。

9月2—4日，长江沿岸遭遇特大洪水，公司员工2449人捐款138160元，劳服公司捐助7万多元的中型推土机和2万余元的衣服。

9月，浦沅子校中考连续获常德市厂矿学校第一，当年升学率92.7%，合格率100%，54%的毕业生考取重点高中，创历史最好水平。

9月，浦沅荣获武陵区委区政府授予的1998年“防汛抗洪先进单位”称号。

9月，浦沅管理标准下发执行。9月，反映浦沅30年风雨路程的《浦沅情》《浦沅风采百星录》

浦沅厂领导深入基层。

发现不足，解决问题。

工艺难关，协力攻克。

张荷萍主持1050全路面汽车起重机的引进、消化和试制、调试工作。面对上千张图纸和外文资料，她夜以继日地扑在工作上，为浦沅新产品开发事业倾注着满腔热血。

面对面协商解决问题。

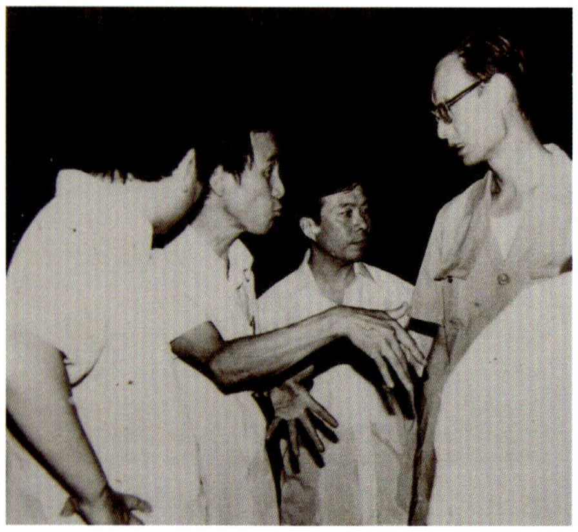

沟通交流。

国庆节前出版。

10月7日，全国总工会第十三次代表大会上，浦沅工会再度被确认为“全国模范职工之家”，工会主席王桂芳被授予“全国优秀工会工作者”称号。

10月，贾欣志获浦沅职工医院承包经营资格。

10月26日，浦沅主要创始人赵加胜逝世，享年72岁。10月30日在上海龙华殡仪馆举行追悼会。

11月26日，集团公司ISO9000质量管理体系通过第三方认证。11月，东厂员工全额集资建房方案出台。

12月26日，浦沅建厂30周年庆祝大会在常德浦沅俱乐部举行。

12月，公司完成原新型建筑材料厂破产工作，破除债务6000万元，取得岩棉线及土地资产600多万元。

12月，本年度公司在市场需求不足，资金紧缺的大环境下艰难运行，全年销售收入仍占“四大家族”30%，在行业中保持领先地位。公司做到了五不欠：不欠员工工资、不欠银行利息、不欠税、不欠养老保险金、不欠水电费。

1999年

1月，公司将1999年定为“解困年”。

1月15日，“浦沅牌”自动扶梯通过省级鉴定，获得市场准入证。1月30日，机修厂试制的“浦沅牌”13吨级桥试验成功。

4月29日，公司表彰1998年度劳动模范，他们是：王继光、李天朗、周凤雅、刘召华、邓海波。

6月28日，公司第五次党代会选举王春阳、王桂芳、史宏杰、陈天佑、陈励青、杨合林、周波平、胡德华、高桐组成新一届党委，陈励青任书记。

9月20日—29日，庆祝国庆50周年，浦沅、长重、长泵三厂联袂在长沙东塘工人文化宫演出，浦沅百人合唱《祖国颂》等节目参加演出。后又参加庆国庆五十周年歌咏比赛，获大赛唯一优秀演出节目奖。浦沅长常两地首次在两地同台演出庆国庆文艺节目。

9月27日，浦沅（常德）体育活动中心落成，内设网球场、门球场、乒乓室等。

10月1日，由浦沅集团公司为主制作的国庆彩车代表湖南省赴京参加国庆大典，受到多方赞誉，获庆典活动创意奖、制作奖和组织奖。回湘后受到省委省政府的嘉奖，11月6日在省政府办公厅组织下，彩车在长沙巡游，受到市民热烈欢迎。

12月，80吨汽车起重机试制成功，公司奖励课题组成员10万元，其中主要设计人员张良栋、周彩南各一万元。12月18日集团公司在长沙办公大楼前召开首次新产品新闻发布会，80吨汽车吊、36米混凝土泵车、9吨道路清障车、30米高空作业车等12个产品作汇报表演。

12月30日，第一台LTM1025全路面起重机试制成功，产品所向公司报喜。

12月，本年度销售收入：起重机同比增长21.6%，建机同比增长6.49%，特种车同比增长24.75%，但离解困目标仍有差距。

2000年

1月24日，集团公司职代会将2000年定为公司“解困增效年”。

1月，起重机公司举办技术比武，芦山军、周全民分获电焊大王和冷作工大王。

2月22日，特种车公司生产的两台浦沅牌特种电缆施工车开向山西安家岭矿区。

4月6日，省委副书记、长沙市委副书记张云川到东厂调研。4月27日—28日，公司召开“庆五一”劳模表彰会，1999年度劳动模范是：张良栋、杨月秋、刘召华、谭立强、吴明泉。

4月，长沙市推行医疗保险，浦沅进入试点单位。

5月2日，赴北京参加劳动模范表彰的全国劳模吴新民载誉归来，受到公司欢迎。

5月7日，第七次团代会选出丁海、朱晓静、刘曼琴、刘澧波、何云、陈颖、罗芳、祖骏、彭湃等组成新团委，罗芳任书记。

5月9日，浦沅集团公司与华融资产管理公司签订债转股协议，将与华融资产公司、信达资产管理公司、省经济技术担保公司、长沙市信托投资公司共同组建湖南省浦沅工程机械股份有限公司，成为长沙市首家债转股企业，浦沅债转股金额达2.115亿元。

6月14日，总经理高桐在干部会上介绍浦沅股份公司总经理人选周波平。7月—8月，浦沅股份公司机构设置出台，干部、员工全面实行聘任制。

8月14日—15日，股份公司运行后第一次会议在长沙常德两地先后召开，周波平通报干部招聘情况。

9月21日，湖南省“晨辉杯”焊工技术比武在株洲举行，浦沅代表长沙企业参赛，获团体第二名。周证春、芦山军获气体保护焊四等奖。

11月1日，集团公司四大工种比武公布获奖名单，一至三名分别是：车工王永革、张海斌、赵海斌，钳工李贞健、刘旷、蒋勇，冷作工全新华、孙高栋、李传泉，电焊工李平、芦山军、龚红军。

11月16日，浦沅与陕西省智海集团签订20台8立方米尼桑底盘混凝土搅拌运输车合同，总价值1420万元，这是建机公司历年来最大的订单。

12月28日，集团公司销售收入首次突破3亿元大关。

2001年

3月10日，常德浦沅建机有限责任公司成立。

4月，集团公司表彰2000年度劳动模范，他们是：王继平、彭宇平、杨礼基、杨道新、邓海波、王际平、凌铁山、苏敏。

9月7日，长沙市委、市政府领导在集团公司干部会上宣布集团公司领导班子调整决定：高桐任集团公司董事长、党委副书记，殷正富任公司党委书记、副董事长、总经理，史良任集团公司党委副书记、纪委书记、监事会召集人，陈励青正式退休。

9月27日，由建机公司研制的军港维修工程车完成样机制作。

10月18日，公司生产的QY25H全驾汽车起重机在第六届北京国际工程机械展上获汽车起重机参展车中唯一一块优秀奖。

10月24日，浦沅（长沙）职工活动中心落成，62家捐款单位名单刻上纪念碑文。

11月13日，省委书记杨正午、副省长郑茂清及陈德铨、梅克葆、谭仲池、刘晓明等来东厂考察，贯彻省党代会大力推进湖南工业发展的战略决策，再谈与中联强强联合。

11月，浦沅生活服务一公司在常德厂区投资新建纯净水厂，生产“浦沅牌”纯净水。

11月15日，高桐荣获长沙市“十佳廉政领导干部”光荣称号。

12月26日，湖南浦沅工程机械有限责任公司隆重挂牌，庆典仪式在办公楼前举行。公司属债转股性质·浦沅集团占股51.8%，出资额为2.273亿元，华融、信达、省经济技术投资担保公司及长信投资公司为参股股东。

本年度生产经营取得重大突破，其中汽车起重机销售收入突破4亿元，公司经济技术指标创历史新高。

2002年

2月1日—2日，在常德浦沅中型会议室召开的职代会上，将2002年定为“优化增效年”。

3月11日，集团公司收到中国南极长城站签发的电传文件，感谢公司派出陈立祥参与南极宝钢楼的建设。陈立祥2001年11月参加中国第18次南极考察队，负责浦沅牌16C汽车吊的操作维护。

3月，浦沅长沙第三批集资房启动。3月26日，副省长周伯华、庞道沐考察结构二厂和油缸厂。

4月，杨礼基获“全国五一劳动奖章”。

你一言我一语，
大家齐心攻难关。

流水线上装配忙。

笑绽春梅朵朵科技战线春光好
欣读喜报张张攻关路上喜事多

——浦沅历年原创春联选（100）

浦沅汽车起重机成批量出口，向省政府报喜。

由浦沅厂制作的湖南省庆祝建国50周年大彩车在天安门广场展出。

欲与天公试比高。

4月29日，公司表彰2001年度劳动模范，他们是：卢晓岚、刘祖平、吴鸿博、周昕、谭维勇、陈胜华、刘助民、虢伟。对陈立祥记功表彰。

5月17日，鼎城区公安局樟树湾派出所成立。

5月20日，浦沅"销售服务万里行"启动。

5月，公司开始从应税工资超800元的员工月工资中代扣个人所得税。6月，开始由银行代发员工工资。

7月1日，浦沅常德子弟学校移交常德市鼎城区管理。7月9日，张云川省长视察浦沅生产基地（东厂）。7月28日，常德鼎力液压有限公司隆重揭牌，卢晓岚任董事长兼总经理。

8月，浦沅基地转台制作线获长沙市"青年文明号"。8月26日，集团公司1995—2001年科技成果公示，共评出成果98项。

9月21日—22日，公司组织车工比武，彭湃获第一名，李文华、谭娟、卢文、刘勇、李新苗分获二至六名。

10月，公司获"全国企业职工培训先进单位"称号。

10月28日，中国质量协会用户委员会授予浦沅"连续十五年全国用户满意产品"称号。

11月5日—8日，浦沅产品参加"上海BAOMA博览会"。11月，长沙车工技能大赛，浦沅包揽前七名，第一至七名分别是：卢文、李文华、顾丽娟、马雪芹、刘勇、彭湃、刘旭明。

11月，浦沅产品在建设银行实行全国按揭销售。

12月4日，国内第一台100吨汽车起重机自制底盘在基地下线。

12月31日，浦沅长沙南厂60亩土地在长沙国土资源局土地市场挂牌竞价，以8508万元拍卖成功，为安置公司富余人员，推动人事制度改革提供了资金准备。

12月，公司全年经营规模突破10亿元大关。

2003年

1月15日，浦沅召开第三次科技大会。

1月21日，周全民荣获第三届"长沙市十大杰出青年"称号。

1月21日，公司职代会通过"深化企业改革，理顺劳动关系实施方案"。公司将2003年定为"改革发展年"。

3月12日，集团公司投入518万元改造长沙总部、基地、常德三地生活设施，其中包括常德生活区东大门及主干道改造。

3月18日，第一届"浦沅十大杰出（优秀）青年"颁奖典礼在长沙活动中心举行，苏用专、卢文、彭湃、郑波、刘峰、苏敏、张小兰、刘召华、许立平、谭娟等被授予"浦沅十大杰出青年"，王立明、顾丽娟、罗美君、金伟军、赵民、聂军、熊先政、王君斌、李勇、廖洪波等被授予"浦沅十大优秀青年"。

3月22日，公司团委组织的"青年志愿者为您服务一条街"活动在常德浦沅生活区举行，这一有着多年传统的活动受到职工及家属的欢迎。

4月15日，公司五届四次职代会审议并通过了《重组并购整体方案》《湖南省浦沅集团有限公司深化企业改革，理顺劳动关系补充规定》和《浦沅集团有限公司劳动合同实施办法》三个重要文件。

4月17日，詹纯新等中联领导考察浦沅常德区域生产单位。

4月25日，周全民荣获第六届"湖南省十大杰出青年"称号。

4月27日，公司表彰2002年度劳动模范，他们是：李盈福、郑英俊、廖巨林、周德尧、苏建湘、黄勇、范首影、宋光佐。

5月19日，湖南省科学技术厅确定湖南省浦沅工程机械有限责任公司为高新企业，QY16C、QY25、PY5340JQZ35A、QY50、QY50H、QY65H、QY80等起重机为高新产品。

5月28日，浦沅理顺劳动关系签字仪式在长沙办公楼会议室举行。长沙市经委、长沙市公证处负责人出席仪式。市经委党委书记分别与董事长高桐、总经理殷正富签订协议。

5月28日-6月2日，集团公司全体员工按内退、协保、病残、上岗、自谋职业分别在理顺劳动关系的相关协议（合同）上签字，正式告别国有固定职工身份。

5月，公司员工在非典肆虐的不利环境下，5月份起重机完成可供销售额及销售货币收入均超一个亿。

6月4日，公司常德区域举行传统端午划船比赛。

6月19日，浦沅生产基地冷作工周全民荣获“全国杰出青年岗位能手”，这项评选是由共青团中央、劳动和社会保障部共同组织的，全国仅十名青年职工当选。中央电视台播发新闻，省内媒体全方位报道。

6月20日，浦沅技校跨入省首批25所骨干技校行列，揭牌仪式在常德技校举行。

6月，建机结构车间车工卢文获湖南省“青年岗位能手”称号。

7月1日，常德生活区环境改造通过验收。

7月，殷正富荣获“湖南省十佳支持创新厂长经理”称号。

7月30日，基地下料中心技术组、产品所底盘室、建机公司金工车间三八车工组、制造处生产科、被授予2002年度长沙市“青年文明号”。

8月9日，2002年“中国机械500强”发布在北京人民大会堂举行，浦沅在中国机械500强上名列142位。

8月30日，长沙建设机械研究院、中联重科、浦沅集团、浦沅工程机械有限责任公司举行重组并购签约仪式，省委常委梅克葆、副省长郑茂清出席，詹纯新和高桐代表双方签字。浦沅纳入建机院管理。

9月22日，建机院发文，确定浦沅集团公司领导班子人选，聘任高桐为董事长，王春阳为总经理，郭学红为副总经理，李文为总工程师，聂志富为总会计师，付新启为董事长助理，蔡湘政为总经理助理；建机院和中联重科发文确定浦沅有限责任公司班子人选，聘任殷正富为总经理，苏用专、史良、任巨彪、史宏杰为副总经理，罗慧为总工程师，易志和周彩南为办公会成员。

9月23日，詹纯新在常德浦沅中型会议室举行的“重组并购工作情况通报大会”上首次与浦沅中层干部及员工骨干见面并讲话。

9月29日，长沙市机械技工学校（浦沅技校）移交长沙市劳动保障局举行签字仪式，长沙市副市长刘晓明和詹纯新、高桐参加。

9月—11月，浦沅集团公司和浦沅有限责任公司分别完成机构设置及部门单位负责人和员工的招聘。

10月，浦沅集团领导班子带领员工重返常德再次创业。10月14日—17日，中联浦沅重组并购后首次亮相第七届北京国际工程机械展览会，QY65H汽车起重机获起重机行业唯一的一等奖。

11月—12月，浦沅有限公司下属辅助性及非生产性子公司发布招租公告。

11月18日，浦沅集团在常德底盘厂生产出浦沅最后10台8吨汽车起重机底盘。

11月24日，浦沅有限公司30名驻外营销经理和服务站站长招聘结果公布。

12月，浦沅有限责任公司第一届党委会成立，殷正富任书记，邱悦任副书记，史良、苏用专、史宏杰等任委员。

12月，浦沅电视资料片《三江奔流话浦沅》杀青，在12月初全国物资采购会上与观众见面。

12月31日，套红印刷的478期《浦沅报》出版，《浦沅报》在诞生20年后告别浦沅人。

注：本年谱的内容绝大部分源自《浦沅厂史》《浦沅工运史》及各期《浦沅报》，仅有极少部分来自亲历者的工作笔记及其他文字资料。

浦沅厂领导王春阳（右一）陪同客户参观车间。

支腿稳乾坤，铁臂铸辉煌。

浦沅，中国工程机械发展史上的丰碑。

照片虽老故事好
你的尊容里边找

为建设三线　当年我们集结在浦沅的旗帜下

——浦沅职工花名册（部分）

倪春林 收集

说明：

一、本册名单以进浦沅厂的时间为序。其中可能出现调令开得早，而人来得迟或人先到厂后开调令等诸类情况，均以有历史文字记载资料为依据，或以查阅到的调令、介绍信开具时间为准。

二、本册参照有关资料收集而成。资料仅为1997年和1999年两年的当期数据，相对长期数据而言很不完全，早期员工名单依据建厂初期的调令单、介绍信(部分)等。

三、早年在浦沅工作，又较早调出或退休（包括自然减员）的；或中途调进浦沅，又在1997年或1999年前调出或退休（包括自然减员）的员工名单极有流失的可能。

四、名单中姓名(或同音字)与实际有所不同的，均以有关资料记载为准。

五、因为年事已久，又缺乏系统资料，名单很不完整，故只能是部分浦沅职工花名册，敬请谅解。

六、本册只供查阅，不以此为依据作任何证明材料。

1968年

8月：　赵加胜　何楚雄　张关明　张永庚　黄锦福　沈功卿
沈奎元　吴蔚若　浦毅中

9月至12月：　姚呈之　潘学志　张熙华　俞明国　王德海
赵德江　黄国英　曹树生　杜莲英　刘贵清

1969年

1月至3月：　孟庆水　黄正春　蒋　昶　徐文渊　董静芬
岳邦喜　胡时春　谭德明　祝光运　孙发全　曹学参
丁关爱　顾宝安　张光勋

4月至8月：　丁仲海　陈利双　郑岳昌　曹荣根　葛昌宝
潘　民　孙正富　许文龙　罗仲球　吴祁安　林剑匡
蒋志新　刘国光　阮观莲　李寿彭　刘伟兰　郝文海

9 月：李益来　谢　励　张光仪　张志文　黄建军　曹笑非
郭铭湘　易　志　强瑞华　詹子华　童自丽　姚文君
杨光慧　苏秋云　甘秀英　李淑英　简平英　李金凤
罗建华　程亚湘　张良栋　刘正德　刘顺清　陈顺德
胡正康　曾经建　吴修贵　徐万春　谢云刚　向远文
郭爱君　周爱英　邱美莲　陈本娣　童自华　苏克富
胡美华　肖陵珍　黄自力　洪兰英　李丽珠　杨冬秀
黄昌其　毛树生　张官明　李明权　张子葵　杨三春
张文秀　龚利华　黄春珍　曹世来　杨道兴　王文元
胡定德　夏瑞芬　周云秀　朱元秀　谢木兰　张卫国
陈益初　高克涛　史宏杰　聂其国　李永成　周常华
谢永全　代学文　谢富华　张陵江　黄友强　满　松
郭子兵　龙元富　韩常德　揭国华　康仕民　陈新权
金容生　付新启　罗子淳　倪春林　田燕长　曾桂清
胡德森　陈长宽　王柏棠　王长保　肖　锋　戴学明
陈冬诚　胡中新　吴克山　陈照明　揭光俊　段基航
彭新民　滕端喜　石光忠　刘明成　李泽清　曾立华
荣汉辉　雷源常
程小春　钱益良　肖新民　彭少清　王天贵　王忠宏
张泽林　陈克福　宋英杰　邹克阳　熊满云　王保兴
赵淑兰　杨小莲　卢莲英　喻云秀　廖爱君　刘小英
张友云　王景书　王湘清　段梅芝　王家齐　刘江征
彭其君　王建和　林新民　罗元清　汪维权　周爱民
郭学章　王筑安　汪红旗　冯从阳　熊理祥　苏宏德

魏根南　杨炳忠　陈建家　王炳文　文中伟　杨成和
邱大模　戴其新　肖新福　胡桂录　万德仙　杨礼基
彭焕兰　雷伯林　杨玉珍　陈德华　邓　波　夏全生
代道清　林　军　彭连成　黄明辉　李加一　吴春秀
曾繁威　廖新国　胡祥胜　万松林　敖玉声　喻炳炎
陈文才　王大祥　陈三才　黄美玉　刘祥珍
易仲义　曾宪文　童星海　刘冬元　王明付　杨瑞华
曾爱国　伍大明　李友成　马先华　李国瑞　成建华
李新安　倪道吉　彭志成　刘三元　危尚中　黄可群
钟　涛　文慧金　刘乐平　梅昌健　廖和平　王德林
黄云本　姚兴国　童自安　李在权　刘光明　向启胜
曾光辉　薛维新　黄巨贤　李春华　伍明德　张新民
谢华珠　黄新民　肖才瑞　杨丽明　吴红卫　刘满丽
熊光秀　周望贵　曾强利　熊美顺　阴建华　周久珍
王照满　熊长康　马先明　刘志平　曹德坤　李永国
向仁辉　张子逵　张学高　张垂芳　王义新　陈建家
朱克冬　胡夏秋　陈建忠　刘祥平　邓自军　董庆云
曹腊香　陈忠富　黄腊英　黄思沅　黄新民　高建华
卢群英　王万年　彭志勇　赵运初　张明友　黄定文
张春英　杨顺友　彭建华　袁庆安　刘湘霞　曹方亮
刘惠金　熊荣生　史义道　孙金华　王立新　徐希耀
吴立鹏　夏全生　周必生　张志涛

10月：石家法　赵南山　林吉钧　吴新民　贺修春　易继亿
雷晓鸣　李才华　万绍新　万双英　董承森　于忠舫
周正萍　熊友湘　彭定森　黄开群　于乾林　温新国
邓文贵　王崇南　周乃全　宋明宽　邢冬娥　夏子元
徐宗莲　陈茂春　胡希林　谷长生　付叙松　王大和
田家喻　郑长军　周前发　韩学远　杜慎宣　唐朝清
张开俊　罗志础　冉成淼　滕纯初　刘年洪　于乾荣
于乾松　秦著文　谭晓明　王明和　邵国禹　马业勤
许明全　苏宏海　李银娥　李家富　刘国雄　申放润
董刘庆　张银玉　杨翠林　杨津兰　王观元　熊　烈
王桂芳　董承金　申桂英　何香兰　涂南娥　夏子春

谢梅娥　黄若男　黎正焕　邹宜桂　胡大菊　王秀英
黄宏四　晏申银　苏宏久　陈章怀　李昌彦　陈长泽
彭淑清　黄修佳　张远珍　陈武林　徐织成　苏宏菊
黄敦泉　郭发茂　任振国　苑少民　李亮生　谷国伟
王团结　王玉兰
杨振国　沈善文　胡明星　王振煌　吴知生　汪维国
谭维勇　李世斌　徐惠民　杨金生　滕纯清　曹永珍
徐泽重　李顺生　覃玉香　王　怡　涂自菊　姚丽萍
唐仲品　王志勇　李雨朋　李常怀　耿龙台　龙绍其
张朝发　代承淼　丁敬富　胡桂秋　曾伯奎　魏光忠
何生富　肖光玉　粟绍驹　顾振英　钱昌桃　代其昌
周兴云　董翠萍　彭　秀　明子君　刘宗伟　陈小华
胡艳芳　孙圣玉　罗　英　陈美兰　潘复珍　李育英
王德桂　耿碧云　盛光英　李淑男　殷惠敏　刘士袁
王德清　张广制　曾炎培　马先富　黄绪甫　彭建国
宋启来　徐宗涛　许铭金　李修贵

11月：熊英男　吴开平　刘清珍　梁德炎　杨惠珍　王振华
范首影　丁新群　张远志　崔金华　余远坤　张文化
胡国俊　熊株陵　周安兰　徐文渊　熊基年　王德炎
胡定孝　李厚敦　郑绍基　谷止明　余润喜　余桃珍
胡代玉　杨泽兰　邹建平　赵道珍　李祖英　王世秀
封德银　邢丽湘　黄希玉　黄尚辉　黄大庆　易长青
田建生　毛堂金　何海林　段大明　段国太　崔先银
雷柏如　敖宗义　何蓬辉　廖东贵　丁德成　石瑞礼
龚玉金　范国辉　余先菊　戴承炎　刘　敏　吕传根
李志强　周尚云　刘士炎　陈本金　史秋生　邓元浩
唐爱生　郭秋保　何小明　李正国　楚志文　杨立荣
赵　锋　向际珍　王长春
陈天佑　任文荣　严文彬　阳桂生　罗炳辉　李敦文
肖锦成　肖玉亮　冯永协　周慧芳　唐仲义　姚蕴华
李正常　邓尚义　张如亨　关良璧　何方喜　熊敬苏
鲍夏常　李海珍　何小清　张银生　鄢秋华　沈天佑
刘德炎　胡丕炎　熊佩兰　李桃秀　武铿铭　李国钧

照片虽老故事好
你的尊容里边找

照片虽老故事好
你的尊容里边找

杨安灼 皮双全 何敬林 龙胜泉 李学俊 辛继文
卢金明 熊光元 刘后秀 武道廉 朱平化 张植荣
徐重生 许正喜 周信初
陈风山 潘学娣 李红玉 陈国强 周双全 曹云桥
戴其昌 龚玉金 何国俊 谭建政 李新华 李正国
罗耀煌 马敬武 彭荣秋 饶阳生 滕长兴 王长春
邹国华 朱月樵 李春贵 吴岱恒 胡新明 何方台
华桃达 彭宪武 陈克帮 程恒柏
12月：李济川 史如财 周火松 吕和生 吴连生 周龙发
林春根 黄继雄 段细平 薛悦兴 张惠珍

1970年

1月至3月： 李代璠 徐瑞华 韩幼华 张庆根 唐宝麟
徐静安 戚大业 戴鸿程 陈杏菊 杨耀庭 张选忠
吴士根 葛秀英 倪伟荣 钱玉英 吴济华 王德山
王金兰 郑益民 张佩萍 陈谒毛 滕德林 应理国
张瑞林 叶懋红 陈兆亮 孟阿根 陈国淼 潘志强
骆来顺 冯银泉 顾茂华 郑小毛 吴根祥 施百金
汤引娣 曹林宝 刘蔚祥 李余庆 翟云艇 顾进云
徐寿仁 王光烈 陈祖仁 汪正东 庄春根 林叔祥
陈　韵 翁菊敏 吴振东 翟勇庭 陈锦华 韩　磊
孙根妹 柏凤鸣 李焕英 孙学贤 朱桂珍 吕秋云
汪百蛟 浦跃伦 沈静海 安占儒 葛仲义 赵菊芳
董　璇 陈金花 陈金兰 林贤良 印楚祥 匡福林
徐千德 钱雅珍 曹宝荣 刘敦长 师宏建 刘庆松
冯　斌 吴绮萍 朱森林 滕德茂 陈涌恩 徐绍忠
林贤良 马林高 吴友君 贺超吾 张锡君 杜正明
黄书模 张　俊 曹　东 邱炳荣 张胜强 周步成
顾根奎 沈静芝 章在平 蔡仁畴 朱英武 李协国
杨俊才 季克勤 陈明清 刘书亭 黄道义 罗亚凯
杨八妹 陈茂庭 尹枝武 江英娣 黄忠美 刘道义
莫之义 司徒美琪 殷金虎 郑绿萍 孟金香
张佰根 李相林 虞芳英 许文龙 吴洪基 潘水根
汪美英 周本秀 钱菁菁 邹彩云 沈　和 刘丽华
李三娣 徐秀珍 钱婉珍 刘岳林 沈锡春 罗纪根
刘惠香 曹宝香 董源兴 嵇道南 申家法 丁仁甫
何百康 顾能超 朱根林 王　心 刘桂枝 殷惠珍
吴明治 陆顺麒 杨合林 李天朗 刘广生 楚金莲
张成义 任文苓 管谟贤 冯宗浪 杨欣灶 方传鲤
罗天平 林炳森 彭亚伯 侯国凯 张荷萍 高定厚
付德永 路旭初 郭凤菲 范生根 奚耀庭 沈志国
马长龙 桑成滨 孟霞龙 许近仁 方宝玉 张　捷
朱小鹏 张安中 杨匡宇 黄注传 彭声金 黄湘军
邱竞芳 王雷迎 周银芝 邬善祥 张向东 曹建平
陈丽萍 董国芬 顾林发 黄玲珍 刘爱珠 刘雨秋
刘兆兄 龙建国 阮金云 苏光秋 施兴宝 肖立平
袁良耕 朱仕科 周步成 周顺珍 冯秀英 张雪君
刘敦长 顾林龙 刘根陆 陈丽红
4 月：史全法 章　星 甘正春 李春田 张　辉 李志坚
雍万余 朱玉霞 王政华 吴盛华 张小宝 钟华云
顾玉兰 滕树风 陈小勇 钱国兴 尹国前 杨家芬
赵松富 潘梅纹 何建雄
5 月：任素娥 陆成新 童隆年 胡同华 胡天鹏 顾蓉凤
郑伯昌 张永康 张水鸿 王厚忠 王兆明 杨德庆
潘　安 王阿福 杨根庆 韦明钰 孙悦薇 方祖华
钱阿大 倪　俊 赖秋林 王荣根 汪一经 余美蓉
6 月：邵泰忠 黄友华 郑国卿 胡国光 朱雅玲 周君明
钱榴英 杨阿忠 郑生发 孙寿超 张福丽 徐银菊
吕全英 叶春芳 张　婕 朱玉龙 翟振金 蒋和平
陈国海 丁仕伯 颜明初 黄太珍 何英德 何顺珍
金建民 张远东 张恒兵 沈金根 陈国娣 胡少伯
顾建国 乐雅娣 滕树凤 薛文兴 徐培林 朱粉宝
张向东 钱伟明 沈行权 郑　云 乐秀华 乐金荣
钱菊华
7 月：朱逸勤 顾林根 邬彩青 邵国通 倪占武 陈仁德
李爱英 顾梅兰 葛昌林 俞锦仙 徐银菊 邓傲怀

殷松秀 温从友 薛盘金 钱金伯 胡 滨 乐秀华
沈忠国 江鸿斌 李根兴 田龙华 朱广生 张美玲
徐炳德 蒋云英 李文宁 周银梅 邬善祥 沈天林
谭生君

8 月：陈秀英 章天为 顾月英 冯玉芳 万筱芳 张义春
周珠凤 周建国 曹建霞 沈阳春 苏长奇 范月英
胡鑫强 黄福华 黄建明 黄丽云 黄 艳 雷国强
李柏槐 李冬泉 刘 勇 冷德汇 莫福华 吴经建
吴顺林 文柏煌 文召林 王志强 熊明华 杨建洲
邹明亮 周宏均 周建民 周新华 张建凡

9 月：刘克中 贾常珍 刘仲方 韩玉梅 刘助民 唐中雄
黄正清 易友权 周可凤 陈协祥 谢寿涛 蔡业南
刘志林 李远孝 黄二棠 郭春安 杨万柱 江克忠
蒋祖银 陈晓林 张惠民 徐汉民 廖 云 翁雅杰
卜宗保 杨又林 龙庆祥 滕兰珍 孙惠江 黄敬高
李光华 段梅芳 陈希林 虢利君 胡佩娣 廖利清
钱玉珍 盛涤新 奚红英 陈建 欧阳人家

10月：许玲美 邹彩琴 杜长娣 俞荣财 李彩凤 徐菊英
孟玲玲 曹桂英 王富近 刘文德 钟烈书 李国慈
袁如轩 王德利 陈凤章 黄祉嘉 徐海宝 陈宗庆
万新友 王 俊 季敦良 钟和南 毕开影 顾克诚
李振荣 金尚毅 张燕婉 付鸿翠 唐益娥 李卫华
周文娥 王德清 周士楼 段梅芝 杨新民 葛 敏
王美华 王忠浩 沈如珍 陈福华 龚少武 陈 炬
唐德荣 徐华珍 王红宝 方文艇 唐文来 程著正
吴忠贤 王阿根 彭 俊 谭友全 廉凤珍 莫 云
赵荣昭 李道和 洪远志 马根发 刘财金 罗玉堂
陶光荣 林新如 蒋汉荣 马金荣 韩国圣 谢阿林
肖金龙 周凤雅 陶富炎 郑祖年 朗德茂 金恩宝
方幼芳 顾正国 黄燕飞 蒋雯霞 李桂芳 李华甫
刘典旭 汤五三 吴盛德 罗金妹 万梅娣 谢 琴
俞建芳 俞建民 杨新民 苑新桂 钟书珍 张俊德
蒋敏霞 吴章心 吴莉莉 付汝彬 王阿根 夏银贵

翟跃江 张玉珍 吴兆荣 付文军 王国芳 秦军堂

11月：施 文 邓茂龄 陈小玲 张良浩 闫 均 周文梅
周贵生 柴阿培 夏仲沛 胡兆祥 张立坤

12月：周银妹 田德生 裴如山 吴兆荣 符桂珍 余志章
陆守国 王秀凤 王遥娣 蔡春华 薛德胜 严庆余
毕梅芬 蔡玛珊 张根宝 毛来定 齐玉英 吴英兰
吕德俊 朱崇山 朱增民 吴福珍 孙学贤 周荣福
郭顺明 张 键 金杏兴 胡桂桃 罗岳祥 成祖国
徐妙凤 王厚文 柏凤鸣 张振声 顾乃昌 张祖范
倪世炎 王明成 俞本山 徐荣民 李公安 张岳亭
龚金虎 汤存根 任忠学 田兆贵 姚月明 张大朗
徐懋华 许文菊 王志远 林才荣 王龙香 章莲英
邵寅堂 殷松秀 周龙法 高金梅 王龙英 刘湘南
徐龙法 叶瑞康 姚天锡 沈巧英 张小英 梁鸿才
郑孝烈 孙海凤 谭金秀 孙兰英 朱风治 王年女
张玉珍 高尊民 袁纪发 郑兴道 朱海铭 毛瑞初
章丽仙 王天福 李荣芝 马余山 李承璋 顾金龙
刘琴珠 石国平 宋菊芬 黄玲芳 戚素珍 庄润云
赵殿彬 虞莲青 陈杏菊 张绍金 徐根明 秦彭年
柳锡明 王筱潘 张大崑 吴瑞庭 王永有 田德华
马维信 梁学渊 张鹤年 阳上金 刘佰阶 康德英
康德慈 陈福根 刘跃平 王耐森 曹义生 胡虹光
李宝珍 李龙珍 林兰娣 吕秀娣 毛岳平 任康康
王鸿英 叶友花 朱翠兰 朱庆阳 张纪国 张建国
张明华 谭荔流 吴翠珠 董国芬 黄正义 姚国良
徐志良 陈正华 桑大昌

1971年

1 月：张鹏飞 杨富金 王国栋 段菊初 桂凤仙 杭美玲
袁金娣 熊伦生 戚大业 彭文纯 鲍国正 聂连科
钟筱惠 李海臣 邓兴枝 林世明 李金莲 黄贤英
杨玲芝 邓世琼 周久菊 龚雪辉 张良美 张元珍
黄锦发 彭连成 许强华 刘乐纯 曹景发 陈梦忠

照片虽老故事好
你的尊容里边找

照片虽老故事好
你的尊容里边找

陈序德 邓建池 龚银华 高兰枝 胡年珍 胡万许
李世珍 刘家富 刘卫国 罗　忠 宋吉林 游友元
杨明顺 杨丕洪 朱昌勋 周彩华 周正萍 吴树学
许静安 李来兴 肖惠功 龙建新 朱豫生 庄润云
2月至3月：乐嘉良 陈小惠 杨斌 沈少云 孙昭 张阿巧
马云飞 许求德 邓建冶 陆树义 王贵仲 朱粉英
钟书勤 杭蓓蓓 李显荣 张福新 矫曰同 王荣芬
杨爱兰 田茹本 王月琴 董瑶庭 陈国华 莫一龙
马　力 陈昌桂 朱长凤 梁崇成 王利成 张国湘
马永炎 罗仁秋 肖香莲 宾绍泉 王扣女 周川达
周瑞湘 李镇贵 冯茵茵
4 月：步丰石 杨春华 田兴玲 龙致礼 吴　萍 符笃初
蔡文珍 李文珍 俞济宽 庞荫宏 陈　磊 郁宏鑫
叶彩娣 雷春来 吉慧才 李志根 周国来 诸桂珍
周洪生 王金洪 兰建国 张苗英 李惠琴 陈才友
陈励青 陶锦超 魏锦珠 张新华 张新弟 刘　惠
范春英 周洪林 薛根娣 王柔薇 王禅初 丁桂英
5 月：杨敏慧 王才建 张建芳 胡绿平　裴　荣　宗　勇
李　军 魏季良 李剑平 邹俊文 李保红 于湘莲
段德珍 姚小玲 杨云华 张乐只 王梅棣 李泉娣
蔡长青 赵　东 谢炳华 张昆美　曾　琼 潘新沅
张祖军 刘乐云 伏泽红 谢忠孝 涂云霞 彭引娣
戴庆元 杨秀琼 章吉平 黄伟民 黄建忠 黄罗生
唐自萍 陶洪顺 王国梁 张菊生
6 月：谭菊先 周庆云 王松芝 胡伟之 文美廷 胡明朗
姚鹏荣 文际明 袁继初 谢云流 黄福书 罗均清
沙孝元 宋道德 王洪祥 蔡寿全 王江山 龚玉京
陈怀桂 张属汉 谢又生 陈新甫 周子明 纪宝兴
向维凡 李忠桂 王玲妹 胡柏祥 李晓敏 聂建新
曹逸祥 张洁心 胡宇光 王阿根 杨达连 胡天仇
金　凯 徐根明 盛福昌 唐荣祥 付元有 张玉琴
孙忠毅 施金法 王华东 张维满 孙国庆 华伟钧
姜菊华 徐红妹 王惠芳 黄秀英 沈世杰 付白娣
于德宽 刘长宏 曹翠玉 王鑫泉 吴增厚 郭彩娥
张杏仙 康维生 周建国 朱钢洲 吴美珍 张金华
杨冬保 徐幼明 程英华 陈明谦 戚政东 王铭华
曹美娣 霍日炽 陈云湘 潘云龙 黄福根 李新林
邓新早 罗春枝 刘志辉 宋兰英 唐必君 李一根
陈松桂 金跃华 谢忠孝
7 月：王惠琴 蔡元璋 刘观定 喻少宽 顾海仙 黄正纯
薛金弟 陶金兰 周达基 陈敏芬 任庆元 强凤山
孙国良 王桂宝 许　群 刘碧君 沙群勤 姚秀华
胡瑞祥 陈德胜 金荣侬 辜良璧 杨昌然 缪洪良
许一庠 杨振国 朱荣法 梅世杰 周根发 张维满
张孝宪 蒋复珍 陈顺发 杨科富 陈克俭 向开纪
周昌银 郁　新 程用祥
8月至9月：　王琦新 张立新 张慧云 贾欣志 王荣富
曹福湘 曹平平 田　瑶 季克富 刘国华 郎黎明
周慧英 姚　兵 屠彩云 沈静茹 余进林 陈长根
吴小娣 张嗣孝 姚鹏举 燕天生 周明甫 郑栋成
程录初 黄金轩 黄仁伦 刘永忠 卢友元 佘上喜
沙孝元 熊月秋 王经媛 张祉德
10月：胡立华 王爱珠 赵金虎 姜祥生 张金香 丁文安
沈关通 董阿兴 殷红宝 张玉芝 沈伟国 徐文琴
龚国良 王妙生 姜金英 竺道富 陈根德 洪庆法
沈红珍 沈才宝 陈万生 何季愚 徐波根 胡炳涛
顾天兰 薛祥龙 张林祥 李淑华 翟月亭 孙祥根
吴祥伯 杨靖莲 张克莲 王金珠 刘兴东 吴蓉蓉
徐作胜 谢淑元 杨国琪 张　净 王鑫泉 朱桃英
11月：王　勇 陈蕴敏 孙长林 张占义 郑嵩山 方振隆
张求生 张玉珍 蒋世华 邱福珍 耿叔宁 翟　晟
蒋　琦 成林福 简必球 黄胜纯 何跃彩 李新才
李阳阶 刘新全 龙熙廷 宋光佐 铁子清 吴梅娟
徐孔照 曾东生 沈志仁 高万鹏 罗正辉 秦福全
王德秋 段德枝 欧阳文贤 胡精钢
12月：李　钢 张海燕 周秋云 胡曙萍 罗兹松 李忠满

李湘澧 尹茂林 王明君 李元彪 王文祥 王章贵
万月英 唐为民 潘家湘 栾仲文 张丽清 杨三华
周书华 刘明宪 向丽萍 吴菊云 李跃成 徐宗英
贾哲均 莫朝举 聂其耀 沈圣仁 周旦祥 张炳焕
付文军 黄国保 朱爱国 陈克正 罗凯云 张笑直

1972年

1 月：杨国忠 罗德武 余新春 翟金娥 卢静钧 文春华
张 文 高爱婷 沈永兴 陈睦南 车建国 周 华
潘国新 王万达 徐明芳 李家宏 罗荣根 戴立贵
魏根发 王祥生 吴盛凤 周海燕 周绍立 蒋顺仙
肖桂福 杨道菊 张儒丽 殷杰卿 林家珍 吴若欣
肖承刚 徐建昌 徐士良 顾奇明 吴克梅 袁光法
王月娣 陆章元 张明发 张万芳 邹世祥 吴树学
秦炳生 王树林 孟金荣 史进德 高良善 姚梅生
孙崇妹 刘家富 郭凤芝 顾建美 戴金娣 郭松娣
李慧英 谭志彬 王国芳 王林华 徐崇刚 张立青
黄伟良 卜 刀 卜 兰

2 月：孔庆模 陶锦文 黄幼宁 徐广忠 周爱娣 袁宝珍
夏春坤 肖文根 周德玉 楼凤琴 林瑞祥 张永江
王艳芬 余金娇 赵又饴 范捷静 邬晓霞 林厚生
朱惠莉 陈红英 周 萱 胡鸿鸣 张庆根 张裕福
刘兆兄 卜顺英 郭富英 屠亚明 王强华 翁国灿
谈汉臣 彭田才 魏建忠 殳爱均 周伟国 洪伟民
吴生年 陆明生 李宪涵 陈家樑 闪保健 林永茂
徐春江 王不俗 吴信根 厉富强 陆惠新 胡锡娥
高林俊 蔡合芬 金富根 赵德强 邓奎华 王 友
陶仲英 马荷花 付志明 邵胜后 陆菊兴 周青生
周民兴 徐云翔 余金娇 董素英 林梅菊 付克明
刘忆平 何惠良 王志清

3 月：臧鸿福 周因扑 陈德荣 唐青柏 庄兰凤 黄运元
邱国富 叶棉恩 郭彩琴 张定国 杨国勇 俞曼卿
华伟毅

4 月：魏金珠 赵亚伦 刘根英 戴林泉 陈志扬 李忠康
陆梅兰 朱贤堂 祁云峰 张志武 杨庭琴 赵海华
谢志明 戎霞莉 姚惠琴 蒋彦禹 储新健 邓绍英
屠红卫 王国英 方兴华

5 月：裴文武 郭德秋 邬德元 余小花 沈春美 杨多庆
戚宏强 盛秀芳 徐庆华 王学声 朱爱君 沈天放
高 桐 杨国民 彭志力 张 翼 刘国安 龙益民

6 月：杨素珍 沈永仁 亚 凡 张叙明 庄留金 蒋微华
徐银凤 施定英 刘美丽 吕党扣 曹玉容 马菊仁
郑焕文 顾秀娟 禹文香 周迎春 王慧琴 辛林珍
邵泰强 孙根宝 周霞芬 车世华 刘汉忠 宋林娣
徐美珍 陈惠莉 刘平贵 刘泽安 张恒义 徐美珍

7 月：潘若辰 邵雪丽 高沈平 孙建芳 成红良 朱大祥
陈刚毅 董素英 戎晓岚 张吉平 王明华 朱伟康
缪曙连 金 芳 陈锦英 周秀珍 王家金 黄根富
丁仲春 沈耀珠 顾则时 张智德 姚秀清 邬元花
龚伟根 李 莉 成龙海 汤永祉 章永年 徐来发
许文完 陈素珍 吴鸿声 赵文皋 胡凯鸥 朱伟良
金志根 吴秀华 黄幼琴 缪开旋

8 月：张红芳 姜锦标 黄 玲 刘大英

9 月：张顺英 张洪桂 张宝善 张美芳 周 斌 汪宏大
高国珍 宋锦狄 张才林 李龙珍 张长丰 陈翠娣
安和英 杨子贵 徐文璧 陶荣达 章月英

10月：翟爱英 方尧听 周林凤 方兔英 陈美娣 郃兰芬
王安美 岑柏爱 张自康 王 英 李雄伟 程爱菊
陈惠庆 肖亮达 付舒地

11月：郑德康 梅海庭

12月：梁秀琴 邬阿华 姜霞静 叶宏发 魏国滨 程 静
胡梅萍 黄菊芳 贺慧芳 姜冬玉 施双宜 田秀英
王爱华 王佩芳 王羊城 徐秀英 邹锡良 周川连
周贵宝 赵立珍 赵士清 张建忠 张丽华 张永英
张 玺 张 薇 陆明生 乐仲浩 莫德兴 张丽清
邹桂英 王祥梅 陈怡芬

照片虽老故事好
你的尊容里边找

照片虽老故事好
你的尊容里边找

1973年

1月至3月：林谦正 林培均 韩肖华 张志强 陈兰娣
潘小薇 黄家斌 潘学忠 沈金凤 邓昭祥 刘天喜
徐明鸣 申屠建 吴孝品 李济清 聂元发 孙汉香
谭国秋 李本金 郑孝英 陈志富 郑桂英 高建勤
李永勤 赵曼君 孙义俊 周德兴 殷秀英 秦金华
孙玉林 任治安 冯美君 陆匡森 倪金源 潘安庭
陈铸海 王政华 余 卫 徐翊锦 张园芳 孙慧莉
瞿思逸 周连成 李成兰 黄月元

4月至6月：张廉清 刘光才 王金凯 张少征 杨淑琴
郭希钊 顾芝鹤 周荣生 方海珠 陆丽云 曹菊英
肖正桥 张金官 张惠英 陈英贵 章胜梅 何金发
张桂竹 吴福林 龚龙福 陈蝶云 胡晓琴 贺永成
李金华 卞兆杰 孔月荷 过瑞英 张晓琳

7月至9月：叶建华 易建军 孙世鑫 郑代兴 黄定文

10月至12月：王基根 范湘平 叶寅晨 余福昌 龚春成
陈瑾云 李 力 唐瑞礽 沈国民 李德英

1974年

1月至3月：杨跃庭 严朝贵 周素贞 尤琪光 黄小龙
邓 元 曲 敏 宋维科

4月至6月：杨定琴 肖志宏 赵德强 郭秀秀 朱文枚
方云生 王大芳

7月至9月：王爱菊 翦镇华 刘晓明 姚梅芳 洪庆龙
田跃林 廖 芸 揭忠仁 李 军

10月至12月：张新娣 戴元保 万世栋 鄢天保 郭珍明
蒋宗嘉 翁瀛曙 陈 江 陈新主 戴建安 高冬青
何桂初 徐玉梅

1975年

1月至3月：郭松庆 谈明安 林哲来 周国南 钟书瑶
刘大希 桑寿衡 黄月莲 孙新民 夏子春 薛来娣
乐金康

4月至6月：陈敦锡 应芝菊 黄再纯 刘大希 童伯军

7月至9月：杜世秀 周建国 罗志红 文济平 王福云
罗新跃 姚运祥 夏衡芳 黄湘陵 尹 彪 李克宁
李天俊 刘桂兵 刘其美 范永美

10月至12月：秦志义 徐忠伟 祝云阶 闫 玲

1976 年

1月至3月：符光书 翟跃清 田焕均 杨业富 王丽珍
魏元诚 史道贵 谭孝芳 周新云 郑钧发 田大伦
李玉声 谢金宝 何 难

4月至6月：邓昭英 姚献章 王立华 张树银 孙爱珍
蔡利民 潘光明 曹果哉

7月至9月：李建国 黄明善 雷汉君 徐瑞丰 肖建军
钟惠珍 赵国华 张正华 曾沅见 余利华 王祥兰
苏哲祥 李利华 曾晓莲 邬茂林 谢兴祥 肖世文
胡国栋 童东华 周必生 谢兴祥 丁时行 黄碧霞
黄 凯 李惠芳 李雪萍 刘春芳 刘劳声 刘启刚
龙建新 龙 丽 阮仁进 刘抗美 邵青莲 童东华
王恒光 卫长生 刁凤和 何福元 张卓华 胡小妹

10月至12月：张俊德 杨新阶 陈寿广 范龙英 高 杰
高 平 贺雪华 简国军 蒋祖建 李艳红 廖德明
刘崇锋 刘梅武 刘天喜 刘先国 陆荣根 潘克利
童学良 谭菊英 谭振华 吴伯雄 熊亚利 余长志
严朝贵 印利民 高烈芝 李福珍 杨国连 周冬望
向国清 皮显俊 贵全福 黄淑清 贺新军 廖建湘
刘月红 沈行伟 庄润玲 曾新泉 马娟娣 文德成
胡家兴 黄登初 郭顺明 谷安莲 黄德其 华柏岑
刘秉诚 陈小祥 欧阳康荣

1977年

1月至3月：黄道礼 钱英敏 陈贵华 蔡履明 陈建民
胡腊生 何又娟 洪庆龙 张金雪 周富垓 周寅生

刘根生 商启良 潘桐春 于马小 成玉梅 柴雅萍
徐瑞春 陶蓉香 张宝贵 成必元 李克强 李振萍
赵龙宝 陈建民 钱菊珍 李亚敏 易建萍 赵先海
吴银龙 张宝忠 张林宝 胡志明 张培生 陈永国
翟培培 应时强 徐英祥 卢桂珍 钱英敏 李伟伦
毛忠林 郭刚毅 戴敏文 陆家骅

4月至6月：刘慧珠 苏道连 唐长安 曹有芳 陈宝发
张耀华 赵惠民 郑黑炭 夏斯萍 杨建国 翁绍元
谈景德 陈树仁 郭珍明 孔祥华 李振明 刘顺兴
施青友 唐品英 谈明安 王金仙 徐文章 俞廷华
郭志祥 赵柱全 张来娣 任荣祥 崔克余 李经邦
黄世明 杨文儒 郭一丁 范迎庆 徐建萌 阮建华
赵富林 施则国 周佐庭 赵永芳 高慧明 金汉忠
王汝根 刘鸿庆 王继钟 吴德才 侯国才

7月至9月：李希宝 成世友 王世敏 朱云华 陈国伟
李学俊 付正强 黄红旗 沈建国 顾爱珍 江凤珠
李国兰 柴从望 梁裕杜 陈维均

10月至12月：胡松希 胡花枝 莫益斌 颜学金 蔡元初
张吉初 向学本 周新康 徐必发 梅永鑫 陈怡芬
元爱珠 庄三荷 李年志 苏孟仙 伍可利 杨利云
杨少成 刘绍铭 李红珍 梅海庭 石龙英 施爱宁
沈鸿林 王惠琴 王自力 王毓龄 徐 健 俞 岚
姚佩新 邹小文 张光兰 张为群 叶 新 钱 进

1978年

1月至3月：杜永玲 铁光春 吴志兰 叶春华 洪兰英

4月至6月：杨广生 蔡桃汉 廖德君 张光华 张世忠
陈德初 黄候园 刘羡芝 魏立辉 周贵宏 张友辉
黄丽娟

7月至9月：张德生 瞿慧莲 蒋兆龙 匡成甫 杨国安
何静兰 张志斌 李济根 李世琪 林哲来 万云娣
薛小发 姚金发 杨宝庆 张凤美 李金枝

10月至12月：黄卯生 邓子健 高碧云 毛玉辉 王晓兰
周尚典 陈建源 金美云 骆毅超 皮再春 黄建武
沈历言 陈本玉 胡伟芳 唐秀丽 曹跃政 陈国军
陈克强 陈 励 陈利京 陈利君 陈 勇 陈 麟
戴跃龙 冯继武 傅振明 胡常青 胡志祥 黄 敏
黄浦湘 黄迎杰 何海涛 何红耀 何建辉 何香霞
何英杰 姜连胜 蒋兆其 雷桂兰 李建国 李建军
李金奎 张军海 李罗香 李 平 李振国 廖以丁
刘伯望 刘春红 刘 峰 刘建霞 刘小伟 刘跃兰
骆 宏 彭 惠 潘惠清 潘济群 施金凤 魏贞粤
熊 洁 肖 玲 肖忠锋 夏建国 袁松术 杨桂兰
钟铁林 黄龙贤

1979年

1月至3月：兰建国 陈 燕 陈志坤 樊日新 马新农
谭长云 滕建英 余长福 唐树德 刘志安 肖秋生
倪河清 陆凤仙 马正付 梁裕栋 初淑华

4月至6月：龚伟祥 刘让华 罗宗林 马顺华 王淑琴
肖仲良 燕正高 严勇德 张 文 徐泽湘 周绍卿
王修道 陈国铭 付文雯 龚培培 李新又 章永年
林 平 彭桂莲 伍秀丽 吴盛鸿 吴央央 王传根
王建声 王佩娟 燕正群 印安国 周洪琪 周月芳
黄爱华 黄伟忠 黄正斌 蒋剑琦 李 萌 乐金康
郎黎辉 苏哲育 建全 谢国平 余春初 张剑飞
张新华 王灿辉 涂

7月至9月：殷正富 谭少成 刘永清 陈桃初 段祝平
胡桂初 黄连泰 何德华 李志华 刘永清 彭建学
潘道德 伍仁富 谢红军 杨明智 杨子贵 赵毅志
赵美绒 陈铁辉 陈湘建 范致萍 黄爱民 何金辉
何良育 粟伟燕 刘德胜 刘佩芝 龙国祥 薛来娣
席远光 余大定 贵新民 严德辉 刘其容 邢冬英
周菊华 李 越 施金凤

10月至12月：冯俊云 李华炳 肖宏坤 李进云 刘冬梅
秦利国 朱玉德 张跃红 刘明渊 陈伟康 张跃明

照片虽老故事好
你的尊容里边找

照片虽老故事好
你的尊容里边找

毕家英 黄顺清 杨承坤 胡建泉 胡桃章 胡铁桥
余习萍 严奉健 陈国云 郭大付 郭飞跃 胡建全
黄光荣 黄顺清 李坚芝 万根娣 刘福粉 詹丽君
颜 格 钱建荣 刘国清 黄小毛 崔鹏飞 曾利群
蔡玉先 陈建军 沈鸿珍 付文虎 伏利君 顾利平
高 峰 甘立安 黄继雄 黄美蓉 李建国 林菊芬
刘成富 刘 刚 刘国清 刘建平 刘 敏 刘天明
刘新安 罗克明 罗平弟 郎黎萍 马景娅 马铁军
倪彩军 彭顺珍 梁 劲 钱建荣 苏国辉 史 良
沈红珍 沈秀琴 桑超美 盛云祥 田海霞 田跃林
王继才 王修明 王 琦 邬善妹 徐小平 谢仁美
肖跃进 易杏芳 易云祥 杨金山 杨 军 杨邵清
朱慧群 朱龙岗 钟书瑶 郑志雄 翟跃勇 左 伟
徐建强 钱建荣

1980年

1月至3月：周学炎 尹芳林 成开明 韩玉梅 黄金莲
李春香 廖国庆 刘德祥 刘建国 唐子君 尹耕农
曾祥德 韩莉萍 孔文建 肖学武 蒋智慧 聂顺初
周永利 姜东卿 谢元清 甘雅兰 杨 波 周国南
张友兰 曹安安 陈德刚 陈泽春

4月至6月：刘小菊 孟纪律 唐中奇 王顺二 周祥弟
文新华 虢铁刚 黄配君 李树飞 刘平芳 沈会林
陈树云 陈学文 戴铁军 罗光荣 潘益梅 宋曙芳
王桂华 余慧静 朱桢风 胡秋瑾

7月至9月：刘晓林 聂志富 向先农 张建雄 陈立祥
戴冬陆 冯金华 胡定菊 褚玉双 刘湘宇 刘智慧
黄忠良 杨章清 杨中元 周竹君 蒋学元 李翠英
李建云 李文龙 李跃成 罗玉祥 秦云贵 孙惠娟
谭孝弟 伍文章 王明芳 王新华 熊伟纳 童从喜
李同元 王明志 邓桂英 莫云华 童从喜 徐正坤
王建良 喻忠柏 易春兰 杨宗湘 张玉秀 张白光
王国华 邓生喜 何义夫 李月英 刘大珍 王小舫
刘汉文 刘红霞 马 英 王 文

10月至12月：林国华 罗静音 李阳灿 龚双辉 贺福元
林来花 马景玲 邵德舫 涂金虎 涂金明 肖义文
赵立祥 张嗣桂 张跃中 李玉辉 王景新 周金菊
邵德舫 孙大华 赵 平 齐红英 艾 斐 陈鸿述
陈晓峰 胡红娟 胡晓安 胡云华 黄 刚 浣革新
李向明 李泽林 马绍庚 彭松华 童富生 唐燕龙
胡春荣 张 霖 段新社 陈友录 马邦宁 宋 玲
代志勇 邓菊华 胡雄庚 郝秀萍 李吉林 蹇桃香
廖海英 刘红湘 刘 辉 梁 君 孟永红 彭锦云
任万琴 沈音仪 童 霞 袁扣花 姚菊华 周惠娟
赵蔓丽

1981年

1月至3月：唐子君 王根娣 丁灿文 浦建伦 高德初
侯惠忠 潘水沅 滕全香 徐晓曙 肖汉村 夏慈芳
朱翠红 周铁刚 张惠珍 徐成俊 何建国 赵越超
王继光 杨永祥 曹卫东 康玉莲 庄兰兰 曾咏梅
聂红钢 彭树德 王志雄 许百鸣 张惠中 张林中
于文安 朱锦军 文金华 董沅荣 龚道德 贾腊英
刘慧敏 俞 萍

4月至6月：许传理 蔡润明 陈连英 潘建国 唐爱生
熊国喜 喻 勇 颜玉喜 王义君 吴忠胜 郭建中
黄建兴 张贵云 费秀林 马学锋 彭焕娥 沈晓云
张德耕 涂池堂 周曙阶 陈利平 丁美玲 贺毅雄
金 钢 李正良 王小玲 夏玉秀 余正常 邹 梁
张选优 杜赛卿

7月至9月：邓小年 董湘军 韩玉娥 黄丽君 黄满强
向少勇 刘志刚 陆静良 彭迪辉 钱志伟 沈沪良
徐先模 易润容 舒月英 方莉娅 刘贤书 涂春娥
李青林 陈铁刚 蒋建辉 康建湘 李盈福 阎胜祖
唐 晖 周应华 徐先模 刘 彬

10月：叶柏生 文昌鼎 匡固仁

11月：樊老山 郑 彪 朱贞梅 张 丽 吕来娣 郭常龙
刘策范 李立民 朱云霞 龙可游 杨裕民 蔡建敏
陈光美 陈辉霞 邓庆华 郭学红 龚晓静 何跃敏
蒋晓麟 金身玲 匡谦慎 李卫民 李新红 李 毅
林 平 刘慧珠 刘建民 刘秋红 吕来宝 李卫平
罗先玉 乐国浩 梁 伶 毛岳良 聂红霞 倪淑珍
舒小敏 沈柔坚 沈跃莲 田福生 吴国胜 吴惠萍
吴跃平 文 彬 王彩霞 王明南 汪 莉 邬善宝
奚小英 熊亚敏 谢淑娟 姚 敏 杨 萍 周 凌
周 频 周雪晴 沈建军 赵立干 赵维国 张官庆
张海滨 王秀清 张为民 庄国强 邹小平 付 斌
刘 辉 陈 双 薛 红 刘新顺
12月：徐 平 李宏胜 刘春娥 朱进元 陈春芳 陈 克
陈子龙 胡继红 蒋泽忠 李智仪 刘 霞 龙松庭
彭 芳 盛一明 王美琴 王湘陵 汤伍龙 王 勇
寻 燕 庄 敏 赵越超 廖心孝 郭洁明 林 晔

1982年

1月至3月：文先贵 蒋建德 谭炳军 陈建平 沈松林
樊慧德 邓卫平 童刚玉 恒慧明 伍 强 王春阳
赵格飞 张玉娥 倪国安 温艳东 周国平 毕家珍
曹秀珍 谢伯荣 朱 炎 黄仁乡 何 鹰
4月至6月：何光景 刘作桂 杜雄英 刘翠莲 刘伟平
胡幼澄 王婉明 张丽媛 铁小伍 胡敏芝 郭重英
翦龙辉
7月至9月：张再新 刘科荣 文运武 张建军 刘雪梅
雷志华 龚月娥 刘桂华 裴祖辉 杨新科 滕久春
朱淑媛 樊亚洲 唐新初 杨泽云 燕正坤 侯美斌
卢腊梅 郑华珍 聂菊珍 华沛林 陈忠 后勇 刘 燕
10月至12月：胡志伟 刘迪群 秦叔燕 任重远 李国良
罗新跃 袁扣云 杨利雪 郭湘梅 周应林 陆建明
蔡 猛 杨纪稜 陈梅芬 林 清 黄跃亭 孙正义
王薇茵 朱庆升 薛 武 沈小妹 罗红艳 黄荣珍
陈 敏 蔡吉林 周红翠 陈伟蔚 戴 玲 谷云翔
黄跃亭 黄志红 何前程 姜桂花 纪玉忠 李力铭
李智勇 刘定辉 刘琢智 罗晓群 潘斌红 潘红娟
潘永萍 覃文亮 朱琴芳 苏哲刚 史芳芳 沈柔强
吴萍萍 吴志新 王小妹 朱剑波 徐 俊 肖静清
肖益铭 夏宣列 易华丽 姚黎新 杨纪陵 应晓东
刘丽华 洪雅萍 范绥华 周琴芳 王晓蓉 姚锡祥

1983年

1月至3月：谢 勇 杨月秋 黄鹏飞 艾继华 陈国军
董蓓芬 龚汉新 李晓岩 刘绍华 刘先琪 柳长英
田志方 王继平 熊永红 易平安 易清萍 陈裕敏
黄元珍 徐建强 郑小平 陈运枝 庄德峰 邹俊武
4月至6月：陈新跃 范仲刚 文 英 谢 冬 肖强华
易三元 黄双高 李建华 戴明义 时向阳 吴 双
万定新 朱蕴华
7月至9月：李世年 卢晓岚 杨志强 刘祖坪 帅可力
陈二辉 冯文强 黄学军 黄艳萍 张自芳 唐群先
龚伦海 吕东席 顾以寒 廖国庆 陈桃英 马清平
龙建民 邱 霞 陶洪珠 邬德康 罗建军
10月至12月：胡艺华 朱玉珍 张予丰 张利君 艾毅平
孙 韵 沈洪金 田志祥 王 蓓 熊宝珍 杨东梅
朱大林 竺关平 朱革辉 吴俭军 姜妹军 戴庭阶
冯妙兰 黄岳林 黄晓东 罗家乐 聂 品 聂 军
庞仕才 钱兴隆 宋建文 文 苑 王学喜 严霁辉
朱万良 艾松明 毕明耀 蔡兴汉 陈少南 陈新力
程遵勇 邓文伟 顾志华 黄晶鑫 黄 忠 黄 昆
简大年 李三皇 凌白冰 凌麓山 凌群山 凌铁山
凌武运 凌小云 刘 芳 刘福珍 刘建民 张承其
刘辽莎 刘荣达 刘小平 曾湘宾 刘新民 刘兴东
刘雄辉 刘脂双 柳国强 龙国平 龙纪新 龙建国
龙双庆 龙晓红 罗成美 湛登科 罗桂球 罗 林
罗文斌 罗小樱 罗振强 闵 燕 莫福华 莫少华

照片虽老故事好
你的尊容里边找

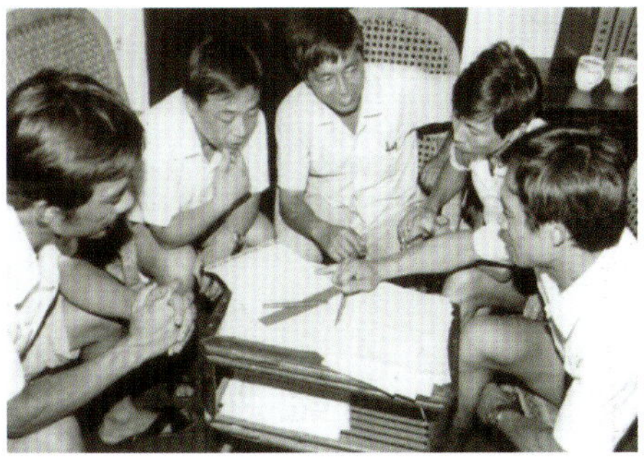

照片虽老故事好
你的尊容里边找

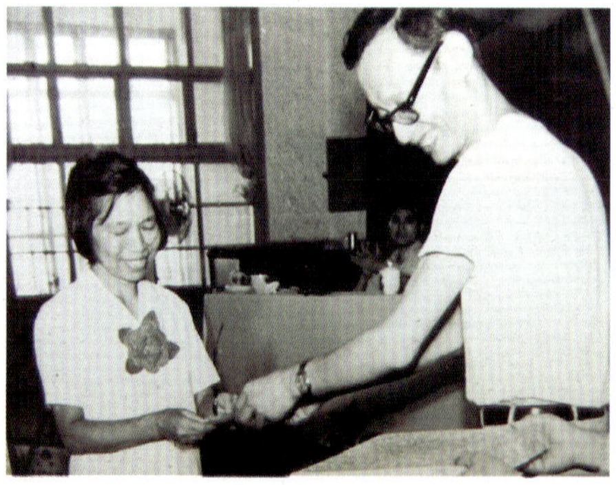

聂　尧　倪桂华　欧阳云　欧阳继兰　欧阳亦武
欧阳荣　彭　仓　彭　广　彭建辉　彭利民　彭树乔
彭友利　彭志明　漆红玲　任爱华　阮观莲　阮金云
孙佰选　苏长奇　苏光秋　苏建湘　宋建文　宋曙芝
宋应祖　史　静　石敬一　石养波　时运军　粟伟利
粟伟燕　盛涤新　盛　义　唐兆洪　唐自萍　唐自然
汤静玲　谭国义　谭海庭　谭建振　谭立强　谭湘姣
谭政武　崔玉英　陶宏仕　吴岗锋　吴光华　吴经建
吴玲慧　吴梅娟　吴美君　吴美丽　吴祁安　吴　强
吴顺林　吴小娟　吴异飞　吴引娣　文爱玲　文柏煌
文淑平　文小玲　文召林　魏安槐　危正明　王爱兰
王保家　王春林　王春玲　王桂英　王家驹　王检安
王建民　王抗援　王克俭　王　平　王　强　王润武
王团结　王　伟　王晓鸣　王小玲　王秀莲　王学进
王学伟　王玉堂　王远亚　王振桃　王振文　王志强
位从容　许　灿　徐作胜　熊　彪　熊　炬　熊明华
熊荣健　熊载德　谢德明　谢淑元　肖长兴　肖春梅
肖建波　肖竟成　肖磊文　肖立平　肖双庆　肖旺梅
向伯益　向家武　晏明生　晏升银　袁斌芝　袁德均
袁海清　袁良耕　喻明湘　佘凤鸣　余建安　余建国
余建辉　余建平　游　进　尹学琴　易虎宝　易虎玉
易建国　易利辉　易　沙　易小阳　易燕飞　易再如
叶健全　姚步炼　姚　红　姚秋桂　杨春娜　杨冬娜
杨繁荣　杨国琪　杨　辉　杨检华　杨建军　杨建洲
杨慕吾　杨亿群　杨月秋　杨志伟　颜明文　严振红
阳甫琼　苑新桂　左　华　左　明　左　铁　左旭辉
邹柏林　邹国华　邹华龙　邹进军　邹明亮　邹术希
邹香云　邹杏兰　邹杏芝　邹智良　朱甘临　朱国楚
朱继红　朱开敏　朱石龙　朱仕科　朱天华　曾昭民
朱文学　周长英　周超英　周翠娥　周旦祥　周桂芬
周国奇　周国亿　周国柱　周宏均　周怀亮　周建民
周里程　周利纯　周美玲　周　敏　周琴芳　周清泉
周　双　周　武　周新华　周艳红　周镇钦　周重辉
周　昕　郑德庚　郑业农　赵松富　张炳熙　张崇实
张定武　张干湘　张国胜　张惠民　张健伟　张建防
张建国　张六一　张松青　张晓琪　张亚群　张义春
张跃华　张月秋　张中秋　章长华　章丹文　章天为
章昭华　曾国春　曾仁贵　曾　艳

1984年

1月至3月：李伯秋　林菊芳　刘寿高　倪娟娟　戚先云
沈和香　沈金凤　朱增富　周新然　张正才　周红霞
刘　林　王　俊　王晓雯　方志刚　黄碧群　黄　涛
纪国忠　蹇红杰　刘　芳　马丕菊　孟红兵　倪赛君
彭江利　潘咏梅　史玲玲　杨丽辉　庄　勤　熊淑芬
袁世明　袁　勇　顾正明　刘文英　黄晓萍
4月至6月：童自海　乔光林　杨学清　熊世洋　周　颂
沈金昌　刘红娟　曲　敏　易天宇
7月至9月：宾定华　刘长虹　罗　慧　彭明亮　石　波
沈善福　李小燕　娄正德　吴福珍　王小玲　何伟健
肖雪臣　易国良　卓晓霞　刘　诚　徐燕芸　肖沛霖
周建伟　郑　弘　陈颂东　李桂初　刘　飞　娄　恬
罗仕强　易泉湘　杨湘兰　胡昌勇　高丽华　倪绍军
张树峰　何　文　李北光　李　文　彭　明　彭友军
熊桂英　阎晓慧　张世宜　陈小菊　欧阳风云
10月至12月：邓　元　冯　雷　何桂枝　吕敦寿　汤建国
施大英　陈　霞　甘正春　李　萍　刘英美　汤伍龙
王四海　汪　涛　徐佩玉　周瑞湘　周启红　张建新
姚洪波　卜　燕　曹启云　陈宝华　郭常滨　郭而令
郭湘梅　黄跃明　刘青宏　刘文英　郎疆霞　莫云付
彭泽文　祁建华　魏贞湘　王　云　许力平　杨义萍
刘凤仙　缪　芳

1985年

1月至3月：李泽荣　陈冬海　陈克辛　丁仁松　郭秀兰
李光辉　刘建国　刘　芳　伍云芳　肖　波　姚银发

张清风　李爱枝　王田亮　童国莲　田　红　张白光
张秀林　于锡轩　邓新平　谭建辉　王华贵　谢兴国
袁金辉　杨建德　张洪钊

4月至6月：　孙伟军　邓冬英　吴玉芳　王兆山　顾惠娟
刘建国　龙明伟　倪　蘅

7月至9月：陈四清　黄雪军　廖巨林　罗建矛　彭荣军
谭正秋　夏娅娟　江建华　朱建美　周建文　郑田桂
易阔景　姜东兰　罗福来　欧阳萍　乔鸿莲　王福寿
罗文珍　宋建清　舒志军　蒋建农　吕传胜　史芹芹
王赤辉　黄大辉　黄　勇　翦向仲　江　岸　蒋韶峰
孔祥刚　李　靳　李明波　廖建明　林　华　刘代平
刘汉青　刘　军　龙德元　龙　琦　鲁从元　聂　俊
王福康　王建龙　王建忠　王　彤　汪圣楚　熊军海
肖　刚　向继喜　袁长文　于传国　尹　华　杨建平
杨　军　朱良明　周文革　周湘疆　周义杰　张泽云
张志华　郑国荣　陈云杰　黄明秀　廖克敏　徐尊舫
杨菊媚　白爱民　曹　杰　陈星华　陈裕国　邓生荣
虢　伟　胡华明　胡文军　胡祥莲　黄崇化　黄宏新
黄开峰　左乐天　朱法辉　彭履平　邱小平　秦　勇
饶天华　佘志刚　孙龙英　苏武军　田明新　谭旭辉
吴桂林　吴若飞　吴雅君　魏长春　高　伟

10月至12月：许永芳　姜立梅　林　梅　罗跃忠　赵殿明
曹丽平　陈仁华　邓卫民　何永涛　黎春华　吴俭军
汤静霞　王海燕　张果毅　张金香　蔡根生　陈　瑾
戴湘容　周惠芬　谷云峰　甘　辉　刘转娣　韩　勇
胡圣祥　田志华　黄世南　莫　波　虞听芬　黄岳林
杨振国　陶洪芬　李　卫　李志萍　王　琼　刘国军
吴伟恒　袁定成　王爱珍　汪爱袖　彭　炜　王志清
肖　洪　施林宝　王庆文

1986年

1月至3月：王光惠　简杰夫　李乔林　廖应林　谭泽兰
熊伶安　于大禹　张国元　曹雪光　陈　静　邓惠敏
邓　立　董伏军　高建辉　高　震　胡佳玲　黄幸农
黄政光　李建福　李丽华　李约萍　刘颖娜　潘　峰
任重远　沈　浩　汤静霞　戴晓岚　王　萍　王　旗
王正海　徐　望　徐文泽　徐义军　徐政华　杨德宏
杨新满　朱革辉　朱　红　周文龙　吴亦清　彭顺涛
彭思珍　吴方才　胡月柳　李先宏　刘题逊　彭国民
宋力民　王保初　袁　培　张小波

4月至6月：　冯文星　李志华　伍凤梅　后国干　康代新
黎桂林　邵建国

7月至9月：曹利群　陈建明　伍登明　吴鸿博　万超梅
庄春芳　周先觉　张晓佳　楚术湘　黄晓东　洪宇平
王　晨　易伟平　陆蓉仙　袁永红　周运湘　张志谦
张　慧　樊传香　陈　刚　邓蓉晖　丁　辉　丁满玲
郭新亮　胡湘清　黄　敏　李　洁　李杨君　刘爱华
刘国庭　刘　宏　刘建国　刘　勇　卢　勇　鲁爱玲
罗冬林　罗文敏　闵　娟　彭　斌　彭　静　覃事存
史卫东　沈已来　田智春　唐远东　谭庆媛　吴大勇
邬　珲　辛剑平　徐　敏　徐双平　熊继业　熊文庆
谢步荣　肖丽兰　肖立云　向　琛　闫祖胜　易占平
姚　钧　杨红娟　杨志东　朱立新　周广仁　周文军
周艳春　周永红　赵　军　张　慧　伍本华　万　霞
汤学华　赵晓民　陈　君　陈仕江　陈智武　李安平

10月至12月：陈晓英　韩云衢　张海云　楚志湘　韩莉萍
申文胜　王　伟　刘志强　李国锋　谭华东　谭学文
曹冬玲　曹国林　曹其林　曹子桂　陈　明　陈　清
陈　瑜　戴建家　戴金玲　戴松林　李翠兰　戴雪林
戴岐林　代桂林　代科林　黄艳桂　蒋罗生　蒋雪梅
李翠兰　李福初　李国良　李国民　李国强　李　红
李建龙　李建民　李金云　李昆明　李其明　李　琼
李群晖　李小华　李新群　李雪梅　李　颖　李玉华
李　琦　刘凤英　刘淑军　鲁　静　罗凤姣　罗汉文
罗汉武　罗建群　罗振恒　骆爱莲　骆爱霞　骆桂华
骆贵云　骆石坤　骆石林　彭利新　宋淑兰　施大英

照片虽老故事好
你的尊容里边找

照片虽老故事好
你的尊容里边找

沈国建 沈和清 沈美玲 沈友建 唐小金 伍小尤
吴珍英 吴芝兰 佘沛群 游建明 游美纯 游美丽
游新明 游中于 易银芝 邹淑媛 周爱民 周翠兰
周桂英 周松柏 张德云 张 利 李芝兰 侯东平

1987年

1月至3月：董宏亚 聂桃忠 晏善儒 胡国安 蹇桃香
彭 联 张定国 李国良 郭崇华 李放良 陈隆务
何有余 吴晓丹 聂 健

4月至6月：周新武 廖正贤 廖东桂 徐建乐 罗松年
梁光荣 彭国强 林来妹 吴俊辉 周喜芬

7月至9月：郭 龙 高一平 洪学文 胡 浩 黄 勇
李长宁 刘元清 刘运金 毛志君 唐诗良 王湘兰
肖新民 祝 明 周德尧 邓元华 廖小波 林 华
粟胜利 唐建斌 夏斗铭 张建平 黄云初 胡爱国
潘玉兰 郭建文 刘新民 余跃明 杨乾梅 杨志红
庄 强 祝晓平 周 淳 张永芳 朱 静 文立华
周金莲 周新武 周 旬 赵立忠 张海林 张 红
张红玲 郝秀琴 谢伟玲 向文军 袁年清 袁运球
周 蓉 贾克刚 李 畅 彭仕勐 唐 毅 张兰芬
蔡雄辉 曹艺波 陈春婷 陈 俊 陈文英 迟小斌
邓卫东 樊慧萍 胡 斌 胡 新 黄 丽 黄 萍
黄湘红 何 玲 何 仁 何湘军 简跃明 雷平安
李 畅 李激扬 李 净 李俊红 李文华 李文勇
李晓东 李友兰 刘小平 刘 毅 卢越飞 罗清平
兰 娟 彭谢彬 彭焱涓 孙高栋 孙淑君 史红兵
施永东 谭湘文 陶红先 韦 薇 温东梅 熊宝群
熊 伟

10月至12月：李 红 刘晓莉 刘 芳 王郁文 贺淑元
肖智奇 杨玉燕 邓 伟 蒋立新 李冬良 谭声明
夏建明 刘波涛

1988年

1月至3月：黄大宝 孙文瑞 舒建文 邓建君 胡云南
周红霞 王红莲 吴 炎 成小兰 黄 勤 胡晓敏
孙必华

4月至6月：龚朝阳 黄爱莎 徐 勇 黄大安 张建辉
郭 静 刘 晖 王精政 杨乾娣

7月至9月：卢 军 彭宇平 易有才 周乃平 郑英俊
张天能 吴吉银 赵后英 张世洪 张剑峰 魏贞文
陈建平 方孝斌 黄 卫 刘学俭 刘振球 罗 政
马云东 周 军 雷平慧 林 媛 穆阿喜 姚 斌
刘全胜 赵 莉 张 国 章忠韶 邓海波 佘桂云
荣大强 吴艳霞 王选林 黄 莉

10月至12月：柳佰勋 宾 彬 鲍金芳 黄立新 匡东明
缪莉萍 欧惠文 文 青 徐亚萍 谢惠萍 谢政红
袁爱群 袁 艳 刘新中 李天湘 于锡志 李国政
周全民 黄金山 龚春成 龚美云 黄金山 郝冬初
刘惠兰 全新华 徐 宏 徐建平 袁孟华 祝乃明
朱宏兴 陈永锋 陈巨华 谢凤兰 欧阳雅琴

1989年

1月至3月：李美联 刘 芳 王四元 杨树忠 倪兰英
蔡向东 郭立新 黄 勇 刘福安 杨建中 周利辉
侯石静 吴锁华

4月至6月：谢文兵 贺晓希 黄建华 程建华 胡柏莲
刘 燕 王 萍 邹翠华 周 干 林建华 何建萍
崔国军 邱令伟 唐建保 钟丽娟 文立华 伍育军
冯满良 周波平 钟 翔 江凤珠 王月娟 吴 俊

7月至9月：樊燕飞 戴 群 何东日 李英智 欧志昂
汤惠文 王建青 周 帅 钟 琳 王鸿妹 朱小慈
赵新贵 杜文化 杨成美 陈建源 邓海波 苏 凡
陈放玲 罗 年 周 波 江建华 祝自惠 周正华
张丽华 张 杰

10月至12月：黄东明 陈慧丽 樊慧兰 符爱群 龚大球

黄继红　黄湘军　何立新　侯庆华　揭卫国　揭卫疆
匡　宁　李　敬　刘飞燕　刘国良　刘　虎　刘庆梅
刘卫华　陆建忠　张　杰　彭建华　潘斌伟　邱晓岚
孙　飞　梁　冬　施北缨　沈松涛　童向阳　田荣清
田小琴　唐卫星　谭　涛　文志强　王　芳　王海立
王曙光　王文庆　王学东　徐力华　熊文娟　喻　珏
易春梅　杨　芳　杨益华　燕清平　祝芳菲　张文中
张小平　黄　芳　陈培湘　刘荣福　徐祖国　熊　义
陈　蓉　邓春华　黄红兵　刘　芳　刘　芬　聂其云
余铁斌　张伟红

1990年

1月至3月：曹　伟　林红兵　樊哲斌　赵　勤　周淑萍
陈新龙　邓　辉　邓西平　简素华　李　冰　李　慎
林标扬　刘红斌　沈　强　王际军　肖　贞　贺秀英
高建明　罗　湘
4月至6月：郑　健　彭　非　钟晓红　莫　溲　徐志刚
7月至9月：蔡湘政　高劲松　姜亚文　罗元珍　熊　震
曾国琼　夏先付　庞　闵　孙爱君　徐贵良　黄利平
陈　艳　蔡志明　胡　瑛　龙　宁　彭　赟　任巳彪
汤　哲　许立平　周启琴　郭纪秋　陆建德
10月至12月：杨　辉　钱　卫　袁晓霞　曹方琼　陈建芬
戴跃辉　黄俊晖　黄可斌　何志军　李　锋　刘年祥
刘望萍　孟冬秀　孙　琦　伍西牛　王枫涛　许晓辉
刘亚飚　卢渲沅　罗少英　马军育　倪国平　彭　立
彭　忠　周　多　宋琪琪　王　锦　王　琳　王　敏
向　璇　夏梦雄　袁红兵　何红英　杨晓红　朱颖文
朱　勇　周邵安　赵　斌　赵　畅　张　平　张婉霞
章昌梅　王新明　彭焕君　张凤云　沈　纲　邢冬英
韩国起　欧阳晓

1991年

1月至3月：刘东宇　魏章容　孔令龙　张小明　彭慧群
贺丽萍　郭　伟　李荣伟　刘凤英　龙洪波　毛　嵘
张惠明
4月至6月：王建民　陈　刚　董　晃　黄晓鹏　何　剑
李士杰　李志勇　刘明华　刘四清　孟　琦　任继兴
任　伟　施金宝　沈爱民　铁少珍　陶洪宽　王际平
赵安乐　张英才　蒋丽萍　李孝远　伍育平　吴建林
李　旭　郑　伟　谷向前　陈　峻　付　兰　邓　敏
黄飞跃　贺湘红　姜妹军　雷　玲　李　萍　刘　成
吕军民　莫　斌　沈文伟　王　可　王　艳　左玉兰
周　全　郑　颖　曾　伟　丁　亮　广民慧　康　玲
匡　毅　李国伟　邱兵国　谭德法　杨华英　周志全
陈加平　陈胜利
7月至9月：曹　剑　陈胜华　程映球　蔡三勇　胡德华
马泽洪　朱保华　彭凤梅　苏宏祥　王雪云　虞文彬
赵　波　张　勇　胡立宏　张燕妮　钟　心　张建义
刘正秋　罗　铭　周明全　胡长善　刘建辉　卢继跃
万学华　匡东辉　符志勇　李　柏　史志华　杨新福
赵　民　张鸿运　陈德兴　陈　敏　陈晓霭　陈元胜
陈　晖　戴抗明　邓　维　邓卫华　丁朝阳　丁湘平
段泽平　冯　军　龚　英　黄建生　姜新章　江　海
匡丽华　李芳芳　李　平　李占军　廖厚启　刘建渠
刘　湘　芦川军　马　明　马湘林　彭向东　庞秀华
任文忠　孙群勇　宋红梅　沈爱军　沈爱群　汤吕静
谭曼奇　谭　燕　吴　莉　吴　丽　王新萍　万学华
熊彦鸣　肖凯奇　肖述仁　夏文华　喻峥巍　俞华琴
俞　俊　殷向华　易小戈　叶春华　杨粤龙　严　芳
周桂芳　周捷佳　周　艳　周志勇
10月至12月：李　洛　逯惠玲　华　斌　毛建东　王文治
张　慧　邹燕姣　曹忠良　陈　刚　郑　军　左　伟
朱慧凤　周　娜　周若冰　曹华林　戴小军　高继平

1992年

1月至3月：谭小平　赵际春　龙　智　谢　珂　张品兰

照片虽老故事好
你的尊容里边找

照片虽老故事好 你的尊容里边找

李爱纯 孙克群 吴 雄 王 燕 周腊年

4月至6月：戢大辉 曾 理 莫卯秀 赵家武 李德明 戴清进 刘新民 朱亚丹 龙治君

7月至9月：陈爱山 陈章平 郭大宏 龚光贵 胡红国 姜资平 李树民 李 颖 廖云华 刘召华 彭南兴 全梦珍 涂 娟 解大兴 易习坤 朱 茜 周彩南 陈 枚 林 瑛 刘 伟 孟三红 田家华 易国强 毕 烽 黄 辉

陈本富 黎明安 刘正良 唐文英 唐 肖 肖兰平 袁 华 姚爱菊 周香安 张 艳 陈文松 范常华 谭建斌 熊春英 熊小波 郑建元

李 浩 夏 恒 张是宇 丁立新 郭纪梅 李 容 刘 燕 卢金湘 宁继华 宋洪玲 陈 赤 陈 旭 常 皓 范 泳 高 丽 韩 榕 胡术红 黄春华 黄晓儒 黄亚丽 黄勇箭 何 平 江 沅 康 勖 雷全慧 雷全志 黎柚峰 李慧芳 李 锦 李 凯 李丽群 李士湘 李 顼 廖贱平 刘长清 刘全胜 刘水兵 刘勇涛 龙治平 罗兴钢 马雪琴 孟 迹 孟周红 裴 蕾 沈智宏 伍慧英 吴小海 王 晖 温湘梅 徐晓华 熊 英 肖 斌 肖荣华 向旭辉 夏 恒 夏建荣 袁利利 殷洁丽 阳正华 邹 平 周晓英 周洲利 周 嗥 郑顺飞 赵 湘 张世杰 曾小宇 詹谷初 司徒慧薇

10月至12月：胡 蓉 刘湘湘 宋新志 钟伟军 徐小利 闻志君 蒋 文 刘蔚俊 夏移辉 陈志勇 邓 金 董国丽 龚 娟 黄学良 罗文军 肖 伟 杨险峰

1993年

1 月：邓华沙 韩 平 蒋利辉 刘红军 彭小燕 王淑元 王月明 徐成辉

2 月：邓湘江 黄新琪 施国辉 王 忠 万 娟

3 月：华永年 李龙蛟 李为民 杨红光 陈 缙 龚建彬 龚 娜 匡 进 李 莉 李 丽 杨 芳

4 月：蒋文胜 石铁梅 黄 俊 李 维 廖心孝 刘建桥 刘韶松 孙 盼 谭曼茹 王 辉 王 军 王永革 徐成俊 向 芳 向绪英 杨劲清 杨 莉 朱武军 朱跃辉 张 萍 张 英

5 月：王雅杰 戴金广 邓昭祥 方赛钦 罗春前 王家乐 王迎辉 谢 畅 周艳辉 曾晓莲

6 月：彭习安 黄清红 江 庆 廖 炼 庞 军 汤 域 滕少云 徐 军 袁习珍 张奇志

7 月：陈四化 胡 毅 姜雅琴 蒋孝菊 李 蕾 刘 斌 佘 忠 苏用专 田加权 王立明 谢智勇 余 洪 李 勇 刘伟科 田 静 易 睿 杨桂华

8 月：孔 剑 李秀华 李海英 刘志军 曹文辉 彭晓勇 吴明泉 吴忠清 万天凤 杨 瑛

9 月：刘炼芳 曹卫民 陈德毅 陈 辉 陈 惠 陈琴琴 陈 旺 陈小勇 陈召权 戴广良 邓志伟 樊继红 郭 刚 郭新年 胡建刚 黄秀华 何 强 贺莉莎 简正宏 蒋明军 蒋志奇 孔 晓 孔 怡 匡东辉 匡少华 匡 睿 旷国良 雷瑞红 黎海云 李朝晖 李 敏 李文红 李晓红 李亚兵 李元元 刘光明 刘庆松 龙扬帆 龙正虹 龙 媛 龙 晖 卢建强 吕红艳 孟 敏 明电波 宁理娅 彭 俊 彭 磊 彭 湃 庞志远 邱 蓉 任 干 施雪辉 田月秀 谭 浩 谭晴芳 王 露 王卓御 王羿瑜 熊 浩 谢丽辉 谢月香 谢志荣 向 煜 岳江华 喻力士 叶 健 杨 球 杨 泽 朱朝辉 朱瑞琴 周 军 周 棠 郑朝晖 夏咏梅 张 蕾 张 文

10月：黄 瑛 李国成 孙正明

12月：代友根 何 晖 唐曼琪 谭胜军 王立志 易建伟

1994年

1 月：银友国 杨其珍 白校燕 蔡 强 陈志华 陈 玢 陈 玫 戴跃泉 邓勋初 龚丽辉 龚淑霞 韩 枫 胡 强 蒋丽蓉 李 浩 李 巍 李 勇 李元红

刘建立 刘曼娜 刘 翔 罗 清 罗益民 孙 鹏
孙群英 宋维利 宋 颖 田云华 唐苏湘 铁翠莲
文永红 王 娟 王 萍 王 维 王卓征 谢芳荃
谢 柯 岳崇山 杨志军 雍 斌 周 劲 周 哲
郑 凯 赵 赤 张新国 曾爱民 曾军英 陈 旻
2 月：梁和清 苏非亚 许明跃 谢桂英 张友刚
3 月：廖进华 曾凌艳 黄清明 铁光元 殷先菊
4月至6月：于 京 左舞昆 涂新华 王 伟 杨 帆
何 芳 雷光霞 樊哲斌 刘海鹰 马 骥 汤建明
铁振国 肖 晖 姚 军 杨 翠
7 月：曹湘雅 陈尊梅 陈 琦 丁 海 董 胜 段 康
郭全辉 郭小军 胡耀剑 黄海波 黄向明 黄 昕
金伟军 李昌建 李建红 刘宇新 刘 峰 刘毓明
马芬芬 莫爱玉 彭建湘 邱 枫 苏 敏 舒秀平
沙伯海 童灿英 田一安 王建华 王莲芳 王小艳
袁 勋 叶献忠 杨德智 杨飞报 邹志刚 朱红蓉
周建高 张海桥 李宗超 欧阳玉芹
8 月：陈凤华 冯 烁 郭旦夫 李颜飞 刘冬华 孟建兵
彭利红 齐先武 吴 勤 吴 松 许红霞 袁聚林
杨 武 周永毅 郑 波 张 超 曾 刚 段志明
毛德容 谭冬成 王建国 杨艾华
9 月：龚金枝 姚春红 朱 海 艾利娟 艾利明 鲍习慧
白建国 蔡卉红 夏开颜 余曙光 于 莉 游月桂
易灿辉 易建兵 易 韬 姚 刚 姚丽萍 姚珍玉
姚志辉 杨春林 杨 静 燕福华 严汉忠 鄢 振
朱建蓉 周继君 周丽娟 周 立 周晓君 周 勇
赵 帆 赵海斌 赵 强 张晓赢 张小兰 张亚华
曾爱群 蔡素清 蔡玉梅 陈桂芳 陈怀国 陈 梁
陈 敏 陈有利 戴艳林 段伟华 冯 论 范海燕
郭 靖 郭 毅 龚大学 龚红军 龚 军 龚 蓉
龚小兰 龚 云 高鹏英 胡洪波 胡 军 胡 丽
胡 宁 胡青萍 黄 娟 黄亚萍 贺 虎 姜 靖
姜时学 蒋 瑾 季 芳 李 波 李海波 李慧玲
李 钦 李 沙 李 霞 李新苗 李 莹 李真建
廖志强 粟 诚 粟锦辉 刘 费 刘 俊 刘晓光
刘亚芹 刘 勇 刘志勇 芦铁梅 罗佳红 罗美君
罗献敏 欧伟军 裴 蓓 潘爱珍 潘 辉 钱红霞
乔 娟 邱江波 任继明 荣 誉 苏 勇 宋崇斌
史利国 石铠玮 沈 铁 涂 鹏 田冬秀 唐碧波
谭 娟 谭毅军 铁绍斌 陶必武 吴巨鹏 文红霞
王 刚 王建钢 王 韧 王先帆 王心丹 王燕萍
王鑫义 汪 炜 徐 锋 徐元辉 熊劲松 熊 勇
熊孟辉 谢贵成 谢杰光 谢 云 肖孝敏 肖 莹
向凤芝 向 华 向 静 向曼妮 欧阳历军
欧阳相成
10月至12月：毕 烽 付哲明 张 春 乐雅珍 张喜蓉
胡颖频 李富文 彭晓玲

1995年

1月至3月：凌劲松 杨 政 李 筠 毛雪林
4月至6月：谢 锦 洪云强 曹慧敏 金 伟 王文莉
周月英 张伟华
7 月：陈 峰 陈建辉 陈 立 戴沅辉 符述林 郭阳春
韩 峰 何 云 胡显清 黄振宇 李 顺 李爱军
李红胜 李元珍 李胥宪 刘松清 刘 汨 刘长华
刘国斌 刘建俊 刘 君 罗冬梅 罗 凯 罗召义
马启才 莫 蓉 明爱军 彭友谊 卿上了 佘丽华
孙奇智 孙茜莉 涂光亚 汤长兵 伍德文 王少军
万剑锋 薛 凌 徐少炎 熊先政 肖 越 喻建伍
余建华 邹时元 周凤初 周年初 周赛群 周贵明
周湘华 陈碧华 周贤明
8 月：侯旭华 彭 磊 田 兵 田燕娥 王 灿 王长永
王海燕 熊碧涛 向 鹰 姚震文 龚云桂 李 琳
9 月：江 兰 刘澧波 盘朝春 万建谷 陈 涛 陈艳枝
陈 颖 左湘玲 艾军艳 陈 妮 陈 翔 陈向华
谌 伟 戴 平 邓丽琴 邓 莹 丁 俊 胡庆华

照片虽老故事好
你的尊容里边找

照片虽老故事好
你的尊容里边找

黄 怀 黄继承 黄亚军 何 俊 何 平 翦 辉
蒋孝君 蒋 勇 雷 华 李 斌 李传泉 李小兰
李 政 李志明 廖昕剑 刘彩霞 刘利略 刘 林
刘 欣 刘 勋 刘芙蓉 柳宇峰 卢 登 卢 敏
罗 兵 罗 芳 聂 静 聂 鹏 彭 剑 彭义新
钱 浩 宋勇军 沈 彬 邵 俊 童银燕 唐 骏
唐 伟 唐雪斌 伍 慧 伍 丽 吴红英 文 俐
文 志 魏 伟 王成浩 邬毅炜 谢永青 肖 健
肖 琳 肖 锐 向 珂 夏 莉 袁 军 喻春花
喻湘义 殷 一 易菊香 姚明辉 姚运丽 杨 畅
杨意兵 燕 敏 左 凯 朱爱辉 朱建辉 朱 军
周 真 钟兴民 张 芳 张 莉 张双丽 张 鑫
曾德辉

10月至12月：刘 红 薛兴利 庄 旭 张 敏 张培荣
谭绍云 张小卫 谭碧坤 周爱娥 周清华 周永强
熊小英 周继承 高 杰 胡 鹃 何建松 何旭峰
李红英 李立江 李 玲 刘立军 刘 涛 罗志纲
罗智慧 欧灵芝 彭 俊 彭振华 吴平凡 王 茜
习劲光 阳振华 邹 婷 周 波

1996年

1月至3月：胡贺宇 刘 兰 陈艳辉 傅 杰 龚红霞
韩剑芳 华文兰 李小琴 欧阳飚 田菊华 谭 红
王梅燕 尹 飞 朱 静 张 昊 龚 薇 万晓燕
余 红 郭溪泉

4月至6月：谭 哲 周 祥 李俊玲

7月至9月：霍彦彦 罗丽霞 郑连成 文 质 游 涛
郭方红 刘 荣 刘 也 卢 骏 孙正平 唐 勇
武朝飞 王 英 王 云 徐贻富 熊 奕 岳桂枝
杨 衡 周海燕 周 颖 周轶群 钟黎明 张琼华
张文军 张先平 邓文军 葛梅芳 柳小龙 汤雅希
杨 杰 赖海燕 唐 红 周加红 张娅萍 马大军
艾国超 邓丽华 蒋 琴 赖海燕 刘清华 周海鹰

10月：陈 明 崔泽俊 代勇辉 邓 伟 丁 健 定程明
冯 翰 黄 波 黄 伟 何宇东 郝 勇 蒯立平
李绘明 李 健 刘 旷 刘 敏 刘秋林 卢 文
罗海波 罗 玲 聂 安 聂作红 覃媛媛 邵友祺
涂 波 徐 勇 熊以洪 谢伟华 谢新伟 肖丽芳
向延兵 余 峰 杨 才 杨 靳 杨 婕 燕 力
庄荣华 朱红丽 周海荣 郑 凡 郑仕祥 张家旭
张 健 张 翔 胡明君 欧阳震超

11月：邓振华 李德刚 蔡志明 曹 鸿 甘 甜 何 童
华海兵 李 进 李 静 李文英 李 勇 刘雄英
聂晓燕 谭铁安 伍 明 熊明波 于 鸿 鄢 飞
朱菊华 周加华 张岳华

12月：陈 擎 邓 国 丁珊娥 胡开明 李锋剑 罗碧波
王 妮 徐永刚 袁 玲 袁 涛 周 芳 赵 颖
张 磊 曾 亮

1997年

1月至3月：车 霞 叶 茂 王 旭 尹晓荔 贵世海
铁 艳 杨 丽

4月至6月：刘灵敏 陈 勇 胡 慧 黄朝顺 洪 琼
刘爱莲 唐 敏 吴 炜 文美华 王小兰 许 峰
熊文鹏 裴晓娟 陈艳萍 林 杰

7月至9月：黄昌辉 燕文芳 汪一凡 刘志超 廖付华
昌令芝 陈 宇 丁郑蓉 杜登泰 樊希良 谷华生
龚 胜 黄勇钢 蒋必成 黎伟福 凌孟良 刘思云
刘赣荣 刘劲松 罗 俊 罗满军 罗小容 欧凤霞
任 莹 施海洋 田胜飞 滕宏珍 吴才欣 吴 松
王宏伟 王 建 王琛子 熊安定 袁小军 易清正
杨静华 张立松 张 源 曾义聪 卢琪雄 吴慧玲
王爱武 钟 辉 陈剑辉 欧阳建军 欧阳致远
曹辉平 陈红兵 邓 佩 邓湘勇 杜红辉 段 蓉
蔡明华 韩瑞华 何 翔 胡志勇 皇 英 李佳玮
李 园 龙凯军 聂 军 唐 竞 吴秋贵 王 馨

徐泱海 杨晓朝 杨晓英 祖 骏 周志军 郑 鹏
章燕龙 曾晓华 曾靓琳 唐 华

10月：林 燕 谭 亚 吴明辉 柴 林 金梦纯 苏 超
苏仕超 向 玲 易 慧 朱纯枚

11月：乔冬梅 周 创 蔡 虹 蔡 锐 陈 洪 陈 琴
陈 锐 陈绍辉 陈 铁 陈 伟 陈 霞 陈 卓
崔 林 戴 军 代明岩 邓新跃 邓永祥 龚 裴
戢振宇 李 纯 李德鹏 李 俊 李明霞 李胜香
李 懿 刘东红 刘灏鸿 卢红霞 马 骏 彭立军
邱 林 孙志超 沈 俊 盛跃兰 唐桂华 唐志刚
吴 捃 魏东华 王 慧 王建军 王京花 王 征
熊彦凌 谢友明 袁俊杰 叶 斌 叶志明 颜文韬
阳 志 邹望清 赵 峰 赵晓燕 张守贵

12月：何中华 李建平 李 霞 刘 阳 彭 晴 谢天骄
龚 湘 高 康 胡 良 黄 明 黄新明

1998年

1月至3月：艾颖松 陈新华 何 方 蒋 丹 李建华
伍文斌 余红霞 杨小兵 严 娟 朱志刚 周海燕
钟赛芳 刘文静 周建芬 黄 春 马 芳 彭淑芳
唐志英 汤 浩 郑 娟

4月至6月：雷 敏 夏 洋 于 莹 曾春芳

7 月：曹 凌 陈 琳 丁建军 奉 华 龚晓雄 侯自标
胡振国 黄丽娟 翦凝虹 黎 翔 李 武 李泽文
李志恒 廖洪波 刘曼琴 刘曙奇 刘祥利 刘 博
刘凤斌 刘志云 鲁 铮 齐少锋 宋海桥 沈 巍
童 臻 魏文丰 王 博 王芳蓉 王 丽 王 霞
王 翊 谢朝晖 谢志军 叶 红 姚智刚 杨 杰
杨开利 杨 鑫 朱晓静 周有义 钟启良 赵碧波
张小兵 曾 熙 曾佑聪 苏 登 向华跃 杨 波

8 月：曹春阳 陈 刚 陈 慧 邓祥林 郭秋妍 郭 云
龚 萍 甘 兵 胡加标 胡元刚 李茂林 李妮芳
李新其 李传芳 李一骥 刘 杨 刘 辉 刘建华
龙春芳 罗平平 罗 勇 彭雪松 孙 洪 田 杰
伍 伟 危 毅 王 芳 熊 杰 谢国庆 肖学军
肖卓玉 游建强 叶定飞 叶 鑫 杨贺舸 严 静
邹 烁 邹响亮 周文飞 赵昌云 赵治国 张方林
李大雷 刘海军 罗 杨 周 靖

9 月：陈 亮 陈 敏 邓明武 冯 嘉 冯 娟 贵世英
黄 陵 李 伟 李 纲 王 燕 汪建平 易 恬
燕 欧 朱 伟 周 辉 周小勇 张丽荣 陈拥宪
易新主 张 灿

10月：廖祥泰 刘 洋 喻文波 蒋义红 毛红玲 郑一梅
苏国智 史美林 周 茹

11月：李卫平 唐智强 庄晓丽 周庆喜 鲍 鸿 陈小聪
邓伟峰 杜治军 甘本志 胡 建 黄朝阳 黄 雷
黄文娟 黄子建 贺中明 李 芳 刘 羽 刘玉华
马 超 马 林 梅 芳 覃均君 覃 霞 孙 健
苏文伟 谭波清 吴洪亮 文成绪 王雪辉 汪 平
汪 婷 徐辉洋 肖仁斌 肖 智 夏长征 夏梅华
夏正才 袁 科 游志刚 杨 林 燕 力 严海峰
朱秀丽 朱绪波 张雪梅

12月：陈四喜 田腊秀 袁仲友 曾 伟 郭业敏 罗 键
涂细满 朱华南 周秀英 张 丽

1999年

1月至3月：顾会年 刘 芳 史 斌 王 强 张文惠 陈美兰

4 月：杨 凯

7月至9月：秦海燕 王芳 袁鹏 李琼 谢静 邹蕾 刘辉

10月至12月：袁 静 彭静怡 王 缇 熊政宇 伍 华

2000年

1月至6月：彭 周 周玉璞

7月至12月：廖慧轶 吕 舷 潘宏国 周 滨 周永强
邓 玲 梁 宇 王曼妮 郭立超 周 旭 邓志刚
谭 洁 张立珍

照片虽老故事好
你的尊容里边找

照片虽老故事好 你的尊容里边找

2001年

1月至6月：曹书苾 邓 韬 程常清 龙 云 龙卫国 周延花 徐晓玲 肖石秀

7月至12月：谌雨盛 邓小辉 郭 辉 高志国 胡湘华 黄爱波 黄 虎 姜 昊 李灿明 李迪花 李 艳 李志军 李 义 刘旭龙 刘 波 刘 菲 刘智波 刘章腾 陆 欣 梁瑞牡 毛志伟 满贵刚 欧阳瑾 彭 玲 蒲裕芳 秦笃志 史云霞 石兰芳 粟泽海 粟 偲 田 静 廖 勇 唐海军 吴鑫鑫 文 伟 王海滨 王韵华 王 琳 王君斌 王检辉 许 磊 许亚波 岳建章 杨松国 朱芳柳 朱连兵 周 炎 周 昕 钟志强 郑 杰 张 伟 张声波 章木林 胡延江 李瑞龙 黄春华 胡卫东 徐 锋 卢志华 艾 锦 蒋海兵 卢 纯 欧阳妹香

2002年

1月至6月：艾 靖 甘 创 刘志刚 刘 荣

7月至12月：曹 敏 陈职薪 杜宏伟 段宏鹄 程 科 陈华林 何 鹏 黄 欢 姜交球 蒋崇举 蒋辉平 金丁旺 李曙光 罗金国 皮冰球 任 涛 任国海 宋 政 沈 伟 王 旬 王志锋 徐沅源 肖岳兵 袁 媛 邹新强 周建庚 周红霞 张 峰 张玉柱 张海琴 张文志 张建华 陈慧萍 蒋海飞 黄兆君 唐 静 唐建波

2003年

段 娴 胡小春 陈 嘉 胡爱军 唐 勇

以下浦沅人，进厂时间不详：

胡鸿鸣 邹世祥 陈 斐 陈华杰 陈望湘 戴朝华 张智德 何宗汉 龚伟荣 何春林 贺可皎 胡素君 黄胜纯 黄 赞 黄 志 黄 伟 黄景辉 黄 珍 蒋朝阳 李守涛 李 超 李 文 李杰荣 李志雄 李 丽 李 辉 廖建雄 刘雨秋 刘国华 刘 渐 刘 洋 刘 梅 龙国平 龙跃海 龙美花 龙治国 罗跃煌 罗金国 罗宜旭 罗立志 罗 田 罗凯明 王兆山 马景峰 莫波民 明秋同 米锦荣 缪 璇 聂湘辉 彭友军 钱 敏 孙伟军 孙代见 孙海雷 宋春阳 沈昌武 涂健全 唐石群 谭艳丽 谭 微 吴 翔 吴慧群 徐长莉 徐 驰 熊智勇 夏光明 夏 欢 夏玉军 夏 龙 王闽湘 叶献军 杨洪建 杨 辉 杨祥友 杨多庆 颜志良 严继光 阳 炬 左旭辉 邹日抗 朱贤堂 朱欣欣 朱 奇 朱竑哲 周兵干 周明全 周琳琪 钟 波 钟 照 郑国庆 赵友辉 赵石强 赵百强 张隽波 胡伟之 曾建平 陈 敏 陈石山 陈亚辉 陈 波 陈 伟 程辉霞 常 昆 常奇庚 常 科 代金林 戴文志 代小军 邓建武 邓新文 邓 佳 邓 晖 段全泰 傅 兰 虢灿宇 龚均娣 龚湘林 胡达辉 胡上战 胡志兵 胡伟芳 黄国亮 黄启文 黄 荣 何晓亚 贺正邦 侯东平 侯 杰 姜海波 蒋宇姣 孔爱平 匡庚平 雷一平 李长春 李长林 李水斌 李完功 李济青 李建年 李 超 李红莉 李 安 李丹萍 李 梁 廖红兵 朱玉德 刘 辉 刘 凯 刘新民 柳长兴 龙 楚 龙可游 卢承志 吕 刚 马 军 孟宪芝 欧方全 彭小露 彭文纯 彭高柳 彭 慧 彭 田 彭 钢 瞿俊义 钱伟军 漆世和 添秀星 孙亚夏 孙慧莉 宋浩进 史庭碧 施 辉 尚宝尔 粟海军 余桂云 盛云辉 涂细平 谭瑞林 谭 辉 滕长兴 滕昭冠 吴建恒 吴建湘 吴新民 吴 智 文大选 文绍春 王惠华 王建国 王先会 印安国 王自强 杨新明 王国华 王 勇 王 昊 邬善海 许长其 许声航 徐德林 徐金龙 徐小强 徐国锋 谢晓玲 谢沙良 肖健新 陈友志 肖正华 夏光明 夏瑞芳 夏正佳 晏 禹 袁文其 袁小仁 袁正元 袁艮娥 喻拥华 喻胜球 游铁刚 易忠国 叶志刚 姚洪波

杨沛泉 杨兴仁 杨宗建 杨瑞翔 左永胜 邹政武
邹 为 邹国超 庄 丽 张湘中 张元珍 朱爱民
朱迟君 朱 丹 朱国民 朱会元 朱 凯 朱美华
周伏军 周根生 周贡其 周光裕 周国良 周国龙
周国强 周海军 周满罗 周美香 周明初 周萍娥
周秋平 周香萍 周学军 周雪芳 周治刚 周 辉
周秀珍 周国民 周建军 周正春 周异奇 周 威
钟建强 郑 浩 赵铁锚 赵小红 张家安 张金香
张兰平 张 莉 张利国 张日恒 张胜忠 张 颖
张 勇 张泽林 张志其 张忠芝 张海波 张怀玉
张亚军 张 贞 章建军 章立红 章立伟 曾雪峰

花名册收集过程中曾得到
曾经建、王美华帮助，在此致以感谢！

照片虽老故事好
你的尊容里边找

在2017年10月15日上海浦沅人聚会上，原支内职工陆守国(右一)向大家展示了他珍藏在箱底半个世纪的当年上海工程机械厂颁发给他支内时的喜报。该喜报已由陆守国捐献给攀枝花中国三线建设博物馆收藏。

照片虽老故事好 你的尊容里边找

点滴奉献如雪中送炭 慷慨解囊似锦上添花

——纪念浦沅建厂50周年募捐明细（分别按上海、常德、长沙捐款先后排名）

张玉秀 整理

套用一个当今最时兴的词“共享”：《浦沅魂》征文选集的出版，可以称得上是一项“共享盛宴”，它让我们共享了珍贵的文字资料，共享了珍藏的影像图画，共享了珍奇的历史瞬间。

打一个不太贴切的比方，庆祝浦沅建厂50周年活动，是真正意义上的“共襄盛举”。我们所说的“共襄”就是大家共同努力、共同成就的意思；我们所说的“共襄”有一个很重要的方面，就是大家对这项活动经济上的支持与扶助。没有这个经济的基础，一切的一切都将是空谈。

正是有了大家的鼎力支持，我们才能心安理得地不断延伸版面，让心中珍藏的那份情感恣意挥洒；正是有了大家的鼎力相助，我们才能理直气壮地提高版面的质量：增加色彩，提高亮度，提升像素，让设计的灵感纵横驰骋。

每一个捐款人都是我们这项活动的幕后英雄、雪中送炭者，每一个赞助者都是我们的护花使者、锦上添花人。

让我们在记忆的丰碑上永远刻上他们的名字！

浦沅人上海工友会接收捐款（单位：元）：

赵菊芳 1000	孙正富 200	何惠良 1000
郑绿萍 500	金富根 100	霍日炽 800
周凤雅 200	霍彦彦 100	邹彩琴 1000
沈慰萍 500	郑益民、葛秀英 600	
应时强 1985	周建国 300	应晓东 100
王晓蓉 100	沈音仪 100	黄燕飞 100
奚小英 100	吴惠萍 100	周红翠 100
吴萍萍 100	王小妹 100	潘益梅 100
桑成滨 300	桑超美 200	俞明国 500
王月娣 300	俞　亮 200	赵又饴 300
沈行权、方莉娅 500		何楚雄 1000
胡锡娥 500	翟跃清 500	谢伯荣 300
汪美英 300	徐懋华 500	隐名氏 1000
顾　岿 100	徐　辉 100	潘永亮 100
周　洲 100	田志春 100	祁建华 100
袁克俭 100	郁丽华 100	张爱群 100
孟霞龙 300	缪　芳 100	王志远 500
杨阿忠 500	杨德庆 200	王金仙 200
郎黎明 100	吴济华 100	成龙海 100
翟爱英 300	潘志强 200	薛文兴 500
俞济宽 300	俞　俊 200	姜菊华 200
邱国富 300	葛仲义 200	吴鸿声 500
高林俊、周海燕 800	成祖国、胡晓琴 300	
陈　炬 500	朱金娣 200	沈春美 300
马菊仁 200	章永园 100	秦炳生 100
孙悦薇 100	赵立干 100	奚红英 100
潘梅纹 200	郑孝英 200	彭　俊 200
王慧琴 600	王志清 300	吴蔚若 200
陆网珍 100	耿叔宁 300	范绥华 100
陈丽红 200	李振明 200	姚黎新 200
毛来定 200	庄德峰 200	王根娣 100
许近仁、方宝玉 200	庄三荷、王灿辉 1000	
许文龙、吴绮萍 500	万梅娣 100	
王德海 200	钱榴英 100	郎黎辉 100
吴英英 100	陶仲英 300	方海珠 300

陈涌恩、唐秀丽 400　庄兰凤、庄兰兰　830
虞芳英 200　周国平 100　邹桂英　200
刘惠珠 200　陈兆亮 100　刘琴珠　200
董　琦 2000　施爱宁、许强华 300
董源兴、姚秀清 5000　徐庆华、程英华 1000
周　华、周迎春 1000　张胜强、董　璇　800
沈小妹 100　王庆文100　姚佩新　300
赵知友 300　邵泰忠1000　邵泰强 1000
邵雪丽 1000　曹逸翔1000　黄道义　200
匡谦慎 200　王建声200　蔡巧珊　200
宋锦荻 300　方幼芳300　王万达　600
蒋雯霞 100　郭珍明200　蒋敏霞　100
汤五英 200　乐金荣300　汪一平　200
吴盛凤 100　虞莲箐200　高国珍　100
梁秀琴 200　戴金娣100　徐必发　100
施金凤 100　张恒义100　陶荣达　200
陈丽萍 100　李根兴200　胡鸿鸣　200
王强华、周　萱 600　匡云轩、杨伊清　500
熊友湘、张玉娥 400　祁云峰、范婕静　100
邹锡良、胡幼澄 500　孙根妹、韩　磊　200
王德山、田正美 200　刘美丽、叶寅辰　100
谢忠孝、杭美玲 200　胡宇光、刘惠香　200
龚龙福、陈蝶云 1000　陈英贵、朱文玫 1000
范致萍、刘晓明 100
成红良 500　田秀英 100　李显荣　300
李代璠 300　金汉中 200　李镇贵　600
周贵生、郑孝烈 300　李慧英率子女　50000
施大英 200　蒋彦禹 500　邹彩云　200
林春根、顾月英 1000　郭德秋、顾金凤　200
周伟国、张月芳 300　唐文来、屠亚明　200
马　慷 300　陈建民 200　潘桐春　200
付文军 200　吴银龙 200　张耀华　100
沈柔坚 100　申屠建 100　徐佩芬　200

顾建国、李宝珍 200　周斌、李卫华　200
庄留金、宋林娣 200　庄景翔夫妇　200
罗金妹 300　潘梅娣 200　钱伟明　200
周顺珍 200　黄连泰、王桂芳1000
赵海华、杨庭琴 300　范生根、郭凤菲 1000
王华东、朱桃英 100　吴兆荣、卜顺英　500
郭刚毅、马景娅 200　王继钟100
杨宝庆 1000　夏春坤 200　孟玲玲　200
毕开影、李彩凤 200　厉富强 100
陈秀英　200

浦沅人常德工友会接收捐款（单位：元）：

邹建平 500　冯　嘉 200　曹世来　100
周安兰 100　郭秋保 100　熊继业　100
付叙松 500　阳桂生 500　董宏亚　100
黄小龙 100　杨泽云 200　邹克阳　200
严　静 100　郑绍基 300　周　杰　100
陶红先 200　崔先银 100　胡精钢　200
戴学明 100　段大明 100　葛　敏　100
赵曼丽 100　董刘庆 100　李祖英　200
邢丽湘 100　斐建军 100　张惠明　100
黄大庆 100　王德炎 200　何逢辉 1000
隐名氏 200　余桃珍 500　辛继文　100
张广制 500　董翠萍 200　孙圣玉　100
王振华 100　陈克帮 100　严文彬　100
徐志良 200　李正国 200　肖新民　100
楚志文 100　吴开平 100　洪兰英　100
胡代玉 100　卢金鸣 200　熊敬苏　200
刘明成 100　谭绍云 200　赵　峰　200
周志明 200　陈天佑 200　马先明　100
席远光 100　陈新权 500　李新安　100
涂南娥 500　唐中雄 500　涂春娥　200
文新华 200　陈本娣 100　张嗣孝　100

照片虽老故事好
你的尊容里边找

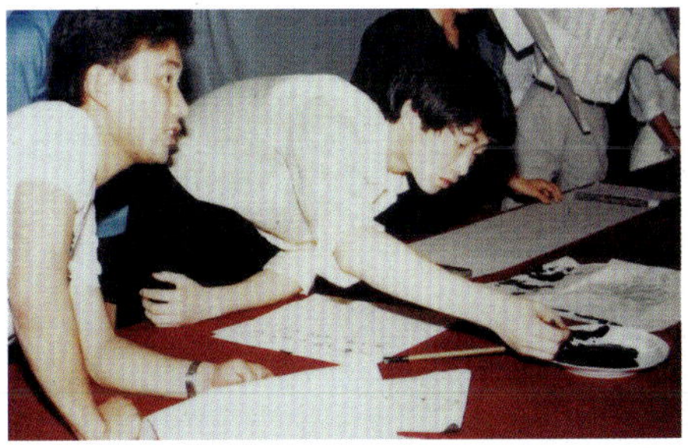

照片虽老故事好
你的尊容里边找

饶阳生 200	胡丕炎 100	胡国俊 500
周贵宏 100	郭　刚 100	徐泽湘 100
李新华 200	杨礼基 1000	李金枝 500
黄巨贤 200	祝云阶 200	罗子淳 500
刘后秀 100	向少勇 200	敖宗义 400
贾欣志 5000	贾常珍 5000	邓新枝 200
段梅芝 300	芦玥颖 200	杨业富 100
揭光俊 100	周爱英 100	涂自菊 500
王长保 500	邓世琼 100	万绍清 100
谢红军 500	李光华 100	赵　东 100
张嗣桂 200	郝文海 100	罗　满 200
肖才瑞 100	谢富华 200	田志华 1000
何晓清 100	唐新初 100	蔡元初 100
沈国祥 100	田焕君 100	王大和 100
郭子兵 100	蒋　文 100	蒋智慧 100
杨翠林 200	常德浦沅月饼 2000	

浦沅人长沙工友会接收捐款（单位：元）：

钱咏海 500	王韵子 500	韩剑芳 200
王家齐 1000	左湘林 200	龚　英 100
曾桂清 1000	刘　芳 500	辛林珍 500
倪春林、黄爱华 1200	张笑直、张玉秀 1000	
史宏杰 1000	彭　秀 200	肖陵珍 300
李金凤 300	陈小祥 200	赵南山 500
邓昭英 300	赵继东 200	周学炎 200
刘丽华 1000	黄可群 200	周久珍 200
王美华 200	曾凡威 500	李天朗 1000
张克莲 200	付新启 1000	童自丽 200
张少征 500	钱基英 200	欧阳雅琴 200
胡美华 300	胡　峻 100	曾光辉 300
林世明 300	胡桃章 1000	易春兰 200
张志文 100	张良栋 500	郭爱君 200
张晓琛 100	付丽娜 100	方　翔 100

吴莉莉 200	万德仙 300	陈德华 200
姚运祥 500	李金莲 200	李红珍 200
朱长风 100	任文荣 500	楚金莲 400
龙庆祥 200	翁雅杰 200	吴亦清 200
李益来、姚文君 1000		杨道菊 200
唐志华 100	尹蒙蒙 500	杨　婕 280
颜　力 500	裴　蓓 380	王琛子 500
曾颖慧 200	徐　沙 200	姚　霞 100
周　勤 200	方　平 100	杨　波 100
杨益彬 100	林　刚 200	龚　蓉 100
刘轶华 300	傅　强 200	蔡　弘 200
陈　艳 100	韩文芳 500	刘清华 200
黄亚萍 100	龚　云 200	陈国娣 300
郑　密 200	郑玄芬 100	陈　杰 200
方景怡 200	吕　玮 100	王枫涛 300
朱蓉蓉 200	肖　莺 100	戴　明 100
王　华 200	张陵江、夏瑞芬 5000	
浦沅子校82级（小23、24班）全体同学 3000		
曾经建 700	莫益彬 300	吴　凯 200
李国瑞 200	隐名氏 100	翟跃勇 100
潘红娟 100	朱玉霞 100	左乐天 200
刘贵清 100	敖　咏 100	敖玉声 200
姚小玲 100	黄正义 200	曾咏梅 100
翟振金 200	刘志辉 200	陆建忠 200
吴　萌 100	王春枝 100	陆成新 100
王贵仲 500	段梅芳 300	张儒丽 200
申放润 200	徐　建 200	李春贵 200
元爱珠 200	朱克冬 200	熊世洋 200
耿碧云 100	李学俊、周秋云 600	
殷洁丽 500	陈宗庆 100	吴菊云 100
周富垓 300	郭凤枝 300	杨珊华 100
潘　安 300	黄碧霞 200	周菊华 100
倪　明 1000	易　志、裴　荣 500	

亚　凡 500　杨忠元 200　刘春娥 100
鄢秋华 500　卓晓霞 200　高　杰 500
蔡业南、夏衡芳 1000　熊株陵、魏立辉 1000
杨学清 30000　顾乃昌夫妇 200
刘庆梅 1000　龚伦海 500　吴新民 100
徐万春、郑　芸 500　刘新安、宋　玲 1000
李　力 2000　卢晓岚 10000　殷松秀 20000
张建雄 10000　罗　慧 1000　殷先菊 660
刘少华 200　白爱民 200　夏先付 500
苏建湘 200　蒋祖建 300　马　明 500
马永炎 500　杨　梅 100　徐长莉 500
覃叔燕 200　喻湘义 200　钟伟军 200
李树民 200　罗志楚 500　周波平 20000
周彩南、王　琳 2000　陈胜华、李　蕾 2000
张文秀 100　王建和 100　裴芯语 200
蔡素清、代艳林 200　谭德法、龚红霞 1000
胡红国 200　余长志 100　匡　睿 200
肖雪臣 200　王郁文 200　闻志军 400
刘迪群、杨丽明 200　向学本 100

史秋生、陈昌桂 2000　张治涛 200
孔庆模 300　沈行伟 100　陈惠莉 200
张泽林 200　魏贞湘 300　段德珍 500
熊　维 500　龙松庭 200　罗　田 500
朱欣欣 200　黄开群 100　胡立宏 2000
童自海、李丽珠 1000　童　臻 500
童　睿 500　蔡利民 100　杨秀琼 100
邓卫民 200　吕东席 1000　翦凝虹 1000
蔡履明 500　王继才 100　刘志军 200
吴鸿博 500　李　萍 200　何　云 500
黄　勇 200　陈伟康 100　蔡湘政 500
孙　红 200　姜雅琴 200　莫爱玉 200
彭静怡 200　曹艺波 200　余跃明 500
李朝晖 200　罗　玲 200　舒志军 200
卢淳鑫、雷顺清、卢军、卢勇 800　黄岳林 200
谢　柯 200　钟黎明 200　罗　芳 200
李　勇 200　马泽红 200　陈四清 2000
张果毅 500　潘学忠 1000　李士湘 200
杨礼基 10000　王才建 800　刘春芳 200

（捐款统计截止于2017年10月15日）

浦沅——我们魂牵梦绕的家园。

照片虽老故事好
你的尊容里边找

左：管谟贤；中：辛林珍；右：庄三荷
（此三位筹委因个人原因请假未出席宁乡会议，但都寄来了书面意见。）

从左到右:

倪春林 赵菊芳 付叙松 熊世洋 阳桂生 王家齐 曾桂清 霍日炽
沈春美 郑益民 罗子淳 邹建平 张玉秀 付新启 熊林陵 何惠良

纪念浦沅建厂50周年活动筹备委员会委员（暨《浦沅魂》编委）在宁乡合影。

《浦沅魂》炼成记

《浦沅魂》全体编辑

《浦沅魂》是全体浦沅人的心血凝聚而成，回望本书的结集出版，令人感慨。

2015年10月13日，沪、长、常三地的浦沅人，在上海青浦会议上，确定开展纪念浦沅建厂50周年活动，在全体浦沅人中间征集回忆纪念文章，结集出版浦沅人自己的一本书。2015年10月到2017年3月，天南海北的浦沅人拿起笔，打开记忆的闸门，焕发起当年创业的激情，从四面八方用微信、用QQ、用纸笔，以278篇征文，重新绘就了50年来樟树湾那瑰丽的创业长卷。

2017年3月12日，沪、长、常三地的浦沅人工友会会长及编辑16人相聚湖南长沙宁乡的阳光山庄，依傍韶山冲里的精华灵气，对278篇征文稿件进行了认真细致的甄选，并对初步入选的征文进行了修改。

宁乡阳光山庄会议还有一项重要的决议，就是全体与会编辑对征文的书名进行了热烈甚至激烈的讨论，一致同意将即将结集出版的书籍，定性为“征文选集”——她不是厂史，也非英雄传奇，仅为普通浦沅人对曾经岁月的情怀汇聚，书名以磅礴大气的“浦沅魂”获高票通过。

纪念浦沅建厂50周年活动的总策划倪春林同志，对《浦沅魂》一书的形态、用料和制作等，进行了精心的艺术、工艺构思设计，包括开本、封面、扉页、书脊、版式的设计及装订形式、使用材料等的选用。

宁乡阳光山庄会议后，全体编辑在长沙再次对入选的征文进行了二次修改加工，保证了征文的完整性；随后编辑们对确定入选的征文进行了深度加工润色，并根据文章内容将征文划分为四大板块进行组合编辑。主编们在专业编辑单位的配合下，对入选的120篇征文进行了版面的初排；针对初排版面中出现的大小不一的“空窗”，主编们重新在全部征文中精心筛选一些短小的“细节”“情节”或“场景”，拾遗补阙；并特地增选了赵加胜和汪正东同志生前的诗作，以此表达我们对浦沅老前辈的崇高敬意，使得征文选集更具代表性与可读性。进入照片编排和校对的环节，全体主编殚精竭虑，斟字酌句；挑灯夜战，不眠不休；互勉互帮，全力以赴。文字主编对40万余字的文稿进行了逐字逐句的校对，对格式和版式上存在的问题刨根问底、追根寻源；照片主编在数千张照片中根据文章内容，百里挑一配照片，精雕细刻撰写解说词，力求图文貌合神同、相得益彰。

2017年5月，由90余名作者撰写的190篇文章以及近千幅照片集合而成的40多万字的《浦沅魂》编辑成功。而后，在联系出版的过程中，主编们第三次对书稿进行润色。他们不甘心照片下面有过多的“留白”，精心挑选了浦沅历年原创春联佳作100副，用妙联巧配老照片的方式，化作照片艺术化的解说词，使群众性的春联创作这一浦沅历史文化遗产在《浦沅魂》中得到了应有的展示。

中国三线建设研究会对《浦沅魂》不吝垂爱将其列编《三线企业史》丛书第一本，当代中国出版社的编辑精心修改，极大提高了《浦沅魂》的出版质量，对此，我们由衷地表示感谢!

后记 《浦沅魂》编辑委员会

《浦沅魂》征文选集终于编辑完成了。

我们全体编辑长长地松了一口气。有人说，不就是编一本征文选集，有那么累吗？

我们说，不敢不累。

这本长达40多万字的书稿，我们视为珍宝。

我们的确是怀着一颗虔诚敬畏的心，像摆弄鸡蛋一样小心翼翼地伺候这些历史的文字，不敢有丝毫的怠慢。我们感觉得到每一个文字都是跳动的生命，每一个标点都有情感的色彩。

我们生怕误解了五十年前的思想，生怕扭曲了五十年前的真相，生怕湮没了五十年前的锋芒……

因为它是浦沅人对我们编委的信任，是浦沅人沉甸甸的托付。

捧着这一摞厚厚的文稿，我们的心中只有满满的感激：

——我们感激数百位浦沅人送来了他们用心写成的数百篇稿件，他们提供了鲜活的历史细节，他们提供了真实的画面素材，他们提供了纯真的爱厂情感，提供了三线人昨日的精彩，提供了我们做好编辑工作的动力；

——本书的16位评委，怀着感恩浦沅的共识，从上海、武汉、长沙、常德集聚宁乡，夜以继日地工作，完成了初稿艰巨的遴选工作，精心挑选及补充了有史料价值的190余篇珍稿，让最后的文稿编辑有了目标和方向；

——我们感激热心的撰稿人、知情者，他们一次次用电话、微信提供数据、落实细节、纠正谬误，为书稿的编辑“润物无声”。

捧着这一摞厚厚的文稿，我们的心中只有无限的感慨：

——这本征文选集，她不是厂史，但她有史诗般的凝重。她的点点滴滴都折射出浦沅人创业的艰苦卓绝，她的篇篇章章都闪耀着浦沅人为国分忧的责任与担当；

——这本征文选集，她不是英雄的史诗与传奇，但她是浦沅人用最朴实的文字雕刻的丰碑，上面镌刻的分明是忠诚、不屈、开拓、奋进和不改的初心。

捧着这一摞厚厚的文稿，我们的心中只有暖暖的感动：

——感动源于浦沅人的慷慨解囊，他们毫不犹豫的爱心举动，积极捐助《浦沅魂》征文选集的出版，让我们感觉到家的温暖；

——感动源于热心无私的“赞助人”，是他们的大义之举，让我们《浦沅魂》的编辑锦上添花，让我们的庆典充满活力与后劲；

——感动源于所有为《浦沅魂》征文选集的出版付出过努力和辛劳的“一字之师”们。

捧着这一摞厚厚的文稿，我们的心里充满绵绵的感恩：

——我们感恩社会的进步，感恩国家的富强，感恩社会给我们的庆典活动提供了宽松与宽容；我们感恩有这样一个平台、这样一个机会，抒发当年的豪气，壮怀昔日的辉煌；

——我们感恩所有为这项活动默默奉献和付出的同志和朋友们，你们是我们的胆，是我们的底气，是我们的靠山。我们感恩大家的付出，感恩大家的激情，感恩大家为这次活动所做的一切；

——我们感恩人家给我们的包容，包容我们的幼稚，包容我们的不周，包容我们的肤浅。

常言道：智者千虑，必有一失。

我们编辑的这本征文选集，最终的评判者是浦沅人。我们难免会留下遗憾。我们知道《浦沅魂》有可能挂一漏万。虽然“缺憾”也是一种美，但我们不以此来遮掩我们编辑工作中的疏忽大意。

人生的许多魅力，不在于完美，而在于对遗憾的回味。

我们期待着有识之士，来继续编辑出版《浦沅情》《浦沅爱》《浦沅永恒》，因为浦沅精神是一座历史的宝藏。

愿浦沅魂永存，愿浦沅精神永存！

震古烁今

浦 沅 人

《浦沅人》QQ群群歌

深情、豪迈
1＝F 4/4

词：倪春林
曲：熊世洋

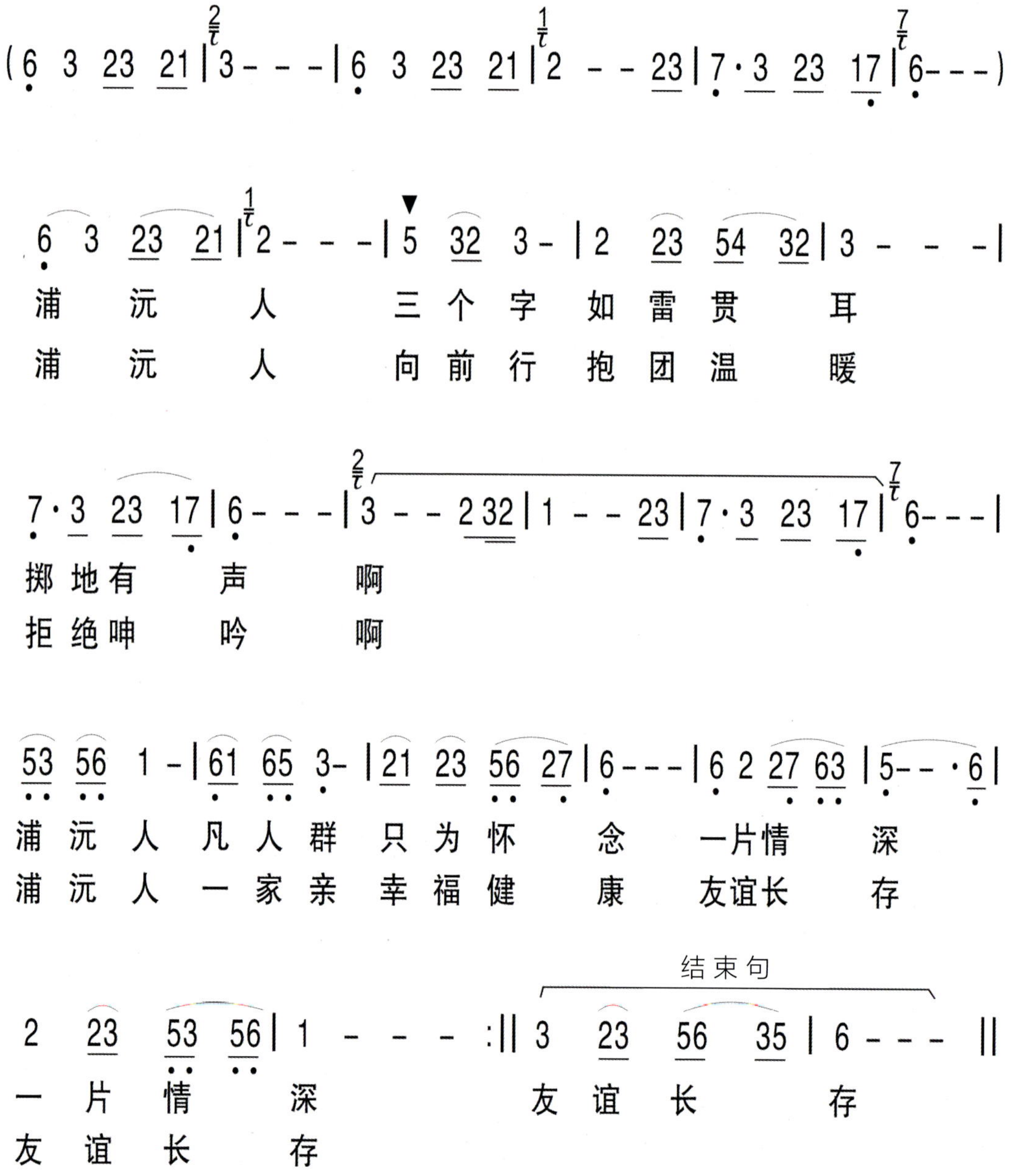

装 帧 设 计 倪春林

刻印、烙印、画印（除署名外） 霍日炽

照片摄影人

桑成滨 吴蔚若 杨万杜 倪春林 丁仕柏

董承森 顾建国 胡精钢 霍日炽

照片收集、整理 倪春林

部分照片提供者

邢丽湘 张广制 赵南山 何惠良 薛 红

沈春美 赵菊芳 赵旭辉 熊株陵 王家齐

田燕长 付新启 敖宗义 邹克阳 祝云阶

董刘庆 董翠萍 张慧云 郑益民 葛秀英

庄兰兰 汪一经 奚小英 王志远 黄大庆

曾经建 席远光 付叙松 许强华 史宏杰

应晓东 钱伟民 沈音仪 舒小敏 肖陵珍

夏瑞芬

在此，一并予以感谢！